Kein Genre im Fernsehen ist so beliebt wie Talkshows. Sie dienen der Unterhaltung und sind Instrument der Politik. Was heute zuweilen als Überangebot wahrgenommen wird, hat eine lange Geschichte. Harald Keller zeichnet sie nach: von den amerikanischen Vorbildern über die Gesprächssendungen im NS-Rundfunk, die Klassiker aus der Anfangszeit der Bundesrepublik bis hin zu den Shows von heute. Anhand umfangreicher Recherchen in vielen Archiven ist ein unterhaltsames, faktenreiches Stück Kulturgeschichte entstanden – mit Auftritten von Bildschirmgrößen wie Werner Höfer, Heinz Florian Oertel, Alfred Biolek, Thomas Gottschalk, Harald Schmidt u. v. a.

Harald Keller studierte Literatur-, Medien- und Kunstwissenschaften in Osnabrück und arbeitet als freier Journalist mit dem Schwerpunkt Film/Fernsehen/Kultur für verschiedene Zeitungen.

Unsere Adressen im Internet: www.fischerverlage.de
www.hochschule.fischerverlage.de

Harald Keller

Die Geschichte der Talkshow in Deutschland

Fischer Taschenbuch Verlag

Veröffentlicht im Fischer Taschenbuch Verlag,
einem Unternehmen der S. Fischer Verlag GmbH,
Frankfurt am Main, Juli 2009

Satz: Pinkuin Satz und Datentechnik, Berlin
Druck und Bindung: Druckerei C. H. Beck, Nördlingen
Printed in Germany
ISBN 978-3-596-18357-9

»Unsere Zeitschriftenartikel und Nachmittags-Talkshows lehrten uns, dass die Menschen sich ihre Liebe vom einen Tag auf den nächsten ständig neu verdienen mussten.«

aus: David Sedaris, ›Nackt‹

Inhalt

Einleitung: Die Talkshow – Ein Baukasten

Die Sendeform *Talkshow* ist heute ein buchstäblich alltägliches Angebot in den Programmen öffentlich-rechtlicher wie auch kommerzieller Sender. Die Bezeichnung hat sich eingebürgert und wird vom Orientierung suchenden Zuschauer, auch ohne Kenntnis der englischen Sprache, mit einer bestimmten Darbietung verbunden.

Wie alle anderen Fernsehgenres unterliegt die Talkshow einer fortwährenden Aktualisierung der Formen und Inhalte. Dieser stete Wandel hat zur Folge, dass bestehende Definitionen ihre Gültigkeit verlieren. Seit der Begriff Talkshow Anfang der 1970er-Jahre gebräuchlich wurde und die so bezeichnete Sendeform gleichzeitig Gegenstand eingehender Erörterungen, mussten bestehende Lesarten angesichts einer veränderten Praxis immer wieder verworfen und die anfangs im Bemühen um Grenzziehungen detailliert differenzierenden Kriterienkataloge angepasst, das heißt verallgemeinert, werden.[1]* Am konkreten Beispiel ausgeführt: 1979 stand für Hartwig Kalverkämper außer Frage, dass bei einer Talkshow die »*Teilnehmer-/Sprecherzahl* (…) mehrere Personen« umfasst.[2] Die damals als verbindlich angesehene Norm wurde recht bald durch die Praxis überholt.

Gerade das Talkshow-Genre zeichnet sich durch eine schwer zu fassende Vielfalt aus. Sogar eine einzelne Reihe auf den Begriff zu bringen, stellt die Chronisten mitunter vor Probleme. So schrieb der Kritiker Reinhard Lüke anlässlich der 200. Sendung der ARD-Reihe ›Menschen bei Maischberger‹ (seit 2003, ARD): »›Menschen bei Maischberger‹ bleibt die dienstägliche Wundertüte im Ersten. Mal sitzen da fünf Gäste im Kreis, mal sind es nur zwei (wie unlängst Manfred Krug und sein einstiger ›Tatort‹-Kollege Charles Brauer), mal geht es launig zu, mal ernst und mal

* Die Anmerkungen befinden sich am Ende des Bandes ab Seite 379.

überzeugt die Moderatorin durch eine präzise Gesprächsführung, um in der nächsten Sendung den Dingen einfach ihren Lauf zu lassen.«[3]

Wie alle Fernsehformate, weist die Talkshow konstante und variable Komponenten auf. Bei einer Ratereihe wie ›Wer wird Millionär?‹ (seit 1999, RTL) bilden beispielsweise der Spielverlauf, das Bühnenbild, der Musikeinsatz Konstanten, die ohne Genehmigung des lizenzierenden Rechteinhabers nicht verändert werden dürfen. Bei den scheinbar so simpel strukturierten Talkshows bieten sich demgegenüber vielerlei Gestaltungsmöglichkeiten: Die Zahl der Gäste ist disponibel, desgleichen die Themenauswahl. Die einzelne Sendung kann vor Saalzuschauern oder in intimer Atmosphäre aufgezeichnet werden, im Atelier oder in einer umgewidmeten Lokalität, als Gruppengeplauder, in konsekutiven oder voneinander getrennten Einzelgesprächen, mit Showeinlagen oder puristisch. Bisweilen geht der gesamte Produktionsbetrieb auf Reisen, so wie das Team von ›Arabella‹ (1994–2004, ProSieben), das mehrfach in beliebten Urlaubsorten aufzeichnete, mit entsprechenden Auswirkungen auf Abläufe und Erscheinungsbild.

Zusätzlich sind wechselnde Kombinationen aller Komponenten möglich. Selbst die Anwesenheit eines Namen gebenden Moderators ist keine unabdingbare Größe, wie sich zeigte, als sich Sandra Maischberger während ihres Mutterschaftsurlaubs im Frühjahr 2007 von wechselnden Kollegen vertreten ließ. In Reihen wie ›19:zehn‹ (3sat, 1996–2003) und ›Unter 4 Augen‹ (seit 2002) des Bayerischen Rundfunks gehören einander abwechselnde Präsentatoren zum Prinzip.

Diese Fülle der Möglichkeiten macht es unmöglich, eine auf lange Sicht verbindliche Typologie zu formulieren. Die über die Jahre unternommenen einschlägigen Bemühungen sind in der Regel eng mit dem Oberbegriff der Fernsehunterhaltung verbunden. Doch auch diese Programmsparte befindet sich in stetem Fluss und bedingt folgerichtig immer neue Interpretationen, sodass einmal gesetzte Koordinaten keine verbindliche Norm, sondern Arbeitshilfen darstellen, die nur befristet von Nutzen sein können und ständiger Überprüfung bedürfen.

Ohnehin wird die bloße Eingliederung der Talkshow in ein periodisches System der Fernsehunterhaltung den Gegebenheiten nicht gerecht, wie sich bereits anhand der programmplanerischen Praxis erkennen lässt: Innerhalb der ARD wurde die politische Talkshow ›Sabine Christiansen‹ (1998–2007) von der ›Koordination Unterhaltung‹ betreut und unter dieser Rubrik in den Jahrbüchern des Verbundes geführt, während parallel die ARD-Medienforschung dieselbe Sendung unter dem Stichwort ›Information‹ besprach.[4]

In den Rechenschaftsberichten der jeweiligen Abteilungen führte diese widersprüchliche Einteilung mitunter zu gedanklichen Verrenkungen und nicht immer nachvollziehbaren Gleichsetzungen. So heißt es beispielsweise im Jahrbuch 2002: »Dass Unterhaltung mit anspruchsvollen Themen beim Publikum gut ankommt, bewiesen (…) ›Beckmann‹ (ARD/NDR) am späten Montagabend und ›Sabine Christiansen‹ (ARD/NDR), die jede Woche sonntags nach dem Krimi mit interessanten und illustren Gästen diskutiert.«[5]

Etikettierungen – Die Talkshow im Sprachgebrauch

Eine spezifisch deutsche Schwierigkeit bei der Zuordnung resultiert aus dem Umstand, dass der Begriff Talkshow zwar aus dem Angelsächsischen übernommen, in hiesigen Breiten aber abweichend besetzt wurde. Das Wort *Show* gilt in den USA in Zusammenhang mit dem Fernsehen ganz allgemein als Begriff für eine Sendung, aber auch für Bühnendarbietungen wie Konzerte oder Musicalaufführungen und für eine Vorstellung in konkretem – zu einer festen Uhrzeit an einem bestimmten Ort – wie abstraktem Sinne, beispielsweise für den gesamten künstlerischen und technischen Komplex einer Tourneeproduktion. *Talkshows* sind demnach zunächst nichts anderes als Sendungen, die vom gesprochenen Wort bestimmt werden. »They are, obviously, televised broadcasts of conversation (…).«[6]

In Deutschland hingegen meint *Show* laut Fremdwörter-Duden eine »bunte, aufwendig inszenierte [musikalische] Unterhaltungssendung«.[7] Eine Show war für Kritiker und Publikum – analog zum ehedem gebräuchlichen Wort *Schau* – lange Zeit gleichbedeutend mit großer Abendunterhaltung, ablesbar an Überschriften wie ›Die

Peter Alexander Show‹, ›Show ohne Schuh‹ und vielen anderen. Kurt Wilhelm, als Regisseur, Redakteur und Ideengeber ein Pionier der televisionären Unterhaltung, traf 1965 eine Unterscheidung zwischen den klassischen Bühnenformen des ›Bunten Abends‹ und der Revue einerseits und »technisch perfekten, gefilmten, unendlich öden Schlagersänger-›shows‹ von heute« andererseits, die gekennzeichnet seien durch Rückprojektionen, Ballett und Kameratricks.[8] In einer Programmaufstellung des Süddeutschen Rundfunks wird ›Bonsoir Kathrin‹, die am 10. September 1957 gezeigte erste Personality-Sendung mit Caterina Valente, in einem Zusatz noch als ›Caterina-Valente-Schau‹[9] erklärt. 1958 vermelden die Programmvorschauen ›Eine Samstagabend-Show‹, laut Untertitel eine ›Fernsehrevue‹.[10] Fortan erscheint der Begriff häufiger, vor allem in Zusammenhang mit sogenannten *personality shows* von Künstlern ausländischer Herkunft. Soweit feststellbar, war das erste Importprodukt dieser Art die im Nachmittagsprogramm des Jahres 1959 als Beitrag des NWRV verzeichnete, auch in Österreich und der Schweiz ausgestrahlte ›Perry Como Show‹. Die nach US-amerikanischen Maßstäben nicht ungewöhnliche *variety show* wurde angekündigt mit dem Zusatz ›eine Fernsehaufzeichnung der NBC‹.[11] 1962 hatte sich der Begriff so weit eingebürgert, dass der Süddeutsche Rundfunk eine Sendung ›Lieben Sie Show?‹[12] betiteln konnte.

Dank solcher Sendungen ergab sich die Gewohnheit, eine Fernseh-*Show* gleichzusetzen mit internationalem Flair, mondänem Sujet oder zumindest einer modernen Aufmachung, wie sie der Regisseur Michael Pfleghar versuchte, der die vom Unterhaltungstheater übernommene additive Form der Revue einfallsreich, originell, in gewissem Maße auch experimentell, nämlich unter Anwendung filmtechnischer Illusionierung, auf das Bildmedium Fernsehen übertrug. Bei ihm bedeutete *Show* nicht länger Guckkastenbühne und Revuetreppe, er schickte Künstler, wie die singenden und tanzenden Kessler-Zwillinge beispielsweise, über die Rollbahn eines Flughafens, simulierte im Studio mit Hilfe der Projektionstechnik eine Reise um die Welt und ließ dabei auch schon mal per Rückprojektion einen Düsenjäger durch den Hintergrund brausen. Verglichen mit der bislang gewohnten Fernsehunterhaltung waren

Pfleghars Sendungen wahre Bilderwirbel, die vom Fachpublikum gepriesen – Pfleghars 1961 produzierte ›musikalische Revue‹ mit dem kryptischen Titel ›Zu jung, um blond zu sein‹ beispielsweise wurde beim Fernsehfestival von Montreux mit einer ›Bronzenen Rose‹ prämiert –, vom Gros des Publikums jedoch reserviert aufgenommen wurden.[13] Auch im DDR-Fernsehen, siehe Sendetitel wie ›Showkolade‹ (1987–1990), wurde der Begriff Show in gleichem Sinne verwendet.

Aus der hier umrissenen sprachlichen Tradition heraus resultierten anfänglich falsche Erwartungen und Missverständnisse bei der Bewertung des Unterhaltungsgenres Talkshow, beim Publikum nicht anders als bei der Kritik. Die Erstverwendung des Wortes ›Talk‹ im deutschen Sprachraum ist aufgrund der Unübersichtlichkeit der Quellen nicht präzise zu datieren. In institutionellem Zusammenhang erscheint es bereits im Jahr 1945, als der aus ›Radio Hamburg, a Station of Military Government‹ hervorgegangene, von der britischen Militärregierung betriebene NWDR eine Programmsparte ›Talks and Features‹[14] einrichtete. Im britischen Rundfunk bezeichnet ›talk‹ Wortsendungen aller Art, eingeschlossen auch monologische Formen. Für das Mehrpersonengespräch war der Begriff ›round table‹ gebräuchlich.[15] In den vorliegenden deutschen Quellen wurde zunächst allenfalls beim Blick aufs Ausland von *talks* gesprochen. Für die Bezeichnung der Sendeform, die Wechselgespräche mit mindestens zwei Personen vorsieht, verwendeten Praktiker wie Kritiker Begriffe wie ›Zwiegespräch‹, ›Mehrgespräch‹, ›runder Tisch‹, ›Diskussion‹ oder sprachen salopp von einer ›Plauderei‹.

Der in späteren Jahren eingetretene Wandel des Sprachgebrauchs lässt sich am Beispiel der NDR-Sendung »Die aktuelle Schaubude« darstellen, die heute das Wörtchen »Talk« im Untertitel führt.[16] Seit ihrer Premiere am 7. Dezember 1957 wurde das Konzept der auf Anregung Werner Baeckers nach dem Vorbild der US-amerikanischen Morgensendung »Today« eingerichteten Reihe kaum verändert. 1957 aber wären Begriffe wie »Talk«, »Talkmaster« oder »Talk-Lady« beim Zuschauer auf pures Unverständnis gestoßen. In einem Vorabbericht der NDR-Regionalsendung »Nordschau« hieß es am 1. Dezember 1957 stattdessen über den redaktionellen Leiter Werner Baecker: »Er ist gleichzeitig einer der Gesprächsleiter.«[17]

Mittlerweile hat sich die Sprachregelung auch in Deutschland verändert. Selbst Sendungen, in denen zwar frei gesprochen wird, sämtliche verbalen Äußerungen aber einem vorher festgelegten Ablauf unterliegen, werden nun – wenngleich als Randerscheinung – in der Sparte Talkshow geführt. Dem folgend, wurde dieser Arbeit der aktuelle, erweiterte Talkshow-Begriff zugrunde gelegt. Damit eröffnet sich die Möglichkeit, heutigen Programmformaten gewisse Vorläufer gegenüberzustellen, die in Studien mit engeren Maßstäben unberücksichtigt blieben, mit dem Ergebnis, dass die Entwicklung des Fernsehformats ›Gesprächs- und Diskussionssendung‹ vielfach nur auszugsweise erfasst und wiedergegeben wurde.

Magnetbänder und Memoiren – Die Materiallage

Die zur Sendeform Talkshow en masse vorliegende Literatur umfasst akademische Studien und populäre Sachbücher, Biographien und Interviewbände, wobei manche Veröffentlichung in Abhängigkeit stand zum Grad öffentlicher Erregungen und den damit einhergehenden Konjunkturen – vergleiche das massierte Aufkommen zu Themenbereichen wie ›Daily Talks‹ oder ›Big Brother‹.

Auch den Erörterungen von Teilaspekten wird, zum Zwecke der Heranführung, in der Regel ein kurzer Überblick über die Programmgeschichte der Talkshow vorangestellt. Bei genauerer Betrachtung ist nicht zu übersehen, dass viele dieser Darstellungen auf die immer gleichen Quellen zurückgehen. Ein problematischer Sachverhalt, denn durch die fortwährende Reproduktion wurden – und werden – von der Entwicklung überholte Erkenntnisse aus früheren Phasen der Fernsehgeschichte zementiert und Irrtümer stetig weitergereicht. Exemplifizieren lässt sich dieses Phänomen anhand der dem Moderator Werner Höfer zugeschriebenen 1950er-Jahre-Sendung ›Rhein-Ruhr-Clübchen‹. Dabei handelt es sich um ein programmgeschichtliches Phantom, denn eine Sendereihe dieses Namens hat es nie gegeben – der Titel verdankt sich, wie weiter unten noch verdeutlicht wird, einer missverständlichen

Äußerung Werner Höfers. Aber noch das 2005 erschienene ›Fernsehlexikon‹ von Michael Reufsteck und Stefan Niggemeier enthält einen gleichlautenden Eintrag,[18] und eine flüchtige Internet-Recherche ergab, dass der Titel in viele studentische Hausarbeiten Eingang gefunden hat.

Bei aller Fülle und Vielfalt fehlte es bislang an einer Bestandsaufnahme, die primär am Material, nämlich am Programm und seinen Formen, orientiert, die Herkunft dessen herausarbeitet, was heutigentags unter der Gattungsbezeichnung Talkshow auf die Bildschirme gelangt. Nicht etwa mit dem allzu vermessenen Ziel, eine lückenlose Auflistung aller je gesendeten Talk-Formate zu erstellen, sondern mit der Absicht, den Ursprüngen des Formats nachzuspüren und punktuell auf solche Sendungen ausführlicher einzugehen, die zeittypische Bedeutung aufweisen, Neuerungen mit sich brachten oder in der Entwicklungsgeschichte des Genres anderweitig Spuren hinterlassen haben.

Dieses Buch ist Resultat des Versuchs, eine basale spartenbezogene Programmgeschichte der besagten Art zu erstellen. Als Material standen Programmunterlagen und Programmzeitschriften sowie die Aufzeichnungen zeitgenössischer Programmschaffender und -beobachter und Interviews zur Verfügung. Die Aufarbeitung der Frühzeit des deutschen Fernsehens beruht überwiegend auf schriftlichen Quellen. Aussagefähiges Bildmaterial ist kaum vorhanden, da die Möglichkeit einer elektronischen Konservierung des Programms in Deutschland erst ab 1958 zur Verfügung stand. Aus diesem Grunde wird zu Dokumentationszwecken und zur Veranschaulichung des Öfteren ausführlicher aus zeitgenössischen und zeittypischen Veröffentlichungen zitiert. Die Zitate entsprechen grammatikalisch den Originalen.

Auch aus den 1960er- und selbst 1970er-Jahren ist kein vollständiges Anschauungsmaterial erhalten. Viele Magnetbänder wurden von den Sendern in Verkennung ihres Wertes gelöscht, andere sind durch Verfall unbrauchbar geworden. Was die Auswertung noch vorhandener Aufzeichnungen anbelangt, ist der Programmhistoriker auf die Kooperation der Sendeanstalten angewiesen, die sehr unterschiedlich ausfällt. Das Zweite Deutsche Fernsehen und RTL stellten dankenswerterweise Mitschnitte zur Verfügung. Beim

Südwestrundfunk und beim WDR konnten Aufzeichnungen mit begrenztem Nutzungsrecht gegen eine beträchtliche Gebühr käuflich erworben werden. Die hohen Kosten wirkten sich insofern nachteilig aus, als die Bestandsaufnahme nicht bei jedem Titel im gewünschten Umfang durchgeführt werden konnte. Was DDR-Sendungen anbelangt, war das Deutsche Rundfunkarchiv in Potsdam erster Ansprechpartner und, soweit es die Bestände zuließen, in jedem Fall hilfreich. Die zur Darstellung der Genealogie und aus Vergleichsgründen unverzichtbaren US-Sendungen entstammen dem Archiv des Autors. Die Urfassung von ›Big Brother‹ wurde vom Verfasser während der Erstausstrahlung in den Niederlanden gesichtet und teilweise dort aufgezeichnet.

Bekenntnisse, Befunde, Blödeleien – Das Genrespektrum

Um das vielfältige Angebot des Mediums zu systematisieren, ist es sinnvoll, es klar definierten Genres zuzuordnen, die für sich genommen vergleichende Untersuchungen ermöglichen. Den deutschen Begriff von Show in Anwendung bringend, lässt sich folgende Einteilung vornehmen:

Die Show ist die übergeordnete *Gattung*, die Talkshow eines ihrer *Genres*. Das Genre Talkshow wiederum setzt sich zusammen aus diversen *Subgenres*, die nicht immer klar zu definieren sind, weil sich häufig Mischformen ergeben.[19]

In der programmbegleitenden Publizistik finden sich vornehmlich folgende Begriffe, die jeweils ein Subgenre kennzeichnen und zusammengenommen das Angebot repräsentieren:

- politische Talkshow
- Unterhaltungs-Talkshow
- Prominenten-Talkshow
- Ratgeber-/Lebenshilfe-Talkshow
- Konfrontations-/Combat-/Streit-Talkshow
- Bekenntnis-Talkshow
- Late-Night-Show
- Jugend-Talkshow

Randläufig oder auch nur phasenweise wurde das Angebot ergänzt um:

- Erotik-Talkshows (Beispiel ›Peep‹, ab 1995 auf RTL II)
- Sport-Talkshows (in regelmäßigem Turnus nur in Sportkanälen wie DSF und Eurosport, als Segment aber auch schon im 1963 erstmals ausgestrahlten ›Aktuellen Sportstudio‹ des ZDF)
- Religiöse Talkshows (Beispiel ›Hof mit Himmel‹, produziert von dem 1959 in Wetzlar gegründeten, als gemeinnützig anerkannten Evangeliums-Rundfunk e. V. [ERF])[20]
- Jux-Talkshows (›Dall-As‹ und ›T.V. Kaiser‹ bei RTL, ›Talk im Tudio‹[21] [sic!] bei Sat.1)
- Mundart-Talkshows (Beispiel ›Jetzt red i‹ im Bayerischen Fernsehen oder ›Talk op platt‹ im NDR. Gemeinsames Kennzeichen dieser Variante ist ein ausgeprägter Regionalbezug)
- Senioren-Talkshows

Verwirrung stiftet gelegentlich die leichtfertige Verwendung einzelner Begriffe vornehmlich in der Massenpresse. Ein Subgenre weist jeweils prägnante wiederkehrende Komponenten in Ablauf und Gestaltung auf. So stellt die Late-Night-Show ein eigenes Subgenre dar, *daytime talkshow* hingegen bezeichnet nicht mehr als einen Sendeplatz, auf dem unterschiedliche Konzepte gesprächsbetonter Formate verwirklicht werden können.

Zwischenbild

Es gehört zum Wesen des Fernsehens, dass bestehende Formate laufend weiterentwickelt werden, durch Kreuzung mit anderen Gattungen, durch Anreicherungen oder auch Reduktionen, durch Austausch oder Auslagerung einzelner Segmente bis hin zur Erneuerung des kompletten Konzepts. Auch Talkshow-Typologien sind grundsätzlich zeitabhängig und folglich mit Vorsicht zu betrachten. Sie unterliegen den zum Zeitpunkt ihrer Entstehung aktuellen Moden ebenso wie Themenkonjunkturen, sie sind demnach nur von begrenzter Definitionskraft und müssen stets aufs Neue überprüft und angepasst werden.

1. Themen und Traditionen – Die Programmentwicklung in den USA

Die Fernsehtechnik war bei weitem nicht ausgereift, als am 22. März 1935 in Deutschland der regelmäßige Sendebetrieb aufgenommen wurde – ein Propagandaschachzug der nationalsozialistischen Führung, die mit dieser Premiere anderen Staaten zuvorkommen und die Leistungsfähigkeit der deutschen Industrie demonstrieren wollte. Die staatlich gelenkten Bemühungen, das Fernsehen zu einem Massenmedium zu machen, fanden 1939 mit Ausbruch des Zweiten Weltkrieges ein vorläufiges Ende. Ab Herbst dieses Jahres wurde das Fernsehen vorrangig in der Truppenunterhaltung eingesetzt und diente mit Fortschreiten der Kriegshandlungen unter anderem dazu, Durchhaltebotschaften in die Lazarette zu übertragen.

Im selben Jahr fand in den USA das Fernsehen nach langer Erprobungszeit öffentliche Aufmerksamkeit, als im Rahmen der Weltausstellung die Sendekette NBC einen regelmäßigen Programmbetrieb aufnahm. Doch die erhoffte Initialzündung blieb aus, weil die technischen Standards nicht vereinheitlicht waren, bereits bereitgestellte Frequenzen zurückgezogen und auf UKW-Sender übertragen wurden und für das werbefinanzierte Fernsehen überhaupt nur beschränkte Genehmigungen vorlagen.

Umso rasanter ging nach Kriegsende 1945 die Entwicklung vonstatten. Makabrerweise waren es nicht zuletzt militärische Technologie und entlassene Soldaten mit einschlägigen Kenntnissen, die zur Verbesserung des Fernsehempfangs beitrugen. Während in Deutschland unter dürftigen technischen, finanziellen und personellen Verhältnissen mühsam mit neuerlichen Versuchssendungen begonnen wurde, waren in den USA am Ende des Jahrzehnts viele der heute geläufigen Programmformen zumindest im Ansatz bereits vorhanden. Es entstand eine Fernsehkunst mit eigenständigen Kriterien, die sich zwar noch ausdifferenzieren sollten, aber bereits in Wettbewerbsform institutionalisiert werden konnten: 1949 wurde erstmals der Fernsehpreis ›Emmy‹ für herausragende Programmleistungen vergeben.[1]

Eingedenk des US-amerikanischen Vorsprungs bei der Einführung des Fernsehens, dessen Auswirkungen auf das deutsche Programmgeschehen wie auch die besonderen Traditionen des Landes ist es notwendig, zunächst die Genealogie der Hörfunk- und TV-Gespräche in den USA nachzuzeichnen.

Town meetings und das *lyceum*

Das öffentliche Gespräch ist in den USA in vielen gesellschaftlichen Bereichen seit den Pioniertagen verankert: »In den Vereinigten Staaten wurden öffentliche Rededuelle nicht vom Fernsehen erfunden. Sie bilden vielmehr eine der großen Traditionen der amerikanischen Demokratie.«[2]

Diese Tradition lässt sich zurückverfolgen bis zu den Einwanderern der ersten Generation, die ihre neue Heimat meist nicht als Individuen, sondern als Angehörige einer kirchlichen Kongregation betraten, jedenfalls aber, angesichts einer gefahrenreichen Umgebung, vorzugsweise im Verband siedelten. Die gemeinschaftlichen Belange dieser Kommunitäten wurden in Selbstverwaltung organisiert, der Ort für Debatten, Auseinandersetzungen und Beschlüsse war in der Regel der Gemeindesaal, die *town hall*. Von der Warte des 19. Jahrhunderts aus stellten sich die Treffen in der *town hall* wie folgt dar:

»The meeting which is presided over by a chairman called the Moderator – a name recalling the ecclesiastical assemblies of the English Commonwealth[3] – is held in the town hall, if the town possesses one, or in the principal church or schoolhouse, but sometimes in the open air. The attendance is usually good; the debates sensible and practical. Much of course depends on the character and size of the population«, lauteten die Beobachtungen von James Bryce, der seine Eindrücke in dem erstmals 1888 publizierten zweibändigen Werk »The American Commonwealth« niederschrieb.[4]

Kamen in den *town meetings* Verwaltung, Politik und gesellschaftliches Leben überein, so gab es im Bildungsbereich eine

Entsprechung in Form des *lyceums*, eine Institution, die Vorträge, Bühnendarbietungen, Debatten und vieles mehr organisierte.[5] Zu Zeiten, in denen viele US-Amerikaner des Lesens nicht mächtig oder an Lektüre wenig interessiert waren, bot das *lyceum* Möglichkeiten der weniger politischen als vielmehr vorrangig kulturellen Aus- und Weiterbildung, der Meinungsbildung und des Meinungsaustausches und diente dabei zugleich immer auch als geselliger Treffpunkt. Charakteristisch für diese Institution waren bis etwa 1840 »… the cabinet of curiosities, the interchange of information among neighbours, and the close connection with the public elementary-school movement …«.[6]

In den darauf folgenden Jahren wurden Teile der vordem vom *lyceum* getragenen Aufgaben von anderen Institutionen wie den Museen, Bibliotheken, Abendschulen übernommen. Die Nachfrage nach Informationen, Lebenshilfe und *weichen Nachrichten* verlagerte sich auf die Printmedien. Lesefähigkeit und auch -lust waren in dem Maße gewachsen, wie die Verbreitung von Zeitungen und Zeitschriften, Groschenheften und Büchern zunahm und selbige an Beliebtheit gewannen.[7] Keine Zäsur, wie Carl Bode feststellte, sondern eine Ausweitung: »A community that read was not necessarily a community that supported the lyceum, yet the two things as a rule went together. They formed part of the same general cultural context.«[8]

Das *lyceum* hatte Bestand, machte allerdings einige Veränderungen durch. Insbesondere die Idee erhielt sich im öffentlichen Bewusstsein und setzte sich als kulturelle Praxis fort, die im Weiteren in die Print-, dann in die Funkmedien hineinwachsen sollte: »The public still thought of the lyceum in its original form long after certain educational aspects had faded away.«[9]

Das solidarische Zusammenleben in einer überschaubaren Kleinstadt hat sich in der US-amerikanischen Folklore bis auf den heutigen Tag als – zumeist verklärtes – Ideal erhalten und findet sich als Topos in der Literatur, in Songtexten, Kinofilmen und Fernsehserien.[10] Die Idee des *town hall meetings* ist ein fester Bestandteil dieses zum Idyll tendierenden Mythos. Tatsächlich wird die althergebrachte Form der Selbstverwaltung in einigen Teilen des Landes noch heute praktiziert: »… these gathering of voters –

for social as well as political purposes – became deeply rooted in the affections of the people. ›Town meeting‹ represents an ideal of direct democratic discussion and decision everywhere, and the old machinery is jealously maintained today in the more rural parts of New England. In more thickly settled regions, where the population is heterogenous, modifications have occured.«[11]

Den ersten massenmedialen Widerhall der *town meeting*-Tradition fand Wayne Munson in den frühen, speziell auf ein weibliches Lesepublikum abzielenden Zeitschriften des US-Marktes, die ihren Leserinnen verschiedene Möglichkeiten der Publikationsteilhabe boten wie Wettbewerbe, Leserbriefspalten und Kolumnen, deren Autoren Einsendungen aus Leserkreisen zitierten und auf sie eingingen. Die Inhalte waren durch ihren Servicecharakter geprägt und galten zugleich der Vermittlung eines bestimmten Lebensgefühls: »*The Ladies' Home Journal's* participatory approach was itself nostalgic in its effort to replicate the trusted, advice-giving neighbor or the local grocer who knew where everything in his store came from. Media use of participation tapped not only the democratic connotations of the town meeting, self-governance, and a shirt-sleeves ethic of action and trust but the virtuous ›low culture‹ strains of revivalism and a Jacksonian[12] ›plainfolks‹ social preference as well.«[13]

Der Idee nach fand diese Tradition – wie auch die des Kaffeehausgesprächs und der Erwachsenenbildung[14] – eine mediale Fortsetzung und Erweiterung in Hörfunksendungen wie ›America's Town Meeting of the Air‹ (1935–1956; von 1948 bis 1949 und erneut 1952 auch im Fernsehen), in denen Themen von gesellschaftlicher Bedeutung, wie beispielsweise die Rassenfrage, kontrovers diskutiert wurden. Zugleich simulierten derartige Sendungen das vielfach idealisierte[15] *town meeting*-›Gefühl‹, das Teilhabe und Mitsprache verhieß. Dies umso mehr, als bei einigen dieser Radio-Talkshows Hörermeinungen per Telefon abgefragt wurden. Die frühen, ab 1960 aufkommenden Hörfunksender mit reinem Talk-Programm – den Anfang machte die Station KABC in Los Angeles – schließlich entsprachen dieser Nachfrage, indem sie eine Form von Lebensberatung boten, die geeignet war, über Themenauswahl und -präsentation ein Gemeinschaftsgefühl unter den Zuhörern zu stiften: »Besides call-in or interview shows, or those that mix the two on current affairs topics, talk formats include psychological and other ›service‹ or advice programs on topics as diverse as personal finance, household and auto repair, and sex.«[16]

Die Hörfunk-, später auch die Fernseh-Talkshow basieren demnach auf gewachsenen Traditionen und Gewohnheiten mit einem gewissen folkloristischen und oft auch nostalgischen Einschlag. Noch in den 1990er-Jahren wurde der Begriff *town meeting* zur beschreibenden Betitelung von TV-Sendungen genutzt, beispielsweise bei der Diskussionssendung ›Town Meeting: Kids, Parents and Straight Talk on Drugs‹, ausgestrahlt am 30. März 1997 von ABC. Ferner hat sich der Terminus erhalten als Bezeichnung für die fernsehöffentlichen Debatten der Bewerber um die Präsidentschaft. Als *town hall debates* zählen die Frage-und-Antwort-Stunden zu den Höhepunkten der jeweiligen Wahlkämpfe.

Diese in den USA mittlerweile Tradition gewordene Praxis der politischen Meinungsbildung gewann in Deutschland an Bekanntheit, als sich im Herbst 2004 die beiden US-amerikanischen Präsidentschaftskandidaten George W. Bush und sein Herausforderer John Kerry in einer live übertragenen Debatte den Fragen ausgewählter Saalzuschauer stellten. Fernsehschaffende wie die ZDF-Moderatorin Maybritt Illner[17], Korrespondenten und hiesige Journalisten verfolgten das US-amerikanische Verfahren speziell im Hinblick auf seine Tauglichkeit für das deutsche Fernsehen. In einem Artikel über das früh begonnene Buhlen der Sender um die Austragung der deutschen Kandidatendebatten hieß es: »Die Duelle in den USA sind interessanter Lehrstoff. So bot die zweite Runde zwischen Bush und Kerry ein für Zuschauer attraktives *Town-hall*-Format [Hervorhebung im Original; H. K.].«[18]

Nicht nur die politisch-informative, auch die stärker zur Unterhaltung tendierende Variante der Talkshow hat ihren Ursprung im Hörfunk. Noch in den späten 1950er-Jahren war das Radio in den USA das Primärmedium. Es wurde gezielt konsumiert, sehr wohl auch von gebildeten und höheren Schichten, wie folgende Anekdote illustriert: 1957 suchte der bis dahin nur im Raum New York bekannte Schauspieler und Theaterregisseur John Cassavetes nach finanzieller Unterstützung für seinen ersten Kinofilm ›Shadows‹ und bat in der von Jean Shepherd moderierten Radio-Talkshow ›Night People‹ um Spenden. Wider Erwarten fand er auf diesem Wege tatsächlich Geldgeber für sein Vorhaben, darunter namhafte Regisseure wie Joshua Logan, William Wyler, Robert Rossen und die Kolumnistin Hedda Hopper.[19] Bernhard Wittek berichtet, dass sich in den 1950er-Jahren selbst Lokalstationen, zum Beispiel in New York und Los Angeles, leisteten, »als ›host‹ für talk shows Persönlichkeiten, die bereits auf ganz anderem Gebiet prominent waren, wie zum Beispiel den Gouverneur von New Jersey, Robert Meyer, oder den katholischen Bischof Fulton Sheen«, anzustellen.[20]

Das Gericht als Forum und Bühne

Nicht unerwähnt bleiben darf der Einfluss der für die USA typischen Form der Gerichtsbarkeit. Sie hat ihre Wurzeln im britischen Rechtssystem, erhielt aber in der abtrünnigen Kolonie, unter den anfangs provisorischen und späterhin den personellen und geographischen Notwendigkeiten angepassten Bedingungen der Gründerzeit, eine eigene Prägung und stützt sich noch heute, trotz bundesstaatlicher Unterschiede, im Wesentlichen auf die mündlichen Vorträge der streitenden Parteien, die ein unter richterlichem Vorsitz tagendes Gremium juristischer Laien, die Geschworenenjury, argumentativ überzeugen müssen.[21]

Dieses Verhandlungsprinzip liefert nicht nur ein attraktives dramaturgisches Gerüst für Gerichtsfilme und -serien, sondern erfreut sich auch in der Form des direkt übertragenen *court TV*[22] oder als *courtroom show* mit echten oder nachinszenierten Rechtsfällen einiger Popularität. Die Geschichte dieses Genres reicht zurück bis in die Anfänge des US-Fernsehens. In Sendereihen wie ›They Stand Accused‹ (ab 1949) oder dem täglich ausgestrahlten ›Divorce Court‹ (1957–1969, Vorsitz: Voltaire Perkins; 1986–1991, Vorsitz: William B. Keene; ab 1999, Vorsitz: Mablean Ephriam) wurde das juristische Prozedere in den Dienst des unterhaltenden Fernsehens gestellt. In den 1980er-Jahren war mit ›People's Court‹ (1981–1993) ein vergleichbares Format überaus erfolgreich und wurde vielfach nachgeahmt. Der Kinderkanal Nickelodeon zeigte mit ›Kid's Court‹ von 1985 bis 1989 eine Variante für Heranwachsende, die in Deutschland als Lizenzausgabe ab November 1993 als ›Kindergericht‹ unter dem Titel ›Zoff‹ bei Sat.1 zu sehen war.[23]

In ›The Court of Human Relations‹ (1959), einer aus dem Hörfunk übernommenen Sendereihe, leisteten im Nachmittagsprogramm drei Experten gegenüber geladenen Gästen unmittelbar Lebenshilfe im zwischenmenschlichen Bereich. Das ›Court of Current Issues‹ (1948–1951) verhandelte in der Hauptsendezeit, unter Vorsitz eines echten Richters, Fragen aus Politik und Gesellschaft; das Publikum übernahm den Part der Jury.[24] Wenngleich ›Court of Current Issues‹ wegen einer unvorteilhaften Programmierung nur wenige Zuschauer erreichte, fand die Form zahlreiche Nachahmer. 1958 boten die Programme allein im Raum Los Angeles binnen einer Woche die Sendefolgen ›Traffic Court‹, ›Court Martial‹, ›Divorce Court‹, ›Juvenile Court‹, ›Youth Court‹, ›Night Court‹, ›Municipal Court‹ und ›Day in Court‹.

Die Inszenierung dieser Sendereihen mit Laiendarstellern und gelernten Juristen nahm erkennbar die in Deutschland zwar früh erprobte, aber erst ab 1996 in vergleichbar breitem Maße eingeführte Produktionsweise vorweg, wie das Beispiel ›Traffic Court‹ zeigt: »Edgar Allan Jones, an assistant law school dean at the University of California, portrayed the austere traffic court judge while amateur actors played the repentent souls who had double parked or let their licences expire.«[25]

Die Talkshow im US-Hörfunk

Gespräche in den unterschiedlichsten Formen, vom zielgerichteten Interview bis zum legeren Geplauder, gehören naturgemäß zum Wesen des Mediums Hörfunk. Dort liegen die Ursprünge des zum Zwecke der Unterhaltung eines größeren Publikums initiierten und öffentlich geführten Gesprächs. Die Entwicklung von Sendeformen ist ein dynamischer, vielerlei Einflüssen unterworfener Prozess. Deswegen bleibt ein gewisser Vorbehalt, wenn hier, der einschlägigen Literatur folgend, die 1945 von Martha Roundtree und dem Verleger Lawrence E. Spivak als Begleitprogramm zur Zeitschrift ›American Mercury‹ eingerichtete Rundfunkreihe ›Meet The Press‹ als *erste Talkshow* schlechthin eingeführt wird. Ungeachtet dessen ist diese Sendereihe von besonderer Bedeutung, weil sie unter den Hörfunkanbietern vielerlei Nachahmer fand und 1947 vom Fernsehen adaptiert wurde. Im Rahmen der Sendung befragten unter der Gesprächsleitung Martha Roundtrees wechselnde Journalisten jeweils einen Gast, zumeist aus dem politischen Bereich. Neben vielen anderen stellten sich Joseph McCarthy, Fidel Castro und Martin Luther King den Fragen der Pressevertreter. Die dreißigminütige Sendung wurde, wie in Deutschland der ›Internationale Frühschoppen‹,[26] am Sonntagmorgen ausgestrahlt, und es geschah nicht selten, dass im Zuge der Diskussionen Äußerungen fielen, die montags die Schlagzeilen der Tageszeitungen bestimmten. Dies lag ganz in der Absicht der Veranstalter und galt ebenso für die verwandten Sendereihen ›Face The Nation‹ (CBS) und ›Issues and Answers‹ (ABC). Um eine entsprechende Resonanz in der Presse zu erwirken, sandten Redaktionsmitarbeiter noch am Sonntagnachmittag Transkripte der Sendungen an alle in Washington vertretenen Zeitungen.[27]

Für diese Art von Sendungen wurde der Begriff *public affairs shows* geprägt. Wie später die *daytime talkshow* diversifizierte sich das Genre, indem Sendereihen auf spezielle Zuschauergruppen zugeschnitten wurden. ›Juvenile Jury‹ (1946–1951, 1952–1953)[28] richtete sich beispielsweise an ein sehr junges Publikum. Dort antwortete eine Riege aus fünf Kindern auf eingesandte oder direkt gestellte Fragen von Gleichaltrigen zu alterstypischen Problemen.[29] In ›Leave It To The Girls‹ (1945) diskutierten weibliche Prominente mit einem einzelnen männlichen Gast, ›Life Begins At Eighty‹ wandte sich ab 1950 an die älteren Mitbürger.

Einige Sendereihen gewährten bereits gewisse Formen der Publikumsbeteiligung und damit jene Sprachrohrfunktion, die später ein wesentliches Merkmal der *daytime talkshows* des Fernsehens darstellen sollte. Der Enzyklopädist Vincent Terrace rechnet derartige Formate zu den ›Audience Participation‹-Shows. In der Sendereihe ›That's Life‹, die ab 1951 über die Hörfunkkette NBC ausgestrahlt wurde und der man gemäß heutigem Sprachgebrauch einen gewissen *Reality*-Faktor attestieren darf, bekam ein Mikrophon in die Hand, wer einen künstlerischen Auftritt wagte, Kritik vorzubringen oder eine Geschichte zu erzählen hatte.[30]

Wie so viele erfolgreiche Vertreter auch anderer Gattungen wurden etliche der genannten *public affairs shows*, manche nur kurze Zeit nach ihrer Hörfunkpremiere, nach dem Erstarken des Fernsehens dorthin verlagert. Eine konzertierte Abwerbeaktion der Künstleragentur MCA und der Senderkette CBS lockte eine ganze Riege namhafter Hörfunk-Stars – nicht wenige von ihnen waren in den ›Goldenen Jahren‹ des Radios populärer als Hollywood-Schauspieler, die ihrerseits gern und häufig beim Hörfunk arbeiteten – zum neuen Medium, desgleichen Autoren und Produzenten, die häufig die von ihnen konzipierten Sendereihen, Erzählserien ebenso wie Informationssendungen, mitbrachten.[31]

Die Talkshow als Fernsehformat

In der zweiten Hälfte der 1940er-Jahre, nach dem Ende der kriegsbedingten Beschränkungen, erlebte das US-amerikanische Fernsehen einen Aufschwung, befand sich aber nach wie vor in der Entwicklungsphase und bedurfte hoher Investitionen, mit deren Amortisierung zunächst nicht zu rechnen war. Die Autoren eines internen Papiers des zum Elektronikkonzern RCA zählenden Rundfunkunternehmens NBC veranschlagten im Juni 1946 den in der Fernsehsparte binnen vier Jahren zu erwartenden Verlust auf acht Millionen Dollar.[32] Die erforderlichen Beträge wurden aus dem unverändert florierenden Geschäft mit der Hörfunkwerbung aufgebracht und steuermindernd als Forschungs- und Entwicklungskosten verrechnet. Für RCA nicht nur eine Investition in die Zukunft, denn die Unternehmensleitung trachtete danach, durch attraktive Fernsehprogramme den Absatz der im eigenen Konzern hergestellten Empfangsgeräte zu erhöhen. Die Empirie gab dieser Taktik recht – beispielsweise schlugen sich die Erfolge des Stummfilm- und Hörfunkveteranen Milton Berle mit seiner Spezialitätenshow ›The Texaco Star Theater‹ (ab Juni 1948), die vier Monate nach Beginn zur ›Milton Berle Show‹ wurde, tatsächlich in den Verkaufszahlen für Fernsehapparate nieder.[33] Nach Einführung spätabendlicher Unterhaltungsprogramme setzte gar ein Trend zum Zweitgerät ein: »(…) indeed, an apparent consequence of ›Tonight‹ was the fact that some households purchased a second television for the master bedroom, where adults could enjoy Steve Allen from the comfort of the marriage bed.«[34]

Ein zweites Vorhaben ging dahin, genügend Stationseigentümer zum Anschluss an das NBC-Network zu bewegen, um die noch eingeschränkte Reichweite zu vergrößern. 1949 umfasste die NBC-Kette gerade mal 25, vorrangig an der Ostküste beheimatete Stationen. Erst bei einem flächendeckenden Sendebetrieb aber konnten Werbepreise veranschlagt werden, die den Senderverbund in die Gewinnzone führen würden.

Erweiterter Senderahmen – Sylvester Weavers Programmstrategien

Um die oben umrissenen Unternehmensziele zu realisieren, wurde Sylvester ›Pat‹ Weaver gewonnen, 1949 zum Programmchef bestimmt und 1953 zum Präsidenten der Senderkette berufen.[35] Vor seinem Wechsel hatte Weaver in der Werbeagentur Young & Rubicam als Leiter der Hörfunkabteilung namens seiner Auftraggeber Sendeformate entwickelt; er war mit den Anliegen der Werbewirtschaft ebenso vertraut wie mit der praktischen Seite der Programmherstellung.

Weaver ersann für das NBC-Fernsehen eine Programmreform, die eine Kombination mehrerer miteinander verschränkter Maßnahmen bereithielt und sich auch auf die Geschäftspolitik der Kundenakquisiteure auswirkte. So brach Weaver mit der üblichen Praxis, komplette Sendeblöcke an einen einzigen Sponsor zu veräußern, der die erworbene Sendezeit nach eigenem Ermessen füllen konnte.[36] Titel solcher Sendungen waren beispielsweise ›Ford Theater‹, ›Colgate Comedy Hour‹ und ›Kraft Television Theatre‹. Damit war Weaver seiner Zeit voraus, denn noch im Jahr 1956 herrschten die Einzelsponsoren vermittels ihrer Werbeagenturen nahezu unbeschränkt über die von ihnen präsentierten Programme, geboten nach Gutdünken über Drehbücher, Mitwirkende und Herstellungskosten, redigierten die Dialoge und brachten eigene Inhalte in den Sendungen unter.[37]

Sylvester Weaver war jedoch weniger an künstlerischen Freiheiten gelegen als an einer zentralen, souveränen Programmgestaltung. Bei seinem Amtsantritt zeigte sich das Programm als Flickenteppich disparater Themen, Formen und Inhalte. Weaver dagegen schwebte ein den Tagesgewohnheiten der Zuschauer angepasster Programmfluss mit aufeinander abgestimmten Einzelsendungen vor, womit eine größtmögliche Publikumsbindung – der *audience flow* ist heute Kernmaßstab jeder Programmplanung – erreicht werden sollte.

Um die Programmhoheit zurückzuerlangen und zugleich zusätzliche Werbeschienen zu eröffnen, konzipierte Weaver eine neue Form des Werbezeitenverkaufs und erarbeitete sein ›magazine concept‹, das kleinteilige Programmabläufe mit eigenproduzierten Sendungen vorsah, in die sich die Werbekunden einkaufen konnten. Bis dahin galt die Aufmerksamkeit des Publikums wie die der Programmgestalter bevorzugt der Hauptsendezeit, die in etwa mit den Anfangszeiten von Kino- und Bühnenvorstellungen übereinstimmte und damit noch den Usancen einer Ausgehkultur, nicht aber einer heimischen Unterhaltung entsprach. Weaver dagegen etablierte das Fernsehen als Ganztagesangebot, indem er auch die Sendestrecken am Morgen, Nachmittag und späten Abend mit Network-Programmen füllte, den Sendereihen ›Today‹, ›Home‹ und ›Tonight‹, kurz ›T-H-T‹. Mit diesen preiswert produzierten Sendereihen in zuschauerschwächeren Perioden sah sich NBC in der Lage, auch Werbekunden mit kleinerem Etat anzusprechen und ihnen ein preiswertes Forum zu bieten. Sie konnten einzelne Platzierungen buchen oder auch alle drei Sendungen im Paket: »In the case of T-H-T, NBC's sales department specifically targeted advertisers who were looking for discount time as a way of breaking into the television market. (…) Participation advertising, as best demonstrated in the T-H-T arrangements, promised to enhance NBC's future market by increasing the number of advertisers involved in the medium.«[38]

Ein weiterer Schritt in Weavers Programmpolitik sah vor, regelmäßig mit hochkarätigen Eigenproduktionen, sogenannten ›spectaculars‹ oder ›specials‹,[39] aufzuwarten – zum einen, um zusätzliche Zuschauerschichten zu gewinnen, zum anderen, um bereits assoziierte Stationen zu halten und neue zum Anschluss an die NBC-Kette zu animieren. Mit dem Abspulen vorgefertigter Serienware, wie es zum Beispiel der kleinere Mitbewerber ABC praktizierte, waren die Sendereigentümer nach Weavers Meinung nicht zu gewinnen, denn solche Programmware konnten sie auf eigene Rechnung bei den freien Anbietern, den *syndicators*, beschaffen. Weaver hingegen lockte mit teuren Prestigeproduktionen, hochkarätig besetzten Unterhaltungsabenden und aufwendigen Aufführungen, die von den *syndicators*, geschweige denn einzelnen Sendestationen, finanziell nicht hätten bewältigt werden können.[40]

Ob bunter Abend, Theaterinszenierungen wie ›Richard III.‹, Musicals oder die erste eigens fürs Fernsehen geschriebene Oper ›Amahl and the Night Visitors‹,[41] generell räumte Weaver der Live-Übertragung einen höheren Rang ein als gefilmter Unterhaltung: »Television is not movies«, schrieb er an den FCC-Vorsitzenden Charles Denny im Oktober 1949. »It is show business in the living room.«[42]

Talk zum Tagesbeginn – ›Today‹

Eine der von Sylvester Weaver gegen den anfänglichen Widerstand von Teilen der Werbebranche und der eigenen Verkaufsabteilung durchgesetzten Innovationen war, neben dem Nachmittagsmagazin ›Home‹[43], die morgendliche Reihe ›Today‹ mit ihrem bis heute das Frühprogramm zahlreicher Fernsehländer bestimmenden, salopp präsentierten Mix aus »›happy talk‹ and information«.[44] Im Rahmen einer Anzeigenkampagne pries NBC die mit 40000 Dollar pro Woche etatisierte Reihe als »a revolution in television« und kündigte an, das ›Today‹-Studio werde zum »nerve center of the planet«[45] werden.

Am 14. Januar 1952 begrüßte Moderator Dave Garroway seine Zuschauer mit den Worten: »Good morning to you. The very first morning of what I hope and suspect will be a great many good mornings between you and I.«[46] Anfangs sah es so aus, als ob sich diese erwartungsvolle Begrüßung nicht erfüllen sollte, denn die Werbekunden übten sich in Zurückhaltung. Den Zuschauern bot sich ein ungewohnter Wirrwarr aus Außenschaltungen, interkontinentalen Telefongesprächen und vielem mehr: »On the home screens the first *Today* broadcast appeared as an almost meaningless hodge-podge. The cast and crew were squeezed into a tiny street-front New York City studio that had originally been a public display showroom for RCA TV sets, and viewers could see: three teletype machines, weather maps, wirephoto displays, clocks set to the times of various world cities, record players, newspapers, the crowd outside the studio, and, oh yes, the show's regular cast of Dave Garroway, Jim Fleming, and Jack Lescoulie.«[47]

Ein gefälliges Angebot registrierte im Herbst 1953 der deutsche Studienreisende Walter Hilpert: »Die Sendung spielt sich ganz zwangslos, ganz improvisiert (oder improvisiert gekonnt) im Büro-Studio von Dave Garroway ab. Für die Kameraleute scheint es keine Schwierigkeiten zu geben, den Schritten der Sprecher oder den Improvisationen Daves zu folgen. Die kurze, rasche Folge von Nachricht, Unterhaltung, Belehrung erlaubt es dem Zuschauer zu Hause, seinen Morgenverrichtungen nachzugehen. Man kann sein Brötchen schmieren, mal beim Kauen eine Minute lang hinschauen, man kann 10 Minuten lang nicht dabei sein, oder braucht nur eine Viertelstunde vor dem Bildschirm zu sitzen – jede Minute ist interessant und überraschend. Während alle anderen amerikanischen Fernsehsendungen nur 15, höchstens 30 Minuten dauern, schafft Dave Garroway es, viermal 30 Minuten stets fesselnd zu füllen. Das Zusammenspiel seines Teams ist allerdings kaum zu überbieten, und hinter der scheinbaren Leichtigkeit und Improvisation steckt höchste Konzentration, Phantasie und Beherrschung der technischen Mittel.«[48]

Hilperts illustrierter Bericht für das Fachperiodikum ›Fernsehen‹ beinhaltet ein minuziöses Ablaufprotokoll der von ihm beobachteten Sendung am 8. Oktober 1953. Diese umfasste drei Talk-Segmente, von Hilpert wie folgt beschrieben:

»7 Uhr 48:

Ein Gast stellt sich der Kamera vor. Dave hat einen Professor der Augenheilkunde aus Boston, eben in New York eingetroffen, in sein Studio gebeten. Er spricht mit ihm über das menschliche Auge und die Fotolinse. Der Professor erklärt die Wirkung der Blende beim Fotoapparat, bei der Fernseh-Kamera und im Auge des Menschen. Er setzt sich vor die Kamera. Auf dem Bildschirm erscheint sein Auge in Großaufnahme. Mit einer Taschenlampe, die er ein- und ausschaltet und in das Auge strahlen läßt, demonstriert er das Zusammenziehen und Aufgehen der menschlichen Augenlinse. Er spricht frei und allgemeinverständlich, ohne viel wissenschaftlichen Ballast.«[49]

Der Beitrag beansprucht sieben Minuten. Es folgen Reklamedurchsagen, teils wiederholte, teils aufgefrischte Nachrichten, Wettermeldungen, Kamerabilder von den Zuschauern draußen vor dem Schaufenster.

»8 Uhr 15:

Dave erinnert an Ereignisse vor 25 Jahren; Ausschnitte aus alten Wochenschauen (wie 7.15 Uhr). – Er holt sich als Gast des Tages eine spanische Sängerin, die gerade in New York auftritt; unterhält sich mit ihr und läßt auf einem Schallplatten-Apparat ein Lied dieser Sängerin vorspielen. Während das Lied erklingt, zeigt das Bild das Gesicht der Sängerin, die von der Kamera nichts merkt, sondern aufmerksam ihrer eigenen Aufnahme lauscht und dabei mit den Lippen stumm das Lied mitsummt. (Es war nicht zu erkennen, ob diese Szene improvisiert oder gestellt war.)«[50]

Der Ablauf aus Nachrichtendurchsagen, Werbehinweisen, Filmeinspielungen, Musik, Grüßen wiederholt sich, bis Garroway sich kurz vor Ende der Sendung noch einmal einem seiner Gäste zuwendet:

»8 Uhr 48:

Dave unterhält sich nochmals mit dem Professor aus Boston; dieser wiederholt mit der gleichen Unbekümmertheit wie vor einer Stunde seine Erklärung der menschlichen Augenlinse und Fotoblende.«[51]

Im selben Zeitraum hielt sich auch der SWF-Redakteur Wolfgang Brobeil in New York auf. Ihm wurde Einblick hinter die Kulissen der Sendung gewährt. Er notierte unter anderem: »Neben den Nachrichten und dem Sport, den politischen Ereignissen und der Presseschau (die von Dave Garroway und Jim Fleming im lockeren Gespräch mit den Morgenzeitungen in der Hand hingeplaudert wird), nehmen rein unterhaltende Gespräche einen breiten Raum ein.«[52]

Die anfangs von den Zuschauern nur zögerlich angenommene Sendung fand ihr Publikum, nachdem man den Ablauf beruhigt und ausgiebige Talk-Strecken eingerichtet hatte. Als ausgemachter Zuschauermagnet erwies sich der Schimpanse J. Fred Muggs, der 1953 zufällig für die Sendung entdeckt worden war und wegen des großen Erfolges fortan regelmäßig auftrat, mit absonderlichen Folgen, von denen Gerald Green, der Produzent der Sendung, berichtete: »Women proposed to him; advertisers fought for the right to use his photo in their supermarket flyers; Chambers of Commerce sought his good offices; actresses posed with him; officers of newly commissioned naval vessels demanded that he christened them.«[53]

Der Einsatz des Tieres erwies sich als gewinnträchtiger Coup – vor allem Kinder reagierten begeistert, und mit ihnen fanden auch ihre Eltern Zugang zur Sendung, die so erfolgreich wurde, dass die übrigen *networks* das Konzept zu kopieren begannen. NBC aber war ihnen um einiges voraus – 1954 wurde ›Today‹ als profitabelste Sendung des US-Fernsehens geführt.[54] Im selben Jahr erzielte NBC 25,7 Prozent seiner Einnahmen aus dem Verkauf von Werbezeit im Tagesprogramm.[55]

Talk zum Tagesausklang – Die Late-Night-Show

Nachdem sich die programmliche Neuausrichtung der morgendlichen Sendezeit als erfolgreich erwiesen hatte, nahm Pat Weaver auch in der an die Hauptsendezeit, die *Prime Time*, sich anschließenden Spätschiene Veränderungen vor. Die Erfahrungen mit der überraschend resonanzstarken Reihe ›Broadway Open House‹ (1950–1951) hatten den Programmverantwortlichen gezeigt, dass auch nach 23.00 Uhr noch Zuschauer in einem für Werbekunden relevanten Maß erreicht werden konnten, sofern ein attraktives Angebot lockte.

Die Urform – ›Broadway Open House‹

Die Sendung, die am 29. Mai 1950 Premiere hatte, unterschied sich noch erheblich von den heute geläufigen Ausführungen dieser

Spielart, ablesbar beispielsweise am Fehlen einer zentralen Moderatorenpersönlichkeit. Das gemeinsame Etikett bezeichnete laut Tim Brooks und Earle Marsh »two shows in one«.[56] Die werktäglich ausgestrahlte Reihe wurde dienstags, donnerstags und freitags von Jerry Lester dargeboten, montags und mittwochs führte Morey Amsterdam durch das bunte Programm, eine Notlösung, da der ursprünglich als alleiniger Moderator vorgesehene Don Hornsby wenige Tage vor der Premierensendung verstorben war.

Jeder der Gastgeber, beide waren erfahrene Bühnenkomiker, hatte sein eigenes assistierendes Personal wie reguläre Sketchpartner und Bandleader. Morey Amsterdam arbeitete mit dem Kirby Stone Quintett, Jerry Lester mit dem Milton DeLugg Quartett. Bereits im November 1950 nahm Amsterdam Abschied von der Show, Jerry Lester schied im Mai 1951 aus. Bis zur endgültigen Einstellung der nun auf drei Termine pro Woche reduzierten Reihe im August 1951 fungierte der Sänger Jack Leonard als Moderator.[57] Inhaltlich boten die relativ frei gestalteten Sendungen Sketche, Musik- und Tanznummern, Gespräche mit Gästen, vieles davon auf improvisierter Basis.[58]

Von der Warte des Jahres 1999 aus liefert Sam Frank einen persönlich gefärbten Eindruck von der ›Broadway Open House‹-Ausgabe des 9. Januars 1951: »Watching this broadcast today, I am unimpressed with Lester, who is annoyingly self-satisfied, lecherous and leering. His shtick is irritating, the vaudeville material is stupefyingly heavy-handed and some of the ad lib stuff is embarrassing. (When accordionist Milton DeLugg breathed cigar smoke into Lester's face as a gag, all I could think was Yuck!) The best parts oft the show are Dagmar's. For her first bit, she and Lester and DeLugg read a 4½-minute playlet written for her, 22:39–27:05. For much of the second half of the show, she sits on a stool in the background, smiling and laughing now and then, upstaging everyone else by her mere presence. When she is called upon again to model a mink stole brought in by a furrier named Eddie, 44:21–45:33, she ad libs two funny lines and Lester steps on a third. The content rating [zweieinhalb Sterne bei einer Skala, die beim vernichtenden Urteil »BOMB« beginnt und als Bestwertung vier Sterne verzeichnet; H. K.] is for her; otherwise, the show would be rated a bomb.

Includes commercials for Blatz Beer (Schlitz's Milwaukee rival) and Anchor Hocking glasses. 56½ m.«[59]

Trotz häufiger Personalwechsel und interner Querelen hatte ›Broadway Open House‹ gewisse Möglichkeiten aufgezeigt. Zum einen lockte die Reihe zu eigentlich nachtschlafener Zeit Zuschauer vor den Bildschirm, sie machte einige der Mitwirkenden wie die Schauspielerin Jennie Lewis (bürgerlich Virginia Ruth Egnor), die mit der Rolle der naiven Blondine ›Dagmar‹ annähernd die gleiche Popularität wie Gastgeber Jerry Lester erlangte, zu Publikumslieblingen und bescherte dem Milton DeLugg Quartett hohe Absatzzahlen mit ihrem Titel ›Orange Colored Sky‹ – mutmaßlich der erste Plattenerfolg, der sich unmittelbar dem Fernsehen verdankt.[60]

Aus Sicht der Programmschaffenden kommerzieller Sender hielt ein solches Programm ideale Möglichkeiten bereit: Es brachte Stars hervor, vermochte Hits zu generieren und bot insgesamt ein positives, somit ideales Umfeld für die Anliegen der Werbekunden.

Bahnbrechend – Steve Allen und ›Tonight‹

Nach dem Ende von ›Broadway Open House‹ wurde die frei gewordene Sendezeit wieder den einzelnen, an das Network angeschlossenen Regionalstationen überlassen, die sie meist mit Wiederholungen alter Spielfilme füllten und die dazugehörige Werbezeit auf eigene Rechnung in den Vertrieb brachten. Dieses Verfahren war so lukrativ, dass sich die zentrale Programmplanung zur Rücksichtnahme aufgefordert sah – die assoziierten Stationseigentümer drangen darauf, dass etwaige Neuerungen jedenfalls einträglicher ausfallen mussten als ihr jeweiliges Filmangebot.[61]

Weaver stand entsprechend unter Erfolgszwang, als er 1954 daran ging, die Spätschiene des NBC-Programms neu zu besetzen. Fündig wurde er im Programm des New Yorker Lokalsenders WNBC-TV.[62] Dort hatte sich der Musiker, Schauspieler[63] und vormalige Hörfunkmoderator Steve Allen nach kurzen Zwischenstationen im Hauptabend- und im Nachmittagsprogramm des CBS-Networks mit der seit dem 27. August 1951 ausgestrahlten abendlichen ›Steve Allen Show‹ als vielseitiger und vor allem schlagfertiger TV-Conférencier etablieren und bereits ein beträchtliches Stammpublikum versammeln können. Unter dem neuen, als Klammer zu ›Today‹ gemeinten, nur anfangs ein Ausrufezeichen tragenden Titel ›Tonight!‹ wurde diese Sendung ins landesweite Programm übernommen.[64]

Steve Allen begründete vieles von dem, was heute zu den Standards einer klassischen Late-Night-Show zählt. Dieses inzwischen weltweit verbreitete Format mit eigenen Konventionen ist keine reine Talkshow, sondern umfasst Extempores, Conférencen, manchmal Filmeinspielungen und Live-Schaltungen, ferner Musikal-Beiträge und, meist im letzten Drittel, ein Talk-Segment. Selbiges dient, wie die anderen Komponenten auch, dem Amüsement des in der Regel anwesenden Saal- und des Heimpublikums. Der von Steven Allen begründete Urtyp dieser Show-Form zeigte sich dem Betrachter folgendermaßen: »He would open each evening seated at the piano, chatting and playing some of his own compositions (his most famous song, ›This Could Be the Start of Something‹, was often heard). He then went to his desk, where he talked about anything that seemed to interest him. There were guest stars, in addition to his semiregulars – only announcer Gene Rayburn and orchestra leader Skitch Henderson were on every night – but the emphasis was on Steve and his comedic ad-libbing. He would go into the audience, work up impromptu sketches with other members of the cast, and do remotes outside the studio. Many of the remotes were comic man-in-the-street routines, but perhaps the most famous incident occurred when *Tonight* was doing some telecasts from Miami. Allen somehow talked the U.S. Marines into staging a nighttime landing on Miami Beach, for the benefit of his cameras – panicking tourists in nearby hotels, who thought an invasion was underway.«[65]

Es gibt reichhaltige Belege, wie Steve Allen das geordnete Bildschirmgeschehen übermütig unterlief und anarchische Zustände stiftete. Er richtete in spontanen Aktionen unter Einbeziehung der Saalzuschauer ein wildes Durcheinander an oder stürzte draußen vor dem Studio als Polizist verkleidet die Verkehrsteilnehmer in Verwirrung – nicht etwa abgesichert durch vorherige Aufzeichnung, sondern vor der live übertragenden TV-Kamera.[66]

Neben harmlosen Drolerien gab Allen satirischen Witzeleien Raum, die in *Prime-Time*-Sendungen kaum zugelassen worden wären. Bei allen drei großen Senderketten galten die von den ›Standards and Practices departments‹ formulierten und überwachten ausführlichen Regelwerke, denen sich die Akteure vor der Kamera zu beugen hatten. Daneben existierten ungeschriebene interne Richtlinien über Sujets, die zu vermeiden waren: Religion, Drogen, Sex, das Militär, die Schrecken des nuklearen Zeitalters. Und sinnigerweise die Zensur selbst.[67] Steve Allen gehörte zu denen, die diese Einschränkungen zu unterwandern begannen, indem er zeitkritische Komiker wie Mort Sahl und Lenny Bruce, wenngleich mit gemäßigten Ausgaben ihrer Bühnenprogramme, so angesichts der Umstände doch vergleichsweise frei zu Wort kommen ließ. Ein wackerer Akt in einer Phase eingeschränkter Meinungsfreiheit: »The same year Congress passed the Communist Control act, 1954, NBC put young comic/musician Steve Allen into its 11:30 P.M. slot nationally and created what would become the prime locus of mainstream political humor for decades – *The Tonight Show.*«[68]

Nicht nur in dieser Hinsicht wirkte Allen über seine Zeit hinaus. Er sicherte NBC eine feste Zuschauerschaft, erschloss die typischen formalen Bestandteile und Abläufe der Late-Night-Show und konstituierte auf diese Weise ein neues Subgenre.[69] Noch der Bühnenkomiker und Schauspieler Jay Leno, als Nachfolger Johnny Carsons seit 1992 Gastgeber der ›Tonight Show‹, räumte offen ein, dass er und seine Kollegen sich bis heute bei Allens Ideen und Stilmitteln bedienen.[70]

Einen weiteren nennenswerten Aspekt der Erscheinung Steve Allens erläuterten Donald Horton und R. Richard Wohl in ihren Ausführungen zur Bildschirmpersönlichkeit, für die sie den Begriff ›Persona‹ fanden und die in der von ihnen ausgemachten ›parasozialen Interaktion‹ zwischen Zuschauer und TV-Star die Rolle des aktiven Kommunikators einnimmt. Horton und Wohl beschreiben besonders ausführlich, wie Allen die Grenzen zwischen ›Persona‹ und Zuschauer auflöst, eine Einschätzung, die unabhängig von der dort diskutierten Rollenbildung jedenfalls Rückschlüsse auf Allens zeitgenössische Wirkung – Hortons und Wohls Aufsatz erschien erstmals im Jahr 1956 – erlaubt: »Außerdem kann die Persona versuchen, aus dem speziellen Format ihrer Sendung herauszutreten und sich buchstäblich mit dem Publikum zu vereinigen. Die Persona verlässt dann für gewöhnlich die Bühne und mischt sich in einem Frage-und-Antwort-Austausch unter das Studiopublikum. In einigen wenigen Fällen, insbesondere in der *STEVE ALLEN SHOW*, ist diese Technik einen Schritt weiterentwickelt worden. Dort hat Allen es geschafft, sich sogar mit dem Publikum zu Hause zu vermischen, indem er eine Fernsehkamera auf die Straße vor dem Studio gerichtet hat, was den Effekt hat, dass er seine Show zeitweilig aussetzt und die gesamte Außenwelt in eine Bühne verwandelt. Allen, seine Mitarbeiter und das Publikum, sowohl im Studio als auch zu Hause, sehen sich zusammen das Geschehen auf der Straße an – die Persona und ihr Publikum symbolisch vereint als ein einziges großes Publikum. Auf diese Art löst Allen die Grenze zwischen Persona und Zuschauern für einen Moment auf.«[71]

Unberechenbar – ›The Jack Paar Tonight Show‹

Im Sommer 1956 bekam Steve Allen von NBC eine sonntägliche Unterhaltungssendung in der Hauptsendezeit übertragen und reduzierte seine Auftritte im Spätprogramm auf die Tage zwischen Mittwoch und Freitag. Die Ausgaben am Montag und Dienstag wurden zunächst von wechselnden Gastmoderatoren geleitet, bis am 1. Oktober 1956 der für seine wahnwitzigen Einfälle bekannte Komiker Ernie Kovacs übernahm. Ab Frühjahr 1957 konzentrierte sich Steve Allen auf seine Sonntagssendung und beendete damit die erste Ära der ›Tonight‹-Show. Es folgte ein Intermezzo unter dem erweiterten Titel ›Tonight: America After Dark‹, einem bunten Magazin mit Nachrichten, Berichten aus der Welt des Sports und der Unterhaltung und regelmäßigen Live-Schaltungen zu Schauplätzen in New York, Chicago, Los Angeles. Neben dem von der ›Today‹-Show kommenden Jack Lescoulie traten namhafte Zeitungskolumnisten in Erscheinung, die sich als wenig telegen erwiesen, wie überhaupt das gesamte Konzept vom Publikum nicht angenommen wurde, woraufhin sich einzelne Stationen aus zuschauerstarken Regionen wie Houston, Cleveland, Nashville, Pittsburgh und Boston vom Gemeinschaftsprogramm abwandten und anstelle der Spätsendung wieder betagte Spielfilme ausstrahlten.[72]

Die Programmplaner zogen Konsequenzen und kehrten im Juli 1957 zurück zum Format der inzwischen vertrauten *desk-and-sofa-show*. Dem neuen Moderator Jack Paar fiel die schwere Aufgabe zu, die abtrünnigen Zuschauer und Sendestationen zurückzugewinnen. Der 1918 geborene frühere Truppenunterhalter, Schauspieler und Radiomann ging unbeirrt zu Werke und gab der nun als ›The Jack Paar Tonight Show‹ firmierenden Reihe eine ganz eigene Prägung.

Wie die meisten seiner Kollegen arbeitete auch Paar mit einem Ensemble regelmäßig oder sporadisch wiederkehrender Bühnenkünstler, darunter die späteren Sitcom-Stars Florence Henderson (›The Brady Bunch‹) und Betty White (›Golden Girls‹) sowie Zsa Zsa Gabor. Für komische Einlagen und musikalische Beiträge wurde gesorgt, aber thematisch ging der Moderator deutlich weiter als seine Vorgänger, erzählte persönliche, familiäre Dinge, äußerte sich politisch, zeigte offen seine Emotionen, wetterte gegen seine Kritiker.[73] So manches Mal geriet Paar mit den hauseigenen Zensoren aneinander. Und blieb dabei stets kämpferisch; er legte sogar, nachdem er sich unter Tränen vom Publikum verabschiedet hatte, die Moderation für einen Monat nieder, weil man ihm einen etwas anzüglichen Scherz gestrichen hatte. Jack Paar dehnte die gegebenen Grenzen und reizte sie aus, »fighting battles with network censors, adopting political causes, and presenting a long parade of brilliant young comedians (…)«.[74]

Zu Beginn jeder Sendung lieferte Paar ein Solo, wie es heute bei vielen *Late-Night-Shows* zum Standard gehört – stehend, nah am Saalpublikum, nicht mehr durchsetzt mit musikalischen Einsprengseln, wie es sein Vorgänger Steve Allen zu praktizieren pflegte, sondern in der Form eines kabarettistischen Monologs. Er verwandte sehr viel Sorgfalt auf diese Ouvertüre, die die Aufmerksamkeit der Zuschauer einfängt und den Boden für alle nachfolgenden Programmteile bereitet.[75] Neben diesem Solo geht auch die sogenannte *Live to tape*-Produktion auf Paar zurück, die insbesondere in der Talkshow-Produktion gängige Praxis geworden ist. Gemeint ist eine zeitnah zur Ausstrahlung, meist am Nachmittag des Sendetages, erfolgende Aufzeichnung, die für gewöhnlich ungeschnitten über den Sender geht.

Die Gespräche mit seinen wechselnden Gästen verliefen mitunter sehr ernsthaft. Paar sprach aktuelle politische Themen an, interviewte nicht nur, sondern diskutierte auch, bemühte sich um Meinungsäußerungen und klärende Kommentare. 1961 entschloss er sich spontan, anlässlich des Mauerbaus eine Reihe von Sendungen in Berlin zu produzieren.[76]

Ob als Komödiant oder Gesprächspartner, Paar blieb stets unberechenbar, bis hin zu neurotischen Ausbrüchen, sei es, dass er ergriffen zu weinen begann oder aufbrausend die Meinung eines Gastes in Frage stellte.[77] Ausgerechnet den damaligen US-Vizepräsidenten Richard Nixon allerdings sprach Paar gerade nicht auf politische Sujets an, wie Herbert Marshall McLuhan in seinem Buch ›Die magischen Kanäle‹ schildert: »Es stellte sich heraus, daß Nixon sowohl Pianist wie Komponist ist. Mit sicherem Gespür für die Wesensart des Mediums Fernsehen kehrte Jack Paar die musikalische Seite Nixons äußerst effektvoll heraus. Statt des glatten, gewandten Juristen Nixon sahen wir den verbissen schöpferischen und bescheidenen Menschen, der sein Bestes gibt.«[78]

Entgegen den Erwartungen vieler Beteiligter wurde die Reihe, trotz der Eskapaden des Moderators und der vielen Unwägbarkeiten, ein Erfolg. Jack Paar machte Schlagzeilen, und die Umfragen der Marktforschungsfirma Sindlinger & Co. verzeichneten ihn zwei Jahre in Folge im Rang der ›most talked about person‹.[79]

Vom Ende der Flegeljahre

Über den offensichtlichen Publikumsappeal hinaus ist der Erfolg der ›Jack Paar Tonight Show‹ in Teilen darauf zurückzuführen, dass während ihrer Laufzeit kaum noch Programme mit experimentellen, offenen Abläufen produziert wurden. In den ersten Jahren des US-Fernsehens hatten sich gerade in den meist frequentierten Sendestunden Freiräume aufgetan für Unterhalter, die auf langjährige Erfahrungen im Bereich der Vaudevilles und Varietés zurückblickten und aus der Vielfalt der beruflichen Anforderungen heraus als Mischung aus Clown und Conférencier agieren konnten. Dazu zählten Entertainer wie der in seinen erfolgreichsten Jahren als ›Mr. Television‹ apostrophierte, 1951 mit einem 30-Jahres-Vertrag ausgestattete Milton Berle, ferner Sid Caesar, Ernie Kovacs, Jackie Gleason und Red Skelton. Alle waren in den ersten beiden Jahrzehnten des Jahrhunderts geboren und nicht mehr ganz jung, sie hatten das harte Tourneeleben kennengelernt und stürzten sich voller Spielfreude auf das Fernsehen, das manch einen von ihnen vor einem traurigen Karriereende bewahrte. Etwa ein Jahrzehnt lang trieben sie Schabernack mit dem neuen Medium, erkundeten seine Regeln und Möglichkeiten und reizten sie schamlos aus.

Ein Beispiel für den ungebärdigen Übermut dieser Jahre liefert Steve Allen, der sich 1950, noch im Rahmen seiner erst am Vorabend, dann zur Mittagszeit ausgestrahlten Unterhaltungssendung bei CBS an der Passivität seines Saalpublikums störte und rigoros reagierte: Er stellte die Zuschauer zu einer Polonaise auf, marschierte selbst vorneweg und führte die Menschenschlange zu Conga-Klängen hinaus aus dem Studio. Im nächsten Moment flitzte er zurück und verschloss die Türen. Die letzten Bilder der Sendung zeigen ihn kommentarlos beim Kartenspiel mit Mitgliedern seines Drehstabes.[80]

Selbst Spielformate mit relativ festen Handlungsvorgaben boten zu dieser Zeit noch Raum für die Extempores der Beteiligten. Für den Unterhaltungsklassiker ›What's My Line?‹ beispielsweise waren die Stegreifbeiträge des Rateteams wie der Kandidaten von wesentlicher Bedeutung. Der ursprüngliche Untertitel der deutschen Fassung ›Was bin ich?‹ hob dieses reizvolle Moment denn auch besonders hervor und spezifizierte das Spiel als ›Ein psychologisches Extemporale mit 7 unbekannten Größen‹.[81] Die eben deswegen so kurzweilige Reihe war somit zugleich Talk- wie Spielshow.[82]

Doch diese Praxis sollte sich bald ändern: Nicht zuletzt aus wirtschaftlicher Räson setzten sich die Senderketten zum Ziel, Unberechenbarkeiten aller Art zu minimieren.[83] Bereits vor Einführung der Magnetbandaufzeichnung ist in der TV-Abendunterhaltung der US-Senderketten eine Entwicklung zu strenger gefassten Programmformaten zu beobachten. Die *comedy-variety shows* – wegen ihres Rückgriffs auf die klassischen Bühnennummern des Vaudevilles pointiert als ›vaudeo‹[84] rubriziert –, die von der inhaltlichen Gestaltung bis zur Gästeauswahl, teils sogar bis zu den Formulierungen der Werbetexte von ihren Namensgebern dominiert und somit gleichsam Autorenwerke waren, wurden mit Blick auf veränderte Publika um gewagte und potenziell anrüchige Elemente bereinigt. Von den 1949 in den USA registrierten zirka eine Million TV-Geräten hatten etwa 40 Prozent im Großraum New York gestanden. Viele Programmbeiträge waren entsprechend großstädtisch orientiert, mit nur regional verständlichen Innuendos und Parodien lokal bekannter Persönlichkeiten und einem insgesamt recht frechen, auch derben und frivolen Humor, wie er auf den Revuebühnen üblich war. Nachdem im September 1951 die Senderlücken zwischen Ost- und Westküste geschlossen werden konnten,[85] das Sendenetz sich nach Ende des Lizenzierungsstopps zwischen 1952 und 1954 von 108 auf 354 Stationen ausweitete und das Programm nun vermehrt Bewohner von Kleinstädten und ländlichen Gegenden erreichte, mussten die Inhalte – auch unter weltanschaulichen Gesichtspunkten – auf größtmögliche Gemeinsamkeit zugeschnitten werden. Schon 1951 hatten sich einzelne Stationen der CBS-Kette geweigert, die furiose mittägliche ›Steve Allen Show‹ zu übernehmen und es vorgezogen, den Sendeplatz mit eigenen Programmen zu füllen.

Allgemein hatten sich die Sender einer konservativen Programmphilosophie zugewandt, eingeschlossen NBC, wo der innovationsfreudige Sylvester Weaver 1955 durch das pragmatische Tandem Robert Sarnoff und den Ex-ABC-Manager Robert Kintner ersetzt worden war. Der NBC-Mutterkonzern RCA forderte Rationalisierungen, weil man Gelder aus dem Fernsehunternehmen abziehen und in andere Geschäftsfelder investieren wollte. Überdies drohten 1956 empfindliche Sanktionen von Seiten des Justizministeriums, weil die Monopolisierung der Programmproduktion durch die Senderketten NBC und CBS dem Bemühen um einen breiten Wettbewerb widersprach.[86]

Als Resultat wurden die kostspieligen Live-Produktionen reduziert und die Programmlücken mit gefilmten Erzählserien aufgefüllt, die sich als durchaus publikumswirksam erwiesen hatten.

Mit deren Herstellung ergab sich zugleich die Möglichkeit der Mehrfachauswertung wie auch des Verkaufs ins Ausland, wo die Entwicklung des Fernsehens inzwischen ebenfalls vorangeschritten war.[87] Der Einsatz von Serien wie überhaupt die turnusmäßige Terminierung kamen dem inzwischen immer mehr auf Gewohnheit ausgerichteten Zuschauerverhalten entgegen.[88] Demoskopische Auswertungen belegten, Robert Kintners These stützend, dass eine schematische Programmgestaltung den Wünschen des Publikums eher entsprach als ein Durchbrechen der Routine durch häufig wechselnde Angebote.

Zwischenbild

Nicht nur bei NBC war zu beobachten, dass die Veränderung der Publikumsstruktur im Verein mit produktionsökonomischen Überlegungen eine Erneuerung der Hauptabendprogramme bewirkte. Aus Sketchen mit wiederkehrenden Figuren entwickelten sich die bereits in der Skriptphase kontrollierbaren seriellen Sitcoms, gefilmte Serien wie ›I Love Lucy‹ und ›Dragnet‹[89] fanden ein großes Publikum, waren rationell zu produzieren und boten gegenüber live ausgestrahlten Sendereihen den bedeutenden kommerziellen Vorteil einer zeitlich unbefristeten Mehrfachverwertung. Die bunt zusammengestellten Varieté-Programme mit tolldreisten Akteuren wie Sid Caesar und Steve Allen, vormals eine Hauptattraktion des neuen Mediums, verschwanden nach und nach aus den Hauptprogrammen. Das Fernsehen entwickelte sich zum bestimmenden, alle Generationen vereinigenden Massenmedium. Entsprechend verlangten Werbekunden und Nutzer nach sittsamen, heiter-harmonischen Familienprogrammen.[90]

In der weniger auf Allgemeinverträglichkeit abgestimmten Late-Night-Show aber überlebte der ungestüme Geist der frühen Fernsehjahre, wenngleich sich auch hier ein formalisierter Ablauf einbürgerte. Die Late-Night-Show erhielt sich den Status einer – von Teilen des Publikums gewiss auch mit sentimentalen Reminiszenzen aufgenommenen – Wundertüte, die ihrem Wesen nach immer gut war für Überraschungen auch provokanter Natur. Allein die stille Hoffnung auf den Regelverstoß bewirkte einen vergnüglichen Nervenkitzel, selbst wenn sie unerfüllt blieb. Schon Steve Allen kokettierte mit derlei Erwartungen und köderte seine Zuschauerschaft regelmäßig mit der Aussage, selbst nicht zu wissen, was seine Show im Einzelnen bereithalten werde.[91]

Pioniere wie Jerry Lester, Steve Allen, Jack Paar hatten die Bestandteile des Formats Late-Night-Show definiert und damit einen Rahmen bereitgestellt, der von Erben wie Johnny Carson und anderen Nachfolgern mit eigenen Einfällen gefüllt werden konnte.[92] In den 1960ern erlangte das Format derartige Popularität, dass zwischen den konkurrierenden Senderketten regelrechte ›Talkshow-Kriege‹[93] entbrannten. Unter Johnny Carson – er begann seine dreißigjährige Amtszeit am 2. Oktober 1962 – gewann die werktägliche ›Tonight Show‹ binnen vier Monaten mehr Zuschauer als je zuvor, die Spätschiene wurde für NBC zu einer Goldgrube, die Rekordgagen und exklusive Vertragsbedingungen für Carson rechtfertigte. Die Erträge seiner Sendereihe übertrumpften sogar die ganzer Programmabteilungen bei NBC, von anderen Sendungen ganz zu schweigen.[94]

Unter den Bedingungen eines kommerziellen Fernsehsystems war es eine zwangsläufige Entwicklung, dass konkurrierende Sender und freie Anbieter alsbald Sendereihen gleichen Stils produzierten. Die Herausforderer lösten sich ab, aber Carson blieb ›der König der Nacht‹. Erst David Letterman, der lange als Carsons Nachfolger gegolten, aber gegenüber dem Kollegen Jay Leno das Nachsehen hatte, vermochte zumindest zeitweise mit seiner CBS-Reihe ›The Late Show‹ die Einschaltquoten der ›Tonight Show‹ zu übertrumpfen.[95]

Reden ist Gold – Die *Daytime-Talkshows*

Die auf Sylvester Weaver zurückgehende Idee, die zwar schwach, aber von einer demographisch exakt zu erfassenden Zuschauergruppe frequentierten und damit für bestimmte Werber attraktiven Sendeplätze mit Talkshows zu füllen, machte mit der Zeit Schule und wurde zur gängigen Praxis auch einzelner Sendestationen. Es ist den regionalen Sendern möglich, zeitweise aus dem landesweiten Gemeinschaftsprogramm der großen *networks* auszuscheren, um eigenproduzierte, angekaufte oder auf Tauschbasis erworbene Sendungen auszustrahlen, die mit der Werbung regionaler Kunden durchsetzt sind.

Programme, die einzelnen Sendern im Sinne einer solchen Nutzung direkt offeriert werden, heißen *syndicated programs.* Es handelte sich ursprünglich um ein Angebot von historischen oder aktuellen Nachrichtenfilmen nach Art einer Wochenschau, später erweitert um Musikfilme, Spielserien und Unterhaltungssendungen wie ›The Liberace Show‹, sämtlich aus der Herstellung unabhängiger Produktionsfirmen.[96] Ferner wurde der Begriff übertragen auf Spielserien, die nach der überregionalen Erstausstrahlung in einem der Networks bei einzelnen Stationen oder kleinen Senderverbänden, also *off network*, weitere Auswertungen erfahren. »Der SYNDICATION-Markt wurde zur wichtigsten Programm-›Quelle‹ für die Lokalsender und INDEPENDENTS [Hervorhebungen im Original; H. K.], da dieser Markt ihnen vergleichsweise sichere Einnahmen garantiert, wobei der Einkauf dieser Programme die Stationen billiger kommt, als eigene, lokale Programme zu produzieren, von denen nicht vorausgesagt werden kann, welche Einschaltquoten sie erreichen können.«[97] Diese Entwicklung wurde zusätzlich von der US-Rundfunkbehörde Federal Communications Commission (FCC) beeinflusst, die 1970 die Programmhoheit der Networks einschränkte, um freien Produzenten den Zugang zum *Syndication*-Markt zu erleichtern.[98]

Auch die *daytime talkshows* werden größtenteils unabhängig produziert und auf die geschilderte Weise vermarktet. Die beschriebenen programmpolitischen Entscheidungen und Vertriebsstrategien sind insofern von Bedeutung, als sie Einfluss haben auf das Erscheinungsbild und das Themenangebot der fraglichen Sendungen. Inhaltlich wenden sich die *daytime talkshows* an ein weibliches Publikum, das am Morgen und frühen Nachmittag den größeren Teil der TV-Zuschauer stellt, was der Nachfrage der Werbewirtschaft entgegenkommt: »Wichtigste Zielgruppe (MÄRKTE) sind Frauen zwischen 18 und 49 Jahren.«[99] Der in diesem Zusammenhang gebräuchliche Ausdruck ›Hausfrauen-Fernsehen‹ findet Bestätigung in Sendetiteln wie ›Girl Talk‹ (1963–1970), ›Leave It To The Women‹ (1981) oder ›Woman To Woman‹ (1983).

Ausgestrahlt werden diese Talkshows werktags zu einer festen Uhrzeit. So sind sie leicht auffindbar und können von den Zuschauern als feststehender Termin in die Tagesplanung einbezogen werden. Der Beginn liegt im Idealfall zur vollen Stunde. In einem graphischen Wochensendeschema, in dem jeder Sendereihe eine eigene Farbe zugewiesen wird, ergibt sich somit ein quer durch die Woche laufender ›Streifen‹ beziehungsweise eine ›Programmleiste‹. Daher rührt die mittlerweile auch in Deutschland gebräuchliche Bezeichnung *stripping* für diese Art der Programmierung.[100]

Die besonderen Gegebenheiten des nachmittäglichen Sendeplatzes machten die Entwicklung kostengünstiger Herstellungsmethoden notwendig und führten zwangsläufig zur seriellen, gleichsam industriellen Fertigung derartiger Sendungen, die, sofern nicht live ausgestrahlt, häufig en bloc aufgezeichnet werden und deren Produktionsstäbe hochgradig arbeitsteilig organisiert sind.[101] Eine in kommerziellem Zusammenhang erstellte Talkshow ist eine Ware, die, wie jede andere, wirtschaftlichen Erwägungen unterliegt: »For its business managers, the television talk show is one product among many, and these managers are usually not amenable to anything that will interfere with profits and ratings.«[102]

Prototypen – Phil Donahue und seine Nachfolger

In den 1960er-Jahren wurde in den Talkshows der *daytime*[103] zumeist unverbindlich geplaudert. Freundliche Moderatoren trafen auf prominente Gäste; man unterhielt sich über neue Filme, Bücher, Mode, scherzte, tauschte Komplimente. Dies änderte sich grundlegend mit der Reihe ›The Phil Donahue Show‹ (seit 1973 nur noch ›Donahue‹). Premiere hatte die Sendung am 6. November 1967 auf dem Sender WLW-D in Dayton (Ohio). Ihr Moderator, Phil Donahue, war zuvor in verschiedenen Funktionen für den Rundfunk tätig gewesen und hatte sich unter anderem im Hörfunk in der nachmittäglichen Talkshow ›Conversation Piece‹ mit Anrufern ausgetauscht. In seiner Autobiographie persifliert er deren Inhalte, indem er eine fiktive Gesprächspartnerin zu Wort kommen lässt: »Phil, I don't iron my husband's underwear. All my neighbors do. Am I remiss?«[104] Im selben Atemzug skizziert er die öffentliche Wahrnehmung seiner Person, die durch seine Radio-Talkshow, die abendlichen Fernsehnachrichten und Interviews für die Wirtschaftssendung ›Business Trends‹ bestimmt worden war und entsprechend uneindeutig ausfiel.[105]

Donahue hatte einen kurzen Ausflug in die Wirtschaft unternommen, als er das Angebot der örtlichen Fernsehstation erhielt, eine Art ›Conversation Piece‹ für den Bildschirm zu realisieren, womit er das ›talk television‹ zwar nicht erfand, aber mit einer dem Hörfunk entstammenden Mischung aus Nachrichten, Unterhaltung und Themen von allgemeinem Belang neue Standards setzte.[106] In seiner Darstellung gestalteten sich die Anfänge der ›Phil Donahue Show‹ wie folgt:

»November 6, 1967, at 10:30 A.M. EST, I introduced my first guest on my first TV program to a Dayton audience. The guest was Madalyn Murray O'Hair, the atheist.

There were other ›guests‹ at the program that day – ticket holders for *The Johnny Gilbert Show* [der Entertainer Gilbert war Donahues Vorgänger gewesen; H. K.]. They had come to see the good-looking Gilbert and to hear him sing, and maybe to win a prize. Instead they were treated to insults by a woman who not only did not believe in God but had worked to throw prayer out of the public schools – and who suggested that religion ›breeds dependence‹ and makes it impossible for ›Christians to stand on their own two feet‹.

It was like calling a return for polio.«[107]

Bereits diese erste Ausgabe mit der offensiv argumentierenden Atheistin Madalyn Murray O'Hair ließ erkennen, dass Gastgeber Phil Donahue, ein bekennender Katholik, kontroverse Themen nicht scheute. In nachfolgenden Sendungen diskutierte er unter anderem mit Gouverneur George Wallace über Rassentrennung und mit Jane Fonda über ihren Besuch in Nordvietnam, hatte US-amerikanische Nationalsozialisten und mit David Duke den damaligen Vorsitzenden des Ku-Klux-Klan, ein andermal Reverend Jesse Jackson in seinem Studio. Nicht nur Zelebritäten, vor allem gewöhnliche Menschen kamen bei Donahue zu Wort.

Ihm wird zugeschrieben, als erster Talkmaster die Studiozuschauer nicht nur befragt, sondern in die Diskussion einbezogen zu haben, späterhin charakteristisches Merkmal vieler *daytime talk-shows*. Statt sich, wie vielfach üblich, hinter einem Schreibtisch zu verschanzen, wanderte Donahue mit einem Interviewmikrophon durch die Zuschauerreihen. Auch das Publikum an den Geräten war aufgefordert, via Telefon zur Diskussion beizutragen.

Die Sendung wurde nach und nach von weiteren Stationen übernommen und war schließlich, inzwischen in Chicago ansässig, landesweit zu sehen. Donahue provozierte teils heftige Reaktionen, weil in seiner Sendung für damalige Verhältnisse offen über Sexualität geredet wurde, und weil er vor politischen Themen nicht zurückschreckte. Er nahm mehrere Sendungen in Haftanstalten auf und produzierte in der UdSSR, Russen und Amerikaner über den Äther ins Gespräch bringend. Donahue ließ seine liberalen Ansichten nicht im Verborgenen und handelte sich damit weitere Feindseligkeiten ein.[108]

Die Anfänge der ›Donahue Show‹ fielen in eine Zeit gesellschaftlicher Umbrüche und heftiger politischer Kontroversen, ein Klima, das die Entstehung und den Erfolg einer solchen Talkshow-Form ohne Frage beförderte, vielleicht sogar erst ermöglichte. Die Ausrichtung der weiblich orientierten Tagesprogramme veränderte sich. Statt Mode, Kochrezepten und Kosmetik gerieten immer häufiger politische, soziale und wirtschaftliche Themen in den Blick. Ende 1968 war bei 18 Syndication-Talkshows das redaktionelle Konzept entsprechend umgestellt worden.[109]

In diesen Sendungen verbanden sich gesellschaftliche Fragen mit Gesichtern und wurden konkretisiert, sodass der Zugang leichter fiel als bei den abstrakten Ausführungen der Printmedien. Nicht immer blieb es beim artigen Austausch gegensätzlicher Standpunkte. Leidenschaftliche Wortgefechte waren durchaus gewollt und wurden von den Redakteuren absichtsvoll herbeigeführt, indem sie beispielsweise Feministinnen und Vertreterinnen konservativer Frauenverbände in die Gesprächsrunde baten. Wiederholt wurden Sendungen von angeschlossenen Stationen boykottiert, eine zum Thema Abtreibung beispielsweise, mehrere mit offen homosexuellen Gästen und auch jene, in der eine Kindsgeburt gezeigt wurde.[110]

In der von Donahue stets souverän und anteilnehmend moderierten Sendereihe traten Menschen mit außergewöhnlichen Ansichten, ebenso solche mit extremen körperlichen Merkmalen auf. Auch das Thema Mode klammerte er nicht aus – und erntete einen seiner größten Skandale, nachdem er sich für eine Sendung in einen Herrenrock gehüllt hatte.

Donahue dominierte lange Jahre das Nachmittagsprogramm, erhielt mehrere Fernsehpreise und fand auch bei Kritikern große Anerkennung. Die enorme Reichweite seiner und vergleichbarer Sendungen, hießen sie nun ›Today‹, ›Tonight‹, ›Tomorrow‹, ›The Merv Griffin Show‹, ›The Mike Douglas Show‹, ›Dinah‹ zeitigte indes auch unerfreuliche Nebeneffekte – sie zogen bald in hohem Maße Personen an, die kein anderes Anliegen verfolgten, als ihr neues Buch, ein Musikalbum oder einen Film zu bewerben.[111]

Die Thronfolgerin – Oprah Winfrey

Daytime talkshows herkömmlicher Machart blieben in den 1970er- und 1980er-Jahren weiterhin im Programm vertreten. Aber Phil Donahues Beispiel machte Schule, und eine seiner aufmerksamsten Epigoninnen – mittlerweile sozusagen ›Erbin‹, nachdem ›Donahue‹ 1996 eingestellt wurde – war die vormalige Fernsehreporterin Oprah Winfrey. 1984 reüssierte sie in Chicago mit der Talkshow ›A.M. Chicago‹, die kurz darauf in ›The Oprah Winfrey Show‹ umgetitelt wurde. Die Sendungen der Afroamerikanerin Winfrey werden von einer starken emotionalen Komponente bestimmt. Sie selbst lässt sich von den Geschichten ihrer Gäste zu Tränen rühren. Immer aber bestärkt sie Gesprächspartner und Publikum, widrige Lebensumstände zu ändern, und fordert vor allem Frauen, ihre Hauptzuschauergruppe, auf, ihr passives Verhalten abzulegen. Winfreys Erfolg beruht auf dem Nimbus der Aufrichtigkeit und auch darauf, dass sie sich mit ihren Zuschauerinnen gemein macht – sie berichtet offen von ihren Problemen mit ihrem Übergewicht oder belustigt sich über zurückliegende eigene Modetorheiten.

Winfrey verfügt über ein Millionenpublikum und genießt darüber hinaus als private wie als öffentliche Person großen Respekt, weshalb es ihrem Team ohne weiteres gelingt, Stars von Weltrang zu buchen. Während der Vorträge ihrer musikalischen Gäste gesellt sich Winfrey gern zum Saalpublikum und wird zum gewöhnlichen Fan. Das anschließende Gespräch führt sie aus der gleichen Warte – obwohl selbst längst länderübergreifend prominent und ein Idol der Popkultur, befragt sie ihre Vis-à-vis oft mit einer Mischung aus Respekt, Neugier und Verehrung, wie es auch ein Fan tun würde. Winfreys besondere Emphase gilt Themen, die den afroamerikanischen Bevölkerungsteil betreffen.

Winfreys Selbstverständnis verdeutlicht ein Auszug aus ihrer kritischen Bestandsaufnahme des seinerzeitigen Talk-Angebots, veröffentlicht 1995 in der führenden US-amerikanischen Fernsehzeitschrift ›TV Guide‹: »Ten years ago, when my show was first syndicated, we started doing what we called ›confrontational TV‹ – adult incest survivors confronting their abusers, children of alcoholics confronting their parents and victims of crime confronting the people who attacked them.

I believe it was important to introduce these issues and face the truth of who we were. We grew up in a society that for years denied dysfunction. TV brought some of that to the surface, but the problem, as I see it now, is that it didn't evolve from there. We needed to be solving these problems. Instead, TV got stuck *thriving* on them, and for the worst possible reasons – exploitation, voyeurism and entertainment.

(…) We need shows with images of life as we would like it to be. We need to ask programmers for positive role models for ourselves and our children, for television that will strengthen the human spirit.«[112]

Untrennbar verbunden mit Winfreys medialer Erscheinung ist ihr Ruf als erfolgreiche Unternehmerin, der ihre Botschaft der Selbstverwirklichung latent untermauert. 1988 erwarb sie die Rechte an ihrer Show, gründete die Produktionsfirma Harpo[113] und baute ein eigenes Studio auf. Auf dieser Basis entstand ein Medienimperium,[114] das ihr jährlich dreistellige Millionenbeträge einbringt und neben der eigenen Sendereihe diverse Printprodukte und Kinofilme herstellt und vermarktet. Ferner vertreibt Winfreys Unternehmen, unter anderem, Bücher und Konzertkarten. Mit ›Dr. Phil‹ verfügt ›The Oprah Winfrey Show‹ seit 2002 über einen lukrativen Ableger. Die in engerem Sinne auf Lebenshilfe ausgerichtete Sendereihe wird von dem studierten Psychologen Dr. Phillip McGraw geleitet, der die meist aus dem familiären beziehungsweise zwischenmenschlichen Bereich stammenden Probleme seiner Gäste mit konkreten Ratschlägen beantwortet. McGraw war zuvor regelmäßig bei Oprah Winfrey als Experte geladen. Beide Sendungen werden auch außerhalb der USA ausgestrahlt.

Die Jugendvertreterinnen – Ricki Lake und Tyra Banks

Die 1968 geborene Ricki Lake war bereits als Schauspielerin bekannt geworden, ehe sie den Schwerpunkt ihrer Tätigkeit auf die Moderation einer eigenen Talkshow legte. Die Sendereihe hatte 1993 Premiere und brachte mit ihrem jugendlichen Appeal eine neue Note in das Angebot. Inszenierung wie Themenwahl – der Schwerpunkt lag auf Beziehungsproblemen – richteten sich konsequent an das von der Werbeindustrie besonders begehrte Publikum zwischen 18 und 34 Jahren. Nachdem Ricki Lake diese Altersgruppe für sich zu gewinnen wusste, geriet die Branche in Zugzwang. Um sich weiterhin behaupten zu können, versuchten die ›Talk-Veteranen‹ jüngere Zuschauer anzusprechen beziehungsweise zurückzugewinnen. Zudem wurden zahlreiche neue Formate ins Leben gerufen, die ›Ricki Lake‹ Konkurrenz machen sollten. Dazu zählte neben anderen ›Gabrielle‹ mit der aus der Teenager-Serie ›Beverly Hills, 90210‹ bekannten Schauspielerin Gabrielle Carteris (1995). Wie diese hielten sich die meisten ›Ricki Lake‹-Kopien nicht lange im Programm.

Erfolgreich etablieren konnte sich 2005 ›The Tyra Banks Show‹. Die 1973 geborene Namensgeberin war jung als Model entdeckt worden und in diesem Beruf international erfolgreich. Parallel verfolgte sie eine Karriere als Schauspielerin, TV-Moderatorin und -Produzentin. Von 1999 bis 2001 war sie in der ›Oprah Winfrey Show‹ als ›youth correspondent‹ engagiert, bekam schon damals eine eigene Talkshow angeboten, lehnte aber zunächst noch ab. 2002 entwarf sie das Konzept der Abendsendung ›America's Next Top Model‹ (seit 2003), die sie ebenso wie ihre tägliche, vor allem auf den Stationen der Fox-Kette sowie lokalen CW-, NBC-,

ABC- und anderen Kanälen ausgestrahlte Talkshow selbst produziert. Wie das Motto ›Every woman has a story … and it happened to Tyra too‹ erkennen lässt, richtet sich die im Tagesprogramm ausgestrahlte Sendereihe ausdrücklich an Frauen. Gegenüber weiblichen Gästen jüngeren Alters schlüpft Banks oftmals in die für dieses Subgenre typische Rolle der älteren Schwester oder guten Freundin und trifft damit die Befindlichkeit ihrer Zielgruppe, die demgemäß 2008 im Bereich der Tagesprogramme den niedrigsten Altersdurchschnitt aufwies.[115]

Angriff statt Argumentation – Die konfrontativen Talkshows

Insbesondere im Bereich der Fernsehunterhaltung lässt sich häufig feststellen, dass einzelne Komponenten erfolgreicher Sendungen später zu eigenen Formaten ausgebaut werden. Waren bei ›Donahue‹ zuweilen bereits milde Vorläufer des Konfrontations-Talks zu erkennen, machte der frühere Rechtsanwalt und Reporter Geraldo Rivera das kraftvolle Streitgespräch zum zentralen Gegenstand seiner 1987 ins Leben gerufenen Sendung ›Geraldo‹. Damit wurde er in den USA zum Wegbereiter eines Subgenres der Talkshow, das mit nennenswerter Kontinuität in den Nachmittagsprogrammen und zeitweilig auch im Spätprogramm vertreten war.[116]

Der Winkeladvokat – Geraldo Rivera

Geraldo Riveras Medienpersönlichkeit war anfänglich noch geprägt von seinen früheren beziehungsweise parallel betriebenen Reportagesendungen, in denen er sich als ›Sprachrohr des kleinen Mannes‹ in Szene setzte. In seiner Talkshow hingegen betrieb er pure Schaustellerei und lud Gäste zu Themen wie Geschlechtskrankheiten, Prostitution, Transsexualität. Politische Sujets wurden vor allem spekulativ verhandelt. Schlagzeilen machte eine Ausgabe, in der schwarze Bürgerrechtler und weiße Rassisten aufeinander einprügelten und Rivera selbst einen Nasenbeinbruch davontrug. Auch die Aufzeichnung seiner Show in einem Nudistencamp brachte Rivera Kritik ein. Er reagierte, indem er öffentlichkeitswirksam Besserung gelobte, nahm aber nach einer kurzen

Phase der Mäßigung die Sensationsthemen wieder auf und bereitete damit den Weg für noch drastischere Streit-Talkshows wie ›Jerry Springer‹.

Karnevalesker Krawall – Jerry Springer

Die nach ihm benannte Sendereihe des früheren Lokalpolitikers und Fernsehjournalisten Jerry Springer ist ein Beispiel dafür, wie Sendekonzepte fortentwickelt und – nicht selten als Reaktion auf Konkurrenzprodukte – einer geänderten Marktsituation angepasst werden. ›Jerry Springer‹ debütierte 1991 als fahle ›Donahue‹-Imitation und war damit zu unauffällig, um sich auf einem umkämpften Markt behaupten zu können. Eine neue Nische suchend, setzten die Produzenten fortan auf exaltierte Emotionen bis hin zu offenen Wutausbrüchen, führten karnevaleske Krawalle herbei und wussten die häufig grotesken Darbietungen unter Einbindung verwandter Medien geschickt zu vermarkten.[117]

Bei Springer werden bevorzugt Gäste geladen, die in einer konfliktreichen Beziehung zu anderen Menschen stehen. Beide Parteien schildern ihre Sicht der Dinge, unterstützt von Freunden und Bekannten, die quasi eine Zeugenrolle einnehmen. Zumeist münden die Vorträge sehr rasch in hassgeladene Anwürfe und einen Schwall obszöner Schimpfworte, die in der Sendefassung der Show durch Piep-Töne überlagert werden. Springer, der sich beinahe ausschließlich im Zuschauerraum aufhält und dadurch schon räumlich Distanz wahrt, greift selten ordnend ein. Kommt es zu Handgreiflichkeiten, werden bereitstehende Ordner aktiv und trennen die Kontrahenten. Körperliche Auseinandersetzungen werden in der TV-Fassung allenfalls andeutungsweise gezeigt. Diese Praxis ist auf entsprechende Verordnungen zurückzuführen, eröffnet aber den Produzenten die Möglichkeit einer lukrativen Zweitverwertung, indem sie spektakuläre ›Jerry Springer‹-Sendungen unter Slogans in der Art von ›Was das Fernsehen nicht zu zeigen wagte!‹ – ›Too Hot for TV!‹ auf Videokassetten beziehungsweise DVDs veröffentlichen.

Im Bemühen, auskunftswillige Teilnehmer aus der Reserve zu locken, hält die Redaktion oftmals ›Überraschungsgäste‹ bereit.

Beispielsweise wird im ersten Segment einer Sendung gezeigt, wie ein Mann seiner Partnerin einen Ehebruch gesteht und sich, aufrichtig um Wiedergutmachung bemüht, auf rührende Weise dafür entschuldigt. Nach einer Werbepause dann wird das Paar unvorbereitet mit einem Nebenbuhler konfrontiert – es ist der Bruder der Frau. Das folgende emotionale Durcheinander ist leicht vorstellbar. Verschärft wird es noch durch die Reaktionen des Saalpublikums, das zugunsten der Gedemütigten Partei ergreift, sie lautstark anfeuert und die als schuldig abgestempelten Gäste johlend mit Abneigung verfolgt.

Den Produzenten ist es gelungen, den ›Ringrichter‹ Jerry Springer als ungekrönten König des Konfrontations-Talk zu idolisieren. Immer wieder skandiert das Studiopublikum, von abseits des Kamerablickwinkels postierten Anheizern dirigiert, völlig grundlos »Jerry!! Jerry!!«. Besondere Leistungen vollbringt Springer nicht. Er lässt den Diskutanten viel Spielraum und liefert am Ende der Sendung eine kurze Zusammenfassung der vorgebrachten Positionen. Bei heiklen Themen wie Jugendprostitution allerdings bezieht er im gesellschaftlich gewünschten Sinne Stellung und gibt die Telefonnummern einschlägiger Hilfsorganisationen bekannt. Hier immerhin ist zumindest theoretisch ein positiver Effekt denkbar, indem Springer Denkanstöße und Hinweise auf Hilfsangebote an Menschen richtet, die von anderen Medien nicht erreicht werden. Generell aber leben Springers Sendungen vom reinen Vorführeffekt mit einer gewissen Nähe zur Schaubude vormoderner Jahrmärkte.

Insofern verhält sich Springers Show konträr zu derjenigen Oprah Winfreys. Winfrey bemüht sich unter Einsatz ihrer persönlichen Integrität und einer optimistischen Grundhaltung um Klärungen und Lösungen, weist bei einschlägigen Themen auf Beratungsinstitutionen hin und hebt positive Entwicklungen hervor, während Springer ausschließlich darauf aus ist, menschliche Emotionen zu schüren, um sie den Blicken des Publikums preiszugeben. Aus europäischer Warte muss erstaunen, dass sich diese rigorosen Bloßstellungen mit einer ausgewiesen demokratischen und nach US-Verhältnissen linksliberalen Einstellung vertragen – Jerry Springer arbeitet nebenbei für ein Netzwerk linker Hörfunksender, das 2004 als Gegengewicht zur dominierenden rechtspopulistischen Publizistik ins Leben gerufen wurde.[118]

Zwischenbild

Der obige Überblick ist gedacht als repräsentative Auswahl aus einem ungleich größeren Angebot. Zwischen 1990 und 1998 wurden im US-amerikanischen Fernsehen allein im Nachmittagssegment 26 Talkshows gemäß engster Definition ausgestrahlt. Manche hielten sich nur ein Jahr, andere wurden zu Dauerbrennern. Die hier beschriebenen Sendereihen hatten über die USA hinaus nachhaltigen Einfluss auf das Genre. Auch deutsche Produzenten importierten gewisse Herstellungsweisen, Abläufe und Dekors und orientierten sich an Subgenres und Mischformen, die in den USA entwickelt worden waren. Manche Talk-Moderatoren haben sogar äußerliche Ähnlichkeit mit ihren US-amerikanischen Vorbildern – Hans Meiser wurde als ›der deutsche Donahue‹ apostrophiert, Ilona Christen als ›deutsche Sally Jessy Raphael‹. Arabella Kiesbauer folgte den Fußstapfen Ricki Lakes und gab ihrer Talkshow einen jugendlichen Anstrich. Im übernommenen formalen Rahmen aber können durchaus eigene redaktionelle Konzepte verwirklicht werden, ähnlich wie in der ›Harald Schmidt Show‹: Glich die Dekoration der Sat.1-Late-Night-Show bis ins Detail den Kulissen der ›Late Show with David Letterman‹, alberte Schmidt doch über Bundesliga und deutsche Politik und empfing in deutlicher Überzahl deutschsprachige Gäste.

Trotz ihrer angelsächsischen Bezeichnung und nachweisbarer Einflüsse, ist die Talkshow des deutschen Fernsehens kein reines Importprodukt, sondern verfügt über eine eigene Entstehungsgeschichte, die im Folgenden skizziert werden soll.

2. Programmgeschichte der Rundfunkgespräche in Deutschland

Ein vom Rundfunkpionier Hans Bredow im Jahr 1950 edierter Sammelband mit Schriften und Sitzungsprotokollen aus der Frühzeit des deutschen Hörfunks[1] gewährt Aufschluss darüber, mit welcher Mühewaltung die Akteure, Programmverantwortliche wie zuliefernde Autoren, sich des neuen Mediums bemächtigten, über Programminhalte und -formen debattierten und Letztere Schritt für Schritt fortentwickelten. Weithin unstrittig war, dass sich der Rundfunk in die Bemühungen um die Volksbildung einzugliedern hatte; zur besten Sendezeit zwischen 19.00 Uhr und 20.00 Uhr wurden regelmäßig Vorträge oft gehobenen Inhalts und Sprachkurse ausgestrahlt.[2] Die Verbesserung und Popularisierung dieses Angebots war Gegenstand fortwährender und eingehender Erörterungen.

Bildung per Unterhaltung – Die Anfänge

In seinem Referat über den Rundfunkvortrag, gehalten während der Sitzung des Programmausschusses der deutschen Rundfunkanstalten am 5. und 6. Juni 1928, sprach der Berichterstatter Prof. Dr. Hermann Schubotz das Problem wie folgt an: »Der Rundfunk hat es weniger leicht, die Bildung zu vertiefen, als die genannten Anstalten [gemeint sind Fachschulen und Volkshochschulen; H.K.]. Er ist auf Massenwirkung eingestellt, und seine technische Grundlage schließt es aus, daß er die bisherigen Lehrmethoden einfach übernimmt. Hieraus folgt, daß Rundfunkdarbietungen eine eigene Note haben müssen. Sie sind im besonderen Maße darauf angewiesen, anziehend zu sein. Somit beantwortet sich die Frage, ob das Vortragswesen unterhalten oder belehren soll, dahin, daß es in unterhaltender Form belehren soll.«[3]

Schubotz schlug, auf den Pädagogen Friebel[4] rekurrierend, vor, zum Beispiel Sprachlehrsendungen durch dialogische Formen aufzulockern, erkannte diese Verfahrensweise als dem Rundfunk gemäß und deutete bereits an, dass dieses Konzept auch in anderen Zusammenhängen fruchtbar wirken könnte: »Das im Rundfunk erst mit dieser dialogischen Auseinandersetzung gegebene Moment der geistigen Spannung, der augenblicklichen gegenseitigen Anregung und persönlichen Beeinflussung, ist ein außerordentlich produktives Moment, das nach Inhalt wie Form Ausdrucksmöglichkeiten ganz anderer Art zur natürlichen Entwicklung bringt, als es im Rahmen eines Vortrages geschehen kann.«[5]

Im Weiteren regte Hermann Schubotz an, den Hörer durch die Bereitstellung eines Stellvertreters emotional einzubeziehen und seine, falls sie entsteht, affektive Teilhabe für das Bildungsvorhaben zu nutzen, ohne ihn freilich aus seiner Rezipientenrolle zu entlassen: »(…) gerade die aus der natürlichen Spannung gegebene Lösung der Ursprünglichkeit des Ausdrucks ist das eigenartig Wertvolle für die Hörer. Diese sind damit in der bemerkenswerten Lage, zugleich als unmittelbare Teilnehmer mit der Auseinandersetzung mitgehen zu können, wie auch als objektive Beobachter Zeuge davon zu sein.«[6]

Mit solchen Gedanken stand Schubotz nicht allein. In seinem im Folgejahr publizierten Aufsatz zum Thema ›Rundfunkvortrag – Dialog‹ stellte Dr. Karl Würzburger, der als Pädagoge zur Deutschen Welle gestoßen und in die Leitung des Senders aufgestiegen war,[7] den Rundfunk ohne Einschränkung in eine Reihe mit Volkshochschule und Universität.[8] Seine Überlegungen galten der Frage, wie der Funk sowohl ein speziell interessiertes Publikum als auch die breite Hörerschaft mit den jeweils erwünschten Inhalten versorgen könne. Grundsätzlich, schrieb Würzburger, wendeten sich die Bildungsbemühungen des deutschen Rundfunks »unterschiedslos an die ganze große Masse des Volkes«.[9] Einbezogen war jene Bezugsgruppe, die den Apparat nicht von vornherein auf der Suche nach Wissen und Bildung einschaltete. Diese zu erreichen, war laut Würzburger ein »System«[10] vonnöten. Die bereits eingeführte, aus dem Hörsaal übernommene Form des Vortrags mit eher hoch angesiedelten Themen sollte unter Berücksichtigung »stoffliche(r) wie methodische(r) Gesichtspunkte«[11] um ein zugänglicheres, um nicht zu sagen volkstümlicheres Angebot ergänzt werden. Die inzwischen von der ›Funk-Stunde Berlin‹, der ›Deutschen Welle‹ und anderen probehalber durchgeführten dialogischen Sprachkurse brachten den Verfasser auf den Gedanken, »diese Methode von Versuch zu Versuch auf eine Reihe anderer Gebiete ebenfalls anzuwenden«.[12] So entwickelte Würzburger aus der bestehenden Erfahrung heraus die Idee einer kommunikativen Praxis, bei der der Hörer der Produktion eines Funkstücks quasi als imaginäre Person beiwohnen sollte, um so beim Adressaten eine geistige und emotionale Identifizierung mit dem Programm und dessen Inhalt zu bewirken: »Die psychologische Überlegung, die unmittelbar auf die Methode zurückwirken mußte, ging dahin, daß der nicht genügend vorgebildete Hörer, der Hörer, der nicht auf der gleichen Bildungsebene stand wie der Redner, sich dem Redner gegenüber, wenn überhaupt aktiv, dann als ein Fragender verhalten mußte. Um ihm nun zu helfen, nicht nur zu hören, nicht nur richtig zu hören, sondern auch richtig zu fragen, verwandelte man den monologischen Vortrag in das Zwiegespräch, in dem nach Möglichkeit der eine der beiden Partner die Rolle des Fragers übernahm. Das brauchte natürlich nicht schematisch festgelegt zu werden, wurde wohl auch nie schematisch gehandhabt, hatte aber auf jeden Fall die Wirkung, daß der Hörer sich in seinem Recht, unvorbereitet, weniger gebildet und als ein Fragender zu erscheinen, bestätigt fand.«[13]

Tatsächlich erzielte dieses rundfunkpädagogische Konzept die erwünschte Wirkung:

»Es liegen eine Reihe von Bekundungen aus Hörerkreisen vor, daß auf diese Weise nicht nur im einzelnen Hörer ernsthafte Fragen aufgerührt und zu einer inneren Verarbeitung vorbereitet wurden, sondern daß ganze Gruppen von Hörern sich auf diese Weise zur Auseinandersetzung in hohem Maße angeregt fühlten.«[14]

Von hier ab war nicht nur der Weg zum belehrenden und informativen Gemeinschaftsgespräch geöffnet, auch der Schritt zur *szenischen* Umsetzung einer kontroversen Debatte, wie er Jahrzehnte später ähnlich von Fernsehproduzenten in Form der Gerichtsshows und verwandter Formate vollzogen werden sollte, wurde hier vereinzelt bereits gewagt: »Der Erfolg trieb naturgemäß zu einer weiteren Ausgestaltung. Man blieb nicht bei den Dialogen stehen, sondern baute das Zwiegespräch aus zum Vielgespräch. (...) Andere Sender, so Breslau und Frankfurt a. M., gingen weiter bis zum wissenschaftlichen Hörspiel, in dem nicht mehr die zur Debatte stehende Frage mehr oder weniger theoretisch gestellt und theoretisch beantwortet wurde. Man verwandelte die Frage in einen dramatischen Akt, man machte aus der Rechtsfrage einen Rechtsfall, man beantwortete nicht nur die Rechtsfrage, sondern man löste mit den einfachsten Mitteln dramatischer Darstellung unmittelbar den Rechtsfall.«[15]

Das politische Hörfunkgespräch

Wilhelm Ohnesorge und Herman Roemmer resümieren in ihrer Skizze über die Entwicklung der Programmformen in der Hörfunkfrühzeit: »Dem monologischen Bericht folgt das Zwie- und Mehrgespräch mit Prominenten und Nicht-Prominenten: das Rundfunk-Interview läuft an.«[16] Eine ureigene Erfindung des Hörfunks war diese Form des Streitgesprächs indessen nicht; es gab sie bereits als öffentliche Saalveranstaltung, zum Beispiel in regelmäßigem Turnus abgehalten von der ›Gesellschaft für Deutsches Schrifttum‹.[17]

Peter Marchal gelangt zu der Erkenntnis: »Was dann während der Jahre bis 1933 an Ausdrucksformen hinzukam, wurde durch eine Öffnung der meisten Sender für Experimente und Autoren möglich: Diskussionssendungen mit mehr als zwei Teilnehmern (vom Typ des ›Streitgesprächs‹) ab Ende der 20er Jahre, außerdem Autorenlesungen und politische Satire.«[18]

Zwischen den regionalen Sendern traten dabei markante Unterschiede auf, wie sich einem Beitrag der ›Weltbühne‹ aus dem Jahr 1929 entnehmen lässt. Frank Warschauer berichtet dort: »(...) politisch ist der frankfurter Sender relativ frei: die Reihe ›Gedanken zur Zeit‹, die ein Vorstoß gegen die verwaschene Neutralität ist, wurde dort 1927 begonnen und dann zusammen mit dem sehr lebendig geleiteten Bildungssender ›Deutsche Welle – Königswusterhausen‹ fortgeführt. Auch sonst wird in Frankfurt sehr frisch diskutiert, so kürzlich mit Lampel über Fürsorgeerziehung.«[19]

Zu dieser relativen Diskussionsfreiheit hatte erst gefunden werden müssen, nachdem dem Hörfunk, unter anderem auf Betreiben Hans Bredows,[20] in Sachen Politik anfangs ein striktes Reglement auferlegt worden war. Die ›Richtlinien für den Nachrichten- und Vortragsdienst der Rundfunkgesellschaften‹ schrieben unter anderem vor, dass die in der obrigkeitlich gelenkten ›Nachrichtenstelle‹ vorformulierten ›Auflagennachrichten‹ sowie von dort stammende Funkvorträge unverändert zu senden seien. Die eigene redaktionelle Tätigkeit unterlag der Kontrolle durch einen ›Überwachungssausschuß‹, der im Regelfall mit einem Vertreter des Reichs und zwei Delegierten der Landesregierungen besetzt war. Die programmbezogenen Passagen der Richtlinien lauteten wie folgt:

»3. Die Gesellschaft ist verpflichtet, sich in allen politischen Fragen der Programmgestaltung mit dem Überwachungsausschuß in Verbindung zu setzen und seine Entscheidungen abzuwarten.

4. Die Gesellschaft hat die bei ihr eingehenden Beschwerden über politische Darbietungen dem Überwachungsausschuß zur Kenntnis zu bringen.

(…)

6. Der Überwachungsausschuß ist berechtigt, gegen das Programm oder Teile davon Einspruch zu erheben, soweit es sich nicht lediglich um Fragen der Kunst, Wissenschaft und Volksbildung handelt. (…) Hat ein Mitglied des Überwachungsausschusses gegen die Verbreitung einer solchen Darbietung Bedenken, so teilt es dies den im Überwachungsausschuß vertretenen Regierungen unverzüglich mit. Bis zur Entscheidung unterbleibt die Verbreitung.«[21]

Aus diesen verbindlichen Vorschriften spricht ein massiver Regierungseinfluss, der ebenso wie das Gezerre der Parteien und die Reaktionen einer weltanschaulich stark polarisierten Hörerschaft für ein Klima der Beklemmungen sorgte, in dem politische Berichterstattung nur reduziert und in der unverfänglichsten Form stattfand: »Die Überängstlichkeit verschiedener Intendanten bewirkte es dann, daß diese oft den Schwierigkeiten politisch-aktueller Programme aus dem Wege gingen (…).«[22] Mit teils absurden Folgen: Der in Schlesien tätige Praktiker Erich Landsberg musste erleben, dass ihm Berichte über überregional gerühmte Neubauten einer ungenannt bleibenden Kommune untersagt wurden, weil die oppositionelle Fraktion dies als Lob der regierenden Partei hätte auffassen können.[23]

Erst aus der programmlichen Entwicklung des Langwellensenders Deutsche Welle G.m.b.H. heraus, der landesweit stark bildungsorientierte Inhalte verbreitete, begann sich der politische Hörfunkjournalismus zu verändern. Eine der treibenden Kräfte war abermals der bei der Deutschen Welle als Programmverantwortlicher tätige Hermann Schubotz, der seine Ideen eines volksbildnerischen Rundfunks auch auf die politische Information und vor allem staatsbürgerliche Erziehung angewandt sehen wollte. In gleichem Sinne argumentierte und agierte Hans Flesch, der Leiter der Frankfurter Rundfunkgesellschaft, der dabei weniger pädagogische als journalistische Ziele verfolgte. Deutsche Welle und Frankfurter Rundfunkgesellschaft begannen im November 1927 mit der Ausstrahlung der Sendereihe ›Gedanken zur Zeit‹, deren Redaktion zum Ziel hatte, »wichtige, die breiteste Öffentlichkeit interessierende Streitfragen der Wissenschaft, Kunst und Technik kontradiktorisch, d.h. in Gesprächen, Wechselreden oder unmittelbar aufeinanderfolgenden Vorträgen behandeln zu lassen«.[24]

Die beiden Pioniere und gleichgesinnte Rundfunkschaffende mussten durch Publikationen und Vorträge um die Zustimmung der politischen Kaste buhlen, deren Angehörige bei jeder Wortmeldung Vorteilsnahme konkurrierender Parteien witterten. Hans Flesch nahm in seiner Argumentation den unstrittigen Bildungsgedanken auf und sicherte Überparteilichkeit zu, indem er das Konzept der Programmpluralität vertrat. In seiner 1930 von der Deutschen Welle verbreiteten Neujahrsansprache erläuterte er Ziele und Zweck politischer Erörterungen und lud mutig zu offenen Meinungsäußerungen ein: »Dem Hörer soll ein wirkliches Bild des politischen Lebens vermittelt werden, an dem er lernen kann und das ihn selber urteilen läßt. Der Sender, der die verschiedenen Richtungen zu Worte kommen läßt, hat daher zu sorgen, daß sein Programm als Ganzes neutral bleibt ... Allen denen aber, die glauben, daß eine Rotstiftzensur ihre freie Meinungsäußerung noch unterbinden könnte, sei gesagt, daß man am Rundfunk über alles sprechen kann, wenn es dem Instrument angepaßt und stilistisch geformt ist. Dem Geist sind Zügel nicht auferlegt, die Form muß sich anpassen.«[25]

Das Mehrgespräch und der kontradiktorische Vortrag waren Programmformen, die dem Verlangen nach Pluralität auf überzeugende Weise entsprachen und bei der Politik auf Akzeptanz stießen. Beide wurden explizit erwähnt, als der 1928 zum Reichsinnenminister berufene Sozialdemokrat Carl Severing die Zensurregelungen für politische Rundfunkprogramme lockerte. In den ›Mitteilungen der Reichs-Rundfunk-Gesellschaft m.b.H.‹ wurde im Dezember 1928 verlautbart: »Im Einvernehmen mit der Preußischen Staatsregierung haben der Herr Reichsminister des Innern und der Herr Reichspostminister die Rundfunkgesellschaft ›Deutsche Welle G.m.b.H.‹ ermächtigt, kontradiktorische Vortragsreihen und Gespräche über aktuelle Tagesfragen zu veranstalten. Zweck dieser Veranstaltung ist, dem Rundfunkhörer die eigene Meinungsbildung zu erleichtern. Es sollen Probleme, die im Mittelpunkt der öffentlichen Erörterung stehen bzw. breiteste Kreise der Bevölkerung bewegen, behandelt werden. Im Einklang mit den allgemeinen Richtlinien des Rundfunks werden auch diese Darbietungen streng überparteilich gestaltet sein.«[26]

Zur Gewährleistung der Überparteilichkeit und Gesetzmäßigkeit der Programmbeiträge wurde ein paritätisch zusammengesetzter Überwachungsausschuss eingerichtet, dessen Aufgabe nurmehr darin bestand, die Einhaltung der Gesetze und guten Sitten zu kontrollieren. Hermann Schubotz konnte seine Vorstellungen einer dialogischen Präsentation politischer Themen verwirklichen. 1930 berichtete er über die gemachten Erfahrungen: »Soweit als möglich wurde die Form des ›Streit- oder Wechselgesprächs‹ gewählt, weil es die gegensätzlichen Standpunkte am unmittelbarsten zum Ausdruck bringt und dem Grundsatz der Gleichheit die geringsten Schwierigkeiten bereitet … Bei Problemen schwieriger Art, deren Darstellung eine Fülle von Einzelargumenten erfordert, empfahl sich dagegen die Veranstaltung zweier kontradiktorischer, unmittelbar aufeinanderfolgender Vorträge, wobei jeder Redner Kenntnis von dem haben mußte, was der andere vorzutragen beabsichtigte.«[27]

Das Gespräch mit zwei und mehr Teilnehmern wie auch das Pro-und-Contra-Prinzip waren somit etabliert und fanden weitere Verbreitung. Die ›Gedanken zur Zeit‹ wurden von der Deutschen Welle und von der Frankfurter Rundfunkgesellschaft ausgestrahlt, standen aber auch jeder anderen Sendeanstalt zur Verfügung. Daneben übernahmen andere Sender die neu eingeführten Formen und gestalteten eigene Funkreihen nach dem beschriebenen Vorbild.

Politiker wie Rundfunkschaffende warben inzwischen in Reden und Aufsätzen für den Funk als Medium der aktuellen politischen Berichterstattung. Besonders leidenschaftlich äußerte sich der protestantisch-konservative Reichstagspolitiker Pfarrer Reinhard Mumm: »Die Zeiten des ästhetisch plätschernden Literatentums scheinen zu Ende zu gehen, das alles bewitzelte und nichts ernst nahm. Darum halte ich dafür, es sei gut, wenn auch das Kampfgespräch der Weltanschauungen nicht im Rundfunk fehlt. Gewiß kommt a l l e s auf die Ausführung an. ... Es gilt, große Gegensätze groß sehen. Es gilt die Versachlichung der Gegensätze. ... Wir alle stehen heute in einer Schicksalsgemeinschaft. Es gibt immer weniger Inseln, auf denen man, gleichgültig gegenüber dem öffentlichen Leben, sein Robinsondasein führen kann. Und darum meine ich auch, muß der Rundfunk an der politischen Erziehung des Volkes seinen Anteil haben.«[28]

Gesprächssendungen im NS-Rundfunk

Nach der Vereinnahmung des deutschen Rundfunks durch die Nationalsozialisten wurde die von Marchal angesprochene zaghafte »Öffnung«, die für die formale Gestaltung, aber weit weniger für die Inhalte galt,[29] alsbald revidiert. Die neuen, restriktiven Regelungen sollten nicht ohne theoretische Unterfütterung bleiben. 1941 publizierte Gerhard Eckert[30] eine mit nationalsozialistischer Ideologie durchsetzte Habilitationsschrift mit dem Titel ›Der Rundfunk als Führungsmittel‹ und verwandte dort einige Überlegungen auch auf das ›Zwie- oder Mehrgespräch‹.[31] Der Schwerpunkt der Studie lag auf dem Hörfunk, das Fernsehen war indes in Eckerts Ausführungen durchaus bereits präsent. Die von Kurt Wagenführ[32] herausgegebene Reihe, in der Eckerts Arbeit als Band 1 erschien, trug den Titel ›Studien zum Weltrundfunk und Fernsehrundfunk‹.

Die von Eckert für die Gattung der Gesprächssendung entworfenen Prinzipien unterlagen unverkennbar politischen Maßgaben, getreu der in der ›Vorbemerkung‹ bekundeten Absicht: »Über das eigentliche Thema hinaus versucht die Arbeit, eine Einführung in die Grundlagen einer politischen Rundfunkkunde zu geben.«[33] Unbemäntelt befürwortete Eckert zensurierende Maßnahmen. Eine knappe historische Entwicklungsgeschichte des ›Zwiegesprächs‹ mündet in die pamphletistische Behauptung: »Das Zwiegespräch im Rundfunk war der sprechendste Ausdruck jener liberalistischen Sowohl-als-auch-Haltung [an dieser Stelle erfolgt ein Fußnotenverweis auf: Grunsky, Hans Alfred: Seele und Staat, Berlin 1935, S. 25 ff.; H. K.], der die Meinungsfreiheit wichtiger war als die Verbreitung klarer und allen einleuchtender Grundsätze.

Es braucht kaum mehr hinzugefügt zu werden, daß für diese Art von Zwiegesprächen heute kein Platz mehr im Rundfunk ist. Mit der Überwindung des politischen Dualismus war auch die Zeit des Zwiegesprächs untergegangen.«[34]

Eine andere Haltung vertritt Eckert in Bezug auf das seinen Beobachtungen zufolge selten gewordene ›Mehrgespräch‹. Zwar erkennt er diese Sendeform als grundsätzlich problematisch: »Die Möglichkeiten der Führung werden eigentlich immer kleiner, je mehr Persönlichkeiten mit anderen Auffassungen – und wenn ihre Auffassung nicht abwiche, hätte die Hinzuziehung weiterer Sprecher keinen Sinn – hinzutreten.«[35] Aber Eckert hat eine probate Lösung parat: »(…) die Gesprächspartner werden sich vorher über den beabsichtigten Gesprächsgang klar und über das Ergebnis, mit dem das Gespräch etwa schließen soll. Hierfür können auch Stichworte schriftlich niedergelegt werden. Nun führen sie das Gespräch gänzlich ungezwungen, ohne daß es über den Sender geht, sondern wobei es auf eine Platte aufgenommen wird. Sollte sich also irgendein Mangel ergeben, so könnte das Gespräch gegebenenfalls wiederholt werden. Andernfalls übernimmt man die Platte zur Sendung. Freilich darf die bereits erfolgte Vorbesprechung im eigentlichen Gespräch am

Mikrophon nicht erwähnt werden, um die Ursprünglichkeit nicht zu gefährden.«[36]

Im Dienste der Demagogie verlangte Eckert damit nichts weniger als die arglistige Täuschung der Hörer aus propagandistisch-politischen Gründen: der Sendeinhalt sollte eng abgezirkelt und zwecks Verhinderung unliebsamer Äußerungen vorher aufgezeichnet, aber während der Ausstrahlung als spontane Gesprächsrunde ausgegeben werden.

Im 1935 unter nationalsozialistischer Herrschaft begonnenen und, unter Berücksichtigung propagandistischer Belange, programmlich stetig ausgeweiteten und technisch verbesserten Vorkriegsfernsehen war das offene Gespräch gleichermaßen verpönt. Der Vorzug galt Einspielfilmen, verlesenen Nachrichten, Kommentaren. Allerdings waren beim aktuell berichtenden ›Zeitdienst‹ aus Mangel an Außenreportern um 1939 herum des Öfteren Studiogäste geladen, wie sich einem internen Bericht des sogenannten Hauptsachbearbeiters und Dramaturgen Gerhard Wahnrau entnehmen lässt, der sich dort über kurzfristige Absagen fest eingeplanter Gesprächspartner beklagt.[37] Kurt Krüger-Lorenzen verwendet den Begriff ›Fernsehgespräch‹ in seinen anekdotischen Erinnerungen an porträtierende Interviews mit unter anderem dem Rekordflieger Kapitän Henke – dem Verfasser zufolge »im Augenblick des Geschehens« erfolgt und deshalb »die Sensation des Jahres 1938«[38] –, dem Fernsehpionier Paul Nipkow, dem Filmpionier Max Skladanowsky.[39]

Ergänzend verzeichnen die Annalen eine Einzelsendung aus dem Unterhaltungsbereich, in der in heiterem, deshalb nicht zwangsläufig ideologiefreiem Rahmen Konversation getrieben wurde: »Eine erste Fernseh-Diskussion konfrontierte bekannte Stars von Bühne und Film mit der Frage: ›Küssen Sie sich auf der Bühne wirklich?‹«[40]

Zwischenbild

In Deutschland entwickelt sich das Hörfunkgespräch in einer Zeit, die von volksbildnerisch und kulturell orientierten Programmverantwortlichen als ausgesprochen unterhaltungsversessen wahrgenommen wird. Ihr in zahlreichen Arbeitspapieren und Diskussionen dokumentiertes zentrales Anliegen sieht vor, das Radio als Bildungsinstitution zu etablieren, und zwar einerseits als eine Art Außenstelle der Universitäten mit hochqualifizierten Angeboten für eine Minderheit unter den Hörern, vor allem aber als eine Entsprechung zur Volkshochschule, die breiten Schichten den Zugang zur Bildung ermöglicht. Gerade mit Hinblick auf ein größtmögliches Publikum gilt es, die Angebote zu popularisieren. Nicht konträr zum Publikumswunsch nach Unterhaltung, sondern in bewusster Anknüpfung werden die spröde Vorlesung, der monologische Vortrag um Sendungen mit verteilten Rollen ergänzt. Weitergehende Gedanken beziehen den Hörer als imaginär anwesende Person mit ein, indem dessen Position von einem oder mehreren der Sprecher stellvertretend übernommen wird.

Das neue Programmformat des Hörfunkgesprächs entsteht demnach im Rahmen rundfunkpädagogischer Zielsetzungen. In einem unmittelbar folgenden Schritt wird dieses aus didaktischen Überlegungen heraus um unterhaltende Gestaltungselemente bereichert und später in reglementiertem Rahmen vorsichtig um politische Themen erweitert.

Unter nationalsozialistischer Herrschaft schwinden die mühsam errungenen Freiheiten. Rundfunk- und Fernsehprogramme werden zu Mitteln der Propaganda. Die Programmschaffenden der Diktatur fürchten das mit Direktübertragungen verbundene Risiko, dass unliebsame Mitteilungen in den Äther gelangen. Genrebezogene Überlegungen von Rundfunktheoretikern gehen dahin, wie derartige öffentliche Gespräche im gewünschten Sinne zu gestalten, das heißt zu manipulieren, seien. Die Form bleibt als Programmangebot bestehen, dient aber, gerade auch in ihrer rein unterhaltenden Funktion, ausschließlich den ideologischen Zwecken totalitärer Herrschaft.

Gesprächssendungen im Hörfunk der Nachkriegsjahre

Sowie die alliierten Truppen deutsches Terrain erobert hatten, hatten sie sogleich Zugriff auf die dort befindlichen Sendeanlagen genommen. Der Hörfunk wurde für tagesaktuelle Verlautbarungen genutzt und erwies sich darüber hinaus angesichts von Papierknappheit und anderen kriegsbedingten Problemen der Druckindustrie bei generell eingeschränkten Verbreitungsmöglichkeiten für Periodika als ideales Transportmedium für allgemeine Informationsprogramme, bald auch für die Umerziehung und Weiterbildung im Sinne der beginnenden ›re-education‹, die die Demokratisierung der Deutschen zum Ziel hatte. »Der Rundfunk war das einzige Mittel, den Dialog mit einer breiten und empfänglichen Öffentlichkeit zu führen«,[41] urteilte rückblickend Peter von Zahn, ein Rundfunkmann der ersten Stunde.

Zurückgekehrte Schriftsteller, Publizisten und Politiker, teils im Ausland auf diese Aufgabe vorbereitet, fanden hier ein Betätigungsfeld; vorhandenes und neu angeworbenes Personal wurde in einem Arbeitszusammenhang, der zumeist von hierarchischer Kollegialität bestimmt wurde, entsprechend angewiesen.[42] Kontrolloffiziere der alliierten Truppen überwachten die Einhaltung der von den Militärregierungen erlassenen Leitlinien, die das angestrebte Ziel je nach Nationalität der federführenden Besatzungsmacht mit ›Democratization‹, ›Re-education‹ oder ›Réorientation‹ bezeichneten. »Dabei richteten sie ihr Augenmerk auf bestimmte Sendungen und Sendeinhalte, die ihnen wichtig erschienen. Dazu gehörten vornehmlich Kommentare, Diskussionsrunden und aktuelle Magazine.«[43]

Hörfunk unter alliierter Kontrolle – Information und politische Aufklärung

Ein Beispiel für eine aus der oben geschilderten Überwachung entstandene Bestandsaufnahme findet sich in Form des Berichts eines Mitarbeiters der ›Radio Branch‹ aus dem Jahr 1949, der bei den vier Sendern der US-Besatzungszone beobachtete: »Lectures and readings were more frequent than discussions« – nach Meinung des Chronisten ungeeignete Formen für das, was mit der Rundfunkarbeit erreicht werden sollte, nämlich Werte wie Freiheit, Demokratie, Frieden als Basis einer neuen Idee des Zusammenlebens nachhaltig im Bewusstsein der irregeleiteten Deutschen zu verankern: »This new idea should be given not in the form of small or large doses of education and lectures, but as an all-comprising, deep-reaching basic idea which appeals to the emotions and minds of the masses to such an extent that they adopt that idea as their own and live according to it …«

Einige Verbesserungsvorschläge sollen zur Erreichung dieses Ziels beitragen, unter anderem empfiehlt der Verfasser unter c): »Simple, conversational language should replace the lecture-room style that now predominates.«[44]

1947 besagte eine Pressemitteilung von Radio München: Die »Erziehung zur Diskussion vor dem Mikrophon betrachten wir als eine wichtige, nicht nur formale Aufgabe, gerade weil diese Art der Auseinandersetzung unseren Landsleuten oft noch fremd ist«.[45] Aus der Verwirklichung dieser Absicht ergab sich: »(…) der Rundfunk wurde Gesprächsforum, der Hörer erlebte Argumentaustausch und Disput verschiedener Teilnehmer authentisch mit, war somit in die Lage versetzt, selbst abzuwägen. Ein Konzept, das Lebendigkeit vermittelte und vor allem dokumentieren sollte, daß bei Radio München Pluralität und Meinungsfreiheit als demokratische Grundprinzipien verwirklicht wurden (…).«[46]

Mit dem am 4. Mai 1945 von den Briten eingenommenen Radio Hamburg, der einzigen noch funktionstüchtigen Sendestation im britischen Machtbereich,[47] und dem daraus hervorgehenden NWDR entstand die Basis eines, so die Idealvorstellung, von der politischen Führung unabhängigen, nicht kommerziellen Rundfunksystems. Zur Sicherstellung dieses Ziels hatte sich die Britische Militärregierung in der Verordnung 118 zunächst noch besondere Befugnisse vorbehalten, die erst 1949 abgebaut wurden.[48] Im Ergebnis aber, so der britische Gründungsdirektor Hugh Carleton-Greene, stellte das »nach langen Diskussionen« abgefasste Statut des NWDR den »Versuch einer Synthese zwischen den besten britischen und deutschen Rundfunkerfahrungen dar«.[49]

Die Offiziere der französischen »Section Radio« betrachteten die praktische Umsetzung dieses Statuts als eine Art Probebetrieb, der ob seines Gelingens schließlich das Vorbild auch für den Südwestdeutschen Rundfunk und späteren Südwestfunk lieferte: »Die Franzosen ließen sich (…) Zeit, warteten ab, wie sich die Dinge in den rundfunktechnisch und rundfunkpolitisch weit stärker entwickelten anderen Westzonen gestalteten, und führten im übrigen ein strenges Regiment. (…) Das Modell, das sie schließlich realisierten, entsprach dem des Nordwestdeutschen Rundfunks (NWDR) in der britischen Besatzungszone, dem Versuch, die beim englischen BBC bewährte Form der ›Public Corporation‹ auf deutsche Verhältnisse zu übertragen.«[50]

Ein besonderes Merkmal des NWDR waren die nachhaltigen Bemühungen der zuständigen Militärregierung, via Rundfunk britische Kultur und Lebensart zu verbreiten, sah man sich doch durchaus in Konkurrenz zum ›american way of life‹: »(…) eine solche Kultur-Offensive war für die Briten in ihrem Verhältnis zu den USA und der Sowjetunion eine Art ›Macht-Ersatzpolitik‹, durch die sie zumindest ihre kulturelle Überlegenheit demonstrieren konnten«.[51]

Umgekehrt richtete sich, gerade auch bezüglich einer Entwicklung des Fernsehens, der Blick deutscher Rundfunkpolitiker und -experten nach Großbritannien, weil die dortige Rundfunkanstalt BBC, anders als das kommerzielle Rundfunksystem der USA, den hiesigen Plänen als Vorbild dienen konnte, wie Hans Bredow 1951 ausführte: »Der europäische Fernsehdienst wird sich jedenfalls mehr den Erfahrungen angleichen müssen, die in Großbritannien gewonnen wurden«, denn nach Bredows Einschätzung war »(…) die BBC (…) keine Industrie, sondern ein Kulturinstitut«.[52]

In öffentlichen Äußerungen betonten die britischen wie deutschen Führungskräfte des NWDR anfangs die politische Ausrichtung ihrer Rundfunkarbeit, die in »Diskussionen, Kommentaren und Nachrichten«[53] praktische Umsetzung fand. In Hamburg leitete Peter von Zahn die aus britischen und deutschen Mitarbeitern zusammengesetzte, von britischen Rundfunkoffizieren überwachte Abteilung ›Talks and Features‹, die, wie er später erinnerte, alle erdenklichen Formen von Wortprogrammen umfasste.[54] Dazu zählten auch die Gespräche am ›Runden Tisch‹, ein bereits in den Vorkriegsjahren geläufiger Begriff,[55] der in den Folgejahren in Ankündigungen und programmbegleitenden Publikationen häufig Verwendung finden sollte, um Gesprächs- und Diskussionssendungen erläuterungshalber zu kategorisieren.

»Wir wurden von den Engländern zur Kühnheit ermuntert. Als kühn galt damals schon ein Gespräch, das nicht vorher geprobt, sondern ›live‹ geführt wurde. Bereits kurz nach dem 23. September 1945, an dem aus ›Radio Hamburg‹ der ›Nordwestdeutsche Rundfunk‹ wurde, begannen wir mit der Live-Sendung ›Am runden Tisch‹. Der Titel wurde zum Markenzeichen für Programme, in denen frei diskutiert werden konnte über Themen, die auf den Nägeln brannten. Es gab kein Manuskript und keine Zensur. Das kommt uns heute, da wir eine Talkshow nach der anderen erdulden müssen, als vollkommen selbstverständlich vor. Damals war es aber unerhört, und in der Geschichte des deutschen Rundfunks noch gar nicht dagewesen. ›Live‹ war schon nicht mehr üblich gewesen in den letzten Jahren der Weimarer Republik: Rundfunkmanuskripte mußten auch vor 1933 der Zensur vorgelegt werden, selbst wenn sie so entkernt und entpolitisiert waren, wie das aus Furcht vor Krach in der Weimarer Republik gang und gäbe wurde.«[56]

Von einer frühen Form des unterhaltsamen Hörfunkgesprächs berichtete Peter von Zahn 1991 im Gespräch mit Peter Marchal: »(…) ich weiß, dass ich mal eine Art ›Talkshow‹ 1947 inaugurierte, die hieß ›Die Abendgesellschaft‹[57]. Es war, glaube ich, die erste dieser Art, wo einfach Leute zusammensaßen und sich unterhielten beziehungsweise etwas zum Besten gaben. Und da forderte ich die Hörer auf, doch mal zu schreiben, ob ihnen dieses Prinzip, was es bis dahin in Deutschland nicht gegeben hatte, wohl gefallen könnte; und da kriegten wir Stöße über Stöße. Die Zahl kann ich jetzt nicht mehr nennen, aber es war eine unendliche, gar nicht durchzulesende Zahl von Anregungen und Berichtigungen – und Verwünschungen natürlich auch. Wir wurden ja doch sehr angegangen mit anonymen Drohungen und solchen Sachen.«[58] Nach den Worten von Zahns waren einige dieser Sendungen thematisch gebündelt. Ein Beispiel: »Wir gaben bekannt, dass wir eine Sendung gestalten würden auf Grund der Briefe, die uns zukommen würden über die Erlebnisse der Briefschreiber am 29. Januar 1947 …«[59]

Von Zahns Memoiren lässt sich entnehmen, dass die konzeptionell beabsichtigte Überschneidung von unterhaltenden und informativen Inhalten, wie es auch später in den Anfängen des

Fernsehens der Fall war, den damaligen Vorstellungen von Programmgestaltung zuwiderlief: »Ich produzierte und moderierte zwar eine abendfüllende Talkshow – ein Novum für die damalige Zeit – und versuchte in dieser ›Abendgesellschaft‹ journalistische Information mit Unterhaltung zu kombinieren. Aber das war den Verfechtern reinlich getrennter Programmkästchen ein Dorn im Auge. Außerdem, ein Lebensinhalt war es nicht, der blutjungen Anneliese Rothenberger zu einem Auftritt zu verhelfen oder den Dokumentarfilmer Victor Graf Plessen über mysteriöse Ereignisse beim Drehen indonesischer Tempelumzüge erzählen zu lassen; Kalanag, der manchmal vor Hitler gezaubert, oder der Astrologe Wolff, der Himmler die Sterne gedeutet hatte, konnten mich nicht reizen, meine Partner öffentlich zu diffamieren und zu demolieren, was doch nach heutiger Ansicht die Hauptaufgabe eines Talkmasters ist. Kurzum, ich langweilte mich dabei und brach deshalb manchmal in andere Programmsparten ein – nicht immer zum Vergnügen der jeweiligen Redaktionsleiter.«[60]

Auch das Kölner NWDR-Studio sendete regelmäßig ›Diskussionen am runden Tisch‹, die von dem Kommunisten Dr. Karl-Georg Egel geleitet wurden. Die dortigen Arbeitsbedingungen müssen ungleich dürftiger gewesen sein als die Hamburger; so jedenfalls die Klage Egels in einem Brief an Peter von Zahn: »Ich habe keinen Raum, in dem ich die Vorbesprechungen für den runden Tisch durchführen kann, so daß ich gezwungen bin, mit den eingeladenen Teilnehmern am runden Tisch in der Kantine oder in einem gerade leerstehenden Raum die Besprechungen vorzunehmen. Kommt der Besitzer des Zimmers zurück, so muß ich mit den Teilnehmern umziehen. (…) Diese Umstände haben auf die Teilnehmer selbst ungünstige psychologische Rückwirkungen. Abgesehen von einem Prestigeverlust des Rundfunks selbst müssen sich die Rückwirkungen negativ auf die Aufnahme auswirken. (…)«[61]

Im Frühjahr 1947 verließ der von der britischen Führung eingesetzte Intendant Max Burghardt den Kölner Sender. Egel erhielt die Kündigung, ebenso Günter Cwojdrak[62] und Karl Eduard von Schnitzler,[63] dem laut Peter von Zahn vorgeworfen wurde, er habe »in Nordrhein-Westfalen ein getarntes Netz kommunistischer

Informationszellen«[64] bilden wollen. Egel wechselte als Chefredakteur für Politik zum amerikanisch kontrollierten ›Radio München‹, wo er bis zum 31. März 1948 tätig blieb, ehe er den Übrigen in die sowjetisch besetzte Zone folgte. In der späteren DDR arbeitete er unter anderem als Drehbuchautor. Sein wohl bekanntester Film war die in der DDR kurz nach der Kinopremiere verbotene, 1989 erfolgreich wiederaufgeführte Arbeiterkomödie ›Spur der Steine‹ (DDR 1966, Regie: Frank Beyer).[65]

Im französischen Sektor probte man unterdessen die binationale Verständigung und führte ›Gespräche über den Schlagbaum‹. Die Idee zu der Sendung hatte Werner Höfer, der auch moderierte und später den artverwandten ›Internationalen Frühschoppen‹ ins Leben rufen sollte.[66]

Nicht in jedem Falle wurden öffentliche Gesprächsrunden aus redaktionellen Erwägungen des Funkmediums heraus veranlasst. Als öffentliche Saalveranstaltungen dienten sie der Verständigung und Erörterung aktueller gesellschaftspolitischer oder kultureller Belange. Vom Funk übernommen, waren sie sowohl informativer Zeitspiegel wie anregende Sendeform, die sogar, wie die Kölner ›Mittwochsgespräche‹, Anstöße zu Fortsetzungen und Varianten lieferten. Ganz in diesem Sinne erscheint Ivo Frenzel das erste Jahrzehnt nach dem Kriege als »das der Gespräche. Ich erinnere an die Darmstädter Gespräche, die Theatergespräche in Hamburg, die Literaturgespräche im Kölner Hauptbahnhof oder das Frankfurter Gespräch im Hessischen Rundfunk.

Das alles waren Gespräche, die zwar thematisch geplant und vorprogrammiert, aber in ihrem Ablauf und ihrem oft beträchtlichen Niveau ganz von der Spontaneität der Teilnehmer abhängig waren. Bei weitem nicht alle diese Gespräche fanden auf Initiative des Rundfunks statt, aber der Rundfunk hat sie doch nahezu alle mehr oder weniger vollständig gesendet und sie damit nicht nur subventioniert, sondern auch einer breiten Öffentlichkeit zugänglich gemacht.«[67]

Freies Sprechen – Die Rückkehr einer demokratischen Tugend

Nach der zwölfjährigen Diktatur des NS-Regimes, das getreu der von Reichssendeleiter Eugen Hadamovsky im März 1934 ausgegebenen Parole »ein Volk, ein Reich, ein Rundfunk«[68] den Rundfunk als Propagandaapparat für seine Zwecke missbraucht und zum Erreichen seiner Ziele diesen überhaupt erst zu einem Massenmedium gemacht hatte, war das offene, von äußeren Eingriffen freie Hörfunkgespräch eine von den Älteren kaum noch erinnerte und den jungen Hörern gar nicht bekannte publizistische Form, wie die Zeitzeugin Andrea Brunnen-Wagenführ, ab 1949 Hörfunk- und später auch Fernsehkritikerin[69], berichtet. Als Autorin der Fachzeitschrift ›Fernsehen‹,[70] später der ›Fernseh-Rundschau‹, war sie regelmäßig an einer Jahreswertung beteiligt, die die besten Sendungen verschiedener Sendesparten auflistete. In diesem Zusammenhang schreibt sie: »Eine eigene Kategorie ›Diskussionen und Gespräche‹ schien es uns wert zu sein, benannt zu werden. Man möge bedenken, dass öffentliche Streitgespräche für uns Jüngere etwas völlig Neues waren, ein Geschenk der Demokratie.«[71]

Vor dem Hintergrund der von Brunnen-Wagenführ nur vage angedeuteten Erfahrung der repressiven nationalsozialistischen Rundfunkpolitik und des noch nicht abgeschlossenen Prozesses der Redemokratisierung Deutschlands kam dieser Sendeform besondere Bedeutung zu: »Bei der Überlegung, wie der Rundfunk den Hörern politische Fragen am besten nahebringt, taucht stets die Frage auf: Vortrag oder Diskussion?«[72] Die Anmerkung aus der Praxis stammt von Fritz Eberhard. Der frühere Intendant des Süddeutschen Rundfunks (1949–1958) blickte 1962, inzwischen am Institut für Publizistik in Berlin tätig, auf eine anno 1950 – »also wenige Jahre nach dem Wiederbeginn öffentlicher politischer Diskussionen«[73] – im Sendegebiet des Süddeutschen Rundfunks vorgenommene Hörerumfrage zurück, in der unter anderem obige Frage angesprochen worden war. »Das Ergebnis: 23 % waren überhaupt gegen politische Sendungen. 25 % waren gegenüber unserer Frage nach der Methode der Sendungen gleichgültig. 33 % und damit die größte Gruppe waren für Diskussionen und nur 19 %

für Vorträge.« Im erweiterten Zeitrahmen bis 1959 wurden laut Eberhard Diskussionssendungen besonders von Dauerhörern und Jugendlichen bevorzugt, Landbewohner und Angehörige freier Berufe schätzten eher den Einzelvortrag. Die Erkenntnisse verdankten sich einer Folgeumfrage aus dem Jahr 1959, die in puncto Vorlieben beinahe identische Ergebnisse erbrachte. Dagegen sank die Zahl der Gegner politischer Sendungen auf 11 %, ohne Meinung waren nunmehr 35 %.[74]

Aber nicht nur politische Fragen, auch kulturelle Themen bedurften in jenen Tagen der kritischen Erörterung. Jürgen Habermas sprach 1962 in diesem Zusammenhang von einer »Erwachsenenpädagogik«: »Konfessionelle Akademien, politische Foren, literarische Organisationen leben von der Besprechung einer diskussionsfähigen und kommentarbedürftigen Kultur; Funkanstalten, Verlage und Vereine bestreiten mit Podiumsdiskussionen ein florierendes Nebengewerbe.«[75]

Die von Habermas im Zuge seiner Kritik am »Kulturgütermarkt«[76] mit Skepsis beurteilte Konjunktur öffentlicher Gesprächsveranstaltungen wird bestätigt durch die im ›Rundfunk-Fernseh-Jahrbuch‹ des Jahres 1953 enthaltenen Rechenschaftsberichte deutscher Landessenderintendanten, denen sich zugleich Stichworte zum Themenspektrum entnehmen lassen. So schrieb Intendant Fritz Eberhard für den Süddeutschen Rundfunk: »Im literarischen und wissenschaftlichen Sektor des Süddeutschen Rundfunks war das freie Gespräch und die Diskussion das Merkmal der Arbeit, die zwanglose Unterhaltung vor dem Mikrophon über die Probleme aktueller geistiger Auseinandersetzung – von der ›Geschichte der Widerstandsbewegung‹ bis zum zeitgeschichtlichen Studio ›Grenzen der Demokratie‹.«[77]

Im NWDR wurden abwechselnd ›Die Woche im Parlament‹ und das ›Politische Forum‹ gesendet, »in dem wesentliche politische Ereignisse und Fragen von Vertretern der Parteien diskutiert werden«.[78] Die Entstehung des ›Politischen Forums‹ ist in der 1956 erschienenen NWDR-Broschüre ›Ein Rückblick‹ dokumentiert: »Zunächst wurde den Parteien, je nach Größe, Sendezeit zur Verfügung gestellt. Es kamen wenig wirkungsvolle Monologsendungen von jeweils 5 Minuten zustande. Dann, nach der Bundestagswahl

1949[79], entschloß sich auf Vorschlag des NWDR der regelmäßig beim NWDR zusammentreffende Kreis der Rundfunkreferenten der Parteien zur Diskussionsform. Seitdem liefen diese Sendungen unter dem Titel ›Politisches Forum‹ – zunächst einmal im Monat mit 45 Minuten Dauer, später alle 14 Tage mit je 30 Minuten Sendezeit. Hörerumfragen ergaben, daß diese Diskussionssendungen bei weitem mehr gehört wurden als die Monologsendungen. Angesichts der wenig großen Beliebtheit rein politischer Sendungen, war das Ergebnis einer regelmäßigen Zuhörerschaft von etwa 11% als außerordentlich zufriedenstellend zu betrachten.

Die Themen- und Sprecherwahl erfolgte in Zusammenarbeit von NWDR und Parteien auf den monatlichen Besprechungen der Rundfunkreferenten der Parteien, wobei nicht Mehrheitsbeschlüsse gefaßt, sondern Vereinbarungen in freier, kollegialer Absprache getroffen wurden. (…) Nicht nur Bundestagsabgeordnete, sondern vor allem auch jüngere Politiker der Parteien kamen zu Wort. Die Sendungen wurden teils aus Köln, teils aus Hamburg, zuweilen auch aus Berlin gesendet. Aufgenommen wurden die Sendungen ohne Manuskript in freier Rede.«[80]

Die hier angesprochene Runde der Rundfunkreferenten der Parteien war dem dort durch Walter D. Schultz vertretenen NWDR als sogenanntes Außenreferat verbunden und bestimmte weitgehend eigenständig über die Themen und personelle Besetzung einer Reihe von politischen Sendungen. Zugleich wurde das Gremium weidlich genutzt, um programmbezogene Forderungen oder auch Proteste gegen missliebige Sendungen aus der politischen Sphäre in den Sender zu tragen. Auf diesem Wege und durch Adressierung an den Verwaltungsrat des Senders vermochten Partei- wie auch Regierungspolitiker zumindest mittelbar Einfluss zu nehmen auf Inhalte und Gestaltung der NWDR-Programme, wobei ihnen die willfährige Haltung der Senderverantwortlichen entgegenkam.[81]

Walter D. Schultz beschrieb die Aufgabe der Sitzungsgruppe wie folgt: »Der Kreis der Rundfunkreferenten der Parteien sorgt für ständigen Kontakt zwischen dem NWDR und den politischen Parteien der Bundesrepublik und die von ihm geleisteten Vorarbeiten werden vom NWDR geschätzt und anerkannt.« Zwar konnte dieser Kreis »bindende Beschlüsse (…) nicht fassen, da für den

NWDR die gesetzlich bestimmten Organe verantwortlich sind«,[82] und musste unter anderem die Zuteilung von Sendezeiten dem Verwaltungsrat und der ihm unterstellten Generaldirektion überlassen. Die Vorschläge des Außenreferats waren jedoch oft genug ausschlaggebend für die betreffenden Beschlüsse. Über die Inhalte der politischen Sendungen befanden die Mitglieder der Arbeitsgruppe ohnehin in eigener Verantwortung. Von einer souveränen, das heißt staats- und parteienfernen Gestaltung programmlicher Abläufe war der NWDR in dieser Phase demnach weit entfernt.[83]

Die Zulassung zur Sendereihe ›Das Politische Forum‹ beschränkte sich auf Parteien mit Bundestagsmandat. 1953 waren das CDU, SPD, FDP, Deutsche Partei (DP) und Gesamtdeutscher Block (GB), wobei in den Jahren 1952 bis 1954 die Vertreter von CDU (65-mal), SPD (64-mal), FDP (47-mal) und DP (32-mal) am häufigsten zu hören waren.

Im Jahr 1955 wurde unter anderem über folgende Themen diskutiert: ›1955 – Jahr der Innenpolitik‹ (9. Jan.), ›Dreizehntausend Verkehrstote – soll das so weitergehen?‹ (6. Feb.), ›Haben wir unsere Chance beim Städtebau genutzt?‹ (6. März), ›Moral durch Verbot?‹ (3. April), ›Wir waren in Amerika – Bundestagsabgeordnete diskutieren über ihre Reiseeindrücke‹ (5. Juni), ›Staatsmacht – Wehrmacht‹ (24. Juli), ›Wie steht es mit der Wiedervereinigung?‹ (18. Sept.), ›Meinungsfreiheit und Staatsräson‹ (2. Okt.), ›Lohn- oder Preisreform?‹ (16. Okt.).[84]

Ein ähnliches Angebot hatte der Bayerische Rundfunk im Programm. Den Zugang der Parteien zum Rundfunk regelte in Bayern der Artikel 4 des Gesetzes über die Errichtung und die Aufgaben einer Anstalt des öffentlichen Rechts, wo es unter anderem heißt: »Bei der Behandlung von Fragen, für die ein öffentliches Interesse besteht, ist den Vertretern der verschiedenen Richtungen die gleiche Sendezeit zu gewähren. (…) Den politischen Parteien, die im Bayerischen Landtag oder im Bundestag durch in Bayern gewählte Abgeordnete vertreten sind, werden angemessene Sendezeiten eingeräumt.«[85]

Eingelöst wurde dieses Verlangen mit einer Gesprächssendung, durch deren Anordnung und Ablauf der Intendant des Senders, Rudolf von Scholtz, die Meinungspluralität gewährleistet sah:

»Eine Gelegenheit für die politischen Parteien, ihre Meinung zu wichtigen Problemen zu äußern, besteht in ›Gesprächen am runden Tisch‹, bei denen durch die Teilnahme von Vertretern verschiedener Richtungen die Gefahr einer einseitigen Beeinflussung der Hörer ausgeschaltet ist.«[86]

Zusätzlich richtete die Wirtschaftsredaktion des Senders 1953 die ›Freitag-Abend-Runde‹ aus – »ein Gespräch zwischen Wirtschaftlern«.[87]

Streit ums ›Politische Forum‹

Im Oktober 1953 erhob der CDU-Rundfunkreferent C. W. Dietsch namens seiner durch die Bundestagswahl am 6. September deutlich gestärkten Partei[88] die Forderung, das ›Politische Forum‹ abzuschaffen und stattdessen den Parteien nach einem festgelegten, die CDU begünstigenden Verteilungsschlüssel zwei Mal wöchentlich 15 Minuten zur freien Verfügung zu gewähren – »sodass sie sowohl die Möglichkeit hätten, Monologsendungen zu veranstalten, Diskussionen untereinander oder mit Vertretern anderer Parteien oder Sendungen mit anderen funkischen Mitteln (zum Beispiel Hörspiele, Sketche etc.)«.[89] Auf die Gegenrede der übrigen Parteienvertreter reagierte Dietsch mit dem Ultimatum, dass, »wenn die Mehrheit der Rundfunkreferenten der Parteien gegen seinen Vorschlag stimmen würde, die CDU sich an einer etwaigen Fortführung des Politischen Forums nicht beteiligen würde. Die endgültige Aufteilung der Sendezeiten seines Vorschlages würde einer neuen Besprechung vorbehalten sein.«[90]

Die CDU selbst stellte einen Zusammenhang her zwischen ihrem Vorstoß und dem jüngsten Wahlergebnis, verbrämte ihr Vorgehen aber als Fürsorge gegenüber den politisch interessierten Hörern. Demnach waren die Christdemokraten der Auffassung, »dass es nach der ganz klaren Entscheidung des 6. Septembers dem Hörer nicht mehr zugemutet werden kann, jetzt schon wieder Parteiendiskussionen im Rundfunk zu hören, die im wesentlichen doch Themen behandeln müssen, die im vorangegangenen Wahlkampf monatelang behandelt worden sind und über die der Wähler seine Entscheidung gefällt hat«.[91]

Inhaltlich wie tonal kamen diese Äußerungen einem Bruch mit der wider alle politischen Gegensätze bis dato demokratisch organisierten und zumeist harmonisch verlaufenen Rundfunkarbeit der Parteien gleich und stieß entsprechend auf Ablehnung gleichwie Empörung. Die übrigen Rundfunkreferenten nahmen dergestalt Stellung:

»Das Politische Forum sei als Diskussionssendung die demokratischste Form des Meinungsaustausches und leistet in dieser Hinsicht eine gewisse demokratische Erziehungsarbeit. Bei Monologsendungen besteht die Gefahr, quasi den Wahlkampf weiterzuführen, was vermieden werden soll, ferner sei zu bedenken, dass die politischen Gruppen angeregt werden könnten, auf ein angeschnittenes Thema laufend zu antworten. Schließlich sei eine Themenabstimmung der Rundfunkreferenten untereinander bei dieser Form der Sendungen unmöglich; dem Arbeitskreis der Rundfunkreferenten würde auf diese Weise die Arbeitsgrundlage entzogen.«[92]

Der NWDR äußerte sich gleichfalls ablehnend mit der Begründung, dass eine Beeinträchtigung des bestehenden Programmschemas zu befürchten sei. Die Presse kommentierte: »Wir müssen gestehen, dass uns die Gesichtspunkte, die seitens der CDU in der Diskussion um die Gestaltung der politischen Sendungen vorgebracht wurden, nicht recht einleuchten wollen. Ein lebendiges Gespräch zwischen Vertretern kontroverser Anschauungen scheint uns, vom Standpunkt des Rundfunkhörers her gesehen, wesentlich fruchtbarer zu sein, als monologisierende Vorträge von Parteirednern. Gerade die neuen Fernsehsendungen ›Im Kreuzfeuer‹ beweisen, wie stark das Interesse an der echten Diskussion ist. Was für den Fernsehfunk gilt, trifft auch für den Hörrundfunk in verstärktem Maße zu, da er das Bild zudem noch entbehren muss.«[93]

Der Dissens wurde über den Kreis der Rundfunkreferenten hinaus auch auf höheren Ebenen der Parteien ausgetragen und sorgte für zahlreiche Schlagzeilen.[94] Die Gegner der CDU-Position führten sowohl politische wie formale Argumente für den Fortbestand des ›Politischen Forums‹ an, das augenscheinlich als genuin demokratische Institution begriffen wurde und sich als solche auch etabliert hatte. Die SPD vertrat den Standpunkt, »dass (…) das

Politische Forum in überzeugender Weise das Wesen der echten Demokratie, die sachliche Diskussion, darstellte«.[95]

Für den FDP-Landesverband Hamburg äußerte sich Harald Abatz in einem Schreiben an den NWDR: »Monologsendungen, die ja immer darauf beruhen, dass der betreffende Redner ›seinen Kram herunterliest‹, wirken nicht interessant genug.«[96]

Im gleichen Sinne befand die Publikumspresse: »Es wäre bedauerlich, wenn lebendige Diskussionen durch Vorträge abgelöst würden.«[97]

Angesichts dieser über ideologische Grenzen hinweg verlautbarten vehementen Einsprüche verzichtete die CDU kleinlaut auf den angekündigten Rückzug aus dem ›Politischen Forum‹, erreichte aber immerhin, dass der NWDR-Verwaltungsrat den Parteien wöchentlich weitere 30 Minuten Sendezeit zubilligte. Die praktische Umsetzung wurde dem Generaldirektor und den NWDR-Funkhäusern überlassen.[98]

Diskussion vor Kommentar

Rundfunk und Politik befanden sich in jenen Jahren in einer Phase fortwährender Auseinandersetzung. Einige vom NWDR verbreitete politische Kommentare, insbesondere wohlwollende Äußerungen Peter von Zahns über die Mitbestimmungsforderungen des Deutschen Gewerkschaftsbundes, hatten beim Bundesverband der Industrie und bei Regierungspolitikern derartige Verärgerung hervorgerufen, dass mit Nachdruck nach Konsequenzen verlangt wurde.[99] Nach Auffassung der Regierung, stellvertretend geäußert von Staatssekretär Dr. Lenz und über Außenreferent Walter D. Schultz[100] und den von Parteipolitikern beherrschten Verwaltungsrat[101] in den Sender getragen, gehörten politische Kommentare nicht zu den Aufgaben des Rundfunks, dem laut Schultz, anders als der Presse, grundsätzlich kein Eigenwille zukomme, der stattdessen als »Sammler und Darsteller fremder Willen« zu fungieren habe.[102] Nach zaghaften Versuchen, den Konflikt durch geänderte Sprachregelungen beizulegen, gab NWDR-Generaldirektor Adolf Grimme, der selbst auf eine Vergangenheit als Parteipolitiker und Landesminister zurückblickte, auf fortgesetzten Druck hin nach.

Ein Zitat aus einem Schreiben an Rüdiger Proske steht exemplarisch für den neuen Kurs: Demnach sollten »einseitige meinungsbildende Kommentare durch im festen Vertragsverhältnis angestellte Kommentatoren möglichst nicht mehr gegeben werden«. Stattdessen gebot Grimme seinen Mitarbeitern, dass man sich künftig »vielmehr darauf beschränken sollte, die politischen Vorgänge sachlich und anschaulich zu erläutern«.[103]

So groß ihre Abneigung gegen unabhängige politische Kommentare, so sehr beharrten die Parteienvertreter andererseits darauf, ihre Positionen regelmäßig im Programm des Hörfunks vertreten zu können. Als Sendeform drängte sich das Mehrgespräch am runden Tisch geradezu auf – damit boten die Programmverantwortlichen den Parteien das gewünschte Forum, und die stets geforderte und eifersüchtig kontrollierte Ausgewogenheit[104] war im Sinne einer Binnenpluralität leicht zu gewährleisten, indem man zu jeder Sendung eine wohlausgewogene Anzahl von Vertretern der großen Parteien einlud.

Dieser Arithmetik entsprach beispielsweise die feste Besetzung der 1954 vom NWDR auf UKW-West eingeführten monatlichen Radiosendung ›Am runden Tisch in Bonn‹ mit den regelmäßigen, die Gesprächsleitung reihum wahrnehmenden Teilnehmern Kurt Georg Kiesinger (CDU), Heinz Kühn (SPD) und Dr. Erich Mende (FDP). Der Sender gab zur ersten Sendung bekannt: »Für die Hörer der Sendung (...) wird es interessant sein, in einem freien und ungezwungenen Gespräch dreier Parlamentarier gewissermaßen ›aus erster Hand‹ über aktuelle Fragen der Außenpolitik unterrichtet zu werden. Die Lebendigkeit der Diskussion ergibt sich aus der Persönlichkeit dieser Politiker und der Aufgeschlossenheit, mit der sie entscheidenden Problemen von heute gegenüberstehen.«[105]

Initiator der Reihe war Walter Steigner, der Leiter der Abteilung Politik im Funkhaus Köln. Er beschrieb seine Intentionen mit den Worten: »Der Grundgedanke dieser Sendung war: Drei Politiker sollten sich in Gesprächsform über aussenpolitische Tagesfragen unterhalten. Ich habe entscheidenden Wert darauf gelegt, dass, im Gegensatz zum Politischen Forum, immer dieselben Herren sprechen, weil meiner Auffassung nach eine Vielzahl von ständig wechselnden Sprechern die Hörer nicht so ansprechen kann wie eine Runde, die ihnen schon im Laufe der Zeit vertraut geworden ist.«[106]

Die Arbeit der Programmschaffenden wurde gerade in dieser Phase mit großem Engagement theoretisch reflektiert, wie der Sammelband ›Der Rundfunk im politischen und geistigen Raum des Volkes‹[107] dokumentiert, eine Denkschrift über in den Jahren 1949 bis 1951 im Rahmen der NWDR-Rundfunkschule abgehaltene gemeinsame Tagungen von Hochschullehrern und Aktiven des Rundfunks. Dr. Hans Wenke, Professor für Pädagogik und Philosophie an der Universität Tübingen, stellte in seinem Beitrag unter anderem Vorzüge und Nachteile politischer Gesprächssendungen gegenüber, denn: »Unter den Sendungen, die der politischen Orientierung und Meinungsbildung dienen, nimmt neben dem Kommentar *das Gespräch* [Hervorhebung im Original; H. K.] in den Rundfunkprogrammen der letzten Jahre eine hervorragende Stellung ein.«[108] Wenke schließt seine Ausführungen mit der Überzeugung: »In der oben erwähnten Übung des Zuhörens beim Vortrag und in der Darbietung von Modellen guter Diskussionen geht der Rundfunk über die Information und Orientierung hinaus und leistet einen wesentlichen Beitrag zur politischen Erziehung des Volkes.«[109]

Unterdessen fanden nicht nur Politiker, sondern auch Hörer beim NWDR Möglichkeiten, in einer Sendung zu Wort zu kommen: »In der ›Meckerecke‹ im Zweiten Programm Nord äußern die Hörer ebenso ihre Meinung wie in den Telefongesprächen mit dem Schriftsteller Walther von Hollander, die unter dem Stichwort ›Hier Funkhaus Hamburg‹ in 14tägigen Abständen auf UKW Nord erscheinen. Für sich spricht schließlich der Titel ›Der Hörer hat das Wort‹, die das Kölner Funkhaus jeden Sonntag auf der Mittelwelle bringt.«[110]

Die 1951 vom NWDR-Wirtschaftsfunk eingerichtete ›Meckerecke‹ wurde zur dauerhaften Einrichtung und am 14. November 1952 versuchsweise parallel im Radio und im Fernsehen gesendet. Das damalige Erscheinungsbild der Reihe stellte sich wie folgt dar: »Probleme des täglichen Lebens werden in ihr diskutiert – wobei sehr freimütig von den Hörern Kritik geübt wird an Behörden und anderen Instanzen. Zum Teil fanden diese Diskussionen zwischen

Kritikern und Kritisierten öffentlich in einem NWDR-Studio statt. Auch die gemeinsame Sendung von Hör- und Fernsehfunk am 14. November wird eine öffentliche Veranstaltung sein: im Fernsehbunker auf dem Hamburger Heiligengeistfeld werden die Hörer, die sich als ›Meckerer‹ gemeldet haben, zusammen mit Vertretern der Baubehörde und gemeinnütziger Wohnungsbaugesellschaften die Diskussion um den Sozialen Wohnungsbau aufnehmen.«[111]

Der Berliner RIAS öffnete sich speziell für die jugendliche Hörerschaft: »Der Jugend- und Schulfunk hat eine im Funk einzigartige Einrichtung geschaffen: das Schulfunk-Parlament. In diesem Parlament haben Schüler von über 350 Westberliner Schulen unter dem Wahlspruch ›Lebe anständig‹ Sitz und Stimme.«[112]

Zwischenbild

Nach der Eroberung Deutschlands nehmen die alliierten Truppen umgehend die deutschen Sender in Besitz und in Betrieb und nutzen sie anfangs in einigen Bereichen für eigene Zwecke, dann auch für die Kommunikation mit deutschen Hörern. In den unübersichtlichen Nachkriegstagen ist der Hörfunk das zweckmäßigste Mittel, um offizielle Verlautbarungen der Militärbehörden zu verbreiten. Das Repertoire an Sendeformen weitet sich binnen kurzem aus; freie Hörfunkgespräche können nicht nur wieder stattfinden, sie dienen unter alliierter Ägide und anschließend, nach Rückgabe der Sender in deutsche Hände, der Information und der demokratischen Bildung. Der Rundfunk wird zu einem wichtigen Bestandteil der Bemühungen um eine Redemokratisierung. In dieser Phase erfüllt das Hörfunkgespräch Funktionen einer politischen Pädagogik und einer allgemein informierenden Publizistik, ist aber auch bereits in hohem Maße dem Begehren der restituierten oder neugegründeten politischen Parteien ausgesetzt, die ihre Standpunkte im Medium Funk in eigener Regie und tunlichst unkommentiert kundtun möchten.

3. Gesprächssendungen in den ersten Fernsehjahren

Das Nachkriegsfernsehen begann am 27. November 1950 mit einem vom Nordwestdeutschen Rundfunk (NWDR) in Hamburg ausgerichteten Versuchsprogramm.[1] Die nur für ein Fachpublikum bestimmten Ausstrahlungen dienten vorrangig der technischen Erprobung, erfolgten meist an drei Tagen pro Woche, wurden aber betriebsbedingt immer wieder von längeren Pausen unterbrochen. In den ersten Monaten bestimmten Spiel- und Kulturfilme das Angebot: »Nur 7% des Programms bestehen aus aktuellen Übertragungen, Interviews und Reportagen. Dies ändert sich erst in der ersten Hälfte des Jahres 1951, als der Programmanteil von aktuellen Sendungen auf 24% steigt.«[2]

Das Versuchsprogramm

Unter diesen aktuellen Sendungen finden sich bereits einige Interview- und Gesprächssendungen, die meist der räumlichen und personellen Nähe zum Hörfunk entsprangen.[3] Jürgen Roland füllte große Teile seiner Sendereihe ›Was ist los in Hamburg?‹, indem er sich ausgiebig mit aktuell gastierenden Künstlern unterhielt. Am 14. Januar 1952 verzeichnet die Programmchronik die Sendung ›Die Stimme des Anderen‹, in der über einen neuen Film diskutiert wurde.[4]

Die Fernsehkritikerin Andrea Brunnen-Wagenführ berichtet von einem »›Aktuellen Interview‹, das den Sendeabend beschloss. Dabei handelte es sich meist um Schauspieler, Sänger, Stars der Schlagerbranche.«[5] Brunnen-Wagenführ beobachtete ferner »die erste Diskussion am runden Tisch über ein innenpolitisches Thema (›Die Gleichberechtigung der Frau‹, 27.8. und 5.9.52)«.[6] Der Titel der ab 20.00 Uhr ausgestrahlten 20-minütigen Sendung lautete in vollständiger Wiedergabe: »›Wie denken Sie darüber?‹

Ein Gespräch am runden Tisch über die Gleichberechtigung der Frau.«[7] Die Sendung vom 5. September war ausdrücklich als Fortsetzung angekündigt. Es diskutierten die Schauspielerin Katharina Brauren, der Publizist Walther von Hollander sowie der Schriftsteller Kurt Wilhelm Marek (bekannter unter dem Pseudonym C. W. Ceram) und Julia Dingwort-Nussek, die sich 2002 im Gespräch mit Peter von Rüden erinnerte: »Ich hab damals die These vertreten, die ja zum Teil leider immer noch gilt: Was nützt uns die formale Gleichberechtigung in einer Welt, die sich vorwiegend nach männlichen Spielregeln vollzieht?«[8]

Eine frühe Form interaktiven Fernsehens wurde am 29. August 1952 im Rahmen der Sendung ›Jugendstunde‹ erprobt, wie der Untertitel verrät: »›Jugend-Forum mal anders‹. Du kannst Dich telefonisch beteiligen.«[9]

Formatentwicklung und rudimentäre Programmstrukturen: Der Programmbeginn 1952

Die Wiederaufnahme des regulären Fernsehsendebetriebs unterlag weiterhin zahlreichen Beschränkungen politischer, technischer und organisatorischer Natur.[10] Der auf den 25. Dezember 1952 datierte offizielle Sendebeginn war auch nach zweijährigem Versuchsprogramm noch immer von Improvisationen begleitet, erkennbar nicht zuletzt am zweigeteilten Sendestart, der auf die fehlende Verbindung zwischen den Funkhäusern in Hamburg und Köln zurückzuführen war. In der für die Presse und andere interessierte Kreise bestimmten Vorschau auf den Sendeablauf in der Zeit des 25. bis 27. Dezember 1952 hieß es: »Wir legen im folgenden eine Aufstellung des Programms vor, mit dem das regelmäßige tägliche Fernsehen des Nordwestdeutschen Rundfunks am 25. Dezember, also am 1. Weihnachtsfeiertag, eröffnet wird. Es handelt sich dabei um die von Hamburg und Hannover ausgestrahlten Fernseh-Sendungen. Das von Köln und Langenberg ausgestrahlte Überbrückungsprogramm steht noch nicht in allen Einzelheiten fest. Wir werden es unmittelbar nach seiner endgültigen Fixierung bekanntgeben und hoffen, daß dies schon in der nächsten Ausgabe der ›Ansage‹ geschehen kann.«[11]

Die bescheidene Ausstattung des Kölner Standortes erzwang ökonomische Sendeformen. Auf die zeitgleich zu den Hamburger Live-Übertragungen per Film eingespielten Ansprachen des NWDR-Intendanten Dr. Werner Pleister und des technischen Direktors Dr. Werner Nestel folgte ein separater Sendeablauf, der sich vor allem aus unaufwendig zu produzierenden Gesprächen zusammensetzte. Angekündigt worden war dieser Programmpunkt im Rahmen der dreiteiligen Programmfolge[12] ›Rund um den Kölner Dom‹ als ›Das Interview – Gespräch mit Prominenten und Nichtprominenten‹. Der Zeitzeuge Klaus Mahlo erinnerte die Situation so: »Dann ergriff Hugo *Murero* das Wort, *Berliner*, in *Wien* geboren und später nach *Köln* übergesiedelt, den nun schon lange der Rasen des Friedhofs Melaten deckt. ›Hallo, hier Funkhaus Köln, einen guten Abend, meine Damen und Herren.‹ Er stellte den paar Zuschauern vor den dreihundert Fernsehgeräten in Nordrhein-Westfalen plaudernd die Mitarbeiter vor, die um ihn versammelt sind. Nabelbeschau, das ist so üblich gewesen eine Zeit lang im deutschen Fernsehen.«[13]

Auch an den Tagen 26., 28. und 30. Dezember 1952 offerierte die kleine Kölner Belegschaft ihren wenigen Zuschauern, jeweils nach den 20.00-Uhr-Sendungen,[14] weitere Ausgaben der stets von Hugo Murero moderierten Sendereihe. Damit enthielt das regional beschränkte Kölner TV-Programm bereits ein wiederkehrendes Angebot, das in moderner Terminologie als horizontale ›Talk-Strecke‹ und damit in leiser Übertreibung als Urform des *strippings* bezeichnet werden könnte.[15]

Formatbezogene Überlegungen in der Publizistik

In jenen Pioniertagen galt das Augenmerk der Fernsehschaffenden zuvörderst dem reibungslosen technischen Ablauf des Sendebetriebs. Bei den Inhalten griff man auf bewährte Formen zurück, indem man sich bei den älteren Medien Bühne, Film und besonders beim Hörfunk bediente, dem große Teile des programmschaffenden und geschäftsführenden Personals entstammten. Da der Ehrgeiz der Fernsehveranstalter wesentlich darauf gerichtet war, ihr Medium zu popularisieren, bediente man sich gut eingeführter

Namen und Personen, jener also, die dank ihrer Hörfunktätigkeit bereits ein gewisses Prestige genossen. Das Fernsehen lockte nun mit der Möglichkeit, die beliebten Stars nicht nur als Illustriertenfoto, sondern in bewegten Bildern zu sehen. Mit dieser eher den personellen und strukturellen Bedingungen als marktwirtschaftlichem Kalkül entsprungenen Strategie bedienten die Anbieter genau jenes Publikumssegment, das am ehesten geneigt war, in die Anschaffung eines Fernsehgerätes zu investieren, wie Elisabeth Noelles spätere Studien ergaben. 1960 stellte sie zusammenfassend fest, »daß gerade die Leute sich zuerst ein Fernsehgerät anschafften, die sich am ausgeprägtesten für den Hörfunk interessierten, sich am meisten damit beschäftigt hatten«.[16]

Derweil forderte eine kritische programmbegleitende Presse bereits die Entwicklung fernsehspezifischer Formen, ohne dabei Übernahmen aus dem Hörfunk rundheraus abzulehnen. Solche theoretischen Überlegungen enthält beispielsweise die 1953 erschienene Broschüre ›Die Kunst des Fernsehens‹ von Dr. Gerhard Eckert. Darin kam Eckert auf die bereits in seiner Habilitationsschrift ›Der Rundfunk als Führungsmittel‹ verwendete Begriffswahl zurück, indem er das Fernsehgespräch in ›Monologischer Vortrag‹, ›Zwiegespräch‹, ›Mehrgespräch‹[17] unterteilte. Bezüglich des Inhalts und der Gestaltung erhob der anpassungsfähige Autor nun aber ganz andere Forderungen.

Im Kapitel ›Grundformen der Sendung‹ beanstandete der im fraglichen Zeitraum unter anderem als Programmkritiker tätige Eckert die bislang beobachteten Fernsehdiskussionen. Demnach wirkten sich der akute Geldmangel und die daraus folgende Tendenz, »die für eine Sendung investierten Mittel (...)« bis zum Letzten auszunutzen, insbesondere bei den in Berlin produzierten Programmbeiträgen dahingehend aus, »daß ein Stoff, der eigentlich geeignet wäre für eine Fernsehfolge, in ein endloses Interview gepreßt oder als Reportage ausgeschlachtet« wurde.[18] Ein dem Bildschirm abgeschautes konkretes Beispiel: »Man benützt etwa das Interview eines Lehrers, der über die Ergebnisse einer Lehrertagung befragt wird, um in langatmigen Ausführungen die Problematik der modernen Erziehung darzulegen.«[19]

Insbesondere bemängelte Eckert die wenig telegene, einfallslose

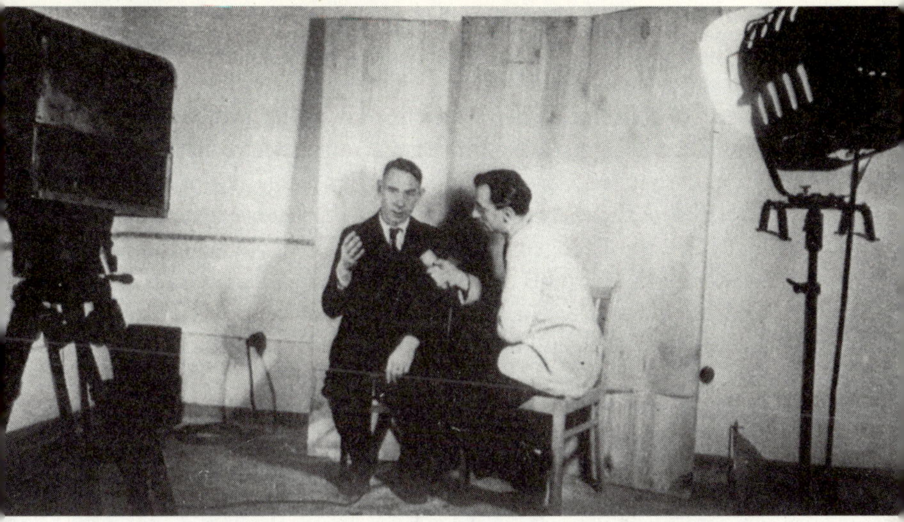

Abb. 1: Improvisierte Anfänge in bescheidenem Rahmen: ›Zwiegespräche‹ sind einfach zu realisieren und waren deshalb in den Pioniertagen des Fernsehens eine gängige Form der Themenpräsentation.

Inszenierung derartiger Sendungen: »Das *Zwiegespräch* sieht in seiner üblichen Form im deutschen Fernsehprogramm heute noch so aus: die beiden Partner sitzen nebeneinander wie auf einem Armesünderbänkchen, allenfalls in einem leichten Winkel zueinander. Der Fernseher sieht zunächst nur den Interviewer. Wenn sich der Blick des Interviewers nach der Seite wendet, schwenkt die Kamera auf den Nachbarn, dem der Interviewer nun, ohne den Fernseher anzusehen (oder auch, die andere Möglichkeit, ohne den Befragten eines Blickes zu würdigen), eine Frage stellt. Auf diese antwortet der Befragte wiederum mit dem Blick zum Interviewer, der sie gestellt hat, nicht aber zum Fernseher. Allenfalls, daß er ab und zu einmal einen Blick in die Kamera (und damit zum Fernseher) riskiert, ohne recht zu wissen, *wo* denn nun eigentlich sein wirklicher Partner sei.«[20]

Eckert machte sich ferner Gedanken über die Rolle des Gastgebers beziehungsweise Moderators: »Er spielt keine Nebenrolle wie der Interviewer für Zeitung oder Rundfunk, sondern die zweite Hauptrolle. Das erfordert eine überlegene Persönlichkeit, die weder eine ehrfürchtige Distanz vom Partner trennt, noch sich durch eine hemdsärmelige Wurstigkeit gewaltsam auf dessen Ebene stellen und in den Vordergrund spielen will.«[21] Die Auswahl eines geeigneten Gesprächsleiters unterliegt dem von Eckert formulierten Ziel, mit dem er bereits das Erfolgsrezept der später als Talkshow bezeichneten Sendeform skizziert und viele ähnlich lautende Überlegungen aus den 1970er-Jahren vorwegnimmt: »So weit wie möglich muß das Interview seinen Charakter als Frage- und Antwortspiel verlieren und ein echtes Gespräch werden zwischen gleichwertigen Partnern, zu denen wir nun gewissermaßen hinzutreten.«[22]

Neben Monolog und Zwiegespräch thematisiert Eckert erneut das Mehrgespräch, im damaligen Sprachgebrauch häufig auch als »Diskussion am ›Runden Tisch‹«[23] kategorisiert. »Es ist«, so Eckerts Idealvorstellung, »eine fließende Form, die von ihren Teilnehmern ein extrovertiertes, ihre Gedanken preisgebendes Verhalten erfordert. Der Fernseher muß merken, daß hinter den Äußerungen wirklich die Persönlichkeit steckt. Diese werden, wenn das Thema es wert ist, auch wirklich die Umgebung vergessen, und sich natürlich und entschieden für ihre Meinung einsetzen. Sache des Diskussionsleiters ist es, sie dorthin zu bringen.«[24]

An anderer Stelle nimmt Eckert jene Erkenntnis aus den Anfangsjahren des Hörfunks wieder auf, der zufolge die Gesprächssendung einem Rollenspiel gleicht: »So grenzt das Mehrgespräch schon an eine dramatische Form des Fernsehens, ist es wie eine Szene aus einem Spiel, in dem die Akteure jedoch sich selbst darstellen und das Leben das Manuskript schreibt.«[25]

Auch hier wurde die auf freier Wortwahl, aber zugeteilten Rollen basierende Spielart der Gesprächssendung, wie sie sich später in den Gerichtsreihen oder sogenannten *Personal-Help-Shows* ausformte, im Ansatz bereits umrissen und erweist sich demnach als folgerichtige Entwicklung.

Walter Hagemann betrachtete 1954 verschiedene Sendeformen unter fernsehpublizistischen Gesichtspunkten. Zu den »Formen der Rundfunk-Aussage« zählt er Interview und Gespräch, die er jeweils in der Einleitung der betreffenden Kapitel bündig beschreibt (Hervorhebungen im Original): »*Das Rundfunkinterview ist die Befragung von Persönlichkeiten vor Mikrophon und Fernsehkamera.*«[26] Und: »*Das Rundfunkgespräch ist ein Gedankenaustausch zwischen gleichwertigen Partnern vor Mikrophon und Kamera.*«[27] Wesentlich für ein Rundfunkgespräch ist für Hagemann im Unterschied zum Interview, dass »beim echten Gespräch eine grundsätzliche *Gleichstellung der Partner*«[28] eintritt. Ihm zeigt sich eine Analogie zu sportlichem Geschehen: »Der unsichtbare Teilhaber möchte einem echten geistigen Zweikampf beiwohnen, in dem der Ausgang unentschieden ist oder mindestens *scheint* wie bei einem sportlichen Wettkampf. Eine Diskussion mit Notizblättern, in der sich die Teilnehmer gegenseitig die Stichworte geben, würde, vollends beim Fernsehen, befremden, ja lächerlich wirken.«[29] Ein Gesprächsleiter mit Schiedsrichterfunktion ist laut Hagemann unentbehrlich: »Der *Speaker* ist gleichsam der Vertreter der unsichtbaren oder sichtbaren Hörerschaft, er hat das Gespräch einzuleiten und zu beschließen, er hat dafür zu sorgen, daß der Gesprächsfaden nicht verloren geht, daß jeder zu Worte kommt, daß die Spielregeln nicht verletzt werden, und daß Zwischenfälle und Unklarheiten geklärt werden.«[30]

Zunehmend wird, vergleiche Eckert, der Part des Gesprächsleiters thematisiert. Hagemann beschreibt ihn als »Schiedsrichter«, was, verglichen mit den Überlegungen der Rundfunkpioniere Schubotz und Würzburger, einer Aufwertung dieser Position gleichkommt, da jene den Stellvertreter des Zuschauers in einer fragenden, bestenfalls gleichberechtigten Rolle sahen, während Hagemann ihm leitende und schlichtende Aufgaben und damit den Rang einer höheren Instanz zumisst.

Ebenfalls bemerkenswert: Obgleich Worte wie Unterhaltung oder gar Amüsement tunlichst vermieden werden, läuft die Argumentation der Fachautoren doch auf eine kurzweilige, mithin unterhaltsame Gestaltung der Fernsehgesprächssendungen hinaus.

In dieser Phase der Programmentwicklung galt unter den Ausübenden wie unter den Kritikern die Direktübertragung als das eigentliche fernsehgemäße Verfahren und somit als Maß aller Dinge. Karl Tetzner und Gerhard Eckert überschrieben eines der

Kapitel in ihrem 1954 als ›Fernseh-Brevier‹ annoncierten, auf eine breite Leserschaft abzielenden Sachbuch ›Fernsehen ohne Geheimnisse‹ mit den Worten »›live‹ ist Trumpf«.[31] Die Praktiker waren der gleichen Meinung: »Das Fernsehen wird sich gewiß auch in Zukunft des Filmstreifens bedienen. Aber sein Akzent wird stets auf der Direktübertragung liegen. Zu diesen ›Live‹-Sendungen von allgemein interessierenden Ereignissen treten eigens für das Fernsehen zugeschnittene Programme der Unterhaltung, Unterrichtung und Belehrung«, lautete eine programmatische Äußerung im NWDR-Pressedienst ›Die Ansage‹.[32] Und Martin Svoboda, verantwortlicher Leiter der im Entstehen begriffenen ›Tagesschau‹, entwarf in einem Beitrag für die Fachzeitschrift ›Fernsehen‹ folgende Programmatik: »Die Tagesschau wird jedoch dann immer zurückzutreten haben, wenn das Ereignis eine Direkt-Übertragung technisch und zeitlich zuläßt. Denn die Vermittlung des Miterlebens, das Dabeisein, ist eine Hauptaufgabe des Fernsehens.«[33]

Eine weitere Bestätigung findet sich in der Rückschau Klaus Mahlos: »... die Philosophie, unter der das Fernsehen der ersten Stunde antrat, hatte das Prinzip der Live-Sendung zur Maxime erhoben, und diese Maxime anzuzweifeln, galt noch lange als Sakrileg«.[34]

Gleichwohl wurde diese Haltung nach einigen Jahren Erfahrung mit dem Medium revidiert. Gemünzt auf die Programmphase um 1955 herum berichtete Gerhard Eckert 1963 in fachbezogenem Rahmen: »Etwa in jener Zeit kamen mehr und mehr Fernsehleute zu der Erkenntnis, daß live-Sendungen recht mühsam und verantwortungsvoll seien und das Festhalten auf Film (später Ampex) doch viele Vorzüge habe.«[35]

In seinem populärwissenschaftlichen ›Fernsehbuch‹ verriet derselbe Autor: »Der *Interviewer* ist froh, wenn er mit seinem befangenen Gesprächspartner nicht in die Sendung muß, sondern bei der Aufnahme so lange Anlauf nehmen kann, bis alles einigermaßen klappt. Nur wer erlebt hat, wie auch wortgewandte, in Gerichtssälen erprobte Juristen angesichts der Kamera kläglich zu stottern beginnen, wird die Erleichterung der Fernsehleute verstehen, wenn sie von dem ständigen Seiltanz um Steckenbleiben oder Gemeinplätze befreit sind. Leiter von Gesprächen fühlen sich wohler, wenn sie nicht länger darum bangen müssen, daß sie durch den ›Ausrutscher‹ eines Teilnehmers in eine kritische Situation geraten.«[36]

Formatbezogene Überlegungen auf Seiten der Praktiker

Naturgemäß wurde auch in den Sendern selbst über fernsehgerechte Sendeformen nachgedacht, kaum dass in die technische Abwicklung ein wenig Routine eingekehrt war. Im Januar 1954 veröffentlichte das NWDR-Hausblatt ›Die Ansage‹ einen Leitartikel, dessen ungenannter Verfasser die bisherige Entwicklung wie folgt resümierte: »Das erste Jahr des regelmäßigen, ›offiziellen‹ Sendebetriebes hat das Fernsehen hinter sich gebracht. Der Betrieb hat sich nun eingespielt, fernsehgemäße Sendeformen wurden entwickelt und eine ausgewogene Struktur des Programms gefunden. Das Fernsehprogramm wird heute nicht mehr von Zufällen diktiert.«[37]

Ebendort wird auch über die sich allmählich herausbildenden Programmsparten berichtet, wobei bei aller Kürze der Ausführungen dem Genre der Gesprächssendungen eigene Überlegungen gelten: »Auch auf einem anderen Arbeitsgebiet ist lange probiert worden: vom hochwissenschaftlichen Vortrag bis zur allgemeinverständlichen Plauderei oder zur Diskussion. Dabei haben sich Sendeformen durchgesetzt, die dem Zuschauer oft erst nach der Sendung bewußt werden lassen, wie weit der eben gesendete Beitrag sein persönliches Wissen bereichert hat.«[38]

Inwiefern bereits eingeführte und neuartige Sendeformen auf das Medium zuzuschneiden seien, wurde verschiedentlich in den einschlägigen Fachzeitschriften erörtert. Heinz Schwitzke, Leiter der NWDR-Hörspielabteilung und Mitglied der Evangelischen Fernsehkommission, entwickelte in einem Beitrag für die Fachzeitschrift ›Fernsehen‹ unter Bezugnahme auf Gerhard Eckert[39] die nach den obigen Ausführungen bereits wohlbekannte Theorie, eine fernsehgerechte Dramaturgie müsse in allen erdenklichen Spielarten des Programmangebotes den Betrachter immer als unsichtbaren Dritten, als zusätzlichen Gesprächsteilnehmer in die Gestaltung der Sendung einbeziehen: »Ist man sich darüber klar, daß jede Fernsehsendung grundsätzlich jenen besonderen Gesprächscharakter besitzen muß, so wird man auch das Prinzip der eigentlichen Gesprächssendung, des Interviews, der Reportage nicht verkennen. Das Durchstoßen der Rampe geschieht durch das ständige Auflösen des Dialogs zwischen den beiden oder mehreren Sprechern auf das andere und eigentliche Gespräch hin, das zwischen jedem Einzelnen von ihnen und dem Zuschauer erfolgt. Es geschieht in dem dynamischen Wechsel zwischen Großaufnahme und Totale oder Halbtotale, bei dem jedoch die Großaufnahme nicht – wie beim Film – nur gleichsam die Fermate in der Melodielinie ist, sondern die Melodie selbst – während die Totale jeweils nur wie das Präludium und wie ein kurzes Zwischenspiel zwischen den Liedstrophen Verwendung findet.«[40]

Schwitzkes Ausführungen enthalten wie die seiner Vorgänger eine Andeutung dessen, was späterhin als parasoziale Interaktion[41] diskutiert werden sollte. Bedeutsam, dass Schwitzke, einen Gedanken Eckerts weiterführend, die Geometrie des reinen Bühnengeschehens – dem auf der »Rampe« – um den Bezugspunkt Zuschauer erweitert und dabei Schnittrhythmus wie auch Einstellungsgrößen einbezieht, indem er sie nicht wie andere zeitgenössische Kommentatoren unter rein technischen oder ästhetischen Gesichtspunkten verhandelt, sondern als relevanten Bestandteil fernsehdramaturgischer Arbeit und Wirkung anführt.

Klaus Mahlo, zum Veröffentlichungszeitpunkt Leiter der NWDR-Pressestelle, aber auch selbst mit Programmvorhaben betraut,[42] äußert eingangs seiner 1956 publizierten Überlegungen die Hoffnung, bei der »Diskussion um die Diskussion im Fernsehen«[43] – so lautet Mahlos Überschrift – sei der Fernsehzuschauer der sich freuende Dritte. Einleitend ordnet Mahlo die möglichen Formen auf eine pointierte Weise, deren überzeugende Schlichtheit den Pragmatiker verrät:

»Wenn zwei Menschen miteinander reden, nennt man das ein Gespräch. Es braucht dabei um kein bestimmtes Thema zu gehen, und es braucht sich nicht um eine geistige Auseinandersetzung zu handeln. Befragt der eine den anderen, worauf der andere mehr oder weniger bestimmt antwortet, so handelt es sich um ein Interview. Auch hierbei geht es nicht um die Auseinandersetzung, sondern lediglich um die Festlegung des Standpunktes, den der Befragte hat. Sprechen mehrere Menschen durcheinander, trotzdem aber miteinander, dann kann man von einer Unterhaltung oder von der Diskussion sprechen. Kennzeichen der Diskussion ist das einheitliche Thema, um das es in Rede und Gegenrede geht, und das die Diskussion von der unverbindlichen Form der Unterhaltung abhebt.«[44]

Mit einem Ausrufungszeichen versieht Mahlo seine formal abgesetzte Behauptung, die Diskussion sei »durchaus fernsehgemäß« und pariert damit den wohl guten Grundes vorausgesetzten Einwurf, Fernsehgespräche kämen abgefilmtem Hörfunk gleich. Auf den Widerspruch folgt eine theoretisch und praktisch fundierte Begründung, die insbesondere auf die optischen Reize jeglicher Gesprächssituation abhebt: »Auch eine stumme Gesichterkulisse mit ihrer Mimik und Gestik spielt mit, zeigt Reaktionen und zeugt für Reaktionen, die das Wort, das gesprochene Wort, ausgelöst hat.«[45]

»Zweckmoment« dieser Sendeform ist nach Meinung des Verfassers »eine Mischung aus Bildung, Unterhaltung und Information«.[46] Mahlo bezieht sich ausdrücklich auf bisher gemachte Erfahrungen, wenn er eine Antwort versucht auf die Frage, welche Voraussetzungen für das Gelingen einer solchen Sendung notwendig sind. Verallgemeinerbare Faustregeln hat der Verfasser dabei nicht parat. Problemstellungen wie die Anzahl der Teilnehmer, die Sendelänge, ob Reihe oder Einzelsendung sind seiner Meinung nach immer in engem Zusammenhang mit dem jeweiligen Thema zu erörtern und zu lösen. Nur aus dem damaligen Programmgeschehen plausibel wird die Anregung, Diskussionssendungen immer an den Schluss des Sendetages zu stellen: »Hier kann die ›freie‹ Rede ohne einen außergewöhnlichen Zeitdruck geführt werden, den das Einschachteln der Diskussionssendung in andere Sendungen mit sich bringen würde. Die Diskussion kann so auch über die normale Sendezeit hinaus fortgesetzt werden, wenn sie noch den nötigen Spannungsbogen besitzt und ihre Fortsetzung erfolgversprechend zu sein scheint.«[47] Eine triftige Erkenntnis, die noch in den 1970er-Jahren in Sendungen wie ›III nach 9‹ oder

›Open End‹ beherzigt wurde und überzeugende Ergebnisse erbrachte, im Zuge einer strikteren Programmierung und der Einführung eines 24-stündigen Sendebetriebes aber kaum mehr zur Erwägung gelangte.

Angewandte Erkenntnisse – Formatentwicklung in der Praxis

Die für die ersten Tage des Kölner Sendebetriebes beschriebene Praxis setzte sich noch geraume Zeit fort. Die Fernsehproduktion der Frühphase war ein permanentes, durch die Beschränktheit der personellen, finanziellen und technischen Mittel begrenztes *learning by doing*. Die Inszenierungen des sogenannten »Zauberspiegels« blieben vorderhand schlicht, die Formen einfach. Oftmals wurden Sendungen bewerkstelligt, indem man einen Tisch vor einen Vorhang stellte und einen oder mehrere Gäste nebst Interviewer daran Platz nehmen ließ. Manchmal gab es einen thematischen Rahmen – Musik, Kunst, Kino, Theater, das öffentliche Leben der Region –, manchmal nicht. Nicht selten entstanden derartige Gesprächsrunden spontan und ohne vorherige Absprachen, je nachdem, wer gerade in den Senderstandorten Hamburg, Köln oder Berlin im Gespräch war oder im Zuge einer Gastspielreise Station machte. Werner Schöne, seit 1950 Mitarbeiter der Berliner Dependance des NWDR, beschrieb das Entstehen einer frühen Gesprächssendung primär unterhaltenden Charakters folgendermaßen: »An manchen Tagen war (…) die Prominentenauslese gewaltig. Jeder von uns hatte ja versucht, möglichst viele Gesichter für das Abendprogramm zu ›angeln‹, und da geschah es schon, daß man sich in dem kleinen Studio nicht nur der Größe wegen drängelte.

Zwangsläufig entwickelte sich hieraus eine Sendung, die noch lange und Jahre später auch von anderen Sendeanstalten und unter verschiedenen Namen sehr beliebt war, die ›Telebar‹. Was bot sich auch besser zu Gesprächen mit Künstlern und anderen bekannten Leuten an, als diese in einer Art Bar zu versammeln und sie bei etwas Musik von einem Sprecher reihum ein wenig ausfragen zu lassen. Im Grunde genommen waren das die ersten Talk-Shows des deutschen Fernsehens, und sie waren ohne jede Effekthascherei und ganz und gar nicht gequält, wie man das heute leider hin und wieder findet. Am interessantesten waren hierbei die Begegnungen mit ausländischen Filmstars: Desney [Sic! Gemeint ist wohl Ivan Desny; H. K.], van Dreelen, Differing [Sic! Gemeint ist Anton Diffring; H. K.], Walt Disney oder Bob Hope. Während bei uns fast jeder, der vor die Kamera trat und wußte, daß das, was er da von sich gab, direkt über den Sender geht, eine gewisse Schwellenangst zu überwinden oder eine gewisse Scheu abzulegen hatte, lernten wir von den – hauptsächlich amerikanischen – Gaststars, wie leger man sich zu verhalten hat. Sie hatten im Umgang mit dem neuen Medium ununterbrochene Erfahrung und nutzten es sehr geschickt zur eigenen Promotion. Allerdings muß ich gestehen, daß es nicht sehr lange gedauert hat, bis auch die ›Einheimischen‹ das neue P.R.-Instrument virtuos beherrschten.«[48]

Nicht viel anders lauteten die Erfahrungen im Kölner Sendebereich: »So hieß die Parole von Anfang an Improvisation – wohlgemerkt nicht nur im Hinblick auf die Konzeption der Inhalte und Formen eines praktisch noch unbekannten Mediums, sondern auch im Materiellen.«[49]

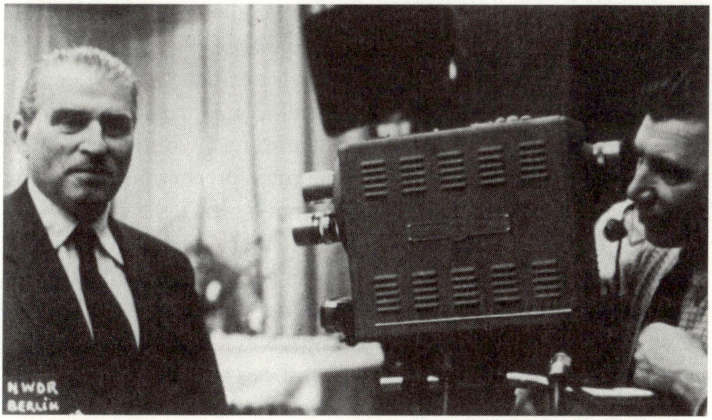

Abb. 2: Aus einem tagesaktuell organisierten Stelldichein mit prominenten Gesprächspartnern entstand die Berliner Sendereihe ›Telebar‹. Zu den Gästen zählte auch der Dramatiker Carl Zuckmayer.

Betrachtet man die Sendevorschauen der Jahre nach 1952, entsteht das Bild eines leidlich geregelten Programmbetriebes, erste wiederkehrende Strukturen zeichnen sich ab. Doch nach wie vor kam es zu kurzfristigen Programmänderungen und auch unangekündigten Zusatzangeboten. So wurde nach dem auf 22.00 Uhr festgelegten offiziellen Sendeschluss zeitweise mit einer Art kulturellem Minderheitenprogramm auf Gesprächsbasis experimentiert, wie sich dem folgenden Auszug aus einer Nachkritik aus dem Fachblatt ›Fernsehen‹ entnehmen lässt, der zugleich einen Eindruck von der Machart vermittelt: »Wir freuen uns, daß das NWDR-Fernsehen ohne großes Aufheben eine Art ›Nachtprogramm‹ eingeführt hat. Wir sahen Diskussionen in der zusätzlichen Programmstunde von 22–23 Uhr, wie z. B. einen Besuch in einem Museum, bei dem Bilder von Kandinsky besprochen wurden. Diese Sendung hätte Udo Langhoff, der schon einmal eine sehr gut aufgebaute Museumsführung gezeigt hat, besser vorbereiten müssen. Man kann bei diesen Bildern nicht vornehmlich über Farben reden, die der Bildschirm nicht wiedergibt; fast ein halbes Dutzend Personen sind zuviel, denn keine kann ihre Meinung gründlich darlegen; rund ein Dutzend Bilder zu zeigen ist gleichfalls nicht angebracht, man kann sich nicht intensiv genug in die einzelnen Stücke vertiefen. Und vor allem ein Hinweis: der Fernsehrundfunk sollte, auch wenn sich diese Sendungen an einen kleineren, besonders interessierten Kreis wenden, vermeiden, die ›hochgestochene‹ Sprache der Rundfunk-Nachtprogramme zu erlauben. Solche Diskussionen und Erläuterungen können auch klar und einfach gehalten sein; die Teilnehmer sprechen nicht nur für sich – auch für die, die sich gern belehren lassen.

Sehr interessant war eine Diskussion zwischen zwei Ärzten und einem Heilpraktiker (weshalb dieses ungerechte Verhältnis?). Sie wurde sachlich und fair geführt, mit anschaulichem Material und durch Meinungsäußerungen von Kapazitäten unterstützt, die für diese Aussprache auf Magnetofonband festgehalten waren. (Ein nicht ganz glückliches Verfahren; warum nicht während der Sendung diese Gutachter telefonisch anrufen?)«[50]

Eine weitere Sendung aus dieser Reihe bot eine ›Geschichtsplauderei‹ zum 9. November 1918 – Ende des Kaiserreichs und

Ausrufung der demokratischen Republik –, wobei der Moderator Hans Rudolf Berndorff, im Hauptberuf Journalist und Schriftsteller,[51] auch eine Art Rollenspiel trieb: »Er versetzte sich z. B. in die Rolle des früheren Reichspräsidenten Ebert und ging dabei so weit, sich mit Ebert fast zu identifizieren.«[52]

Hans Rudolf Berndorff gestaltete zudem gemeinsam mit Josef Müller-Marein die am 2. Dezember 1953 ins Programm aufgenommene Sendereihe ›Unter uns gesagt‹, die anfangs ebenfalls um 22.00 Uhr ausgestrahlt wurde, später aber auf Sendeplätzen gegen 21.30 Uhr verzeichnet ist und bis April 1954 etwa einmal monatlich immer mittwochs zu sehen war. Ab 1959 fand der Titel erneut Verwendung. Moderator der neuen Reihe des Bayerischen Rundfunks, die in der Unterzeile als ›Gespräch über Politik in Deutschland‹ angekündigt wurde, war Kurt Wessel. Für den ›Spiegel‹ des Jahres 1959 war diese zweite Generation von ›Unter uns gesagt‹ eine zwar »weniger attraktive (…) Gegensendung« zum ›Internationalen Frühschoppen‹, man attestierte ihr dennoch distinktive Vorzüge, denn sie bot, wie es dort weiter heißt, regelmäßig »Experten für ein bestimmtes Thema oder interessante Prominente«. Eine Auswahl: »In der Münchner Sendung, der Kurt Wessel in temperamentloser Sachlichkeit präsidiert, sind beispielsweise schon der Generalbundesanwalt Güde, der neue Bundesernährungsminister Schwarz und der Gewerkschaftsführer Kummernuß zu Gast gewesen (Wessel: ›Ich möchte nicht gern schematisch eingeengt sein‹).«[53] Eine Broschüre mit dem Winterprogramm 1964 des Bayerischen Rundfunks beschreibt die Sendereihe knapp mit den Worten: »Journalisten diskutieren mit Politikern über ›Politik in Deutschland‹. Leitung: Kurt Wessel (vierwöchentlich).«[54]

›Unter uns gesagt‹ blieb bis weit in die 1960er-Jahre im Programm, lief ab April 1964 im Wechsel mit der ebenfalls vom Bayerischen Rundfunk eingespeisten Reihe ›Bürger fragen Prominente‹ – beide waren in der BR-Hauptabteilung 1, Politik und Zeitgeschehen, angesiedelt – und fand eine Fortsetzung unter dem Titel ›Die Fernseh-Diskussion‹. Diese Reihen erzielten weder Reichweite noch publizistische Wirkung der verwandten ZDF-Reihe ›Journalisten fragen – Politiker antworten‹, auf die noch ausführlicher eingegangen wird.

›Bürger fragen Prominente‹ erweiterte das Angebot um ein Format mit Partizipationsmöglichkeit: »Unter der Leitung von Walter Kröpelin kommen in dieser Sendung Bundesbürger der verschiedensten Alters-, Bildungs- und Berufsgruppen zusammen, um einem prominenten Politiker Fragen zu stellen.«[55] Dieses Gestaltungsprinzip fand Aufnahme auch in weiteren Reihen und ließ das Subgenre der ›Bürgersendung‹ entstehen, mit Titeln wie ›Konfrontiert mit dem Bürger‹ (von 1969 bis 1973 in größerem Turnus auf Südwest 3, zwischen 1970 und 1972 mit fünf Ausgaben auch im Ersten), ab 1972 ebenfalls auf Südwest 3 in der Variante ›Konfrontiert mit dem Zuschauer – Bürger diskutieren Fernsehprogramme‹, im Bayerischen Fernsehen mit der im Untertitel als ›Wirtshausdiskurs‹[56] geführten Reihe ›Jetzt red i‹ (seit 1971) und im ZDF mit ›Bürger fragen – Politiker antworten‹. Dazu später mehr.

Unterdessen wurde in den Redaktionsräumen der ›Tagesschau‹ überraschend früh über den Einbau von Gesprächssegmenten nachgedacht, wie sie Jahre später in den ›Tagesthemen‹ Usus wurden: »Außer diesen (…) Möglichkeiten bieten sich einer Fernseh-Tagesschau auch verschiedene ›Spielarten‹ an. Etwa, wenn das Thema eines aktuellen Filmberichtes überblendet auf ein Interview im Studio, um dort – erschöpfender als es der Filmbericht kann – weiter abgehandelt zu werden.«[57]

Für Fachleser bilanzierte 1955 der Rundfunkpolitiker und -praktiker[58] Dr. Kurt Magnus die ersten Erfahrungen mit Gesprächen vor der Kamera mit positiver Tendenz: »Eine besondere Bemerkung sei angeführt über Fernseh-Interviews bedeutender Persönlichkeiten. Sie haben sich als besonders eindrucksvoll erwiesen, weil die Persönlichkeit des Befragten im Fernsehen unvergleichlich viel stärker wirkt als bei einem Rundfunk-Interview. Nicht allein, weil Wort und Stimme des Befragten durch sein Bild ergänzt werden, ist die Wirkung stärker. Der Fernsehteilnehmer sieht den ganzen Menschen, sieht seine Haltung und seine Bewegung, sieht, wie er nach Worten sucht, oder wie die Worte ihm mühelos zuströmen. Ein Eindruck von der gesamten Persönlichkeit entsteht in überzeugender Stärke.«[59]

Zwischenbild

Bereits in den Anfangsjahren des deutschen Nachkriegsfernsehens, einer Phase der Erprobung, werden die Bedingungen zu einer fernsehgerechten Umsetzung des bisherigen Hörfunkangebots *Gesprächssendung* von Praktikern und Fachautoren diskutiert. Ausführliche Überlegungen gelten der Aufgabe des Gesprächsleiters und seiner Funktion. Die unterschiedlichen Rollen von Gastgeber und Gästen stehen zur Debatte, wobei, wie bereits bei den konzeptionellen Darlegungen eines Karl Würzburger aus der Anfangszeit des Hörfunks, wiederum der Zuschauer als geistig beteiligte dritte Person in die Erörterungen einbezogen wird. In diesem Sinne richtet sich besondere Aufmerksamkeit auf die kameragerechte Positionierung der Teilnehmer, deren Mimik und Gestik so unmittelbar wie möglich mitgeteilt werden sollen. Solche sichtbaren Regungen und Reaktionen werden als Vorzug des Fernsehgesprächs gegenüber dem Hörfunkgespräch beschrieben und in der Öffentlichkeitsarbeit oftmals eigens herausgestellt.

Gerhard Eckert, der zu NS-Zeiten Rundfunk- und Fernseherfahrungen sammelte, seine einschlägigen Schriften mit antisemitischen Ausfällen anreicherte und infolgedessen in den 1950er-Jahren keinen Zugang zum Programmbetrieb erhielt, bleibt seinen bereits in den 1940ern entworfenen Programmkonzepten prinzipiell treu[60] und gibt starre Muster vor, wo Praktiker wie Klaus Mahlo flexibel auf noch frische Erfahrungen reagieren, Gesetzmäßigkeiten auszumachen versuchen und auf dieser Basis elastische Regeln für Gesprächssendungen mit zwei oder mehr Teilnehmern entwickeln.

In der Quintessenz wird die Gesprächssendung von Fernsehschaffenden wie Fernsehinteressierten noch während der Entwicklungsjahre als vom Hörfunk abgelöster, bildschirmtauglicher Bestandteil des Programmangebotes akzeptiert.

Demokratische Erziehung und Erfahrungsaustausch – Einflüsse des Auslands

Beim Blick auf die Entwicklung der TV-Gesprächssendung als Genre und der als Voraussetzung unverzichtbaren Kultur eines zensurfreien öffentlichen Räsonnements gilt es, den Einfluss ausländischer Vorbilder, insbesondere aus dem angelsächsischen Raum, nicht zu vernachlässigen. Diese Einwirkungen umfassen den ideologischen wie den praktischen Bereich und verdanken sich den besonderen Verhältnissen der Nachkriegsjahre.

In vielem diente die Londoner British Broadcasting Corporation (BBC) als Vorbild für die Neuorganisation des Hörfunks und später auch des Fernsehens.[61] Die BBC hatte den Fernsehbetrieb bereits im Jahr 1946 wiederaufgenommen und war den deutschen Kollegen damit einige Jahre voraus, als diese 1950 in einem Hochbunker auf dem Hamburger Heiligengeistfeld unter dürftigen Bedingungen mit der Fernsehtechnik zu experimentieren begannen.[62] Sowie die technischen und organisatorischen Voraussetzungen für die Aufnahme eines regulären TV-Angebotes geschaffen waren, begannen deutsche Programmgestalter, Informations- und Bildungsreisen nach England und in die USA zu unternehmen. Insbesondere zwischen London und Hamburg herrschte ein reger Austausch. Auch Kurt Wilhelm vom Bayerischen Rundfunk, dort wesentlich beteiligt am Aufbau des Programmapparats, gab an: »Lernen, wie es sein müßte, konnten wir in England.«[63]

Was das Genre der Gesprächssendungen anbelangt, so unterschied sich die Produktionsweise des britischen Hörfunks dahingehend von der deutschen Nachkriegspraxis, als man bei der BBC auch bei Sendungen mit mehreren Teilnehmern – soweit nicht ohnehin vorproduziert – die Beiträge vorgreifend niederschreiben und später ablesen ließ. Asia Briggs spricht von diesem »scripted Talk (with a self-conscious capitel T)«[64] als einer besonderen Kunstform. Nach dieser Herstellungsphilosophie musste der Vorgang des Sprechens zunächst künstlerisch bearbeitet werden, um im Ergebnis einen natürlichen Klang zu erhalten. Dieses Verfahren wurde erst in den 1960er-Jahren verworfen, als die skriptgestützten Gespräche nach und nach abnahmen und durch freie Diskussionen ersetzt wurden.[65]

Anders verhielt es sich im Programmbereich des Fernsehens. Dort setzten beispielsweise Moderator Wilfred Pickles und Ehefrau Mabel bereits 1954 auf die voyeuristische Lust des Publikums an spontanen Reaktionen. Die bei den Einschaltquoten lange Zeit führende Reihe ›Ask Pickles‹ umfasste etliche Elemente, die noch heute zu den Standards des affektgeladenen Fernsehens zählen – das Ehepaar Pickles führte Menschen zusammen, die sich aus den Augen verloren hatten, betrieb Aussöhnungen, erfüllte geladenen Zuschauern besondere Wünsche, kurzum, man setzte hemmungslos auf Emotionen. Es galt die Devise: Je größer der Tränenfluss im Studio, desto besser die Show.[66]

Der junge Reporter Jürgen Roland, der vom Hörfunk zum eben anlaufenden Fernsehen gewechselt war, nahm 1953 in London an einer Fortbildungsmaßnahme teil. Er ließ die Leser der Zeitschrift ›Fernsehen‹, der jeder Auslandsaufenthalt von Fernsehschaffenden mindestens eine Kurzmeldung wert war,[67] an seinen Eindrücken teilhaben und schilderte den Ablauf des in Theorie und Praxis geteilten Kurses: »Die Studenten werden in verschiedene teams eingeteilt (z.B. team Drama, team talks and features, team Unterhaltung) und führen mit ihrem team eine Sendung von der Planung bis zum Kommando ›Danke, Licht ausschalten!‹ durch. (…) Ein weiterer wesentlicher Teil des Trainingskursus ist das Anschauen der abendlichen Fernseh-Sendungen und die gemeinsame Aussprache am nächsten Tag, zu der in den meisten Fällen der verantwortliche Leiter oder Gestalter der betreffenden Sendung hinzugezogen wird.«[68]

Über einen Besuch bei der Londoner BBC berichtete in der Zeitschrift ›Fernsehen‹ des Weiteren Dr. Clemens Münster, der Fernsehverantwortliche des Bayerischen Rundfunks. Während seines Aufenthaltes habe er »über zwei Wochen jeden Tag das BBC-Programm sehen (…)« können, ferner bot sich Gelegenheit, »die Produktion zu studieren«.[69]

Vergleiche des deutschen Programmangebots mit demjenigen nahegelegener europäischer Sender waren in der Fachpresse an der Tagesordnung. Die Leser von ›Fernsehen‹ wurden von England-Korrespondent Hans Tasiemka regelmäßig über die dortigen Entwicklungen informiert. Über politische Gesprächssendungen schrieb Tasiemka:

»Eine ebenso wichtige Folge ist die durch den Hörrundfunk berühmt gewordene Diskussion ›Any Questions‹. Bei dieser Diskussion stellen die Bewohner irgendeiner kleinen Stadt aktuelle Fragen an bekannte Parlamentarier, Farmer oder Frauenrechtlerinnen, die dann darüber in der denkbar lebendigsten und polemischsten, aber doch objektivsten Weise diskutieren. Die gesamte Aussprache ist improvisiert. Man streitet zwar auf das heftigste, aber verliert niemals den Sinn für fair play; man beschimpft sich nie, man behält vor allem seinen Humor, und jeder lernt vom anderen eine Menge. Einer der markantesten und größten Erfolge ist die Sendung ›Press Conference‹, bei der der Mann der Woche oder die Frau der Woche von Vertretern politischer Tageszeitungen verschiedener Richtungen einem scharfen Kreuzverhör unterworfen wird. Es ist faszinierend zu beobachten, wie wenig Interviewer und Interviewte zur Galerie spielen, wie natürlich sie sind, wie scharf oft das Frage- und Antwortspiel gehandhabt wird und wie schnell die persönlichen Eigentümlichkeiten der Männer im Kreuzfeuer deutlich werden. Ich sah unter anderem Professor Ernst Reuter (Berlin) und einen der wichtigsten Gewerkschaftler Großbritanniens, Jack Tanner, im Rahmen dieser Sendung; sie sprachen unter der selbstverständlichen Devise: Übelnehmen gilt nicht. Eine andere ständige Einrichtung ist die Diskussion unter dem Schlagwort ›In the News‹, die gleichfalls improvisiert wird; sie ist von dem bekannten Juristen und Schriftsteller Edgar Lustgarten erfunden und inszeniert und gehört zu den populärsten Programmen des Fernsehrundfunks.«[70]

Mit Interesse verfolgte die Redaktion von ›Fernsehen‹ britische Versuche mit einem Schulfernsehprogramm, bei dem den Kindern und Jugendlichen auch die Fähigkeit zu einer freien und fairen Aussprache zugetraut wurde: »Bei drei Sendungen waren Diskussionen das Hauptelement: bei zwei von diesen waren die Aussprachen durch Film und andere Mittel gründlich vorbereitet. Es ist bei Diskussionen schwierig, sich an die vorgesehene Zeit zu halten. In einer Diskussion wirkten die Argumente, die lebendig vorgetragen wurden, nicht so sehr durch ihre Überzeugungskraft als durch die Freimütigkeit, mit der sie vorgetragen wurden.«[71]

Ausführlich wurde von deutschen Fernsehexperten und -interessierten auch über die USA berichtet, zuweilen in indirekter Form, beispielsweise anhand der Beobachtungen des NWDR-Hörfunk-Korrespondenten Peter von Zahn, wenn dieser bei Heimataufenthalten Vorträge vor Senderverantwortlichen und Programmgestaltern hielt oder sich vor der Kamera befragen ließ.[72] Seine Erfahrungen brachte von Zahn unter dem Titel ›Fremde Freunde‹ auch in Buchform heraus. 1952 berichtete er in seiner Hörfunkreihe ›Aus der Neuen Welt‹ über seine Eindrücke vom US-amerikanischen Fernsehen. Aus dem mehrseitigen Transkript ein Auszug, der den dortigen Gesprächs- und Diskussionssendungen gilt: »Mein Steckenpferd sind die politischen Diskussionen. Ich empfinde bei ihnen mehr Spannung wie bei der Verfolgung des Lieben durch den Bösen. Ja, ich glaube, bei der Diskussion geht es erbarmungsloser her. Meist sind es Journalisten, welche die Verfolger spielen, und dem Senator Taft [in der späteren Druckfassung ersetzt durch McCarthy; H. K.] oder dem Unterstaatssekretär der Luftwaffe oder dem Preiskommissar heftig zusetzen. Nicht ohne Grund ist fast immer eine junge hübsche Dame Leiterin der Diskussion. Die Auseinandersetzungen sind nämlich manchmal so scharf, die Fragen sind so bissig, die Antworten so schneidend, dass nur der unschuldige Charme eines weiblichen Wesens die Kampfhähne im Zaum halten kann. Die Amerikaner gehören an sich schon dem Verein für offene Aussprache an. Sie zerfallen, was die Aussenpolitik [sic!] angeht, in zwei Lager, innenpolitisch in viel mehr Lager, die sich aufs Messer bekämpfen, sie haben ein durch Erziehung unterstütztes Talent, strittige Probleme auf wenige, einleuchtende schlagend formulierte Punkte zusammenzudrängen, sie sprechen mit Witz und höchster Konzentration. Wenn sie von Küste zu Küste übertragen werden, haben die Diskussionen ein Publikum von vielen Millionen Menschen und zwar von Menschen, die in diesem Jahr den Präsidenten wählen werden und die, anders als am Radio, hier auch das Mienenspiel, die Handbewegungen, das Lächeln, die Zornesadern ihrer Kandidaten beobachten können – meine Damen und Herren, es hat ganz bestimmt seit den Tagen der athenischen Demokratie niemals eine so intime Bekanntschaft eines Volkes mit seinen politischen Führern gegeben wie heute in der Neuen Welt.«[73]

Nicht nur Fachpublikationen verständigten ihre Leser über programmliche Entwicklungen des Auslands. Ebenso gaben Publikumsblätter wie die ›Hör zu!‹ oder populärwissenschaftliche Autoren wie Dr. Wilhelm Ohnesorge und Dr. Herman Roemmer – deren Sachbuch ›Funk und Fernsehen‹ unter anderem von der Lesergemeinschaft ›Freunde der Weltliteratur‹ vertrieben wurde – ihrem Publikum entsprechende Informationen an die Hand.[74] Eine anschauliche Schilderung widmeten Ohnesorge und Roemmer dem New Yorker TV-Geschehen: »Eine besondere Spezialität ist die Fernseh-Ehevermittlung; ein New Yorker Heiratsvermittlungsbüro stellt in einem ›Programm‹ von zwei Stunden wöchentlich heiratslustige Frauen und Männer in Bild und Wort den heiratslustigen Fernsehern und Fernseherinnen vor, Interessenten schalten das ›Programm‹ ein und bitten nach Begutachtung der Dargebotenen telefonisch um Vermittlung mit der oder dem Auserwählten.«[75]

Auch Gerhard Eckert behielt das Auslandsfernsehen im Blick und verband seine Schilderungen des Gesehenen gern mit unterschwelligen Aufforderungen an deutsche Programmgestalter: »Zu den beliebtesten Sendungen in den angelsächsischen Ländern gehört die Diskussion am *runden Tisch.* Das wird auch bei uns bald so sein. (…) Solche Gespräche – Mehrgespräche hat man sie auch genannt – befassen sich jedesmal mit einem bestimmten, meist aktuellen Thema. Sicher reizt es auch Sie, einige bekannte Persönlichkeiten des öffentlichen Lebens vor Ihren Augen ihre Meinungen über ein aktuelles Thema austauschen zu sehen und zu hören. Hier gibt es im allgemeinen keine Interviewer, sondern nur einen Gesprächsleiter. Dieser gibt sozusagen den Beteiligten das Stichwort, und er hat allenfalls dafür zu sorgen, daß die Gesprächspartner nicht in der Hitze des Gefechts auf ein anderes Thema zu sprechen kommen, als im Programm steht, oder dort eine versöhnliche Brücke zu schlagen, wo die Gefahr besteht, daß die erregten Gesprächsteilnehmer mit Stuhlbeinen aufeinander losgehen.«[76]

Nüchterner ist der Tonfall Walter Hagemanns, der die Gesprächssendungen ausländischer Sender verfolgte, Unterschiede herausarbeitete und Traditionen aufzeigte: »Im französischen Rundfunkgespräch tritt gelegentlich ein ›Dazwischenredner‹ nach Art eines Conférenciers in Erscheinung, um das Gespräch aufzulockern (…). In England und den USA wird das Public Forum seit langem gepflegt, so gibt es ein Farm Forum, Youth Forum, Town Meeting etc. Berühmt ist das seit 1932 bestehende University of Chicago-Roundtable.«[77]

Es gibt mannigfache Belege und Hinweise dafür, dass sich direkte und indirekte Erfahrungen mit ausländischem Funkschaffen auf deutsche Programme auswirkten. So verhehlte die NWDR-Presseabteilung beispielsweise nicht, dass man sich bei einigen Produktionen des Frauenfunks an US-amerikanischen Vorbildern orientiert hatte:

»Wahrscheinlich im Frühjahr will der Frauenfunk Hamburg Interviews mit weiblichen Bundestagsabgeordneten bringen. Geplant ist auch eine Reihe von ›success-stories‹, wie sie in Amerika beliebt sind: Lebensbilder erfolgreicher Frauen, die sich unter besonders schwierigen Umständen den Weg nach oben freigekämpft haben. In dieser Sendereihe wird man u.a. von Joan Crawford hören, die aus größter Armut durch Energie und Fleiß zu einem weltberühmten Star wurde, oder von Ruth Shipley, Mitarbeiterin des State Department, die einzige Frau in den USA, die den Rang eines Divisionschefs erreicht hat.

Aus den USA stammt auch die Anregung zu einer hochinteressanten Sendereihe, mit deren Produktion der Frauenfunk Hamburg in diesen Tagen beginnt: den ›Psychodramen‹, die man als ›dramatische Lehrkurse für Berufstätige‹ bezeichnen könnte. Gruppenpsychologische Experimente werden in Szenen verwertet, die sich vor dem Mikrophon abspielen werden, um z.B. zu zeigen, wie sich berufstätige Frauen zu ihrer Arbeit und Umwelt richtig einstellen sollen.«[78]

Sehr ausführlich berichtete ›Der Spiegel‹ darüber, dass der bühnen- und hörfunkerprobte, vor den Fernsehkameras aber noch ungelenk auftretende Peter Frankenfeld anhand US-amerikanischer Vorbilder regelrecht geschult wurde. Laut ›Spiegel‹ ließ NWDR-Fernsehintendant Werner Pleister dem Star-Moderator »einen aus

Amerika beschafften Filmstreifen von der Sendung des amerikanischen Fernseh-Stars Arthur Godfrey vorführen. Godfrey saß gemütlich hinter dem Schreibtisch, witzelte im behaglichen Plauderton und stellte Talente vor, ohne jemals in die hektische Heiterkeit der deutschen Rundfunk-Conférenciers zu verfallen. Er wirkte auf dem Bildschirm so intim-vertraulich wie ein sympathischer Besucher, dem man im eigenen Wohnzimmer gegenübersitzt. Frankenfeld bewunderte ›diese Bequemlichkeit und diese Ruhe, die der ausstrahlt – ich wirkte dagegen aufgeregt und zappelig‹«.[79]

Andere machten sich vor Ort ein Bild. Veranlassung dazu ergab sich, weil in den USA der Fernsehsendebetrieb nach dem Zweiten Weltkrieg rasch ausgebaut worden war. Diese Entwicklung machten die USA nach deutscher Sichtweise des Jahres 1956 »zum jetzt technisch führenden Fernseh-Land«.[80] Überdies war die US-amerikanische Regierung interessiert, Vertreter des deutschen Fernsehens auf politischem und wirtschaftlichem Gebiet als Partner zu gewinnen, und lud entsprechend zu Informationsreisen ein. Der Kölner NWDR-Produktionschef Walter Pindter erinnert sich: »Anfang 1955 erhielt ich für zwei Monate eine Einladung vom State Department in *Washington* und von *Walt Disney*. (...) Die Organisation schuf alle Voraussetzungen, um mir soviel wie möglich von diesem Land und speziell vom Fachgebiet Film und Television zeigen zu können.«[81]

Fritz Eberhard, zur Zeit der Aufnahme des Fernsehbetriebes Intendant des Süddeutschen Rundfunks, brachte als Exilheimkehrer bereits einschlägige Erfahrungen mit ins Amt: »Außerdem konnte ich während sieben Jahren in England (1938–1945) und während drei Monaten in den Vereinigten Staaten (1950) einiges vom Rundfunk dort kennenlernen.«[82]

Der Blick auf das Programmschaffen des Auslands, speziell der angelsächsischen Länder, wurde in den Folgejahren und ist bis heute gängige Praxis. Weit mehr deutsche Sendereihen, als hiesigen Zuschauern bewusst ist, haben ihren Ursprung im Ausland. Manche sind regulär lizenziert, andere ›inspiriert‹ von Ideen, die anderswo entworfen und bis zur Sendereife fortentwickelt wurden.

Innovation und Konsolidierung – Die Programmchronologie
Unterhaltende Information – Informative Unterhaltungen

Um eine korrekte Einordnung und Bewertung der frühen Fernsehangebote vornehmen zu können, ist von Belang, mit welcher Einteilung die Ausführenden selbst operierten. Die NWDR-Zeitschrift ›Die Ansage‹ bilanzierte 1954: »Als die drei tragenden Säulen des Programms haben sich das ›Aktuelle‹, die ›Unterhaltung‹ und die ›Fernsehspiele‹ zu einer immer stabiler werdenden Eigenständigkeit entwickelt, die jedoch ein Koordinieren oder Überblenden nicht ausschließt.«[83] Als Beispiele für die Programmgruppe ›Aktuelles‹ führt der ungenannte Verfasser die Übertragungen der englischen Krönungsfeierlichkeiten ebenso an wie die Bilder von den ersten Sitzungen der zweiten Bundestagsperiode, zur Unterhaltung resümiert er Überlegungen über eine familiengerechte Ausgestaltung sowie die Erkenntnis, dass Aufnahmen vor Saalpublikum der Wirkung einer Sendung unter gewissen Umständen zuträglich sein können.

Bei dieser Einteilung deutet sich schon an, dass strikte Abgrenzungen zwischen den genannten Programmsparten in der Praxis nicht möglich waren – die Übertragung der Krönung der britischen Königin bediente ebenso die Nachfrage nach aktuellen Informationen wie nach Unterhaltung, zumal die grenzübergreifende Live-Sendung ein spektakuläres Novum darstellte. Der Inhalt und die Art der Vermittlung verschmolzen zu einem von wohliger Aufregung begleiteten Doppelereignis, dem man füglich Erlebnischarakter und demgemäß eine unterhaltsame Wirkung zusprechen darf.

Es bedurfte freilich nicht per se einer solchen historischen Besonderheit, um Kompositionen hervorzubringen. Tatsächlich ist in programmbezogenen Veröffentlichungen immer wieder von ›unterhaltender Information‹ die Rede. Der NWDR rechnete zu diesem Segment Titel wie ›Patent – aber nicht patentiert‹, ›Das Künstlerportrait‹ und ›Der Hauptfilm hat noch nicht begonnen‹,[84] sämtlich Sendungen, in denen Informationen in jeweils unterschiedlichen Anteilen gesprächsweise weitergereicht wurden.

Erst recht verwischten sich die Grenzen auf Seiten der Rezipienten, wie einige Reaktionen auf die 1953 zusätzlich zur Hörfunkausstrahlung auch im Fernsehen übertragene Sendereihe ›Der Internationale Frühschoppen‹ belegen, die seitens der Anbieter eigentlich der journalistischen Information zugerechnet wurde: »Werner Höfer erreichen auch Briefe, in denen ganz unverblümt gesagt wird, daß man auf den Inhalt der Gespräche gar nicht sonderlich erpicht sei, daß die Sendung aber trotzdem regelmäßig verfolgt werde, weil sie voller Spannungen sei und ähnlich wie beim ›Catch‹ ja auch mal etwas Ausgefallenes passieren könnte. Andere Zuschauer schalten sich jeden Sonntagmittag ein, ›weil man sich am Diskussionstisch völlig zwanglos gibt, jeder seine persönliche Meinung sagt und durch den Gesamteindruck eine dynamische Wirkung entsteht‹.

Mit der gleichen Offenheit werden von Werner Höfer neuerdings in den ›Begegnungen zwischen Rhein und Ruhr‹ allgemein interessierende Fragen aufgeworfen. Beide Sendungen, der Frühschoppen und die Rhein-Ruhr-Begegnungen, haben den Reiz der Improvisation und zeigen stets von neuem, wie aus individuellen Erkenntnissen verbindliche Resultate gewonnen werden können.«[85]

Die aus den Briefzitaten hervorgehende unterhaltsame Anmutung war, anders als man annehmen sollte, kein Spezifikum der Fernsehausstrahlung, sondern bereits in der Hörfunkfassung des ›Internationalen Frühschoppens‹ angelegt. Dort wurden die Mikrophone bewusst so eingestellt, dass dem Publikum die später nachgerade zu Ritualen erhobenen Beiläufigkeiten wie das Rauchen oder Einschenken der Weingläser zu Ohren kamen, und auch an den Wortbeiträgen durfte man sich ergötzen: »Da vier von diesen sechs Journalisten keine Deutschen, sondern Vertreter ausländischer Blätter in der Bundeshauptstadt sind, macht außer Weingluckern und Streichhölzergeräuschen auch der fremdartige Akzent und die oft drollig wirkende Formulierung in den Aussagen der Gäste diese Sendung reizvoll, wobei man über die flüssige, ja geradezu elegante Ausdrucksweise manches Ausländers staunen kann.«[86]

Wenngleich Werner Höfer später den ›Frühschoppen‹ ausdrücklich nicht als frühe ›Talkshow‹ bezeichnet wissen wollte, sah er doch gerade in der Kombination tagesaktueller Inhalte und unterhaltsamer Präsentationsformen die Voraussetzung für das Gelingen einer solchen Sendung: »Und er [der Journalist] muß – das ist allerdings vielleicht meine Marotte – versuchen, gerade in dem Massenmedium Radio und Fernsehen die Abgrenzung zwischen Unterhaltung und Information durchlässig zu halten. Es ist nichts erreicht, wenn man eine informationsträchtige Diskussion auf höchsten Höhen ansiedelt, und kaum jemand kann oder will folgen. Es ist aber keine Schande, wenn man versucht, es auch Leuten, die es gerne ein bißchen gefälliger, leichter, ein bißchen mehr im Konversationsstil haben wollen, entgegenzukommen: der Moderator als Entertainer.«[87]

Politische Gesprächssendungen
Stühlerücken – ›Der Internationale Frühschoppen‹

Neben der ›Tagesschau‹ zählte der Journalistenstammtisch ›Der Internationale Frühschoppen‹ zu den Sendungen aus der Fernsehfrühzeit, die sich am längsten im Programm halten konnten. Werner Höfer hatte die Reihe ursprünglich für den Hörfunk ersonnen, wo sie am 6. Januar 1952 Premiere feierte. Laut einem Vortrag aus dem Jahr 1981 entstand die Idee, mit ausländischen, des deutschen Idioms mächtigen Korrespondenten aktuelle politische Themen zu erörtern, aus dem geistigen Klima der frühen 1950er: »(...) damals (...) war es eine Lust, in diesem Land, wo es noch mehr Trümmer als Restauriertes gab, zu leben. Denn an allen Ecken und Enden wurde diskutiert, jeder mit jedem und über alles. Dieses Land war so etwas wie ein einziger großer Hyde Park, und an jeder Ecke baute jemand seine Apfelsinenkiste auf und ergriff das Wort.

Der interessanteste Tatort für derartiges war der damals noch eher zertrümmerte als wiederaufgebaute Kölner Hauptbahnhof, wo ein einfallsreicher und unternehmungsfroher Buchhändler, Ludwig mit Namen, die Mittwochsgespräche etablierte. Das war eine sehr ermunternde und ermutigende Veranstaltung, auf der intelligente, wagemutige Leute auftraten, ihre Thesen auf den Tisch hauten, sich Löcher in den Bauch fragen ließen und sich den Mund fusselig redeten, der Züge nicht achtend, die das Gemäuer erzittern ließen.«[88]

Wenige Jahre später, als Höfer sich wegen seiner publizistischen Tätigkeit für die nationalsozialistische Presse heftigen Angriffen ausgesetzt sah, gab er an: »Gerade meinen Internationalen Frühschoppen habe ich mir ausgedacht, um schlichte Menschen wie mich mit der Politik vertraut zu machen, um nachzuweisen, daß Politik keine Geheimwissenschaft ist.«[89]

Am 29. August 1953 wurde ›Der internationale Frühschoppen‹ anlässlich der Düsseldorfer Funkausstellung erstmals live im Fernsehen ausgestrahlt. In den Erinnerungen Werner Höfers gestaltete sich der Premierentag wie folgt: »Und dann habe ich – der erste stilistische Chefideologe des Deutschen Fernsehens, allerdings nur für einen Sonntag – mir gedacht: Na schön, dann machen wir das, aber den Düsseldorfer Ausstellungshallen gegenüber. Dort ist ein Gartenlokal, ›Rheinterrassen‹, da gehen wir ins Freie, auf die Terrasse, und ruhig fließet der Rhein. Und dann habe ich – ich hatte noch keine drei Fernsehsendungen in meinem Leben gesehen – dem Regisseur gesagt: Wissen Sie, immer wenn es langweilig wird, schwenken Sie mit der Kamera auf den Rhein, da sind schmucke Schiffchen, und so haben wir Action. Und wenn das auch nicht reicht: Wenn gutes Wetter ist, sitzen auf der Terrasse die Händler, die haben meistens ansehnliche Mitarbeiterinnen um sich oder neben sich, auf die gehen Sie dann los. Die sind angenehmer anzusehen als die Köpfe der Mannsbilder. Er sagte: Wird gemacht! Und das geschah dann auch.

Nach einer Viertelstunde kamen schon die Anrufe: Laßt doch die blöden Boote weg, wie der Rhein aussieht, wissen wir doch, und den Damenflor will doch auch keiner sehen. Aber das ist doch sehr interessant, was die Herren da treiben.«[90]

Der Fachjournalist Kurt Wagenführ war zugegen und räumte dem Ereignis innerhalb seiner Berichterstattung von der Funkausstellung für die Zeitschrift ›Fernsehen‹ auffällig großen Raum ein: »Auf der Rheinterrasse, mitten unter vielen anderen Gästen, ein Tisch mit Journalisten, die vor einem Glase Wein saßen. Obwohl die Sonne schien, standen noch Scheinwerfer um den Tisch, und die seriösen Pressemänner waren geschminkt. Nicht viel, aber immerhin noch erkennbar. Zwei Kameras glitten hin und her – aber eigentlich wurde nicht viel Notiz von den sonstigen Gästen genommen: sie drehten sich eben mal nach dieser Sendung im Vorbeigehen um. Dafür standen die Zuschauer in Trauben vor den Empfängern in der Fernsehstraße, auf den Ständen, in den Straßen vor den Läden oder vor großen Autobussen, in denen Firmen Empfänger aufgestellt hatten. Premiere des Internationalen Journalisten-Stammtisches. Die Sendung ist vom NWDR-Köln (UKW-West) längst bekannt und beliebt. Warum sollte man sie nicht auch im Fernsehen bringen? Es wurde ein voller Erfolg. Nicht zuletzt durch Werner Höfer. Absolut sicher, unerschütterlich, immer Herr der Situation, immer Anreger, Gastgeber und Diskussionsleiter zugleich. Voller Witz und scharf conternd [sic!], wenn er auch mit einem Spaß angepackt wird: bisweilen von einer schönen Frechheit, die wie ein Würz zum Mahl gehört. (Aber er versalzt nichts.) Klug und politisch versiert, von vergnügter Bonhommie. Genau der Mann, der zu dieser Sendung gehört! Er weiß Antworten herauszulocken, ja, fast herauszufordern; er weiß aber auch selbst Antwort zu geben, wenn sich das Gespräch einmal festfährt. Aber das kommt bei den ausgezeichneten Partnern nicht vor. Journalistische Elite des In- und Auslandes, die kein Blatt vor den Mund nimmt, aber die Formen beherrscht. Der Zuschauer lernt unmerklich so viel: wie man deutsches Geschehen mit fremden Augen sieht; wie Journalisten Informationen austauschen und werten; wie sie nicht nur scharf formulieren, sondern auch klar begründen können; wie sie ihre Schwächen kennen und sich ein wenig aufziehen; wie man viele Dinge mit Humor besser, manche überhaupt nur sagen kann, und wie fair diskutiert wird. Eine großartige Sendung!«[91]

Beinahe kampagnenartig mutet an, mit welcher Verve die programmbegleitende Presse Höfer huldigte. Auch im Branchenblatt ›fff-press‹ bewillkommnete Wagenführ Höfers Auftritt im Bildmedium: »Diese Diskussionen unter der sicheren, gewandten und klugen Leitung von Werner Höfer, sind durchaus fernsehgemäss [sic!]. Sie werden auch, wie wir hören, aus dem Fernsehprogramm nicht wieder verschwinden.«[92]

Wagenführs Informationen trogen nicht, der ›Frühschoppen‹ wurde zu einer regelmäßigen Einrichtung, denn die Zuschauer-

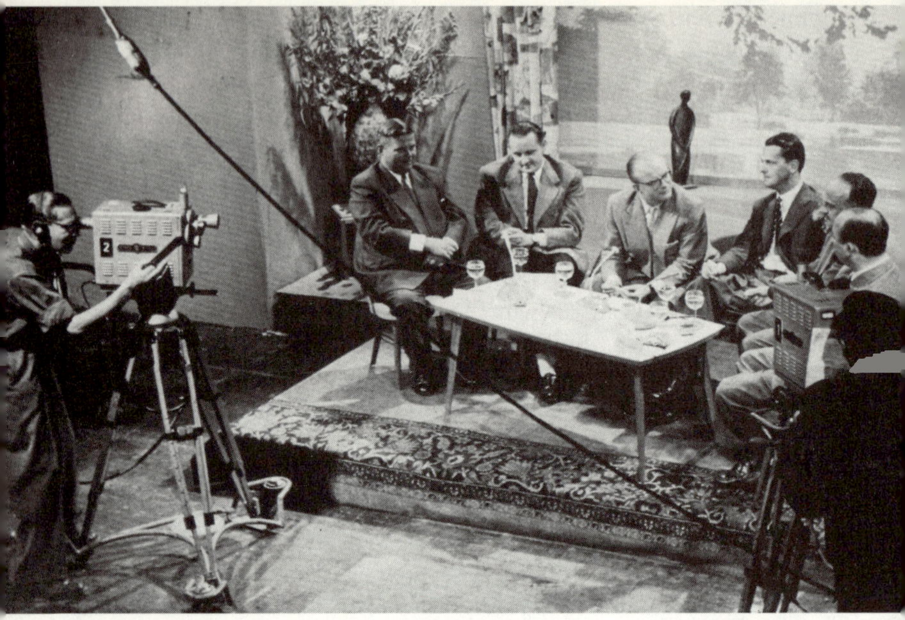

Abb. 3: Experimente mit der Sitzordnung: Werner Höfer (dritter von links) thront als Gastgeber des Journalistentreffs ›Der Internationale Frühschoppen‹ vor ungewohnter Kulisse.

forschung hatte positive Ergebnisse geliefert. Nach fünf Ausstrahlungen konnte gemeldet werden: »Von den 17% Befragten, die die Sendung gesehen hatten, äußerten sich 85% zustimmend, 10% hatten geringe Einwendungen, 5% verhielten sich ablehnend.« Besonders erfreulich für den NWDR: »Der ›Internationale Journalisten-Frühschoppen‹ sollte nach der Ansicht von 82% der Befragten jeden Sonntag gesendet werden.«[93]

Noch war die Publikumsbasis gering – von 283 angerufenen Fernsehteilnehmern waren 181 (64%) erreicht worden.[94] Aber die Erfolgsrate blieb konstant. 1954 meldete ›Die Ansage‹ anlässlich der 50. Ausgabe der Sendung: »Im Fernseh-Programm des NWDR gehört der ›Internationale Frühschoppen‹ zu den Sendereihen, die bei den Zuschauern vor den Bildschirmen immer wieder beste Resonanz finden.«[95] Die Programmverantwortlichen reagierten auf diese Beliebtheit mit einer frühen Form der Diversifizierung: Weihnachten 1953 gab es eine Sonderausgabe des ›Frühschoppens‹ mit ausländischen Journalistenkindern und am Neujahrstag eine, bei der ausschließlich Politiker geladen waren.[96]

Anfangs ging Höfer mit seiner Sendung allsonntäglich auf Reisen. Da der NWDR Köln über nur einen Übertragungswagen verfügte und dieser wochenends für Sportsendungen benötigt wurde, waren Höfer und seine Gäste gezwungen, sich an den Ort des jeweiligen sportlichen Geschehens zu begeben: »Ganz gleich wo wir waren, auf irgendeinem Sportplatz, auf der Rad-Rennbahn, auf den Rhein-Terrassen in *Düsseldorf*, immer fanden wir eine Räumlichkeit in unmittelbarer Nähe unseres Übertragungsortes, in der *Höfer* mit seinen in- und ausländischen Journalistenkollegen tagen konnte. (…) Ein Umbau des Ü-Wagens innerhalb von zwei Stunden – wir begannen mit den Sportübertragungen gewöhnlich um 15.00 Uhr – wäre technisch nicht machbar gewesen.«[97] Bei gegebenem Anlass wurden auch weitere Strecken zurückgelegt: Am 24. Januar 1954 fand das journalistische Stelldichein am Rande eines Vier-Mächte-Treffens in Berlin statt.[98]

Hatten die Berichterstatter Werner Höfers Anfänge beim Fernsehen ungemein wohlwollend begleitet, so änderte sich mit der Sendung auch die Haltung der Presse. 1959 widmete ›Der Spiegel‹ dem prominenten Frühschöppner eine 13-seitige Titelgeschichte, in der es unter anderem hieß: »Was in den Jahren der Rückkehr Deutschlands auf die internationale Bühne interessant war, nämlich Meinung und Naturell ausländischer, in Deutschland arbeitender Journalisten, ist mit der Zeit einem ermüdenden Karussell der immer gleichen Gesichter gewichen, die ergeben oder belustigt zuschauen, wie der Diskussions-Star Höfer von Land zu Land – Untertitel: ›… mit sechs Journalisten aus fünf Ländern‹ – und von Thema zu Thema hüpft.«[99]

Im selben Zusammenhang wurden zahlreiche kritische Zeitungsartikel zitiert. Anlass der umfassenden Höfer-Schelte war eine Sendung, in der der Moderator einen dänischen und einen französischen Kollegen mit Nachdruck gemaßregelt hatte, weil diese, durchaus sachlich, für mehr Realitätssinn in der deutschdeutschen Frage plädiert hatten. Doch kulminierte hier nur, was bereits seit längerem schwelte. Wie der ›Spiegel‹ berichtete, blieb der in den ›Frühschoppen‹ geladene Fred Luchsinger von der ›Neuen Zürcher Zeitung‹ der Sendereihe fern. In einem Beitrag für seine Zeitung monierte der Korrespondent: »Fast auf Schritt und Tritt lenkt also Höfer das Gespräch, zumeist entsprechend seinem Bedürfnis nach einem rein formal gefälligen Ablauf, bisweilen aber auch, um sein eigenes politisches Süppchen zu kochen; in dieser letzten Beziehung scheut er sich auch nicht, das ihm zustehende Schlußwort für Gesprächsbilanzen zu verwenden, die eher seine eigenen Ansichten als die seiner Gesprächspartner zusammenfassen ...«[100]

Im Weiteren versteigt sich Luchsinger gar zu dem Anwurf, Höfer, der sich selbst auch einmal als »Showman« bezeichnet hatte, sei schließlich »nur« ein »Mann der leichten Muse«.[101]

Zwei Nummern später veröffentlichte das Wochenmagazin eine Auswahl von Leserbriefen in etwa gleichen Tenors.[102] So schrieb Lothar-Olaf Buchweitz aus Hildesheim über Höfer, dieser sei »... nur einer jener vielen dilettantischen, halbgebildeten Show-Business-men, die sich wie Blutegel am Programm des Fernsehens festgesaugt haben ...«.

Die einzige wohlmeinende unter sieben abgedruckten Stimmen kam von Gerd Pehl aus Göttingen: »Lassen wir doch dem Fernsehen seine Höfer-Schau. Sie ist schließlich eine der wenigen Möglichkeiten für den Fernsehzuschauer, wenigstens erste Ansätze von politischen Diskussionen zu erleben. Und der Prozentsatz der Beteiligung zeigt doch, wie begierig der Wirtschaftswunderbürger darauf ist. Wir können Werner Höfer nur dankbar sein, daß er sich Beschränkungen im Niveau seiner Sendungen auferlegt, so daß wir auch weiterhin hören können, was wir (gerade noch) hören dürfen.«

Höfer selbst reagierte in der auf die ›Spiegel‹-Geschichte folgenden Sendung mit den Worten: »(...) Aber das, was wir hier so sagen und denken – und was wir denken, das sagen wir ja auch –, das wird offensichtlich von manchen Leuten, aus welchen Gründen auch immer, auf Tonband aufgenommen, aufbewahrt und wird dann gelegentlich zitiert. Nun ist Zitieren sowohl Glücksache wie Gesinnungssache, und nicht immer wird ganz richtig zitiert. Aber ich kann's nicht ändern, ich kann's nicht hindern, alsdann: Weidmannsheil, liebe Tonbandjäger! Bitte, bedienen Sie sich, wir stehen Ihnen zur Verfügung.«[103]

Jahre später schuf Höfer die Voraussetzungen für die direkte Zwiesprache mit Hörern und Zuschauern. Nach dem Vorbild der TV-Sendereihe ›Monitor im Kreuzfeuer‹, die im Anschluss an die regulären ›Monitor‹-Sendungen live ausgestrahlt wurde und die Möglichkeit bot, die Redakteure des politischen Magazins telefonisch zu befragen, entstand die Radiosendung ›Noch Fragen, bitte?‹. Ab dem 4. September 1977 bis zur Absetzung des ›Internationalen Frühschoppens‹ stellten sich Werner Höfer und seine Gäste im Anschluss an die Fernsehübertragung im zweiten Programm des WDR-Hörfunks jeweils zirka 15 Minuten lang den Fragen der Anrufer. Ab dem 6. Juli 1980 wurde die Reihe zusätzlich vom Schweizer Telefonrundspruch (SRT) übernommen.[104] Höfer befand, dass dieser Appendix das Vorausgegangene sachdienlich ergänzte: »In den 15 Minuten, die mir zugestanden wurden, kann man nicht sehr viel abarbeiten, aber immerhin doch an die 30 Fragen. Wenn diese 15 Minuten vorbei sind, muß ich immer wieder, mit meinen Kollegen, danken für phantastische Fragen, die von den Leuten kommen, Fragen, auf die man tatsächlich selber, im Auge des Taifun sitzend, nicht kommt.«

Ein in jungen Jahren verfasster Zeitungsartikel sorgte dafür, dass Höfer den ›Frühschoppen‹ Ende 1987 aufgeben musste. In einem Beitrag für das nationalsozialistische ›12-Uhr-Blatt‹ aus dem Jahr 1943 war die Hinrichtung des wegen defätistischer Äußerungen verurteilten, im Text namentlich nicht genannten Pianisten Karlrobert Kreiten als warnendes Beispiel angeführt worden. Höfer führte an, dass der Text ohne sein Wissen redaktionell verändert und ergänzt worden war – eine auch in der freien Presse gängige Praxis und in Zeiten von Zensur und Gleichschaltung wohl eher die Regel als die Ausnahme. Der Kasus war nicht verborgen gewesen, ebenso wenig Höfers frühere Mitgliedschaft in der NSDAP. Ein diesbezüglicher Artikel im ›Spiegel‹ vom 14. Dezember 1987 aber bewirkte einen Skandal. Am 20. Dezember fand der »Frühschoppen« zum letzten Mal unter Höfers Leitung statt, am 22. Dezember kündigte der Moderator jede weitere Mitwirkung auf.[105]

Spartenübergreifend – Der Stammtisch als Prinzip

Noch im Jahr 1953 gelangte eine abendliche Stammtisch-Variante, ebenfalls eine Übernahme aus dem Hörfunk (UKW West), ins TV-Programm: »Was man sich so am Stammtisch erzählt, werden die NWDR-Fernseh-Zuschauer am Freitag, dem 9. Oktober, um 20.30 Uhr erfahren. Erfreuliche und unerfreuliche Zeitgeschehnisse sollen in dieser Direktsendung in aller Freimütigkeit besprochen werden.«[106]

Die gleichnamige Hörfunkreihe war nach dem Ende der vom Süddeutschen Rundfunk 1953 eingestellten Reihe ›Vom Hundertsten ins Tausendste‹ neben dem ›Internationalen Frühschoppen‹ die einzige live ausgestrahlte Radiodiskussionssendung im Bundesgebiet und wohl nicht zuletzt wegen gelegentlicher sprachlicher Ausrutscher vom Publikum sehr geschätzt. 1953 schrieb ›Die Zeit‹ in einer Sammelrezension, die den Rückgang frei gesprochener Hörfunksendungen zum Anlass hatte: »Immerhin – es gibt Ausnahmen! Die Sendereihe des Süddeutschen Rundfunks ›Vom Hundertsten ins Tausendste‹, die bei Wein und Zigarren jeweils in der Wohnung eines bemerkenswerten Gastgebers aufgenommen wurde und dessen Gespräche mit seinen Gästen festhielt, – war eine solche erfrischende Ausnahme, bis sie vor einigen Wochen jäh in einem internen Stuttgarter Krach endete. Eine zweite Ausnahme, augenblicklich die einzige ständige im ganzen deutschen Rundfunk, ist der Stammtisch, der jeden Freitagabend in Köln tagt und von den Hörern des UKW West von halb neun bis neun belauscht werden kann. Da sitzen fünf Männer, die das Leben kennen und sich schlagfertig zu den Problemen des Tages zu äußern wissen, bei Mosel und blauem Dunst und hecheln aus dem Stegreif und ganz locker, wie ihnen die Einfälle gerade kommen, allwöchentlich ein Thema durch. Diesmal, am Tag nach Himmelfahrt, ging es um den ›Vatertag‹. Mit allerlei Flachs auf die Anwesenden (den Verleger Dr. Witsch, den Industriellen Schmid und die anderen, die unter dem Präsidium des humorvollen Leiters der Deutschen Welle tagen) ergab das Gespräch eine köstliche kleine soziologische Analyse des Massenphänomens, das alljährlich zu Himmelfahrt ausbricht.

Um beim Stegreifgespräch zu bleiben: daß man mit ihm auch die sogenannte Hörfolge (oder *Feature*) beleben kann, die sonst ganz im Schematismus der ›Produktion‹ erstarrt ist, zeigte, nachdem er es schon an Porträts von Paul Lincke und Richard Tauber bewiesen hatte, Josef Müller-Marein an der Figur von Franz Lehár. Er hatte das alte Dienerehepaar in der Ischler Villa des Magnaten der Operette vor das Aufnahmegerät gebracht und ließ am Heidelberger Platz in Berlin Käthe Dorsch, Hubert Marischka und Richard Bars, den Bühnenverleger Lehárs, Erinnerungen an die Jahrzehnte vom ›Rastelbinder‹ über die ›Lustige Witwe‹ bis zur ›Friederike‹ und der in der Wiener Staatsoper aufgeführten ›Giuditta‹ ausplaudern. Man sah wieder: ohne Manuskript geht es mindestens ebensogut, wenn nicht gar besser. Vorausgesetzt, man bekommt Leute vor das Mikrophon, die wirklich etwas zu erzählen haben. Daß der Komponist des Liedes ›Gern hab' ich die Frau'n geküßt‹ auch selbst immer verliebt war, erfuhr der Hörer aus berufenem Munde. Und die reichlich dazugegebene Musik Lehárs, für die man einen Prunk von Mozart- und Verdi-Sängern aufgeboten hatte, ließ nicht den mindesten Zweifel an Lehárs permanenter amouröser Laune.«[107]

Das Wort Stammtisch fiel gleichfalls in Zusammenhang mit der im Sommer 1953 mehrfach ausgestrahlten, von Politik eher freigehaltenen Berliner TV-Sendereihe ›Wir haben Gäste‹. Rund ums Möbel gruppierten sich wechselnde Künstlerpersönlichkeiten, von denen einige eine Art Stammpersonal bildeten. Die Mitwirkenden wurden nicht in jedem Fall mit Namen, immer aber mit ihrer Profession und damit zugleich mit der in der Sendung ausgeübten Funktion angekündigt: Es gab »den Komponisten«, »den Textdichter«, »eine Sängerin«, auch mal einen »Karikaturisten« oder einen »Maler« und »den Pianisten«, bei dem es sich in der Regel um Werner Neumann handelte, einen Berliner Gastronomen, der ein Lokal nahe des Kurfürstendamms besaß und der bei Bedarf auch kurzfristig ins Studio geholt wurde.[108] Manfred Barthel in der Rolle des Gastgebers konnte dem geselligen Beisammensein Anlass und eine Richtung geben, indem er beispielsweise sein »spanisches Skizzenbuch«[109] öffnete.

Die Ankündigung zur Sendung vom 14. Juli 1953 fiel folgendermaßen aus: »Der Komponist Will Meisel, der Textdichter Leo

Breiten, die Sängerin Renate Holm und der Karikaturist Hans Kossatz: eine ›gemischte‹ Gesellschaft, die das NWDR-Fernsehen am Dienstag, dem 14. Juli, von 20.45–21.00 Uhr in der Sendung ›Wir haben Gäste‹ vorstellt. Am Flügel: Werner Neumann.«[110]

Versuchsanordnungen

Zeitgenössische Fotoaufnahmen vermitteln eine Anschauung davon, in welchem Maße in der hier angesprochenen Phase weiterhin experimentiert und an den Sendeformen gefeilt wurde. Später hatten wie das eingebürgerte Ritual des Weinausschanks und Höfers pointiertes Schlusswort, so auch die Sitzordnung und das Bühnenbild des ›Internationalen Frühschoppens‹ einen ausgeprägten Wiedererkennungswert, ohne den eine Parodie, wie sie beispielsweise Loriot alias Vicco von Bülow anstellte, nicht möglich ist. In den Jahren der Erprobung aber wurde durch praktisches Tun vor der Kamera nach bestmöglichen Lösungen gesucht, so unter anderem die ideale Anordnung von Moderator und Gästen.

So banal es heute klingen mag: Selbst die richtigen Möbel mussten erst einmal gefunden werden. Bei der Fernsehpremiere auf der Düsseldorfer Funk- und Fernsehausstellung wurde offenbar kurzerhand ins Bild gerückt, was am Veranstaltungsort, den Düsseldorfer Rheinterrassen, gerade bereitstand: vier rechteckige Tische, zu je zweien in stumpfem Winkel aneinandergestellt, abgedeckt mit großgemusterten Tischdecken, dazu Klappstühle.[111]

Einige Monate nach der Düsseldorfer Ausstellung druckte die Zeitschrift ›Fernsehen‹[112] eine Fotostrecke mit Bildern von der Studioproduktion des ›Internationalen Frühschoppens‹, das die Frühschöppner um einen kreisrunden Tisch versammelt zeigt, wohl die denkbar schlechteste Lösung, um ein Gespräch mit mehreren gleichberechtigten Gästen mit der Kamera einzufangen. Derartige Erfahrungen wurden gemacht und beherzigt, wie ein weiteres Foto in dem nicht datierten, vermutlich 1957 erschienenen Bildband ›Fernsehen – Neu geschaute Welt‹ des NWDR-Sprechers Cay Dietrich Voss[113] belegt: Dort haben Höfers Gesprächspartner an einem rechteckigen Tisch Platz genommen haben, der schräg zur Bildachse gestellt wurde, sodass die rechte Ecke und die schmale Seite des Tisches in Richtung der rechten Kamera weisen. Eine zweite Kamera steht auf gleicher Höhe mit der ersten einige Meter weiter links. Die Gäste bilden einen Halbkreis, Werner Höfer hat den mittleren Stuhl eingenommen. Diese Sitzordnung wurde in etwa beibehalten, das Mobiliar entsprechend angepasst: ein vermutlich eigens gezimmertes Pult in Gestalt eines sehr breiten Bumerangs war schließlich die ideale Lösung, die, auch wenn das Möbelstück wechselte, dem Umriss nach auf lange Sicht beibehalten wurde.[114]

Wo gar kein Gedanke auf die Einrichtung verwendet wurde, konnte schon mal eine strenge Kritikerstimme laut werden: »Noch eins: warum wurde bei den bisherigen drei ›Mönchsdiskussionen‹ der unbequeme Tisch gewählt und nicht nach einer gelösteren Form des Beieinandersitzens getrachtet?«[115]

Politik hautnah – ›Im Kreuzfeuer‹

Neben den ›Internationalen Frühschoppen‹ trat am 15. September 1953 eine weitere politische Gesprächssendung. Die Sendereihe ›Im Kreuzfeuer‹ wurde meist in 14-tägigem, gelegentlich aber auch wöchentlichem Turnus im Abendprogramm ausgestrahlt. Der Ausbau der politischen Berichterstattung des Fernsehens in quantitativer wie formaler Hinsicht drängte sich im Wahljahr 1953 geradezu auf und wurde seitens der Fachpublizistik auch nachdrücklich gefordert. Die Zeitschrift ›Fernsehen‹ formulierte diesbezüglich sehr konkrete und konstruktive Vorstellungen: »Man könnte sich also vorstellen [sic!] daß der Fernsehrundfunk zum Beispiel die Vertreter von zwei oder mehr Parteien an einen ›Runden Tisch‹ setzt und sie untereinander über Wahlprogramme diskutieren läßt. Das würde schon lebendiger sein als ein ›Vortrag‹, auch aufschlußreicher und fernsehgemäßer. Oder es könnte jeweils ein Vertreter einer Partei von Journalisten aus den verschiedensten politischen Lagern befragt werden, die gewissermaßen stellvertretend für die Wähler sprächen.

(…) Die Parteien müßten ihre besten Debatter stellen – eine höchst reizvolle Aufgabe, die doch sicher gelöst werden kann. Die Dauer einer solchen Diskussion oder eines Zwiegesprächs könnte unseres Erachtens zwischen 30–45 Minuten liegen; es würde ein Fehler sein, wenn die Zeit für diese Sendung zu knapp angesetzt würde. In einer Diskussion, die ebenso hart wie fair sein soll, müssen sich die Teilnehmer warm laufen können. Die Zuschauer werden am Fernsehempfänger gebannt bleiben, wenn es sich wirklich um eine echte Aussprache handelt.

Der Wahlkampf gibt beiden eine gute Chance: den Parteivertretern und dem Fernsehrundfunk. Beide sollten Mut haben und diese Gelegenheit beim Schopfe packen.«[116]

Derweil gewann das politische Personal erste Einsichten in die Möglichkeiten des neuen Mediums. Bundestagspräsident Hermann Ehlers, der kurz nach Programmstart in einem viel zitierten[117] Telegramm an den NWDR-Intendanten Werner Pleister bedauert hatte, das Fernsehprogramm nicht mit Schüssen beantworten zu können, schrieb im Juli 1953 an die Redaktion der Zeitschrift ›Fernsehen‹:

»Die Veröffentlichung ›Ein Studio Bonn?‹ in Nummer 6 der Zeitschrift ›Fernsehen‹ benutze ich, um meiner Meinung dahin Ausdruck zu geben, daß die Verbesserung der Einrichtungen für Rundfunk und Fernsehen in Bonn mir außerordentlich am Herzen liegt. Ich wünsche, daß jede Gelegenheit, dem deutschen Volke möglichst unmittelbar das Geschehen im Parlament vor Augen zu stellen, ausgenutzt wird. (…) Ich glaube, daß dazu auch ein technisch gut ausgestattetes Fernsehstudio dienen kann.

Wie bei jeder Parlamentsberichterstattung wird dafür Sorge getragen werden müssen, daß diese Berichterstattung nicht dem Sensationsbedürfnis, sondern der sachlichen Unterrichtung dient. Mitglieder des Parlaments und Mitglieder der Regierung sollten durch diese Einrichtung dem Volk unmittelbar bekannt werden und Gelegenheit haben, ihre Ansichten den Wählern darzulegen.

Daß mein Wunsch dahin geht, neben der Errichtung eines solchen Fernsehstudios auch die Einrichtungen für die Berichterstattung der Rundfunksender in Bonn zu verbessern und diese intensiver zu gestalten, ist bekannt. Ich weise auf diesen Wunsch darum hier nur noch einmal hin.«[118]

Während Ehlers den Wunsch nach einer regelmäßigen Fernsehberichterstattung aus Bonn noch als Dienst am Bürger verbrämte, nutzten andere das Fernsehen bereits im Bewusstsein um dessen Wirkung für die Außendarstellung. Werner Schöne, damals beim Berliner Fernsehen tätig, nennt Namen: »Selbstverständlich gab es damals bereits unter den Gesprächspartnern sehr wichtige Persönlichkeiten des öffentlichen Lebens, vor allem Politiker, die die Bedeutung und die Zukunftsträchtigkeit des Fernsehens auf Anhieb erkannt hatten. Louise Schröder, Ernst Reuter, Erich Mende u. a. sowie eine Reihe politischer Größen des Auslands fanden sich gerne bei uns ein und genossen die Befragung im Bild. Schon damals entdeckte man, wie sehr später das Fernsehen die Wirkung, die Persönlichkeit eines Politikers zu erfassen vermochte und wie manche Karriere auf diesem Parkett nicht zuletzt dem Fernsehen zu verdanken ist. Telegen sein, hieß es jetzt, die Faszination des gesprochenen Wortes war nicht mehr alles, die Kamera entblößte, deckte auf und verschönte selten, nichts blieb ihr verborgen.«[119]

Die Fernsehschaffenden selbst eröffneten den Parteienvertretern die hier angedeuteten Möglichkeiten des neuen Mediums. So wurde den Rundfunkreferenten der Parteien mit Blick auf die kommende Bundestagswahl am 29. Juni 1953 »im Studio I des NWDR-Fernsehens ein Einblick in die Arbeitsbedingungen des Fernsehens gegeben. Es wurden verschiedene Formen von Interviews und Mehrgesprächen vorgeführt. In der anschließenden Erörterung wurden Vorschläge für die Durchführung von Parteiensendungen zur Bundestagswahl formuliert. Als zur Zeit bestmögliche Sendeformen wurden die Ansprache eines Parteienvertreters und das Interview eines Parteienvertreters durch einen Redakteur des Fernsehens festgestellt.«[120] Im Detail entschied man sich für zehnminütige Interviews und fünfminütige Einzelvorträge. Die Parteien selbst benannten ihre Sprecher, die fünf Themen festlegten, die im Interview erörtert werden sollten. Die Interviews wurden im Studio Köln produziert und jeweils von 19.50 bis 20.00 Uhr ausgestrahlt. Die Einzelvorträge entstanden im Düsseldorfer Studio in der Europahalle, sie wurden um 19.55 Uhr angesetzt.

Aus den Erfahrungen mit Wahlkampf und Wahltag des Jahres 1953 sowie den ersten Übertragungen aus dem neu gewählten Bundestag und den Reaktionen auf deren fernsehjournalistische Bewältigung gewannen die Programmgestalter wesentliche Impulse für die Einrichtung regelmäßiger Sendereihen. Der Wahlabend selbst brachte diesbezüglich entscheidende Erkenntnisse, wie sich aus einem 1953 publizierten Aufsatz Kurt Wagenführs schließen lässt. Der versierte Kritiker lobte als »Höhepunkt« der damaligen Wahlberichterstattung »die 20 Minuten Diskussion nach 1 Uhr mit Bundestagspräsident Dr. Ehlers, sehr interessant die Debatten unter ausländischen und Bonner Journalisten«. Mit Nachdruck sprach er sich für Live-Gespräche aus und wandte sich trotz der beobachteten gefälligen Inhalte gegen vorab aufgezeichnete Interviews: »So gut in der Idee die auf Film festgehaltenen Interviews mit der Tochter des Bundeskanzlers und dem Sohn des Oppositionsführers waren, so sehr widerspricht es dem Wesen des Fernsehrundfunks, gestellte Szenen zu verbreiten, die auf falschen zeitlichen Voraussetzungen aufgebaut sind.«[121]

Sehr angetan zeigte sich die Kritik ebenfalls von der Berichterstattung über die Eröffnungssitzung des Parlaments am 6. Oktober 1953: »Hochaktuell war das Interview mit dem Bundeskanzler unmittelbar nach seiner Wahl. Es dauerte nur wenige Minuten, war jedoch von großer, unmittelbarer Wirkung auf die Zuschauer. Dr. Adenauer zeigte sich offenbar hochbefriedigt von der Sendung; wie wir hören, äußerte er anschließend: ›Unter diesen Umständen sagt man gern: Auf Wiedersehen!‹ Auch das Mehrgespräch nach der Eröffnungssitzung zwischen den Bundestagsabgeordneten, den Parteiführern und drei Journalisten über Verfahrensfragen im Bundestag verlief vorbildlich fair und war sehr fesselnd.«[122]

An dieses Mehrgespräch anknüpfend, gelangten vorerst zwei ›Kreuzfeuer‹-Sendungen ins Programm. Die Meinung eines zeitgenössischen Kritikers: »Zum ersten Interview stellte sich Bundeswirtschaftsminister Prof. Erhard, der breit angelegt antwortete. In dieser Sendung war kein Gleichgewicht zwischen den Partnern; man hätte dem oppositionellen Redakteur mehr Fragezeit gegönnt. Die Fernsehteilnehmer konnten außerdem telefonisch zusätzliche Fragen stellen, die auf einem Zettel während der Diskussion hereingebracht und dem Minister vorgelegt wurden. Da die Diskussion nur 20 Minuten dauerte, kam es nicht mehr zur Beantwortung dieser Zuschauerfragen – das sollte man nicht tun, es werden dadurch berechtigte Erwartungen enttäuscht.«[123]

Einen Moderator gab es nicht, die Einführung der Gäste übernahm Kurt von Gleichem als unsichtbarer Sprecher. In der zweiten Ausgabe, bereits zwei Tage später ausgestrahlt, saßen die SPD-Abgeordneten Dr. Arndt und Herbert Wehner in drangvoller Enge Seite an Seite mit den Fragestellern am Studiotisch.[124] Die Resonanz war in den Augen des Veranstalters erfreulich: »Die ersten Sendungen in dieser Reihe, in denen sich Bundesminister Professor Erhard über seine Wirtschaftspolitik äußerte und die Bundestagsabgeordneten Arndt und Wehner über Fragen der Innen- und Außenpolitik sprachen, haben gezeigt, daß solchen Sendungen großes Interesse entgegengebracht wird.« Die klare Schlussfolgerung: »Die Sendereihe (…) wird am Dienstag, dem 6. Oktober, und Freitag, dem 8. Oktober, um 20.00 Uhr fortgesetzt.«[125] Der nun ein setzende Ausstrahlungsturnus entsprach den Wünschen der Zuschauer: »Bei der Sendung ›Im Kreuzfeuer‹ liegt der Schwerpunkt der von den Befragten gewünschten Häufigkeit der Wiederholung bei einmal alle 7–14 Tage. Der ›Internationale Journalisten-Frühschoppen‹ sollte nach der Ansicht von 82 % der Befragten jeden Sonntag gesendet werden.«[126]

Die Umfrage erbrachte ein tendenziell positives Echo: »Ein für die Sendereihe ›Im Kreuzfeuer‹ errechneter Index, dessen theoretischer Höchstwert gleich 100 gesetzt wird, zeigt, dass der allgemeine Zustimmungsindex für das ›Kreuzfeuer‹ bei 70 liegt. Zu den drei Einzelsendungen [gemeint sind die Ausgaben vom 6., 13. und 20. Oktober 1953; H. K.] äußerten sich:

65 % zustimmend
5 % teils zustimmend, teils ablehnend
30 % ablehnend.«[127]

Die weitreichende Zustimmung für politische Sendungen war, folgt man einem Hinweis Alfred Frankenfelds, in Teilen in »der verkümmerten Parlamentsberichterstattung«[128] der damaligen Printmedien begründet. Frankenfeld befand: »Da die Tagespresse nicht in der Lage ist, hier eine Tradition wiederaufzubauen, die früher einmal vorbildlich in gedehnter journalistischer Kleinarbeit bestanden hat, ist der Funk hier zu einem Instrument parlamentarischer Politik geworden. Die Übertragungen großer Parlaments-Debatten gehören zu den überzeugendsten Dokumentationen der

Erfüllung einer solchen politisch-pädagogischen Funktion, die schnell eine sehr bedeutende Popularität erlangten. Das Fernsehen kann diese Funktion wesentlich verstärken, weil die Optik des parlamentarischen Betriebes den Wert staatsbürgerlicher Bildung und Aufklärung, wie ihn der Rundfunk schon akustisch vermitteln kann, hier in einer ganz individuellen und menschlich sehr eindrucksvollen Form außerordentlich zu steigern vermag.«[129]

»Prächtige Erscheinungen« – Die ›Jugendstunde‹ und die Lust am indiskreten Blick

Beileibe nicht alle politischen Gesprächssendungen fanden das Wohlgefallen des Fachpublikums. In einer vergleichbaren Angelegenheit sah sich ›kk‹ in einer Sammelkritik für die ›Funk-Korrespondenz‹ 1954 zu einem geharnischten Tadel genötigt: »Nach 22.00 Uhr wurde vom NWDR-Berlin eine politische Diskussion am runden Tisch gezeigt; sie hatte mit Fernsehen überhaupt nichts mehr zu tun. Diskussionen, wenn sie so wenig auf das Fernsehen zugeschnitten sind, gehören in den Hörfunk. Es ist nicht notwendig, durch so schlechte Sendungen zu unterstreichen, wie tief das deutsche Fernsehen noch in den Kinderschuhen steckt.«[130]

Lobende Worte gab es dagegen für die im Hörfunk-Programm[131] des RIAS bereits umgesetzte und nun ins Fernsehen transferierte Idee eines ›Jugendparlaments‹. Am 18. Oktober 1954 diskutierten in der auf 16.30 Uhr angesetzten ›Jugendstunde‹ junge Menschen zum Thema ›Zwischen 15 und 21: Was erwarte ich vom Leben?‹. Ein Beitrag aus ›epd/Kirche und Rundfunk‹ vermittelt ein recht gutes Bild von dieser Sendung: »Es kann uns hier nicht zuerst darauf ankommen festzuhalten, was die jungen Menschen, in Scharen vor der Fernsehkamera versammelt, zu dem gewichtigen Thema zu äussern [sic!] hatten, wiewohl auch das bedeutungsvoll war. Wichtiger ist, dass die Sendung vom Objektiv her eine erstaunliche Unmittelbarkeit aufwies, dass es den Operateuren gelang, den Gesprächspartnern unaufdringlich, aber sehr bewusst zu folgen, Wort und Hör-Reaktion optisch zusammenzufassen, dass der Diskussionsleiter, wenn auch ein wenig thronend, die glänzend photographierte Fähigkeit besass, die Aussprache zu konzentrieren und auf die Beteiligten eine völlige Unbefangenheit zu übertragen. Er grenzte die zu verhandelnden Fragen, die aus den Wünschen der Jugendlichen geschöpft waren, überlegen ein, so dass von einem Diskussionsgegenstand immer dann Abschied genommen wurde, wenn die Argumente für und wider hinreichend beigebracht waren. Es ging – um einige Themen zu nennen – um die Einstellung der jungen Leute zum Beruf, um ihr Verhältnis zum Staat, um die Frage der Remilitarisierung, um die ethische Einstellung zum Leben in seiner Gesamtheit und die Erwartungen, die junge Menschen von heute an die Zukunft knüpfen. Erfreulich die Sicherheit, mit der Jugendliche beiderlei Geschlechts zu formulieren wussten, bewegend der Ernst (und auch die Skepsis), die zutage traten, sympathisch, wie wenig leeres Stroh gedroschen wurde. Zwei Fronten zeichneten sich (auch physiognomisch) deutlich ab, die der Ich-Bezogenen und die der auf eine allgemeine Verantwortung Zusteuernden. Man sah prächtige Erscheinungen verschiedener sozialer Schichten, wenn auch das Bildungselement zu überwiegen schien. Immerhin wurde ein umfassendes Bild heutiger Jugend geboten. Die Jünglinge und jungen Männer traten stärker hervor. Aber auch einige Mädchen hatten Wesentliches zu fragen und zu sagen. Es verdient erwähnt zu werden, dass die Fragestellung des Gesprächs jeden religiösen Impuls vermissen liess. Im Sinne der Fernsehproduktion war die Sendung ein voller Erfolg.«[132]

Bemerkenswert ist das – von Vorurteilen offenbar nicht ganz freie – Interesse des ungenannten Verfassers an der äußeren Erscheinung der Teilnehmer, hier obendrein gepaart mit der Hoffnung auf Abbildung unterschiedlicher sozialer Schichten. In diesem frommen Sozialvoyeurismus äußern sich durchaus zeittypische Ansprüche an das Fernsehen, Einblicke auch dort zu ermöglichen, wo ansonsten Anstand und Diskretion vornehme Zurückhaltung gebieten. Das Fernsehbild konnte als imaginäre räumliche Erweiterung des eigenen privaten Rahmens wahrgenommen werden, aber ebenso als heimlicher Blick in die Wohnstube nebenan. Auf derart indiskrete Begehren deutete der Titel der im gleichen Zeitrahmen, 1954 nämlich, uraufgeführten ersten deutschen Familienserie: ›Unsere Nachbarn heute abend: Die Schölermanns‹. Traut sprachen Volksmund und Presse von den Protagonisten der durchweg live aufgeführten Dramolette bald nur noch als ›den Schölermanns‹, deren alltagsnah geschilderte Erlebnisse rückblickend als eine Art gespieltes Reality-TV erscheinen – und auch so gedacht waren.[133]

Die Fähigkeiten des Fernsehens zu einer Brückenbildung bis in den Nahbereich waren früh schon augenfällig und von zeitgenössischen Beobachtern angesprochen worden: »Das Fernsehen soll, nach dem Willen des NWDR, wie ein gern gesehener Gast in die Familie kommen mit einer wahren und klaren Darstellung des Persönlichen, des Intimen.«[134] Diese dem NWDR zugeschriebene Willensbekundung wird durch eine programmatische Aussage des NWDR-Intendanten Dr. Werner Pleister aus dem Folgejahr bekräftigt: »Der NWDR sucht den Fernsehzuschauer in seinem Familienkreise und unter seinen Freunden auf. (…) Der Fernsehschirm hat Schwierigkeiten, Massen zu zeigen – aber das Fluidum, das eine einzelne Persönlichkeit auszustrahlen vermag, überträgt er mit faszinierender Eindringlichkeit.«[135]

Die absehbare Entwicklung, dass bislang Privates in noch unbekanntem Maße publik werden würde, erregte früh Besorgnis und führte gelegentlich, hier in Zusammenhang mit Unterhaltungssendungen des Hörfunks, zu kritischen Kommentaren: »Die Beispiele für mangelndes Diskretionsgefühl liessen [sic!] sich beliebig ergänzen. Mit Bonbonieren und goldenen Armbanduhren wird hier die natürliche Scheu des Dilettanten vor der Öffentlichkeit totgeschlagen. Und so summiert sich die Wirkung dieser Sendungen dahin, dass der Lautsprecher an der Sphäre des Privaten, Intimen und Familiären saugt, vieles aus ihr hinausschleppt, um es draussen achtlos zu verstreuen.«[136]

Gleichermaßen an jugendliche Zuschauer gerichtet war eine vor Saalpublikum abgehaltene Sonderausgabe des ›Kreuzfeuers‹, die im Rahmen der Düsseldorfer Rundfunk-, Fernseh- und Phono-Ausstellung am 28. August 1955 zwischen 14.00 Uhr und 14.45 Uhr unter dem Titel ›Jugend befragt bekannte Politiker‹ ausgestrahlt wurde. An beiden Sendungen zeigt sich erneut der starke US-amerikanische Einfluss auf deutsche Programme: Vorbilder waren US-Formate wie ›Youth Wants to Know‹ (ab 1951, NBC), ›Junior Press Conference‹[137] (ab 1952, ABC) und ›Youth Makes a Stand‹ (ab

1953, CBS), ihrerseits angelehnt an die Erwachsenensendung ›The American Forum of the Air‹ (im Hörfunk ab 1937, im TV ab 1950, NBC). Die namentlich nicht gezeichnete Kurzkritik des Fachblatts ›Fernsehen‹ wies indirekt auf diese Zusammenhänge hin: »Mehr als einmal hat der Bundeskanzler auf seinen Amerikareisen mit Jugendlichen vor der Fernsehkamera über politische Fragen diskutiert. Es waren ganz unbefangene und offene Unterhaltungen, denen die Zuschauer mit brennendem Interesse folgten, denn dieses ›Jugend-Forum‹ ist eine der lebendigsten Fernsehdarbietungen in den USA. Auch bei dem ersten größeren Versuch des Deutschen Fernsehens, bei dem sich Vizekanzler [Franz] Blücher, Landtagspräsident [Josef] Gockeln und Bundestagsabgeordneter [Heinz] Kühn jungen Diskussionspartnern stellten, ging es recht lebhaft her. Die Frage- und Antwortstunde erweckte den vielfachen Wunsch nach Fortführung solcher Sendungen.«[138] Als Moderator der Sendung fungierte Wolf Dietrich.

Einhellige Zustimmung – ›Die Antwort der Mönche‹

Von besonderer Bedeutung für die künftige Machart und das Aufkommen von Gesprächssendungen im Programm war die am 4. Januar 1954 ausgestrahlte Sendung ›Die Antwort der Mönche‹, die nach Maßgabe der Reaktionen in der Presse als kleines ›Fernsehereignis‹ empfunden wurde. Es handelte sich um die erste Ausgabe einer projektierten Reihe mit dem Titel ›Mit offenen Karten – Diskussion ohne Politik‹, die sich im weitesten Sinne mit Fragen der Religion befassen sollte; der Titel war zugleich der eines Buches des katholischen Publizisten Walter Dirks, in dem er sich unter Bezugnahme auf Probleme der Gegenwart mit den Ordensgemeinschaften der Benediktiner, Dominikaner, Franziskaner und Jesuiten befasste. Zum Gespräch unter der Leitung Rüdiger Proskes hatten sich Vertreter dreier Orden zusammengefunden; der ebenfalls geladene Benediktiner und auch Dirks waren kurzfristig erkrankt. Proske war eigentlich als dessen »Ersatzmann« gedacht. Der evangelische Branchendienst ›epd/Kirche und Funk‹ rezensierte voller Begeisterung: »Vor wenigen Tagen konnten die Zuschauer ein perfektes Fernsehgespräch am Runden Tisch verfolgen, das von einer erregenden Anziehungskraft war. Drei Angehörige katholischer Orden (…) diskutierten über das Buch von Walter Dirks: ›Die Antwort der Mönche‹. Rüdiger Proske stellte ausgezeichnet formulierte und in das Hauptproblem ›Haben die Mönchsorden heute noch eine Berechtigung?‹ präzis hineinzielende Fragen, von Pfarrer Siegel mit gelegentlichen Hinweisen gut assistiert. Es war faszinierend, den klug-abwägenden und klaren Darlegungen zu folgen, die das Thema unter den Gesichtspunkten der verschiedenen Orden klar und eindrucksvoll behandelten. – So und nicht anders stellen wir uns eine Sendereihe ›Mit offenen Karten – Diskussionen ohne Politik‹ vor, ohne das [sic!] man diese beiden Titel zu eng auszulegen braucht. Zweifellos hat auch die nach Alter, Herkunft, Erlebniswelt und Temperamenten wohl abgewogen zusammengeführte Partnerschaft die Lebendigkeit und Vielseitigkeit der fundierten Diskussion sehr gefördert.«[139]

In nicht selbstverständlicher ökumenischer Eintracht äußerte sich die katholische ›Funk-Korrespondenz‹ sehr ähnlich: »Es war eine ausgezeichnete Sendung. Wie wenige Zuschauer werden je die Welt der Ordensleute näher kennengelernt haben! Und nun sassen [sic!] hier vor der Kamera Ordensleute und plauderten. Nichts war gemacht, nichts einstudiert, jede Geste natürlich! Prächtige Köpfe (die Kameramänner waren, man merkte es deutlich, mit besonderer Liebe bei der Sache und schossen herrliche Grossaufnahmen); offene Gesichter, in denen man lesen konnte, ja, aus denen man bisweilen die Gedanken ablesen konnte, ehe der Mund sie freigab! (…) Ein zugleich so natürliches und geschliffenes, witziges und spritziges Gespräch war vor der Kamera noch nicht oft zu hören. So etwas hält man gern eine halbe Stunde durch. Diese dreissig Minuten werden mehr Mythen über die finsteren Mönche ausgerottet haben als manches dicke Buch. Hier las man nicht, hier sah man, dass in den malerischen schwarz-weissen oder braunen Kutten und im schwarzen Anzug richtige Menschen stecken; sie spielten mit ›offenen Karten‹. Wir wünschen uns, dass diese Reihe in der gleichen Frische und im gleichen Geiste fortgeführt werde. (…)«[140]

Es verwundert wenig, dass eine Sendung dieses Inhalts bei den konfessionellen Bildschirmbeobachtern auf Anerkennung stieß.

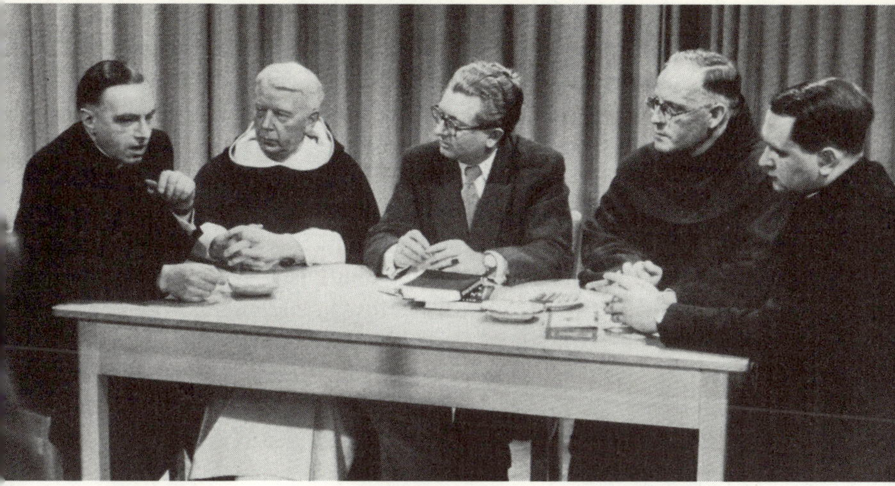

Abb. 4: Ordensgeistliche diskutieren Gegenwartsthemen: Bei den Kritikern des Jahres 1954 stieß die von Rüdiger Proske (Mitte) geleitete Sendung ›Die

Aber ihre Rezensionen, nicht die einzigen positiven Stimmen, sprechen auch Form und handwerkliche Qualitäten wie die Kameraführung an, eine Auffälligkeit insofern, als hier über das Einzelbeispiel hinaus die Parameter einer gelungenen TV-Gesprächssendung benannt werden. Neben allgemeine Erfordernisse wie ein lebendiger Ablauf und eine durchdachte Zusammensetzung der Gruppe treten die Spezifika des Bildmediums: ausdrucksstarke Gesichter und eine vielsagende Mimik unterhalten auch dann, wenn der Betreffende gerade nicht zu Wort kommt. Mit der Garderobe findet ein weiteres visuelles Element Erwähnung. All das wurde eingefangen von einer aufmerksamen Bildregie. Die visuelle Komponente gerade auch von Gesprächssendungen wird, so lässt sich beobachten, in dieser Zeit von den Rezensenten auffällig häufig zum Thema eingehender Überlegungen gemacht mit dem Ziel eines Nachweises, dass Interview und Mehrgespräch, obwohl auf den ersten Blick wenig bildwirksam, für den Fernsehfunk sogar ganz besonders gut geeignet sind. Argumentiert wurde gegen die als vorherrschend angenommene Vorstellung, »es sei schwierig, wenn nicht gar unmöglich, eine ansprechende Wort-Bild-Wirkung zu erzeugen in Fällen, wo die Teilnehmerzahl solcher Diskussionen ein bestimmtes Maß überschreitet«.[141] Die aus der Programmbeobachtung gewonnenen Erkenntnisse der Berichterstatter aber lauteten anders: So gelang es beispielsweise mit der vom Kölner NWDR eingespeisten Sendung ›Mittwochsgespräche‹ (Thema war der Bestseller ›08/15‹ von Hans Helmut Kirst), »Verlauf und Rhythmus einer fast zweistündigen Diskussion so einzufangen, dass beim Zuschauer nicht eine Minute lang negative Empfindungen geweckt wurden, etwa Nervosität, Desinteresse oder Langeweile …«.[142] An anderer Stelle kam man zu dem Befund: »(…) allein der Sehfunk ist in der Lage, von Personen und Geschehnissen sofort und in vollkommener Form zu berichten. Nicht nur die Worte, auch Mienenspiel und Gebärde geben dem Zuschauer einen Eindruck von solchen Persönlichkeiten. Das Interview kann und sollte einer der stärksten Eindrücke sein, den das Fernsehen überhaupt zu vermitteln hat. Der Befragte wird Gast in unserem eigenen Zimmer.«[143]

Die Sendung ›Mit offenen Karten‹ und deren Rezeption belegen beispielhaft, wie sich das Fernsehgespräch vom Hörfunkgespräch abzusetzen begann, wie die unterschiedlichen Qualitäten von Herstellern und Rezensenten nach und nach entdeckt und herausgearbeitet wurden und fernsehgerechte Sendeformen entstanden. Als Maßgabe für das Voranschreiten dieser Entwicklung zum Vergleich die Kritik an einer Sendung, die einige Monate zuvor ausgestrahlt worden war: »Ein Beispiel für eine in der Anlage völlig verfehlte Sendung war eine ›Diskussion‹ zwischen einem Pater und einem Gewerkschaftler über die soziale Frage. Steif (und unhöflich) waren die Partner vor einen Vorhang gestellt, ganze sieben Minuten hatte man ihnen Zeit für dieses (!) Thema gegeben und außer dem [sic!] waren sie sich nicht gleichwertig. (Großartig der Kopf des Paters.) Wie ist es möglich, daß eine solche Diskussion in dieser Weise angesetzt und restlos in Mißkredit gebracht werden kann? Wer ist dafür verantwortlich, daß so gegen jedes Fernsehgesetz gehandelt wird?«[144]

Fast hat es den Anschein, als seien diese Bemerkungen bei der Produktion späterer Sendungen beherzigt worden. Erfreuliche

Resonanz verbuchte der NWDR auch auf Seiten der Zuschauerschaft, wie die ›Ansage‹ in Zusammenhang mit der Ankündigung der ersten Fortsetzung – am 15. Februar diskutierten Pfarrer Karl August Siegel und Rüdiger Proske mit drei Dominikanerpatres, am 22. März mit zwei Jesuiten – berichtete: »Die Reaktion auf die erste Sendung dieser Art (…), die sich mit der Frage beschäftigte, ob Mönchsorden heute noch Bedeutung haben, spiegelt sich in zwei Zuschauerstimmen: ›… daß man – unerfahren wie man ist – die Einteilung der Orden, ihren Aufbau und ihre Verschiedenheit kennenlernt. Man kommt so näher in Berührung mit Sachen, denen man sonst fernsteht‹ – und: ›Es war überraschend, daß alles so klar und offen besprochen wurde … auch für nicht-religiöse Menschen interessant.‹«[145]

In der von vier Fachkritikern vorgenommenen Jahreswertung der Zeitschrift ›Fernsehen‹ nahm ›Die Antwort der Mönche‹ in der Sparte ›Diskussionen und Gespräche‹ im Jahr 1954 Platz eins ein.

Mit Saalbeteiligung – ›Das Gespräch des Monats‹

Die Reihe ›Mit offenen Karten‹ wurde ab dem 8. Dezember 1954 unter dem Titel ›Derweil sich die Erde dreht‹ fortgeführt. Das Themenfeld hatte sich offensichtlich noch nicht erschöpft und stieß beim Publikum weiterhin auf großes Interesse. Die Programmverantwortlichen waren selbst verwundert über den Erfolg dieses Reihengesprächs, »das aus der ›Antwort der Mönche‹ hervorgegangen ist und das intimere, aber trotzdem weitgreifende Probleme der geistigen Welt in profilierten Persönlichkeiten der weltlichen und geistigen Öffentlichkeit in einer Breitenwirkung behandelt, die immer wieder selbst den ›Fachmann‹ erstaunt«.[146] Innerhalb dieser Fortsetzungsreihe wurden Themen wie ›Arzt und Moral‹, ›Todesstrafe oder nicht?‹, ›Christentum am Morgen des Atomzeitalters‹ zur Diskussion gestellt. Die letzte Ausgabe lief im November 1956.

Mit dieser Reihe gingen einige Erfahrungen einher, die von den Fernsehschaffenden teils unmittelbar, teils mittelfristig beherzigt wurden. Bezeichnend, dass der Dominikaner Laurentius Siemer bei beiden Fortsetzungen erneut eingeladen wurde, weil er »beide Male am besten ›ankam‹«.[147]

Schlussfolgerungen wurden aber auch für die Programmgestaltung insgesamt gezogen, wie sich einer 1956 vom NWDR publizierten Notiz entnehmen lässt: »Neu in diesem Zeitabschnitt [gemeint ist die Phase zwischen Herbst 1953 und Ende 1954; H. K.] waren nach kleineren Diskussionssendungen, von denen ›Die Antwort der Mönche‹ besondere Aufmerksamkeit fand, die großen öffentlichen Diskussionsabende unter dem Titel ›Das Gespräch des Monats‹.«[148]

»Geistiger Vater« der Reihe war Klaus Mahlo, als Gesprächsleiter fungierte Dr. Ernst Brühl, Bonner Korrespondent der ›Süddeutschen Zeitung‹.[149] Die Regie hatte Ernst Markwardt.

›Die Ansage‹ widmete dem neuen Angebot eine ausführliche Vorankündigung: »Nach dem großen Erfolg, den das NWDR-Fernsehen mit seinem Versuch einer öffentlichen Diskussion um den Roman ›Null-acht Fuffzehn‹ (von H. H. Kirst) hatte, entschloß man sich, mit einer Sendereihe unter dem Titel ›Das Gespräch des Monats‹ zu beginnen. Ausgewählt werden hierfür Themen, die nicht nur heute und morgen, sondern auch noch in einiger Zeit von unseren Mitmenschen diskutiert werden. Das erste ›Gespräch des Monats‹ will einer ›reformirten ortografi auf den zan fülen‹.«[150]

Neu an dieser Sendung war zum einen ihre abendfüllende Länge, zum anderen die Umkehrung des Bühnenprinzips.

Laut ›Ansage‹ waren »300 Persönlichkeiten des geistigen Lebens (Wissenschaftler, Verleger, Schriftsteller)« zu der Saalveranstaltung eingeladen worden, die auf Wunsch auch zu Wort kommen sollten.

»Für das Fernsehen entsteht hier eine ganz neue (bei der Diskussion um ›Null-Acht Fuffzehn‹ erstmalig erprobte) Aufgabe, weil nicht die (vorbereitete) Bühne, sondern der Zuschauerraum zum Schauplatz der Sendung wird. Die Regie hat das Problem zu lösen, einen mit etwa 250 Gästen besetzten Raum optisch und akustisch so zu erfassen, daß ihn die drei Kameras von jedem Platz aus zu jeder Zeit auf den Bildschirm zaubern können. Vom Regisseur, den Kameraleuten und den Technikern des NWDR-Fernsehens wird daher eine blitzartige, auf die Sekunde genaue Reaktion für jede Situation verlangt, da ja niemand vorher weiß, wer aus dem Publikum in diesem oder jenem Moment mit Rede und Gegenrede sich an dem Gespräch beteiligen wird. (…) Das Ziel ist, den vor dem Fernsehschirm Sitzenden aus vielen Details eine unmittelbare, vielleicht sogar dramatisch lebendige Gesamtvorstellung zu vermitteln.«[151]

In den Augen der Betrachter gelang das Vorhaben; die vorliegenden Kritiken fallen uneingeschränkt positiv aus. Das Resümee von ›epd/Kirche und Rundfunk‹: »Ein sehr anregendes, gut geleitetes und vortrefflich fotografiertes ›Gespräch des Monats‹.«[152] Die ›fff-press‹ berichtet, stärker inhaltsbezogen: »Wer geglaubt hatte, dass es sich bei diesem Thema denn doch um eine Spezialangelegenheit gehandelt hätte, sah und hörte sich enttäuscht: da wurde mit einer Verve diskutiert, dass man am Bildschirm seine helle Freude hatte. Die Kamera hatte Mühe, im Gespräch den Partnern zu folgen, die temperamentvoll auf einander losgingen.«[153] Die ›Frankfurter Allgemeine Zeitung‹ forderte gar: »Eine Ovation dem Fernsehen!«[154]

Es folgten Sendungen gleichen Zuschnitts zu Themen wie ›Schulchaos in Deutschland?‹, ›Soll der Autofahrer seine Straße selbst bezahlen?‹, ›Sind Mann und Frau gleichberechtigt?‹, ›Wie schnell fährt der Tod?‹, ›Vergeht uns das Denken vor Hören und Sehen?‹.[155]

Der Erfinder selbst bezeichnete das ›Gespräch des Monats‹ als »Tummelplatz der Öffentlichkeit in jeder vertretbaren Form« und berichtete, dass es »teilweise über zweihundert Teilnehmer im NWDR-Bunker in Hamburg versammelte – und den Eindruck der zweihundert auch dann noch aufrechterhalten konnte, als durch besondere Umstände nur ein Bruchteil der Eingeladenen kommen konnte«.[156]

Im Vorhinein thematisch enger begrenzt war ›Das wirtschaftliche Gespräch‹, das ab 4. März 1954 vom Hessischen Rundfunk zum Gemeinschaftsprogramm beigesteuert wurde. Hoffnungsfroh prophezeite die ›Funk-Korrespondenz‹ nach der Premiere, die neue Reihe werde »sehr gut werden. Interviewt wurde Bundeswirtschaftsminister Prof. Ehrhard [sic!] zur Frage der Neuordnung des wirtschaftlichen Wettbewerbs. Die Art und Weise, wie der Kommentator das Gespräch anlegte, kann beispielhaft für die folgenden

Sendungen genannt werden. Hier zeigte sich, dass ein gewandter und mit der Materie vertrauter Berichter eine solche Unterhaltung, die immerhin 25 Minuten dauerte, von Anfang bis Schluss interessant gestalten kann, indem er, allein durch seine Fragestellungen und Einwände, den Partner mitreisst. Die Ausführungen von Bundeswirtschaftsminister Ehrhard waren denn auch so klar und verständlich, dass jeder uneingeweihte Zuschauer folgen konnte und bis zum Schluss gespannt zuhörte, selbst wenn er mit den Darlegungen Prof. Ehrhards nicht in allen Punkten einverstanden war. Es ist zu wünschen, dass man diesem Interview ein zweites mit einem ebenso bedeutenden Mann folgen lässt, der die Ansichten des Bundeswirtschaftsministers nicht in allen Punkten, wie beispielsweise bezüglich der amerikanischen Methoden, bejaht.«[157]

Nicht ganz zufrieden war der Kritikerkollege der ›fff-press‹, der einwarf: »Im Hinblick auf die etwas spröde Materie des Gesprächsstoffes schien die Sendung ein wenig zu lang. Prof. Ehrhard [sic!] selbst strahlte vor der Kamera echte Persönlichkeit und natürliche Dynamik aus.«[158]

Autorenaussprache – ›Mein neues Buch‹

Zu den bisher beschriebenen Gesprächssendungen mit vergleichsweise breit gefächertem Themenspektrum gesellten sich gegen Mitte der 1950er-Jahre nach und nach welche mit spezielleren, teils auch schon eindeutig zielgruppenorientierten Inhalten. Am 20. Januar 1954 beispielsweise startete die literaturkritische Gesprächsreihe ›Mein neues Buch‹, mit einem auf lebhafte Kontroversen abzielenden Konzept, wie die zur Premierensendung veröffentlichte Ankündigung des NWDR erkennen lässt: »(…) Das Besondere dieses Vorhabens liegt darin, daß zu Neuerscheinungen auf dem Buchmarkt, die allgemeines Interesse beanspruchen dürfen, die Autoren selbst zur Aussprache gebeten werden.

Man wird sich bemühen, immer einen Gesprächspartner zu gewinnen, der zu dem Thema des betreffenden Buches ein inneres Verhältnis besitzt. Das Spannungsfeld dieser Sendungen soll aber nun nicht allein durch Rede und Gegenrede entstehen, sondern vornehmlich dadurch, daß der Autor selbst (sichtbar auf dem Bildschirm) zu der im Augenblick geübten Kritik unmittelbar Stellung nehmen und den etwa gegen sein Werk vorgebrachten Argumenten sofort entgegnen kann. Damit verliert die Kritik ihren (bisherigen) anonymen Charakter. Der Autor aber hat – ohne alle literarischen Umwege – die Möglichkeit, seine Absichten und Gedanken in der konzentrierten Form einer gleichsam improvisierten Aussage noch einmal vorzutragen.

In der ersten Sendung dieser Reihe wird am Mittwoch, dem 20. Januar, 20.25 bis 20.40 Uhr, Ernst Niekisch mit Rüdiger Proske über sein im November 1953 bei Rowohlt erschienenes Buch ›Das Reich der niederen Dämonen‹ diskutieren. (...) Niekisch selbst ist – ideologisch gesehen – strenger Marxist. Es wird sich die Frage ergeben: Wie steht Niekisch heute (unter völlig veränderten Gesellschaftsverhältnissen) zu den Fragen, die er seinerzeit als Marxist behandelt und aufgezeichnet hat?«[159]

Die Reihe ›Unsere Bücherstube‹ bot ebenfalls Kritikern und Autoren Gelegenheit zur direkten Auseinandersetzung vor TV-Publikum. Am 5. Januar 1955 beispielsweise diskutierte Hans Reimann mit dem Nervenarzt Horst Geyer über dessen Veröffentlichung ›Über die Dummheit‹.[160] Auch die moderne Kunst wurde im Angesicht der Kamera besprochen. In der Sendung ›Abstrakte Kunst – ein alter Hut‹ trafen am 6. Februar 1955 der Kunsthistoriker Hanns Gebhart, der Maler Ernst Geitlinger und, als »Stimme des Volkes«, ein Buchbindermeister zusammen. Allerdings war sich in diesem Fall die Regie der Vorzüge des eigenen Mediums wohl nicht bewusst: »Schade, dass man sich mit so wenigen Beispielen begnügte. Nützlich wäre es gewesen, hätte man statt der Tischrunde länger die Bilder sehen können. Das Beste über Kunstwerke erfährt man nicht, indem man darüber redet, sondern indem man sie eindringend betrachtet.«[161]

Unbefangenes Kennenlernen

Nicht jede Gesprächssendung der frühen Fernsehjahre wurde mit politischer oder kultureller Prominenz besetzt. Bei der Reihe ›Treffpunkt Fernsehen‹, ab 11. Januar 1953 zunächst in wöchentlichem Turnus ausgestrahlt, gehörte es gerade zum Konzept, dass sich das

Fernsehen für Normalbürger öffnete. Die Zeitschrift ›Fernsehen‹ erläuterte ihren Lesern das Prinzip mit den Worten: »Jeder Zuschauer darf an den Sender schreiben und sich wünschen, mit wem er sich im Fernsehstudio treffen will. Der eine bittet um eine Begegnung mit einer Schauspielerin, der andere mit dem Erbauer der Wasserlichtorgel, der dritte mit einem Musiker.«[162]

Entstanden war die Sendung, als ein NWDR-Mitarbeiter einen Kinofreund sinnieren hörte, inwieweit der Leinwand-Star Ruth Leuwerik wohl mit der privaten Person übereinstimme. In der ersten Ausgabe der Reihe durfte er sich selbst ein Bild machen und hatte dabei »viel weniger Angst vor der Fernsehkamera als seine Partnerin Ruth Leuwerik«.[163]

Die eigentliche Idee der Reihe schien den Mitarbeitern der NWDR-Pressestelle wohl erläuterungsbedürftig. Verständlich in Anbetracht der Unerfahrenheit der Macher und der potenziellen Teilnehmer. »Die Absicht dieser Sendung besteht (…) darin, ein unbefangenes Sichkennenlernen im Studio zu ermöglichen – und die Begegnung im gleichen Augenblick zu senden. Wer da schreibt: ›Ich möchte die Garbo sehen!‹ und dann Ausschnitte aus Garbo-Filmen erwartet, liegt also falsch.« Vorsichtshalber wird klargestellt, dass die schwedische Schauspielerin ohnehin »beim besten Willen nicht ›greifbar‹« wäre.[164] Häufiger kam es zu Begegnungen zwischen gewöhnlichen Menschen, die von der Neugier auf den Beruf oder die Meinung eines anderen zur Mitwirkung animiert worden waren: »An einem anderen Sonntag unterhielt sich eine Dame mit dem Leiter des Hamburger Fundbüros über die Ehrlichkeit und die Vergeßlichkeit der Menschen. Eine amerikanische Studentin traf sich mit Kriminalrat Breuer aus Hamburg, um mit ihm über das Verhältnis der deutschen Polizei zur Jugend und über die Jugendkriminalität in Deutschland zu sprechen.«[165]

Auch in diesem Zusammenhang finden sich Hinweise, dass das voyeuristische Moment, die emotionale Teilhabe bewusst hergestellt und als zugkräftig verstanden wurde. Denn war die Begegnung eines 17-jährigen Musikfreundes mit seinem Idol, dem Hörfunkorganisten Gerhard Gregor, vielleicht »zu fachlich (…) für manchen Zuschauer«, so galt des ungeachtet: »Aber die verhaltene

Erregung des Jungen zu spüren, dessen sehnlichster Wunsch sich vor den Augen der Zuschauer erfüllte – eben darin liegt der Reiz dieser Sendereihe.«[166]

Kritiker attestierten dem Modell gute Aussichten, doch litt die Umsetzung in den Augen eines zeitgenössischen Betrachters bisweilen unter der Sprödigkeit der Akteure: »Auch da haben wir schon hübsche Gespräche gesehen, Begegnungen, die wir uns selbst gewünscht hätten, und bisweilen war die Bekanntschaft mit dem Fragenden interessanter als mit dem prominenten Partner. Aber: das vollzieht sich in Hamburg alles so todernst, so gediegen, so schwunglos. Die Schuld liegt nicht beim Fernsehsender, sie liegt bei den Menschen hier im Norden, die immer einen dunklen Anzug tragen, wenn sie vor die Kamera treten und die besser schweigen als reden können. (Plaudern schon gar nicht.)«[167]

Mehr Leichtigkeit bot die Reihe ›Zu Gast bei Margot Hielscher‹ – Untertitel: ›Prominente – fast privat!‹ –, für die der Bayerische Rundfunk die Schwabinger Wohnung der beliebten Sängerin und Schauspielerin im Studio nachbauen ließ, um aus diesen Kulissen ab 12. Januar 1955 Plaudereien mit Prominenten aus »Politik, Wirtschaft, Musik und Sport«[168], darunter unter anderem Maurice Chevalier, Erich Kästner, Romy Schneider, zu übertragen.[169] In einem Beitrag für die Frauenillustrierte ›Brigitte‹ hielt Margot Hielscher 1958 Rückschau auf eine Lebensphase, in der ihre Filmkarriere nach mehreren Rückschlägen wieder in Schwung gekommen war: »Unterdessen hatte ich mir in Schwabing eine nette Dachwohnung eingerichtet, in der ich oft Freunde und Bekannte zu Gast hatte. Dieser ›Gastwirtschaft‹ verdankte ich es, daß Kurt Wilhelm, Leiter der Unterhaltungsabteilung des Bayerischen Fernsehens, auf eine glorreiche Idee kam: ›Margot, soviel Prominenz wie bei dir trifft man selten zusammen! Wir machen eine Fernsehserie ›Zu Gast bei Margot Hielscher‹!«[170]

Aber nicht nur Menschen mit hohem Bekanntheitsgrad hatten Zutritt, glaubt man einer späteren Reminiszenz der Künstlerin: »Ich habe es stets als außerordentlich anregend empfunden, immer wieder neue, fremde Menschen kennenzulernen. Daran hat sich bis heute nichts geändert. So habe ich damals in meiner Fernsehreihe zu den prominenten Gästen immer auch einen Unbekannten

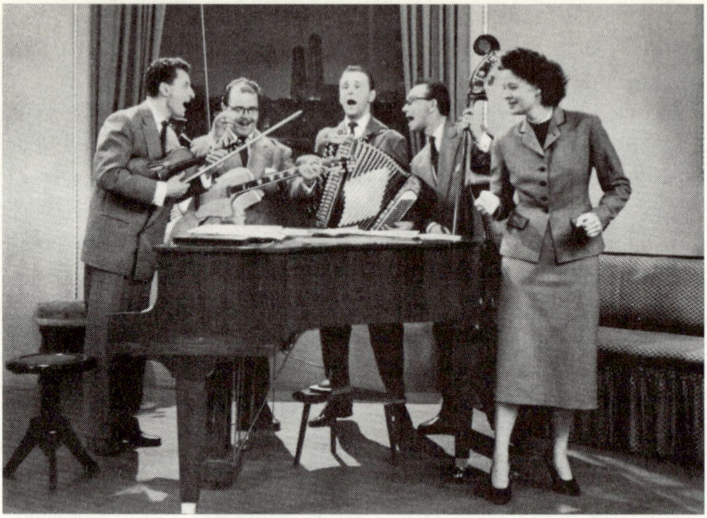

Abb. 5: Schwabing swingt: Die Reihe ›Bei Margot Hielscher zu Gast‹ bot launige Gespräche und heitere Einlagen prominenter Gäste. Die Dekors waren der Wohnung der Schauspielerin nachempfunden.

geholt, den vielzitierten ›Mann von der Straße‹, beispielsweise einmal die drei höflichsten Polizisten vom Münchner Stachus.«[171]

Die zeitgenössischen Bildschirmbeobachter waren angetan: »Überhaupt darf man diese [sic!] Sendereihe bestätigen, dass ausser den Kosten auch die ›Mühen‹ nicht gescheut werden: sie dürfte wohl einen sehr hohen Index bei der Teilnehmerbewertung erhalten haben.«[172] Der Zuschauerappeal findet sich in einer Rückschau der ›Hör zu‹ bestätigt: »Die geselligen ›privaten‹ Treffs, auf denen die Gäste ohne Drehbuch und ›live‹ agieren, gefallen dem Fernsehpublikum.«[173]

Andere Erinnerungen wurden von Kurt Wilhelm, dem Initiator der Reihe, überliefert, die es als Zeugnis eines unmittelbar Beteiligten verdienen, hier ausführlich dokumentiert zu werden: »Im ersten Programmjahr machte Margot Hielscher bei uns eine sehr hübsche, persönliche Gästesendung. Es gelang ihr, interessante Celebritäten vor die Kamera zu bringen und dem Publikum sehr privat und locker zu präsentieren.

Einer der ersten Gäste war 1955 der König des Chanson, Maurice Chevalier. Er hatte kurz vorher in München ein Bühnengastspiel gehabt und dabei die freundliche Aufgeschlossenheit des Theaterpublikums erlebt. Er sang französisch, aber man konnte ihn verstehen, auch wenn man kein Wort Französisch konnte. Die Zwischentexte sprach er in entzückendem Englisch. Wir hatten für die Sendung überdies alles vorbereitet. Chevaliers Ansagen wurden in Deutsch wiederholt. Manfred Schmidt zeichnete das Milieu und Karikaturen, die der Erläuterung der Chansons dienten. Wer guten Willens war, konnte alles verstehen, auch ohne etwas anderes zu verstehen als Deutsch.

Der Abend – eine Live-Sendung – gelang gut. Die Stimmung war ausgezeichnet, alles klappte, die Gäste amüsierten sich, Chevalier war blendender Laune und in großer Form. Wir waren sehr vergnügt. Das Bewußtsein, einen wirklichen Weltstar zureichend präsentiert zu haben, machte uns siegessicher.

Die Reaktion war niederschmetternd. Wo die Fachleute begeistert waren, dröhnte uns ein gigantisches Muh aus dem Publikum entgegen. Sie schimpften: das sei eine Zumutung – warum der Kerl nicht wenigstens deutsch gesungen habe! Eine Frechheit, was ›der Idiot‹ überhaupt hier wolle, man habe doch ›genug gute deutsche Künstler‹. Verbalinjurien, Wutanfälle, Galleerbrechen.

Man steht da und möchte sagen: Verzeihung, wir habens gut gemeint, wir wollten Ihnen nur eine Freude machen. Man steht da, wollte etwas verschenken und bekommt ein Paar vor's Maul. So ist das.«[174]

Noch in anderer Sache wurde Kritik laut: ›Zu Gast bei Margot Hielscher‹ war eine von mehreren Sendungen, deren Redaktionen Schleichwerbung vorgeworfen wurde.[175] Ob die Einstellung nach nur zehn Folgen damit in Zusammenhang steht, war nicht zu ermitteln. Mit gleichem Konzept wurde das Format unter dem Titel ›Das hör ich gern‹ im Hörfunk fortgeführt. Gemäß der Fernsehillustrierten ›Gong‹ äußerte sich Margot Hielscher zum frühen Aus wie folgt: »Angeblich hatte ein Kirchenvertreter im Fernsehrat kritisiert, dass in der Sendung am Palmsonntag Sekt getrunken wurde. Wir hatten aber keine Sendung am Palmsonntag.«[176]

Auf prominente Gäste hoffte jeweils auch Jürgen Roland, der

in Hamburg eine Filmsendung mit dem Titel ›Der Hauptfilm hat noch nicht begonnen‹ (Sendestart 31. Juli 1954) konzipiert hatte. Bestandteil der aus mehreren Segmenten zusammengesetzten Sendung war der bekannte ›runde Tisch‹, an dem der Gastgeber »Schauspieler, Verleiher, Produzenten und Journalisten« um sich versammelte.[177]

Eine eher spielerische Form des Fernsehgesprächs gelangte am 28. April 1955 mit ›Was würden Sie tun, wenn …? Versuch einer Antwort auf immer wiederkehrende Fragen‹ auf den Bildschirm. Der Kritiker der ›Funk-Korrespondenz‹ hielt seine Eindrücke fest und verknüpfte sie mit allgemeinen Überlegungen zur öffentlichen Lebenshilfe, eine Form von hervorgekehrter oder auch simulierter Intimität, die aus den Illustrierten bekannt und auch im Hörfunk bereits etabliert war und sich mit Sendungen wie dieser als Fernsehangebot abzeichnete: »Sechs bis sieben Damen und Herren sassen [sic!] um den Tisch (Modell ›kranke Niere‹), und liessen sich von der Journalistin Frau Anna Hartmann befragen. Das Thema: Sie sass in einem Café, ein Jugendfreund erkannte sie und trat auf sie zu, sie schickte ihn aber weg, er erbat sich noch schnell die Telefonnummer, die er nicht erhielt, und schon trat der sowieso und chronisch eifersüchtige Ehemann ein und wollte wissen … Die Frage des Titels war nun Anlass zu einem 30-minütigen zum Teil amüsanten und sympathischen, zum Teil scharfsinnigen und lebensklugen Geplauder über die Eifersucht und Mann und Frau. Was Sie tun würden, können Sie Frau Hartmann schreiben; dazu lud sie, wie erwartet, am Schluss ein. Nun hängt also auch an der Kamera der Briefkasten, der am Mikrophon schon lange baumelt, und Frau Ursula oder Tante Klara werden uns antworten. Nichts gegen Diskussionen im Sehfunk! Aber müssen sie unbedingt Briefkastenformat haben? Und wenn schon Briefkasten: Sollen sie ausgerechnet Lebensfragen behandeln, auf die ein Mensch oder auf die zwei Menschen unbedingt ihre eigenen und einmaligen Antworten finden müssen? Und will man diesen Menschen in solchen Fragen noch mehr zellophanverpackte Antworten im DIN-Format servieren? Wenn es darauf hinausläuft, dann überlasse man solche ›Seelenführung‹ besser denen, die es nicht lassen können – fürs Geld. – Warten wir ab, wie es weitergeht!«[178]

Sendungen wie diese lockten auf noch vergleichsweise harmlose Art mit Anreizen, die die ›Süddeutsche Zeitung‹ in Zusammenhang mit einer von Peter Frankenfelds Spielshows wie folgt beschrieb: »Der Mitwisserzuschauer will hinter des Nachbarn Wand sehen. Er will dem Alltagsmenschen unter die Haut. Er will den anderen sich entlarven sehen. Er will ihn verhöhnen, es besser wissen, ihn auslachen, wenn er … blaß dasteht, stottert, sich windet und versagt. Verglichen mit den harmlosen Schadenfreuden, die der Rundfunkhörer genießt, ist die volloptische Zuschauerbosheit bei ›Eins zu Null für Sie‹ zu einer perfekten Tortur entwickelt.«[179]

Zu erwähnen bleibt noch, dass die einzelnen Landesanstalten in unterschiedlichem Maße Gesprächssendungen zum ARD-Programm beitrugen. Eine Programmaufstellung des Südfunks[180] verzeichnet nur eine geringe Zahl an Diskussionssendungen. Diese Abstinenz ist dadurch erklärt, dass der Stuttgarter Sender erst ab 1954 zum Fernsehprogramm beizutragen begann und im Informationsbereich sogleich das Schwergewicht in bewusster Abgrenzung zum bisherigen Fernsehschaffen auf filmische Dokumentationen und Reportagen legte.[181]

Von Tisch zu Tisch – ›Darf ich vorstellen?‹

Der dem Hörfunk- wie Fernsehpublikum als Moderator des ›Internationalen Frühschoppens‹ bekannte Werner Höfer nahm spätere Erfolgsformate vorweg, als er 1954 die Sendereihe ›Darf ich vorstellen?‹ – Untertitel: ›Begegnungen zwischen Rhein und Ruhr, vermittelt von Werner Höfer‹[182] – ins Leben rief. Die Ankündigung der ›Funk-Korrespondenz‹ lautete: »Werner Höfer, bekannt als charmanter, liebenswürdiger und kluger Gastgeber und Gesprächsführer im ›Internationalen Frühschoppen‹, startet eine neue Sendereihe, die man ›Treffpunkt des Westens‹ nennen könnte. Zusammen mit seinem Töchterchen will Werner Höfer in diesen ›Begegnungen zwischen Rhein und Ruhr‹ Menschen untereinander und mit unseren Zuschauern bekannt machen, die in irgendeiner Weise von sich reden machten, die aber nicht unbedingt zu den ›grossen Tieren‹ gehören.«[183]

In dieser in unregelmäßigen Abständen ausgestrahlten Sendung führte Höfer in den wohnlich eingerichteten Kellerräumen der seit dem 16. Juni 1953 für Fernsehzwecke genutzten Kölner Universität[184] vor kleinem Publikum entspannte Gespräche mit geladenen Gästen, locker verbunden durch musikalische Intermezzi des Pianisten Paul Kuhn. Eine Idee, die 1974 in Gestalt der Reihe ›III nach 9‹ erneut für Furore sorgen sollte. Bedauerlicherweise lassen sich diese frühen Sendungen nur über die Berichte von Zeitzeugen erschließen. In diesem Falle steht immerhin eine bildhafte Beschreibung eines Beteiligten zur Verfügung: »Ich, vorwitzig und naseweis, schlank und rank, zog als Gastgeber und Zeremonienmeister den über den Krieg hinweg geretteten Smoking an und pendelte als der erste ›Talkmaster‹ des Deutschen Fernsehens von Tisch zu Tisch. An jedem von mehreren kleinen Tischen saßen mehr oder weniger bedeutende Gäste, von denen ich dachte, es würde sich lohnen, sie dem Publikum vorzustellen und sie untereinander bekannt zu machen – weil sie im Gerede waren, oder weil sie etwas zu sagen hatten. Ein Beispiel für alle: ein Gast war ein Star jener Jahre, die erste einheimische Eislauf-Prinzessin der Nachkriegszeit, die Kölnerin Gundi Busch (nebst Mutter).

Es wurde Kölsch gereicht, obwohl dieses Getränk damals in feineren Kreisen und intellektuellen Zirkeln noch nicht annähernd so ›in‹ war wie heute, und die Überleitungen am Flügel besorgte für ein symbolisches Honorar ein junger, völlig unbekannter Mann, auf den mich mein Freund Kurt Feltz aufmerksam gemacht hatte, und der vom Talent, aber nicht vom Namen her, auf Ruhm programmiert zu sein schien. Inzwischen hat er sich – auch ohne wohltönendes Pseudonym – einen Namen gemacht: Paul Kuhn.«[185]

Diese im für Höfer typischen launigen Stil formulierte Memorabilie provozierte ein Missverständnis und versorgte die deutsche Programmgeschichtsforschung mit einem in die Literatur eingegangenen, hernach von der Presse und vor allem im Internet vielfach multiplizierten Erratum, indem er schrieb: »Den (…) Respektspersonen, die im Souterrain dieses Gebäudes Programmdirektoren und Programm-Macher in einem waren, schlug ich vor, ein ›Rhein-Ruhr-Clübchen‹ zu veranstalten, zugleich Kopie und Parodie des elitären politisch-ökonomischen Rhein-Ruhr-Clubs in Düsseldorf.«[186]

Bei Höfer war das ›Rhein-Ruhr-Clübchen‹ ein Aperçu, in der Unterschrift eines illustrierenden Fotos,[187] später bei Hans-Friedrich Foltin[188] und darüber hinaus wurde es in irriger Auslegung des zitierten Textes zum Titel der besagten Sendung.

Im Hinblick darauf muss auf ein generelles Problem programmbezogener Recherchen hingewiesen werden: den Verwirrung stiftenden Umstand, dass Sendungstitel in den ersten Fernsehjahren nicht im Sinne einer Erkennungsmarke verwendet wurden, sondern eher deskriptiven Charakter hatten, weshalb diverse Sendereihen unter verschiedenen Bezeichnungen erscheinen. Dies lässt sich anhand zeitgenössischer Rezensionen belegen: »Der unbestreitbare Erfolg, den die Sendereihe des NWDR-Fernsehens ›Die Antwort der Mönche‹ hat, ist einer besonderen Betrachtung wert. Eigentlich steht die Reihe unter dem Titel ›Mit offenen Karten, Diskussion ohne Politik‹, aber ›Die Antwort der Mönche‹ – dies Buch von Walter Dirks ist mehr oder weniger Gegenstand der Gespräche vor der Kamera – hat sich besser eingeprägt.«[189]

Die Sendereihe ›Der Internationale Frühschoppen‹ wurde in der programmbegleitenden Publizistik wie auch in Veröffentlichungen der beteiligten Sender mitunter schlicht als ›Journalisten-Stammtisch‹, als ›Internationaler Journalisten-Frühschoppen‹ oder mit anderen Abwandlungen annonciert.[190]

Einer Kurzkritik des Branchendienstes ›fff-press‹ vom 8. März 1954 lässt sich entnehmen, dass Werner Höfer in ›Darf ich vorstellen?‹ gegebenenfalls auf aktuelle Geschehnisse reagierte: »Werner Höfer gelang es bei seinen ›Begegnungen zwischen Rhein und Ruhr‹, kriminalistische Gäste aus London vor die Kamera zu bringen und ein fesselndes Gespräch über internationale, polizeiliche Zusammenarbeit zu führen. Der aktuelle Anlass war durch den Fall des mysteriösen ›Mister M‹ gegeben.«[191]

Eine andere Meinung vertrat die ›Funk-Korrespondenz‹: »Mag sein, daß es am Stoff lag – man sprach über den Mordfall ›Mister M.‹ und dessen Untersuchung durch die deutsche und englische Kriminalpolizei – und daß der Gegenstand in unserer schnellebigen Zeit bereits uninteressant geworden war; andererseits gelang es Werner Höfer auch nicht ganz, dem Zuschauer die rechte Aufmerksamkeit abzugewinnen. Das wäre wahrscheinlich leichter gewesen, wenn man den schnellen und exakten Ablauf der Untersuchung herausgearbeitet hätte. Denn die Frage nach dem Wie der kriminalistischen Arbeit ist für den Zuschauer doch wohl interessanter als die Frage nach dem Warum der Fehler, die aufgetreten sind. Der Sendung fehlte es im ganzen an Schwung.«[192]

Recht zur Diskussion gestellt
Die Hörfunkreihe
›Das Gericht zieht sich zur Beratung zurück‹

Die verschiedentlich entwickelten programmatischen Überlegungen, informative oder bildende Inhalte gesprächsweise in der Art von Rollenspielen umzusetzen, brachte unter anderem Vorformen der späteren Justizshows hervor. Eine frühe Hörfunkversion geht zurück auf das Jahr 1952. Die Reihe ›Das Gericht zieht sich zur Beratung zurück‹ basierte auf einer Idee von Gerd Fricke und bot den Hörern, so eine zeitgenössische Beschreibung in der Rundfunkzeitschrift ›Hör zu!‹, »die Darstellung von Kriminalfällen aus dem täglichen Leben mit einer Diskussion über das Für und Wider der Entscheidung des Gerichts«.[193] Diese Sendung war sozusagen eine Talkshow mit vorgegebenem Anlass und fand großen Anklang. Die NWDR-Publikation ›Die Ansage‹ meldete Anfang 1954: »Vielen Hörerwünschen nachkommend wiederholt der NWDR Hamburg die interessantesten Folgen der UKW-Nord-Sendereihe ›Das Gericht zieht sich zur Beratung zurück‹. Der Zyklus bringt spannende, menschlich und juristisch interessante Rechtsfälle aus dem Leben in Reportageform. Die Probleme der Urteilsfindung werden nach der ›Gerichts-Reportage‹ am runden Tisch von eingeladenen Hörern des NWDR diskutiert. (…) ›Am Wege‹, die erste Folge, behandelt den Fall einer Kindesaussetzung, bei dem das Urteil des Gerichts höchst paradox erscheint und zu einem bewegten Streitgespräch Anlaß gibt. (Freitag, 15. Januar, 19.30 bis 20.15 Uhr.)«[194]

Ein im NWDR-Depositum im Hamburger Staatsarchiv enthaltenes Skript[195] gewährt Aufschluss über die dramaturgische Gestaltung und die Figurenzeichnung dieser Reihe. Die fragliche

Episode, ein Sendetermin ist nicht verzeichnet, trägt den Titel ›Der schöne Erasmus‹. Ein Vorblatt nennt die auftretenden Personen, die Namen der Schauspieler sind nicht aufgeführt.

Das Stück eröffnet mit einer Ansprache des Vorsitzenden an den Angeklagten, die bündig zusammenfasst, dass der Beschuldigte Franz Xaver Erasmus Hinterhuber unter diversen, teils blumigen Namen in Erscheinung getreten ist und sich dabei auch als Adliger ausgegeben hat. Der Vorsitzende trägt die Personalien vor und lässt sie sich vom Angeklagten – 47 Jahre alt, ohne Beruf, mehrfach vorbestraft, ledig – bestätigen. Die trockene Bestandsaufnahme wird durch launige Bemerkungen des Vorsitzenden aufgelockert. Sodann verliest der Richter den »Eröffnungsbeschluss« mit dem Wortlaut: »Sie werden angeklagt, in der Zeit von August 1948 bis Oktober 1952 in der Absicht sich einen rechtswidrigen Vermögensvorteil zu verschaffen, das Vermögen anderer dadurch geschädigt zu haben, dass Sie durch Vorspiegelung falscher Tatsachen einen Irrtum erregten, und zwar in acht Fällen. Verbrechen strafbar nach Paragraphen 263 und 264 des Strafgesetzbuches.« Zur Stellungnahme aufgefordert, räumt der Angeklagte den Sachverhalt ein, mag aber der Bewertung als Straftat nicht folgen: »… bloss es war etwas anders, als in der Anklageschrift steht.«

Der Vorsitzende befragt Hinterhuber zum ersten der ihm zur Last gelegten Fälle. Die Geschädigte heißt Ingeborg, ist Tochter eines Postrats; das Paar lernte sich 1948 in Frankfurt kennen. Hinterhuber erinnert sich: »Sie war ein reizendes Mädchen.«

Ingeborg Huttmacher wird als Zeugin hereingerufen und mit wenigen Worten als junge Naive charakterisiert. Die Geschädigte fragt beschämt, ob sie die Aussage nicht verweigern dürfe und weiß nicht um die Bedeutung des Wortes »verschwägert«, für den Verteidiger Anlass für einen belustigten Einwurf, der vom Vorsitzenden, so die Regieanweisung, »ironisch« kommentiert wird.

Nachdem Klärung herbeigeführt wurde, dass der von der Zeugin als Baron Stadl erkannte Angeklagte in Wahrheit Hinterhuber heißt, beschreibt die Zeugin die Umstände des ersten Kennenlernens. Die junge Frau war zu jenem Zeitpunkt gerade erst 18 Jahre alt geworden und stolz darauf, sich als Erste aus ihrer Schulklasse verloben zu können. Sie erfährt vom Vorsitzenden, dass Stadl alias

Hinterhuber noch weitere Verlobungen eingegangen ist. Die Reaktion der Zeugin: »(…) ich gehe ins Wasser. Diese Schande!«

Der Richter sucht sie zu beruhigen und erkundigt sich nach dem Fortgang der Verbindung. Der Aussage der Zeugin zufolge gab Hinterhuber vor, eine Konzertagentur zu führen. Er bezog Quartier bei der Familie der Zeugin, deren Vater dem künftigen Schwiegersohn bei der Beschaffung von Räumlichkeiten behilflich war und mit einem Baukostenzuschuss in Höhe von 5000 D-Mark aushalf. Die Immobilie und die von Huttmachers ebenfalls beigesteuerten Möbel wurden vom Angeklagten veräußert, das Geld nie zurückgezahlt. Dennoch unterblieb eine Strafanzeige, denn: »Ich habe immer gedacht (schluchzend), er kommt wieder und wir heiraten.«

Nach einigen tröstenden Worten für die Zeugin fordert der Richter den Angeklagten zur Stellungnahme auf. Dessen Erwiderung: »Es stimmt schon. Aber die Ingeborg hat nichts davon gesagt, dass mir der Vater die Wohnung richtig aufgedrängt hat. Und die Mutter auch. Man war so stolz, dass die Kleine unter die Haube kam. Ich wurde herumgereicht in der Familie. Ich hab' ganz schön was ausstehen müssen.«

Mit diesen Worten ist die Verteidigungsstrategie des Angeklagten abgesteckt, der noch mehrfach darauf verweisen wird, man habe ihm materielle und immaterielle Begünstigungen unaufgefordert zuteilwerden lassen. Er beteuert wiederholt seine guten Absichten, nur besondere Umstände wie beispielsweise ein hoher Spielverlust hätten dann jeweils die Eheschließung unmöglich gemacht.

Es folgen die Zeuginnen Eleonore Duderstedt, Julika del Monte und Ingrid Pulvermacher. Nach dem gleichzeitigen Aufruf ergibt sich ein Streit zwischen Pulvermacher und Duderstedt, die beide für sich reklamieren, mit dem Angeklagten verlobt zu sein. Die Einzeleinvernahme schließt sich an. Frau Duderstedt ist 36 Jahre alt, Chemotechnikerin und verwitwet. Sie spendierte ihrem Verlobten 300 D-Mark für eine Ausbildung in der Rundfunkschule des NWDR zum Sportreporter. Seine Vorstrafen hatte er ihr gegenüber eingestanden. Die waren dann angeblich der Grund, weshalb ihm eine Karriere beim Funk verwehrt blieb. Er erbat daraufhin weitere 1000 D-Mark, um eine Fahrradvertretung übernehmen zu können. Danach verschwand er. Letztes Lebenszeichen war nach Auskunft der Zeugin ein Brief des Wortlauts: »Wir passen doch nicht zusammen, und er tauge nicht für meine Liebe.«

Die Zeugin bemerkt, dass der Angeklagte einen der Anzüge ihres verstorbenen Gatten trägt, die sie ihm zum Geschenk gemacht hatte. Der Angeklagte bittet: »Du wirst ihn mir doch lassen, Lore?«

Die Zeugin resigniert: »Das spielt nun auch keine Rolle mehr.«

Duderstedt wird entlassen. Die Sängerin Julika del Monte, mit bürgerlichem Namen Schmitz, tritt in den Zeugenstand. Sie ziert sich, als sie ihr Alter nennen soll und darf es mit Erlaubnis des Vorsitzenden schriftlich angeben. Ihre Bekanntschaft mit dem Angeklagten geht auf eine Begegnung in der Kölner ›Tabu-Bar‹ zurück. »Ich nahm ihn mit zu mir zum Tee. Und ... dann ist er gleich dageblieben.«

Hinterhuber versprach ihr die Organisation einer Deutschlandtournee und verkaufte ihren Flügel, um vom Erlös den dazu nötigen Volkswagen zu erwerben. Auch Schmuck und Persianermäntel trug er zu Markte. Das Paar brach 1949 zur Konzertreise auf, aber schon in Godesberg machte sich Hinterhuber davon – mit dem Auto und sämtlichen Barmitteln. Der Zeugin zufolge reichte ihr Geld nicht einmal für die Fahrt zurück nach Köln.

Der Vorsitzende trägt vor, dass der Angeklagte weitere Damen, die nicht geladen wurden, in gleicher Weise betrogen hat. Die jeweiligen Fälle werden kurz geschildert, der Angeklagte muss dazu Stellung nehmen. Einige geringfügig Geschädigte haben ihr Geld ganz oder in Teilen zurückerhalten – nicht vom Angeklagten, sondern von dessen aktueller Braut Ingrid Pulvermacher, die nun als Zeugin vernommen wird.

Die 45-Jährige gibt an, dass sie trotz der bekannten Vorwürfe Hinterhuber so bald wie möglich zu ehelichen gedenkt: »Ich liebe Erasmus und er liebt mich. Unter seine Vergangenheit ziehen wir einen dicken Strich.« Als Verlobte ist sie von weiteren Einlassungen befreit.

Im Dialog zwischen Richter und Angeklagtem werden weitere Betrugsfälle erwähnt, deren Opfer von Ingrid Pulvermacher entschädigt werden sollen. Der Angeklagte rechtfertigt sich: »Herr Rat, ich habe die Frauen glücklich gemacht. Das Geld ist meist gemeinsam verbraucht worden. Nur in einigen Fällen habe ich gespielt. Da wird es zurückgezahlt. Ich bin doch nicht gewissenlos. Sehen Sie, bei meiner schweren Jugend, da habe ich doch auch das Recht auf ein bisschen Glück!«

Der Staatsanwalt wirft ein: »Glück auf Kosten anderer.«

Es folgen die Plädoyers des Staatsanwaltes, der Hinterhuber unter anderem »eine erhebliche kriminelle Energie« attestiert, und des Verteidigers. Der Anwalt führt zugunsten seines Mandanten dessen nicht näher beschriebene schwere, ungeordnete Jugend an und hält ihm sein »wirkungsvolles« Aussehen zugute, »das ihm die Frauenherzen zufliegen ließ«. Er kehrt die Vorwürfe wider die Geschädigten: »Sind diese und die nicht erschienenen Damen besonders schutzwürdig, wenn sie einem Mann nur um des Verlobungsringes willen ihre Habe förmlich aufdrängten? Was tun die Frauen nicht alles, um die Männer zur Heirat zu bewegen?« Weitere Verunglimpfungen folgen: »Und was taten diese Frauen, die – bis auf die Anwesenden natürlich – alle keine besondere Schönheit zu bieten hatten und keine besondere Klugheit, anderes, als dem Mann, den sie heiraten wollten, das zu geben, was sie hatten: ihre Aussteuer, ihr Geld?«

Für den Angeklagten spreche, dass er nie mehrere Verlobungen gleichzeitig eingegangen, mithin kein Heiratsschwindler sei. Der Verteidiger bringt das die Nachkriegszeit kennzeichnende eklatante Missverhältnis zwischen den Geschlechtern zur Sprache und rechnet es zu den mildernden Umständen: »Wollen Sie jeden Mann ins Zuchthaus stecken, der es sich nochmal überlegt? Heute haben die Herren die Qual der Wahl.«

Der Angeklagte erhält Gelegenheit zu einer letzten Stellungnahme: »Herr Vorsitzender, ich habe jede der Frauen geliebt und beglückt. Von Betrug kann keine Rede sein. Ich wollte sie heiraten.«

Das im Namen des Volkes gesprochene Urteil lautet: »Der Angeklagte Franz Xaver Erasmus Hinterhuber wird wegen Rückfallbetruges in sieben Fällen zu einer Gesamtstrafe von drei Jahren Zuchthaus verurteilt. Die bürgerlichen Ehrenrechte werden ihm auf die Dauer von fünf Jahren aberkannt. Er hat die Kosten des Verfahrens zu tragen.«

Die hier ausgewertete Episode lässt erkennen, dass den Autoren der Reihe weniger an der realistischen Widergabe eines gerichtlichen Verfahrens gelegen war als an einer unterhaltsamen Aufbereitung juristischer Probleme sowie zeitgenössischer Gesellschaftsphänomene. Die Figuren werden zugunsten der Eingängkeit der Handlung auf eindeutige Merkmale reduziert; die Autoren bedienen sich ungescheut diverser Stereotypen, wie sie in den formatierten Gerichtsshows der 1990er-Jahre üblich werden sollten: Der Heiratsschwindler ist ein gewitzter Schlawiner, der selbst bei Kenntnis seiner Missetaten von den Frauen geliebt wird. Das weibliche Personal bietet gleich ein ganzes Ensemble an Klischeefiguren, vom blauäugigen Dummerle über die zugleich heißblütige wie lebenserfahrene Sängerin aus dem Nachtclub-Milieu bis hin zur reifen, verzweifelt nach der vermutlich letzten Gelegenheit zur Eheschließung greifenden Witwe. Das Gerichtsverfahren nähert sich in einigen Passagen gar dem bürgerlichen Schwank, so beim Auftritt der Chanteuse Julika del Monte. Einen gewissen Witz bezieht das Stück aus deutlich hervorgekehrten Kontrasten wie dem zwischen dem wohlklingenden Künstlerpseudonym del Monte und dem ungleich gewöhnlicheren Geburtsnamen Schmitz. Ähnlich werden mehrfach Fallhöhen eingebaut, zum Beispiel zwischen den Vorspiegelungen des Angeklagten und den hochfliegenden Hoffnungen der Geschädigten einerseits und den schnöden Realitäten andererseits, die ein gewisses Amüsement bewirken, das nicht zuletzt auf Schadenfreude beruht. Der Hintergrund des Falles aber ist in der Realität verankert: Als Folge des Krieges fehlte es der bundesdeutschen Gesellschaft an Männern im sogenannten heiratsfähigen Alter. Unter Berücksichtigung der damaligen Moralvorstellungen, der gesellschaftlich sanktionierten und mehrheitlich gewünschten Lebensentwürfe konnte aus diesem Umstand eine zumindest subjektiv als persönliche Not empfundene prekäre Situation entstehen – wer keinen Ehemann ›abbekam‹, musste fürchten, als ›alte Jungfer‹ zu enden. Ein Status, der Reaktionen in der Bandbreite zwischen Mitleid bis Spott hervorrufen konnte. Die in die Handlung eingebettete Warnung vor vorschnellen Ehegelöbnissen war somit von einer gewissen sozialen Relevanz.

Eine 1954 unternommene Hörerbefragung zu der am 15. Januar 1954 als Wiederholung ausgestrahlten Folge ›Am Wege‹ im Panel

›Kulturelles Wort‹, das kulturellen Themen besonders zugewandte Hörer erfasste, erbrachte als Ergebnis: »Die Hörbeteiligung (...) war aussergewöhnlich [sic!] hoch. Das rege Interesse an dieser Sendung spiegelt sich ausserdem darin, dass keiner der befragten Hörer die Sendung deswegen vorzeitig abschaltete, weil sie nicht zusagte.« Inhalt, Gestaltung und Darbietung der Sendung wurden von rund 90 Prozent der Hörer positiv beurteilt. Zirka zehn Prozent machten »gewisse Einwände geltend« (S. 3). Weitere positive Empfindungen betrafen die »lebensnahe Gestaltung«, die »knappe Form«, die »natürliche Sprache« (S. 4). Bemängelt wurden unter anderem »unklare Passagen der Gerichtsverhandlung«, die Diskussion und die Kürze der gesamten Sendung (S. 4).

Die Ergebnisse stimmten der Tendenz nach mit vorausgegangenen Umfragen überein.[196]

Die Erkenntnisse der Demoskopen stützen den Eindruck, dass die Autoren der Reihe aktuelle Lebenswirklichkeit in ihre wohl übertrieben musterhaft ausgemalten Geschichten aufnahmen, was seitens der Rezipienten erkannt und positiv in Rechnung gestellt wurde. Aus der Kombination der szenischen Form mit direkt anknüpfenden offenen Diskussionen ergab sich ein Reihenprogramm, das Informationen über das noch junge demokratische Rechtssystem offerierte, moralische und rechtsphilosophische Fragen in Bezug setzte und erörtern ließ, und damit der Hörerschaft Anregungen zur eigenen Auseinandersetzung mit den dargebotenen Themen lieferte.

Fernsehgerichtstage

Ein ähnliches Verfahren wie oben beschrieben wurde im nachmittäglichen Frauenprogramm des Fernsehens angewandt, wo es galt, »auch ernste Probleme des Lebens möglichst heiter und humorvoll zu servieren«.[197] In diesem Sinne griff man unter anderem auf Spielszenen mit angebundenen Gesprächsrunden zurück: »Da ist zum Beispiel die Sendung: ›Die Hausjuristin spricht‹. Wir erleben eine Spielszene, in der sich die beiden Ehepartner über Fragen des Ehestands und Güterrechts ›in die Wolle‹ geraten. Und nun schaltet sich plötzlich, gleich einem ›deus ex machina‹, die Juristin in das

Gespräch ein und demonstriert, wie es in Wirklichkeit – also nach dem Buchstaben des Gesetzes – um den Streitfall bestellt ist.«[198]

Auch Urteilsfindungen standen schon auf dem Programm. ›Das Fernsehgericht tagt‹ (1961–1978, ARD), eine Produktion des Norddeutschen Rundfunks, gab 1961 das Muster vor. Autor des Konzepts und der Drehbücher war Ruprecht Essberger, der sich bei der Stoffentwicklung von der Anwältin Sina Walden beraten ließ. Essberger entwarf ein Handlungskonzept sowie komplette Biographien der beteiligten Personen und ließ seine Darsteller auf dieser Basis ohne festgelegte Dialoge agieren. Jeder Aufzeichnung gingen intensive Proben voraus mit dem Ziel, dass sich die Akteure ihre jeweiligen Charaktere weitestmöglich zu eigen machten. Aus der Sicht eines Kriminologen erfüllte »die Sendereihe vorzüglich ihre Aufgaben, die Fernsehzuschauer mit den ›Spielregeln‹ des Strafverfahrens bekanntzumachen und ihnen Furcht und Scheu vor dem Gericht und dem Staatsanwalt zu nehmen«.[199] Dabei wurde die im Vergleich zu realen Prozessen meist vereinfachende Darstellung nicht nur billigend in Kauf genommen, sondern sogar als Bedingung für das Gelingen gesehen: »Gefährdungen können für das ›Fernsehgericht‹ zunächst in einem übertriebenen zeremoniellen Formalismus und einer überspitzten Anwendung der juristischen Fachsprache liegen, die im ›Fernsehgerichtssaal‹ und damit bei den Zuschauern eine ›Paragraphenlangeweile‹ zu verbreiten geeignet sind, bei der um die Wahrheit nicht mehr leidenschaftlich gerungen wird und bei der der juristische Laie nicht mehr recht weiß, worum es eigentlich noch geht.«[200] Wichtig war dem Verfasser – er äußerte sich in diesem Punkt appellativ, hatte also wohl entsprechende Defizite erkannt –, dass sich ein ›Fernsehgericht‹ nicht auf schlichte Kausalitäten beschränkt, sondern auch die psychologischen und soziologischen Komponenten eines Verbrechens und seiner Bestrafung kenntnisfördernd zur Darstellung bringt.[201]

Ebenfalls von Ruprecht Essberger stammte die mit dem Fernsehproduzenten Heinz Kuntze-Just für das ZDF entwickelte Reihe ›Ehen vor Gericht‹ (1970–1984; 1989–2000, ZDF). Anfänglich waren sechs Folgen geplant, es wurden insgesamt 89, die jeweils die aktuellen Veränderungen des Scheidungsrechts wie der öffentlichen Moral widerspiegelten und auf besondere Weise aufgenommen wurden: »Viele Zuschauer«, berichtete der ZDF-Redakteur Hans-Joachim Gehrmann, der ›Ehen vor Gericht‹ zwanzig Jahre lang betreute, »hatten das Gefühl, dass da die Leute ihre eigenen Fälle spielen, dass das gar kein Fernsehspiel ist, sondern das Leben pur, sozusagen eine Reality-Show. Nur war es eben eine Reality-Show unter Achtung der Menschenwürde. Man hat das alles fingiert und durch die Improvisationsform erreicht, dass der Eindruck der Realitätsnähe entstand.«[202]

1974 bot ›Wie würden Sie entscheiden?‹ (1974–2000, ZDF) dem Studiopublikum nach Anhörung der widerstreitenden Parteien die Möglichkeit zur Abstimmung, ehe Berufsjuristen ihr Urteil fällten. Die Redaktion der Sendereihe verfolgte das Anliegen, »die Rechtssprechung der Gerichte zu vergleichen mit der Rechtsmeinung und den Rechtskenntnissen der Bürger. Wir wollten das Recht auf diese Weise transparent machen, andererseits aber auch, das haben wir auch vielfach getan, unsere Kontrollfunktion wahrnehmen, sprich Justizkritik üben dort, wo wir es für angebracht hielten, insbesondere natürlich auch durch die bei uns mitwirkenden Experten. Die haben sehr häufig die Gerichtsentscheidungen zum Teil stark kritisiert; wir haben auch Gesetzeskritik geübt, wir haben ganz bewusst nach Fällen gesucht, wo es Lücken im Gesetz gab.«[203] Das 1983 anlaufende ›Verkehrsgericht‹ (1983–2001, ZDF) folgte wiederum der bewährten Formel einer von Schauspielern und Berufsjuristen aufgeführten Gerichtsverhandlung.

Bei der ARD pflegte etwa zur gleichen Zeit der von der Sendergemeinschaft mit der Berichterstattung vom Karlsruher Bundesverfassungsgericht betraute Süddeutsche Rundfunk (SDR) das Format, wenngleich nur im regionalen Programm. Die von 1981 bis 1990 ausgestrahlte Sendereihe ›Gerichtstag in Karlsruhe‹ war entstanden, weil in deutschen Gerichtssälen Fernsehaufnahmen nicht zulässig sind. Rudolf Gerhardt, Initiator von ›Gerichtstag in Karlsruhe‹, hatte 1967 über diese Besonderheit des deutschen Rechtswesens promoviert und später als justizpolitischer Korrespondent des SDR Überlegungen angestellt, wie den Zuschauern gerichtliche Verfahrensweisen trotz besagter Verbotsregelung nahegebracht werden könnten. Auch Gerhardt verfiel auf die spielerische Nachstellung, hielt sich aber enger an die Realität, indem er auf Schauspieler verzichtete. Am Originalschauplatz, dem großen Sitzungssaal des Oberlandesgerichts Karlsruhe, wurden pro Jahr vier Sendungen aufgezeichnet, in denen echte Prozessgegner und Juristen auftraten und Richter des Oberlandesgerichts ein Schiedsurteil fällten. Anders als in anderen Sendungen wurden auch die üblicherweise unter Ausschluss der Öffentlichkeit abgehaltenen Beratungen der Richter in die Handlung einbezogen.[204]

Zwischenbild

Etwa zur Mitte der 1950er-Jahre zeigt sich das Genre Gesprächssendung im deutschen Fernsehprogramm bereits in diversen Gestaltungsvarianten. Gesprächssendungen erfüllen publizistische Funktionen; hier werden Informationen gereicht und die für eine immer noch im Entstehen begriffene Demokratie wichtigen tagesaktuellen und gesellschaftspolitischen Fragen erörtert. Das Fernsehen eröffnet der Meinungsbildung neue Möglichkeiten, die mit Ausweitung der Seherschaft an Bedeutung gewinnen. Das journalistische Interview vor Kameras etabliert sich als fernsehspezifisches Format und gewinnt an Ansehen und Wirkung.

Zugleich leistet der öffentliche Austausch Orientierungshilfe auf lebensweltlicher Ebene für eine Zuschauerschaft, die noch immer Kriegsfolgen und unübersichtlichen Verhältnissen ausgesetzt ist. Nicht zu vergessen der kulturelle Bereich, der eigene Sendereihen wie ›Mein neues Buch‹ oder ›Derweil sich die Erde dreht‹ hervorbringt, ebenso die frühen Gerichtsshow-Modelle, deren Urheber gewisse, aus den Erfahrungen mit der Willkürjustiz der NS-Herrschaft herrührende Vorbehalte abbauen und über die demokratische Rechtsordnung aufklären wollen.

Bei all dem kommen unterhaltende Aspekte nicht zu kurz. Selbst eine politische Diskussionssendung wie ›Der Internationale Frühschoppen‹ wird zumindest von Teilen der Zuschauer unter diesem Gesichtspunkt verfolgt. Eine allgemein auf Sendungen dieser Sparte bezogene Anmerkung aus einer Buchveröffentlichung aus dem Jahr 1954 untermauert dies und lässt sogar bereits die Lust an der verbalen Auseinandersetzung erahnen, wie sie später bei den konfrontativen Talkshows registriert werden sollte: »(...) so erregte und lebhafte Diskussionen, daß sich die Meinungen schroff gegenüberstanden und die Gesprächspartner sich wütend ansahen wie die bissigen Hunde, das haben wir im Fernsehen freilich schon gehabt. Sie müssen sich nur vorsehen, daß Sie bei einer so bewegten Diskussion nicht in der gleichen Sache in Streit mit Ihrem Ehepartner geraten – bei Ihnen zu Hause gibt es nämlich keinen Gesprächsleiter, der das Schlimmste verhüten kann ...

Aber Sie sehen schon, wo der Reiz der Sache liegt. Das Gespräch am runden Tisch ist sozusagen ein Boxkampf mit geistigen Waffen. Man sucht die Schwächen des Gegners, bemüht sich, ihn in die Enge zu treiben und zugleich die Zuschauer am Fernsehgerät für sich zu gewinnen.«[205]

1956 zählten die Buchautoren Ohnesorge und Roemmer öffentliche Diskussionen neben Sportübertragungen, Unterhaltungs- und Dokumentarsendungen sowie Übertragungen aus dem Bundestag zu den »wichtigsten und interessierendsten Fernseh-Sendungen«.[206] Ein Jahr zuvor verbreitete der ›Spiegel‹, »daß das Fernsehen überall da am unterhaltsamsten ist, wo es nicht ein Surrogat der Opernbühne oder des Kinos ist, sondern die Bekanntschaft mit interessanten Menschen vermittelt – ob es nun die Menschen sind, die Frankenfeld auf die Bühne holt oder Prominente und Unprominente, die der Zuschauer im ›Kreuzfeuer‹-Gespräch, in der ›Diskussion des Monats‹ oder in der Sendung ›Bei Margot Hielscher zu Gast‹ kennenlernt.

(...) Das Bedürfnis nach dem Kennenlernen von interessanten Menschen ist auch der tiefere Grund, warum sich plötzlich sogar eine Diskussion zwischen Mönchen über die Stellung der Orden in der Gegenwart wider Erwarten zu einer unterhaltsamen Sendung entwickelte (...). Denn die Zuschauer entdeckten mit Vergnügen, daß die Mönche keine weltfremden Studierstuben-Eremiten waren, sondern profiliert weltliche Männer, die witzig und temperamentvoll zugleich diskutieren konnten.«[207]

Der formale Rahmen der Fernsehgespräche wird Stück um Stück erarbeitet, aus einem alltäglichen *learning by doing* – »Pionierzeiten sind herrliche Zeiten! Alles wurde zum ersten Mal probiert, jeder machte alles!«[208] – und durch die Übernahme von Ideen vornehmlich aus Großbritannien und den USA. Gegen Mitte der 1950er-Jahre sind erste Regeln gefunden und etabliert. Wiesen die Gesprächssendungen aus der Frühzeit des Fernsehens eine aus den Unwägbarkeiten und Unzulänglichkeiten des Versuchsbetriebs geborene offene Struktur auf, entwickelt sich mit der Zeit eine gewisse Dramaturgie und vor allem bei Sendungen mit vorrangig unterhaltendem Charakter ein fester Ablauf mit wiederkehrenden Segmenten. Es entstehen Reihen mit enger gefassten Thematiken, erste Schritte auf dem Weg zu spezifischen Zielgruppenprogrammen.

Durch präzis bezeichnende statt variabler, beschreibender Titel und bekannte Moderatorengesichter erhalten die Gesprächssendungen Wiedererkennungswert und letztlich Markencharakter. Akteure wie Werner Höfer oder Rüdiger Proske werden zu Fernsehprominenten, mit Margot Hielscher tritt ein Kino- und Gesangsstar von außerhalb des Funkbetriebes hinzu und verleiht einer Sendung Gesicht und Image. Hier zeichnet sich die *personality show* ab, eine Form von Fernsehunterhaltung, bei der der moderierende, für gewöhnlich als Namensgeber auftretende Prominente als Markenzeichen und im besten Fall als Gütegarant wahrgenommen wird. Das Genre Gesprächssendung bringt selbst noch keine Stars[209] hervor, verfügt aber über bekannte Köpfe, deren Namen und Gesichter in den Augen des Zuschauers sich mit fernsehöffentlichen Gesprächen verbinden.

Zwischen dem 11. Februar 1954 und dem 6. Mai 1954 ergibt sich eine programmliche Konstante und damit ein verlässliches Angebot für den Zuschauer durch die abwechselnde Terminierung der Gesprächssendungen ›Darf ich vorstellen?‹, ›Unser Gästebuch‹ und ›Im Kreuzfeuer‹ auf einem regelmäßigen Termin am Donnerstagabend.

Grundsätzlich ist die Sparte als Einzelsendung wie als Reihenangebot für die Programmplanung von hoher Bedeutung und erscheint entsprechend häufig – einzelne Titel wie ›Treffpunkt Fernsehen‹ bereits mit beständiger Wiederkehr – im Programm.

Das Bild ändert sich mit Aufnahme des Fernsehbetriebs weiterer Sender, die zusätzlich zum NWDR, der sich seinerseits 1956 in NDR und WDR aufteilt, Programmbeiträge liefern und das

Gesamtaufkommen erhöhen. Die Mitarbeiterstäbe werden größer, die Mittel erweitern und verfeinern sich. Mehrteilige Filmreportagen halten Einzug, zunächst Erkundungen in deutschen Landen mit Titeln wie ›Kleine Winterreise in den Harz‹ oder ›München – Bilder einer Stadt‹, dann auch, mit großem Zuschauerzuspruch, Berichte aus dem Ausland. Was zuvor der Hörfunk geleistet hatte, bietet nun, da immer häufiger gefilmtes Material aller Art zur Verfügung steht, das Fernsehprogramm: »Welterfahrung im Sinne eines Nachholbedarfs«.[210]

In den Anfangsjahren des Nachkriegsfernsehens war das Programm zu mehr als 60 Prozent aus Live-Übertragungen und ansonsten älteren Spiel- und Kulturfilmen zusammengestellt worden, gefilmte Eigenproduktionen gab es kaum. »Das entsprach auch der Philosophie der Fernseh-Frühzeit, die ›Konserve‹ Film als ›nicht fernsehgerecht‹ zu verbannen.«[211] Dies ändert sich mit der Zeit, nicht zuletzt, weil die Techniker und Kameraleute in Berlin[212] und Hamburg mit dem bis dahin als Amateurfilm verlachten 16-mm-Format zu experimentieren beginnen. Reportageteams werden geschult und verfügen mit den im Vergleich zum 35-mm-Kinoformat deutlich kleineren 16-mm-Kameras über wendige, vor allem unterwegs leicht einzusetzende Werkzeuge. Das Resultat: Im Jahr 1958 machen die eigenproduzierten Reportagen und Dokumentationen bereits 50 Prozent des Programms aus.

Neue Attraktionen warten auf die sich langsam vermehrende Zahl der Zuschauer: eine ›Fernsehexpedition nach Belgisch-Kongo‹ in zwei Teilen, Reportagereihen wie der Achtteiler ›Auf der Suche nach Frieden und Sicherheit‹ und die Nachfolgereihe ›Pazifisches Tagebuch‹, Peter von Zahns Staunen machende Ansichten aus der ›Neuen Welt‹. Die Gespräche am runden Tisch werden ergänzt um den Dialog mit dem Bild: Der regelmäßig einmal im Monat im Programm vertretene Peter von Zahn übernimmt von seinem US-Vorbild Ed Murrow »die Stilform des Moderators, der durch die Sendung« führt; er »bebilderte einen vorzüglichen Text«.[213]

Die Titel der zur Ausstrahlung gelangenden Reihen künden schon vom Appeal, den sie auf die Zuschauerschaft ausüben: ›Pioniere und Abenteurer‹, ›Auf der Suche nach der Welt von morgen‹, ›China auf dem Weg zur Weltmacht‹, ›Rebellen im Paradies‹.

Der beschriebene Wandel lässt sich desgleichen anhand der aufkommenden Magazine nachvollziehen. 1957 und 1958 zeigt der NDR im Monatsrhythmus zwölf Sendungen eines Magazins mit dem Titel ›Panorama‹, das vom Feuilletonredakteur der ›Zeit‹, Josef Müller-Marein, moderiert wird und in der gleichnamigen Reihe der britischen BBC ein konkretes Vorbild besitzt. Die hier praktizierte politische Berichterstattung steht »noch in der Tradition der fünfziger Jahre, die sich vorwiegend auf die Wiedergabe von Bundestagsdebatten, Streitgesprächen sowie aktuelle Einzelinterviews mit Politikern (sogenannte ›heiße Gespräche‹) konzentrierte«.[214] Aber binnen weniger Jahre wird auch die Zeitkritik filmisch, früh schon mit der 1954 vom Südfunk Stuttgart eingerichten Reihe ›Zeichen der Zeit‹, die »kritische Streifzüge«[215] verspricht. In der Reihe ›Aus erster Hand. Interviews mit den führenden Männern unserer Zeit‹ verbindet Thilo Koch ab 1958 das bewährte Fernsehgespräch mit dem Filmdokumentarismus, agiert dabei jedoch »anfangs noch sehr förmlich und eherbietig [sic!] steif«.[216] Die ab Juni 1961 im übergangsweise veranstalteten zweiten Programm der ARD ausgestrahlte Neuauflage des Magazins ›Panorama‹ enthält wegen des auferlegten Sparzwangs erneut einen hohen Wortanteil,[217] verglichen mit dem späteren Erscheinungsbild der Reihe findet politische Berichterstattung noch relativ häufig in Form von Interviews und Gesprächsrunden statt.[218]

4. Herausforderungen – Die 1960er-Jahre

In einem kurzen Text für den Sammelband ›Fernsehen in Deutschland – Gesellschaftliche Aufgaben und Wirkungen eines Mediums‹[1] äußerte sich Werner Höfer 1967 zur ›Popularisierung der Politik‹, die er mehr kommentierte als dokumentierte. Aus seinen pointiert formulierten Anmerkungen lässt sich herauslesen, auf welchem Stand sich die politischen Gesprächssendungen im Jahr 1967 befanden. Höfer notierte unter anderem: »In Diskussionen, die zuweilen wie Fernsehadaptionen von Stammtischdebatten aufgezogen sind, wird demonstriert, daß gerade in der Politik jedes Ding (mindestens) zwei Seiten hat. In Interviews, die gelegentlich einem verschärften Verhör nahekommen, wird decouvriert, daß auch im härtesten politischen Einzelkämpfer vor der Kamera der (manchmal nur eingeschläferte) innere Schweinehund geweckt werden kann.«[2]

Eine genauere Betrachtung der Programmgeschichte der 1960er-Jahre ergibt, dass Höfer die seinerzeitige Entwicklung bei aller Knappheit ziemlich exakt umrissen hatte.

Gesprächssendungen in der ARD

Deutlich kritischere Töne als bei der gleichnamigen Vorgängerreihe erhoben sich 1961 mit der auf Initiative Rüdiger Proskes realisierten Neuauflage von ›Panorama‹, die, von gestandenen Journalisten in Zusammenarbeit mit jungen Filmemachern gestaltet, im weiteren Verlauf ihrer Entwicklung »einen Stil-, Tendenz- und Perspektivenwechsel« einleitete, der »für Fernsehen und Film überaus folgenreich geworden ist«.[3]

Das Interview erscheint hier vorwiegend in zergliederter Form, will sagen als Bestandteil einer filmischen Montage, oder aber als ein Segment neben anderen. Eugen Kogon, seit 1964 Leiter der ›Panorama‹-Redaktion, beschrieb diesen Vorgang als »*Einfügung der Kontroverse in eine kritische Magazin-Sendung*« [kursive Hervorhebung im Original; H. K.] mit beschränkter Zielsetzung, nämlich »einen einzigen, wichtig gewordenen Akzent, äußerstenfalls zwei, zu setzen oder eine Feststellung, die einseitig getroffen worden ist, zurechtzurücken«.[4]

Zur Rede gestellt – ›Im Kreuzfeuer‹ und Claus Hinrich Casdorff

Etwas anders verhielt es sich mit der ab 21. Mai 1965 ausgestrahlten Reihe ›Monitor‹, mit der der WDR ein eigenes politisches Magazin etablierte, nachdem der Sender vordem der von mehreren Landesanstalten verantworteten Reihe ›Report‹ zugeliefert hatte. Dort hatte am 13. April 1964 das von Claus Hinrich Casdorff angeregte[5] Interviewsegment ›Im Kreuzfeuer‹ – erster Gast war Ludwig Erhard – Premiere gehabt, das bei ›Monitor‹ zum integralen Bestandteil werden sollte – in Gestalt einer kritischen, streng sachlichen, dennoch unterhaltsamer Momente nicht zwangsläufig entbehrenden Befragung des jeweils geladenen Gastes, zumeist eine Person des öffentlichen Lebens,[6] durch die beiden politischen Journalisten Claus Hinrich Casdorff und Rudolf Rohlinger. Dieses Segment wurde zur ›Sendung innerhalb der Sendung‹, deren Markenzeichen und Trumpf. Casdorff und Rohlinger gewährten im Vorwort einer Sammlung von ›Kreuzfeuer‹-Interviews in Form einer Antwort auf einen Zuschauerbrief Einblick in die Vorbereitung, Machart und Absicht ihrer Sendereihe: »(…) Wir haben immer die Absicht dieses Interview-Typus denen klar vor Augen geführt, die wir dazu eingeladen haben. Es hat sich längst eine Routineformel komprimiert, mit der wir Partnern, die noch kein Kreuzfeuer-Interview am Fernsehschirm verfolgt haben, knapp darlegen, was wir wollen und wozu wir sie bitten. Diese Formel lautet etwa: Sie sind der Zeuge, den wir uns wünschen für die jüngste Entwicklung etwa in ihrer Partei oder Ihrer Gewerkschaft oder Ihrem Industriezweig. Wir möchten Ihre Meinung erfragen, Sie aber vor allem auch vorstellen. Und diese Vorstellung soll sich in der leicht angespannten Situation vollziehen, an die sich viele Zuschauer schon gewöhnt haben: wir fragen zu zweit und möglichst abwechselnd. Wir bemühen uns, zugespitzt und gelegentlich auch provozierend zu fragen, vermeiden aber nach besten Kräften jede Frage, die entweder in den privaten Bereich zielt oder nach Daten fragt und folglich ein Nachblättern in den Akten erforderlich machen würde. Damit in etwa zehn Minuten eine nennenswerte Zahl von Fragen auf Sie ›abgefeuert‹ werden kann, bitten wir sehr um kurze Antworten.

Diese allgemeine Vorauserklärung wurde von den Persönlichkeiten aus Politik, Kultur und Wirtschaft, an die wir uns gewandt haben, bis auf ganz wenige Ausnahmen auch voll akzeptiert. Ganz genau: nur drei Einladungen sind endgültig abgelehnt worden.

Wer zu uns kam (…), wußte also genau, was ihm bevorstand. Er betrachtete es gewiß auch als ein momentanes Examen, als einen Test auf Schlagfertigkeit und Sicherheit. Außerdem wußten unsere Gäste, daß wegen der 2:1-Konstruktion des Interviews ihnen ein Sympathievorschuß der Zuschauer sicher war.

Ein wesentlicher und sehr ernster Vorwurf lautet: Wir verzichteten auf Argumentation, es handle sich deshalb nur um Polit-Unterhaltung, um ein Spiel, das sich mit politischen Inhalten tarne.

Gelegentlich kann es zu einer solchen ›Entgleisung‹ tatsächlich kommen, wenn sich Interview-Gäste auf eine möglichst elegante Form des Ausweichens kaprizieren. Wir wagen aber zu hoffen, daß unsere Zuschauer eine solche Taktik zu erkennen vermögen. (…)

Mit Entschiedenheit betonen wir – nicht nur Ihnen gegenüber – daß unsere ›Kreuzfeuer‹ nur e i n Interview-Typ sind und keineswegs als Vorlage oder gar als Modell für Interviews ganz anderer Absicht gelten können und sollen. (…)«[7]

Casdorff und Rohlinger und ihr Fragegestus wurden zum Gegenstand einer Kontroverse, nachdem in der Sendung vom 9. Oktober 1972 der geladene Interviewpartner, der CSU-Vorsitzende Franz Josef Strauß, einen Eklat provoziert hatte. Aktueller Anlass des Interviews waren der vorweg in einem Film thematisierte Wechsel des SPD-Bundestagsabgeordneten Dr. Günther Müller zur CSU (für die Müller bis 1994 im Bundestag saß) und seine Gründung der politischen Liste Soziale Demokraten ’72, mit der er 1972 an den Münchner Kommunalwahlen teilnahm und bei deren Gründung, wie ›Monitor‹ nachweisen konnte, CSU-Funktionäre aus wahltaktischen Gründen Unterstützung gewährt hatten. Nach einer kurzen Einführung durch Casdorff eröffnete Rudolf Rohlinger das Gespräch mit der Frage: »Herr Dr. Strauß, war dieser Dr. Günther Müller und waren seine Sozialen Demokraten '72 Ihr trojanisches Pferd?«[8]

Statt auf den mitschwingenden Vorhalt zu antworten, suchte Franz Josef Strauß umgehend die Offensive, indem er rhetorisch darauf hinarbeitete, seine beiden Gegenüber ins Unrecht zu setzen: »Zunächst muss ich mir leider die Bemerkung erlauben, dass diese Ihre eben gezeigte, von mir verfolgte Sendung tendenziös ist. Diese Sendung entspricht nicht den Geboten der Loyalität, der Objektivität und der Neutralität. Sie hätten diese Ihre Behauptungen, die Sie jetzt eingeblendet den Zuhörern und Zuschauern gezeigt haben, dem Dr. Günther Müller vorlegen müssen, damit er dazu Stellung nehmen kann. Das nebenbei.« Dieser Strategie blieb Strauß im weiteren Verlauf des Interviews treu, indem er Casdorff und Rohlinger immer wieder unsaubere Methoden vorwarf, sich damit einerseits dem Publikum gegenüber als Opfer präsentierte und anderseits die beiden Interviewer aus dem Konzept brachte. Casdorff fand dafür später die Worte: »Das war schon kein Kreuzfeuer mehr, das war Ballerei.«[9]

Zum geflügelten Wort wurde Strauß' Ausspruch: »Wissen Sie, solche Überfallfragen liebe ich nicht. Bitte lassen Sie dös.« Zwischen den Kontrahenten und auch in der auf die Sendung folgenden öffentlichen Diskussion ging es unter anderem um die Frage, ob und in welcher Form Strauß vorher über die geplanten Themen hätte informiert werden müssen. Strauß' konkreter Vorwurf: Die ›Monitor‹-Redaktion hätte im Vorfeld andere Themen genannt, als in der Sendung tatsächlich zur Sprache kamen. Claus Hinrich Casdorff sah sich durch diese Behauptung genötigt, das in der Sendung angesprochene, aber nicht zitierte, vorab an Strauß gesandte Fernschreiben zu veröffentlichen. Es lautete wie folgt: »Ich halte es für alle nützlich, wenn in diesen letzten Wochen vor den Bundestagswahlen gerade auch Sie [d. i. Strauß; H. K.] die Möglichkeit erhalten, sich in einem Interview in der Zeit zwischen 12 und 14 Minuten zu Gegenwartsfragen zu äußern. Die mir übermittelte Frage, um welche Themenkreise es sich handeln soll, ist, wie ich glaube, sehr einfach mit dem Satz zu beantworten: Es geht uns darum, das Selbstverständnis der CSU im Herbst des Jahres 1972 zu ergründen. Dabei wollen wir Sie nach Ihrer Meinung sowohl zu dem Korruptionsvorwurf des Bundeskanzlers gegen mehrere Bundestagsabgeordnete (unter ihnen der Abgeordnete Müller) fragen, als auch nach der Kritik, die Sie und andere CDU/CSU-Politiker an der Haltung des Bundeskanzlers geübt haben.

Das kann natürlich nur ein Teil des Interviews sein. Ganz allgemein soll es darum gehen, wie Sie Ihre und die Rolle der CSU im Verhältnis zur CDU und in einer künftigen Regierung sehen; wie Sie die Sozialdemokraten und auch die Freien Demokraten beurteilen, und welche Aufgaben nach Auffassung der CSU vordringlich zu lösen sind.

Auf Fragen, die Aktenstudium verlangen, werden wir ebensowenig eingehen, wie auf Fragen, die zum privaten Bereich eines einzelnen Menschen gehören.«[10]

Laut Casdorff war Strauß eingehender über die Themenauswahl unterrichtet worden als seitens der Redaktion ansonsten üblich; Strauß' Sekretariat war telefonisch ausdrücklich darauf hingewiesen worden, dass der ›Fall Müller‹ zur Sprache kommen werde.[11] Eine im Zuge der Debatten um die Sendung unter politischen Fernsehjournalisten vorgenommene Umfrage der Zeitschrift ›Der Journalist‹ ergab, dass der Ablauf der Gesprächsvorbereitung vollends der damals üblichen Praxis entsprach.[12]

Die Heftigkeit von Strauß' Reaktionen verdankte sich weniger einer parteiischen Gesprächsführung oder unsauberen journalistischen Methoden als vielmehr dem nahen Bundestagswahltermin. Sein statt der vereinbarten zwölf Minuten schließlich fast halbstündiger Auftritt diente dem Versuch, die genannten, auch anderweitig aufgekommenen Vorwürfe zu entkräften und auf die Berichterstatter zurückfallen zu lassen, um sie, stellvertretend für andere kritische Journalisten, beim breiten Publikum zu diskreditieren. Dass dies bei allem rhetorischen Geschick mit ausgewachsenem Zorn geschah, hatte laut Casdorff seinen Grund auch darin, dass sich die hinter den Kameras tätigen technischen Mitarbeiter bei der Aufnahme deutlich sichtbare Anstecknadeln mit dem Text

›Willy wählen‹ – gemeint war der amtierende SPD-Kanzler Willy Brandt – angeheftet hatten.[13]

1984, in politisch völlig anders geprägten Zeiten, sollte sich der Fernsehkritiker Manfred Delling aus gegebenem Anlass bereits mit einer gewissen Wehmut an das ›Kreuzfeuer‹ erinnern: »In den hiesigen Fragestunden, bekömmlich wie Mamas Hühnerfrikassee, dürfen Politiker zumal in Wahlzeiten sogar ihnen bequeme Interviewer selber bestimmen. Das ist kein Witz, sondern Tradition. Vorübergehend gab es in *Monitor* die sogenannten Kreuzfeuer-Interviews von Casdorff/Rohlinger, die waren gelegentlich weniger im Interesse der Interviewten als der Bürger, sollte man meinen. Aber so etwas gilt bei uns nicht als journalistisch, sondern als ungezogen.«[14]

›Kreuzfeuer‹ blieb als Typus in den Programmen erhalten und findet sich als Modell unter anderem in der ZDF-Reihe ›Was nun …?‹[15] wieder, das zudem Elemente der ARD-Reihe ›Ich stelle mich‹ aufgriff, wo Claus Hinrich Casdorff je einen Gast innerhalb einer 90-Minuten-Dramaturgie Sätze ergänzen, Assoziationsketten bilden und Geschicklichkeitsproben absolvieren ließ. Komoderator der ZDF-Sendung war der seit 1977 beim ZDF tätige frühere ›Monitor‹-Leiter Klaus Bresser, der laut Casdorff »auch bei mir gelernt hat«.[16] Bei der ZDF-Fragerunde waren indes vor allem Proporzgründe für die doppelte Besetzung der Interviewerseite ausschlaggebend. Mit ›Journalisten fragen – Politiker antworten‹ wurde bereits eine politische Gesprächssendung von einem als linksliberal eingestuften Moderator, nämlich Reinhard Appel, geleitet. Die Folge: »Für Mainzer Verhältnisse war es völlig ausgeschlossen, daß zwei große Interviewsendungen allein in die Hände *eines* Journalisten-›Lagers‹ fallen könnten, weswegen nach dem bewährten Strickmuster der Rundfunk-Ausgewogenheit – eins links, eins rechts, zwei fallen lassen – Klaus Bresser noch ein alter Lager ego zugesellt wurde.«[17]

Claus Hinrich Casdorff gab 1982 die Redaktionsleitung von ›Monitor‹ auf. Seine Tätigkeit vor der Kamera setzte er mit der Talkshow ›Ich stelle mich‹ fort, die bis 1993 im Programm blieb. Seine Intention beschrieb Casdorff im Gespräch mit Peter von Rüden: »Wir wollten eine vielseitige Sendung, keine rein politische

Sendung. (…) Es sollte so ein ständiger Wechsel stattfinden, eben auch mit sehr wechselnden Einschaltquoten. Jeden Sonntagabend gingen wir auf Sendung. Wir hatten eine schwere Zeit, aber zu meiner Überraschung sind viele bei der Sendung hängen geblieben. Sicher auch, weil sie eben 90 Minuten lang war.«[18]

Jeder Sendung gingen ausgiebige Recherchen voraus, Vorabinterviews mit dem jeweiligen Gast, ebenso Erkundigungen bei dessen Gegnern. Auf dieser Basis bereitete Casdorff seine Interviews vor, Filmeinspielungen, aber auch Aktionen lockerten die mit kleinem Saalpublikum produzierte Live-Sendung auf. Zum Beispiel bat Casdorff den Chef eines Autokonzerns zu dessen Überraschung, an einem spontan hereingerollten Fahrzeug einen Reifen zu wechseln.[19] Anders als beim ›Kreuzfeuer‹ kamen hier auch private Belange zur Sprache, wenngleich mit der gebotenen Dezenz: »›Wohnzimmer‹ ja, ›Schlafzimmer‹ nein«, wurde Casdorff in einem Produktionsbericht über die hundertste Ausgabe der Reihe zitiert.[20]

Reduktion und Ritualisierung – ›Pro + Contra‹

Verschiebungen und Überschneidungen, spontane Reaktionen der Beteiligten und Neuerungen auch innerhalb bestehender Reihen führen dazu, dass jede Gesprächssendung eine Mischform darstellt. Allein losgelöst von der Praxis, das heißt in abstrakter Form, können gewisse wiederkehrende Grundmuster artikuliert werden. Es gibt das zumindest dem Konzept nach puristische sowie das um Diskussionsanteile erweiterte Frage-und-Antwort-Schema, das moderiert-zielgeleitete Gespräch, das moderierte offene Gespräch.[21] Die am 15. Mai 1968 eingeführte, acht Mal jährlich ausgestrahlte ARD-Sendung ›Pro + Contra‹ fällt auf den ersten Blick unter keine dieser Kategorien, wurde aber vollständig vom gesprochenen Wort bestimmt und hat deshalb in einer Darstellung wie der vorliegenden ihren Platz. Ein ähnlicher Ansatz findet sich bei Norbert Schneider, der ›Pro + Contra‹ 1979 im Rahmen eines Essays zum Thema ›Rituale der Fernsehdiskussion‹ einer Betrachtung unterzog, weil die Sendereihe »explizit Züge aufweist, die sich implizit in politischen Diskussionen nachweisen lassen«.[22]

›Pro + Contra‹ folgte im Wesentlichen dem im *town hall meeting* und im angelsächsischen Gerichtssystem institutionalisierten Modell der öffentlichen Verhandlung einer für die Gemeinschaft relevanten Problematik und war von den dahinterstehenden Redakteuren gedacht als »Sendung, die das Medium für gesellschaftliche Kontroversen öffnen wollte und auf die Kraft der Argumente baute. Sie nahm sich das traditionelle Gerichtsverfahren zum Vorbild: mit Anwälten, die gegeneinander stritten und mit Zeugen, die zur Sache aussagten.«[23]

Jede Einzelausgabe hatte ein vorgegebenes Thema[24] von aktueller Brisanz, das zu Beginn von Moderator Emil Obermann kurz vorgestellt wurde und sich unter der bündigen Fragestellung ›dafür oder dagegen?‹ verhandeln ließ. Unter dieser Maßgabe erfolgte eingangs eine Abstimmung des im Studio anwesenden, zufällig zusammengesetzten Publikums, das sozusagen die Rolle der angelsächsischen *jury* innehatte. Anschließend übernahmen ›Anwälte‹ das Wort, die ihre gegensätzlichen Standpunkte in einem dreiminütigen Plädoyer vorbrachten und hernach weitere drei Minuten lang Gelegenheit erhielten, Experten beider Seiten zu befragen. Nach den Schlussplädoyers wurden die Saalzuschauer abermals um ihr Votum gebeten, wobei sich aus der Auflösung der Frage, ob sich die Abstimmungsergebnisse verändert hatten, affektbesetzte Momente ergaben. 1986 wurde dieses Segment durch die Zuschauerbeteiligung per telefonischer Abstimmung via TED ersetzt, eine Neuerung, deren Resultate vom Publikum irrtümlich als repräsentativ aufgefasst wurden und die darum keinen Bestand hatte. »Das Ergebnis ist jeweils Meinungsbild und Trend. Nur ein spielerisches Element in der Sendung und doch in der Öffentlichkeit so oft mißverstanden. PRO + CONTRA wird deshalb (…) zum bewährten Abstimmungsmodus zurückkehren!«[25]

›Pro + Contra‹ funktionierte nach festen Spielregeln. Der Ablauf gehorchte einem starren Schema, das keine Abweichungen zuließ, weder wechselseitige Gespräche der Teilnehmer untereinander noch spontane Themenwechsel oder ausuferndes Räsonieren. Dennoch waren die für Diskussionssendungen typischen Sprechakte wie Argumentieren, Befragen, Plädieren, implizit auch Provozieren, vorhanden, allerdings bausteinartig separiert

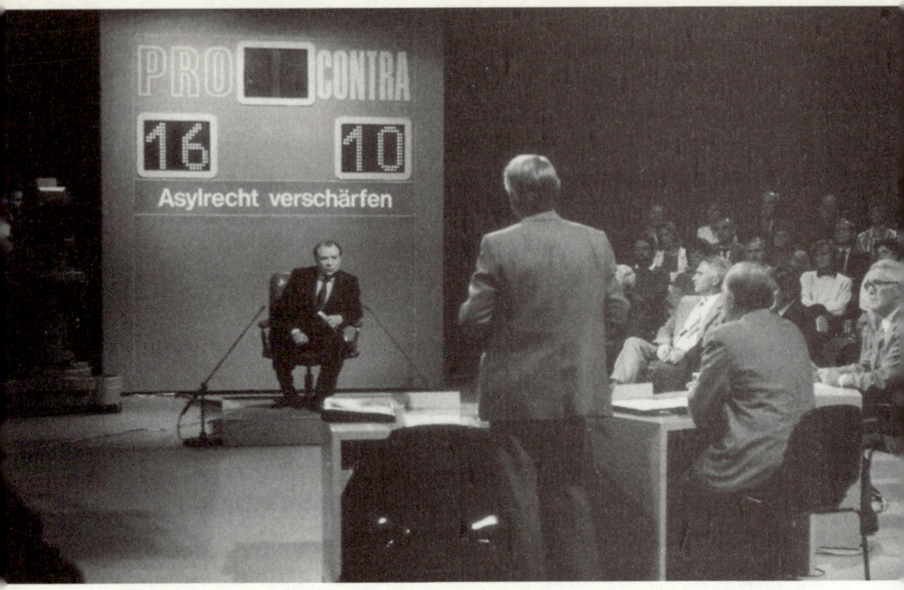

Abb. 6: ›Heiße Stühle‹ waren keine Erfindung des Privatfernsehens: Ein typisches Kreuzverhör in der SDR-Sendereihe ›Pro + Contra‹ mit Moderator Emil Obermann (rechts).

und streng formalisiert, so puristisch wie nur denkbar, weil die jeweiligen Sprecher ungestört blieben. Norbert Schneider spricht in diesem Zusammenhang von »Perfektion und Ritualisierung«.[26] Die Reduktion komplexer Themen auf ein simples Für und Wider provozierte Einwände,[27] andererseits konnte dieses Verfahren komplexe Themen durch Strukturierung zugänglich machen und so als Einstieg in eine Debatte dienen, nicht zuletzt durch die Personalisierung der widerstreitenden Meinungen in Gestalt der ›Anwälte‹ und der quasi in Zeugenfunktion auftretenden Fachleute. Denn, so Norbert Schneiders vor zeitgenössischem Erfahrungshorizont formulierte Beurteilung: »Das personale Arrangement erlaubt eher als andere Anordnungen emotionale Reaktionen: Antipathie oder Sympathie.«[28]

›Pro + Contra‹ bot stetig wiederkehrende homogene Abläufe und damit eine Verlässlichkeit, die dem Mediengebrauch eines

Teils der Fernsehzuschauer generell entgegenkommt.[29] Überdies besaß die Sendung mit den beiden Abstimmungen zu Beginn und am Schluss eine Spannungsdramaturgie, die das Interesse der Zuschauer wach hielt und den ausgetragenen Konflikt zumindest pro forma einer Lösung zuführte: »Das Faszinierende dieser Fiktion ist die Ahnung einer Wende, das Befriedigende ist, daß die Sehnsucht nach klaren Verhältnissen gestillt wird. (…) Vernunft wird weitgehend ersetzt durch Gefühl, gelegentlich durch Irrationalität.«[30]

Trotz solcher Kritik war ›Pro + Contra‹ aus der Warte des zeitgenössischen Medienkritikers unterm Strich ein »lehrreiches Beispiel für die Verbindung von Unterhaltung und Politik«[31]. Die Sendereihe etablierte für diese programmgeschichtliche Phase eine Form der TV-Debatte – mit den Kernelementen Personalisierung, Polarisierung, Spannungsdramaturgie –, die später in Sendungen wie ›Der heiße Stuhl‹ (RTL) zumindest dem Ansatz nach in allerdings weniger reglementierter und damit lebhafterer Inszenierung praktiziert wurde. Beim zuständigen Sender, dem Süddeutschen Rundfunk, erkannte man diese Übereinstimmungen sehr wohl, mühte sich aber um Differenzierung. Emil Obermanns Nachfolger Ernst Elitz betonte: »Bei uns zählt nicht die Lautstärke, sondern das Argument.«[32]

Ungeachtet dessen war bei ›Pro + Contra‹ im Grundsatz bereits das antagonistische Prinzip angelegt, das späterhin zum Charakteristikum insbesondere der nachmittäglichen Talk- und Gerichtsshows werden sollte.

Zwischenbild

Auch in den 1960er-Jahren erhält sich die bewährte Form des ›Runden Tisches‹ im ARD-Programm. Eingeführte Titel wie der ›Internationale Frühschoppen‹ und ›Die Fernseh-Diskussion‹ werden fortgeführt, neue Reihen installiert, darunter ›Perspektiven‹ von Radio Bremen, deren Redaktion für die Premierensendung im April 1963 das Thema ›Probleme der Flugsicherung‹ wählt.[33] In der im Juni ausgestrahlten zweiten Ausgabe diskutieren Staatssekretär Steinmetz, Ministerialdirektor Busch, Professor Hofstätter und Professor Papalegos ›Das automatisierte Büro‹. Die weiteren

Sendungen dieses Jahres befassen sich mit dem Problem der Energieversorgung (Juli), mit der Raumfahrt (September), neuen Pflanzenzüchtungen (Oktober), neuen Kunststoffen (Dezember).[34]

Zusätzlich entwickeln sich Formen mit strenger Vis-à-vis-Konstellation wie ›Kreuzfeuer‹ – mit Moderatoren, die sich einem journalistisch-sachlichen Stil verpflichtet fühlen, dabei auf sachgerechter Unterrichtung der Öffentlichkeit beharren und Auseinandersetzungen nicht scheuen. Ein nachgerade ritualisierter Ablauf findet sich bei ›Pro + Contra‹, wo bei klarer Teilung der Kontrahenten in zwei Parteien kontradiktorisch Argumente vorgetragen und zur Abstimmung gebracht, aber nicht über eine Diskussion einer Synthese nähergebracht werden.

Gesprächssendungen im ZDF-Programm

Die Bedeutung der Sparte Zwie- und Mehrgespräch namentlich für die Politik- und Gesellschaftsberichterstattung des Zweiten Deutschen Fernsehens (ZDF) lässt sich aus dem vom Fernsehratsausschuss für ›Politik und Zeitgeschehen‹ aufgestellten Grundkatalog aus Definitionen und Maßgaben ersehen. Dort hieß es: »Die Diskussion ist eine Form der Vermittlung von Informationen und Meinungen, die es ermöglichen, Sachverhalte innerhalb einer Sendung von verschiedenen Gesichtspunkten her zu beleuchten. Dabei werden an Persönlichkeiten des öffentlichen Lebens von Journalisten Fragen gestellt, oder es diskutieren Journalisten mit Gästen. Kennzeichen dieser Sendeform ist die Möglichkeit zur ausgewogenen Darstellung unterschiedlicher Meinungen innerhalb einer Sendung, wobei der Diskussionsleiter, falls vorhanden, eher eine neutrale Rolle spielt.«[35] Mit dem Gebot, sowohl Rede als auch Gegenrede zu gewährleisten, war das Format des Mehrpersonengesprächs gleichsam vorgegeben.

Der vertraglich verankerte Parteienzugriff

Der ZDF-Gründungsintendant Karl Holzamer, der politisch dem christdemokratischen Kanzler Konrad Adenauer nahestand, ihm als Sachverständiger zugearbeitet[36] und dessen Rundfunkpolitik unterstützt hatte, konnte 1988 mit einer gewissen Zufriedenheit feststellen, dass das ZDF zum Erben des von Adenauer geplanten, jedoch vom Bundesverfassungsgericht für rechtswidrig erklärten Regierungsfernsehens ›Deutschland-Fernsehen GmbH‹ geworden war: »Was für illegitim erklärt wurde, kam dann in anderer Form legitim wieder zum Vorschein.«[37]

Adenauers Bonmot vom ZDF als ›seinem illegitimen Kind‹[38] klingt verschmitzt und wird oft in diesem Sinne zitiert, hat aber einen konkreten juristischen Hintergrund, wurden doch bei Abfassung des ZDF-Staatsvertrages die Paragraphen 2 bis einschließlich 11 aus dem als Rechtsgrundlage von Deutschlandfunk und Deutsche Welle eingebrachten ›Bundesgesetz über die Errichtung von Rundfunkanstalten des Bundesrechts‹ – dort als Paragraphen 23 bis 32 – vom 19. November 1960 in geringfügig modifizierter Formulierung übernommen.[39] Dergestalt ließen sich die unter selbst auferlegtem Zeitdruck vonstatten gehenden Bemühungen um die Länderanstalt ZDF beschleunigen. Der an sich brisante Vorgang war insofern komplikationsfrei möglich, als besagte Passagen im Bundestag mit den Stimmen der Opposition beschlossen worden waren, sodass sich neuerliche Debatten erübrigten.[40]

Der ZDF-Staatsvertrag erster Hand umfasste unter anderem die folgenden Bestimmungen:

»§ 1 Errichtung, Name, Sitz

(1) Die Länder errichten zur Verbreitung des Zweiten Fernsehprogramms eine gemeinnützige Anstalt des öffentlichen Rechts mit dem Namen ›Zweites Deutsches Fernsehen‹.

(2) Die Anstalt hat das Recht der Selbstverwaltung im Rahmen der nachfolgenden Bestimmungen.

(…)

§ 5 Verlautbarungsrecht

Die Bundesregierung und die Landesregierungen haben das Recht, Gesetze, Verordnungen und amtliche Verlautbarungen ihren Aufgaben entsprechend bekanntzugeben. Hierfür ist ihnen die erforderliche Sendezeit unverzüglich einzuräumen.

§ 6 Anspruch auf Sendezeit

(1) Parteien, die im Bundestag vertreten sind, haben während ihrer Beteiligung an Bundestagswahlen Anspruch auf angemessene

Sendezeit. Das gleiche gilt für Parteien, die bei einer Bundestagswahl mindestens einen Landeswahlvorschlag eingereicht haben.

(2) Parteien, die im Bundestag oder in den gesetzgebenden Körperschaften von mindestens drei Ländern vertreten sind, sollen im übrigen die Möglichkeit haben, ihre Auffassungen zu angemessener Sendezeit zu vertreten.

(3) Den Kirchen und den anderen über das ganze Bundesgebiet verbreiteten Religionsgesellschaften des öffentlichen Rechts sind auf Wunsch angemessene Sendezeiten für die Übertragung gottesdienstlicher Handlungen und Feierlichkeiten sowie sonstiger religiöser Sendungen, auch solcher über Fragen ihrer öffentlichen Verantwortung, zu gewähren. Mit den israelitischen Kultusgemeinden sind entsprechende Vereinbarungen zu treffen.

(4) Wenn Vertretern der politischen Parteien, der Kirchen, der verschiedenen religiösen und weltanschaulichen Richtungen und den Vertretern der Organisationen der Arbeitgeber und Arbeitnehmer Gelegenheit zur Aussprache gegeben wird, so ist ihnen die Möglichkeit der Rede und Gegenrede unter jeweils gleichen Bedingungen zu gewähren.«[41]

Die unter Paragraph 6, insbesondere im Absatz 2, getroffenen Bestimmungen lassen erkennen, dass die Länderpolitiker mit der zweiten deutschen TV-Anstalt den Parteien ein breitenwirksames Forum verschaffen wollten. Der Wunsch der Parlamentsparteien nach im Vergleich zum Vorherigen deutlich höherem Einfluss[42] fand im ZDF-Programm der Gründungsphase und teils darüber hinaus deutlichen Niederschlag, hatte Nachwirkungen und sorgte in späteren Jahren mehrfach für Zwist, nicht zuletzt, weil kleinere Parteien ebenfalls auf Zulassung zu bestimmten Sendungen drangen und dies teils gerichtlich zu erzwingen suchten.

Die Urheber des Vertragstextes zur Gründung des ZDF waren sich zwar der Aussagen des Fernsehurteils aus dem Jahr 1961 vollauf bewusst, nutzten aber den dort gegebenen Spielraum und verstießen auf diese Weise letztlich gegen den richterlichen Entscheid. Deutlicher noch als im Staatsvertrag zeigte sich dies in den ›Richtlinien für die Sendungen des Zweiten Deutschen Fernsehens‹ vom 11. Juli 1963; sie gingen, so schreibt Rembert Engel 1971 in seiner rechtsphilosophischen Würdigung, erheblich hinaus über die im

Staatsvertrag niedergelegten »allgemein gehaltenen Grundsätze für den Inhalt der politischen Programmgestaltung«.[43] Im Bereich der Außenpolitik machten die genannten Bestimmungen das ZDF laut Engel fast zu einer »Bundesfernsehanstalt«.[44]

Die eingehende Erörterung der programmbezogenen Regelungen wie auch der Organisationsstruktur der zweiten deutschen TV-Anstalt führen Engel mit Hinblick auf die rechtlichen Vorgaben des Bundesverfassungsgerichts zu einem kritischen Resümee: »Für die Rundfunkanstalten unter staatlicher Rechtsaufsicht ist die vom Bundesverfassungsgericht behauptete Unabhängigkeit von staatlichem Einfluß kaum ersichtlich, wie es sich am Beispiel des Zweiten Deutschen Fernsehens ergeben und damit für die übrigen Sendeanstalten gleicher Rechtsform Gültigkeit hat. Allein schon die dort vom Zentralrat entwickelten Richtlinien für die politische Programmgestaltung haben gezeigt, wie politisch und regierungsnah die Sendeanstalt sich selbst versteht.«[45]

Mit dieser Einschätzung stand Engel nicht allein. Auch Heiko Flottau erkennt Schwächen bei der Rechtskonstruktion des ZDF: »Die Verfassungsrichter hatten viel über die Vertretung aller gesellschaftlich wichtigen Gruppen bei der Kontrolle des Rundfunks gesprochen. Wie dies im einzelnen auszusehen habe, darüber sagten die Richter allerdings nichts.«[46]

Klaus Wehmeier kommt nach eingehenden Untersuchungen zu dem Schluss: »Die Ministerpräsidenten übten fortan eine uneingeschränkte politische Herrschaft über das von ihnen gegründete Zweite Deutsche Fernsehen aus (...).«[47]

Die Parteiensendung – ›Journalisten fragen – Politiker antworten‹

Ähnliche, insbesondere die Ausstrahlung von Wahlsendungen betreffende Passagen wie im ZDF-Staatsvertrag sind auch in anderen Landesrundfunkgesetzen enthalten – vergleiche beispielsweise die rechtlichen Grundlagen des Bayerischen Rundfunks. Bei der Länderanstalt ZDF allerdings wurde im nächsten Zug der unbestimmte Gesetzestext ausgefüllt und ein konkretes Programmvorhaben formuliert. Dies geschah in Form einer Zusatzvereinbarung, die

ZDF-Intendant Holzamer, der CDU-Vertreter Dr. Konrad Kraske, der SPD-Politiker Franz Barsig, der CSU-Delegierte Dr. Friedrich Zimmermann und Hans-Dietrich Genscher von der FDP aushandelten und am 28. März 1963 in Mainz paraphierten. Dort heißt es: »Zwischen den im Deutschen Bundestag vertretenen Parteien (CDU, CSU, SPD und FDP) und der Anstalt Zweites Deutsches Fernsehen wurde heute unter dem ausdrücklichen Hinweis der CSU, daß sie sich ihre ggf. zustehenden weitergehenden Rechte gemäß § 6, II des Staatsvertrages vorbehält, folgende Vereinbarung getroffen:

1. Nach § 6, Ziff. 2 des Staatsvertrages vereinbaren die Vertragspartner für eine Übergangszeit von mindestens 6 Monaten, daß die Anstalt Zweites Deutsches Fernsehen im alternierenden Rhythmus eine Sendezeit von 40 bzw. 30 Minuten pro Monat einräumt. D.h. bei jeder ersten, dritten, fünften usw. Sendung nehmen jeweils ein Vertreter der CDU, der CSU, der SPD und der FDP teil. Bei jeder zweiten, vierten, sechsten usw. Sendung stellen die CDU/CSU einen gemeinsamen Vertreter. Für den ersten Sendetypus stehen 40 Min., für den zweiten Sendetypus 30 Min. zur Verfügung.

2. Diese Sendezeit wird von den im Deutschen Bundestag vertretenen Parteien in einer gemeinsamen Sendung wahrgenommen.

3. In dieser Übergangszeit wird die von den Parteien gemeinsam gestaltete Sendung in Form einer Fragesendung durchgeführt.

4. Die Sendung wird ›Zur Politik des Monats‹ heißen.

5. Die Teilnehmer der Parteien an dieser Sendung werden von den Parteien selbst nominiert. Die fragenden Journalisten werden im Einvernehmen zwischen den Parteien benannt. Ebenso wird der Diskussionsleiter dieser Sendung sowohl im Einvernehmen zwischen den Parteien als auch der Anstalt Zweites Deutsches Fernsehen benannt.

6. Die Anstalt Zweites Deutsches Fernsehen stellt für diese Sendungen kostenlos ihre technischen Einrichtungen zur Verfügung. In der Regel werden die Sendungen aus dem Bonner Studio des Zweiten Deutschen Fernsehens erfolgen.

7. Die Diskussionsteilnehmer haben Anspruch auf eine angemessene Vergütung.

8. Die Vertreter der Parteien und die Anstalt Zweites Deutsches

Fernsehen stimmen in der nachfolgenden Auslegung des §8 des Staatsvertrages überein:

Gem. §8 des Staatsvertrages sind die Parteien verantwortlich für die Sendungen, die ihnen gem. §6 Abs. 1 des Staatsvertrages zugebilligt worden sind. Damit kommen den Parteien hinsichtlich Programmgestaltung und Ausführung besondere Rechte zu. Dies entbindet jedoch den Intendanten der Anstalt nicht von seiner Verantwortung gem. §22 Abs. 1 des Staatsvertrages. So kann §8 des Staatsvertrages z.B. nicht den nach §22 Abs. 1 Verantwortlichen von der Treue zur Verfassung entbinden. Daraus folgt, daß z.B. Sendungen, die Grundsätze der Verfassung verletzen oder einen strafbaren Inhalt haben, vom Intendanten verhindert werden müssen, selbst wenn er gem. §8 für Inhalt und Gestaltung der Sendungen grundsätzlich nicht verantwortlich ist. Darüberhinaus hat er im Rahmen seiner Verantwortung für das Gesamtprogramm auch das Recht, Sendungen, die nach der Qualität – technischer und künstlerischer Art – nicht verantwortet werden können, zu verhindern.«[48]

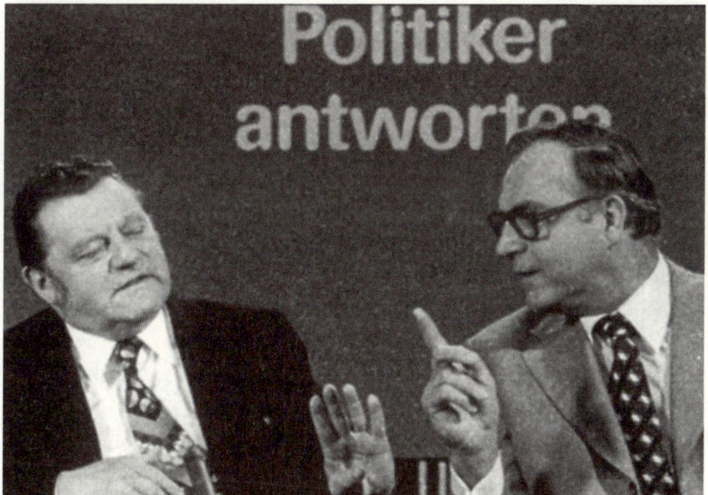

Abb. 7: Zwei häufig gebuchte Protagonisten der ZDF-Parteiensendung ›Journalisten fragen – Politiker antworten‹: Franz Josef Strauß (links) und Helmut Kohl (rechts).

Die damit übereinstimmend beschlossene und vertraglich gesicherte Sendereihe sollte den im Bundestag mit eigenen Fraktionen vertretenen Parteien die Möglichkeit zu unmittelbaren, ungefilterten, in keinster Weise journalistisch bearbeiteten Selbstdarstellungen bieten. Wie im Vereinbarungstext vorgesehen, wurde über die Berufung eines Moderators im Kreise der Rundfunkpolitiker entschieden. Die Wahl fiel auf Reinhard Appel, den damaligen Leiter der Bonner Bundespressekonferenz.

Anfangs plante das an den Vorbereitungen kaum beteiligte, zunächst nur für die Studiotechnik zuständige ZDF, die Sendung als Fremdbeitrag zu kennzeichnen und mit dem Zusatz ›Diese Sendung läuft außerhalb der juristischen Verantwortung des ZDF‹ auszustrahlen.[49] Der ZDF-Ausschuss für ›Politik und Zeitgeschehen‹ entschied, diese Distanzierung entfallen zu lassen, nachdem die am 25. April 1963 gezeigte Auftaktfolge als Testlauf kritisch betrachtet und als gelungen eingestuft worden war.[50] Reinhard Appel hatte es vermocht, eigene redaktionelle Vorstellungen zu verwirklichen, indem er das Modell der US-amerikanischen Sendereihe ›Meet the Press‹ adaptierte und deutschen Verhältnissen anpasste. Überdies gewährleistete er die journalistische Fasson der Sendereihe, die von ihm auch ihren endgültigen, an die Praxis der Bundespressekonferenz angelehnten Titel erhielt: ›Journalisten fragen – Politiker antworten‹.[51] Appels Resümee der Premiere: »Mit Hilfe der engagierten Beteiligung meiner Kollegen Thilenius von der ›Süddeutschen Zeitung‹, Graf Finkenstein von der ›Welt‹, Kremp von der ›Rheinischen Post‹ und den Politikern Gerstenmaier (CDU), Carlo Schmid (SPD), Mende (FDP) und Strauß (CSU) gelang es, die 45 Minuten informativ, unterhaltend und ähnlich einer *Meet-the-Press*-Sendung des amerikanischen Fernsehens abzuwickeln. Die Einschaltquote und die Bewertungsziffer lagen bemerkenswert hoch (…)«[52]

Die inhaltliche Entwicklung von einer reinen Verlautbarungssendung hin zu einem Frage-und-Antwort-Turnier entsprach den Vorstellungen des seinerzeitigen ZDF-Chefredakteurs Wolf Dietrich: »Ich wollte vermeiden, daß das ZDF einfach den Parteien in bestimmten Abständen Gelegenheit gibt zu sprechen. Ich wollte weder Monologe eines Politikers noch Werbespots …«[53]

Streit um den Status

Wenngleich ›Journalisten fragen – Politiker antworten‹ dank Reinhard Appel eine befriedigende journalistische Form gefunden hatte und pluralistische Meinungsäußerungen ermöglichte, stand der Status der Reihe immer wieder einmal zur Debatte. Durch den ursprünglichen ZDF-Staatsvertrag hatten sich die Parteien der unmittelbaren Zuständigkeit für die Sendung versichert. Der Sachverhalt änderte sich im Jahr 1968, als die Verantwortlichkeit rechtsverbindlich auf das ZDF übertragen wurde. Dies bedeutete auf den ersten Blick nur die Festschreibung des bisherigen Prozederes, laut einer offiziellen Äußerung des ZDF nicht viel mehr als »eine Bestätigung eines längst zur festen redaktionellen Praxis gewordenen Sachverhalts«.[54]

Realiter erfolgte diese Maßnahme nicht aus Einsicht, vielmehr handelte es sich um einen politischen Winkelzug: Man wollte verhindern, dass die 1964 gegründete, äußerst rechts stehende Nationaldemokratische Partei Deutschlands (NPD), die bei der Bundestagswahl 1965 zwei Prozent der Stimmen errungen hatte und 1968 in sieben Landtagen Abgeordnetensitze besetzte, Zugang zu der Sendung fand. Den Intendanten des ZDF hätte dies, abhängig von der Beurteilung der Verfassungstreue der NPD, unter Umständen vor ein Dilemma gestellt, sah er sich doch gemäß Zusatzvereinbarung in der Pflicht, verfassungsfeindliche Sendungen zu verhindern.

Wenn das ZDF Souveränität über die Sendereihe erhielt, geschah dies zunächst primär aus der Absicht heraus, ein gemeinsames Ziel der bislang dort vertretenen Parteien zu verwirklichen: einem fernsehöffentlichen Auftreten von NPD-Vertretern entgegenzuwirken und damit den Erhalt der Sendung zu sichern. In dieser Sache herrschte Einigkeit zwischen den etablierten Parteien und der ZDF-Leitung. Bei Wolf Dietrich, seit 1962 Chefredakteur des ZDF, klang Zufriedenheit an, als er kurz nach den Wahlen vom 28. September 1969 resümierte: »Die Behandlung der NPD und der ADF [Aktion Demokratischer Fortschritt; H. K.], also der Rechts- und Linksextremisten, erfolgte nach den geschriebenen Gesetzen und nach den demokratischen Grundsätzen, nach denen alles mitzuteilen ist, was als Ereignis Nachrichtenwert hat. Darüber hinaus wurde die NPD nicht durch übermäßige redaktionelle Beachtung ausgezeichnet. Dieser Grundsatz war, wie das Wahlergebnis bewies, erfolgreich, aber in Gesprächen und Diskussionen nicht unumstritten.«[55]

Den geänderten rechtlichen Voraussetzungen zum Trotz gab es diverse Vorkommnisse, an denen sich ermessen lässt, dass die Parteien ›Journalisten fragen – Politiker antworten‹ weiterhin als ›ihre‹ Sendung betrachteten. So führten namhafte SPD-Politiker bittere Klage, als das ZDF den Appel-Nachfolger Jürgen Lorenz 1973 ohne Mitwirkung der Parteien bestimmte. Der SPD-Geschäftsführer Holger Börner sprach in einem Protestbrief an ZDF-Intendant Holzamer von »unerlaubter Inanspruchnahme formaler Rechtstitel« und war sich, da die NPD politisch bedeutungslos geworden war, mit CDU-Sprecher Willi Weiskirch nun wiederum einig in der Hoffnung auf eine »formelle und offizielle Wiederherstellung des ursprünglichen Status dieser Sendung«.[56]

1970 erreichte der CDU-Politiker Rainer Barzel durch Intervention bei Chefredakteur Dietrich, dass die anstehende Sendung um einen Tag verschoben wurde, weil er sich genauer über das tagesaktuelle Thema, das Treffen des deutschen Bundeskanzlers Brandt mit dem DDR-Ministerpräsidenten Willi Stoph in Erfurt, informieren müsse. Moderator Reinhard Appel erhob Einwände, als Konsequenz wurde die Sendung abgesagt, Appel musste vor dem ZDF-Ausschuss für ›Politik und Zeitgeschehen‹ Rechenschaft ablegen.[57]

In Fällen wie diesen, nämlich immer dann, wenn es im Verlauf einer Ausstrahlung oder aber im Umfeld der Sendung zu Streitigkeiten kam, geriet die Frage, ob ›Journalisten fragen – Politiker antworten‹ als Parteiensendung – auch von ›Belangsendung‹ war die Rede – einzustufen war, wieder in die Kontroverse. Für die Rechtsabteilung des ZDF gab es am Statut der Sendung allerdings nichts zu deuteln. Claudia Mast erhielt vom damaligen ZDF-Justitiar Ernst W. Fuhr folgende Stellungnahme: »Bei § 6 Abs. 2 handelt es sich um eine Sollvorschrift, die nach der von uns vertretenen Auffassung keinen subjektiven Anspruch einer Partei auf Beteiligung an einer Sendung gibt. Etwas anderes kann sich nur dann ergeben, wenn das ZDF durch den Ausschluß oder die Benachteiligung einer Partei den Grundsatz der Chancengleichheit verletzt. Die Sendung ›Journalisten fragen – Politiker antworten‹ ist eine Informationssendung des ZDF. Sie wird vom ZDF in eigener redaktioneller Verantwortung gestaltet und ist damit keine Sendung, die unter die Bestimmung des §6 Abs. 2 ZDF-Staatsvertrag subsumiert werden kann.«[58]

Diese Auffassung wurde durch mehrere Gerichtsbeschlüsse bestätigt, die ergangen waren, nachdem sowohl die NPD wie die Deutsche Kommunistische Partei (DKP) auf dem Klagewege ihre Zulassung zu der Sendereihe erzwingen wollten. So entschied das Verwaltungsgericht Neustadt 1971 im NPD-Verfahren, dass »es sich bei der in Rede stehenden Sendung (...) um eine vom Antragsgegner (...) selbst im Rahmen seiner Programmfreiheit ausgewählten und ausgestalteten Sendung handelt (...)«.[59]

Politik mit Publikumsappeal

Nicht anders als bei den politischen Talkshows späterer Jahre waren schon zu Zeiten von ›Journalisten fragen – Politiker antworten‹ alle Beteiligten auf hohe Zuschauerzahlen aus. Der frühere ZDF-Chefredakteur Rudolf Woller gab an: »Wir haben immer das journalistische Interesse gehabt, daß Spitzenpolitiker in Sendungen des ZDF befragt wurden ... Die Zuschauer ließen sofort im Interesse nach, wenn wir nicht die ›erste Garnitur‹ nahmen. Wir haben immer wieder Versuche gemacht, junge Politiker zu nehmen. Die Zahlen (Einschaltquoten u.a.) gingen immer prompt zurück.«[60]

Der von Claudia Mast befragte CSU-Pressesprecher Dieter Kiehl ließ sich gleichlautend vernehmen: »Einschaltquoten sind das A und O. Je prominenter die Matadoren, je höher die Erwartungen des Publikums, um so höher die Einschaltquoten. Wenn z.B. die Sozialexperten kommen, ... drehen die Zuschauer ab.«[61]

Redaktionelle Elemente wie die Gästeauswahl – auch bei den Journalisten gab es eine ›Elite‹ bekannter Gesichter, die häufiger zu sehen waren als andere – und ebenso die Performanz des Personals vor der Kamera waren auf Publikumswirksamkeit abgestellt. 1979 konnte Norbert Schneider den Typus des ›unterhaltsamen Politikers‹ definieren, der sich nicht zuletzt aus den Erfahrungen mit ›Journalisten fragen – Politiker antworten‹ und mit den dort Mitwirkenden entwickelt hatte: »Man erwartet (…), daß er über Witz verfügt, daß er schlagfertig ist. Unterhaltsam ist er, wenn er einen vitalen Eindruck macht, wenn er die Bereitschaft erkennen läßt, keinem Streit aus dem Wege zu gehen und den einen oder anderen selbst anzuzetteln. Unterhaltsam ist er, wenn es ihm gelingt, eine Portion Polemik ins Spiel zu bringen, ohne die guten Sitten zu verletzen (…). Unterhaltsam ist er, wenn er darauf pochen darf, als ein ›Urvieh‹, als ein Original, als ein Unikum zu gelten, und seine besonderen Fähigkeiten einbringt in eine Situation, die auf *Wettkampf* gestimmt ist.«[62]

Die Journalisten wurden, sofern nicht bereits mit der herrschenden Routine vertraut, angehalten, eindeutige, nachvollziehbare Fragen zu stellen, nicht selbst zu argumentieren oder gar zu kommentieren. »Bei den Journalisten (…) ist die am meisten gefragte Tugend die Fähigkeit zur klaren Frage mit Spitze (…).«[63]

Von den Politikern erhoffte sich die Redaktion informative, erhellende, verständnisfördernde Aussagen, aber auch exklusive Mitteilungen, deren publizistisches Echo zum Prestige der Sendereihe beitragen sollte: »Die Sendung soll zu Meldungen in den Zeitungen führen«, lautete ein erklärtes Ziel des Moderators Jürgen Lorenz.[64] Tatsächlich nutzten manche Politiker die Sendung für Bekanntmachungen von weitreichender Bedeutung. So nahm der FDP-Politiker Walter Scheel in der Sendung vom 27. September 1969 anlässlich der bevorstehenden Bundestagswahl die Gelegenheit wahr, die Möglichkeit einer sozial-liberalen Koalition anzudeuten. Angesichts größerer Sendervielfalt und einem entsprechend parzellierten Publikum ist diese Form von Öffentlichkeitsarbeit mittlerweile kaum mehr denkbar – um größtmögliche Wirkung zu erzielen, bitten Politiker heute – vergleiche die Ankündigung vorgezogener Neuwahlen durch den damaligen Bundeskanzler Gerhard Schröder – Vertreter aller Sender zu einer zentralen Pressekonferenz, statt, wie in der Ära des öffentlich-rechtlichen Monopols, einer Einzelsendung den Vorzug zu geben.

Ein weiterer Fakt belegt den hohen Rang, den die Reihe in der öffentlichen Wahrnehmung zeitweilig einnahm: Im Wahlkampf

1972 veranstalteten ARD und ZDF gesondert je eine Diskussion der Vorsitzenden der vier Bundestagsparteien, eine weitere Sendung wurde gemeinsam ausgestrahlt.[65] Das ZDF wählte als Rahmen für seinen Beitrag die Sendung ›Journalisten fragen – Politiker antworten‹.

Die Wertschätzung der Reihe seitens der Zuschauer verdankte sich, so das Ergebnis einer Befragung aus dem Jahr 1966, ähnlich wie bei der ARD-Sendereihe ›Der internationale Frühschoppen‹ der »Personalisierung gesellschaftlicher Tatbestände« und den »formalen Gegebenheiten« der Diskussionsrunden, die aus Warte des Zuschauers »beide schon von ihrer Form her eine Identität von behandelten Problemen und debattierenden Partnern suggerieren und aufgrund ihrer Aura als Expertengespräche Kulisseninformationen, inside stories versprechen«.[66]

Reinhard Appel war zu seiner Zeit eher eine Ausnahme unter den Programmschaffenden, als er gesellschaftspolitisch orientierten Gesprächssendungen eine unterhaltende Funktion zubilligte und, noch darüber hinausgehend, diese sogar als Voraussetzung für deren Gelingen ansah: »Der Fernsehjournalist, der seinen Informationsauftrag erfüllen will, (...) muß darüber nachdenken, wie er politische Informationen unterhaltend darbieten kann – aber freilich nicht so unterhaltend, daß die Information auf der Strecke bleibt.«[67]

Der Publikumsappeal politischer Gesprächssendungen bestand nach Meinung des erfahrenen Praktikers Appel in der Möglichkeit, »Personen, insbesondere bei ausgedehnten Fernsehdiskussionen, genauer beobachten zu können, also nicht nur zu hören, was sie sagen, sondern auch zu sehen, *wie* sie auf Äußerungen ihrer Gesprächspartner reagieren (...)«.[68] Mehr noch: »Sicherlich spielt dabei die Emotion auch eine Rolle.«[69] Appels Nachfolger Jürgen Lorenz gelangte zu der gleichen Erkenntnis: »Es kommt nicht auf die Zeit an, die ein Politiker in der Sendung hat, sondern es ist wichtig, was er wie sagt, wobei das ›wie‹ auch die Mimik und Gestik umfaßt.«[70]

Nach Meinung Appels war es kein Schaden, wenn es in einer Fragerunde lebhaft zuging; er fand, »daß Konfrontation auch Information vermittelt«.[71]

Kräfteausgleich

Das Bühnenbild von ›Journalisten fragen – Politiker antworten‹, bei dem Pulte zu Wehranlagen wurden, gemahnte an gewisse Spielshows und schien die von Appel angesprochenen konfrontativen Interaktionen zu versprechen. Die symbolische Ordnung des Raumes und der Studiomöbel im Stile einer »Tribunalsituation«[72] setzte die beteiligten Personen als Kontrahenten in Szene. Für Norbert Schneider machte diese konstante Note einen Teil des Erfolges aus: »Allein die stets gleiche Sitzordnung – Politiker links, Journalisten rechts, der Moderator an der Spitze des Keils – sorgte für die wichtigen déjà-vu-Gefühle beim Zuschauer. Zudem resultierte die Spannung dieser Sendung aus dem augenfälligen Gegenüber von Herrschaft und Kritik – was freilich in dem Maße nachließ, in dem die politische Farbenlehre auch mehr und mehr auf die Journalisten übertragbar wurde. Dies war ein Handikap, mit dem Appels Nachfolger Lorenz erheblich zu schaffen hatte (…).«[73]

Die frontale Positionierung allerdings war eine optische Irreführung, schließlich wurden Fragende wie Befragte von der Redaktion in paritätischem Verhältnis organisiert. Joachim Sobotta, als Chefredakteur der ›Rheinischen Post‹ häufig in den Reihen der Interviewer vertreten, äußerte unumwunden: »Die Parteien erwarten von den teilnehmenden Journalisten eine adäquate Kompetenz, die sich durch verantwortliche Positionen ausweist, und eine Teilnahme gemäß Proporz – eine eins-links-eins-rechts Ausgewogenheit‹.«[74] Sobottas eigene parteipolitische Präferenzen und die damit verbundenen Absichten wurden genauso freimütig angesprochen: »Ich verstehe mich jedenfalls nicht nur als Chefredakteur der Rheinischen Post. Ich decke aber ein ganzes mögliches Spektrum von Leuten ab, die hinter mir stehen, z. B. alle diejenigen, die gegenüber der jetzigen Koalition [gemeint war das sozial-liberale Bündnis; H. K.] kritisch sind.«[75]

Die sorgfältig gewahrte Balance der Kräfte führte freilich nicht zu unterwürfigem Verhalten auf Seiten der Journalisten, weil dies unter handwerklichen und berufsethischen Gesichtspunkten anfechtbar und dem Rang und dem Erfolg der Reihe mit Sicherheit abträglich gewesen wäre. Dennoch blieb auf dieser professionellen

Basis ein primäres Interesse der Parteien stets gewahrt: ein ideologisches Unentschieden in Form einer Pattsituation, das Verlegenheiten weitestgehend ausschloss und wenig Gefahr barg, gegenüber dem politischen Gegner ins Hintertreffen zu geraten.

Politiker im Naturzustand – ›Die Bonner Runde‹

Wie gezeigt, war die Reihe ›Journalisten fragen – Politiker antworten‹ zeitweilig ein gern aufgesuchtes und bisweilen gezielt genutztes Verlautbarungsorgan deutscher Parteipolitiker mit erheblicher Wirkung auf die öffentliche Meinung. Im Zuge der 1970er-Jahre verlor sich diese Exklusivität durch eine Erweiterung des Angebots insbesondere im Bereich dessen, was zeitgenössisch in Abgrenzung zur politischen Diskussionssendung als Talkshow apostrophiert wurde. Im Verlauf dieser Entwicklung zur offenen und lebhaften Gesprächsrunde, die im Grunde zurückführte zu vorangegangenen Programmformen, hatte sich das eher eng gesteckte Modell von ›Journalisten fragen – Politiker antworten‹ überlebt. Wenngleich sich in einzelnen Sendungen durchaus spannende Wortwechsel ergeben hatten, folgte der Ablauf generell doch nach wie vor einer vergleichsweise starren Dramaturgie – dem Vortrag vorgefasster Fragen in festgelegter Reihenfolge und entsprechend konzisen Antworten.

Die Sendeleitung des ZDF erkannte die Problematik, die sich in sinkenden Einschaltquoten niederschlug. 1977 wurde ›Journalisten fragen – Politiker antworten‹ durch die offener gestaltete ›Bonner Runde‹ abgelöst, für die Johannes Gross, zu jener Zeit Chefredakteur und Herausgeber der Zeitschriften ›Capital‹ und ›Impulse‹, als in freier Mitarbeit auch redaktionell verantwortlicher Gesprächsleiter gewonnen werden konnte. Die ab dem 26. Mai gezeigte neue Reihe blieb der Idee der ›Parteiensendung‹ verpflichtet: »Die *Bonner Runde* (…) ist unter dem Gesichtspunkt konzipiert, wichtige politische Standpunkte durch die wichtigen Sprecher der politischen Parteien vertreten zu lassen.«[76] Von Gross geladen wurden Politiker der im Bundestag vertretenen Parteien, aber nicht zwingend Bundestagsabgeordnete, sondern auch Landespolitiker und gelegentlich im jeweiligen Thema sachkundige Parteivertreter gehobener Position ohne Mandat. Für gewöhnlich trafen vor den Live-Kameras zwei wechselnde Journalisten und vier Politiker aufeinander, in Ausnahmefällen führte Gross Zweiergespräche beispielsweise mit dem amtierenden Bundeskanzler Helmut Schmidt oder dem Oppositionsführer Helmut Kohl.

In einem 1982 gehaltenen Vortrag beschrieb Johannes Gross das redaktionelle Anliegen und die Gestalt der ›Bonner Runde‹: »Die *Bonner Runde* ist (…) keine Sendung, die allein auf Fragen abgestellt ist, sondern sie soll eine Gesprächssendung sein. Sie ist im Unterschied zur Vorgängersendung (…) auch technisch so aufgebaut, daß es zu einem Meinungsaustausch kommen soll. Die Teilnehmer sitzen in einem Halbrund drei Kameras gegenüber, die nach beiden Seiten beweglich sind, so daß man immer Großaufnahmen des jeweils Redenden und Zwischenschnitte eines Mannes bringen kann, der gerade nicht redet, aber irgendwelche physiognomischen Reaktionen zeigt. Es gelingt manchmal sehr gut, Ausdrücke von unendlicher Langeweile einzuspielen. Eine weitere Kamera fährt die Totale. (…) Das Ziel der Sendung ist es eigentlich, die Politiker in einem möglichst natürlichen Zustand zu zeigen, und der Informationswert muß nicht unbedingt eine politische Neuigkeit sein, sondern kann auch einfach darin bestehen, daß man erkennen kann, wie ein Politiker in einer für ihn heiklen Situation zu reagieren pflegt. Ist er nervös, ist er gewandt, kann er sich gut verbalisieren, kann er sich gut aus der Schlinge ziehen, macht er einen eher schwerfälligen Eindruck und dergleichen? Auch das halte ich für einen ganz legitimen Informationsinhalt, den man besonders leicht durch eine solche Gesprächsform übermitteln kann.«[77]

Mit dem Konzept der Politikvermittlung im leichteren Gesprächston brachte es die Sendereihe auf Quoten zwischen zwölf und 27 Prozent und blieb bis 1984 im Programm. 1986 griff das ZDF auf den sprichwörtlich gewordenen und damit noch immer populären Titel ›Journalisten fragen – Politiker antworten‹ zurück. Ab dem 13. Februar präsidierte wieder Reinhard Appel über die Fragestunde, nachdem seine Bürgersendung ›Bürger fragen – Politiker antworten‹ eingestellt worden war. Die Neuauflage währte bis 1992.

Trotz einiger Auflockerungsbemühungen wie der vereinzelten Ladung von politisch nicht gebundenen Personen blieben ›Journalisten fragen – Politiker antworten‹ wie auch die ›Bonner Runde‹ an den Parteien orientiert und wiesen insofern stets eine gewisse inhaltliche und formale Strenge auf. Eine andere Form der politischen Diskussion probte das ZDF ab 1981 mit der im Vier-Wochen-Rhythmus ausgestrahlten Reihe ›5 nach 10‹, die reihum von verschiedenen Hauptredaktionen des ZDF gestaltet wurde und in der neben Gästen aus allen erdenklichen Bereichen auch die Saalzuschauer zu Worte kamen, nach Maßgabe der Redaktion eine »Live-Sendung, in der Kritikwürdiges, Mißstände oder allgemein diskutierte Themen in großer Offenheit angegangen werden, ohne Scheu vor emotional besetzten Themen«.[78] Die Premierensendung am 14. April 1981 stellte das Thema ›Tradition und Bundeswehr‹ zur Diskussion. Beteiligt waren Bestsellerautor Lothar Günther Buchheim (›Das Boot‹), Bundeswehr- und NATO-General a. D. Schmückle, der Stuttgarter Oberbürgermeister Manfred Rommel, Sohn des als ›Wüstenfuchs‹ glorifizierten Generalfeldmarschalls der Wehrmacht, Erwin Eugen Rommel. Gemessen am Zuschauerzuspruch bestand Nachfrage nach derartigen Angeboten. Ähnlich die Erkenntnisse in der ARD, deren Chefredakteur im Mai 1981 die Einführung regelmäßiger ›Open-End-Diskussionen‹ anregte, mit regelmäßigem Sendeplatz am Mittwoch um 23.00 Uhr.[79]

Zwischenbild

Unter den Gesprächssendungen der frühen 1960er-Jahre nimmt die Reihe ›Journalisten fragen – Politiker antworten‹ eine Sonderstellung ein. Nachdem Konrad Adenauers Versuch scheitert, mit der ›Freies Fernsehen GmbH‹ eine zentral tätige, privatwirtschaftlich betriebene und politisch regierungsnah angesiedelte Alternative zu den bestehenden, in der ARD zusammengeschlossenen Landesanstalten zu schaffen, wird das ZDF als gemeinsame Sendeanstalt der Länder eingerichtet. Diese unterliegt im Anfangsstadium dem Einfluss der politischen ›Gründungsväter‹ aus den Landesparlamenten, die nicht zuletzt von der Absicht bewegt werden, den in den Ländern und im Bund parlamentarisch tätigen Parteien

Sendezeit zur ausführlichen und unbeeinflussten Darlegung ihrer Programme, Beschlüsse und Vorhaben zu verschaffen. Dieser Anspruch wird verbindlich gemacht und führt zur Einrichtung der ›Parteiensendung‹ ›Journalisten fragen – Politiker antworten‹ im Programm des ZDF. Unter der Leitung ihres Moderators Reinhard Appel gewinnt die Reihe ein journalistisches Profil, behält aber aus Sicht der Parteien auch nach der rechtsgültigen Übertragung der Verantwortung auf das ZDF im Jahr 1968 einen Sonderstatus. In Konfliktfällen oder bei Personalfragen pflegen Parteipolitiker noch bis in die 1970er-Jahre hinein wie selbstverständlich zu intervenieren. Das ZDF reklamiert ›Journalisten fragen – Politiker antworten‹ in offiziellen Stellungnahmen ausdrücklich als redaktionell eigenständige Produktion. Fraglos folgt die Sendung den Geboten journalistischer Tätigkeit, aber diese Aussage stellt keinen Widerspruch dar zu dem Umstand, dass die Reihe zeit ihres Bestehens und ebenso die Nachfolgesendung ›Bonner Runde‹ in bruchloser Genealogie in wesentlichem Maße den Anliegen der in den Parlamenten vertretenen Parteien verpflichtet blieb.

Partizipative Öffentlichkeit – ›Bürger fragen – Politiker antworten‹

Es ist nicht nur als konzeptionelle Weiterentwicklung eines erfolgreichen Formats, sondern zugleich als Ausdruck einer in mehreren Programmsparten auffindbaren, zeittypischen Tendenz zur Publikumsbeteiligung anzusehen, wenn Reinhard Appel ab 1976 – er war in diesem Jahr nach einer Zwischenstation beim Deutschlandfunk als Chefredakteur zum ZDF zurückgekehrt – in der Reihe ›Bürger fragen – Politiker antworten‹ namhafte Politiker einlud, sich den Fragen eines größeren Kreises politisch interessierter Bürger zu stellen. Für Appel, der innerhalb der Sendung den Begriff »Bürgerforum«[80] benutzte, bedeutete diese Sendung »das Ergebnis von Überlegungen und Erfahrungen, die ich in zehnjähriger Fernseharbeit bei der vorangegangenen Sendereihe gesammelt hatte (…). Die Idee war, über diesen Dialog politische Informationen zu vermitteln (…). (…) wenn man mit dem Zuschauer, der vor allem unterhalten werden will, im Interesse seiner Unterrichtung Identifikation schaffen will – in der Sprache, im Auftreten und im Inhalt –, dann muß er sich in einer Sendung selbst wiedererkennen können.«[81]

Einen konkreten Anlass für den Beginn der Reihe bot die Bundestagswahl des Jahres 1976. Die ersten Ausgaben firmierten deshalb unter dem erweiterten Titel ›Wahljahr '76 – Bürger fragen – Politiker antworten‹ und wurden in wöchentlichem Turnus in der Zeit zwischen dem 2. und 23. September ausgestrahlt. In der Premierensendung am 2. September 1976 war Franz Josef Strauß zu Gast. Diese Ausgabe der Reihe lag nicht vor, zur Verbildlichung des Schemas wurde die Sendung vom 9. September herangezogen, in der der damalige Bundeskanzler Helmut Schmidt vor Live-Kameras mit Arbeitern, Angestellten und Ruheständlern der zum Bergwerk Saar gehörenden Grube Ensdorf debattierte.

Ausdrücklich gegen das gewohnte Prozedere bittet Appel den Bundeskanzler anfangs wegen des Todes des chinesischen Staatsführers Mao Zedong um eine aktuelle Einschätzung der weltpolitischen Lage. Sodann macht Appel das Fernsehpublikum mit dem Schauplatz und dem Hintergrund des versammelten Plenums bekannt. Dabei spricht er einzelne Personen bereits direkt an, wobei er – vermutlich, um etwaigem Lampenfieber entgegenzuwirken – einen aufgeräumten Tonfall anschlägt. Eine Mitarbeiterin der Personalabteilung beispielsweise fragt er nonchalant: »Mit welchem Thema wollen Sie denn den Kanzler in die Zange nehmen heute?«

Der Vorstandsvorsitzende und der Vorsitzende des Gesamtbetriebsrates erhalten ausgiebig Gelegenheit, sich über ihr Unternehmen zu äußern, dessen Name zudem in Form von Leuchtreklamen an verschiedenen Positionen im Sichtbereich der Kamera deutlich präsent ist. Nach diesen kurzen Gesprächen wendet sich Appel wieder dem Bundeskanzler zu, um ihm das Reglement zu erklären, wonach ihm für seine Antwort nur zwei Minuten zur Verfügung stehen. Der Ablauf dieser Spanne wird durch eine neben Schmidts Sessel aufgestellte orangefarbene Warnleuchte angezeigt. Appel bittet ausdrücklich um Bestätigung, dass Schmidt diese Regel einhalten werde, und berichtet, auch Franz Josef Strauß habe sich in der vorherigen Sendung daran gehalten. Schmidt erntet Zwischenapplaus für seine launige Erwiderung: »Wenn der das konnte, kann ich das auch.«

Noch einmal wendet sich Appel an die Gruppe der Fragesteller und lässt sich von deren gewähltem Sprecher erklären, was er gegenüber der Premierensendung besser machen würde. Die Antwort birgt leise Kritik am Vorausgegangenen: »(…) Wir wollen versuchen, die Sendung etwas lockerer und natürlicher zu machen.«

Nach diesen etwas ausufernden Präliminarien erteilt Appel in der neunten Sendeminute dem ersten Fragesteller das Wort. Die in hartem, beinahe aggressivem Tonfall geäußerte Erkundigung betrifft die wachsende Menge der auf Halde liegenden Kohle. Die Stimmung im Saal ist eher gegen den Kanzler gerichtet. Appel hatte dies, seinem Gast zur Warnung, in seiner Eingangsmoderation bereits angedeutet: »Herr Bundeskanzler, ich weiß nicht, ob das ein Fernsehduell werden wird hier mit den Fragestellern, wie das mit Spitzenpolitikern in dieser oder jener Form von diesem oder jenem gewünscht wird (…).«

Die ersten drei, zum Teil noch vertieften Fragen entstammen dem Interessensgebiet der Anwesenden, was Appel zu einer verhaltenen Mahnung veranlasst: »Ich hab' großes Verständnis dafür, dass Sie energiepolitische Fragen in den Vordergrund rücken wollen, aber Sie sollen ja repräsentativ Fragen formulieren für die Bevölkerung (…).«

Es folgt ein Themenwechsel zur Rentenproblematik, weitere Fragen gelten dem Zusammenhang von Geburtenrückgang und Rentenentwicklung, dem Kindergeld und der Familienförderung, der inneren Sicherheit.

Insbesondere bei komplexen Fragen bittet Helmut Schmidt um Erlaubnis, länger als zwei Minuten antworten zu dürfen, die ihm jeweils erteilt wird. Gegen Ende der Sendung beachtet er die aufblinkende Warnlampe dann schon gar nicht mehr, ohne sich allerdings in allzu langen Ausführungen zu verheddern. Schmidt antwortet souverän, flicht den einen oder anderen Scherz oder auch kurze Anekdoten ein, erlaubt sich aber auch barsche Konter und Seitenhiebe auf die Oppositionsparteien CDU/CSU insbesondere dann, wenn er bei einem Fragesteller feindselige Gesinnung vermutet.

Das Themenspektrum dieser Sendung ist auf innenpolitische Belange beschränkt, darin aber relativ breit. Appel gestattet eine Überziehung der vorgesehenen Sendezeit, bricht aber schließlich nach einer Antwort Schmidts doch relativ abrupt ab, nicht ohne auf die Folgesendung hinzuweisen, für die er Hans-Dietrich Genscher als Gast avisiert und Brühl als Übertragungsort angibt.

Soweit das Erscheinungsbild der Sendung im Premierenjahr. Appel variierte das Modell verschiedentlich, organisierte monothematische Sendungen beispielsweise zum Jahrestag des Ausbruchs des Ersten Weltkriegs oder setzte unter dem Motto ›Besuch beim politischen Gegner‹ die Politiker den Fragen meist jugendlicher Angehöriger gegnerischer Parteien aus – ein ohne Zweifel im Wesen der Demokratie begründetes Verfahren, dem jedoch im Genrezusammenhang eindeutig ein verschärfter konfrontativer Charakter zugeschrieben werden muss. 1978 lud Appel ausländische Politiker zu Gesprächen mit deutschen Politikern, 1979 verkehrte er das Prinzip und brachte deutsche Politiker in verschiedenen europäischen Ländern mit dortigen Bürgern in Kontakt. Den Anfang machte Helmut Schmidt am 1. Februar mit einer Live-Übertragung aus Paris. Es folgten Sendungen mit Helmut Kohl aus Den Haag, mit Franz Josef Strauß aus Brüssel und Hans-Dietrich Genscher aus Madrid. Die Sendung mit Helmut Kohl[82] sorgte für einen Eklat und ein großes Presseecho, weil die niederländischen Fragesteller scharfe Kritik an der von Radikalenerlass und Anti-Terror-Gesetzen bestimmten deutschen Innenpolitik übten, dies sehr lebhaft taten und Kohl kaum zu Wort kommen ließen. Die Folge: »Der Fernsehrat kritisiert in einer Entschließung das ›negative Ergebnis‹ der umstrittenen *Bürger fragen*-Sendung aus Den Haag mit Oppositionsführer Dr. Helmut Kohl nach heftigen Diskussionen in der Öffentlichkeit und im Gremium. Er kritisiert ›ungenügende Vorbereitung‹, billigt aber die Fortsetzung der Sendereihe durch den Chefredakteur.«[83]

Der ZDF-Intendant Dieter Stolte spielte auf solche Vorfälle an und hielt sie Reinhard Appel 1987 mit milder Ironie zugute, als er in einer Rede zu dessen 60. Geburtstag auf das Lebenswerk des Jubilars zurückblickte: »Wegweisungen ins Populäre, ins Volksnahe und Allzumenschliche – die gab es freilich nicht nur am

Schluss, sondern häufig schon zu Anfang der Bürgersendungen und insbesondere dann, wenn Sie sich aus den Bedürfnissen des Augenblickes heraus veranlasst sahen, vom protokollarisch vorgezeichneten Sendeablauf abzuweichen und Überraschungen zuzulassen.«[84]

Die Finanzsituation als programmbestimmender Faktor

Neben den parteipolitisch geprägten gesetzlichen Vorgaben bewirkte die in der Gründungsphase höchst prekäre Finanzsituation des ZDF, dass sich die Chefredaktion, die bei der Mainzer Anstalt die tagesaktuellen, politischen und dokumentarischen Beiträge verantwortete,[85] insbesondere der Gesprächsform bediente, um ihre thematischen Belange ins Programm einzubringen. Im Zuge der notwendigen Sparpolitik war bereits unter anderem das ursprünglich geplante Sendeschema beschnitten und der vor Sendestart vorgesehene »Auf- und Ausbau der In- und Auslandsstudios auf ein Mindestmaß« reduziert worden,[86] sodass eine filmische Berichterstattung, wie sie die ARD in ihren Reportagereihen und Magazinen inzwischen vermehrt pflegte, bei der zweiten deutschen Anstalt vorerst in deutlich minderem Maße stattfand.

Das anfangs provisorisch auf 35 Niederlassungen verteilte ZDF musste, während der Sendebetrieb bereits lief, erhebliche Summen in den Aufbau der nötigen Infrastruktur investieren, die somit bei der Programmherstellung fehlten. Verschärft wurde die finanzielle Situation durch gerichtliche Auseinandersetzungen mit dem Bayerischen Rundfunk, der, ehe am 5. November 1966 das Bundesverwaltungsgericht ein abschließendes Urteil fällte, die laut Staatsvertrag vorgesehene Zahlung von 30 Prozent des Fernsehgebührenanteils an das ZDF verweigerte. Überdies blieben die allzu optimistisch veranschlagten Werbeeinnahmen hinter den Erwartungen zurück.[87] Nur mit Bürgschaften der Länder und einem von der ARD bezuschussten Kredit konnten die nötigen Aufwendungen überhaupt geleistet werden. Es dauerte bis Dezember 1966, ehe ein Haushaltsplan möglich wurde, bei dem die Ausgaben durch reguläre Einnahmen gedeckt waren.[88]

Aufs Programm bezogen, wiederholte sich in gewisser Hinsicht, was bereits beim Neubeginn des deutschen Fernsehens nach dem Zweiten Weltkrieg beobachtet werden konnte: aus strukturellen und finanziellen, teils auch personellen Gründen wurden größere Programmstrecken mit einfach und billig zu produzierenden Gesprächssendungen gefüllt. Denn diese »finden üblicherweise in funkhauseigenen Studios statt und verlangen, vor allem, wenn sie live gesendet werden, einen geringen technischen Aufwand. (…) Zwei oder drei Kameras reichen meistens aus.«[89]

Ohnehin mussten, so klagte beispielweise die ZDF-Hauptabteilung Kultur, die meisten der zuliefernden Produzenten »erst die geeigneten Autoren und Regisseure finden, die es verstanden, sich vom üblichen Kulturfilm auf die Fernseh-Publizistik umzustellen«.[90]

Themen und Teilnehmer – Ein Überblick

Nach heutiger Terminologie wäre das ZDF mit Hinblick auf die Programmgestaltung der ersten Jahre wohl hie und da als ›Talk-Sender‹ bezeichnet worden, so dominant waren Gesprächs-, Diskussions- und Interviewsendungen im Angebot der Anfangsphase. Das einem Rechenschaftsbericht gleichkommende ZDF-Jahrbuch für den Zeitraum 1962 bis 1964 verzeichnet neben anderen von der Hauptabteilung ›Politik und Zeitgeschehen‹ verantworteten Sendungen die 26-teilige, Anfang 1964 vom »Familien-Magazin«[91] ›Drehscheibe‹ abgelöste Reihe ›Das Interview‹. Die langlebigere ›Kreml-Runde‹ (1964–1968) diskutierte, so das Jahrbuch, »in unregelmäßigen Abständen langfristige Entwicklungen im Ostblock und in den Ost-West-Beziehungen. Teilnehmer sind deutsche und ausländische Experten«.[92] Die Leitung der 1963 zunächst nur zwei Mal, im Folgejahr dann sechs Mal ausgestrahlten, von der Abteilung Außenpolitik betreuten Reihe hatte der ostpolitische Experte des ZDF, Dr. Bernd Nielsen-Stokkeby.

Die Themen im Jahr 1963:

»3. 7. 1963 ›Die Lage im Ostblock‹

Teilnehmer: Prof. Richard Löwenthal, Wolfgang Leonhard, Dr. Erwin Wickert, Dr. Stephan Thomas

24. 9. 1963 ›Kann Chruschtschow Ulbricht fallen lassen?‹

Teilnehmer: Prof. Richard Löwenthal, Carola Stern, Dr. Stephan Thomas, Harry Hamm.«[93]

Nach drei Ausgaben der ›Kreml-Runde‹ im Januar, Mai und Juni 1968 wurde die Reihe ab 21. August 1968 unter dem neuen Titel ›Die Ost-West-Runde‹ produziert. Die Leitung blieb in der Verantwortung Nielsen-Stokkebys. »Er moderiert die ›Ost-West-Runde‹, zu der er aus aktuellem Anlaß Prominente und Experten aus östlichen und westlichen Ländern einlädt. Mit seiner sonoren baltischen Stimme und seiner exakten Gewissenhaftigkeit hat er die Runde stets fest im Griff. Der gelernte Nachrichtenmann besticht durch seinen gekonnten Fragestil und seinen politischen Realitätssinn, der keine Kreml-Astrologie zuläßt.«[94] Weniger wohlwollend äußerte sich der Kritiker der TV-Illustrierten ›Gong‹: »Ein Wunder, daß bei den von Bernd Nielsen-Stokkeby geleiteten Diskussionen auch die eingeladenen Politiker schon mal zu Wort kommen.«[95]

Eine klare inhaltliche Spezialisierung gab es bei der ab 1. Januar 1965 unter der Leitung Martin Dürbaums meist zwei Mal monatlich ausgestrahlten Reihe ›Das Wirtschafts-Interview‹. Dazu vermerkt das ZDF-Jahrbuch 1965: »Das redaktionelle Ziel dieser am 1. Januar 1965 eingerichteten neuen Sendereihe lag vor allem darin, aktuelle wirtschafts- und sozialpolitische Themen und Ereignisse zu vertiefen und dem Zuschauer die großen Zusammenhänge aus diesem Fachbereich nahezubringen. Das ›Wirtschafts-Interview‹ hat Wert darauf gelegt, daß vor allem der Zusammenhang zwischen Wirtschafts- und Sozialpolitik klar wurde. Die Behandlung der großen Themen wurde ergänzt mit Beiträgen, die dem Zuschauer Tips für die steuerrechtliche und sozialrechtliche Alltagspraxis geben sollen.«[96]

Die Premierensendung widmete sich unter Beteiligung des damaligen Bundeswirtschaftsministers Kurt Schmücker der ›Konjunktur 1965‹. Die Überschriften der folgenden Ausgaben stecken das Themenspektrum auszugsweise ab: ›Der Grüne Plan/Werden die Gelder für die Landwirtschaft richtig verteilt?‹ (19.01.1965), ›Wer bezahlt für die Sozialpolitik?‹ (09.02.1965), ›De Gaulles goldene Träume‹ (23.02.1965), ›Höhere Pflichtversicherungsgrenze in der Rentenversicherung?‹ (09.03.1965), ›Macht Automation arbeitslos?‹ (23.03.1965).[97] Ab der Ausgabe vom 1. Juni 1965 wurden häufiger zwei Themen pro Sendung besprochen. In sechs Sendungen waren Bundes- oder Landesminister unter den Gästen, in der Sendung vom 15. Juni 1965 vertrat Professor Walter Hallstein als Präsident der Kommission der Europäischen Wirtschaftsgemeinschaft (EWG) deren Politik.

Wechselnden tagesaktuellen Fragestellungen aus dem Jugend- und Bildungsbereich widmete sich die von der Kulturabteilung eingerichtete Diskussionssendung ›Darüber muß gesprochen werden‹, getreu der im ›Jahrbuch‹ festgelegten, auch bei allgemeinerer Betrachtung sehr bemerkenswerten Programmatik: »Das Fernsehen ist heute das wichtigste Instrument der Erwachsenenbildung geworden. (…) Sendungen, die eine höhere Schulbildung voraussetzen, verfehlen den Sinn des Massenmediums Fernsehen.«[98]

Die Themen der ersten Sendungen:
»Kinder vor dem Bildschirm
Gutes und schlechtes Spielzeug
Neue Kinderbücher
Was liest die Jugend?
Können Schulzensuren gerecht sein?
Ideale und Idole
Was hat die Jugendbewegung erreicht?
Wer ist begabt?
Läßt sich Bildung planen?
Das neunte und zehnte Schuljahr
Mehr Abiturienten – aber wie?
Hat die Universität für alle Platz?
Nach Feierabend auf der Schulbank
Was bietet die Volkshochschule?
Der Erzieher Kurt Hahn.«[99]

Die Redaktion erhoffte sich von diesem Angebot nicht zuletzt eine Aktivierung der Zuschauer: »Erziehungs- und Schulfragen sind in den Vordergrund der öffentlichen Diskussion gerückt. Damit sie auch in den Familien besprochen werden – dazu kann das Fernsehen immer wieder Anregung geben. Diesem Zweck dienten auch drei Diskussionen mit Jugendlichen ›Wenn wir Eltern (Lehrer, Politiker) wären‹.«[100]

Ähnlich verhielt es sich mit Diskussionssendungen des von Fried Thumser geleiteten evangelischen Bereiches der Redaktion ›Kirche und Leben‹ zu ›Fragen, denen die Kirche bei der Erfüllung ihres Auftrags begegnet‹, Themenstellungen wie:

»Ist der Eingriff in die Fruchtbarkeit des Menschen erlaubt?
Eigentum für alle – aber wie?
Wo ist der Himmel?
Die Kirche und ihre Normalverbraucher
Reformation und Konzil
Frau auf der Kanzel
Die Heiligen in den Konfessionen«.[101]

Ein Angebot für Jugendliche offerierte die Kirchenredaktion mit ›Treffpunkt Studio – Unser Jugendclub‹. Die 1964 vier Mal ausgestrahlte Reihe hatte zum Ziel, »in unterhaltendem Rahmen Fragen zu behandeln, die vor allem junge Christen im Alltag bewegen«.[102]

Die von Werner Stratenschulte betreuten katholischen Beiträge umfassten neben Filmberichten und Sondersendungen beispielsweise zur Papstwahl die Reihe ›Kirche im Gespräch‹, die der »Auseinandersetzung der Kirche mit den Problemen unserer Geschichte und allen Gegenwartsfragen, auch in Politik, Kultur und Wirtschaft«[103] dienen sollte und anfänglich vor allem Studiodiskussionen bot, unter gleichem Titel aber später in der Form eines monothematischen Magazins fortgeführt wurde.[104] Im Zeitraum bis Ende 1964 waren die folgenden Themen angesetzt:

»Ärgern Sie sich über die Sonntagspredigt?
Zusammenleben der Konfessionen in Deutschland
Der neue Papst und das Konzil
Elternrecht und Bekenntnisschule
Ergebnis und Zukunft der Katholikentage.«[105]

Auf innerkirchliche Konflikte, auf die »gerade 1966 weit aufbrechende(n) Kluft zwischen der sogenannten modernen Theologie und der Gemeindefrömmigkeit« reagierte die Kirchenredaktion 1966 mit Einführung der Reihe ›Disputation‹, deren erste Ausgabe das Thema ›Die Menschwerdung‹ diskutierte und am 25. Dezember 1966 angesetzt war. Die Ankündigung in der ›Hör zu‹ lautete: »Professor Dr. Herbert Braun, Professor DDr. Leonhard Goppelt und Professor Dr. Gert Otto disputieren in mittelalterlicher Form des theologischen Streitgespräches. Die Sendereihe wird an Ostern, Pfingsten und am Reformationstag 1967 fortgesetzt.«[106]

Ein Spartenangebot auf kulturellem Sektor war die Reihe ›Theater im Gespräch‹. Ein Eindruck aus zeitgenössischer Perspektive, ursprünglich in streng linksideologischem Umfeld publiziert und bezogen auf eine Einzelausgabe mit dem Thema ›Bühnenbildner‹:[107] »Für das Exklusive bürgt die Szenerie im Studio: elegante Sitzmöbel, Salonatmosphäre mit großen Photographien im Hintergrund, Getränke. (...) Das seriöse Element wird durch das Gespräch und seine Teilnehmer hinreichend gewährleistet.«[108] Der Beobachter Reinold Werner sah sich mit einer auf einen sehr begrenzten Zuschauerkreis zugeschnittenen Sendung konfrontiert, die »Theater – und somit Kunst – auf eine esoterische Ebene« erhöhte. Dieser Vorgang »läßt Laienkontrolle nicht zu, verhindert sie und verweist den Zuschauer in die Rolle des kunstbeflissenen, aber kunstentfremdeten Informationskonsumenten«.[109] Bemerkenswert dabei, dass die Regie den jüngsten, laut Werner jungenhaft lässig auftretenden Gesprächsteilnehmer Wilfried Minks oftmals ohne gegebenen Anlass und merklich häufiger als andere ins Bild nahm. Werner interpretiert dieses Bemühen um visuelle Attraktionen mit Skepsis: »Die Kamera bedient sich in affirmativer Weise seiner Erscheinung, um ihrerseits die Kunst-Künstler-Aura zu betonen und um den Gesprächsleiter bildlich zu entlasten, von ihm abzulenken.«[110]

Der von Dr. Claus Helmut Drese moderierte Gesprächsverlauf blieb konsensuell, ohne Widerstreit und damit ohne Höhepunkte. Die Äußerungen der Mitwirkenden kreisten relativ ziellos um den Tätigkeitsbereich des Bühnenbildners, wobei sich, so Werner, eher willkürlich als moderationsstrategisch initiiert drei Schwerpunkte herauskristallisierten:

»a) Die Geschichte des Bühnenbildes und des Bühnenbildners
b) Zeitgenössische Mittel des Theaters
c) Der Mensch auf der Bühne«.[111]

Werners abschließendes Urteil: »In Hinblick auf das Medium gesehen, welches die Sendung vermittelt, erscheint sie wie die Fernsehvorführung eines privaten Gesprächs zwischen fünf Fachleuten, das ebenso gut im Foyer eines Theaters oder in der Wohnung eines Bühnenbildners hätte stattfinden können.«[112]

Von der Chefredaktion verantwortet wurde die Reihe ›Zur Sache‹, eine einmal monatlich veranstaltete »Diskussion über ein umstrittenes Thema«,[113] geleitet von Hans Herbert Westermann und nach dessen Wechsel auf den Korrespondentenposten in Washington ab November 1965 von Dr. Volker von Hagen, der beim ZDF die Leitung der Abteilung Innenpolitik innehatte. Diskutiert wurde beispielsweise im Jahr 1965 über die Wiedervereinigungspolitik, die US-amerikanische Deutschlandpolitik, aber auch über die deutschen Illustrierten und die Wissenschaftspolitik von Bund und Ländern,[114] 1966 über die »Bewältigung von Braun und Rot«, über die Verlegung des Schuljahresbeginns, die Verlängerung der Arbeitszeit um zwei Stunden oder die Frage »Brauchen wir Beamte?«.[115]

Ab 1966 wurde, zunächst mit drei Sendungen pro Jahr, im Wechsel mit ›Zur Sache‹ das von Chefredakteur Wolf Dietrich moderierte ›Deutschland-Gespräch‹ ausgestrahlt, an dem Politiker wie Ludwig Erhard oder Willy Brandt und Journalisten wie Matthias Walden oder Jens Feddersen mitwirkten. In Pro- und Contra-Fraktionen teilten sich die Diskutanten bei der 1966 vorerst mit zwei, 1967 bereits fünf Mal im Programm vertretenen Reihe ›Standpunkte – Ein Streitgespräch‹, die mit streitbaren Experten der jeweiligen Themenfelder, zum Beispiel ›Geschwindigkeitsbegrenzung – ja oder nein?‹,[116] besetzt wurde. Die Gesprächsleitung, hier eine Art Schiedsrichterstellung, hatte Karlheinz Rudolph.

Zum Jahrzehntwechsel betonte das ›ZDF-Jahrbuch‹ eine allgemeine »Entwicklungstendenz des Fernsehens, (…) dem Dialog den Vorzug vor der Ansprache oder der einseitigen Mitteilung zu geben«.[117]

Porträt per Interview – Günter Gaus und die ZDF-Reihe ›Zur Person‹

Ein Porträt per Interview intendierte Günter Gaus mit der von ihm geprägten, ab 10. April 1963 ausgestrahlten ZDF-Reihe ›Zur Person‹[118], deren Urheber sich ausländische Formate zum – wenngleich kritisch rezipierten – Vorbild nahmen, wie Hans Herbert Westermann, Leiter der ZDF-Hauptabteilung Politik und Zeitgeschehen, ausführte: »Unter den angelsächsischen Vorbildern war das englische ›Face to Face‹ das markanteste. Es ließ sich weder einfach kopieren noch mit anderen Elementen kombinieren. Für mißlungene Adaptionen gab es Beispiele. Was als Modell nicht übertragbar war, mußte aber interpretierbar sein. Alle vergleichbaren Sendungen diesseits und jenseits des Atlantiks sind in Stil und Methode von den publizistischen Traditionen ihrer Länder bestimmt.«[119]

Westermann variierte das Vorbild, indem er es jeden inszenatorischen und dramaturgischen Beiwerks entkleidete. Laut Gaus war Westermann, dessen Überlegungen an bereits in den 1950er-Jahren ähnlich formulierte Gedanken anknüpften, »überzeugt, daß Gesicht und Hände des Interviewten, in wechselnden Kamera-Einstellungen ohne Zwischenschnitte nahe herangeholt, kräftige, zwingende Bildmotive sein würden«.[120]

Gaus tat das Seinige und beharrte darauf, dass bei den in unterschiedlichen Ateliers, aber in gleichbleibender Manier – mit drei elektronischen Kameras, ohne Dekors, vor neutralem Hintergrund – abgewickelten Interviewaufnahmen jedes ablenkende Element bis hin zur Studiouhr entfernt wurde. Auch Kontrollmonitore fanden keine Verwendung, damit sich Interviewer und sein Gegenüber konzentriert dem Gespräch widmen konnten.[121] Dies war schon allein deshalb nötig, weil Gaus nach dem Prinzip ›live to tape‹,[122] das heißt sendefertig, produzieren ließ. Es gab keinen zeitlichen Überhang und damit auch keine nachträglichen Schnitte – mit einer Ausnahme: Als der hochbetagte Ex-Bundeskanzler Konrad Adenauer vor laufender Kamera in eine Art luzide Bewusstlosigkeit verfiel, wurde diese knappe halbe Minute später entfernt.[123] Eine andere Abweichung gab es im Falle des Gesprächs mit Gustaf Gründgens. Dies fand am Wohnort des Theatermannes auf Madeira statt und wurde nicht mit elektronischen Kameras, sondern auf Film aufgezeichnet. Die entsprechende Ausgabe von ›Zur Person‹ zeigt demgemäß auch Aufnahmen der Insellandschaft und von Gründgens Heimstatt.

Gaus bereitete seine Fragen gewissenhaft vor, las Texte und

Reden des Betreffenden, zog bei Freunden und Gegnern Erkundigungen ein.[124] Auf dieser Basis entstanden um die sechzig Fragen, die in mehreren Arbeitsgängen auf zirka fünfundzwanzig vermindert wurden. Die erste Frage wurde dem geladenen Gast vor Beginn der Aufzeichnung mitgeteilt, um Zögerlichkeiten zu vermeiden. Ansonsten wurden allenfalls vage Absprachen getroffen, sofern Gaus sehr private Themen wie Sexualität oder Religiosität anzusprechen gedachte.[125]

In seinen 2004 erschienenen Lebenserinnerungen hinterließ Gaus unter anderem Auskünfte über die handwerklichen Aspekte seiner Arbeit. Die vorformulierten und auf Pappkärtchen notierten Fragen gliederte er demzufolge »nach einer Dramaturgie, die Höhepunkte anstrebte, zwischen denen weniger bedeutungsvolle Stationen seiner Vita [der des Gastes; H. K.] berührt wurden. In der Regel stellte ich in einem knappen ersten Drittel der Sendezeit zunächst Fragen, durch die mein Gegenüber zu Reaktionen genötigt werden sollte, die ihn in seinem Verhalten gegenüber strittigen, unbequemen Themen charakterisierten. Es folgte, etwa ein weiteres Drittel lang, ein retardierendes Moment, unmittelbar biographische Fragen und Antworten. Da ich ein Porträt skizzieren wollte, fühlte ich mich verpflichtet, einen möglichst vollständigen Lebenslauf auszubreiten.«[126]

Generell wies die Reihe ›Zur Person‹ eine besondere formale Strenge und ein distanziertes Verhältnis des Interviewers zum Geladenen auf, womit sie sich von den oft lebhafteren Sendungen der 1950er-Jahre abheben sollte: »Unter diesen Umständen verbietet sich die Diskussion: mein Partner soll nicht mit mir argumentieren, sondern von sich erzählen. Freilich nicht erzählen, was ihm von seinem öffentlichen Standort aus als legitime Eigenwerbung nützlich zu sein scheint, sondern – von meinen Fragen gesteuert – berichten über jene Partien seiner Biographie, in denen sein Lebenslauf ein Beispiel ist, wenn es darauf ankommt: ein Beispiel im guten wie im bösen.«[127]

Nicht von ungefähr sprach Manfred Delling in einer 1965 für das ›Sonntagsblatt‹ verfassten, später in eine Textsammlung aufgenommenen Rezension von Gaus als einem »Inquisitor«: »Die monatliche Sendung von Günter Gaus ›Zur Person‹ (2. Programm) erfüllt prinzipiell alle Voraussetzungen, um in Frage und Antwort das Porträt eines namhaften Zeitgenossen entwickeln zu können. (...)

Es ist klar, weswegen Gaus die konkurrierenden Sendungen des 1. Programms ständig deklassiert, zum Beispiel die gelegentlichen Interviews von Werner Baecker (im Regionalprogramm des NDR), dessen Dutzendcharme sich unermüdlich und unerträglich zwischen den Zuschauer und den Befragten drängt; aber auch die oft so mangelhaft vorbereitete Reihe ›Das Profil‹ von Friedrich Luft. Gaus ist ein Fanatiker der Sachlichkeit. Ein demokratischer Inquisitor.«[128]

Der positive Eindruck Dellings verdankte sich einer Arbeitshaltung, die aus einem praktischen Erproben entstand. Seine erste, nur zu Versuchszwecken ausgerichtete Sendung mit dem Gesprächspartner Hans Werner Richter wickelte Gaus noch mit einem gewissen Laisser-faire ab: »Ich hatte mich auf mein Probe-Interview mit Richter nicht besonders vorbereitet. Man fragt halt so und sieht dann weiter.«[129] Das Ergebnis beurteilte Gaus selbst als »niederschmetternd schlecht«.[130] Erst nach dieser Erfahrung entstand das Konzept, das Gaus' Wirken als Fernsehinterviewer bis ins Jahr 2004 bestimmen sollte. In all dieser Zeit verstand sich Gaus als »Purist«[131], und seine »Reihe sollte niemals etwas anderes sein als eine anspruchsvolle Sendung für eine Minderheit«.[132] Gaus zog eine Grenze nicht nur zur Talkshow im Allgemeinen, sondern auch zu Sendungen wie ›Der internationale Frühschoppen‹, den er zu den »zahme(n) Debattenrunden« zählte.[133]

Indem er die Biographie seines Vis-à-vis in sein Konzept einbezog, setzte Gaus den Zugriff auf dessen private Sphäre – oder zumindest auf Teilbereiche – als legitim voraus. Gaus' Absicht blieb dabei stets politisch, er wollte, als Stellvertreter oder besser noch als Dienstleister seines Publikums, über Slogans und Parolen hinaus politische Konzepte aufschlüsseln und deren Abkunft verfolgen, dies eben auch über die Ergründung der Persönlichkeit seines Gegenübers, und das Ergebnis für eine breite, bereits in Segmente zerfallene Gesellschaft verfügbar machen: »Die weitgehende Beziehungslosigkeit zwischen den einzelnen Gruppen läßt sich allem Anschein nach nur durch einen anderen Vorgang überwinden und in ein Öffentlichkeitsbewußtsein oberhalb der pluralistischen Gliederung verwandeln: durch die Konfrontation mit handelnden Personen. Namen anstelle von Sachbegriffen, Lebensläufe als das überschaubare Beispiel für blaßgewordene Programme: aus diesen Bausteinen entsteht am ehesten noch jener erwähnte politische Raum, in dem eine Gesellschaft mehr ist als die Addition ihrer Interessen. Die den Parteien gelegentlich vorgeworfene Personalisierung ihrer Konkurrenzkämpfe erhält, so betrachtet, ihre Rechtfertigung – eine Fernsehreihe ›Zur Person‹ findet darin beileibe nicht die Gewähr ihres Gelingens, wohl aber die Erklärung ihrer Absicht.«[134]

Nachdem Günter Gaus 1965 zum Programmdirektor des Südwestfunks berufen worden war und damit eine weitere Zusammenarbeit mit dem ZDF unmöglich wurde, nahm Klaus Harpprecht 1967 mit der Gesprächsreihe ›Dialog‹ seinen Platz ein. Gaus jedoch hatte Maßstäbe gesetzt, hinter denen das ZDF nach Meinung zeitgenössischer Kritiker nun zurückfiel; der neue Moderator wie auch der im Vergleich mit ›Zur Person‹ deutlich gelöstere Ablauf stießen bei einigen Publizisten auf Unmut. Nach Ansicht Manfred Dellings nahm sich Klaus Harpprecht »nicht als Regisseur, sondern als Mitakteur wichtig«. Unter seiner Leitung gerieten die Konversationsübungen »unversehens zu Kamingesprächen, zu denen der Wein paßte und bei denen man sich gegenseitig seine Ansichten, sein Lächeln und seine Bildung bestätigte. Da machte es dann bald keinen Unterschied mehr, ob Kiesinger oder Augstein sich zum Plauderstündchen einfand. Als Zuschauer kam man sich allerdings ziemlich überflüssig vor.«[135]

Des ungeachtet hielt sich die Reihe bis 1970 im Programm, während in der ARD unter anderem ab 1974 der Historiker Golo Mann mit seiner Reihe ›Golo Mann im Gespräch mit …‹ in ähnlicher Weise tätig wurde mit dem Auftrag, »aus seinem historischen Bewußtsein heraus«, so zitierte ›Der Spiegel‹ eine Quelle im Südwestfunk, bedeutende Menschen »zur geistigen Situation unserer Zeit« zu befragen.[136] Bei der Kritik stieß auch diese Reihe nicht auf Gegenliebe. Manfred Delling unterstellte, »daß Golo Mann (…) seine Fernsehaufgabe nicht so recht begriffen hat. Bemerkenswert war nur sein Mienenspiel.« Der Kern der Vorwürfe: »Da wurde niemand gefordert, im Studio nicht und vor dem Bildschirm nicht, auch nur darüber nachzudenken, daß und warum es zu den vorgetragenen Ansichten auch alternative Standpunkte gibt.«[137]

Zwischenbild

Beim Überblick über die Sendeangebote der 1960er-Jahre fällt auf, dass der im Vorjahrzehnt für Gesprächs- und Diskussionssendungen gebräuchliche Begriff ›der Runde Tisch‹ allmählich aus Programmankündigungen und öffentlicher Debatte verschwindet.[138] Mehr noch: Das Möbel selbst in seiner runden oder ovalen Form kommt vorübergehend aus der Mode und wird ersetzt durch Pulte und Schreibtische. Wie überhaupt viele Bühnenbilder dieser Zeit Distanz andeuten – die Vis-à-vis-Anordnung in ›Zur Sache‹ und ›Im Kreuzfeuer‹ steht dafür, ebenso die anfangs frontale Sitzordnung in ›Journalisten fragen – Politiker antworten‹. Fast will es scheinen, als finde in diesem nahezu ostentativen Hüben und Drüben die mähliche Veränderung des politischen Klimas der späten 1950er- und frühen 1960er-Jahre bildhaften Ausdruck, in deren Verlauf sich zunächst (Fernseh-)Journalisten und Politiker voneinander entfernten und später auch andere gesellschaftliche Gruppen außerhalb der Parlamente oppositionelle Haltungen einnahmen. Adenauers Bemühungen um ein regierungsnahes Fernsehen,[139] die ›Spiegel‹-Affäre,[140] die versuchten Einflussnahmen auf Satiresendungen und politische Magazine[141] des Fernsehens sind nur einige Stichworte, die für sich schon andeuten, was diese atmosphärische Veränderung vom jovialen Miteinander und geselligen Beisammensein in den Gesprächssendungen der frühen 1950er-Jahre hin zum wechselseitigen misstrauischen Beäugen, aber auch einem neuen Selbstbewusstsein der Fernsehpublizistik bewirkt hatte: »(…) die ›Väter‹ im eigenen Land, allen voran der greise Kanzler und dessen politischer Stil, aber auch dessen machtlüsterne ›Söhne‹, in erster Linie Franz Josef Strauß, wurden mehr und mehr zum Gegenstand kritischer Publizistik.«[142]

Auf Seiten der Politiker lernte man angesichts dieser Herausforderungen, mit dem neuen Medium umzugehen, es sogar mit Kalkül nutzbar zu machen, wie die Vorgänge um die Sendereihe

›Journalisten fragen – Politiker antworten‹ belegen. Vielsagend auch, dass der Deutsche Bundestag auf die Notwendigkeiten und Besonderheiten fernsehöffentlicher Auftritte ganz praktisch mit der Herausgabe einer Ratgeberbroschüre reagierte. Dort heißt es unter anderem: »Intelligent erscheint man im Fernsehen, wenn man aus eigener Erfahrung oder Beobachtung berichtet, wenn man sich nicht an Vorlagen hält, sondern frei und mit eigenen Worten formuliert. Man verdeckt seine Intelligenz durch die Benutzung von Phrasen, abgegriffenen Schlagworten und abstrakten, unverständlichen Worten.« [143]

Exkurs: Der Fernseh-Knigge

Es war dem Deutschen Bundestag seinerzeit ein Anliegen, dass die Mitglieder des hohen Hauses einen guten Eindruck machten im noch jungen Medium Fernsehen. Darum entstand, auf Anregung des Journalisten und PR-Experten Klaus Skibowski, eine schmale Broschüre mit dem Titel ›Vor Kamera und Mikrophon. Kleiner Knigge für Funk und Fernsehen‹, vom Format her passend für Jacken- und Manteltasche. Klaus Skibowski, der als Journalist unter anderem für den Nordwestdeutschen Rundfunk und die Katholische Nachrichtenagentur gearbeitet hatte, später zum PR-Stab Konrad Adenauers gehörte und auch als Buchautor hervortrat, erinnert sich: »Es fiel uns auf, dass die Leute das Verhalten vor den Fernsehkameras noch nicht beherrschten. Vieles ist ja heute überholt – dass man zum Beispiel keinen roten Schlips anziehen darf, weil das Rot völlig überstrahlte.«[144]

Zwar hielt der NWDR in den 1950ern eine zwei Seiten umfassende interne Handreichung mit dem Titel ›Kleine Tips für Fernseh-Gäste vor der Kamera‹[145] parat, Skibowskis ›Fernseh-Knigge‹ war jedoch das erste allgemein verfügbare Druckwerk dieser Art und erreichte vier Auflagen. Herausgegeben wurde es vom Deutschen Bundestag und kostenlos an die Abgeordneten und andere Personen des öffentlichen Lebens ausgegeben.

Die laut Skibowski freudig aufgenommenen und mit Dankesbriefen beantworteten Tipps entwickelte er quasi aus der Anschauung: »Ich habe mir damals ein paar ›Fernsehstars‹ – in Anführungszeichen – vorgenommen und sozusagen auf sie hin geschrieben.« Einer dieser prominenten Köpfe war Bundesminister Hans-Christoph Seebohm, der, so Klaus Skibowski, »alle Fehler dieser Welt machte – nicht nur politisch, auch auf dem Bildschirm«. Ohne den Namen des Politikers zu nennen, waren einige der Anregungen im Buch speziell auf Seebohms Habitus zugeschnitten. Nachdem er sein Exemplar des Bändchens erhalten hatte, bedankte sich Seebohm schriftlich im Namen aller, die Nachhilfe nötig hätten, nahm sich aber selbst diesbezüglich ausdrücklich aus. Skibowski beschreibt die Reaktion auf das Schreiben: »Da haben wir schallend gelacht bei uns im Büro.«[146]

Die Nachkriegspolitiker waren Auftritte vor großen Massen gewohnt und pflegten eine entsprechend großspurige Rhetorik. Schon zu NWDR-Zeiten hatte Klaus Skibowski mit Kollegen wie Peter von Zahn und Axel Eggebrecht Seminare angeboten, um Vertreter des öffentlichen Lebens für die intimere Gesprächssituation vor Rundfunkmikrophonen zu schulen. Erfahrene Politiker wie Kurt Schumacher und Konrad Adenauer nahmen dieses Angebot in Anspruch. Und selbst einem Staatsmann wie Konrad Adenauer konnte ein jungenhaft anmutender Fauxpas unterlaufen: Bei einer Tonaufnahme ertappte ihn seine Sekretärin dabei, dass er ein Kaugummi im Munde führte, weshalb er kaum zu verstehen war.

Gleich mehrfach spricht der ›Fernseh-Knigge‹ die Vorbereitung auf die Gesprächssendungen des Fernsehens an und rät unter anderem: »Wer zu einem Interview oder als Diskussionsteilnehmer vor die Fernsehkamera gebeten wird, sollte bei der Vorbereitung auch ein ›Interview mit sich selbst‹ veranstalten. Wichtig ist es, sich zu überlegen, was die anderen Gesprächspartner oder der Reporter fragen oder sagen werden. Man sollte auf Argumente der Gegner Antworten vorbereitet haben. Aber auch Fragen können gefährlich werden. Sie können schief gestellt oder mit falschen Voraussetzungen belastet sein. Der Reporter kann bewußt polemisch oder scharf formulieren. Es ist gut, sich zu überlegen, wie man darauf reagieren will. Schiefe Fragen müssen gerade gerückt werden. Auf scharfe Fragen sollte man nicht genauso scharf reagieren, sondern ihnen mit einem freundlichen Lächeln die Spitze nehmen und sachlich auf sie eingehen. Fragen können aber auch die eigene Argumentation fördern. Man sollte sich bei der Vorbereitung überlegen, wie man solche Fragen aus seinen Gesprächspartnern herauslocken kann.«[147]

Aus dem Fernseh-Knigge des Deutschen Bundestages

»Der Anzug und das Kleid

Zur Vorbereitung auf eine Fernsehsendung gehört, daß man sich richtig anzieht. Die Fernsehkamera hat harte Kontraste nicht gern. Selbst wenn die Beleuchter es fertigbringen, harte Kontraste mit ihren Scheinwerfern auszugleichen, dann ist doch das Licht, das hierfür verwendet wird, in der Regel nicht günstig für die Ausleuchtung des Gesichtes.

Der Anzug vor der Kamera muß vor allen Dingen natürlich wirken. Man sollte bei einer Fernsehsendung dasselbe tragen wie im Alltag. Wer zum Beispiel immer eine Uniform trägt oder den dunklen Anzug der Geistlichen, soll das auch im Fernsehen tun.

Ein Sprecher trägt vor dem Fernsehen am besten einen mittelgrauen oder blauen, nicht zu modisch geschnittenen Anzug, dazu ein schwach getöntes, einfarbiges Hemd ohne Streifen und Muster.

Damen, die vor die Kamera gebeten werden, sollten beachten, daß ihr Kleid nicht zu ›groß‹ ist. Es darf vor allem nicht zu auffällig gemustert sein. Am günstigsten wirkt ein nicht glänzender Stoff in mittlerem Farbenton. Besonders wichtig ist das Dekolleté. Sein Schnitt soll klar und möglichst einfach sein. Zuviel Schmuck, zu auffällige Ketten wirken in der Regel nicht sehr günstig. Damen fragen häufig, ob sie nicht auch im Kostüm oder im Pullover vor der Kamera erscheinen können. Selbstverständlich können sie das, wenn es zu ihnen paßt. Aber man sollte bedenken, daß die Zuschauer die Sendung meist abends in ihrem Heim sehen, und daß man gleichsam als Gast zu ihnen kommt. Ein Gast erscheint aber nur selten in Rock und Pullover. Ein Nachmittagskleid dürfte in jedem Fall richtig sein. Es ist weder zu ›klein‹ noch zu ›groß‹ für den Besuch beim Zuschauer.

Zum Schluß noch zwei Tips für Herren. Seit die Französische

Revolution von der farbigen Kleidung der ›Herren der Schöpfung‹ nur noch den Schlips als modisches Attribut übriggelassen hat, ist die Krawatte besonders wichtig. Sie sollte keine auffallenden Streifen aufweisen und keine harten Farbkontraste und kein kleines Muster. Sie sitzt übrigens, wenn sie einmal gut gebunden ist. Man braucht nicht dauernd an den Knoten zu fassen. Und noch eins: dunkle Oberhemden wirken ungünstig. Ein rotes oder grünes Hemd wirkt im Schwarz-Weiß-Fernsehen wie ein schwarzes.

Die Hände

Es gibt Situationen, da weiß man einfach nicht, wohin mit seinen Händen. Die Engländer haben es in solchen Fällen einfach, sie stecken sie in die Hosentaschen, die Franzosen verschränken sie auf der Brust, und von den Deutschen sagt man, sie steckten sich dann eine Zigarette an. Auch für die Haltung der Hände gilt im Fernsehen die Regel: Bleibe natürlich. Man sollte die Hände genauso bewegen wie in einem normalen Gespräch. Verschränkte Hände machen den Eindruck, als ob der Sprecher verschlossen oder gehemmt sei. Und bitte: Nicht Daumendrehen.

Am besten ist es, man kümmert sich um die Haltung seiner Hände überhaupt nicht. Sie können ruhig einmal zu stark ins Bild kommen, und sie können auch bei einer temperamentvollen Bewegung weit nach vorn zur Kamera ausgestreckt werden. Das ist alles nicht schlimm. Es ist auch nicht ungünstig, wenn man die Hände ruhig auf dem Tisch liegen läßt, oder wenn man einmal mit einem Stück Papier oder einem Streichholz spielt.

Die Hände sind der Körperteil, der am stärksten vor der Kamera bewegt werden kann. Mit dem ganzen Körper sollte man dagegen nicht zu viel hin und her rücken. Vor allem das Rutschen von einer Stuhlseite auf die andere irritiert den Fernsehzuschauer.

Körper und Hände sind genaue Ausdrucksmittel des Menschen wie die Sprache und die Augen. Man sollte darum den Händen und seinem Körper die Möglichkeit lassen, Worte durch Bewegungen zu unterstützen.

Gesicht und Augen

Das stärkste Ausdrucksmittel eines Menschen vor der Fernsehkamera ist sein Gesicht und da sind es vor allem die Augen. Durch seine Augen, durch seinen Blick zeigt man auch sonst im Leben Interesse an Vorgängen und Menschen. Der Blick sollte sich auf den Gesprächspartner, den Diskussionspartner, den Reporter, das Demonstrationsmaterial oder auch den Zuschauer – das Objektiv der Fernsehkamera – konzentrieren.

Im normalen Leben hat man einen freundlichen Ausdruck in seinen Augen, wenn man mit anderen Menschen spricht. Diesen freundlichen Ausdruck soll man auch vor der Fernsehkamera beibehalten.«[148]

Mobile Talkshows und Magazingeplauder

Wenngleich sich in den bundesdeutschen Fernsehprogrammen der 1960er-Jahre die filmische Berichterstattung vermehrte, bestand dessen ungeachtet weiterhin ein Interesse an der vermittelten persönlichen Begegnung mit Prominenten, am Gespräch, am aus der Befragung entstehenden Porträt: »Zu einem der beliebtesten dokumentarischen Genres wurden in den sechziger und siebziger Jahren die Interview-, Gesprächs- und Porträtfilme.«[149] Diese Aussage gilt sowohl für den politischen wie für den Unterhaltungsbereich.

1965 beschlossen die ARD-Anstalten WDR und SWF die Produktion eines, so der Untertitel, ›Magazins zur Unterhaltung‹, dessen Titel auf die Nutzungsweise einer bunten Illustrierten anspielte und damit auch den Inhalt andeutete: ›Bitte umblättern‹. Versierte Reporter und Korrespondenten, sonst vorrangig mit politischen Themen befasst, lieferten Magazinbeiträge boulevardesken Inhalts in schmissiger Aufmachung. Die kurzen Filme waren mit Popmusik unterlegt, flott, bisweilen pointiert geschnitten und wurden launig kommentiert. Der vordem primär auf aktuelle Zeitkritik ausgerichtete Magazinjournalismus hatte mit der Unterhaltungsbranche ein neues Thema gefunden und präsentierte es in leicht konsumierbarer Form, wenngleich nicht ohne kritische Nebenklänge. Für diese Spielart der Fernsehpublizistik wurde der Begriff

›journalistische Unterhaltung‹ geprägt, in späteren Programmanalysen ist allgemeiner von ›non-fiktionaler Unterhaltung‹ die Rede.

Das Angebot passte zu einer Zeit, in der moderne Verkehrsmittel und Informationsmedien die Wahrnehmung der Welt veränderten, und entsprach damit dem Publikumsinteresse. Die ARD bediente es des Weiteren mit dem Magazin ›Treffpunkt Airport‹ (SWF, ab 1968), das 1970 zu ›Treffpunkte‹ umgetitelt wurde und laut der Fernsehzeitschrift ›Hör zu‹ den Versuch markierte, »hinter der exquisiten Hülle von Stars und Prominenten den ›Menschen wie du und ich‹ zu entdecken«.[150]

Das ZDF hatte ab 1965 mit ›Schaufenster Deutschland‹ eine Vorform periodischer Prominentenberichterstattung im Programm und feierte ab 1971 bei Zuschauern und Kritik Erfolge mit der aus einer Reihe mit Modeberichten hervorgegangenen ›V.I.P.-Schaukel‹. Deren Autorin und Moderatorin Margret Dünser wusste internationalen Prominenten und Personen der Zeitgeschichte in intensiven, aber nie zudringlichen Interviews interessante Aussagen zu entlocken. Die dazugehörigen, von Dünser wortgewandt betexteten und selbst gesprochenen Einspielfilme befassten sich mit Biographie und, mitunter auch in weiterem Sinne, dem sozialen und wohnlichen Umfeld der Protagonisten.

Die produktionstechnische Abwicklung war durchdacht und darauf ausgelegt, ein spontanes Wechselgespräch in angenehmer Atmosphäre zu ermöglichen. Dünsers Absichten liefen auf ein Ergebnis hinaus, das sozusagen einer Talkshow *on location* entspricht: »Auch wenn Dünsers VIP-Magazin gegenüber der live, vor Studiopublikum produzierten Talk-Show gattungstypologische Unterschiede aufweist, verwischt sich in ihm geradezu der Übergang zu der aus den USA importierten Sendeform.«[151]

Margret Dünsers Themenwahl und Fragestil finden sich zeitversetzt in solchen Talkshows wieder, deren Gespräche primär auf Persönlichkeit und Privatleben der anwesenden Prominenten ausgerichtet waren. Nicht von ungefähr nahm die Zahl von Unterhaltungsmagazinen wie ›V.I.P.-Schaukel‹, ›Bitte umblättern‹[152] oder ›Treffpunkte‹ in dem Maße ab, wie sich das Angebot der Talkshows verbreiterte.

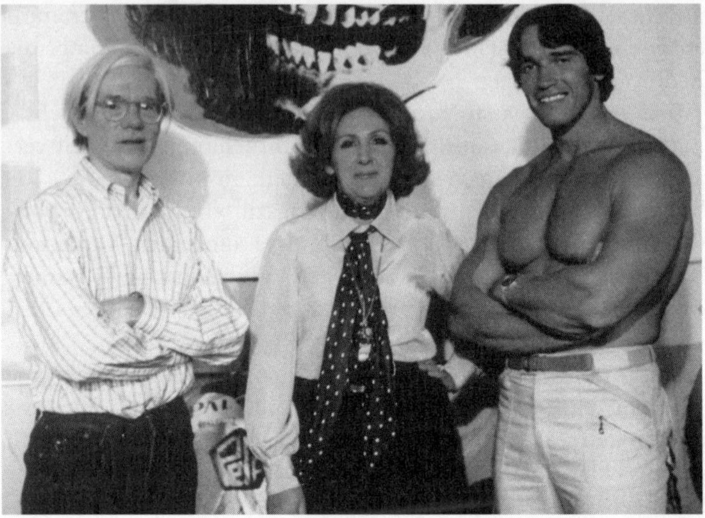

Abb. 8: Intellekt und die Welt des schönen Scheins standen bei ihr nicht im Widerspruch: Margret Dünser zwischen dem etablierten Andy Warhol und dem aufstrebenden Arnold Schwarzenegger.

Margret Dünser verstand es, ihr Publikum in die Welt des Mondänen zu führen, ohne sich mit *Jet-set* und *In-crowd* gemeinzumachen. Eine gewisse Distanz blieb stets gewahrt, die ihr erlaubte, aus der vorgestellten Einzelbiographie Rückschlüsse auf ein größeres Ganzes zu ziehen. Ein ähnliches Anliegen vertrat der erfahrene Auslandskorrespondent Peter von Zahn, Produzent der ZDF-Sendereihe ›Show-Report‹ (ab 1970). Seiner Meinung nach ermöglichen gerade Prominentenporträts, Aussagen über allgemeine gesellschaftliche Belange zu treffen, handelt es sich bei den Angehörigen dieser Berufsgruppe doch um »Menschen, die bestimmte, stark ausgeprägte Eigenschaften haben. Sie sind besonders gut darzustellende Exemplare unserer Gesellschaft, weil sie auf Grund ihrer höheren Sensibilität mit raschen Reflexen auf das reagieren, was in der Gesellschaft vor sich geht ...«[153]

Der Umgang mit öffentlich tätigen Menschen erfordert nach Ansicht von Zahns – besonders, wenn sie unfreiwillig ins Rampenlicht geraten sind – solide journalistische Standards: »Diese

Gruppe, diese Menschen lassen wir zu Wort kommen, wenn möglich sich selbst darstellen, wobei wir als gute Journalisten bemüht sein müssen, niemals den Anschein zu erwecken, als wollten wir sie aufs Kreuz legen, ihnen Fallen stellen.«[154]

Von Zahns inhaltliche Beschreibung steckt in gewisser Weise bereits jenes Themenspektrum ab, das in den 1990er-Jahren den Magazinjournalismus neueren Zuschnitts prägen sollte: »Von den Beatles im Star Club auf der Reeperbahn zur Sex-Show. Aus dem Nonnenkloster des Protests in das freie Leben einer Frau des Show-Business. Das Eindringen des Protests in die herkömmliche Südamerika-Folklore. Neue Formen der Kirchen-Show. Neue rauschhafte gewaltsame Rituale – als Show.«[155]

Unterhaltungsbedarf

In den 1960er-Jahren findet sich im Westfernsehen eine Vielzahl von Sendungen mit Talk-Elementen. Henno Lohmeyer erprobte für den Süddeutschen Rundfunk in der von 1964 bis 1968 ausgestrahlten Reihe ›Zwischenstation‹, bekannte Zeitgenossen gesprächsweise zu porträtieren, wie es ähnlich Joachim Fuchsberger ab 1980 in ›Heut' Abend‹ tun sollte. Lohmeyers Sendung, die 1974 im Zuge der ›Talkshow-Welle‹ beim Sender Freies Berlin unter dem Titel ›Der Stargast‹[156] eine Neuauflage erfuhr, lässt sich ohne Frage dem Subgenre *personality talkshow* zuordnen.[157] Das Konzept dazu wurde von außen an die Unterhaltungsabteilung herangetragen, wie Edwin Friesch, der ›Zwischenstation‹ unter der Rubrik »Dokumentarische Unterhaltung«[158] führt, in einer Senderchronik berichtet: »Mit der Idee der Porträtreihe ›Zwischenstation‹ tauchte 1964 ein junger, freiberuflicher Redakteur namens Wolfgang Rademann auf. Die Prominenten, die er als Mitwirkende herbeizuschaffen versprach, hätten wir eigentlich nie und nimmer bezahlen können: Curd Jürgens, Peter Ustinov, Lilli Palmer usw. Aber Rademann, in seiner kessen Berliner Art, quatschte so lange auf sie ein, bis sie nickten und – noch halb in Trance – von Henno Lohmeyer im Studio interviewt werden konnten.«[159]

Das heutigem Verständnis folgende Format ›Talkshow‹ war in verschiedenen Sendeformen bereits angelegt, der unterhaltende

Prominenten-Talk beispielsweise in den Interviewstrecken der oben beschriebenen ZDF-Reihe ›V.I.P. Schaukel‹.[160] Informationsorientiert war die 1970 im ZDF gezeigte Gesprächsreihe ›Sonntags um 11‹, in der laut ZDF-Jahrbuch 1971 ›Probleme des Sports, des Rechts, der Jugend und der Medizin‹[161] erörtert wurden. Die Unterzeile zum Sendetitel nannte stets das jeweilige Thema. Daraus eine Auswahl: ›Funktioniert die Schülermitverwaltung?‹, ›Kontroverse um das Demonstrationsstrafrecht‹, ›Urlaub mit oder ohne Eltern?‹, ›Haschisch für alle?‹, ›Doping im Fußball?‹. Die Zusammenstellung macht deutlich, dass sich über die Jahre zwar Sprachstile ändern, gewisse Sujets aber immer wieder einmal Gegenstand fernsehöffentlicher Aussprachen werden. Das bereits zitierte Jahrbuch führt diese Reihe als »Diskussionsrunde«. Die Sendungen erfüllen alle Erfordernisse einer ›Talkshow‹ und würden in heutigen Programmvorschauen ohne Frage auch so annonciert.

›V.I.P.-Schaukel‹ wie auch die verwandte ARD-Reihe ›Bitte umblättern‹ blieben bis in die 1980er- beziehungsweise 1990er-Jahre im Programm. 1986 etablierte das ZDF mit ›Showfenster‹ noch einmal ein jüngeres Magazin dieser Sparte, stellte es aber 1992 wegen drastisch gesunkener Quoten wieder ein. Ein Grund für den Quotenverfall dürfte darin zu suchen sein, dass Gespräche mit Prominenten mittlerweile in großer Zahl und immer kürzerem Turnus in den Talkshows stattfanden.

Reifeprüfungen – Die Jugend hat das Wort

Mit Sendungen wie ›Jugendforum‹ und ›Jugend befragt bekannte Politiker‹ waren bereits in den 1950er-Jahren Gesprächs- und Diskussionsrunden mit jugendlicher Beteiligung durchgeführt worden. Diese programmliche Form hatte Bestand und wurde fortentwickelt. Radio Bremen institutionalisierte 1963 die Reihe ›Jugend diskutiert über aktuelle Politik‹, 1964 im Jahresbericht des Senders beschrieben als: »Eine monatliche live-Sendung, an der jeweils ein Publizist, drei Schüler und drei Berufstätige aus verschiedenen Städten der Bundesrepublik teilnehmen.«[162] Mit ›Hauptsache: Zeit zum Antworten‹ existierte im Hörfunkprogramm von Radio Bremen eine ältere Reihe verwandter Art, im Jahrbuch erläutert als »ein Bündel Gespräche zwischen jungen Menschen und Bremer Journalisten«.[163] Ab November 1963 konnten die Radio-Bremen-Hörer ›Die Jugendpressekonferenz‹ verfolgen.

Die erste Sendung von ›Jugend diskutiert über aktuelle Politik‹ ging im April 1963 über den Bildschirm. Thema waren die Oster-Demonstrationen wider die Atomrüstung. Als Diskussionsleiter fungierte der kameraerfahrene Kurt Wessel, im Programm vorgestellt als »Chefredakteur des Münchener Merkur«.[164] Die zweite Sendung fand im Juli statt. Diesmal stand der Besuch des US-Präsidenten John F. Kennedy zur Diskussion. Die Gesprächsleitung hatte Hans-Joachim Reiche, der Redaktionschef der ›Tagesschau‹. Durch die dritte Folge der Reihe im Dezember führte der ARD-Sportkoordinator und Quizmoderator Robert Lembke.

1964 erfolgte die Ausstrahlung in monatlichem Turnus. Die Moderation oblag wechselnden Kräften, darunter bekannte Fernsehjournalisten und -redakteure wie Jürgen Neven-Dumont, Klaus Bölling, Matthias Walden, Werner Höfer, Dr. Hans Heigert, Horst Scharfenberg, Olaf von Wrangel, Dieter Gütt, Thilo Koch. Besprochen wurden Themen wie ›Die politische Reife, die Konrad Adenauer auf dem CDU-Parteitag in Zweifel zog‹ (März 1964), ›Jüngste Entspannungspolitik zwischen Washington und Moskau‹ (April 1964), ›Rassenprobleme in Amerika‹ (Juli 1964). Zu einigen Ausgaben liegen stichwortartige Inhaltsangaben vor, die darauf hindeuten, dass jeweils die aktuelle Nachrichtenlage Berücksichtigung fand und der Diskussionsverlauf von daher nicht zwingend dem annoncierten Thema folgte. Zur Sendung vom 21. Februar 1964 mit dem Thema ›Jugendfrische und Altersweisheit in der Politik‹ wurde festgehalten: »Diskussion über Ost-West-Politik, Passierscheinverhandlungen, Völkerrecht, wobei die damaligen Passierscheinverhandlungen als erfreuliches Ereignis bezeichnet werden.«[165]

Der Eintrag zur Sendung vom 29. Mai 1964 lautet: »Schüler und Berufstätige aus vers. Städten der Bundesrepublik diskutieren über das ›Für und Wider‹: Ostpolitik Minister Seebohms, Münchner Abkommen, General-Amnestie bei Naziverbrechen, Bundespräsidentenwahl (Wiederwahl oder Neuwahl), Berlin und Deutsch-

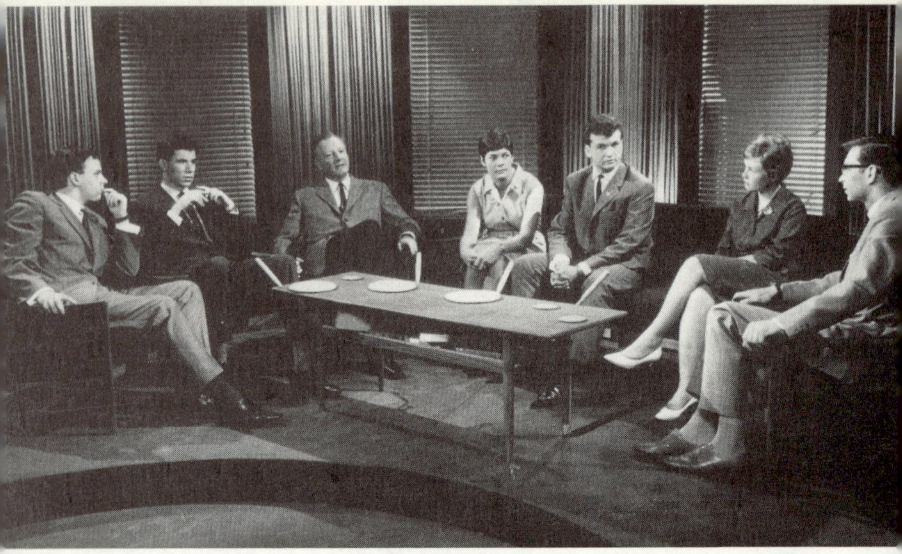

Abb. 9: In den 1960ern gehörten die Schlagzeilen der Spaßguerilla, derweil wurde anderswo sittsam diskutiert: ›Jugend diskutiert über aktuelle Poltik‹, hier mit Jürgen Neven-Dumont (dritter von links).

land-Teilung (Verhandlungen mit Rußland oder SBZ, Handelsbeziehungen) (…).«[166]

In der Sendung vom 23. Oktober 1964 bot ein einzelnes Sujet genügend Diskussionsstoff für die gesamte Länge der halbstündigen Sendung: »Die sechs Schüler und jungen Berufstätigen diskutieren hier nur über ein Thema: Die Wiedereinführung der Todesstrafe (gefordert von den Taxifahrern). / Interessant ist an dieser Sendung die Stimmverteilung: vier sind absolut dagegen, eine etwas unentschieden, eine entschieden dafür.«[167]

Einige Zuschauer dieser Sendereihe sahen sich auch im Weiteren zur aktiven Teilhabe am Mediengeschehen angeregt. 1968 bewarb sich Wilfried Rundholz als »Konservativer (CDU) [sic!] und Humanist« als Fragesteller bei der WDR-Sendung ›Jugend fragt Politiker‹ und berief sich in seinem Schreiben[168] auf seine Medienerfahrung, explizit auf die Teilnahme an den Fernsehsendungen ›Bürger fragen Prominente‹[169], ›Jugend diskutiert mit Prominenten‹ und ›Jugend diskutiert über aktuelle Politik‹. Ähnlich hatte Hans-Gerhard Stahl, am 20. März 1970 unter den Diskutanten bei ›Jugend fragt Politiker‹ und ab Juni desselben Jahres als Sprecher bei Radio Luxemburg beschäftigt, später Pressechef der Berliner Deutschlandhalle und Medienunternehmer, schon bei Radio Bremen und beim Hessischen Rundfunk vor Mikrophon und Kamera gestanden.[170] Neben Stahl nahm als studentische Vertreterin der DKP am 20. März 1970 Karin Struck an der Sendung teil, deren respektloses Verhalten gegenüber dem Politiker Gerhard Stoltenberg unmittelbar heftige Zuschauerreaktionen hervorrief.[171] Als Schriftstellerin gehörte Struck später zu den Stammgästen deutscher Talkshows und machte unter anderem mit einem Skandalauftritt in der ›NDR Talkshow‹, nunmehr als vehemente Abtreibungsgegnerin, am 3. Juli 1992 von sich reden.

Generationenkonflikte – ›Jugend fragt Politiker‹

Die WDR-Produktion ›Jugend fragt Politiker‹ war insofern eine Weiterentwicklung der Bremer Reihe, als nun anstelle von Publizisten politisch Verantwortliche als Vis-à-vis zur Verfügung standen. Die Urheber der Idee, die mit der Gestaltung der Nachmittagsprogramme befassten WDR-Redakteure Hans Gerd Wiegand (Jugend) und Siegfried Mohrhof (Leitung), nahmen in konzeptionellen Papieren auf diverse Vorbilder Bezug, unter anderem auf Schulfunksendungen des RIAS[172] sowie auf Reinhard Appels ZDF-Sendungen.[173] Bei der Auswahl des Gastes für die erste Ausgabe entschied sich die Redaktion für den Regierungssprecher Günter Diehl, »um von vornherein die Atmosphäre einer Pressekonferenz zu etablieren«.[174]

Erste konzeptionelle Überlegungen datieren auf den Herbst 1967, eine Pilotsendung war für den 16. Februar 1968 geplant, die Aufzeichnung musste aber wegen anderweitiger Verpflichtungen des Regierungssprechers auf den 27. Februar verschoben werden. Das angekündigte Thema lautete »Pressefreiheit, Möglichkeiten und Grenzen«.[175] Die Ausstrahlung erfolgte am 1. März 1968.

Innerhalb des Hauses trug das Projekt zeitweilig den Titel ›Bericht aus Bonn – Jugend fragt Politiker‹, denn Ort der Aufzeichnung wie der späteren Live-Sendungen war das Politische Studio in Bonn, ansonsten Schauplatz des wöchentlichen ARD-Politmagazins ›Bericht aus Bonn‹. Die Gesprächsführung hatte der dortige Leiter Günter Müggenburg, der sich auch um die Ladung der von den Jugendlichen vorgeschlagenen Politiker bemühte. Anfang 1970 wechselte Müggenburg auf einen Korrespondentenposten und überließ die Moderation Gerd Ruge, der sich gelegentlich von Friedrich Nowottny vertreten ließ.

Wurde anfangs erwogen, die Sendung in Gestalt eines großen Jugendforums zu veranstalten, entschied sich die Redaktion letztlich, wegen der knappen Sendezeit jeweils nur vier bis fünf Jugendliche als Fragesteller einzuladen. Die Teilnehmer wurden vorab gebeten, über ihre politische Einstellung Auskunft zu geben, um ein entsprechendes Meinungsspektrum zu gewährleisten. Viele Bewerbungen stammten aus den Jugendorganisationen parlamentarischer und außerparlamentarischer Parteien und Verbände, was den Gesprächsverlauf zum Teil negativ beeinflusste, wie Siegfried Mohrhof im November 1968 intern monierte: »Mir schien die Auswahl der Diskussionsteilnehmer recht fragwürdig. Das äußerte sich in den Fragen der Diskussionsteilnehmer. Sie fragten nämlich nicht für sich (sozusagen ex persona), sondern als ›Vertreter der APO‹, als ›Vertreter der Beamtenjugend‹, als ›Vertreter des SHB‹, als ›Vertreter der JUNGEN UNION‹. (…) [Versalien im Original; H. K.]

Alle Teilnehmer waren vielleicht sogar Vertreter bestimmter Gruppen junger Menschen in unserer Gesellschaft, aber ich fürchte, daß sie dennoch keineswegs das Gros unserer jungen Zuschauer repräsentierten. (…)

Ein wenig menschliche Farbe in dieser halben Stunde wäre vielleicht sogar der entscheidende Gewinn ….und die notwendige Unterscheidung von anderen Sendungen ähnlicher Art.«[176]

Es folgten drei Sendungen am 23. November 1968, 4. Januar 1969 und 15. Februar 1969 im Samstagnachmittagsprogramm der ARD jeweils um 15.30 Uhr. Im Laufe des Jahres wurde die Reihe auf den Freitagnachmittag verlegt und fortan, ausgenommen während der Sommerpause, einigermaßen regelmäßig in monatlichem Rhythmus ausgestrahlt. Befragt wurden meist hochrangige

Bundespolitiker und Minister wie Willy Brandt, Hans-Dietrich Genscher, Kurt Georg Kiesinger, Walter Scheel oder Nachwuchspolitiker wie Manfred Wörner als damals jüngstes Fraktionsmitglied der CDU (Sendung vom 15. Februar 1969) und der spätere Fernsehjournalist Heiner Bremer[177] in seiner Funktion als Vorsitzender der liberalen Jungdemokraten.

Am 8. Juni 1970, einem Montag, wurde versuchsweise eine Ausgabe live aus der Duisburger Mercator-Halle übertragen. Der größere Rahmen machte es möglich, dass neben den fünf ausgewählten Jugendlichen auf der mittig platzierten Bühne auch die im Saal versammelten Gäste Fragen stellen konnten.

Das Urteil eines Schweizer Kritikers nach Ansicht der ersten beiden Sendungen: »Das Deutsche Fernsehen (1. Programm) hat eine sehr zeitnahe und praktische Form gefunden, um die Spannungen zwischen Jugend und Establishment etwas zu mildern. Es hat die Sendung ›Jugend fragt Politiker‹ spontan und kurzfristig aus dem Boden gestampft. Die zwei ersten Sendungen waren derart lebhaft und hitzig, es sind so viele Anfragen von Diskussionslustigen eingegangen, dass die dritte Sendung (…) sich zum Forum der Fragesteller wandelt. Das eigentliche Thema ergibt sich erst ad hoc, aus der Kontaktaufnahme unmittelbar vor der Sendung.«[178]

Als mögliche Fragesteller meldeten sich unter anderem medienerfahrene Zeitgenossen wie die Kommunarden Uschi Obermeier und Rainer Langhans, die mit Franz Josef Strauß diskutieren wollten[179] – für den seitens der Redaktion angefragten Strauß kein ernstzunehmendes Ansinnen.[180] Diese Bewerbung blieb allerdings eine kuriose Randerscheinung. Langfristig zeigte sich, dass die Jugendlichen mehrheitlich rhetorisch ungeübt und den Politikern im Gespräch kaum gewachsen waren. »Vielen Jugendlichen (…) mangelt es an der Fähigkeit, sich kurz und prägnant auszudrücken und so geschickt zu diskutieren, daß sie ›gefährliche‹ Partner für die erfahrenen politischen Gegenspieler werden.«[181] Eine bei Sendungen dieser Art häufig auftretende Schwierigkeit, die der Redaktion durchaus bewusst war: »Zweifellos taucht bei dieser Konzeption – jungen Leuten zu überlassen, wie sie diese Sendung in die Hand nehmen wollen – ein Problem auf (…): die meisten jungen Leute können leider keine präzisen Fragen auf den Punkt formuliert stellen, auch fällt es ihnen schwer, aus dem Handgelenk wirksame Zwischenfragen abzufeuern. Ganz zu schweigen von einer dialektischen Auseinandersetzung, die ja in unseren Schulen und Universitäten noch immer zu kurz kommt.«[182]

Bisweilen verwandelten sich Ohnmacht und Unsicherheit der jugendlichen Teilnehmer in aggressives Verhalten gegenüber den Politikern, in einzelnen Fällen kam es zu tumultuösen Momenten. Nach zwei besonders stürmischen Sendungen, in denen sich Gerhard Stoltenberg (CDU) und Bundesarbeitsminister Walter Arendt (SPD) mit sehr temperamentvoll vorgebrachten Angriffen konfrontiert sahen, schlug Gerd Ruge 1971 vor, die jungen Fragesteller früher anreisen zu lassen, sie mit themenbezogenen Materialien aus dem WDR-Archiv zu versorgen und mit ihnen für den Fernsehauftritt zu üben. Hans Gerd Wiegand sah sich zu einer ausführlichen Stellungnahme gezwungen, die der Intendanz, Fernsehdirektion, Chefredaktion und Gerd Ruge im Studio Bonn zugeleitet wurde. Weil diese Auseinandersetzung, wie im selben Zeitraum schon die Fachzeitschrift ›Fernsehen & Film‹ befand, »an den Nerv aller Frage-und-Antwort-Diskussionen des Fernsehens rührt«,[183] hier ein längerer Auszug: »Die Vorbereitung der jungen Leute auf diese Sendung ist zweifellos problematisch. Wir können immer wieder feststellen, wie schwer es ihnen fällt, sich mit gezielten Fragen zur Sache zu artikulieren. Hierfür sind nicht die jungen Leute verantwortlich zu machen, sondern unser Schul- und Universitätssystem. Diskussionen sind in unseren Schulen und Universitäten eine seltene Erscheinung im Vergleich zu den Debating-Wettbewerben in England und Amerika. Diese Misere ist auch nicht dadurch zu beheben, daß junge Leute von der Redaktion zwei oder drei Tage vor einer Sendung in Klausur genommen werden, um ihnen Methoden der Fragestellung und der Diskussion beizubringen. Abgesehen davon, daß die Zeit dafür zu kurz wäre und für die Redaktion auch ein personelles Problem darstellt, sollten wir nicht wegen einer vorgeblich brillanten Fragestunde die Zuschauer darüber hinwegtäuschen, daß die Wirklichkeit anders aussieht.«[184]

Ortsgespräche – ›Jour Fix‹, ›Diskuss‹ und ›Klatschmohn‹

Der Wirklichkeit näherzukommen war der Anspruch der Reihe ›Diskuss‹, die 1973 als Gemeinschaftsproduktion der ARD-Sender Süddeutscher Rundfunk, Hessischer Rundfunk und Radio Bremen auf Sendung ging und auf Erfahrungen mit der von 1971 bis 1972 ausgestrahlten SDR-Reihe ›Jour Fix‹ basierte. Mit der Zusammenarbeit der drei Sender verband sich die Hoffnung, Jugendprogramme künftig in kontinuierlicher Abfolge präsentieren zu können. Umso enttäuschender war es für die Beteiligten, dass ihnen für die neue Reihe ›Diskuss‹ nur sechs Samstagstermine zugebilligt wurden.[185]

Die vorausgegangene Sendereihe ›Jour Fix‹ hatte in der sich ausweitenden Jugendzentrumsbewegung ein Dauerthema gefunden, und ihre Redakteure beharrten darauf, »daß die Jugendlichen sich und ihre Probleme selbst« artikulierten.[186] ›Diskuss‹ knüpfte an die bisherige Berichterstattung und die dort geübte Praxis an, sendete aber jeweils 90 Minuten live vom Ort des Geschehens. »Es waren Live-Übertragungen aus diversen Regionen, Stadthallen, Jugendzentren, wozu sich die ARD sogar in einer Gemeinschaftsinitiative zusammengeschlossen hatte. Riesige Unternehmungen, brodelnde Themen (…).«[187] Die Premierensendung aus Ulm umfasste Filmberichte zur Freizeitsituation der Jugendlichen der ausgewählten Kommune, Rollenspiele, Live-Musik von Hannes Wader, Alexis Korner und der lokalen Amateurband Prof. Wolff, kleinere Gesprächsrunden und eine große Forumsdiskussion, in der unter Leitung des SDR-Mitarbeiters Ekkehard ›Ekkes‹ Frank Jugendliche mit Vertretern der Volkshochschule und der Fraktionen sowie dem Oberbürgermeister über ihre Forderung nach einem Jugendzentrum stritten.

Schon vor diesem Auftakt waren die Möglichkeiten der Redaktion beschränkt worden, weil, so der junge SDR-Redakteur Werner Schretzmeier, »die Verantwortlichen eine Anpassung an das samstägliche Unterhaltungsniveau forderten«. Die Konsequenzen: »Wenn sich die Jugendprogramme nicht etwas diszipliniert hätten, wäre der Samstagnachmittag geschlossen an die Unterhaltung gefallen.«[188]

Widerpart der jungen, progressiven Programmmacher und für die kritische Presse nahezu ein ›Buhmann‹ war Karl Schnelting, Fernsehdirektor des Saarländischen Rundfunks und Koordinator des ARD-Nachmittagsprogramms. Schnelting gestand zwar zu, dass »den Jugendsendungen, was Brisanz der Themen, Experimentierfreude in den Formen und Engagement in der Sache angeht, ein großer Spielraum einzuräumen ist«, kündigte aber im selben Atemzug mit drohendem Beiklang an: »Es wird kein Ausnahmefall bleiben, daß die journalistischen Regeln Änderungen von Sendungen gebieten. Kein Votum der jungen Mitarbeiter entbindet den Journalisten von seiner Verantwortung, die er als Redakteur für das Jugendprogramm hat. Bei aller Bereitschaft, Programmvorschläge junger Zuschauer aufzunehmen, ist er ihnen zugleich schuldig, sie in eine Form zu bringen, die journalistisch verantwortbar ist – ungeachtet der Kritiker, die für redaktionelle Korrekturen, wenn sie an den Schreibtischen der Rundfunkanstalten vorgenommen werden, nur das Wort Zensur kennen.«[189]

Diese Praxis stieß auch in der Folgezeit auf Kritik, die Presse blieb beim Begriff der Zensur und lag damit etymologisch nicht falsch: »Bei Radio Bremen wurden Beiträge für ›Diskuss‹ mit dem ›Hinweis‹ unterdrückt, ›daß sie politisch zu brisant seien‹ (so ein internes ARD-Papier). Ständige Mitarbeiter des Senders mußten gehen.«[190]

Die Platzierung neuer Jugendsendungen auf einem Sendeplatz zur Kaffeestunde am Samstagnachmittag, an dem ansonsten die volkstümliche Unterhaltungssendung ›Der Blaue Bock‹ und Ratgeberreihen gezeigt wurden, erwies sich als wider besseres Wissen vorgenommene Fehlplanung. Eine Untersuchung der ARD hatte bereits ergeben, dass nur drei Prozent der jugendlichen Zuschauer diesen Sendeplatz befürworteten.[191] Die tatsächlichen Einschaltquoten bestätigten die Umfrage: 1973 erzielten fünf ›Diskuss‹-Ausgaben eine Quote von durchschnittlich fünf Prozent. 1974, im letzten Jahr ihres Bestehens, wurden drei Ausgaben der Reihe gezeigt, die Quote sank auf durchschnittlich drei Prozent.[192] Die von Karl Schnelting als »Versuch einer Kommunikation zwischen den Generationen«[193] apostrophierte Terminierung erwies sich als Fehlkalkulation.

Dennoch ist ›Diskuss‹ als intervenierende Fernsehproduktion mit weitreichender Möglichkeit zur Teilhabe der Betroffenen von programmgeschichtlicher Bedeutung, weil das Konzept von zeitgenössischen Medienbeobachtern als Novum aufgefasst wurde und in der weiteren Entwicklung Spuren hinterließ. 1974 versah der vom ZDF kommende WDR-Jugendredakteur Peter Rüchel das Magazin ›Klatschmohn‹ mit einem neuen Konzept, das dem von ›Diskuss‹ sehr nahe war: »Statt Jugendliche in die Studios zu holen, will er mit einem Zelt vor Ort ziehen, um ›die Probleme junger Leute dort aufzuspüren, wo sie auftreten‹, etwa auf einem Schützenplatz oder im Hof einer Jugendstrafanstalt. (…) Auch er wird Pop-Gruppen einblenden.«[194]

Es waren neben der gleichfalls massiv umstrittenen ZDF-Partizipationssendereihe ›Direkt‹ insbesondere diese beiden Titel, die von der Kritik belobigt und als vorbildliche Jugendprogramme gepriesen wurden: »Nur die als Live-Sendungen aufgezogenen Reihen ›Klatschmohn‹ (WDR) und ›Diskuss‹ (SDR/HR), in denen die jugendlichen Adressaten ›wirklich frei rausplatzen mit dem, was sie bedrückt‹ (›Diskuss‹-Redakteur Werner Schretzmeier), zeigen Ansätze einer soliden Aufklärungsarbeit.«[195]

Diese beiden aber waren es auch, deren Redakteure sich weiterhin krasser Zensur ausgesetzt sahen. Einer kompletten ›Klatschmohn‹-Folge mit dem Titel ›Warum Geld nicht stinkt‹ wurde seitens des für das WDR-Nachmittagsprogramm verantwortlichen Ressortleiters Siegfried Mohrhof die Sendefreigabe verweigert.[196]

Beide Sendereihen fanden ein frühes Ende. Nach einer am 16. Juli 1974 verabschiedeten Programmreform bestanden im ARD-Zusammenhang nur noch zwei von Jugendlichen mitgestaltete Diskussionssendungen, und zwar ausschließlich in den regionalen Programmen: ›Raus damit – Jugendliche sagen ihre Meinung‹, donnerstags um 18.00 Uhr im SWF, und ›Wir – Lehrlingstreff‹, von BR, HR und NDR koproduziert und zu unterschiedlichen Sendezeiten ausgestrahlt.

Im Jahr darauf erstellte Hanns Helmut Böck, Redakteur der Abteilung Familie und Schule des Bayerischen Rundfunks, eine Bestandsaufnahme, die bereits einem Abgesang gleichkam: »Noch immer ist nicht von allen vergessen und vergeben, daß sich mit den Jahren des Protests, der studentischen Unruhen und der stärkeren Politisierung des öffentlichen Bewußtseins seit 1967 auch für die Jugendprogramme des Deutschen Fernsehens ein entscheidender Wandel vollzog. Mit unverbindlichen Allerweltsberichten und Bastelanleitungen war es nun doch mehr und mehr vorbei. Die Aufregung und Unruhe, aber auch die Ernsthaftigkeit und das Engagement der ganzen Bewegung übertrugen sich auf die neuen Programme und machten sich dort – oft unbequem – bemerkbar. Die Jugendprogramme fingen an, sich als Programme mit politischen Wirkungen zu begreifen.«[197]

Ungeachtet dieser Rückschläge blieb das televisionäre Jugendforum eine konstante Programmform. Die Nachfolger von ›Jugend fragt Politiker‹, ›Diskuss‹ und ›Klatschmohn‹ trugen Titel wie ›Live aus dem Alabama‹ (ab 1984 im Programm des Bayerischen Rundfunks, zeitweilig auch, je nach Veranstaltungsort, unter den Titeln ›Live aus dem Schlachthof‹ und ›Live aus dem Nachtwerk‹) oder ›Doppelpunkt‹ beziehungsweise ›Doppelpunkt vor Ort‹ (ZDF, 1987–1995). Späterhin namhafte Fernsehpersönlichkeiten wie Sandra Maischberger, Giovanni di Lorenzo und Günther Jauch erwarben hier erste TV-Erfahrungen.

Eine tägliche Diskussionssendung zur besten Sendezeit um 20.00 Uhr bot ab 2005 der 1998 eingerichtete und zu jener Zeit auf der Frequenz von NBC Europe beheimatete Jugendkanal Giga. In ›Giga real‹ verhandelten zwei Moderatoren, jugendliche Gäste und meist ein Gesprächspartner aus der Politik Themen wie »60 Jahre Kriegsende, Studiengebühren, Sterbehilfe, Parlamentswahlen in England oder Wahlen in NRW«.[198] Den meisten Zuspruch fanden jugendnahe Themen wie die problematischen Zustände an den Schulen, eine Debatte, die unter starker Beteiligung mit der damaligen Bundesbildungsministerin Edelgart Bulmahn ausgetragen wurde. Den Fernsehzuschauern bot sich Gelegenheit zur Teilnahme via Mail und als Diskussionspartner im Internet-Forum, eine Chance, die weidlich genutzt wurde und der Sendung entsprechende Popularität bei der Zielgruppe bescherte. »Wesentlich für den Erfolg der Sendung *Giga real* ist das konsequente Zusammenspiel zwischen Internet und Fernsehen. Bereits am Nachmittag können die User über das Thema des Abends diskutieren. In der Sendung später stehen die Chancen dann nicht schlecht, dass die geschriebene Mail auch vorgelesen und dem aktuellen Gast als Frage gestellt wird.«[199] Produktionspartner der Reihe war ›fluter.de‹, das Magazin der Bundesanstalt für politische Bildung.

Zwischenbild

Ausgehend von Formen des Hörfunks, werden im deutschen Fernsehen erstmals 1954 politische Fernsehdiskussionen für ein jugendliches Publikum veranstaltet, das sich in den Sendungen durch Angehörige seiner Altersgruppe vertreten sieht. Wenngleich stetem Wandel unterzogen und jeweils zeittypisch geprägt, bleibt diese Grundform eines jugendorientierten Mitmachprogramms insgesamt gesehen so weit präsent, dass von einer kontinuierlichen Entwicklung gesprochen werden kann. Aus Schreiben an die Redaktion der WDR-Reihe ›Jugend fragt Politiker‹ geht hervor, dass politisch interessierte Jugendliche dieses Angebot passiv wie aktiv sehr bewusst wahrnahmen. In noch unausgebildeter Form deutet sich bereits ein Phänomen an, das später unter dem Stichwort ›Talkshow-Tourismus‹ verhandelt werden sollte: die häufige, wenn nicht sogar serielle Teilnahme an Gesprächssendungen des Fernsehens.

Treten in den ersten Sendereihen Fernsehleute reiferen Alters als Gesprächsleiter auf, ist ab den 1970er-Jahren eine deutliche Verjüngung des Personals festzustellen. Damit erhält die Gattung eine Art Nebenfunktion: Sie wird zur Talentschmiede des Fernsehbetriebs. Aus der Reihe ›Live aus dem Schlachthof‹ gingen mit Amelie Fried, Günther Jauch, Sandra Maischberger, Giovanni di Lorenzo einige der prominentesten Bildschirmpersönlichkeiten des deutschen Fernsehens hervor. Im ZDF gelang ›Doppelpunkt‹-Moderator Michael Steinbrecher eine langfristige Karriere, unter anderem mit der Personality-Talk-Reihe ›Steinbrecher & …‹ (ab 1997), in der der Gastgeber gesprächsweise deutsche und internationale Prominente zu porträtieren suchte.

5. Streitlust und Sondierungsgespräche – Die 1970er

Der Begriff Talkshow und die dazugehörige Sendeform fanden ab 1973 in rasch wachsendem Maß und einem heute kaum noch nachzuempfindenden Grad Aufmerksamkeit bei Fernsehmachern, ihren Kritikern und ihrem Publikum, zur mehr als gelinden Verblüffung auch der Beobachter vom Fach: »Keine *einzelne* Fernsehproduktion weit und breit, geschweige denn ein *serieller* Tele-Dauerläufer, die ein solches Maß anhaltender Publizität genössen. (…) die öffentliche Nachbereitung von Talk-Shows im Fernsehen [ging] über professionelle Fernsehkritik weit hinaus.«[1]

Diesem unerhört breiten Echo lag als maßgebliche Voraussetzung zugrunde, dass die einstmals eifersüchtig gewahrte Teilung zwischen den einzelnen Programmabteilungen durchlässiger geworden war. Die Sendeanstalten verteilten ihre Programmarbeit ursprünglich auf die Hauptabteilungen ›Wort‹, ›Musik‹, ›Politik‹ und ›Unterhaltung‹. Letztere wurde innerhalb des Apparates gering geschätzt, befasste man sich dort doch mit Minderwertigem wie »Schlager- und Tanzmusik, Tingeltangel-Show, Musical und Operette, Quiz- und anderen Publikumsspielen, Artisten, Varieté, Zirkus, mit sogenannter Kleinkunst und Brettl, mit unverbindlichem Geplaudere und – wenn es geht – auch mit politischem Kabarett (…)«, so eine 1967 publizierte Aufzählung des NDR-Redakteurs Henri Regnier, der weiter schrieb: »Das Dumme ist nur, daß die Unterhaltungsabteilung nach der überlieferten Ressorteinteilung bei unseren Rundfunkanstalten auf diese Dinge beschränkt bleibt und daß eben nur die hier aufgezählten Darbietungen zu ihrem Aufgabengebiet gehören. Dieser Umstand macht klar, daß hier eine Verwechslung von Inhalt und Form vorliegt.«[2] Vor diesem Hintergrund kam der Kritiker Manfred Delling zu der Schlussfolgerung: »Talk und Show zu verschwistern, scheint hier zu Lande auf mentale Schwierigkeiten zu stoßen«, denn anerkannte Formen waren nur »das strenge Gespräch, das nüchterne Interview, die asketische Diskussion«.[3]

Das Nachrücken jüngerer Redakteure, der teils damit verbundene Blick ins Unterhaltungswunderland Amerika und die auch durch gesellschaftliche Veränderungen im Inland beförderte Entwicklung neuer Programmideen änderte diesen misslichen Zustand nach und nach. Die alten Vorurteile blieben freilich noch geraume Zeit im Schwange. Gert von Paczensky berichtete von der »Verachtung vieler Programm-Macher aus der ›seriösen‹ Sparte für die ›Unterhaltung‹ (...). Nach meiner Teilnahme an der ersten ›III nach 9‹-Sendung vor einigen Jahren hielten mir gleich zwei bedeutende Hörfunk-Hierarchen Radio Bremens gewaltige Strafpredigten wegen dieses, wie sie fest zu glauben schienen, niveaulosen Irrwegs.«[4]

Nominelle Modernisierung – Die Talkshow hat Premiere

Die Einführung der Talkshow durch einen deutschen Sender steht ganz konkret in Zusammenhang mit der Erfahrung US-amerikanischer Fernsehangebote. Der Filmjournalist Peter Hajek war als Autor an der ZDF-Spielshow-Reihe ›Wünsch Dir was‹ beteiligt gewesen und mit deren Moderator Dietmar Schönherr befreundet.[5] 1971, unter dem Eindruck mehrerer USA-Aufenthalte, unterbreitete er Schönherr den Vorschlag, eine Talkshow nach dortigem Muster zu entwickeln. Schönherr sah in dem Konzept eine Möglichkeit, seine vorherigen Bemühungen um eine alternative, nämlich gesellschaftsbezogene Form der Fernsehunterhaltung weiterzuführen und quasi in eine Reinform münden zu lassen: »Ich habe es schon mal versucht mit ›Wünsch Dir was‹, ich möchte es wieder versuchen mit einer neuen Sache, die ich viel konsequenter finde als ›Wünsch Dir was‹, weil hier eben auch noch die Spielchen weg sind. Hier geht es wirklich um das Gespräch.«[6]

Gemeinsam erarbeiteten die Freunde ein Konzept mit dem Arbeitstitel ›Zoom‹. »Wir dachten bei dem Wort Zoom an das variable Heranfahren, Herausheben, Deutlichmachen von Personen und Sachverhalten, sichtbares Vergrößern und Zurückziehen, Exponieren des Wesentlichen. Alsbald fanden wir heraus, daß es eine

Sendung mit diesem Titel bereits gab, boten unser Konzept aber dennoch bei den Fernsehanstalten an.«[7]

Der Erfolg blieb aus, die Idee wurde durchweg abgelehnt. Im Oktober 1972[8] aber befand sich Dietmar Schönherr im Gespräch mit Hannes Hoff, dem Leiter der Hauptabteilung Unterhaltung im Westdeutschen Rundfunk, der sich seinerseits bereits Gedanken über eine mögliche Adaption der Talkshow US-amerikanischer Prägung gemacht hatte. Nach Produktion einer nur intern gesichteten Probesendung[9] hatte die, so jedenfalls die zeitgenössische öffentliche Wahrnehmung, »erste deutsche Talkshow« ›Je später der Abend‹ am 18. März 1973 im dritten Programm des WDR Premiere.

Die Kultfigur – Dick Cavett

Das Stichwort Talkshow war zu diesem Zeitpunkt bereits seit längerem in der programmpolitischen Diskussion und hatte auch zu Ankäufen aus dem Ausland geführt. Der WDR sendete am 12. August 1972 im 3. Programm ein *special* des von Kritikern sehr geschätzten US-Talk-Moderators Dick Cavett mit dem alleinigen Gast Fred Astaire.[10] Es handelte sich um eine Sonderausgabe der ansonsten werktäglichen ›Dick Cavett Show‹. Am 29. Juli 1973 folgte eine Cavett-Sendung mit der Schauspielerin Bette Davis, am 11. August 1973 ein Interview mit Alfred Hitchcock, am 23. August 1973 eine Sendung mit US-Senatoren zum Thema Watergate. Andere Regionalprogramme übernahmen die Idee; die dritten Programme der südlichen ARD-Sender zeigten am 3. Dezember 1975 die ›Dick Cavett Show mit Bette Davis‹. Da Cavett der deutschen Sprache mächtig war, gab er zudem Gastspiele in deutschen Fernsehsendungen, zum Beispiel in Walther Schmiedings Gesprächsreihe ›Zu Gast im ZDF‹ am 12. Dezember 1975. 1977 wurde eine Sendung ›New York Talk‹[11] mit Cavett und Paul Kuhn als deutschem Gesprächspartner in einem New Yorker Fernsehstudio produziert und am 9. November ausgestrahlt.

Bei seinen Deutschlandaufenthalten wurde Cavett vielfach interviewt, in der Presse hoch gelobt und fast schon zu einer Art Mythos, wie Bernhard Wittek 1989 verwundert feststellte: Wegen der Cavett zugeschriebenen »Intellektualisierung eines vorher als ausgesprochen oberflächlich geltenden Genres hielt die europäische Medienbranche Cavett lange Zeit für einen Tausendsassa; deutschen Fernsehmachern und TV-Kritikern gilt er noch heute als Kultfigur, wie ich bei meiner Recherche überrascht erlebte«.[12] Ob schnell abgefeuertes Attribut oder eingehende Analyse, die deutsche Presse war voll des Lobes. Einen »Lehrmeister der Talkshows in den USA« und den besten »Star-Gastgeber in der populären Bildschirmsparte« nannte ihn die ›Frankfurter Rundschau‹,[13] Wolf Donner schwärmte in der ›Zeit‹ über »eine seltene Kombination von vibrierendem Showman und klugem Journalisten (...)«.[14] Manfred Delling empfand, Cavetts Auftritt in »Zu Gast im ZDF« habe »wie eine Befreiung« gewirkt,[15] Karin von Faber hieb 1977 mit der Qualifizierung »rhetorischer Tausendsassa« in die gleiche Kerbe und konnte schon zusammenfassend mitteilen, Cavett werde »hierzulande als Meister der Master gefeiert«.[16] Wegen dieser außerordentlichen Einflussnahme auf Produktion und Rezeption der bundesdeutschen Talkshow soll Cavett hier ein wenig ausführlicher vorgestellt werden.

Aus Dick Cavetts Berufsbiographie wurde verschiedentlich geschlossen, er sei ausgebildeter Journalist. Ein Missverständnis – Cavett war zwar beim US-Nachrichtenmagazin ›Time‹ tätig gewesen, aber nur als *copy boy*, als Laufbursche also. Der Yale-Absolvent hatte ursprünglich eine Karriere als Schauspieler angestrebt und auch einiges an Bühnenerfahrung gesammelt, am Theater und bei Club-Auftritten als Illusionist und als *stand-up comedian*. Der Eintritt ins TV-Geschäft gelang ihm als Gag-Autor für den Late-Night-Gastgeber Jack Paar. Nach Cavetts eigener Darstellung erschlich er sich Zugang zu dem als neurotisch verrufenen Paar, indem er sich einen Umschlag mit dem ›Time‹-Logo unter den Arm klemmte, woraufhin man ihn für einen Journalisten der Zeitschrift hielt. Er drückte Paar einige selbst verfasste Einzeiler in die Hand und hinterließ Eindruck.[17] Dennoch wurde er zunächst nicht als Autor, sondern als Redakteur eingestellt, dem Buchung und Betreuung der Gäste oblagen. Von dieser Position aus vermochte Cavett sein Spektrum zu erweitern. Er wurde zunächst Comedy-Autor und schrieb für Koryphäen wie Jack Paar,

Johnny Carson, Groucho Marx und Jerry Lewis. Seinen Erfolg verdankte er nicht zuletzt dem Talent, jeder dieser Persönlichkeiten maßgeschneidertes, dem individuellen Stil des Betreffenden entsprechendes Material zu liefern.

Bei Sendungen mit hoher Ausstrahlungsfrequenz wie zum Beispiel Late-Night-Shows war es seinerzeit üblich, die Reihe bei krankheits- oder urlaubsbedingter Abwesenheit des ›hauptamtlichen‹ Moderators mit Stellvertretern fortzuführen. Nach diversen Gastspielen in Panel-Shows und als *stand-up comedian* in Unterhaltungssendungen machte Cavett als Ersatzmann für den Talkshow-Gastgeber Merv Griffin erstmals in größerem Rahmen auf sich aufmerksam. Die erste ihm zugedachte Talk-Reihe mit dem Titel ›The Star and the Story‹ wurde nach Erstellung einer Pilotfolge noch verworfen.[18] Überzeugender geriet eine Reihe von Specials, deren Erfolg dazu führte, dass Cavett seitens der Senderkette ABC ab März 1968 die Moderation der frühen 90-Minuten-Talkshow ›This Morning‹ anvertraut wurde. Die Wertschätzung der Kritiker und eine Auszeichnung mit dem Fernsehpreis ›Emmy‹ reichten jedoch nicht aus, um die Reihe im Programm zu halten. Cavetts besonderer Stil schien im Abendprogramm besser aufgehoben. Im Sommer 1969 erhielt Cavett eine neue Sendung, die an drei Tagen in der Woche – montags, dienstags und freitags – um 22.00 Uhr gezeigt wurde. Der Testlauf gelang, und ab Dezember 1969 präsentierte Cavett auf ABC eine regelmäßige Late-Night-Show. Die ›Dick Cavett Show‹ behielt bis Januar 1973 ihren Fünf-Tages-Rhythmus bei, wurde dann auf drei Tage pro Woche reduziert und 1975 ganz eingestellt. Cavetts neuer Arbeitgeber wurde das öffentlich-rechtliche Fernsehen PBS, wo er von September 1977 bis Mitte 1982 eine halbstündige puristische Interviewsendung moderierte, frei von Werbung und ohne die Beigaben des Late-Night-Musters. »This new format permitted Cavett to develop the natural flow of a conversation and to explore matters with less scheduling pressure.«[19] Aber auch in diesem Fall blieben die Quoten gering. PBS hatte Mühe, das Programm zu refinanzieren, und stellte es vorzeitig ein.

Wenn sich deutsche Publizisten für Cavett begeisterten, lag dem in der Regel die selektive Wahrnehmung ausgewählter Sendungen und einzelner Auftritte zugrunde. Die euphorisch besungene Leichtigkeit seiner Konversation, die journalistische Beharrlichkeit, die charmegepolsterte Unverfrorenheit waren aus Sicht des Protagonisten selbst das Ergebnis eines alltäglichen, enervierenden Lavierens zwischen den Interessen der Programmverantwortlichen, der einzelnen Sendestationen, der Gäste, des Publikums. Schon die Erfahrungen mit ›This Morning‹ hatten Cavett ernüchtert. Die Herausforderung wurde zur Fron, der Blick in die Zukunft war nicht ohne Schrecken: »(…) there was an endless-seeming procession of such shows, reaching God knows how far into the future, and each one presented new problems and anxieties (…).«[20] Wie Cavett in dem Interviewbuch ›Cavett‹ erinnert, drohten mit jeder Folge Auseinandersetzungen mit dem Zensor der ABC, mit den Leitern lokaler Sender oder Interventionen von leitenden Mitarbeitern, die zwar die Nielsen-Auswertung der Quoten kannten, die Sendung selbst aber nie gesehen hatten. Wieder und wieder musste sich Cavett, der seine Sendung selbst produzierte, für Dinge rechtfertigen, die ihm selbstverständlich erschienen; sein Anwalt stand stets parat, um gegebenenfalls juristisch korrekte Richtigstellungen allzu vorwitziger Äußerungen des Moderators oder seiner Gäste zu formulieren. Als Cavett im Eifer einer Debatte mit dem Aktivisten Jerry Rubin das Wörtchen ›ass‹ durchrutschte, verweigerte ein assoziierter Sender die weitere Übernahme der Show. Ein dramatischer Verlust, weil ABC in diesen Tagen mit insgesamt nur 165 angeschlossenen Stationen nicht eben gutgestellt war.

Den in Deutschland gezeigten Beispielsendungen war nicht anzumerken, dass sie in einer Atmosphäre höchster Anspannung, Vereinnahmung und unterschiedlichster Rücksichtnahmen entstanden waren.[21] Auch fehlten die in den Originalausgaben unvermeidlichen Werbeblöcke und Senderdurchsagen, die jede Sendung stark segmentierten. An sich währte keine Interviewpassage länger als zehn Minuten, was die Themenwahl einschränkte und den Redefluss naturgemäß hemmte. Ein Umstand, den Cavett sehr bedauerte, weil ihm gleichberechtigte Gespräche erheblicher erschienen als ein oberflächliches Frage-und-Antwort-Interview, das sich dennoch, abhängig auch von den jeweiligen Gästen und von der Dynamik innerhalb der mehr oder minder zufällig versammelten Gruppe, oftmals nicht vermeiden ließ.

In der Zuspitzung durch Christopher Porterfield erscheint Cavetts Talkshow ganz und gar nicht als der entspannte intellektuelle Fernsehgesprächskreis, der er in der Schilderung durch deutsche Chronisten zu sein schien: »Dick has had guests fail to show up at the studio. He has had guests lurch on stage drunk, and he has had guests turn out to be all too sober, their promised conversational torrents evaporating under the lights and leaving a residue of parched monosyllables. He has had guests say slanderous things, blasphemous things, cryptic and incoherent things, inaccurate things, and *non sequiturs*. He has had a guest walk off the show in a fit of temper – former Georgia Governor Lester Maddox – and he has had one guest get up and make for another as if to punch him in the nose – Norman Mailer versus Gore Vidal. He has even had a guest die of a heart attack while taping a show – J. I. Rodale, the publisher and advocate of organic foods and farming. (This, of course, was not seen on the air; a previously taped show was substituted.)«[22]

Cavett selbst sträubte sich eher gegen sein intellektuelles Image, das, so seine Selbstauskunft, nicht den Tatsachen entsprach – es war ein Etikett, das er nicht beansprucht, gewollt oder verdient habe.[23] Sein Talkshow-›Alltag‹ bestand eher aus unverbindlichen Plaudereien und gelegentlichen albernen Einlagen, auf die viele deutsche Kritiker mit dem Zorn des (Selbst-)Gerechten reagiert hätten. Anders als viele zeitgenössische Kollegen nahm sich Cavett aber heraus, gesellschaftlich relevante Dinge offen anzusprechen. Diese Haltung wirkte sich auf seine Gästeauswahl aus. Zu den üblichen Stars und Starlets des Talkshow-Zirkels gesellten sich bei Cavett unter anderem Lillian Hellman, Joseph Heller, Jerry Rubin, R. D. Laing, Marshall McLuhan. Die Einladung der afroamerikanischen Aktivistin Angela Davis wurde ihm von höherer Stelle untersagt.[24] Gerade zu besonderen Anlässen sah sich Cavett in seiner Gäste- und Themenpolitik durch zustimmende Zuschauerreaktionen bestätigt: »If something of world or national importance is going on, how can I not do a show about it? At those times I do think the show performs a real service. Or, less pretentiously, it fills a real need. At those times I have gotten a kind of fan letter that really is gratifying. People who have said, when Robert Kennedy was shot, or when there was the blood bath at Attica, or at various times in the Watergate mess, that they couldn't face the usual TV fare and just wanted to hear somebody, almost anybody, talk about what had happened. They close with a ›Thank God for your show last night; I wish it had gone on another two hours.‹ I suppose, if I'm forced to admit I've made a real contribution to television from time to time, it is on those occasions.«[25]

Vorreiter – ›Je später der Abend‹

Spätestens mit dem Erscheinen Dick Cavetts im bundesdeutschen Programm und den begleitenden Presseartikeln war das Thema Talkshow ins Bewusstsein einer breiteren Öffentlichkeit gelangt[26] – zum Nachteil Dietmar Schönherrs, denn nach diesem Wirbel an Publizität verbanden sich große Erwartungen mit der ›neuen‹ Sendeform, die doch gerade durch ihre Schlichtheit überzeugen sollte. Noch drei Jahre später konstatierte Schönherrs Nachfolger Reinhard Münchenhagen: »… die Erwartungshaltung des Publikums ist oft bis ins Irreale gesteigert. So etwas belastet einen ungeheuer.«[27]

Am Abend des 18. März 1973 eröffnete Dietmar Schönherr eine neue Sendereihe des dritten WDR-Programms mit folgenden Worten: »Ich begrüße Sie sehr herzlich zu unserer ersten sogenannten Talkshow ›Je später der Abend‹. (…) Meine Damen und Herren … eine Talkshow – was ist das? Darüber zerbrechen sich seit einiger Zeit die Fernsehmacher in den verschiedenen Anstalten die Köpfe. Sie haben sicherlich viel darüber gelesen und gehört. (…) Talk kommt von *to talk*, reden, und das Ganze ist also eine Rederei. (…) Talkshow ist etwas, was wir alle nicht kennen; ich hoffe, Sie haben Lust, es gemeinsam mit mir und mit unserem Publikum hier kennenzulernen.«[28]

Aus Schönherrs holpriger Anmoderation lässt sich unschwer die Unerfahrenheit mit der bislang unerprobten Unterhaltungsform herauslesen, die sich in der nachfolgenden Premierensendung denn auch deutlich niederschlug. Der Verlauf zeigte symptomatisch die Stärken einer solchen Sendeform, aber auch die Schwächen der deutschen Produktionsweise auf. Eingeladen waren der

Dramatiker Franz Xaver Kroetz, die Krimi- und Kinderbuchautorin Irene Rodrian und der als ›Staranwalt‹ annoncierte Jurist Rolf Bossi. Kroetz, als Erster auf die Bühne gebeten, beherrschte das Gespräch von Anfang an und erwies sich mit bunten Geschichten aus seiner Zeit als Gelegenheitsarbeiter, mitunter drastischer Wortwahl und dezenter Polemik unter anderem über die Münchner Lokalpolitik als lebendiger und unterhaltsamer Talk-Gast. Die für Kroetz eingeplante Gesprächsdauer war bereits um einige Minuten überschritten, als Schönherr zu der als Zweite geladenen Irene Rodrian überleitete. Die ungleich stillere Autorin hatte neben Kroetz einen schweren Stand; dem zuweilen umständlich oder gar ziellos fragenden Schönherr gelang es nicht, sie dauerhaft einzubeziehen. Gut behaupten konnte sich der als letzter Gast hinzutretende Rolf Bossi, schon von Berufs wegen ein versierter Redner.

Zehn Folgen der Reihe gelangten im dritten Programm zur Ausstrahlung, Silvester 1973 hatte sie Premiere in der ARD und wurde, so ein frühes Resümee des zuständigen Programmdirektors Werner Höfer, »vom Publikum mit gemischten Gefühlen, von der Presse mit kritischem Interesse, von der Politik mit unterschiedlicher Resonanz aufgenommen«.[29]

Die zuständige Redaktion hatte ihr Vorhaben folgendermaßen umrissen: »Gesprächspartner kann jeder sein, der etwas zu sagen hat und dem man auch gerne zusieht, wie er es sagt – sogenannte Prominente, ebensogut aber auch jemand, dessen Ansichten besonders aktuell, wichtig oder vergnüglich sind. Sie sollen gewissermaßen die Fußnoten und Apropos liefern, die offizielle Biographien nicht dulden. Sie sollen ihre Rubrik als Politiker, Schauspieler, Dichter, Manager, Fußballer oder ständiger Begleiter verlassen und zeigen, dass sie auch Fußgänger, Krimi-Leser, Feinschmecker, Mensch-ärgere-dich-nicht-Spieler, Pfeifenraucher und/oder Gesangsvereinsmitglieder sind.«[30]

Der besondere Reiz des Neuen verschaffte ›Je später der Abend‹ zu Beginn große Aufmerksamkeit, mit der Zeit aber wuchs die Kritik – dem vielfach vorgenommenen Vergleich mit den von Kritikern herangezogenen Sendungen eines Dick Cavett konnten Schönherr und seine Redaktion unmöglich standhalten. US-amerikanische Moderatoren werden von einem funktionierenden redaktionellen Apparat unterstützt. Ihre Conférencen und Gespräche basieren auf der gewissenhaften Vorarbeit eines großen Stabes von Rechercheuren, Archivaren, Vorinterviewern und Gagautoren. Bereits vor Beginn der Sendung werden die Gespräche strukturiert, gewisse Fixpunkte verabredet, auf die der Gastgeber später hinsteuert. Zudem verfügt ein routinierter Talkshow-Host – viele davon sind bühnenerfahren – über ein entwickeltes Repertoire an Gags und rhetorischen Strategien, mit denen er schwache Gesprächsphasen oder auch Pannen zu meistern versteht.

All dies fehlte der ersten deutschen Talkshow, in deren Hintergrund nur ein Redakteur und zwei freie Mitarbeiter wirkten und die somit gänzlich auf die Eloquenz der geladenen Gesprächspartner angewiesen blieb. Mangels ausreichender Vorbereitung verliefen die Gespräche völlig offen und kreisten mitunter minutenlang um Nichtigkeiten, waren somit wenig informativ und nicht immer unterhaltsam: »Der WDR hat seinen Talkmaster ohne das Stützkorsett eines zeitlichen und inhaltlichen Ablaufs, aber auch ohne ein sicheres Netz von verfügbarem Informationsmaterial in die Manege geschickt und darf sich nicht wundern, dass er nun im Sand liegt und zappelt.«[31]

Dietmar Schönherr selbst äußerte sich im späteren Rückblick sehr selbstkritisch: »Figuren, die geeignet sind, Kraft [sic!] ihrer Persönlichkeit Talk Shows zu tragen, müssen außer der Fähigkeit des Sprechens die Tugend des Schweigens besitzen. Sie müssen die Zuschauer an die Röhre locken, auch wenn sie gar nichts sagen. Ich selbst möchte mich in diesem Sinne als disqualifiziert betrachten, weil ich nicht genug auf meine Persönlichkeit vertraut und mich viel zu sehr bemüht habe.«[32]

Im Weiteren zitiert Schönherr aus einem Gespräch mit dem seit dem 1. Januar 1973 als WDR-Programmdirektor fungierenden und als Gastgeber der politischen Gesprächsrunde ›Der internationale Frühschoppen‹ selbst moderationserfahrenen Werner Höfer: »Ich finde es manchmal rührend von Ihnen und ich finde es jetzt rührend von Rosenbauer, wie ihr euch bemüht, zu zeigen, dass ihr gut vorbereitet seid. Wie ihr immer sagt, ich habe das und das gelesen, – oder einer Presseveröffentlichung entnehme ich …

Vielleicht wäre es viel richtiger, hinzugehen und die Dinge ganz einfach zu erfragen, anstatt sie schon zu wissen.«[33]

Schönherrs mehrdeutiger Kommentar zu dem Ratschlag, den zu befolgen auch manch einem seiner Nachfolger gut angestanden hätte: »Der Vorsitzende Höfer, in seiner großen Weisheit, hat recht.«[34]

Die Arbeit der Redaktion und des *Talkmasters* – so die damals gängige, aber nur in Deutschland gebräuchliche Bezeichnung für den Gesprächsleiter – wurde zusätzlich erschwert durch die zeittypischen Bänglichkeiten der Anstaltshierarchen. Mitunter mussten unwillkommene Gäste – darunter Erika Runge, Wolfgang Neuss und Rosa von Praunheim – aus politischer Opportunität kurzfristig wieder abbestellt werden, andere wurden der Redaktion von höherer Warte förmlich anbefohlen. Nach seiner Absetzung kommentierte Schönherr bissig: »Meine Nachgiebigkeit, meine Kompromisslerei, meine Feigheit und meine Ohnmacht gegenüber dem Sender haben dazu beigetragen, dass ›Je später der Abend‹ mit mir als Talkmaster nie so wurde, wie ich mir das vorgestellt habe. In den Funkhäusern sitzen unzählbare Festangestellte, denen die Verwaltung ihrer Sitzgelegenheiten wichtiger ist als ein lebendiges Programm. Kraft ihrer Unkündbarkeit regieren sie ihre von der Öffentlichkeit bezahlten Ämter wie Potentaten.«[35]

Dietmar Schönherr und seine Mitstreiter leisteten höchst undankbare Pionierarbeit, die seinerzeit wenig Anerkennung fand, von der aber eine Vielzahl von Nachfolgern profitieren sollte. Gezwungenermaßen beendete Schönherr 1974 seine Moderatorentätigkeit und gab die Sendung an den nach einer mehrmonatigen Sendepause im Folgejahr übernehmenden, 33-jährigen Hansjürgen Rosenbauer ab.[36] Auf die Kür des Nachfolgers wurde einige Mühe verwandt, fünf Kandidaten mussten in Probesendungen ihr Vermögen beweisen und sich der mit Werner Höfer, Günter Rohrbach, Hannes Hoff, Hans-Joachim Hüttenrauch und Kay-Dietrich Wulffen besetzten Jury aus WDR-Verantwortlichen stellen.[37] 1976 trat Rosenbauer die Moderation an Reinhard Münchenhagen ab. Nach insgesamt 63 Folgen wurde ›Je später der Abend‹ im Juli 1978 eingestellt.

Leeres Gerede – ›Der heiße Draht‹

Lange vor Ausstrahlung der ersten Ausgabe war auch die beim Südwestfunk entwickelte Unterhaltungsreihe ›Der heiße Draht‹[38] mit dem Stichwort ›Talkshow‹ bedacht und den ARD-Bemühungen zugeordnet worden, mit dem Konzept »mehr Information, weniger Show«, die, so ›Hör zu‹-Autor Bodo Land, »festgefahrene(n) Unterhaltungsformen aufzupolieren«.[39]

Die von Joachim Fuchsberger moderierte Reihe hatte am 1. Dezember 1973 in der ARD Premiere und wurde in mehrmonatigen Abständen an samstäglichen Terminen ausgestrahlt, stets unter der Fragestellung »Wie sieht uns das Ausland – Wie sehen wir das Ausland?«.[40] Joachim Fuchsberger nannte in der Auftaktsendung einleitend als Ziel: »Es gibt Vorurteile, die man auf Reisen aufbaut. Gegen diese Vorurteile wollen wir angehen, den Versuch unternehmen, sie abzubauen.«[41]

Die besagte erste Ausgabe widmete sich dem Verhältnis zwischen Dänen und Deutschen. Ursprünglich geladen waren Außenminister Walter Scheel und Wirtschaftsminister Hans Friderichs. Scheel sagte aus terminlichen und gesundheitlichen Gründen ab. Friderichs Abwesenheit begründete Moderator Joachim Fuchsberger mit einem Gerücht aus dem Umfeld des Ministers, dem zufolge dieser der Meinung sei, »er sei etwas zu oft in letzter Zeit auf dem Bildschirm gewesen«.[42] An ihrer Stelle traten mit Horst Ehmke der Bundesminister für Forschung und Technologie und das Postwesen auf, ferner aus Dänemark Wirtschaftsminister Per Hækkerup. Die Sendung begann nach einer langen und umständlichen Einführung mit einem spielerischen Segment: Beide Minister sollten vorgeben, im jeweils anderen Land Papiere und Geld verloren zu haben und von einer Telefonzelle aus ihre jeweilige Botschaft dazu bewegen, ihnen Unterstützung zukommen zu lassen, eine vom Publikum kaum zu verfolgende, weil nicht bildschirmgerecht in Szene gesetzte Aktion von mäßigem Unterhaltungswert bei geringem Erkenntnisgewinn.

Ferner suchte man dem Thema der Sendung mit eingespielten Straßenumfragen unter Dänen und Deutschen gerecht zu werden, in die statistische Angaben wie »51 % denken bei Dänemark an ›Butter und Käse‹« eingeblendet waren. Weitere Spielrunden schlossen sich an, zwischendurch fanden Gesprächsrunden statt. Drängende bis anfeuernde Äußerungen Fuchsbergers gegenüber den Beteiligten verraten, dass man auf konfrontative Diskussionen zwischen den dänischen und deutschen Gästen hoffte. Als erste Teilnehmerin erhielt eine Frau das Wort, die mit ihrem Kegelclub einen Tagesausflug nach Dänemark unternommen und dabei ausschließlich schlechte Erfahrungen gemacht hatte. Die mit am Tisch sitzenden Dänen widersprachen den Eindrücken und berichteten ihrerseits von negativen Erlebnissen mit Deutschen. Das Wortsegment beschränkte sich auf eine Reihung kurzer, von Fuchsberger mehrfach unterbrochener Erzählungen und knapper Einwürfe, seitens der Dänen oft in gebrochenem Deutsch. Neben der unsachgemäßen Gesprächsführung verhinderte ein enges zeitliches Korsett einen echten Meinungsaustausch, indem Fuchsberger den Ablauf schroff unterbrach und zum nächsten Programmpunkt, einem Auftritt der Dixieland-Formation Papa Bue's Viking Jazz Band, überleitete. Die dänische Kombo brachte gleich drei Titel zu Gehör, ein deutliches Zeichen, dass die Redaktion von den Wortbeiträgen nicht mehr als eine Pointierung des Spielgeschehens erwartete, denn eine argumentative Auseinandersetzung mit offenem Verlauf konnte sich unter den gegebenen Bedingungen unmöglich entwickeln. Wenig geglückt auch die im zweiten Teil der Sendung eingebaute Telefonrunde, in der sich ausgewählte Zuschauer an die prominenten Gäste – neben den genannten Politikern noch der dänische Erfinder Karl Krayer, der deutsche Designer Luigi Colani, die Fußballprofis Grethe Mogensen und Sigi Held – wenden konnten. Die Fragen waren mehrheitlich belangloser oder bemüht witziger Natur. So musste sich die dänische Fußballerin die Erkundigung gefallen lassen, ob Frauenmannschaften, dem männlichen Ritual folgend, auf dem Platz ihre Trikots tauschten. Eine wechselseitige Kommunikation in Gestalt eines Austauschs von Ansichten und Argumenten kam zu keinem Zeitpunkt zustande. Erst am Schluss entbrannte unter den Studiogästen eine lebhafte Diskussion. Im selben Moment aber wandte sich Fuchsberger vom Geschehen ab und der Kamera zu, um seine Schlussworte zu sprechen und die Sendung zu beenden. Weder in diesem noch in den vorangegangenen Talk-

Blöcken erfüllte sich Fuchsbergers anfängliche Zusicherung an die beiden Minister, man werde noch miteinander sprechen – »über ihre Sorgen, meine Herren Minister, über ihre Freuden und über das, was Sie bewegt und was Sie unter Umständen unter die Leute bringen möchten«.[43]

Trotz wohlwollender Aussagen über Fuchsberger stieß dieses tatsächlich in jeder Hinsicht unerquickliche Konzept auf den Unmut der Kritiker. »Fuchsberger: weder Wortverteiler noch Moderator; Gesprächspartner schon gar nicht, weil er immer wieder ins Wort fiel, um seine Conférencen anzubringen. Ein begabter und geübter Conférencier allerdings, das ist er; zu seiner Attitüde jungenhaften Charmes sollten Pointen aus zotigen Einfällen nicht passen. Auch nicht, weil zum Schluß offenbar ernsthaft das Thema Pornographiefreigabe diskutiert werden sollte. Doch dazu kam es (zum Glück, weil Minister Ehmke schon groß zu einer Parteirede ansetzte) nicht mehr, weil die Sendetzeit [sic!] abgelaufen war.«[44]

Die Redaktion selbst schien nicht zufrieden und nahm mehrfach Veränderungen vor, wie Wolf Donner in der ›Zeit‹ berichtete: »›Der heiße Draht‹ begann mit einem furiosen Leerlauf aus Show-, Quiz- und Talkelementen, die zweite Folge wurde ein langatmiger, betulicher Seniorenplausch. Die dritte an diesem Samstag mit dem Gastland Italien soll zügiger und forscher werden und will das Gespräch durch *live*-Schaltungen zu politischer Prominenz beleben; die Fragen von draußen werden durch ein Leserforum der sieben deutschen Programmzeitschriften gefiltert, deren Redakteure Konzentrierungs- und Formulierungshilfen leisten.«[45]

Alle Verbesserungsmaßnahmen fruchteten nichts; beim Zuschauer kam die Reihe nicht an. Nach acht Ausgaben erfolgte die Einstellung. Die ›Frankfurter Rundschau‹ nahm sich der Gezeigten im April 1975 in einem Rückblick noch einmal an, wobei der Text anklingen lässt, dass sich nicht zuletzt die Einbeziehung der Politik als hinderlich erwiesen hatte: »Die Kritik meinte es mit der Sendung wie mit Fuchsberger meist nicht gerade gut. Die Zuschauerzahlen lagen unter dem Durchschnitt fast aller Samstagabendunterhaltungen, dem besten Sendetermin der Woche. Die Mischung von Information und Unterhaltung, die den Baden-Badener Fernsehmachern vorschwebte, erwies sich letztlich als nicht durchführbar. Man experimentierte, versuchte das Telefon als heißen Draht zum Zuschauer allmählich verschwinden zu lassen, legte sich wegen der Auswahl an Prominenz mit den politischen Parteien an, wechselte den Regisseur und ließ kritische Ansatzpunkte in der Gesprächsrunde nicht ausdiskutieren.«[46]

Tonstörungen – Die Schwierigkeiten mit der Talkshow

Im redaktionellen Bereich der Talkshows wirkten sich die oft beklagte Unbeweglichkeit namentlich des ARD-Verbunds und die in den 1970er Jahren häufigen Versuche politischer Einflussnahme besonders nachteilig aus und hatten entsprechende Frustrationen zur Folge, wie sich beispielhaft an der Person Reinhard Münchenhagens festmachen lässt. 1979 wechselte Münchenhagen zum Privatsender Radio Luxemburg und wurde dort Chefredakteur für Politik. In einem 1984 anlässlich der Einführung inländischer Privatsender geführten Interview nannte er rückblickend seine Motive für diesen Schritt und resümierte, seine Aussagen in die damalige Gegenwart verlängernd: »Ähnlich meiner Situation gibt es eine ganze Reihe von Kollegen, die wegen der festgefahrenen Strukturen in den öffentlich-rechtlichen Häusern ihre Möglichkeiten und ihre Vorstellungen nicht ausschöpfen, nicht durchführen können.«[47]

In verwandtem Sinne, aber deutlicher aufs Programm bezogen äußerte sich der im selben Rahmen befragte Alfred Biolek, der zunächst nahezu ausgereifte Vorstellungen von einer Sendereihe mit mindestens wöchentlicher, besser noch täglicher Ausstrahlung ausbreitete – und dabei bereits das Konzept seiner späteren Talk-Sendung ›Boulevard Bio‹ im Kopf zu haben schien –, aber auch die Zwänge innerhalb öffentlich-rechtlicher Anstalten ansprach, die eben diese Sendeform noch verhinderten: »Im Prinzip (…) diese Mischung aus Show und Gesprächen, die Vorstellung von neuen Talenten, der Star, der vorbeikommt, wenn er seine Tournee macht, wie das ja bei mir jetzt auch ist, das halte ich dann für eine sehr starke Sendeform, die meiner Ansicht nach gegen alles andere konkurrenzfähig ist. Durch die häufigere Frequenz muss sie viel, viel lockerer werden, viel selbstverständlicher werden. Sie wird sich automatisch der ganzen Zwänge, die ja auch die Sendeanstalten einem auflegen, entledigen – qua Existenz.«[48]

Die damaligen Verhältnisse aber ließen das nach Bioleks Meinung, der zu diesem Zeitpunkt Erfahrungen als Redakteur von ZDF und ARD sowie als Leiter der Unterhaltungsabteilung der ›Bavaria‹ und als Moderator von Talk- und Showsendungen gesammelt hatte, nicht zu: »Heute eine wöchentliche Sendung zu machen, das wäre ein organisatorisches Meisterstück in der ARD.«[49]

Einige Seiten weiter ließ Bioleks jüngerer Kollege Thomas Gottschalk indirekt durchblicken, woran es dem Unterhaltungsfernsehen zur Zeit des Interviews gebrach: »Ich bin dafür, normale Menschen mit normalen Dingen zu unterhalten. (…) Im Fernsehen wird zumeist eine Scheinwirklichkeit erzeugt. Dabei ist die Wirklichkeit interessant genug, nur eben häufig nicht so attraktiv.«[50]

Die von den Fernsehschaffenden skizzierten Friktionen und skrupulösen Haltungen in Sendern und Redaktionen hatten lange Zeit nachteiligen Einfluss auf die Entwicklung der Talkshow, zumindest soweit die Hauptsender ARD und ZDF betroffen waren. In den ersten zehn Jahren des öffentlichen Räsonierens über die Talkshow wurde in der Fach- und auch in der Publikumskritik immer wieder von einer Krise dieser Sendeform gesprochen.

Bereits im Mai 1974 monierte Wolf Donner: »Die zwei deutschen Talkshows, günstig am ›ernsten‹ Mittwoch und am ›seichten‹ Samstag platziert, kranken bisher noch am Grundfehler des deutschen Fernsehens überhaupt: Sie sind nicht mutig, zupackend oder gar frech und aggressiv, nicht mal brisant oder ironisch und auch nicht gerade geistvoll, sondern sie sind ganz durchdrungen vom Geist höflicher Vorsicht, artiger Ehrerbietung und öffentlich-rechtlicher Demut vor großen Tieren.«[51]

1976 befragte Bodo Land für die TV-Zeitschrift ›Hör zu‹ mehrere Talkmaster, und auch er gelangte zu pessimistischen Schlussfolgerungen: »Die Talk-Show, vor drei Jahren als die Wunderdroge der Fernsehunterhaltung aus der Taufe gehoben, steckt nach hundert Sendungen in der Krise. Und die Krise ist die Krise der Talk-Showmaster. Das ist die eine Seite des Problems. Die andere verbirgt sich hinter den Kulissen des Fernsehens.«[52]

In jenem Jahr wurden in rascher Folge neue Formate präsentiert, viele, beispielsweise die von Walther Schmieding moderierte Reihe ›Zu Gast im ZDF‹, nach wenigen Ausgaben wieder eingestellt. Bodo Land beendet seinen Text mit den Worten: »Hier die Bruchstücke einer großen Idee – dort Visionen und Rettungsversuche: Die Talk-Show ist tot – es lebe die Talk-Show …«[53]

Die von Land erkannte Tendenz wurde wiederum drei Jahre später von dem Programmbeobachter Rupert Neudeck bestätigt: »Es gab die Talk-Show-Masche, die in ARD und ZDF zu gefälligen Verkaufsgespräch-Sendungen mit winzigen kleinen Ausnahmen versandete, sodass am Ende das Fazit des Kommödchens zu dem ›modernen Pranger‹ hier stehen bleiben muss: ›Das ist ja gerade das Schöne am Fernsehen, dass es einem das ganze Privatleben kaputt macht, dafür aber ein anderes liefert.‹ Der Talk-Show liegen mehrere Geburtsfehler zugrunde, der eine liegt in der mangelnden Häufigkeit und Periodizität der Sendung. Zu einem so selbstverständlichen tagtäglichen Ereignis wie in Frankreich Jacques Chancels phantastische ›Radioscopie‹-Sendung (…) kann unsere Show nie werden, dafür hat sich von innen und von außen ein solcher Erwartungsdruck – und Schutt angesammelt, dass jeder psychisch normale und rüstige Talk-Master dabei verrückt werden muss. Die Reihe der verschlissenen Figuren ist ja denn auch beträchtlich.«[54]

Die Talkshow – Ein Zeichen der Zeit

Ungeachtet der anfänglich schlechten Erfahrungen blieb die Sendeform Talkshow auf dem Produktionsplan, auch deshalb, weil sie in jenen politisch bewegten Zeiten dem Bedürfnis nach öffentlicher Debatte entgegenkam. Gerhard Prager, der bis zu seinem Tod im Jahr 1975 als Programmdirektor des ZDF fungierte, hatte bereits 1972 beobachtet: »Es mehren sich die Anzeichen dafür, daß das Fernsehen – und mit ihm ganz besonders die Unterhaltung – sich anschickt, dem faulen Kulissenzauber zu entsagen und statt dessen den Menschen wieder in den Mittelpunkt zu rücken, damit er sich selbst ›darbiete‹, losgelöst von szenischen Finessen. Niemand wird leugnen können, dass Leute wie Werner Baecker, Margret Dünser, Bernhard Grzimek, Heinz Haber, Hans-Joachim Kulenkampff, Rüdiger Proske, Dietmar Schönherr, Horst Stern, Georg Stefan

Troller in zurückliegenden Jahren mehr zum Verständnis unserer Welt (...) beigetragen haben als die vielen Bildartisten mit ihrer im Grunde sterilen elektronischen Schnurkeramik.«[55]

Denn, so schreibt Prager vier Seiten weiter in ähnlichem Zusammenhang: »Eine Unterhaltungssendung mit Ausstattungswahn hat am Ende keine Chance gegen einen einzelnen Mann auf der Spielfläche, der mit den Händen in den Hosentaschen einem sagt, wo es brennt und wo es lang geht.«[56]

Im fraglichen Zeitraum reflektierten Programmbeobachter und Praktiker Erfahrungen mit dem strikt sachbezogenen politischen Interview, wie es beispielsweise in der Reihe ›Kreuzfeuer‹ innerhalb des Magazins ›Monitor‹ gepflegt wurde. Das Ergebnis dieser Überlegungen lautete dahingehend, dass eine konfrontative Gesprächsführung dem angestrebten Ziel, Politik und die Motive ihrer Vertreter transparent zu machen, eher entgegenstand. Denn, so Thomas Koebner, der seinerseits mit Werner Erlenputsch[57] einen Praktiker als Zeugen heranzog: »Gerade die Erwartung, sich Vorwürfen und unangenehmen Fragen stellen zu müssen, erlaubt den Befragten, sich besonders als Herr der Situation und als selbstbeherrscht zu zeigen – im Wissen darum, daß solche staatsmännische Überlegenheit in den Augen der Zuschauer den höheren Status markiert und Sympathien sichert.«[58]

Damit ist auch in diesem Bereich eine Tendenz zum fernsehöffentlichen Gespräch in offener Ordnung mit aufgelockerter Stimmung zu erkennen, das keineswegs nur auf einen Schaueffekt in Form eines Vorführens prominenter Gesichter abzielt, sondern die Erörterung gesellschaftlicher Zustände sowohl zum Frommen der Beteiligten wie auch der Bildschirmnutzer in einer von einem gewissen Laisser-faire geprägten Atmosphäre anstrebt.

Ungleich prosaischer waren die finanziellen Gründe, die wesentlichen Anteil hatten an der noch steigenden Konjunktur der Talkshow, ließ sich diese Sendeform doch äußerst preisgünstig produzieren. Der ›Spiegel‹ rechnete 1973 vor: »60 Minuten Talk-Show kosten knapp 20 000 Mark. Ein gleich langes, meist nicht halb so kurzweiliges Showstück mit Tanz und Singsang verschlingt das 14fache – 280 000 Mark.«[59] Nicht zuletzt aus diesem Grunde wurde die Gattung insbesondere von den Verantwortlichen der finanziell schlecht ausgestatteten Regionalprogramme sehr geschätzt. Die ursprünglich auf Inhalte aus den Bereichen Bildung und Kultur ausgelegten Regionalprogramme, allgemein als ›Dritte Programme‹ bezeichnet, dienten zu jener Zeit häufig als Spielwiese und boten so den passenden Rahmen für die Erprobung neuer Programmideen und junger Talente.

Obwohl also der Talkshow seitens der Kritik immer wieder ein schnelles Ende prophezeit wurde, blieb sie bei Programmschaffenden und Publikum weiterhin beliebt. 1990 sprach der »Spiegel« sogar von einer »Talkshow-Epidemie«, die Autor Peter Stolle unter anderem wiederum auf die niedrigen Herstellungskosten zurückführte. Nicht ganz sachgemäß verglich Stolle die Ausgaben für zwei um 22.00 Uhr und im Regionalbereich ausgestrahlte Talkshows mit der ZDF-Prime-Time-Show ›Nase vorn‹ und schrieb, dem Stil des Magazins gehorchend, mit gallegetränkter Feder: »Talkshows sind die Notrutschen der Fernsehunterhaltung, Selbstgänger und spottbillig. Bei Bremens ›III nach neun‹ kosten zwei Sendestunden 50000 Mark; für eine Ausgabe der Frankfurter Talk-Novität ›Zeil um zehn‹ überweist der Hessenfunk nur etwa 19000 Mark an eine freie Produktionsfirma. Und für die 1,5 Millionen, die der Zwerg-Rubbler Frank Elstner pro ›Nase vorn‹ verpulvert, könnte das Mainzer ›Live‹ beinahe 20mal über den Sender gehen.«[60]

Dass Talkshows zu den preisgünstigsten Programmangeboten zählten, wurde von den Senderverantwortlichen keineswegs verschwiegen. Erwin Friesch, der langjährige Unterhaltungschef des Süddeutschen Rundfunks, bekannte freimütig: »Offen gestanden, wir erfanden die Gesprächssendungen aus einem ganz anderen Grund: wir wollten Geld sparen, um es an anderer Stelle einsetzen zu können. Auf diese Weise entstanden die Talkshows ›Heute in Stuttgart‹ (1973, 15 Folgen) und ›Prominenz im Renitenz‹ (seit 1984, 83 Folgen[61]).«[62]

Gruppendynamik – ›III nach 9‹

Die von Stolle erwähnte Sendereihe ›III nach 9‹, so die ursprüngliche, später in ›3 nach 9‹ umgewandelte Schreibweise, war erstmals am 19. November 1974 vom kleinen, damals sehr experimentierfreudigen Sender Radio Bremen in das Angebot der Nordkette NDR, SFB und RB eingebracht worden – wobei deren Urheber die bis dahin in Deutschland bekannten Vorbilder gänzlich ignorierten und auf ein ganz eigenes Konzept setzten.

Im Gegenteil war der Begriff Talkshow in der deutschen Öffentlichkeit noch kaum verbreitet, als Dieter Ertel, als Pionier des Fernsehdokumentarismus bereits zu Ehren gekommen, 1971 beim Süddeutschen Rundfunk in Stuttgart mit der Idee eines »Anti-Magazins«[63] aufwartete. Live und unmittelbar sollte es ablaufen und von Überraschungen und von der Geistesgegenwart der Beteiligten leben, kurzum »ohne überlegtes Konzept«,[64] wie Ertel später in einem Interview nicht ohne Stolz einräumte. Das gewagte Experiment – in einer Rückschau war gar von einem »Untergrundunternehmen«[65] die Rede – blieb auf eine Ausstrahlung beschränkt. Die Reaktionen der Senderverantwortlichen müssen zwischen Kopfschütteln und Standpauke gelegen haben. Der Fernsehautor und Moderator Wolfgang Menge, der in dieser frühen Phase bereits an Konzeption und Ausführung beteiligt war, erinnerte später: »Wir haben ja nicht gewusst, dass es eine Talkshow wird. Das hieß ›Anti-Magazin‹, also ein Live-Magazin. Und dieses Ding war so chaotisch, also schlimmer als alles, was später gekommen ist, dass Intendant und Programmdirektor uns verboten haben, jemals wieder in die Nähe eines Bildschirms zu kommen.«[66]

Nachdem Dieter Ertel zum 1. Januar 1974 als Programmdirektor zu Radio Bremen gewechselt war, nahm er das Projekt im dritten Programm, der damaligen Nordkette NDR/RB/SFB, wieder auf. Eher zufällig wurde es ein Unterhaltungsformat, ohne einen Gedanken daran, die damals frisch aus den USA importierte und mit zahllosen Schlagzeilen bedachte Fernsehform der ›Talkshow‹ zu adaptieren. Ertel und seine Redakteure verfolgten ihre eigenen Ideen – es waren letztlich andere, die das Ergebnis eine ›Talkshow‹ nannten.[67]

Allein der Beginn der Premierensendung musste den versammelten Betrachtern ungewöhnlich erscheinen, ließ sie doch in Anbetracht der damaligen Präsentationsformen den Eindruck des Unfertigen, Improvisierten entstehen: Die Anmoderation wurde aus dem Off eingesprochen, während das Studio bereits im Bild zu sehen war. Als Auftakt ließ Regisseur Michael Leckebusch das Team am im Saal aufgestellten Regiepult anvisieren. Dann fuhr die Kamera rückwärts an einer Monitorstele, einem Kabelträger und weiter am Klavier spielenden Gottfried Böttger vorbei und schwenkte auf das Podium, wo der Moderator Gert von Paczensky mit seinem ersten Gast auf seinen Einsatz wartete. Die – hörbar ironisch gefärbten – Worte der Programmansagerin lauteten: »Zu später Stunde noch einmal guten Abend, meine Damen und Herren. Mit ›III nach 9‹ wird heute eine neue Sendereihe aus der Taufe gehoben. Marianne Koch, Wolfgang Menge und Gert von Paczensky erwarten einige Gäste im Studio, mit denen sie sprechen möchten. Wir hoffen, dass auch die eingeladenen Gäste nicht unbeteiligt bleiben. Das Ende der Sendung ist noch offen. Und nun schalten wir um ins Studio 3, wo ›III nach 9‹ bereits begonnen hat.«[68]

Statt nur eines Moderators waren von der Redaktion deren drei mit der Gesprächsführung betraut worden: die Schauspielerin, Ärztin und Moderatorin Marianne Koch, der Journalist und Autor Wolfgang Menge und der Chefredakteur des Senders, Gert von Paczensky. Jeder von ihnen bekam eine bestimmte Anzahl von Gästen zugewiesen, sodass sich aus der Abfolge eine gewisse Struktur des Ablaufs ergab und die unterschiedlichen Gastgeberpersönlichkeiten nebst wechselnden Themen allein bereits Abwechslung und Kurzweil garantierten.

Das Saalpublikum saß an kleinen Tischchen im Studio verteilt und konsumierte Getränke und Tabakwaren. Die Moderatoren und Gäste wurden zumeist zunächst in Zweierkombination inmitten der anwesenden Zuschauer oder auch am Tresen der studioeigenen Bar platziert. Im Schlussteil der Sendung trafen sich die Gesprächspartner zur großen Runde, blieben aber nah am Auditorium, das auch von der Lichtführung nicht ausgegrenzt wurde. Studioeinrichtung und Inszenierung ließen weder größere Gräben noch Barrieren zwischen Saalpublikum und Protagonisten entstehen, denn, und das unterschied die Reihe von ›Je später der Abend‹, alle Anwesenden durften mitreden. Ein anderes Merkmal der Reihe war ihre Transparenz, was die Produktionsbedingungen des Fernsehens betraf – Kameras und Tontechniker hatten ebenso ihren Platz innerhalb der Inszenierung wie das Regiepult, das entgegen gängiger Praxis direkt im Studio und im Sichtfeld der Kameras installiert worden war.

Wenngleich bei ›Je später der Abend‹ im Projektstadium davon die Rede gewesen war, auch Normalbürger zu Wort kommen zu lassen, wurde dies später nie realisiert. Anders bei ›III nach 9‹, wo Prominenz nicht notwendig Voraussetzung für die Teilnahme war – in den Augen der zeitgenössischen Kritik ein lobenswerter Ansatz: »Hausfrauen plauderten über ihre Sorgen, ein Kriminalbeamter berichtete von seiner Arbeit, eine Schäferin erzählte von ihrem ungewöhnlichen Beruf – selbst eine Prostituierte fand tolerante Gesprächspartner.«[69]

Häufig lieferte ein aktuelles Thema den Rahmen für die Gespräche. Aus Anlass der bedingten Freigabe pornographischer Werke beispielsweise wurde das Sujet auf mehreren Ebenen diskutiert. Der Schriftsteller Peter Rühmkorf äußerte sich über den Gebrauch einer derben Volkssprache in seiner Dichtung, ein Bremer Staatsanwalt, eine Sexshop-Besitzerin, ein Vertreter der Bundesprüfstelle für jugendgefährdende Schriften und ein Politiker berichteten aus ihren Arbeitsbereichen und tauschten Standpunkte aus. Ein pfiffig gemachter Einspielfilm dokumentierte die Vorbereitungen zu der heiklen Sendung und lieferte Anlass zur Diskussion – die verantwortlichen Redakteure hatten sich vorsichtshalber vorab beim zuständigen Staatsanwalt informiert, welche Produkte aus dem Angebot der Sexshop-Besitzerin man zeigen dürfe und welche nicht.

Sendungen wie diese boten eine unterhaltsame Kombination aus Amüsement und Information. Das ab Januar 1976 von anderen dritten Programmen übernommene ›III nach 9‹ galt als progressiv; die Redaktion riskierte ein ums andere Mal Diskussionen um provokante Themen und erlebte manchen ›Talkshow-Skandal‹, der die Popularität der Sendung nur noch steigerte. Zweifellos lag es in der Absicht der Urheber, brisante und außergewöhnliche Sujets seriös zu erörtern, um sich über gesellschaftliche Fragen zu verständigen und zur Meinungsbildung des Publikums beizutragen. Zugleich aber zeichnete sich die Erfahrung ab, dass Themen mit hohen Sensationswerten eine erhöhte Publikumsresonanz versprechen – so gab es in späteren Jahren die Institution des »G.E.Z.«, des »gezielt eingeladenen Zuschauers«, von dessen Beitrag eine Zuspitzung der Debatte erwartet wurde. »Als wir in der Neuzeit ankamen«, berichtete der seit 1989 im Dienst der Sendung stehende Journalist und Moderator Giovanni di Lorenzo, »war manche Auseinandersetzung auch schon geplant.«[70]

Eine Praxis, die – nicht nur bei den auf Eskalation ausgerichteten nachmittäglichen Talkshows kommerzieller Sender – bald gängig und von Talkshow-Redakteuren sehr gezielt angewandt wurde.

Neugier aufs Private – ›Spätere Heirat nicht ausgeschlossen‹

In ›Je später der Abend‹ hatte der WDR, entgegen ursprünglich geäußerter Absichten, noch auf die Mitwirkung gewöhnlicher Bürger verzichtet, widmete aber ab 13. Oktober 1974 mit ›Spätere Heirat nicht ausgeschlossen‹ eine Sendung ausschließlich dem privaten Bereich. In dieser Sendereihe unterhielt sich Moderator Reinhard Münchenhagen mit Menschen, die einen Partner suchten. In der Premierensendung wandte sich Münchenhagen, leger auf einer Stuhllehne sitzend, zunächst an das Fernsehpublikum: »Guten Abend. Dieses ist die außergewöhnlichste Sendung, die Sie sich vorstellen können – aus einem sehr simplen Grunde: Weil sie über die gewöhnlichsten Dinge des Lebens berichtet. Über Menschen, die versuchen, ihre Probleme zu äußern, ihre Wünsche zu äußern und darüber sich Gedanken zu machen und etwas zu sagen, was sie sich von einem Partner für ihr Leben vorstellen. Keine prominenten Gäste, keine prominenten Probleme, sondern ganz einfache Menschen. Insofern eine Sendung, bei der ich meine, dass man vielleicht ein bisschen an sich selbst auch mit denken sollte.«[71]

Der Nachspann verzeichnete Reinhard Münchenhagen ausdrücklich als ›Gastgeber‹, und eben diese Rolle nahm er ein, wenn cr seine einzeln auftretenden Gäste begrüßte. Untermalt vom Beatles-Titel ›Love Me Do‹ erhob er sich und trat seiner ersten Gesprächspartnerin entgegen, die an einem schmucklosen Holztisch Platz nahm und von Münchenhagen mit einem Ansteckmikrophon versehen wurde. Ohne weitere Präliminarien begann eine klassische Diaschau mit Bildern aus der Wohnung der Dame, Blicke auf die Einrichtung der Zimmer, einzelne Möbel, kleinere Details, die von der Geladenen kommentiert wurden. Dann erst erfolgte die namentliche Vorstellung über ein Insert: »Gerda E.«. Nach Ende der Bilderfolge begann Münchenhagen das Gespräch launig mit »Ganz trocken kann man das nicht machen. Was möchten Sie trinken?« Frau E. entschied sich für einen Wein und entzündete eine Zigarette.

Im nachfolgenden Gespräch erfuhr Münchenhagen von Frau E. – noch nicht ganz 28 Jahre alt, Fachlehrerin vor der zweiten Staatsprüfung –, dass sie fest gebunden war. Sie versprach sich von der Teilnahme an der Sendung demnach keinen Lebenspartner, sondern suchte Bekanntschaften, die zu finden ihr sonst schwer fiel. Als Begründung gab sie an: »… wenn ich als Frau allein in ein Lokal gehe, werde ich von den meisten Männern als Freiwild betrachtet, was mir nicht sehr angenehm ist, denn ich suche nicht immer unbedingt, wenn ich alleine ausgehe, den Partner fürs Leben, sondern ich suche einen Gesprächspartner oder jemanden, mit dem ich auch mal des öfteren weggehen kann oder interessante Gespräche führen kann.«

Münchenhagen verzichtete darauf, auf gewisse Widersprüche in ihren Erzählungen einzugehen. Beispielsweise unterließ er die naheliegende Frage – die in einer Affekt-Talkshow nach Machart der 1990er-Jahre sicher nicht ausgespart, sondern sogar besonders intensiv verfolgt worden wäre –, warum sie trotz fester Bindung offenbar häufig allein ausgeht. Stattdessen ließ er sich ausführlich die dargelegte Problematik schildern, ebenso die ihm allem Anschein nach bereits bekannte Familiengeschichte Frau E.s, die insofern besonderen Charakter hatte, als Frau E.s Mutter früh verstorben war und sie von ihrer Schwester, einer namhaften Kunstmalerin, aufgezogen wurde.

Diese vertrauensbildenden Maßnahmen erlaubten Münchenhagen, unerwartet in einen suggestiven Fragegestus zu verfallen. Für Gast wie Publikum überraschend äußerte er unvermittelt die vom bisherigen Gesprächsverhalten abweichende, weil herausfordernd, formulierte Frage: »Sie sind, das haben Sie gesagt, 28. Warum wollen Sie eigentlich nicht selbstständig werden?«[72]

Die sehr artikulierte, selbstbewusst auftretende und bei der Selbstanalyse sehr freimütige Frau E. zeigte sich kurz irritiert, ließ sich letztlich aber nicht in Verlegenheit bringen. Dieses erste Gespräch währte zwölf Minuten. Es folgte der Glasfeinschleifer Eckhard D., der, im Ausdruck weit weniger sicher, von seiner Arbeit und seinen Zukunftsplänen berichtete, Antworten auf Fragen nach seinen familiären Verhältnissen aber einer gewissen Hartnäckigkeit Münchenhagens zum Trotz beharrlich verweigerte. Sein Motiv für die Teilnahme an der Sendung: Jemanden zu finden, mit dem »echte« Gespräche möglich sind.[73]

Angelika M., als Letzte hereingebeten, bekannte sich als Einzige dazu, einen Partner zu suchen, und schilderte offen die diesbezüglichen Probleme, denen sie als alleinerziehende Mutter eines fünfjährigen Sohnes begegnet war.

Die Gestaltung dieser ersten Sendung war auffallend spartanisch. Ein schlichter runder Holztisch, ein Beistelltischchen mit Getränken und einem Blumenstrauß, mehr bekamen die Zuschauer nicht zu sehen. Verglichen mit der förmlichen Garderobe anderer Showmaster war der auf Jackett und Krawatte verzichtende Reinhard Münchenhagen salopp gekleidet. Im Umgang mit seinen Gästen zeigte er sich höflich, aber nicht übertrieben förmlich. Hinter der jeglicher Showeffekte baren, bewusst kargen Inszenierung, die sich auch im Verzicht auf die fernsehüblichen Einspielfilme zugunsten sehr privat wirkender Diaschauen ausdrückte, stand erkennbar die Absicht, den Gast ins Zentrum zu rücken und die Zuschauer dahingehend zu lenken, sich auf das Gesagte zu konzentrieren.

Einleitend angekündigt hatte Münchenhagen »drei Gäste, die uns Gesprächspartner sind, aber eigentlich mehr sein wollen, nämlich Partner übers Gespräch hinaus«.[74] Aus der zeitlichen Distanz heraus und von kritischer Warte wäre zu monieren, dass Gespräche im Sinne eines inhaltlichen Austausches nicht zustande kamen und auch nicht angestrebt wurden. »Gespräch« bedeutete bei ›Spätere Heirat nicht ausgeschlossen‹, sich den neugierigen, teils auch zudringlichen Fragen des Moderators zu stellen. Die Teilnahme an der Sendung setzte die Bereitschaft voraus, sehr intime Dinge fernsehöffentlich preiszugeben. Bisweilen wurde das Tischgespräch, wie oben beschrieben, gar zu einer Art Psychoprüfstand, auf dem kameraunerfahrene oder rhetorisch minder begabte Mitwirkende in echte Verlegenheit geraten konnten.

Die damalige Wahrnehmung aber war eine andere. Die Theaterwissenschaftlerin und Fernsehkritikerin Klaudia Brunst beispielsweise erinnerte sich: »Das war neu. Das war modern. Das war spannend. Da gab es den Realschullehrer aus Krefeld, der sich für abstrakte Kunst interessierte, oder die Stenotypistin aus Dortmund, die einen Partner für ihren erlebnisreichen Lebensabend suchte. Nach einem kurzen Einspielfilm saßen sich die Kandidaten und der Heiratsvermittler in einem recht sterilen Studio gegenüber und plauderten über das Leben an sich und die Träume vom großen Liebesglück im Besonderen.«[75]

Rupert Neudeck, ein aufmerksam das Bildschirmgeschehen – inklusive des von vielen Kollegen verschmähten Unterhaltungssektors – verfolgender, mit dem Programmangebot oft streng ins Gericht gehender Kritiker, äußerte sich mehrfach positiv über die WDR-Reihe[76] und forderte 1981, nachdem für den 7. Juni die letzte Ausgabe von ›Spätere Heirat nicht ausgeschlossen‹, angekündigt worden war, deren Fortsetzung und sogar Erweiterung: »… solange wir so wenige Sendungen haben, in denen Menschen auftauchen, von denen wir uns absetzen oder mit denen wir uns identifizieren, in denen wir uns und unsere soziale Umgebung wiedererkennen, möchte ich für eine Wiederaufnahme dieser Sendung plädieren. Und eine Variation – von Zeit zu Zeit – empfehlen. Man sollte den Umkehreffekt ausprobieren, einzelne Sendefolgen unter dem Titel ›Spätere Scheidung nicht ausgeschlossen‹ laufen lassen, für die sich Paare und Partner melden können, die eine Krise hinter sich haben oder – noch heikler, mutiger – gerade in ihr stecken; in der wir etwas über uns lernen. Kurz: ›Spätere Heirat‹ ist immer noch eine einzigartige Sendung.«[77]

Neudecks Idee einer öffentlich ausgetragenen Ehekrise oder gar ›Scheidungsshow‹ wurde in den 1990er-Jahren in den täglichen Talkshows realisiert, Sendungen, die eine kritische Öffentlichkeit mit Verdikten wie ›Voyeurismus‹ und ›Tyrannei der Intimität‹[78] bedachte. Neudeck hingegen befand: »Rolf Spinrads (der WDR-Redakteur dieser Reihe) und Münchenhagen haben hier eine

Sendung entwickelt, die weit ab vom befürchteten Intim-Tratsch Personen vorstellt, mit ihren sozialisationsbedingten Hemmungen und Verklemmungen.«[79]

Da sprach eine Vierzigjährige darüber, dass ihre Körpergröße von 1,78 Metern die Partnersuche erschwere. Auch rührte ›Spätere Heirat nicht ausgeschlossen‹ an Themen, die dem damaligen Publikum heikel erscheinen mussten, und präsentierte mit dem 31-jährigen Heinz G. einen Homosexuellen, der nach dem Tod seines langjährigen Partners eine neue Beziehung eingehen wollte.[80] Ebenso ungewöhnlich auch die Einladung an den querschnittsgelähmten Programmierer Manfred N., der nach seinem Auftritt in der Sendung 23 Zuschriften erhielt und auf diesem Wege eine Bekanntschaft schloss, die freilich nicht von Dauer war.[81]

Die hier nur skizzierte zeitgenössische Rezeption gibt zu erkennen, dass die Bewertung eines spezifischen Unterhaltungsformates nicht abgelöst vom vorangegangenen und parallel laufenden Gesamtangebot des Fernsehens und dem jeweiligen gesellschaftlichen Klima geschehen kann.

Hinzuzufügen ist, dass die beschriebene Entwicklung nicht auf Deutschland oder Europa beschränkt blieb. ›Spätere Heirat nicht ausgeschlossen‹ stieß bezeichnenderweise auf großes Interesse bei ausländischen Produzenten. Anfragen kamen aus Kanada, Italien, den Niederlanden und den USA, wo immerhin mit der Spielshow ›The Dating Game‹, dem unmittelbaren Vorbild für das deutsche Format ›Herzblatt‹ (seit 1987 im ARD-Vorabendprogramm), bereits seit 1966 ein ungleich stärker auf Unterhaltungseffekte aufbauendes, zum Teil mit Schauspielern besetztes Kennenlernspiel auf Sendung war. Ein ideeller Vorläufer für ›Spätere Heirat nicht ausgeschlossen‹, der auf die deutsche Reihe keinen Einfluss hatte, findet sich in Japan. Dort hatte im April 1973 die 55-minütige, noch stärker auf konkrete Heiratsvermittlung ausgerichtete Sendung ›Kekkon e no tobira‹ (›Die Tür zur Heirat‹) nach einer Idee von Akira Namiki Premiere gehabt und war, bei wöchentlicher Ausstrahlung, außerordentlich erfolgreich gewesen.[82]

Das Private in den Medien

Die Talk-Reihe ›Spätere Heirat nicht ausgeschlossen‹ entspricht in rückblickender Betrachtung einer zeitgleichen Entwicklung, die der Medienwissenschaftler Eike Wenzel wie folgt beschrieb: »Es lassen sich eine Menge Anzeichen dafür finden, dass sich Ende der 70er Jahre vor allem über das Fernsehen ein Modernitäts-Dispositiv formiert, ohne das sich die ›Explosion des Privaten‹ im Privatfernsehen am Beginn der 90er Jahre wohl nicht begreifen lässt. Das Innen, der private Körper, die intime Befindlichkeit und die Lebensräume des Privaten werden vom Fernsehen als dominante Themen diskursfähig gemacht.«[83]

Wenzels These entstand aus der eingehenden Beschäftigung mit dem deutschen Fernsehkrimi. Bis ins unterhaltende Fernsehspiel wirkte demnach eine Tendenz, die sich in der auf die Umwälzungen der 1960er-Jahre folgenden Phase in sämtlichen Medien abbildet, die sich verstärkt dem Alltag und insbesondere der privaten Sphäre der normalen Bürger zuwandten. Nicht mehr nur exotische ›Bilder aus der Neuen Welt‹ (ARD, ab 1955), auch ›Skizzen aus dem deutschen Alltag‹[84] (1967–1973, ARD) und ›Bilder aus dem deutschen Familienleben‹ (ZDF, 1970) erschienen nun interessant genug, um dokumentiert zu werden. Material fand sich genug für Dokumentarreihen wie ›Notizen vom Nachbarn‹ (ARD, ab 1969). Auch die Fernsehserie erweiterte ihr Themenrepertoire: In ›Acht Stunden sind kein Tag‹ (1972) schilderte Rainer Werner Fassbinder Berufsalltag und Familienleben eines Pärchens aus der Arbeiterklasse. Die von der evangelischen Herstellungsfirma Eikon produzierte Serie ›Unser Walter‹ (ZDF, 1974) zeigte innerhalb der Konventionen einer Familienserie den Alltag einer Familie, die mit der Titelfigur Walter ein am Down-Syndrom erkranktes Kind zu versorgen hatte.

Diesen sehr ambitionierten Projekten entsprachen diverse Produkte der trivialen Sparte, auch auf dem Sektor der Printmedien. Zeitschriftentitel wie ›Meine Geschichte‹ (Koralle Verlag/Springer; Startauflage 400 000 Exemplare; ab September 1972) und das ›Me-Too‹-Produkt ›Mein Erlebnis‹ (ursprünglich Bauer/Pabel, ab September 1974 Koralle Verlag; Startauflage 200 000 Exemplare, bei

Koralle 350 000 Exemplare; beide Titel wurden nach drastischem Niedergang der Auflagen 1983 an den Publica Verlag veräußert)[85] bedienten – nach angelsächsischem Vorbild – als sogenannte ›True Story‹-Magazine mit vorgeblich authentischen, tatsächlich entweder von ausländischen Verlagen gekauften oder von Verlagsautoren verfassten Erlebnisberichten im Zwei-Wochen-Rhythmus das offenbar gestiegene Bedürfnis des Publikums, am Privatleben der Mitbürger teilzuhaben, und nahmen in manchem das Themenspektrum der späteren *daytime talkshows* vorweg.[86] Typische Titelankündigungen lauteten beispielsweise ›Eine Frau sagt den Tod voraus‹, ›Diese Tage veränderten mein Leben‹, ›Tiere können hellsehen‹, ›Ich heiratete einen Spanier‹, ›Ich kann keine Kinder mehr bekommen‹, ›Oben ohne verdiente ich den Unterhalt für meine Familie‹.[87]

›Meine Geschichte‹ erreichte, einer Untersuchung vom Dezember 1972/Januar 1973 zufolge, vor allem weibliche Leser jüngeren Alters. Demnach setzte sich die Käuferschaft zu 55 Prozent aus 20- bis 39-Jährigen zusammen. 29 Prozent waren ledig, 61 Prozent berufstätig oder in der Ausbildung, 34 Prozent hatten mehr als ein Kind.[88] Einem internen Bericht zufolge hatte das Verlagsobjekt damit seine Zielgruppe gefunden. Insbesondere lag es in der Absicht der Verlage, sich vom Markt der ›Yellow Press‹-Produkte abzusetzen: »Die erhobenen leseranalytischen Daten weisen ›Meine Geschichte‹ als Gegenmodell zur ›Yellow Press‹, der unterhaltenden Wochenendblätter für Frauen [sic!], aus. Während diese Publikationen überwiegend von älteren, weniger gebildeten Frauen genutzt werden, wird die Zeitschrift des Koralle Verlages von jungen gebildeten Frauen gelesen. Das macht den Unterschied der Konzeption deutlich: »›Yellow Press‹-Objekte öffnen der Leserin in unbefriedigenden Verhältnissen den Blick in eine die Probleme relativierende Scheinwelt. Sie haben eine ›Escape‹-(Flucht)-Funktion. ›True Story‹-Magazine geben dagegen der Leserin in gesicherten und akzeptierten Verhältnissen die Möglichkeit, sich mit ihr fremden, ausgeprägt problematischen Situationen zu beschäftigen.«[89]

Diese Erwartungen des Lesepublikums waren jenen nahe, die Teile der Zuschauerschaft später mit affektiven Talkshows verbinden sollten: »Die Nutzung von ›True Story‹-Magazinen ergibt sich aus einem spezifisch weiblichem [sic!] Kommunikationsverhalten. So stellt die Untersuchung fest: aus dem vertraulichen Gespräch von Frau zu Frau. In einer Zeit der erschwerten zwischenmenschlichen Kontakte entspricht das Magazin dem intensiven Kommunikationsbedürfnis der weiblichen Leserschaft. (…) Als Motiv steht dahinter der (…) Wunsch nach einem Gespräch unter Frauen, aus dem Anregungen, Befriedigung über die eigene Lage, aber auch Erfahrungen zur Lösung möglicher Probleme gewonnen werden können (…).«[90]

Geschichten aus dem wirklichen Leben boten darüber hinaus gewisse Hörfunksendungen mit Publikumsbeteiligung, in denen Hörer telefonisch private Probleme, zumeist aus den Bereichen Ehe, Familie oder Beziehung, schilderten und dazu den Rat eines Experten erhielten. Eine Sendeform, die sich im Fernsehen fortsetzte. Das Spektrum umfasst die geistliche Lebensberatung wie bei ›Pfarrer Sommerauer antwortet‹ (1963–1978, ZDF) und ›Pfarrer Kuhn antwortet‹ (1978–1984, ZDF), schließt die direkt aus einer Illustriertenkolumne hervorgegangene, auf den Bereich der Sexualität konzentrierte RTL-Reihe ›Eine Chance für die Liebe‹ (1987–1991) ein und reicht bis zu den einfühlsamen Gesprächen der Call-In-Show ›Domian‹, die vom WDR seit 1995 zu nächtlicher Stunde im Hörfunk wie auch im regionalen Fernsehen gesendet wird.

Den Weg des Subgenres vom Printmedium über den Hörfunk zum Fernsehen veranschaulicht beispielhaft der Werdegang der Psychologin und Familientherapeutin Brigitte Lämmle. 1971 stieß sie zum ›Dr. Sommer‹-Team der Jugendzeitschrift ›Bravo‹ und moderierte später die Radiosendung ›SWF 3 Kennwort‹, die ab dem 14. Juni 1994 parallel im regionalen Fernsehprogramm des Senders ausgestrahlt und im Mai 1996 in ›Lämmle live‹ umbenannt wurde. Ohne jede Themenbindung leistete Lämmle ihren Anrufern – pro Sendung führte sie meist acht bis zehn Telefonate – samstags zu späterer Stunde jeweils 90 Minuten lang psychologischen und sozialen Beistand. Maßgabe für die Auswahl der Ratsuchenden war, ob sich möglichst viele Hörer und Zuschauer in derem Problem beziehungsweise Schicksal wiederfinden könnten. »Die Kamera zeigt 90 Minuten lang nur Brigitte Lämmle, wie sie in ihrer spärlichen Deko zwischen Sessel, Couch und Stehpult hin- und hergeht, sich setzt, aufsteht, sich wieder setzt, die Beine zuweilen wie ein Kerl gespreizt, die Ellbogen, Entschlossenheit demonstrierend, auf die Knie gestützt.«[91]

Neben der Gratifikation, Verhaltensmaximen für eigene, vielleicht ähnliche Nöte zu erhalten, boten solche Sendungen, wie zuvor nicht anders die Ratgeberspalten in Illustrierten und Magazinen, den Anreiz, Einblick in den Intimbereich fremder Menschen nehmen zu können, ohne gesellschaftliche oder strafrechtliche Sanktionen fürchten zu müssen.[92]

Das drollige Duo – Der ›Kölner Treff‹

In der Geschichte der Bundesrepublik Deutschland waren das ausklingende Sechziger-Jahrzehnt und die Siebziger Phasen der Traditionsbrüche, Neuerungen, Verunsicherungen. Studentenrevolte, sexuelle Revolution, Entspannungspolitik, Ölkrise, Terrorismus, die Warnungen des ›Club of Rome‹ vor den ›Grenzen des Wachstums‹[93] – diese Auswahl plakativer Stichworte markiert nur unzureichend jene Fülle komplexer gesellschaftlicher Vorgänge, die bei breiten Bevölkerungsschichten offen oder versteckt ein tiefes Bedürfnis nach Klärung und Orientierung hervorrief. Die Zunahme von Gesprächssendungen im Fernsehen – und übrigens auch im Hörfunk[94] – darf als Indiz verstanden werden, zumal entsprechend, wie schon in den Fünfzigern, auch auf lokalen Bühnen ohne Medienbeteiligung öffentlich räsoniert wurde. Hartwig Kalverkämper verweist auf »die Abende mit Udo J. Erlenhardt in Aachens Kellertheater ›Klimbim‹« und auf »Theater- oder Bühnen-Talk-Shows in anderen Städten (u. a. Bremen, Essen, Hamburg, München, Ulm, Zürich«, ferner auf »die als die ›ehrlichste Talk-Show Deutschlands‹[95] bekannte Veranstaltung in der Bad-Trissl-Krebsklinik Oberaudorf/Inntal, die ›Bekenntnisse, wie man sie sonst kaum hört, ermöglicht und dadurch zur psychischen Stabilisierung der Kranken mit beiträgt‹ (...)«.[96]

In Köln initiierte der Fernsehredakteur Alfred Biolek, angeregt von einer ähnlichen Veranstaltung im Züricher Bernard-Theater, abseits der Funkmedien 1974 im Kleinkunsttheater ›Senftöpfchen‹ an der Pipinstraße unter dem Motto ›Wer kommt, der kommt‹ eine solche Bühnengesprächsrunde. Anfangs zwei Mal, ab 1976 nur noch ein Mal wöchentlich wurde gute drei Stunden lang vor kleinem Saalpublikum parliert, diskutiert, rhapsodiert. Die Gäste waren bunt gemischt: »Opernchef Siegfried Palm, Ministerin Katharina Fock [sic!],[97] Schauspieldirektor Heyme, Bürgermeisterin Else Schmitt und die Klimbim-Familie, die Talkmeister Hans-Jürgen Rosenbauer [sic!],[98] Dietmar Schönherr, Kölns Oberbürgermeister, Milan Sladek, der Pantomime. Millowitsch und die Blumenfrau. Liedersänger erregten Aufmerksamkeit und gastierten anschließend im ›Senftöpfchen‹, beispielsweise Constantin [sic!] Wecker und Peter Horton.«[99]

Dietmar Schönherr hatte seine eigene Talkshow ›Je später der Abend‹ bereits abgegeben, als er einen dieser Gesprächsabende besuchte und seine Eindrücke notierte: »Es kam also, wer kam: Ein buntes Trüppchen, dem sowohl Joy Fleming als auch der Professor Siegfried Palm angehörten, das Gespräch ging leichtfüßig dahin, man war ziemlich geistreich, erzählfreudig, es wurde viel und herzlich gelacht, auch von Seiten des Publikums, das eifrig dazwischenredete, und was schließlich unter dem Strich herauskam, war wenig Offenbarung, wenig Information, aber ein gutes Maß Unterhaltung. (…) Die Sache hatte ein open end, dauerte zweidreiviertel Stunden und war von keinerlei unter- oder oberschwelligem und auch von keinem Zeit-Druck überschattet.«[100]

Der legere Ablauf, das bunte Allerlei der Themen, auch einige bereits im ›Senftöpfchen‹ als amüsant aufgefallene Gäste wie die schlagfertige Blumenfrau Inge Hanrath und die just durch die Unterhaltungsreihe ›Klimbim‹ bekannt gewordene Schauspielerin Ingrid Steeger fanden sich hernach in der Fernseh-Talkshow ›Kölner Treff‹ wieder. Deren Entstehen verdankte sich dem WDR-Redakteur Hans-Joachim Hüttenrauch[101] und seiner Idee, den Juristen, Redakteur und Moderator Alfred Biolek und den stellvertretenden Chefredakteur des WDR-Hörfunks Dieter Thoma als Talk-Gespann auftreten zu lassen. Anders als die eigentlichen Betätigungsfelder der beiden vermuten lassen, gab es dabei keine strikte Thementrennung. Thoma wurde zwar als politischer Journalist wahrgenommen, war aber auch schon in der Unterhaltung tätig gewesen. Er besaß wie Biolek Kabaretterfahrung[102] und hatte ab Oktober 1964 im WDR-Hörfunk unter dem Titel ›Fixe Idee‹ Nonsens-Gespräche geleitet, in der in seriösem Tonfall Fragen erörtert wurden wie ›Brauchen wir ein Telefon für Linkshänder?‹, ›Was könnte man während des Schlafes tun?‹, ›Wie kann man Weihnachten im Auto feiern?‹, ›Kann man letzte Worte früher sprechen?‹.[103] Die Inspiration dazu kam aus dem Ausland, wie Thoma später berichtete: »(…) das war der Einfluss des anglo-amerikanischen Humors, der damals nach dem Kriege neu war. Damals entdeckten wir Autoren wie James Thurber und andere.«[104]

Thomas Partner bei diesen Stegreif-Blödeleien waren neben anderen Balduin Baas, Peter Frankenfeld, Hans Rosenthal, Michael Lentz, Annette von Aretin, gelegentlich auch Politiker wie Johannes Rau.

Die Premiere[105]

Zur Musik der Jazz-Formation Walter Strerath Trio erschließt eine Rückwärtsfahrt der Kamera durchs Publikum den Raum für den Heimzuschauer. Das Dekor zitiert den Stil der Jahrhundertwende. Die Kamera schwenkt von der Band nach rechts hinüber zur Bühne mit ihrer angedeuteten Wohnzimmerkulisse, wo Dieter Thoma und Alfred Biolek bereits auf einem ausladenden Sofa Platz genommen haben. Erst jetzt erfolgen die Einblendungen des Titels ›Kölner Treff‹ und ›Gastgeber sind …‹. Alfred Biolek übernimmt die Begrüßung in einer sehr gedämpften Ansprache: »Guten Abend, meine Damen und Herren. Dank der alphabetischen Reihenfolge habe ich die Ehre und das Vergnügen, Sie als erster im ersten ›Kölner Treff‹ begrüßen zu dürfen. Und ich bedanke mich zunächst beim Walter Strerath Trio, die unsere Einleitungsmusik gespielt haben.«

Schnitt auf Thoma. »Ja, gestern neu, heute neu, der WDR beschäftigt inzwischen so viele Talkmaster, dass wir das System eigentlich ändern könnten. Denn, ich meine, die Gäste sind so schwierig zu kriegen. Wir lassen dann immer die Gäste die selben sein und wechseln die Talkmaster. (Lacher) Alfred Biolek fängt an.«

Er erhebt sich und tritt aus dem Bild.

Biolek knüpft an: »Danke schön. Ich darf Herrn Heyne als ersten Gesprächspartner zu mir auf die Bühne bitten.«

Hubert Heyne erhebt sich im Bildvordergrund von einem Tisch im Zuschauerraum und erklimmt die Bühne. Biolek wechselt auf die linke Seite des Sofas.

Herr Heyne ist seit November 1919 Schuhputzer, in seinen Worten Schuhpfleger, in Köln und inzwischen der einzige in ganz Deutschland. Heyne erzählt recht anschaulich, wie er zu seinem Beruf kam. Biolek lässt ihm Raum, etwas weiter auszuholen. Gelegentlich unterbricht er den Redefluss durch vertiefende Fragen, lenkt die Erzählung erkennbar nach vorher erfragten Eckpunkten. Er erwähnt, dass er Heyne am Arbeitsplatz besucht hat. Im Weiteren präsentiert sich Heyne auch als Hobbymaler.

Frau Heyne wird hinzugebeten. Die Eheleute machen in ihrer Freizeit Hausmusik und geben nun auf Querflöte und Bratsche eine Mozartkomposition zum Besten, indem sie eine Plattenaufnahme begleiten. Der Heyne-Auftritt nimmt insgesamt gute 20 Minuten in Anspruch.

Dieter Thoma sitzt im Publikum auf einem Sofa neben Ingrid Steeger und Ministerpräsident Heinz Kühn und bittet Letzteren auf die Bühne, wo die Instrumente inzwischen entfernt worden sind.

Thoma greift den Gesprächsfaden Hobby auf und erkundigt sich nach dem Privatleben des Politkers, der sich ständiger öffentlicher Beobachtung ausgesetzt sieht. Kühn gibt sich leutselig und berichtet, dass er »nicht mal den Finger in die Nase stecken kann, ohne dass es ein öffentliches Ereignis wird«. Auch auf eine Stammkneipe müsse er verzichten. Umso lieber sei er in diese Sendung gekommen, weil er gedacht habe »›Kölner Treff‹, da jeet et e bissche kölsch zu, ein bisschen unprominent, ein bisschen nett, ein bisschen relaxed, wie man auf neudeutsch sagt«. Auch weiterhin präsentiert sich der geborene Kölner Kühn als rheinische Frohnatur.

Zwischendurch verkündet Thoma, den Live-Charakter der Sendung unterstreichend, der Kölner Stadtdirektor habe angerufen und das Hinweisschild genehmigt, um das Schuhpfleger Heyne gebeten hatte, dessen Arbeitsplatz unterhalb der Kölner Domplatte nach einem Umbau nur noch schwer zu finden war. Kühns Verhaftung im Garten Adenauers durch die Nazis kommt zur Sprache, sein Exil in Belgien, wo er von einem Professor versteckt wurde. Thoma befragt Kühn zur politischen Praxis, zum Beispiel, wie man mit ausländischen Politikern ins Gespräch kommt. Kühns Methode: über das Wetter.

Es folgt eine musikalische Einlage des Walter Strerath Trios mit dem Titel ›Fly to Brazil‹.

Ein Interview mit Strerath schließt sich an. Der Bandleader erzählt von Plänen, auf Einladung einer Fluggesellschaft nach Brasilien zu reisen, um dort an einer ›Deutschen Woche‹ teilzunehmen, und berichtet über seine Anfänge auf deutschen Amateurfestivals sowie dem Vorhaben, demnächst in der DDR aufzutreten. Der Komiker Mircea Krishan wird einbezogen und gibt eine Opernparodie zum Besten, indem er stimmlich mehrere Sänger und Instrumente imitiert. Anschließend singt er ›Dein ist mein ganzes Herz‹ auf rumänisch an, das Jazztrio nimmt die Melodie auf und improvisiert darüber.

Thoma begrüßt im Publikum den Kollegen Reinhard Münchenhagen und fragt ihn unter Berufung auf den vorherigen Abend, ob er wirklich Gitarre spiele, während er ihm bereits ein Instrument hinhält. Münchenhagen im Aufstehen: »Oh Mann, was mache ich jetzt …« Münchenhagen nimmt die Spielhaltung ein. Ein Täuschungsmanöver – er reicht die Gitarre zurück.

Alfred Biolek holt Ingrid Steeger im Zuschauerraum ab und geht ihr voraus auf die Bühne, um sich ein Mikrophon anreichen zu lassen. Biolek scherzt, auf Steeger laste die Bürde, das weibliche Geschlecht zu vertreten. Beide einigen sich darauf, nervös zu sein. Biolek fordert zum »Zittertest« auf, beide halten je eine Hand gegeneinander, Biolek bebt überdeutlich und bekommt dafür einen kleinen Klaps von Steeger. Der Einstieg in die Fragerunde erfolgt über den Hinweis, man sehe Steeger ja selten »so normal«. Steeger erwidert, die meisten Menschen dächten tatsächlich, sie sei so wie in »Klimbim«. Sie könne die ernstesten Sachen sagen, gelacht werde immer. (Das Publikum lacht bei diesen Worten.)

Ingrid Steeger agiert arglos-offen, damit weniger souverän als die bisherigen Gäste. Biolek erzählt, dass beide schon miteinander zu tun hatten. Steeger zeigt sich überrascht. Die Sendung hieß ›Berlingeflüster‹, war eine Produktion des ZDF, und darin lief Steeger, wie Biolek berichtet, 20 Sekunden lang nackt über den Kurfürstendamm. Die Szene wurde geschnitten, nachdem eine Illustrierte vorab darauf hingewiesen hatte. Biolek verfällt in väterlichen Tonfall. Dann als kleines Spielchen: Biolek zeigt kurz Stichwortkarten mit verballhornten Sprichwörtern und Klassikerzitaten. Steeger muss sie schnell erfassen und dann in ›Klimbim‹-Manier aufsagen. Steeger erzählt, dass ›Klimbim‹-Regisseur Michael Pfleghar oft ihre Patzer in die Sendung übernehme, statt sie wie sonst üblich zu schneiden. Nach der Nummer betritt Thoma die Bühne, seinerseits mit Stichwortkarten ausgestattet, um nun, gerechtigkeitshalber und zur Freude Steegers, Biolek dieselbe Übung durchführen zu lassen.

Es folgt ein Auftritt der Skiffleband Schulzkes Skandaltrupp, Vertreter der damals vielbesprochenen Hamburger Szene, die hier ihr Fernsehdebüt geben.

Das folgende Gespräch mit den Bandmitgliedern gilt ihrem Vorleben und ihren bürgerlichen Berufen, der Hamburger Szene und dem Auftritt des Komikers Otto Waalkes bei einer Preisverleihung im für ihn untypischen Smoking. Die folgende Musiknummer der Formation wird von Biolek abgebrochen: »Der Jagdgott hat gesagt, wir haben überzogen.«

Thoma heißt den Zauberer Paul Potassy willkommen, der eingangs seine Berufsauffassung erläutert. Er versteht sich als Entertainer und erklärt den Unterschied zum Illusionisten. Seine Erzählungen betreffen seine ungarisch-österreichische Herkunft, die erste Begegnung mit Bühnenzauberei, Karriereanfang bei Willy Schäffers in Berlin, eine Anekdote aus dem Krieg, als ihm seine Fingerfertigkeit das Leben rettete. Danach zeigt er einen Ausschnitt seines Programms und bezieht dabei Heinz Kühn und dessen Frau mit ein.

Eine Musiknummer von Schulzkes Skandaltrupp untermalt die Schlussworte der beiden Moderatoren und ihren Hinweis auf die nächste Sendung in vier Wochen.

Die Regie dieser Ausgabe hatte Günther Hassert.

Wohlwollende Kritik

Trotz einschlägiger Vorbelastung verstanden sich sowohl Thoma als auch Biolek als »Außenseiter« des Unterhaltungsbereichs, ein Status, den sie zu ihrem Vorteil umzumünzen verstanden: »Wir siebten (…) auf dieselbe distanzierte Weise Spaß aus dem Alltag heraus.«[106]

Dieser besondere Sinn für den Alltag äußerte sich nicht zuletzt darin, dass neben mehr oder minder prominenten Gästen auch Normalbürger in die jeweils live vonstatten gehende Sendung eingeladen wurden, ein Verfahren, das die Kritik bis dahin vermisst und grollend immer wieder angemahnt hatte. Was den ›Kölner Treff‹ anbelangt, fiel das Urteil deutlich positiver aus als bei anderen Talkshows: »Unter denen, die die beiden Moderatoren (die in ihrer gegensätzlichen Physiognomie und Typik an eines der klassischen Film-Komikerpaare erinnern: Pat und Patachon, zwei Marx-Brothers, Dick und Doof, nur eine Spur seriöser) auf ihr Sofa locken, sind Menschen aller sozialen Schichten neben der für den Bildschirm unabdingbaren Prominenz (…). Ein kleines Panoptikum der ganzen deutschen Gesellschaft findet sich in dieser Sendung immer wieder zusammen, wobei deren Charme immer wieder darin besteht, dass von der produktionstechnisch sogenannten ›Ablaufordnung‹ vieles durcheinanderläuft. Es vermittelt sich der Eindruck zum Publikum, dass die Moderatoren der Sendung an diesem Jux, den sie sich alle vier Wochen machen, selbst grossen Spass haben.«[107]

Friedrich Knilli, ein Vertreter der ideologischen Kritik, soufflierte: »Biolek und Thoma spielen für das Studiopublikum, nicht für das tote Kameraauge, zum Vorteil der Zuschauer vor dem Bildschirm. Denn dessen kaltes Feuer strahlt plötzlich Wärme aus: Menschenfreundlichkeit, die man sich für die Zuschauer in allen deutschen Landen wünscht.«[108]

Diese vielfach registrierte und belobigte außerordentliche Leichtigkeit war, wie Dieter Thoma berichtet, nicht problemlos zu haben. Als Thoma aus schierem Jux als Elvis-Presley-Imitator auftrat, musste er sich gegenüber dem Rundfunkrat des WDR rechtfertigen. Der völlig harmlose Vorfall »reichte für ganz ernsthafte

Diskussionen, ob ich damit nicht die Grenzen zum zwielichtigen Gewerbe überschritten haben könnte«.[109]

Dem Moderatorenduo vom ›Kölner Treff‹ gelang eine legere, vielerlei Lebensbereiche einschließende und darin auch informative Talkshow, wie sie die Mehrheit der zeitgenössischen Kritiker bis dahin vermisst hatte. Dem positiven Eindruck gediegenen Unernstes kamen die vom drolligen Duo bewusst eingebauten wechselseitigen Frotzeleien zugute. Etwaigen Verstimmungen beugte man vor, indem jeder Moderator die auf seine Person bezogenen humorvollen Verunglimpfungen selbst ausheckte und dem anderen zur Verwendung überließ.[110]

Dieses Erscheinungsbild der Reihe erklärt die Nachsicht, mit der über gewisse Schwächen der Gesprächsführung hinweggesehen wurde. Denn Thoma wie auch Biolek unterliefen gelegentlich Ausfälle in Richtung eines anzüglichen Kasinohumors, beispielhaft in der Sendung vom 28. November 1976, als sie Mitarbeiterinnen der Aachener Touristenbetreuung zu Gast hatten und zum erkennbaren Unbehagen der Damen ausufernd und noch dazu mehrfach auf die doppelte Bedeutung der Berufsbezeichnung ›Hostess‹ anspielten. In solchen Momenten zeigten Thoma wie Biolek ein übertriebenes Bemühen um Resonanz beim Saalpublikum, das die Grenzen zur Peinlichkeit mitunter überschritt.

Im Dezember 1980 nahm Alfred Biolek Abschied von der Sendung, um sich allein seiner seit Februar 1978 laufenden Show-Reihe ›Bio's Bahnhof‹ zu widmen, in mancherlei Hinsicht eine Verlängerung des ›Kölner Treff‹ mit neuen Nuancen. Bezeichnend das Wiedersehen mit dem Kölner Schuhpfleger Hubert Heyne in der ersten Ausgabe, der wie schon im ›Kölner Treff‹ launig von seiner Arbeit berichtete und anschließend im Zusammenspiel mit Ehefrau Käthe Musikalisches darbot.[111]

Beim ›Kölner Treff‹ wurde nach Alfred Bioleks Abgang zu dritt moderiert. Neben Dieter Thoma agierten nun Elke Heidenreich und Armin Halle. Der ursprüngliche ›Kölner Treff‹ endete 1982. Zu diesem Zeitpunkt und auch später äußerte sich Dieter Thoma resigniert über die Entwicklung der Sendereihe und beklagte unter anderem den Umstand, dass weniger Politiker eingeladen und die Talk-Segmente zeitlich gekürzt wurden. »Es gab eine verhängnisvolle Entwicklung, die nicht nur unsere Sendung betraf: Die Sender betrachten erfolgreiche Sendungen oft als Selbstläufer und kürzten die Investitionen. Und mit Investitionen meine ich jetzt nicht nur die finanziellen, sondern auch die redaktionellen, also geistige Investitionen im Allgemeinen. Eigentlich sollte man den Etat einer erfolgreichen Sendung aufstocken und die Zahl der Redakteure erhöhen, damit sie erfolgreich bleiben kann.«[112]

Ab dem 3. März 2006 gab es ebenfalls im regionalen Programm des WDR den Versuch einer Neuauflage: »Dort plaudert man über laute und leise Ereignisse, erfährt man in thematisch unterschiedlichen Einzelgesprächen, was bei großen Runden schon mal ungesagt bleibt. Man unterhält sich – auch im übertragenen Sinn. Vor Publikum. Mitunter auch bei einem Glas Kölsch oder, in besonders ›hartnäckigen Fällen‹, bei einem Alt. Musikalische Darbietungen runden den Talk ab.«[113]

Getreu dem Vorbild war die Sendung zunächst auf eine duale Moderation abgestellt. Bettina Böttinger und Achim Winter übernahmen das Erbe Bioleks und Thomas, fanden aber nie zu dem beschriebenen heiter korrespondierenden Zusammenspiel, welches das Original ausgezeichnet und zum Publikums- wie Kritikererfolg gemacht hatte. Nach der Sommerpause 2006 gab es konzeptionelle und personelle Veränderungen. Die nun stärker journalistisch geprägte Sendung wurde Bettina Böttinger übertragen. Achim Winter schied aus.

Zwischenbild

In den das Fernsehprogramm betreffenden Diskussionen erscheint Anfang der 1970er-Jahre ein zuvor wenig gebräuchlicher Begriff: Talkshow. In den USA die Bezeichnung für unterschiedliche Formen von Gesprächssendungen, wie sie auch in deutschen Programmen längst zu finden waren, wird die Einführung des Terminus gleichgesetzt mit einer Novität der Fernsehunterhaltung. Diese Programmsäule befindet sich zu diesem Zeitpunkt in einer Krise. Herkömmliche Spielarten gelten als altbacken, progressive Formen werden vom Publikum selten angenommen und stoßen darüber hinaus, sofern politisch oder anderweitig anstößig, in den

Senderhierarchien auf Widerspruch. Mit der Talkshow verbinden Programmschaffende die Hoffnung auf eine gefällige Spielart der abendlichen Show und propagieren die Talkshow, teils wider besseres Wissen, als Innovation. Dabei werden sie von den Multiplikatoren der Programmpresse unterstützt, der sich ein neues, reizvolles und, wie sich zeigen wird, beständiges Thema bietet. Die teilweise an Euphorie grenzende publizistische Begleitung der Talkshow wird für deren Produzenten zum Problem, weil den permanent geschürten Erwartungen kaum entsprochen werden kann.

Der Begriff Talkshow bleibt in Mode und wird auch Sendungen zugeordnet, die ohne Blick aufs amerikanische Fernsehen und frei von Importgedanken entstehen. Denn in der Konjunktur der Talkshow äußert sich über programmpolitische Erwägungen hinaus das generelle Bedürfnis einer aufgewühlten Gesellschaft nach öffentlicher Aussprache. Asymmetrisch verlaufende Konflikte bestimmen das Klima – im bis hin zum Misstrauensvotum gegen den regierenden Kanzler hochgradig polarisierten Parlament ebenso wie im bürgerlichen Bereich, wo ein unruhiger Generationenwechsel vonstatten geht, wo die Ölkrise – Stichwort ›autofreier Sonntag‹ –, der inländische wie internationale Terrorismus und andere Themen für Verunsicherung sorgen.

Damit einher gehen Sondierungen im Inneren der Gesellschaft. Herkömmliche und neue Werte werden zur Debatte gestellt, private Belange breiter und kritischer als zuvor öffentlich besprochen und auch zum Gegenstand populärer Fernsehshows. In dieser Zeit lautet eine häufig wiederkehrende Forderung der Fernsehkritik, dem Normalbürger Zugang zum öffentlichen Forum Fernsehen zu gewähren. Einschlägige Unternehmungen, ob mit spezieller Zielsetzung wie ›Spätere Heirat nicht ausgeschlossen‹ oder mit unverbindlich-heiterem Zeitbezug wie ›Kölner Treff‹, finden Zuspruch beim Publikum wie bei den Rezensenten.

6. Ausweitung des Spektrums – Die 1980er

Ehe sie zu Vollprogrammen mit einem umfassenden Angebot populärer Sendeformen ausgebaut wurden, dienten einige der vordem als ›Dritte Programme‹ bekannten Landesprogramme partiell als Experimentierbühnen. In dieser Nebenzone boten sich Spielflächen für abseitigere Unterhaltungsunternehmungen, für Spezialitäten und Skurriles. Schon Alfred Biolek und Dieter Thoma hatten im ›Kölner Treff‹ einen gewissen Hang zu Kuriositäten an den Tag gelegt. Der Entertainer Jürgen von der Lippe hegte ähnliche Neigungen und widmete sich dieser Passion in der ihm eigenen verschmitzten Art in seiner Sendereihe ›So isses‹, einem um Filmeinblendungen unterschiedlicher Länge erweiterten Talk-Format, das am 17. Februar 1984 im dritten Programm des Westdeutschen Rundfunks Premiere hatte.

Lieb und launig – ›So isses‹

In seiner einführenden Ansprache zu Beginn der ersten Sendung grenzte sich Jürgen von der Lippe ausdrücklich von bereits bestehenden Talkshows ab: »Es gibt ja jetzt eine ganz andere Gangart in den deutschen Talkshows, wenn ich an Bremen denke, wo die Weingläser fliegen oder an die Jugendsendung ›Klons‹, wo beklagt wird, dass der Gast nicht im Gefängnis sitzt, wo er eigentlich hingehört … Das wird ja doch jetzt sehr *scharf*, nicht wahr. Das hat mein Trotzköpfchen geweckt, mein kleines. Darum möchte ich das unheimlich *lieb* alles machen heute Abend. Gegen mich wird Max Schautzer der reinste Killer sein. Das kann ich Ihnen versprechen.«[1]

Anders als bei ›III nach 9‹ und deren Nachahmern waren bei ›So isses‹ Zuschauerraum und Bühne wieder klar getrennt, Letztere aber leicht zugänglich und wie eine Wohnung gestaltet, mit den horizontal angeordneten Räumen Küche, Wohnzimmer und Rumpelkammer. Die im gehobenen Sperrmüllambiente gehaltenen Kulissen entsprachen der von von der Lippe formulierten Programmatik und spiegelten zugleich den zeitgenössischen Trend zum *cocooning*, zum Rückzug in die Privatsphäre.

Entsprechend gestaltete sich das Themenangebot der Sendung. Unter anderem wurde eine Hundebesitzerin vorgestellt, die eine Schallplatte mit Musik für große und kleine Hunde produziert hatte. Als Experte – die Konstellation Moderator, Gast, Experte ist ein in Talkshows aller Art stets wiederkehrendes Schema – war der Verhaltensforscher Vitus Dröscher geladen, wobei allerdings das Thema keineswegs wissenschaftlich genau, sondern sehr launig erörtert wurde und in ein kleineres Chaos mündete, weil die Hunde, denen die Platte vorgespielt wurde, statt andächtig zu lauschen einen frischen Schinken von der Anrichte schnappten und sich im gesamten Studioraum tummelten.

In einem weiteren Segment stellte von der Lippe einen jungen Mann vor, der Kontakt suchte zu einer Frau, die er nur kurz in einer Kölner Straßenbahn gesehen hatte. In diesem Fall stellten sich der prominente Moderator und das Redaktionsteam parteilich in den Dienst eines individuellen Zuschauers, um dessen Anliegen zu verfolgen. Ganz ähnlich verhielt es sich mit einem Paar, dem von der zuständigen kommunalen Behörde als Folge eines Computerfehlers mehrfach Entsorgungsgebühren in absurder Höhe in Rechnung gestellt worden waren. ›So isses‹ griff den Fall in einem Einspielfilm auf, brachte die Parteien im Studio miteinander ins Gespräch und initiierte einen versöhnlichen Akt: Am Schluss der Sendung bot der Chor der Stadtverwaltung den Betroffenen ein Ständchen dar.

Vom Interview zur Intervention

An der WDR-Sendereihe ›So isses‹ lässt sich exemplifizieren, wie sich die Rollenzuweisung innerhalb des Bezugssystems Talkshow an die Teilnehmer verändert hat: Die Geladenen sollen nicht mehr, wie ursprünglich bei ›Je später der Abend‹, im Verlauf einer inhaltlich offenen Konversation als Persönlichkeit mit vielen, im Idealfall überraschenden Facetten vorgestellt werden. Vielmehr wird eine spezielle Geschichte oder Eigenschaft zum Zwecke der Unterhaltung in den Mittelpunkt gerückt und eventuell zum Anlass für zusätzliche Maßnahmen.

Wie ehedem im Rahmen partizipativer Jugendsendungen tritt das Fernsehen, personifiziert durch die Redakteure und ihre Mitarbeiter, nun des Öfteren in den Alltag ausgewählter Zuschauer ein. Es kann deren Lebenswelt verändern. Wurden vormals Gruppenziele wie die Verbesserung der Ausbildungssituation von Lehrlingen oder des Freizeitangebotes für Jugendliche verfolgt, verlagert sich nun das Interesse auf den Einzelfall, auf das – vorzugsweise affektbesetzte – Kuriosum.

Dieses Muster, bei ›So isses‹ vorerst nur eine Komponente innerhalb eines breiteren Themenspektrums, wurde im Zuge der weiteren Entwicklung gleichsam ausgegliedert und manifestierte sich einerseits in anwaltlichen Formaten wie ›Veto‹ (1988–1990, ARD) und ›Mit mir nicht – Welsers Fälle‹ (1997–2000, ZDF) sowie in der humoristischen Variante in ›Wie bitte?!‹ (1992–1999, RTL), andererseits in Rührstücken wie den Importformaten ›Nur die Liebe zählt‹ (1993–1994, RTL; ab 1995 Sat.1), ›Bitte melde dich‹ (1992–1998, Sat.1), ›Verzeih mir‹ (1992–1994, RTL; 1998–1999, Sat.1). Auch solche Sendungen, die die Emotionen der Beteiligten hervorkehren und beim Zuschauer Empathie wecken sollen, gehören im weiteren Sinne zum Komplex Talkshow, denn die Gespräche des Moderators mit den Protagonisten und der Protagonisten untereinander sind essentieller Bestandteil der Inszenierung. Nicht von ungefähr zählt die von der Redaktion in die Wege geleitete kamerawirksame Versöhnung verfeindeter Personen neben der Zusammenführung von Menschen, die sich durch widrige Umstände aus den Augen verloren haben, nach wie vor zum ständigen Themenrepertoire der US-amerikanischen wie der deutschen *daytime talkshows*.

Talk im Werbeumfeld – Die ersten Gesprächssendungen der kommerziellen Sender

Mit Beginn des Jahres 1984 eröffnete sich deutschen Zuschauern erstmals die Möglichkeit, mit Sat.1 und RTLplus (ab 1992 RTL Television) privatwirtschaftlich betriebene, ausschließlich werbefinanzierte Programme zu empfangen. Der in Anspielung auf seine ursprünglichen Anteilseigner als ›Verlegerfernsehen‹ apostrophierte Sender Sat.1 konnte bei der Programmgestaltung auf ein reichhaltiges Dokumentarfilm-, Spielfilm- und Serienarchiv zurückgreifen, während der vorerst nur in grenznahen Gebieten zu empfangende, finanziell schlechter ausgestattete Luxemburger Sender RTLplus sein Programm über weite Strecken mit billigen Unterhaltungsformaten füllte.[2] In diese Sparte fällt auch die erste Talkshow bei RTL, die von Mike Krüger moderierte und gestaltete Reihe ›Krügers Nationalquark‹.

Garstigkeiten und Geschäftssinn – ›Krügers Nationalquark‹ und ›Dall-As‹

›Krügers Nationalquark‹ wurde in unregelmäßigen Abständen samstags um 18.00 Uhr ausgestrahlt. In den Ankündigungen finden sich die Untertitel ›Eine nicht alltägliche Talkrunde‹[3], aber auch ›Mike Krügers Blödelshow‹[4]. »Aufgezeichnet wurde in einer Kneipe, das Licht war spärlich, der Ton zwar nicht erbärmlich – so sah es aus, im Jahr 1984, als mit RTL das erste private Fernsehen Einzug in deutsche Wohnstuben hielt.«[5]

Die Ansicht der dritten Ausgabe der Reihe bestätigt das zeitgenössische Verdikt. Die aufgezeichnete, auffallend nachlässig geschnittene Sendung beginnt mit Organist Adi Zehnpfennig. Während Zehnpfennig live die Titelmusik spielt, ist im Hintergrund bereits ein runder Tisch mit Mike Krüger und seinen locker platzierten Gästen im Bild. Der Applaus der Kneipengäste leitet über zu Krügers Dank an Zehnpfennig. »Mit Mehrwertsteuer 11,40«, ruft jemand in die Runde. Weitere Vorstellungen unterbleiben, augenscheinlich sitzt man schon länger beieinander. Krüger erklärt, er habe dem neben ihm sitzenden Jürgen von der Lippe während der Musikeinlage erzählt, wie ›Dallas‹ weitergeht. Aber das dürfe er im Fernsehen natürlich nicht machen. »Weil«, so der offenbar angetrunkene von der Lippe, »du dich an Wolfgang Neuss erinnerst, der ja unheimliche Schwierigkeiten bei den vielen Millionen Fernsehzuschauern kriegte, weil er damals den ›Halstuch‹-Mörder von Durbridge verraten hat.«

»Genau«, bestätigt Krüger. »Deswegen sage ich jetzt nicht, dass Pamela sich in spätestens fünf Folgen von Bobby scheiden lässt.«

Im Weiteren fliegen die Kalauer hin und her. Die Gäste geben ein A-Capella-Stück zum Besten. Krüger kündigt einen weiteren Titel an und wird von von der Lippe »als Moderatorenkollege« darauf hingewiesen, dass es, da »die Sendung bereits eine geraume Zeit läuft und der zweite Titel gesungen wird«, eine »verdammt gute Gelegenheit« wäre, nun doch auch mal den Namen der Gruppe zu nennen. »Mache ich ja auch jetzt«, wehrt sich Krüger leicht pikiert und sagt an: »Die Hühner«.

Gemeint ist die Kölner Mundart-Band De Höhner, deren Mitglieder stellenweise erkennbar asynchron zum Playback singen und musizieren. Dazu fliegen Konfetti und Luftschlangen, Krüger und von der Lippe schunkeln.

Von der Lippe erklärt unter Bezugnahme auf Heinrich Lübke, »den großen Mundartkünstler«, warum er den sauerländischen Dialekt pflegt. »Zufällig« hat er eine Gitarre dabei und gibt live eine Kostprobe zum Besten.

De Höhner schließen sich an. Nach hartem Schnitt und kurzem Geblödel folgt ein weiterer musikalischer Vortrag von von der Lippe, diesmal als Playback.

Nachdem die geladenen »Nachwuchskünstler« weitere Auszüge ihres Repertoires dargeboten haben, verspricht Gastgeber Mike Krüger als krönenden Abschluss »was Richtiges« und meint damit seinen »Hit« ›Bodo mit dem Bagger‹.

Während des Gesangs, in den die anderen einstimmen, beginnen die Schlusstitel. Das letzte Wort hat Krüger: »Danach kann nichts mehr kommen.«[6]

Programmgeschichtlich kann ›Krügers Nationalquark‹ insbesondere wegen der geringen Reichweite des Senders als Randerscheinung angesehen werden. Kenntnisnahme verdient die Reihe als Zwischenstation des Moderators Krüger vor seinem Wechsel in die ARD-Abendunterhaltung. Nebenbei belegt dieses aus Improvisation und Mangelwirtschaft geborene Format ein weiteres Mal, dass Fernsehsender bei knappem Budget gern auf Gesprächssendungen als billige Programmfüller zurückgreifen beziehungsweise sogar auf dieses Genre angewiesen sind.

Nach Mike Krügers frühzeitigem Abgang wurde dessen Sendeplatz vakant und von RTL dem Komiker Karl Dall angeboten, der zuvor im ARD-Programm Südwest 3 drei Folgen des ›Brettl-Talk‹ moderiert und dabei Spaß an Nonsens-Gesprächen entwickelt hatte.[7] Die Fernsehzeitschrift ›Hör zu‹ gab zu der um 21.10 Uhr angesetzten Ausgabe vom 23. Dezember 1984 die Information: »Karl Dall und Knut Kiesewetter in der etwas ungewöhnlichen Talkshow«.[8]

Ab dem 19. Januar 1985 zeigte RTL in regelmäßigem 14-tägigen Turnus die Reihe ›Dall-As‹,[9] in der ›Hör zu‹ angekündigt als ein »Talk, der aus dem Rahmen fällt«[10] oder, mit leicht kryptischer Note: »Eine komplett verrückte Talkrunde. Pointe: Karl Dall«.[11] Gäste der ersten, in der Kölner Gaststätte ›Apropos‹ aufgezeichneten, 30-minütigen Ausgabe waren der Zehnkampf-Weltrekordler Jürgen Hingsen und Rolf Milser, Goldmedaillengewinner im Gewichtheben. Keine zufällige Auswahl, denn Hingsen, Milser und Dall hatten gemeinsam für die Krimiklamotte ›Drei und eine halbe Portion‹ (BRD 1984) vor der Kamera gestanden, die am Tag vor der Sendung bundesweit in die Kinos gekommen war. Die Mitwirkung der beiden populären Sportler war auch für die am selben Samstagabend ausgestrahlte ARD-Unterhaltungssendung ›Auf los geht's los‹ angekündigt.

Die Sendung eröffnet nach dem Vorspann mit einem Kamerablick über drei voll besetzte runde Kneipentische hinweg auf eine noch leere niedrige Bühne, auf der vor einem nachlässig drapierten roten Vorhang ebenfalls ein runder Tisch steht. Karl Dall läuft von links ins Bild Richtung Bühne und nimmt dort Platz. Ein Schnitt zeigt das Publikum, das lacht, als habe Dall bereits einen Scherz gerissen. Die Musik verklingt, Dall wedelt mit den Händen, um den Applaus zu dämpfen.

Dall beginnt, bescheiden-treuherzig: »Ich bitte Sie, was soll denn jetzt schon diese Euphorie? Ich habe doch noch gar nichts geleistet. Ich freue mich, dass ich das erste Mal diese Show – Dall … As – Ihnen präsentieren darf, hier aus dem ›Apropos‹ in Köln. Wir wollen das jetzt alle 14 Tage treiben, bis der letzte Zuschauer uns nicht mehr sehen kann. Uns, das bin ich, und unsere Gäste, die immer wechseln werden. Zum Glück – – der Zuschauer. Aber Sie müssen mich schon als sozialen Fall die nächsten Monate ertragen. Ja. Aber ich habe sehr gute, illustre Gäste, heute Abend zum Beispiel, und zwar man nennt ihn Hollywood-Hingsen. Von Beruf Schausteller, äh, Schauspieler, der auch nebenbei, also, nebenbei … ähm … was hat er gemacht … also, so rumgehüpft. Durch Los Angeles, da hat er sich 'n Namen gemacht. Ich begrüße für uns alle, hoffentlich kann die Kamera ihn einfangen, Jürgen Hingsen. Jürgen, kommst du?«

Die ersten Fragen an Hingsen lauten: »Wie groß bist du? », »Wie alt bist du?«, »Wie lange, meinst du, dauert diese Talkshow?« Für die Antwort, »Ich hoffe, noch einige Minuten«, gibt es drei Punkte Abzug, nachdem Dall zuvor für jede richtige Antwort einen Punkt gewährt hat.

Dall, mit ernster Miene: »Ich freue mich, dass gerade du hier bist, denn du warst ein Wunschgast von mir – und ich auch von dir … Dich nimmt ja kaum noch eine andere Talkshow außer wir hier, weil du immer so aggressiv rangehst. Wie auch im Sport. Du bist also von Beruf Zehnkämpfer und Filmschauspieler – aus wieviel Disziplinen besteht denn so ein Zehnkampf?«

Hingsens Antwort zeigt, dass er das Prinzip dieser Talkshow verstanden hat: »Elf.«

Ein ähnlich lockeres Gespräch mit Rolf Milser schließt sich an, dann leitet Dall in etwa der neunten Minute zügig zum gemeinsamen Film über und lässt einen Trailer einspielen, der als Werbung auch in den Kinos gezeigt wurde. Dalls Kommentar: »Das waren drei Minuten aus 90 ereignisreichen Filmminuten, die an diesem Wochenende in 100 deutschen Kinos Premieren hat [sic!].«

Die drei Filmdarsteller unterhalten sich im Weiteren ausgiebig über ihre Erfahrungen bei den Dreharbeiten. Danach stellt Dall einige halbwegs ernste Fragen zu Sport, Training und Ernährung, ehe er als dritten Gast Alice Kargl (26) auf die Bühne ruft, die Europameisterin im Kraftdreikampf bis 56 Kilo.[12]

Die Gästeauswahl und ausgiebige Promotion in eigener Sache zeigte bereits die unverhohlen bauernschlaue und in dieser Manier bereits wieder publikumswirksame Geschäftstüchtigkeit Dalls, der später als sein eigener Produzent ›Dall-As‹ zu einer lukrativen Unternehmung machen sollte.[13]

Dall erinnert die Anfänge wie folgt: »Damals wussten wir noch nicht, dass sich die Sendung, sagen wir mal, mehr so für die Abendstunden entwickelt … Wir fingen an mit 100 000 Zuschauern, weil wir nur im Saarland zu sehen waren und in Luxemburg.«[14]

›Dall-As‹ war ein Talk ohne jedes Erkenntnisinteresse, die Gespräche richteten sich allein darauf, dem Gastgeber Stichworte für seine Bonmots, Pointen und absurden Assoziationen zu liefern. In der Premierensendung entschuldigte sich Dall nach einer despektierlichen Bemerkung gegenüber Hingsen, was nicht zur Gewohnheit werden sollte. Fortan kannte Dall bei seinen Frage-und-Antwort-Spielen kein Pardon, seine Gäste mussten auf blödelig verpackte Invektiven und kettenartige Nonsens-Assoziationen bis hin zur Zote gefasst sein. Waren die Geladenen befähigt, in gleicher Münze herauszugeben, konnten sich höchst unterhaltsame Situationen entwickeln. Hier fanden sich nun die Spontaneität und Respektlosigkeit gegenüber hochmögenden Zelebritäten, die von maßgeblichen Teilen der rezensierenden Öffentlichkeit bei den Talkshows der 1970er-Jahre beständig, aber vergeblich eingeklagt worden waren: »Mit Dall ist rüder amerikanischer Witz über die deutsche TV-Unterhaltung gekommen«, erkannte der ›Spiegel‹.[15]

Nicht jeder wusste diese Form des Humors zu nehmen. Der Sänger Roland Kaiser zog es vor, dem Gastgeber bei laufender Kamera den Rücken zu kehren. Der ernst auftretende, von der ebenfalls anwesenden Brigitte Mira darauf angesprochene Kaiser verweigerte den sinnfreien Disput mit den Worten: »Ich bin auf mich selber sauer. Wenn ich gewußte [sic!] hätte, was für eine Art von Talk-Show das ist, wäre ich gar nicht erst gekommen. Ich sollte auch deshalb besser gehen! Schließlich bin ich nicht als Stimmungskanone, sondern als Mensch geladen.« Dalls Entgegnung: »Du schuldest deinem Publikum heute abend, daß du es unterhältst.« Kaiser widersprach: »Ich spiele doch nicht für euch den Clown.« Daraufhin wurde der Sänger von Rufern aus dem Publikum zum Gehen aufgefordert. Was er nach kurzem Abschiedsgruß auch tat.[16]

Mit solchen Darbietungen war ›Dall-As‹ aus Jugendschutz- und programmstrategischen Gründen am Vorabend fehlplatziert und wurde deshalb ab dem 31. August 1985 in weiterhin zweiwöchigem Turnus, aber mit verdoppelter Sendezeit samstags um 22.00 Uhr ausgestrahlt. In den Folgejahren erweiterte Dall sein Publikum ins Millionenfache;[17] die Kritiker kamen nicht umhin, sich mit ihm zu befassen, und begegneten diesem, gemessen an der bisherigen Produktions- und Rezeptionsroutine, anfangs geradezu verstörenden Unikum mit einer Mischung aus Ablehnung und Faszination. Ein Befürworter Dalls lobte: »Wie Dall es wieder schaffte, seinen koketten Zynismus jeweils dem anzupassen, was seine Gäste vertragen können, das genau macht seinen Marktwert aus.«[18] Andernorts, ein zweiter Beleg für die ernsthafte Auseinandersetzung mit dem schandmäuligen Star der späten Samstagnacht, hieß es: »Aber klar, diese harlekinsche Improvisationskunst, auf weiten Strecken durchaus eine gelungene Parodie unserer allerorten ins Kraut schießenden Talkshows, kann nicht eine geschlagene Stunde lang funktionieren. Auch wenn diese unter allen Talkshows, unter den originären und den kopierten, beileibe nicht die schlechteste ist: Wäre Dall nicht erst als Sekundant ein richtiges As?«[19]

Auf den Bereich politischer Provokation erstreckten sich Dalls kühne Kapriolen allerdings nicht. In den Anfangsjahren verzichtete er ganz auf Gäste aus der politischen Sphäre.[20] Eine Ausnahme machte er während einer Stippvisite in Österreich mit dem wegen rechtspopulistischer Positionen äußerst umstrittenen damaligen Landeshauptmann Jörg Haider. In seiner Stellungnahme bezog sich Dall unter anderen darauf, dass er sich auf seine Sendungen grundsätzlich nicht vorbereitete: »Da hätten die mir Informationsmaterial schicken müssen; dann wäre es eine politische Diskussion und keine Unterhaltungssendung. Deswegen bin ich bewusst dieser politischen Diskussion aus dem Wege gegangen, und wir haben nur Scheiß geredet. (…) In diesem Falle bin ich auch ganz froh, denn ich kann mir in einer Unterhaltungssendung nicht den Jörg Haider vorknöpfen – was meinen Sie, wie ich da gesteinigt werde? Der ist ein Gott da unten. Ein Gott. Im Kärntner Land.«[21]

Streitsucht – Die Confrontainment-Talkshows bei RTL

Derweil einige Talkshows und verwandte Unterhaltungsformate die Harmoniebedürfnisse der Zuschauer bedienen, finden doch stets auch lebendige und kraftvolle verbale Auseinandersetzungen ihr Publikum. Schon öffentlich-rechtliche Formate wie ›Pro und Contra‹ (seit 1968) lebten vom Widerstreit, themenbezogen, um Meinungsbildung bemüht und in zivilem Tonfall geführt.

In den Talkshows der 1970er- und 1980er-Jahre hatte es immer wieder mal Entgleisungen gegeben, die jeweils für Schlagzeilen und Gesprächsstoff sorgten und damit das Interesse an den Folgesendungen kräftig anheizten. Die Fernsehschaffenden wussten dies und scheuten selten davor zurück, unberechenbare Zeitgenossen, Paradiesvögel und notorische ›Skandalnudeln‹ an den Gesprächstisch zu bitten. Noch 2004 gab es in öffentlich-rechtlichem Rahmen einen solchen Skandalisierungsversuch, als die Schauspielerin Ursula Cantieni dem Moderator Matthias Holtmann in der SWR-Sendung »Ring frei!« als Antwort auf eine freche Frage ins Gesicht schlug. Später gab der Sender bekannt, dass die Szene abgesprochen war.[22]

Der kommerzielle Sender RTL, in den Anfangsjahren mit grellen Sendungen um Distinktion gegenüber bestehenden Programmen und dem ursprünglich stärker informationsorientierten Mitbewerber Sat.1 bemüht, führte 1989 – im selben Jahr wurde der frühere Radio-Bremen-Mitarbeiter Dieter Lesche Chefredakteur des Senders – mit ›A.T. – Die andere Talkshow‹ und ›Explosiv – Der heiße Stuhl‹[23] die Variante des ›Confrontainments‹ ein, bei dem bereits in der redaktionellen Vorbereitung auf lebhafte verbale Auseinandersetzungen hingearbeitet und der Schlagabtausch während der Produktion nach Kräften gefördert wird. Das Selbstbild der Reihe ›Explosiv – Der heiße Stuhl‹ sah in den Worten der Redaktion wie folgt aus: »Der ›Heiße Stuhl‹ ist keine Talk-Show, sondern ein ›Fernseh-Streit‹ – wohlgemerkt: keine Streit-Show. Durch die Art der Konfrontation einer gegen fünf/sechs sicher in gewisser Weise personenzentriert, auf jeden Fall aber unterhaltend und informativ. Eben das haben Streits ja auch im richtigen Leben so an sich: Sie ermöglichen Erfahrungsaustausch, Ideen-

Wettstreit usw. auf eine Art, die mit trockener Thesen-Debatte mit wissenschaftlich hochgeschlossenem Kragen nichts zu tun hat. Der ›Heiße Stuhl‹ will diese ehrliche Art im Fernsehen transportieren.«[24]

Durch die Initiierung derartiger Streitgespräche, so Koproduzent und Moderator Olaf Kracht in einer weiteren Selbstauskunft, »erreichen wir unseres Erachtens ein hohes Maß an Spontaneität, an Ehrlichkeit, die aus der Notwendigkeit der einzelnen Teilnehmer erwächst, auf Vorwürfe und Provokationen inhaltlich statt mit auswendig gelernten Sprüchlein zu antworten«.[25]

›Explosiv – Der heiße Stuhl‹ – Die Premierensendung[26]

Die Kamera fährt zwischen zwei Zuschauertribünen hindurch in Richtung ›heißer Stuhl‹. Links daneben wartet bereits Moderator Olaf Kracht. »Hallo und herzlich willkommen, guten Abend, meine Damen und Herren. Heute Abend bei RTLplus, da steht eine Premiere an. Die erste Sendung unseres neuen Nachrichtenmagazins. ›Explosiv‹ nennen wir es, und wir fangen an in dieser Woche mit dem ›Heißen Stuhl‹. Und auf genau diesem ›Heißen Stuhl‹ hat heute Abend Platz genommen Dr. Theodor Paul, der Präsident des Zentralverbandes der deutschen Haus-, Wohnungs- und Grundbesitzer. Herr Paul, Sie vertreten eine These – schönen guten Abend erst mal – Sie vertreten eine These, nämlich dass die Wohnungsversorgung in Deutschland so gut sei wie noch nie, dass man von einer neuen Wohnungsnot in keiner Weise sprechen könne. Ich glaube, Sie werden diese These heute Abend noch sehr ausführlich vertreten und auch erläutern müssen, denn wir haben sechs weitere Gäste eingeladen, die da nicht so ganz mit Ihnen einer Meinung sind.«

Kracht, in amerikanischer Einstellung[27] gefilmt, sprach bis hierhin an Paul gewandt, dreht sich nun ab und fährt fort: »Und diese sechs weiteren Gäste sind, ich darf sie vorstellen, Herr Gerhard Jahn, der Präsident des Deutschen Mieterbundes und Ex-Bundesjustizminister, Heinrich Jüttner, der Mitbegründer der Selbsthilfe Berlin, Trude Unruh, man braucht sie eigentlich kaum noch vorstellen, die Chefin des Seniorenschutzbundes Graue Panther,

Fred Kirfel von der Bürgerinitiative Chorweiler hier bei Köln, ein Mieterberater in zwei Trabantenstädten, dann Christian Ude, ein engagierter, wenn nicht sogar der engagierteste Mieteranwalt aus München und schließlich Herbert Schmalstieg, Präsident des Deutschen Städtetages und Oberbürgermeister in Hannover.« Synchron zur Vorstellung fährt die Kamera die Reihe der Genannten von links nach rechts ab.

»Unser Publikum heute Abend hier im Saal besteht zur Hälfte aus Vermietern und zur Hälfte aus Mietern.«

Es folgt ein Einspielfilm über die Wohnungssituation in Deutschland. Im Pulk warten Wohnungssuchende spät nachts auf die Ausgabe druckfrischer Zeitungen. Eine Grafik zeigt die Zunahme der Wohnungen um 35 % gegenüber dem Bevölkerungswachstum in Höhe von 0,7 % in den vorangegangenen 20 Jahren. Die Kostenexplosion bei den Mieten kommt zur Sprache, die teils doppelt so schnell steigen wie andere Haushaltsaufwendungen. Eine Studentin erzählt, dass sie, weil wohnungslos, ihre Nächte im Zug verbringt. Demgegenüber fordert der Zentralverband der deutschen Haus-, Wohnungs- und Grundbesitzer, den Sozialen Wohnungsbau abzuschaffen und stattdessen den Eigenheimbau zu fördern und Mieterhöhungen zu erleichtern.

Zurück im Studio. Kracht erteilt Gerhard Jahn das Wort: »Herr Jahn, führen Sie den ersten Schlag. (…)«

Jahn, wie die anderen Gegenredner hinter einem Pult stehend, wirft Paul vor, bereits seit Jahren immer neue Forderungen zu erheben wie Lockerung des Mietrechts und Abschaffung des sozialen Wohnungsbaus, die erfüllt wurden, ohne dass, wie versprochen, der Wohnungsbau erhöht wurde.

Theodor Paul greift in die Zeit vor 1971 zurück, als ein freizügiges Mietrecht Kapital in den Wohnungsbau lenkte. Trude Unruh fährt dazwischen und fordert Paul auf, von 1988 zu sprechen. Paul weist sie zurecht. Unruh lässt sich nicht beirren: »Ich höre nicht auf. Ich will das Gelabere nicht.« Sie spricht von Wohnungsnot. Paul relativiert, nach dem Krieg habe es eine Wohnungsnot gegeben, auch in der Dritten Welt gebe es Wohnungsnot, in der Bundesrepublik aber allenfalls eine Wohnungsknappheit. Während des Abtauschs sind immer wieder Einwürfe und lautstarke Beifalls- und Unmutsbekundungen von Seiten des Publikums zu hören. Trude Unruh reagiert auf einen Zwischenrufer, während Paul versucht, einen Satz zu Ende zu bringen. Nachdem er zu Wort kommt, zitiert er hohe Aussiedlerzahlen und erinnert an die Notwendigkeit, die Neubürger mit Unterkünften zu versehen. Unruh berichtet, dass bei ihr immer mehr Senioren vorstellig werden, die aus ihren Wohnungen gedrängt werden sollen. Kurzes Durcheinander. Dann äußert Jahn mit Nachdruck, dass sich die Bewältigung der Wohnungskrise in der Nachkriegszeit in erster Linie dem sozialen Wohnungsbau verdankt. Die Ränge zollen Beifall, was Gegenreaktionen provoziert. Jahn will von Paul wissen, wo die 100 000 Wohnungssuchenden unterkommen sollen. Paul äußert den Vorwurf, Jahn habe die Vorschläge seines Verbandes nicht gelesen. Es kommt zum unergiebigen Streit, ob für den Bau einer Wohnung 100 000 oder 200 000 Mark aufgewendet werden müssen. Paul bringt zusätzlich Bemühungen ins Gespräch, Sozialwohnungen umzuverteilen. Einzelmieter größerer Wohnungen sollen diese verlieren. Wiederum Tumulte und energischer Widerspruch von Trude Unruh. Paul erntet weitere Proteste mit der Äußerung, 100 000 Wohnungen stünden leer. Jahn bezeichnet dies als »Legende«. Wieder reden mehrere Teilnehmer gleichzeitig.

Olaf Kracht, der sich bislang im Hintergrund gehalten hatte, verschafft sich Aufmerksamkeit. Am Pult rechts neben dem Heißen Stuhl stehend, spricht er gegen lautstarkes Gejohle an: »Lassen Sie mich doch kurz noch einmal zu den Kosten kommen. Wir hatten gesagt … Hier gab es verschiedene Auffassungen … Sozialwohnungszuschuss soundsoviel, soundsoviel. Und die Mieten kann ohnehin keiner bezahlen.« Er befragt Heinrich Jüttner nach der Berliner Situation. Der erinnert an die Welle von Hausbesetzungen zehn Jahre zuvor und dass es bezahlbaren Wohnraum gab, bis die Mietpreisbindung aufgehoben wurde. Widerrechtliche Mietsteigerungen von über 100 Prozent seien die Folge gewesen. Eine unverständliche Wortmeldung von den Rängen geht in Gelächter und Kakophonie unter. Dr. Paul schildert die Berliner Situation aus Hausbesitzersicht. Kracht versucht ihn zurückzuführen zu der Tatsache, dass Tausende ohne Wohnung sind. Paul widersetzt sich: »Sie haben mich vorhin herausgefordert, Sie zu unterbrechen, dies tue ich hiermit.« Kracht gesteht ihm die Unterbrechung zu: »Sehr gut.« Pauls Einspruch läuft darauf hinaus, dass ungeeignete Mittel angewandt werden, um jährlich 400 000 Menschen unterzubringen. Kracht, mit hartem Unterton: »Über diese Mittel wollen wir uns ja heute Abend unterhalten.« Er richtet das Wort an Herbert Schmalstieg in seiner Eigenschaft als Präsident des deutschen Städtetages und fragt, wie man die Aussiedler unterzubringen gedenkt. »Ich glaube, es geht nicht nur allein um die Aussiedler. Und wenn heute jemand sagt, und das ist ja der Ausgangspunkt, Herr Dr. Paul, dass der soziale Wohnungsbau nicht mehr fortgeführt werden soll, dann muss ich den Eindruck haben, dass er entweder die Situation nicht einschätzen kann oder seine Thesen sind an Zynismus nicht mehr zu überbieten.« Das Publikum spendet Beifall. Schmalstieg untermauert seine Aussage mit konkreten Zahlen und berichtet von parteienübergreifendem Konsens bei der Einschätzung der Lage. Es entbrennt zwischen Paul und Schmalstieg ein wenig zweckdienlicher Streit darüber, welcher Betrag für den Bau einer Sozialwohnung aufgewendet werden muss. Fred Kirfel geht seinerseits gegen Paul an: »Herr Paul, Tatsache ist doch, dass mancher deutscher Schäferhund mehr Lebensraum zur Verfügung hat wie manche Familie.« Von den Tribünen hallt höhnisches Gelächter. Auch Dr. Paul erhebt Widerspruch und spricht von »Märchen«, aber Kirfel lässt sich nicht beirren und führt ein Beispiel an aus Köln-Ehrenfeld von einer jungen Familie, die sich mit 35 Quadratmetern begnügen müsse und vom Wohnungsamt gesagt bekommen habe, es bestünde keine akute Wohnungsnot. Ein zweites Beispiel gilt einer achtköpfigen Familie, die nur über 80 Quadratmeter verfügt. Störer im Publikum tauschen untereinander Injurien aus. Kirfel reagiert verärgert.

Kracht fragt Kirfel, ob seine Klienten für den sozialen Wohnungsbau seien oder ob es dort auch Kritik gebe. Kirfel spricht sich klar für den sozialen Wohnungsbau aus. Dr. Paul meldet ungefragt, der Staat könne aus Mangel an Geld und Möglichkeiten gar nicht so viele Sozialwohnungen bauen, wie nötig wären. Jahn pariert mit dem Vorwurf, dass Hausbesitzer Steuervergünstigungen gerne einstrichen und das seien schließlich auch Subventionen. Paul weicht aus mit: »Darum geht's ja gar nicht.« Es gehe darum, möglichst schnell und flexibel auf die aktuelle Situation zu reagieren, und dies sei dem Staat nicht möglich.

Die Leerstände früherer Jahre werden angesprochen. Beide Seiten spekulieren über die Gründe dafür. Pauls Gegner führen an, die Wohnungen seien nicht bezahlbar gewesen, Paul behauptet, Eigentumswohnungen seien sogar verschenkt worden, weil sie keine Rendite brachten. Trude Unruh möchte ihre Position differenzieren und betont, nicht generell gegen privaten Wohnbesitz zu sein, wohl aber gegen Kriminelle. Ihre weiteren Erläuterungen werden vom Geblöke gegnerischer Zuschauer übertönt. Der Streit geht hin und her und mündet in einen Ausbruch Unruhs: »Sie sind eine Großschnauze besonderer Art.« Die Regie blendet auf ihre Anhänger im Publikum, die ihr belustigt Beifall zollen. Unruh tobt weiter und erzählt von einer alten Dame der Trümmerfrau-Generation, die aus dem Leben schied, weil sie die Mieterhöhung um 80 Mark von ihrer Rente nicht bezahlen konnte. Aus dem Publikum kommen weitere lautstarke Zwischenrufe, die nicht zu verstehen sind, Trude Unruh aber noch mehr in Rage bringen. Wutentbrannt brüllt sie zurück: »Was getrauen Sie sich denn? Der alte Mensch hat doch das Recht, in seiner Wohnung zu leben!!« Aus dem Off hört man Paul, offenbar an Kracht gewandt, sagen: »Also Ihre Sendung wird sicherlich nicht mehr gehört, bei diesem Spektakel …«

Kracht ist nach vorn getreten und bemüht sich mit erhobenem Arm um Aufmerksamkeit. »Verzeihung, darf ich … Darf ich mal bitte … Ganz kurz … Es hat doch … Es hat doch so keinen Zweck. Würden Sie bitte mal … Ganz kurz … Es hat doch so keinen Zweck. So können wir ja nicht weitermachen. Es hat doch so keinen Zweck. So können wir doch nicht weitermachen.« Das Publikum beruhigt sich, Kracht zieht sich, während er den folgenden Satz äußert, hinter sein Pult zurück. »Lassen Sie uns doch noch einmal zurückkommen einfach auf den Grundanfang, die Initiative, die Wohnungsbauinitiative des Zentralverbandes.«

Entgegen der behaupteten Themenstellung befragt er Christian Ude nach »Machenschaften, dubiosen Geschäften am Münchner Markt«. Ude mahnt bei den anwesenden Hausbesitzern mehr Niveau an, zerlegt dann die statistischen Werte, die die vorhandenen

Benachteiligungen der materiell schlechter Gestellten verwischen und führt die Mietenexplosion in München, vor allem die spekulative Umwandlung in Luxuswohnungen, als Beispiel an. Paul entgegnet, in München existierten keine Bebauungspläne. Deren Aufstellung würde die Situation verbessern. Paul führt ein Beispiel aus Hamburg an, wo ein Wohnungssuchender mit Berechtigungsschein zwischen drei Angeboten habe wählen können. Es gebe auch Kandidaten, die nur in ein bestimmtes Gebiet ziehen wollten. Das seien Einzelfälle, bekommt er zur Antwort und erwidert, das seien alles Einzelfälle. Schmalstieg lädt ihn ein, »einen Tag in einem Wohnungsamt in einem unserer Mitgliedsstädte zu verleben«. Schmalstieg ist sich mit Paul einig, dass frei finanzierter Wohnungsraum zwischen 18 und 25 D-Mark pro Quadratmeter einbringen muss. Aber diese Beträge könnten viele Bewerber nicht aufbringen, weshalb der Staat ausreichend Sozialwohnungen bereitstellen müsse.

Laut Paul war der soziale Wohnungsbau die Ideallösung für die Probleme der Fünfziger, könne aber die Probleme des Jahres 1989 nicht lindern. Nach kurzem Geplänkel stellt Kracht an Jahn die Frage, wie eine Lösung aussehen könne. Jahn spricht sich engagiert für die Wiedereinführung des sozialen Wohnungsbaus aus. Es kommt zum Streit mit Paul darüber, ob der Bund in den vorangegangenen zwei Jahren in den sozialen Wohnungsbau investiert hat oder nicht. Trude Unruh schildert erneut in schrillem Tonfall die Situation vieler Senioren. Paul hält dagegen, dass viele ältere Menschen wegen langfristiger Mietverhältnisse besonders günstig wohnen. Unruh maßregelt Paul und einen Zwischenrufer aus dem Publikum, Kracht bemüht sich ums Wort. Die Regie schneidet auf einen Mann im Publikum, der über ein Angelmikrophon nun auch hörbar wird und Unruh vorwirft, dass sie sich nur für die Armen in ihrer Organisation einsetze, dass aber auch Haus- und Wohnungseigentümer zu den Grauen Panthern gehörten. Die Wortmeldung kulminiert in der Frage: »Warum beschimpfen Sie Ihre eigenen Mitglieder?«

Unruh weist dies zurück. Kracht versucht bereits, die Sendung zu beenden, aber Unruh übertönt ihn noch einmal: »Wir sind sozial engagiert, und nicht großkapitalistisch geprägt.«

Kracht schließt ab mit den Worten: »Es gibt dazu sicherlich noch sehr viel zu sagen. Es ist leider keine Zeit mehr, diesen Disput weiterzuführen. Ich glaube, was wir alle irgendwo mitgenommen haben, aus dieser Sendung, aus 40 Minuten Streitgespräch, wenn ich so sagen darf, was wir alle mitgenommen haben, ist, dass es wirklich viele, viele verschiedene Ansätze gibt, aber absolut keine Lösung. Ich glaube, da ist noch viel Zeit zum Nachdenken nötig und das gilt sicherlich für uns alle, auch für Sie zuhause. Ich bedanke mich für Ihr Interesse, ich bedanke mich bei meinen Gästen, Herr Dr. Paul, Sie alle zusammen …« Trude Unruh lärmt noch einmal dazwischen: »Na, bei dem bedanke ich mich nicht!« Krachts letzte Worte gehen in Geschrei, Gelächter, Applaus unter. Unter der Schlussmusik ist die Geräuschkulisse noch hörbar und wird weggeblendet, während die Kamera aus dem Halbrund zwischen den Zuschauertribünen hindurch zurückfährt.

In Wortgewittern

Für die Absage der oben beschriebenen Sendung fand RTL-Moderator Metty Krings die Worte: »Im wahren Sinne des Wortes ›Explosiv‹, heute zum ersten Mal im Programm von Radio Luxemburg, von RTLplus …«[28]

Die Reihe ›Explosiv – Der heiße Stuhl‹ setzte sich von den vorherigen deutschen Gesprächssendungen weit weniger deutlich ab, als zu vermuten wäre. In mancherlei Hinsicht nahm die Redaktion Vorangegangenes wieder auf und führte es weiter. Gern griff man auf Themen und Gäste zurück, die schon in den informativ-publizistischen Talkshows öffentlich-rechtlicher Provenienz für Aufsehen gesorgt hatten: Trude Unruh, in der Auftaktsendung Mitglied des Panels, war dort Stammgast, ebenso Horst Eberhard Richter, der im Januar 1991 den ›heißen Stuhl‹ besetzte. Auch auf die einschlägige Prominenz des Filmemachers Rosa von Praunheim konnte die Redaktion bauen. Erst in dieser Sendereihe allerdings gab er TV-Stars namentlich preis, die es bis dahin vorgezogen hatten, ihre Homosexualität nicht öffentlich zu machen. Der nach eigenen Aussagen als Exorzist tätige niederländische Pfarrer Willem van Dam hatte schon am 24. November 1974 in

›Je später der Abend‹ gegenüber Dietmar Schönherr von seinen Kämpfen mit dem Teufel berichtet und war am 23. März 1993 bei ›Explosiv – Der heiße Stuhl‹ geladen, als auch dort um das Thema Satanismus gestritten wurde.[29]

Das Format der dienstags zwischen 22.05 Uhr und 23.05 Uhr ausgestrahlten Sendereihe sah vor, dass jeweils ein Gast – in einem Ausnahmefall waren es auch mal zwei Wortführerinnen – auf dem nicht sonderlich bequemen titelgebenden Sitzmöbel Platz nahm, um eine mehr oder minder originelle These gegen mindestens fünf Kontrahenten zu verteidigen – in den meisten Fällen weniger ein Austausch von stichhaltigen Argumenten als vielmehr ein heftiges, in Sonderfällen sogar hassgeladenes Wortgewitter, eine Aufführung aus der Sparte *confrontainment*[30] mit dem Moderator (abwechselnd Olaf Kracht und Ulrich Meyer) in der Rolle einer neutralen, der Wahrheitsfindung verpflichteten Instanz. Unsachliche, passionierte, beleidigende Wortwechsel und Erregungen hatte es zuvor auch in öffentlich-rechtlichen Talkshows zur Genüge gegeben. Mit ›Explosiv – Der heiße Stuhl‹ wurde nun der Versuch unternommen, diese zu Zeiten zwar erhofften, aber immer noch der Spontaneität der Gäste überlassenen Momente aus dem vergleichsweise offenen Zusammenhang bisheriger Talkshows zu lösen und zu kanalisieren, indem man einen zweckgerichteten Rahmen schuf, der sich aus einer wohlkalkulierten Gästeauswahl, der räumlichen Anordnung, den Dekors, der Konstellation von Diskutanten, Moderator und Saalpublikum und den ihnen zugewiesenen Funktionen ergab, wie die Redaktion unumwunden einräumte: »Keine überflüssige Dekoration, sondern Betonung der Streit-Situation durch runde Publikumstribünen (Hexenkessel), der Konfrontation durch gegenüberliegende Anordnung der verschiedenen Streit-Parts, der Besonderheit der provokativen Thesen durch einen eigens gestylten ›Heißen Stuhl‹.«[31]

An dieser Stelle sei mit Foltin »darauf hingewiesen, dass man die Reichweite des Begriffs Confrontainment nicht auf einen Teil des Talkshow-Genres beschränken muss: auch Tennisspiele und Fußballweltmeisterschaften werden von den Medien häufig gemäß der Dramaturgie des Confrontainment präsentiert, und selbstverständlich auch ›Wahlschlachten‹ (bereits dieser Terminus ist bezeichnend!) und militärische Auseinandersetzungen, die natürlich bereits in sich konfrontativ sind, durch unterhaltungsorientierte Medien aber noch weiter ›zugespitzt‹ werden«.[32]

Das konfrontative Element macht gerade einen der Reize der Talkshows aus. Schon die frühe Talk-Reihe ›Je später der Abend‹ hatte entsprechende Veränderungen durchlaufen – waren die Gäste in Dietmar Schönherrs ARD-Sendungen betont egalitär im Halbrund platziert, saß sein Nachfolger Reinhard Münchenhagen seinen Gesprächspartnern diametral und wie durch einen Graben getrennt, also mit auffälliger Distanz, gegenüber. In der von Justus Boehncke geleiteten Talk-Reihe ›Arena – Kultur vor Mitternacht‹ (ab 1981) entsprachen die Studiokulissen dem bezeichnenden Titel. Damit nahm die ARD bereits Anfang der 1980er-Jahre die später von den kommerziellen Kanälen häufiger praktizierte situative Gleichsetzung von Talk-›Runde‹ mit dem kreisförmigen Schauplatz zirzensischer oder martialischer Darbietungen früh vorweg.

›Explosiv – Der heiße Stuhl‹ folgte der Idee, den eingespielten Ritualen und Routinen langjährig ausgestrahlter Talkshows mit einer polarisierten Gesprächsführung zu begegnen, um auf diese Weise spontane, mithin als authentisch geltende Äußerungen zu erlangen. Doch eben daraus ergaben sich neue Rituale, die der Absicht im Wege standen, so die Erkenntnis von Holly und Schwitalla, nachdem sie die Produktion einer Sendung im Studio verfolgen konnten: »Spontaneität und Ehrlichkeit werden nicht gefördert, sondern inszeniert; tiefer liegende Überzeugungen, Differenzierungen von Meinungen, Relativierungen der eigenen Position kommen nicht zum Ausdruck, ein Diskussionsfortschritt wird geradezu verhindert. Statt dessen finden wir einen hochritualisierten, stereotypen, vorab strukturierten Austausch von ziemlich festen Positionen.«[33]

Die Reihe ›Explosiv – Der heiße Stuhl‹ verlor an Bedeutung, als ihr in den 1992 eingeführten *daytime talkshows* eine Konkurrenz erwuchs, die das Themenrepertoire und mit fortschreitender Entwicklung auch die robuste Form der Auseinandersetzung erfolgreich aufgriff und verbreiterte. Der als Marke bestens eingeführte Name ›Explosiv‹ hatte Bestand, die Sendung wurde als Boulevardmagazin fortgeführt. Der titelgebende ›heiße Stuhl‹ blieb erhalten – er diente später als Blickfang im Empfangsbereich des RTL-Hauptgebäudes an der Aachener Straße in Köln.

Laut und deutlich – ›A. T. – Die andere Talkshow‹

Mit ›A. T. – Die andere Talkshow‹ schob RTL im Dezember 1989 eine nochmals verschärfte Talkshow-Variante nach, in der erneut zänkische Streitereien an die Stelle argumentativer Auseinandersetzungen traten. Die Studioeinrichtung sprach für sich: Schauplatz war eine Art Zirkusarena, in der das Publikum ein Rund bildete und die Wortführer sich in einem Ring gegenüberstanden. Die Redaktion äußerte dazu freimütig: »Uns gefiel das Konzept einer Arena, Demogitter für eine ›Wortschlacht‹.«[34]

Moderator Axel Thorer, äußerlich eine imposante Gestalt, fungierte als eine Art Schiedsrichter, flankiert von martialisch auftretenden Bodyguards, die die Diskutanten im Falle eines tätlichen Übergriffs bändigen sollten. Die Programmatik der Redaktion: »Wir entfernen uns von abgegriffenen Phrasen und TV-Formulierungen, Sehgewohnheit wird aus dem Konzept gebracht (fünf Handkameras und ein Kran). Die Menschen dürfen laut sein, das ›Moderate‹ tritt in den Hintergrund. Der Moderator ist nicht nett und hat auch eine Meinung. Das alles sind gleichzeitig Vor- und Nachteile, Stärken und Schwächen – wichtig ist die Balance.«[35]

›Wer redet jetzt wo?‹ – Die Premierensendung[36]

Der Vorspann zeigt in schneller Bildfolge das noch leere Studio und Bühnenarbeiter bei der Vorbereitung. Die Kulisse wird bestimmt von einer ästhetisierten Industrieoptik mit Metall als vorherrschendem Material. Moderator Axel Thorer, noch im T-Shirt, verlässt einen Garderoben- oder Büroraum. Der Einlass. Besucher werden auf Waffen untersucht, ein martialisch wirkender Sicherheitsmann zieht – die Szene wirkt gestellt – einem Teilnehmer eine glänzende Metallstange aus dem Hosenbund.

Die Regie schneidet auf den jetzt förmlich in Anzug und Krawatte gekleideten Thorer, der die eröffnenden Worte spricht.

»Heute Abend – zum ersten Mal – die ›A. T.-Show‹. Die ›andere Talkshow‹. Unser Thema: Mädchenhandel – Heiratsvermittlung oder Sklavenmarkt? [gleichzeitig Einblendung per Laufschrift: Mädchenhandel – Heiratsvermittlung oder moderner Sklavenmarkt]. Meine Gäste heute [die Genannten betreten unter Publikumspfiffen den Saal]: Dr. Volker Weinmann. Dr. med. Volker Weinmann, München-Brasilien [Einblendung: Dr. Volker Weinmann. Heiratsvermittler]. Hans Schlegel, Heilbronn-Philippinen [Einblendung: Hans Schlegel. Heiratsvermittler]. Ingeborg Vogel [Frau Vogel sitzt bereits im Rund. Einblendung: Hannelore (sic!) Vogel. Heiratsvermittlerin. München, Südamerika und Ostblock]. Und als Experte: Martin Stummer, Touristikunternehmer [gleichlautende Schrifteinblendung], Besitzer einer Insel auf den Philippinen, zum zweiten Mal mit einer Philippina verheiratet. Gegenüber diejenigen, die das, die diesen Handel mit Ausländerinnen, als Mädchenhandel betrachten [zustimmender Applaus und Johlen]: Elisabeth Mach-Hour, Anwältin in München, Spezialgebiet Ehen mit Ausländern [Einblendung: Elisabeth Mach-Hour. Rechtsanwältin] und Elvira Niessner, Soziologin aus Frankfurt [Einblendung: Elvira Niessner. Soziologin]. Und, natürlich, Betroffene: Agnes Mendoza-Urban, Sozialhelferin der Caritas aus Köln [Einblendung: Agnes Mendoza-Urban. Sozialarbeiterin] und Florence Heidger, Lehrerin von den Philippinen, mit einem Deutschen verheiratet, seit einem Jahr getrennt lebend [Einblendung: Florence Heidger. Lehrerin].«

Die Opponentinnen und die beiden »Betroffenen« betreten das manegenartige Rund aus dem stufenförmig ansteigenden Zuschauerraum und treten hinter die für sie vorgesehenen Pulte.

Axel Thorer zitiert aus der ›Süddeutschen Zeitung‹: »Traumfrau aus Asien. Bezaubernde Philippinas mit typisch weiblichen Eigenschaften, anschmiegsam, häuslich, treu ergeben, möchten heiraten. Vollvermittlung bis zum Erfolg.«

Er richtet an Dr. Weinmann die Frage, ob diese Anzeige von ihm stammen könnte. Der verneint. Er informiere seine Klienten bereits im ersten Anschreiben: »So ein Fabelwesen gibt es bei uns nicht.« Er behauptet, es gebe einen Frauenüberschuss in Brasilien und einen Männerüberhang in Deutschland. »Da sollte man eine Brücke bauen.« (Höhnisches Gelächter unter weiblichen Saalzuschauern, kurze Einblendung lachender Gesichter.)

Thorer fragt wiederholt und sehr beharrlich, was brasilianische Frauen den deutschen voraushaben. Weinmann insistiert, dass nicht kulturelle, sondern allein numerische Unterschiede Grundlage seiner Arbeit sind.

Zwischenfrage aus dem Publikum von einer dunkelhäutigen, mit Akzent sprechenden Frau, die darauf hinweist, dass Brasilianerinnen doch gar kein Deutsch sprächen.

Thorer spricht Schlegel an, von dem er weiß, dass er aufgrund schlechter Erfahrungen keine Brasilianerinnen vermittelt. Laut Schlegel sei dies so, »weil die sich hier in der Bundesrepublik nicht in die Lebensgewohnheiten einfügen können«. Anders als Philippinas, die »häuslicher« und »treuer« seien.

Die Dame aus dem Publikum redet erneut dazwischen und meldet, wenn ihr Mann ihr quer komme, bekomme er »Flasche an Kopf« (lebhafter Beifall vom weiblichen Teil des Publikums). Auf Thorers Frage sagt sie, aus Surinam zu stammen, auch brasilianisches Blut und einen indischen Vater zu haben.

Durch die ständigen Unterbrechungen ergeben sich Verzögerungen. Erst jetzt erhält Elvira Niessner Gelegenheit, sich zu äußern. Sie weist darauf hin, dass auch Philippinas sich zu wehren wissen und durchaus emanzipiert seien. Elisabeth Mach-Hour beantwortet Thorers entsprechende Frage dahingehend, dass deutsch-ausländische Ehen sehr häufig harmonisch verlaufen, dass es aber auch Schwierigkeiten gebe. Niessner ergänzt, dass es insbesondere zu Schwierigkeiten komme, wenn die Frauen »hierher gehandelt worden sind«. »Gekauft wurden«, präzisiert Thorer. Niessners Vorwurf, dass Frauen teils zur Ehe gezwungen würden und man ihnen das Rückflugticket vorenthalte, stößt auf Widerspruch eines Gastes im Publikum. Auf Thorers Frage gibt er an, selbst mit einer Ausländerin verheiratet zu sein. Weitere Äußerungen stoßen auf Gelächter, sind aber nicht zu verstehen, weil er über kein Mikrophon verfügt. Thorer wiederholt die Frage aus dem Publikum, ob er seine Frau aus einem Katalog habe. Die Antwort bleibt unverständlich.

Thorer spricht Schlegel darauf an, dass seine Kunden Frauen bis zu drei Mal »zurückgeben« dürfen. Der bestreitet dies und zeigt sich empört. Niessner meldet sich zu Wort und referiert einen akuten Fall aus Schlegels Praxis. Die betroffene Frau E. sei vier Mal vermittelt worden. Niessner liest die Aussage der Frau vor. Sie wurde geschlagen und vergewaltigt. Der von Frau E. in Kenntnis gesetzte Schlegel soll das beschriebene Verhalten als etwas bei deutschen Männern ganz Normales bezeichnet haben.

Thorer erteilt Schlegel das Wort. (Dazu Einblendung »Beratungsstelle AGISRA, 069/7 39 21 52«.) Schlegel bestreitet die Vorwürfe und fragt, warum die betroffene Frau nicht selbst auftritt. Die Antwort: Sie sei zu ihrem Schutz in einem Frauenhaus untergebracht worden.

Thorer wechselt zu Florence Heidger und erkundigt sich nach ihrem Schicksal. Die philippinische Lehrerin antwortet leise in ihrer Sprache. Ihre Begleiterin Agnes Mendoza-Urban übersetzt. Sie berichtet, sie sei auf ein Inserat eingegangen und habe einen Vertrag vorgelegt bekommen, dem zufolge sie 2500 Dollar zu zahlen hatte, wenn sie in Deutschland keine Ehe eingehen würde.

Ein Mann aus dem Publikum fragt, warum sie überhaupt auf das Inserat reagiert habe. Agnes Mendoza-Urban übernimmt die Antwort. Wegen ihrer Aufgeregtheit gelingt ihr keine klare Aussage. Thorer greift ein und fasst Florence Heidgers Schicksal zusammen. Auch sie wurde geschlagen. Als sich die Caritas ihrer annahm, wog sie nur noch 45 Kilo. Weinmann berichtet, dass es in seiner Praxis einen vergleichbaren Fall gegeben habe, dass er die Frau mit anderen Männern, darunter zwei Pfarrer, gleichsam befreit habe. Eine Frau im Publikum konfrontiert Weinmann mit einer Zeitungsmeldung, wonach er deutschen Männern brasilianische Frauen »verschreibe«. Weinmann wehrt sich, die Äußerung stamme nicht von ihm, sondern sei eine Formulierung des fraglichen Journalisten. Dabei gehen mehrere Stimmen durcheinander.

Thorer gewinnt die Gesprächsleitung zurück und gibt Hannelore Vogel das Wort, die sich vehement von fragwürdigen Praktiken distanziert: »Ich habe eine total seriöse Ehevermittlung …« Erneut großes Durcheinander mit Einwürfen aus dem Publikum, Thorer redet, Vogel versucht ihre Ausführungen zu Ende zu bringen. Gegen das Lärmgewirr (Frauen johlen, Männer spenden Beifall) entwickelt sie ihre These, dass deutsche Frauen durch Emanzipation »ihrem Mann das Rollenverständnis in der Ehe sehr schwer machen«.

Martin Stummer (Touristikunternehmer) bestätigt, dass es dergleichen gibt, nimmt sich aber auf Vorhalt Thorers davon aus. Er berichtet von Ehen zwischen Prostituierten und Deutschen, die schlicht auf wirtschaftliche Not zurückzuführen seien. Ein hitziger Zuschauer aus dem Saal brüllt wiederholt, eine Notlage sei nicht freiwillig. Stummer will Stellung nehmen, kommt dazu aber erst auf verspätete Intervention Thorers. Er spricht über Bevölkerungsexplosion, Großfamilien, Verkauf von Kindern aus purer Not. Wieder sprechen mehrere Personen durcheinander. Thorer will eine Klärung herbeiführen und erteilt das Wort einer im Publikum befindlichen, für die Regierung tätigen »Expertin für Fragen der Dritten Welt«. Die stellt richtig, dass nicht Überbevölkerung für die Not in der Dritten Welt verantwortlich ist und dass die Philippinen sogar über beträchtliche Ressourcen verfügen, die allerdings von westlich gelenkten Firmen ausgebeutet würden.

Die dunkelhäutige Besucherin, die bereits mehrfach das Wort erhoben hatte, tritt aus den Publikumsreihen in die Arena, hat ein Mikrophon in der Hand und würgt Stummer ab, dem Thorer eigentlich das Wort erteilt hatte. Thorer selbst fällt ihm ins Wort und fordert die Frau auf, sich vorzustellen: Eliene Meier (Namenseinblendung erfolgt erst sehr viel später, desgleichen die Berufsangabe ›Nachtclubbesitzerin‹) kommt aus Mönchengladbach, wurde in Surinam geboren und beschäftigt seit 25 Jahren Philippinas. Die seien nicht alle so brav, wie sie aussehen. Thorer verschiebt diese Diskussion bis nach der Werbepause. Elvira Niessner bemüht sich, zu einer sachlichen Debatte zurückzukommen und bringt, gegen lautstarke Mehrfachwortmeldungen ankämpfend, die These an, dass es in diesem Geschäft, Touristikunternehmen eingeschlossen, keine Seriosität geben könne. Thorer bricht auch diesen Diskussionsansatz ab und lenkt die Aufmerksamkeit auf einen Mann im Publikum, unterbricht aber erst mal für die Werbung. Die Kamera fährt zurück und zeigt auch den Aufnahmeleiter, der das Saalpublikum mittels eigener Klatschbewegungen zum Applaudieren animiert.

Nach der Pause setzt Thorer wieder ein: »Schriftsteller Klaus-Peter Wolf und die Traumfrau. Was ist Ihnen – erzählen Sie das bitte kurz und prägnant – bei den Recherchen zu diesem Buch Tolles passiert? Beziehungsweise: Was ist Ihnen gelungen?«

Zu Recherchezwecken hatte Wolf eine Scheinfirma mit Namen ›Hot Pants‹ für Frauenhandel gegründet und offiziell und unbeanstandet beim Finanzamt angemeldet. Die Nachfragen seiner Kunden galten explizit Frauen, die kein Deutsch konnten oder sogar völlig stumm waren. Von der Seite erregte Einwürfe, dass auch deutsche Frauen geprügelt werden. Frau Mendoza weist darauf hin, dass Frauenhändler Philippinas erst auf die Möglichkeit der Verheiratung nach Deutschland aufmerksam gemacht, den ›Markt‹ erst erschaffen hätten. Sie berichtet aus eigener Erfahrung von einem Fall aus dem Jahr 1973, als ein Bankdirektor aus dem Raum Stuttgart Frauen für ›seine‹ Bauern suchte. Wieder Tumult auf den Rängen und in der Arena.

Thorer: »Es hat keinen Zweck, dass wir gegeneinander brüllen.«

Thorer: »Wer redet jetzt wo?«

Die Nachtclubbesitzerin Meier meldet sich wieder zu Wort; die Debatte verlagert sich auf das Angebot in ihren Nachtclubs. Verhandelt wird die Frage, ob sich die dort tätigen Frauen, laut Meiers Aussage sind darunter viele Philippinas, prostituieren. Meier bestreitet dies. Eine Philippina, die als Sängerin in einem von Meiers Clubs tätig war, meldet sich aus dem Publikum auf Englisch (wird untertitelt) und berichtet, dass die Mädchen dort schlecht behandelt würden und Prostitution nicht nur über Beischlaf zu definieren sei. Sie erntet einen Gegenvorwurf: Sie äußere sich negativ, weil sie entlassen worden sei. Eine zweite Frau springt ihr bei, berichtet, sie sei als Folkloretänzerin engagiert worden, sei unterbezahlt gewesen und nicht versichert worden.

Die Heiratsvermittler und der Touristikunternehmer sind aufgesprungen, es bildet sich ein enger Gesprächskreis im Stehen, man wütet aufeinander ein. Thorer versucht sich Gehör zu verschaffen und fordert dazu auf, die Plätze wieder einzunehmen.

Niessner beklagt sich, sie sei gekommen, um über Ursachen zu reden und darüber, warum gegen die Situation nichts unternommen wird. Erneut heftige Gegenrede der Heiratsvermittler. Frau

Vogel springt auf und tritt ihr direkt gegenüber, verwahrt sich leidenschaftlich gegen eine angebliche Beleidigung, fragt unter anderem nach ihrer Funktion. Frau Mendoza beklagt, dass immer nur über Philippinas gesprochen wird, sie selbst aber nicht zu Wort kommen. Thorer unterbricht erneut, mit der Begründung, er müsse eine Schlussfrage stellen. In inquisitorischem Tonfall richtet er an Frau Heidger die Frage, ob ihre Landsfrauen trotz ihrer Warnungen nach Deutschland kämen.

Thorer ringt sich ein Schlusswort ab des Inhalts, solange Männern und Frauen aus Profitgier falsche Versprechungen machten, »wird dieses Problem leider nicht zu Ende sein. Guten Abend, meine Damen und Herren, bis zur nächsten Sendung«.

Differenzen – ›A. T. – Die andere Talkshow‹ und die ›Morton Downey, Jr., Show‹

›A. T. – Die andere Talkshow‹ wurde und wird nach wie vor als deutsche Variante der US-amerikanischen *combat talkshow* ›Morton Downey, Jr., Show‹ (1987–1988) apostrophiert. Der Kettenraucher Downey war von vornherein nicht auf erhellende Debatten aus, sondern setzte sich als kämpferischer Erzkonservativer in Szene und stiftete die heftigsten Wortgefechte und wütende Verbalattacken an. Gelegentlich wies er sogar Gäste hinaus, theatralisch wehklagend, dass er die Standpunkte der Geschassten nicht länger ertragen könne.[37]

Die von Downey repräsentierte Art der Gesprächsführung war 1965 mit der im *Syndicated*-Verfahren vermarkteten ›Joe Pyne Show‹ (1965–1967) aufgekommen. Der Namensgeber selbst nannte seine Darbietung eine »›fist-in-the-mouth‹ talk show«[38] und war insbesondere darauf bedacht, vor einem teils konsternierten, teils johlenden Publikum für Gesprächsstoff zu sorgen. Er richtete häufig verbale Angriffe gegen Gäste und Studiozuschauer und empfing Gesprächspartner wie den Anführer der US-amerikanischen Nationalsozialisten oder die Mutter des Kennedy-Attentäters Lee Harvey Oswald. Auf die Rassenunruhen im Schwarzenviertel Watts reagierte Pyne mit der Einladung eines Vertreters der militanten Schwarzenbewegung und öffnete zu dessen Begrüßung die

Schublade seines Schreibtisches, in der sich ein geladener Revolver befand. In Reaktion darauf schlug der Gast den Mantel zurück und ließ seinerseits eine Waffe sehen. In einem anderen Fall wurde ein Mitwirkender vor laufender Kamera von der Polizei festgenommen. In ähnlicher Manier agierte ab 1966 der vormalige Redakteur und Werbetexter Alan Burke in der nach ihm benannten Show (1966–1969), in der bekennende Hexen, UFO-Gläubige, politische Hasardeure und Bauchtänzerinnen eine Möglichkeit zur Aussprache fanden.[39]

Ähnlich wie Pyne und Burke fungierte Morton Downey jr. in seiner Rolle als Talk-Moderator nicht mehr als ausgleichende Kraft und vermittelnde Instanz, sondern zog, volkstümlich ausgedrückt, ›eine große Show ab‹ – er gab sich in höchstem Maße parteiisch, wütete gegen die eigenen Gäste, fuhr Diskussionsteilnehmern über den Mund, ließ bisweilen missliebige Experten aus dem Studio entfernen und warf fortwährend mit nationalistischen, reaktionären, sexistischen und auch rassistischen Sprüchen um sich. Für seine großspurigen Auftritte eignete sich Downey populistische Muster an, indem er schlichte Weltbilder vertrat und gegen die behauptete Vorherrschaft der akademischen Schichten giftete: »From a working class perspective Downey is trash TV because he trashes middle class university und business based expertise. The show is like a street fight, even the experts are forced to bare their knuckles as if they are working class truck drivers or dock wallopers.«[40]

Generell bevorzugte Downey die Seite derer, die die hitzigste Auseinandersetzung versprachen. Gleichwohl bot er auch ideologischen Gegnern eine Auftrittsmöglichkeit – sofern sich diese gegen den gellenden Studiomob durchzusetzen vermochten. Sprecher der Linken wie Lenora Fulani, Hausbesetzer vom Thompson Square Park, die lesbische Aktivistin Sonia Johnson und viele andere, die ansonsten im US-Fernsehen nicht zu Wort kamen, erhielten hier ein Forum.[41]

Die Soziologen Paolo Carpignano, Robin Andersen, Stanley Aronowitz und William Difazio widmeten der Sendereihe im Rahmen einer größeren Studie eine Untersuchung und attestierten ihr eine ganz eigene Qualität: Sie fungiere als Sprachrohr für jene, die sich im Informationsangebot der US-Fernsehsender ansonsten nicht repräsentiert fänden. Dieser Befund korrespondiert mit einer kritischen Bestandsaufnahme von Mindy Nix aus dem Jahr 1974, die monierte, dass in den sogenannten *public affairs shows* ausschließlich Vertreter des politischen Establishments zu Wort kamen. Die außerparlamentarische Opposition, Bürgerrechtsbewegungen, die Frauenbewegung, selbst Außenseiter der beiden etablierten politischen Parteien und erst recht unabhängige politische Kandidaten wurden selten bis gar nicht in diese Sendungen geladen.[42] Normale Bürger ohne politisches Amt oder andere Weihen fanden allenfalls in den Nachmittagssendungen Zugang zum Fernsehen. Erst durch die Talkshows, so das Resümee der Forscher, werde das Volk vom Fernsehen wirklich wahrgenommen; allein dort erhalte es, in den Sendungen jüngerer Machart, die Möglichkeit, vom Gegenstand zum Protagonisten zu werden.[43]

Die keinem Network zugehörige, im *Syndication*-System distribuierte ›Morton Downey, Jr., Show‹ suchte hier ihre Marktlücke – mit gutem Gespür für ein Defizit des öffentlichen Lebens, wie Paolo Carpignano et al. befanden: »The audience cannot simply be treated as ›know nothings‹. Their lives are not trivial and their concerns must be taken seriously. Thus, Downey provides a forum for common sense (what workers have but what experts don't have) and reduces the expert to just another member of the audience.«[44] Downey erfüllte partiell eine berechtigte Forderung an das Medium Fernsehen, jedoch mit durchsichtiger Absicht und jedenfalls den falschen Mitteln, wobei sich sein vorwiegend männliches Publikum eher an der Demonstration präpotent-rotziger Aufsässigkeit ergötzte als an den bewusst – und leichtfertig – bis ins Abenteuerliche geführten politischen Ansichten Downeys.

Darüber hinaus ist die von Paolo Carpignano et al. gemachte Aussage dahingehend zu relativieren, dass Downeys Sendung ebenso wenig wie andere Talkshows einen offenen Zugang gewährte. Gerade die Redaktionen der *combat-* und verwandter Sendungen US-amerikanischer Provenienz wählen Teilnehmer vordringlich nach ihrer Wirkung aus – ein auffälliger Auftritt wird hier oft wichtiger genommen als eine wohlklingende Artikulation durchdachter Argumente, und wenn nach unterdrückten Meinungen oder unterrepräsentierten Standpunkten Ausschau gehalten wird, geschieht dies nicht durchweg, aber mehrheitlich eher mit Blick auf Sittenverstöße und Tabubrüche als mit der Absicht, eine politische Gegenöffentlichkeit herzustellen.

Die Sender, die die Reihe bezogen, strahlten sie spät abends, teils auch erst nach Mitternacht aus. Downey erreichte gute Quoten insbesondere unter den jugendlichen Zuschauern; auch auf den Studiorängen waren häufig Besucher jüngeren Alters zu sehen. Nach den Marktgesetzen des Fernsehens auf den ersten Blick ein Erfolg, wurde die ›Morton Downey, Jr., Show‹ dennoch nach einer Laufzeit von nur 14 Monaten eingestellt, weil sich viele Zuschauer am rüden Ton des Moderators stießen und mit scharfen Protesten antworteten. Große Werbekunden hatten ihre Buchungen aus Furcht vor einem negativen Imagetransfer zurückgezogen. Zudem zeichnete sich ab, dass sich der anfangs neuartige Reiz dieser Spielart allmählich erschöpfte, die Quoten begannen zu sinken.

In gewisser Hinsicht erfüllte ›A.T. – Die andere Talkshow‹ für deutsche Verhältnisse eine ähnliche Funktion wie die ›Morton Downey, Jr., Show‹ in den USA. Dies zeigt eher als die Auftaktsendung die zweite Ausgabe der Reihe, bei deren Vorbereitung und Durchführung augenscheinlich Konsequenzen aus den Defiziten der Premiere gezogen wurden. Bei seinem Debüt war Thorer den Sprecherinnen und Sprechern immer wieder ins Wort gefallen, hatte Wortbeiträge abgebrochen, noch ehe der Kern der Aussage deutlich geworden war. Meinungen und Fakten prallten wild aufeinander, oft sprachen mehrere Teilnehmer gleichzeitig, die Art der Gesprächsführung, das gesamte Arrangement ließ nicht zu, sich gegenseitig mit Argumenten zu überzeugen.

In der am 10. Februar 1990, also in großem zeitlichen Abstand zur Premiere ausgestrahlten Sendung zum Thema ›Großes Geld und arme Schlucker – Wer nichts hat, ist selber schuld‹ ging es deutlich zivilisierter zu. Thorer agierte souveräner und konnte auch in turbulenten Momenten seine leitende Funktion behaupten. Er war es, der in weiten Teilen der Sendung über die Reihenfolge der Sprecherinnen und Sprecher bestimmte und unerbetene Beiträge zurückwies. Notfalls wurde er dabei von den diesmal aktiveren, auch häufiger ins Bild gerückten Ordnern unterstützt, die zum einen per Handsignal Wortmeldungen anzeigten, auf direkte Weisung Thorers aber auch Zwischenrufern das Mikrophon entzogen, sofern diese andere Diskutanten störten. Der Zustrom von Zuschauern in die Arena, der in der Auftaktsendung für ein heilloses Chaos gesorgt hatte, war durch eine Veränderung der Kulisse erschwert worden und wurde gegebenenfalls von den Ordnern unterbunden.

Gemeinsamkeiten mit der ›Morton Downey, Jr., Show‹ lassen sich darin erkennen, dass hier zu einer attraktiven Sendezeit Menschen im Fernsehen zu Wort kamen, denen solche Auftritte ansonsten, wenn überhaupt, dann als Kandidaten in Quiz- oder Spielshows zugebilligt wurden, in der fraglichen Ausgabe zum Beispiel ein Obdachloser, ein Rentner und eine als Lagerarbeiterin tätige alleinerziehende Mutter, die explizit äußerte, dass Alltagserfahrungen, wie sie ihr Leben prägten, in den politischen Sendungen des Fernsehens gemeinhin zu kurz kämen. In der Sendung trafen unter anderem Angehörige der Niedriglohngruppen auf Dienstleistungsunternehmer. Beide Seiten stellten ihre Positionen dar und diskutierten miteinander, gelegentlich lautstark und erregt; Stammtischparolen waren auf beiden Seiten zu hören. Im Gegensatz zu Morton Downey jr. aber wurden hier die zusätzlich geladenen Experten – eine Soziologin, ein Vertreter des Deutschen Paritätischen Wohlfahrtsverbandes, ein Gerichtsvollzieher – nicht beschimpft oder bloßgestellt, sondern erhielten, anders als in der Auftaktsendung, Gelegenheit zu erfahrungs- oder forschungsbasierten Aussagen, die oftmals die Arbeitnehmerpositionen unterstützten. Trotz heftiger Kontroversen endete die Sendung, nicht zuletzt auf Thorers Betreiben, versöhnlich: Dem Obdachlosen Peter Gotthardt, der auch als Herausgeber des Periodikums ›Berber-Brief‹ fungierte, wurde von dem als »Unternehmer und Millionär« eingeführten Peter Dussmann ein Darlehen für seine im Aufbau befindliche Druckerei zugesagt. Vordem hatte Dussmann bereits die Schaffung von 100 neuen Arbeitsstellen zugesagt. Die entsprechenden Kontaktdaten wurden von RTL eingeblendet.[45]

Mit dieser Ausgabe stieß ›A. T. – Die andere Talkshow‹ bei den Kritikern nicht mehr ausschließlich auf Ablehnung: »›Großes Geld und arme Schlucker – Wer nichts hat, ist selber schuld?‹ – fragte der forsche Axel Thorer in der zweiten Ausgabe von AT – Die andere Talkshow. Da steht das putzmuntere Publikum hinter Absperrgittern und die Männer mit den Saalmikrophonen sind tätowiert. Der Gastgeber gibt sich leger als Dompteur seiner Gäste. Das gereicht der Sendung durchaus zum Vorteil – nicht nur wegen der penibel eingehaltenen Sendezeit. (…) Thorer packt keine Armutstheorie in seine Moderation, fragt populär nach ›dem Recht zu leben zwischen Arbeiten und Insbettgehen‹. In der Runde: die Lagerarbeiterin und der Penner, der Gerichtsvollzieher und der Gebäudereinigungsunternehmer, der mit Dumpinglöhnen zum Buh-Mann wird.

Das pralle Leben – so scheint es, aber letztlich bleiben die Argumente doch wieder pars pro toto im Raume stehen. Was die Sendung trotzdem reizvoll macht, ist ihre Spontaneität, ihre bewußte Unausgewogenheit, die unzensierten Zuschauereinwürfe. Thorer, der Volkstribun, hat, was selten geworden ist – den Mut zur bissigen bis respektlosen Nachfrage. Dabei geht es jedoch nicht um die Bloßstellung der Persönlichkeit, sondern der Konflikte.«[46]

Am 24. März und 28. April 1990 wurde ›A. T. – Die andere Talkshow‹ fortgesetzt und dann aus Mangel an Publikumsinteresse eingestellt. Ausgestrahlt am konkurrenzstarken Sendeplatz um 20.15 Uhr am Samstagabend, der in diesen Jahren noch ganze Familien vor dem Fernseher vereinigte und deswegen nach konsensfähigen Unterhaltungsformen mit verbindender Wirkung verlangte, hatte sich das auf leidenschaftliche Auseinandersetzungen ausgelegte Talkshow-Konzept beim Massenpublikum nicht durchsetzen können. Wochentags und am späteren Abend platziert, waren solche Angebote dagegen sehr wohl erfolgreich, wie die lange Laufzeit von ›Explosiv – Der heiße Stuhl‹ und der verwandten Sat.1-Produktion ›Einspruch!‹[47] zeigen. Ihre wahre Blüte erlebte die Konfrontations-Talkshow, sowie der Nachmittag als weitere Spielfläche zur Verfügung stand und der Wettkampf um den Zuschauer die Sender nach einer gemäßigten Anfangsphase veranlasste, ihre vorwiegend nicht prominenten Talk-Gäste in verbale Schaukämpfe zu verstricken.

Der aktuelle Rückblick – ›Die Woche – Menschen im Gespräch‹

Die distinktive Programmgestaltung in den Anfangsjahren der kommerziellen Sender Deutschlands musste diese insbesondere aus Warte höher gebildeter Zuschauer als televisionären Jahrmarkt der niederen Vergnügungen erscheinen lassen. Es gab erstmals im deutschen Sprachraum Männermagazine teils erotischen Inhalts, eine burleske Wrestling-Sendung, eine Musikreihe mit Schwerpunkt Heavy Metal. In den Programmbeurteilungen der Jahre unmittelbar nach Einführung des dualen Systems scheinen nicht selten ungläubiges Staunen, Verblüffung, Abscheu auf. Bei all dem verbanden einzelne Beobachter indes auch Hoffnungen mit dem Aufkommen der neuen Anbieter. So Bernhard Wittek, der 1989 enttäuscht feststellte: »Innovationen, mit denen der deutlichen Übersättigung des Publikums in der Bundesrepublik mit Talkshows und verwandten Gesprächsformen begegnet werden könnte, sind auch bei den Privaten nicht in Sicht, obwohl diese zunächst Erwartungen aufkommen ließen, daß in diesem Genre wieder stärker Alltagsnöte diskutiert und es auch dem gemeinen Manne Sprache verleihen würde, und nicht nur den verschiedenen Erscheinungsformen von Prominenz.«[48]

Eine der Sendereihen, die diesem Anspruch in eingeschränkter und – am Programmumfeld gemessen – vergleichsweise konventioneller Form nachkam, war die Talkshow ›Die Woche – Menschen im Gespräch‹, die ab Februar 1988 zunächst donnerstags, dann mittwochs abends bei RTL zu sehen war.

Der wöchentliche Rhythmus hob die Reihe in der zeitgenössischen Wahrnehmung in den Rang einer Besonderheit, denn damit bildete sie, soweit es Talkshows anging, unter programmgestalterischen Gesichtspunkten vorerst noch eine Ausnahme. Der ›Spiegel‹ äußerte überrascht: »Was bei den öffentlich-rechtlichen Talk-Instituten ein Team von Redakteuren alle vier bis sechs Wochen zustande bringt, erledigt [die RTL-Redakteurin] Claudia Tebel Woche für Woche.«[49]

Gemeint war insbesondere die Gästeauswahl. Die kleine Redaktion der Reihe definierte ihr Vorhaben folgendermaßen: »Talkshow ist nach unserem Verständnis ein Ort, wo Leute miteinander reden – siehe unser Untertitel ›Menschen im Gespräch‹ (man beachte aber auch die Doppeldeutigkeit – Leute, über die man redet, werden zusammengebracht, damit sie miteinander reden). Nichts ist langweiliger als ein Nacheinander-Abfragen, bei dem die Leute für den größten Teil der Sendung blöd in ihren Sesseln sitzen.«[50]

Nach anfänglicher Kritik an Moderator Geert Müller-Gerbes, dem dominantes Verhalten und ausufernde Geschwätzigkeit angekreidet wurden, fand die Sendung zu ihrer Form und erntete wohlwollende bis enthusiastische Besprechungen, weil es dem geläuterten Gastgeber tatsächlich gelang, vier Gäste aus unterschiedlichen Lebensbereichen miteinander ins Gespräch zu bringen. Weiterhin blieben Müller-Gerbes' Moderationen redundant, eine durch den Erfolg der Reihe gefütterte Eitelkeit war unübersehbar, und gegenüber hochrangigen Politikern legte der in der Hauptsache als Bonner RTL-Korrespondent tätige Journalist, der in einem früheren Karrierestadium Sprecher des damaligen Bundespräsidenten Gustav Heinemann gewesen war, oft ein unangenehm unterwürfiges Verhalten an den Tag.[51] Doch Müller-Gerbes beherzigte die Kritik und nahm sich vor allem dann zurück, wenn sich zwischen den Gästen spannende Gespräche zu entspinnen begannen. Im Zuge einer Umfrage meldete die Redaktion: »Müller-Gerbes schafft es mit seiner manchmal etwas plüschigen, harmoniesüchtigen Art, die Leute zusammenzubringen. Er provoziert selten (leider), ist aber auch kein reiner Stichwortgeber. Er ist eine wichtige integrative Figur und zudem so etwas wie die Galionsfigur dieser Sendung, die mit ihm stark identifiziert wird.«[52]

Das Konzept für ›Die Woche – Menschen im Gespräch‹ war nach eingehendem Studium bestehender Talkshows entstanden. Die Redaktion zog ihre Lehren – beispielsweise aus der Erkenntnis, dass zu große Gästerunden dem Gespräch nicht förderlich sind. Auf Einspielfilme wurde zugunsten einer konzentrierten Atmosphäre verzichtet, die Gruppe bewusst als Runde arrangiert. Auch eigene Erfahrungen schlugen zu Buche. Nachdem man anfangs aus einem Studio gesendet hatte, verlegte man die Aufzeichnung wenig später in das Kölner Hotel Maritim, das in luftiger Höhe über ein

Panorama-Café mit Domblick verfügte. Nicht nur der Optik wegen ein gelungener Zug: »(...) die Hotel-Atmosphäre hat sich als lockernd erwiesen. Die Gäste müssen nicht mehr durch Eisentüren und über Kabel zu ihren Plätzen – enormer Psycho-Faktor.«[53]

Die Auswahl der Gesprächspartner erfolgte oft kurzfristig und unter dem Gesichtspunkt der Aktualität, aber offen, nicht an ein bestimmtes Thema geknüpft. Die Sendereihe war keine Reihung fachmännisch gefärbter Stellungnahmen, sondern nahm die Ereignisse der voraufgegangenen Woche zum Anlass für ein unterhaltsam-informatives Parlando, das sich ohne weiteres auch von der Aktualität lösen konnte.

Ausgestrahlt am späten Abend gegen 22.30 Uhr, erreichte die Reihe im zweiten Jahr ihres Bestehens zwischen 700 000 und 1,1 Millionen Zuschauer,[54] allerdings mit einem hohen Altersdurchschnitt.[55] Ab Frühjahr 1990 bat Müller-Gerbes die Menschen am Sonntagmorgen zum Gespräch. Den Sendeplatz am Mittwoch übernahm am 4. April 1990 der jüngere Günther Jauch mit dem Boulevardmagazin ›stern tv‹.[56]

Zwischenbild

Mit dem erstmaligen Auftritt kommerzieller Anbieter ereignet sich in den 1980er-Jahren eine rundfunkpolitische Zäsur mit programmlichen Neuerungen, die langhin als negativ empfunden und beschrieben werden. Der Anbieter RTLplus, später RTL Television, geht mit geringem Programmbestand und unzureichendem Ankaufetat auf Sendung und buhlt zunächst mit billig fabrizierten, aber umso grelleren Beiträgen um die Aufmerksamkeit der Zuschauer. In diesem Zusammenhang entstehen die sogenannten Blödel-Talkshows, anfangs mehr oder weniger Programmfüller, später, mit dem Komiker Karl Dall als Protagonisten, ein Dauerbrenner und Markenzeichen des jungen Senders.

Ebenfalls bei RTL finden sich die ersten Versuche, die US-amerikanische *confrontational talkshow* nach Deutschland zu importieren, wobei der Sender die Erfahrung machen muss, dass das Publikum dergleichen an prominenten Programmplätzen in der Hauptsendezeit verschmäht, am späteren Abend oder, wie sich im

Weiteren zeigen wird, im Nachmittagsprogramm hingegen goutiert.

Bei genauerer Betrachtung erweist sich diese vorsätzlich auf Konfrontation ausgelegte Talkshow-Variante entgegen üblicher Lesart keineswegs als programmlicher Einschnitt, sondern als eine von den rundfunkpolitischen Umständen beschleunigte Entwicklung absehbarer Tendenzen. Denn schon vor Einführung des privaten Fernsehens hatte sich die Tonart in einigen der bestehenden oder neu ins öffentlich-rechtliche Angebot aufgenommenen Talkshows merklich verschärft. In der Urphase einer Sendereihe wie ›III nach 9‹ hatten Gäste und Moderatoren gesellschaftliche Konflikte im Gespräch erkundet und waren, im Sinne einer platonischen Dialektik, um argumentativen Austausch bemüht. Mit der Zeit erweiterte sich das Spektrum dieser und anderer Sendungen insofern, als des Öfteren Gäste mit Spleens, absonderlichem Weltbild, abweichendem Sozialverhalten geladen und einer Art Schau-Befragung unterzogen wurden. Auch durfte das Publikum erleben, dass Mitwirkende untereinander in direkte, bisweilen äußerst temperamentvolle, in einzelnen Fällen sogar handfeste Auseinandersetzungen gerieten oder anderswie für Turbulenzen sorgten – so als die »Autorin und Hexe« Gerlinde Schilcher im Zorn einen Zuhälter und dessen thailändische Ehefrau mit Weißwein bespritzte[57] oder Otto Mühls skandalumwitterte A.A.O.-Kommune kurzerhand das Geschehen übernahm.[58]

Schon hier zeichnet sich ab, dass Meinungsunterschiede nicht mehr ausschließlich auf dem Wege einer entspannten Annäherung und in Form wägenden Räsonnements verhandelt werden, sondern zur eigentlichen Attraktion geraten, wobei in den neu eingerichteten Sendungen wie ›Explosiv – Der heiße Stuhl‹ das Environment und auch die zeitliche Verdichtung den Konflikt von vorneherein wunschgemäß befördern.

Dieser den politischen Diskurs mitnichten ausnehmende,[59] in den 1980ern voranschreitende Wandel von der Debatte zum verbalen Clinch verdankt sich einesteils der Konkurrenzsituation der Talkshows untereinander wie auch vorauseilenden Maßnahmen, die – in anderen Programmsparten ähnlich – mit Blick auf das Aufkommen neuer Sender getroffen werden. Zeitweilig wird der ›Talkshow-Skandal‹ zum gängigen Begriff, der Ausrutscher schlussendlich zum Prinzip. Doch eine ausschnitthafte Darstellung dieser kulminierenden Momente, gelegentlich in Form retrospektiver Meta-Sendungen auf dem Bildschirm, missachtet die immer mindestens unterschwellig vorhandene politische Komponente des Unterhaltungsfernsehens. Reflexe auf das gesellschaftliche Klima jener Jahre finden sich auch dort, wo scheint's lautstarkes Spektakel oder schillernde Egozentrik die Szene beherrschen. Die Vitalität, mit der in dieser Epoche in manchen Talkshows diskutiert wird, ist ebenso ein Indikator für soziale Prozesse wie im Kontrast dazu der in der Sendereihe ›So isses‹ prononciert repräsentierte Rückzug in eine harmonische Heimeligkeit.

7. Am Tag und in der Nacht – Die 1990er

Maßvoll meinungsbildend – ›Talk im Turm‹ und ›Sabine Christiansen‹

Die Redaktion der seit dem 7. Januar 1990 ausgestrahlten Sat.1-Reihe ›Talk im Turm‹ folgte der mittlerweile allgemein als vorteilhaft erachteten Praxis, eine Talkshow nicht in nüchternen Studiokomplexen, sondern einer ausgewählten Außenstelle zu produzieren. Ihren Titel verdankte die Sendung dem auf Redaktionsleiter Felix Schmidt zurückgehenden ursprünglichen Plan, aus dem Kölner ›Hotel im Wasserturm‹ zu übertragen. Die in ein markantes Logo gefasste Überschrift wurde beibehalten, wenngleich man zunächst aus dem Bonner ›Maritim‹, ab Herbst 1990 wöchentlich abwechselnd aus Bonn und dem Berliner ›Interconti‹, ab 1991 nur noch aus dem im Oktober 1990 wieder zur Bundeshauptstadt erklärten Berlin sendete.[1]

Die Redaktion um Leiter Felix Schmidt und den inhaltlich eng eingebundenen Moderator Erich Böhme setzte sich zum Ziel, ihre Sendung »themenzentriert-monothematisch; unterhaltend und informativ«[2] zu gestalten. Als Diskussionspartner geladen wurden Personen mit Bezug zum jeweils gewählten Thema. Laut Erich Böhme gehorchte die Auswahl folgenden Kriterien: »Man braucht einen Fachmann dafür, einen dagegen, einen Laien, einen Narren im Spiel.«[3] Die Maßgaben der Redaktion: »Kompetenz, Betroffene, Verantwortliche, Initiatoren.«[4] Auch das anwesende Publikum hatte Rederecht, das indes nur selten in Anspruch genommen wurde.

Diese hochgradig aktuelle Talkshow überwiegend politischen Inhalts brachte Sat.1 Anerkennung in weiten Teilen der Presse ein und war auch beim Publikum erfolgreich. Einen Zuschauerrekord mit 4,87 Millionen Zuschauern verbuchte der Sender am 10. Januar 1993 mit dem Thema ›Wird Wohnen unbezahlbar?‹.

Diskussionspartner waren unter anderem Irmgard Schwaetzer und Walter Momper. Ebenfalls erfolgreich: Eine Sendung zum Thema ›Wie weit dürfen Ärzte gehen?‹ am 1. November 1992 mit 4,79 Millionen Zuschauern und die Diskussion unter der Fragestellung ›Gesundheitsreform – Wer zahlt die Zeche?‹ am 7. Februar 1993 mit 4,33 Millionen Zuschauern.[5]

Der gelassen-skeptische Moderationsstil des früheren ›Spiegel‹-Chefredakteurs Erich Böhme, der nur anfangs Heidi Schüller und für kurze Zeit Sandra Maischberger als Komoderatorinnen an seiner Seite gehabt hatte, fand breiten Zuspruch; das Lob reichte von der jugendorientierten Lifestyle-Presse bis zu Fachkorrespondenzen und äußerte sich in Fernsehpreisen wie dem ›Telestar 1991‹, dem ›Bayerischen Fernsehpreis 1991‹, der ›Goldenen Kamera 1994‹. Die Anerkennung galt einer Talkshow, die dem bisherigen Image der privaten Sender zuwiderlief und auffiel durch eine »Verlangsamung des Diskussionstempos, die zu mehr Ausführlichkeit und zu einer neuen Vertiefung führte«.[6] ›Talk im Turm‹ hatte zeitweilig den Rang einer Institution, von einem Teil der Zuschauerschaft habituell konsumiert und von der tagesaktuellen Publizistik pflichtschuldigst verfolgt. »Den modernen Polittalk verband man 1990 mit Erich Böhme, der sonntagabends ›buddhagleich‹ (›Spiegel‹) durch die Sendung führte.«[7]

Am Sonntagabend um 22.00 Uhr platziert, erwies sich die Reihe als willkommene Ergänzung zu den vorausgehenden Fernseh- und Kinofilmen der diversen Sender. Eine direkte Konkurrenz erwuchs der Reihe im Januar 1998, als die ARD auf den Sat.1-Erfolg mit der Einrichtung der Talkshow ›Sabine Christiansen‹ antwortete, deren Namensgeberin dem Fernsehpublikum als Moderatorin der ARD-›Tagesthemen‹ geläufig war. Die unter der Verantwortung des NDR produzierte Reihe war bei der Unterhaltungsredaktion angesiedelt, keine inhaltliche, sondern eine rein verwaltungstechnische Maßnahme, die eine Kofinanzierung durch mehrere ARD-Anstalten ermöglichte. Die Redaktion unter der Leitung Jörg Hafkemeyers verfolgte anfangs in Abgrenzung zum in engerem Sinne regierungs- und parteipolitisch orientierten ›Talk im Turm‹ ein weiter gefasstes, gesellschaftspolitisches Konzept. Ein Vergleich der Programmankündigungen des ersten Halbjahres 1998 geht da-

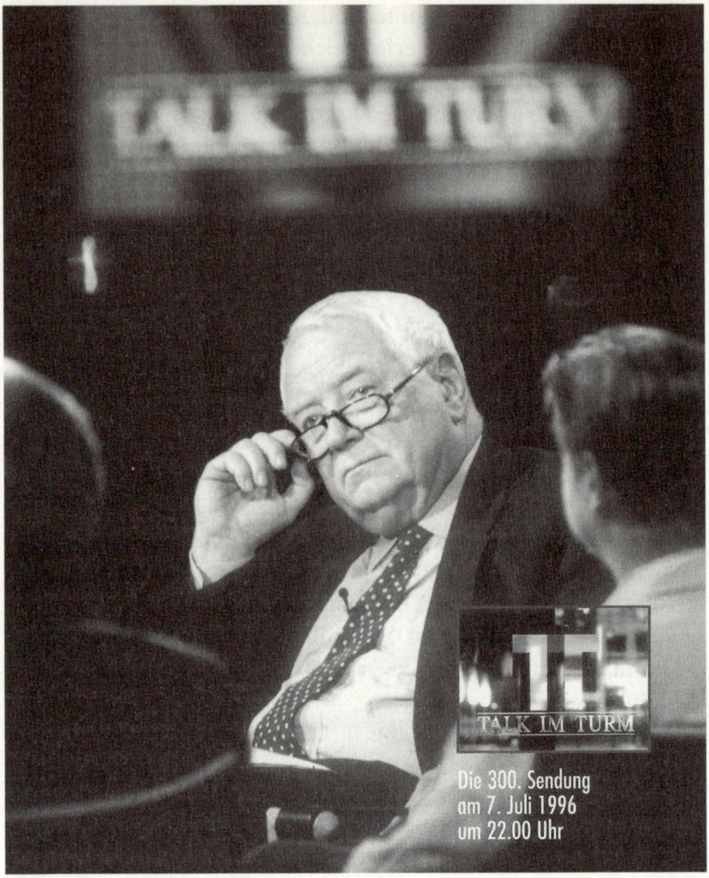

Abb. 10: Der Griff zur Brille war nonverbale Äußerung und zugleich sein Markenzeichen: Erich Böhme begründete auf Sat.1 mit ›Talk im Turm‹ den sonntäglichen Polit-Talk neuer Prägung.

hin, dass ›Talk im Turm‹ in thematischer Hinsicht eher als ›Sabine Christiansen‹ dem Anspruch einer *politischen* Talkshow gerecht wurde.[8]

Eine auf den selben Zeitraum bezogene vergleichende Untersuchung zur Zuschauerschaft beider Sendungen ließ sich so interpretieren, dass »die Nutzer politischer Talkshows sowohl in Bezug auf ihre soziodemographische Zusammensetzung als auch hinsichtlich ihres politischen Interesses den ›typischen‹ Rezipienten politischer Informationsangebote entsprechen. Darüber hinaus bestätigen insbesondere die Unterschiede im Bildungsniveau und in der geographischen Verteilung der Nutzergruppen bekannte Differenzen der Zuschauer öffentlich-rechtlicher gegenüber denen privater Programme (…). Davon abgesehen scheint die SAT.1-Sendung im Vergleich zu ›Sabine Christiansen‹ weniger polarisiert bzw. eine breitere Zielgruppe angesprochen zu haben.«[9]

Ein Vergleich der erhobenen Daten – allerdings aus unterschiedlichen Quellen – ergibt, dass sich die veränderte Konkurrenzsituation für ›Talk im Turm‹ weder beim Marktanteil noch bei der Zuschauerzusammensetzung signifikant auswirkte. Der durchschnittliche Marktanteil lag im 1. Halbjahr 1998 sogar über dem des 1. Quartals 1994 (14,3 % zu 16 %).[10]

Trotz anhaltenden Erfolges gab Erich Böhme die Sendung im Herbst 1998 auf. Die Übernahme der Gesprächsleitung durch den ›Spiegel‹-Chefredakteur und TV-Moderator Stefan Aust ging einher mit einem Quoten- und Qualitätsverlust, der nach nur drei Monaten die Einstellung der Reihe zur Folge hatte.

Spätestens mit dem Ende von ›Talk im Turm‹ ereignete sich ein Bedeutungsübertrag. Was bis dahin dem Kreis um Erich Böhme vorbehalten war, fand nun bei ›Sabine Christiansen‹ statt: »(…) was die politische Klasse in Deutschland zu diskutieren hatte, wurde am Sonntagabend in der ARD festgelegt.«[11] Trotz häufig wiederkehrender Kritik an der Moderatorin, die auch in den Reihen der ARD nicht unumstritten war, verbuchte die Reihe gute Einschaltquoten, was sich in Teilen dem ›Mitnahmeeffekt‹ verdankte, der Christiansen Zuschauer der regelmäßig vorausgehenden ›Tatort‹- und ›Polizeiruf 110‹-Krimis zuführte. Doch neben gewohnheitsmäßigen Zuschauern vermochte Christiansen trotz wechselnder Themenkonjunkturen ihr eigenes Publikum zu binden, das die Reihe als attraktives Angebot wahrnahm,[12] obgleich sich ihm sehr wohl Alternativen geboten hätten: Ab Frühjahr 2000 bat der erprobte Erich Böhme auf n-tv zum ›Talk in Berlin‹, 2005 versuchte Sat.1 die Rückeroberung der sonntäglichen Wortführerschaft mit ›Talk der Woche‹ und scheiterte kläglich. Als Sabine Christiansen im Sommer 2006 das Ende ihres ARD-Engagements bekannt gab, würdigte die ›Berliner Zeitung‹ die Moderatorin als Wegbegleiterin mit psychohygienischer Wirkung: »Mit der ihr eigenen Mischung aus journalistischem Alarmismus und ritualisierter Langeweile führte Christiansen uns alle sicher durch die Aufs und Abs der letzten Jahre: Vom Börsenboom bis zum rot-grünen Neuanfang, vom Zusammenbruch der Twin Towers in New York bis zu George Bushs Kampf gegen die ›Achse des Bösen‹ reduzierte diese Sendung alles Ungemach auf das handhabbare Maß eines Gesprächsabends.«[13]

Die interaktive Fernsehzeitung – ›0137‹

Am 28. Februar 1991 nahm erstmals in Deutschland ein Abonnementkanal den Sendebetrieb auf. Der Pay-TV-Sender Premiere, ursprünglich ein Gemeinschaftsunternehmen der Kirch-Gruppe und der Bertelsmann AG, bot ein hierzulande bis dato unbekanntes Modell des Programmbezugs, was wie bei jeder Markteinführung eines neuen Produktes besondere Anstrengungen auf dem Gebiet der Öffentlichkeitsarbeit nötig machte. Die preiswerteste und wirksamste Maßnahme bestand darin, größere Teile des Programms vorerst unverschlüsselt auszustrahlen.[14] Dazu zählte die breitenwirksam an jedem Werktag um 19.30 Uhr angesetzte Interviewsendung ›0137‹ mit dem Fernsehneuling Roger Willemsen als Moderator. Ab 1992 wurde Sandra Maischberger zweite Moderatorin der Reihe. Mit Sabine Brandi und Hubert Winkels erweiterte sich das Team. Ab 7. Mai 1993 ergänzte Premiere sein Angebot um die Spätsendung ›0137 Night Talk‹, eine von den Anrufen und Fax-Sendungen der Zuschauer lebende, heutigen Internet-Chats nicht unähnliche nächtliche Call-In-Talkshow mit Bettina Rust.

Einem Konzept von Markus Peichl folgend, der zuvor die Zeitschrift ›Tempo‹ erfolgreich etabliert hatte, sollte die Sendung dem redaktionellen Aufbau einer überregionalen Tageszeitung gleichen und in drei Bereiche gegliedert sein: Das ›Seite-1-Thema‹ mit der aktuellen Schlagzeile, die ›Seite 3‹ mit dem Hintergrund und am Schluss das ›Bunte und Vermischte‹. Den dritten Gast konnten die Zuschauer jeweils aus drei am Vortag unterbreiteten Vorschlägen wählen; der Titel der Sendung entsprach der dazu nötigen Rufnummer, die nurmehr um die Ziffer des gewünschten Interviewpartners ergänzt werden musste.

Laut Jörg Grabosch, der Peichl als Redakteur ablöste, wurde der beschriebene Sendetyp nicht zuletzt deshalb gewählt, weil in diesen Anfangstagen für Eigenproduktionen nur geringe Mittel zur Verfügung standen. Die Redaktion musste ohne kostenpflichtige Bildrechte und nachrichtliche Filme auskommen, sodass die Magazinform außer Frage stand. Bei ›0137‹ wurden Teaser und Einspielfilme deshalb mit animierten Fotos und auflockernden graphischen Elementen gestaltet.[15] Diese Mangelsituation beförderte die Idee eines ›tagesaktuellen Interviewmagazins‹, das neben der Wahl eines Wunschgastes ein weiteres interaktives Angebot umfasste, nämlich die Möglichkeit, über die ›Frage des Tages‹ abzustimmen. Der zum Thema geladene Gast wurde im Verlauf der Sendung mit dem Abstimmungsergebnis konfrontiert.[16]

Die Sendereihe machte mit einer ungewöhnlichen Gästeauswahl auf sich aufmerksam. Spektakulär waren die Gespräche mit RAF-Gefangenen in der Strafanstalt Celle, mit dem japanischen Kannibalen und Bestsellerautor Issei Sagawa, mit einem zum Tode verurteilten US-Amerikaner oder eine Schaltung zum Kosmonauten Sergej Krikalew in der sowjetischen Raumstation. Noch am Tag der Rassenkrawalle in Los Angeles sprach Willemsen mit einem dort tätigen Sozialarbeiter und dem Bürgerrechtler und Theologen Jesse Jackson. Möglich wurde dies durch eine schnelle, tagesaktuelle Produktionsweise – morgens wurden die Themen ausgewählt, das Gruner+Jahr-Archiv lieferte Dossiers, anschließend erarbeiteten Redakteure und Moderator gemeinsam die Interviewfragen.[17] Bei üblicher Aufmachung der Sendung – es gab auch Sonderausgaben mit nur einem Gesprächspartner – standen für jeden Gast zwölf Minuten zur Verfügung, laut Roger Willemsen eine Beschränkung, die sich insofern positiv auswirkte, als sich eine »Intensivierung« ergab. »Das führt im Idealfall dazu, dass der lässige Talk wegfällt.«[18]

In Abgrenzung zu anderen Talkshows dieser Phase gab es kaum Auftritte von Personen, die zwecks Produktwerbung unterwegs waren. Prominenz war keine zwingende Voraussetzung für die Einladung, nicht einmal Telegenität. »Wir machen keine Promotion. Bei uns stehen die Menschen im Vordergrund oder ihre Geschichten.«[19] Die redaktionelle Leistung fand Anerkennung nicht nur bei Kritikern und in Form von Fernsehpreisen, sondern beeinflusste auch die Inhalte und die Gestaltung von mehr oder weniger verwandten Sendereihen wie ›Gottschalk‹ oder ›Boulevard Bio‹.

Die Sonderstellung der Reihe zeigte sich insbesondere im Umgang mit Extremen wie dem halbstündigen Gespräch mit dem Kannibalen Sagawa. Willemsen beschrieb sein Vorhaben mit den Worten: »Der Raum des Ungefähren und der Vorstellung muß zerstört werden, damit das Thema von der Schmuddelebene wegkommt. Es geht nicht um den Gegenstand, sondern um die Methode. Wie geht man mit jemandem um, statt mit wem geht man um.«[20]

Die Kritiker hielten das Ergebnis mehrheitlich für gelungen. Stellvertretend für andere ein Zitat aus der Berliner ›tageszeitung‹: »(…) das Gespräch mit jenem Issei Sagawa ist in seiner Gratwanderung zwischen Sensation und redlichem Journalismus zweifellos ein brisantes Stück TV. Daß man dabei auch als Zuschauer – so man nicht zu den ganz Abgestumpften im Lande gehört – ins Schwitzen kommt, verdankt sich in erster Linie den Qualitäten des Interviewers Roger Willemsen. Auch wenn jener Issei Sagawa sich bei den Erklärungsversuchen für seine Tat in alle möglichen Widersprüche verstrickt, gelingt es Willemsen eine halbe Stunde lang, der distanzierte Fragesteller zu bleiben, sich weder in ein ›Gespräch‹ verwickeln zu lassen noch der Versuchung zu erliegen, die Tat von irgendeiner, um billiges Verständnis buhlenden, (vulgär)-psychologischen Warte aus zu kommentieren. Und diese konzentrierte Zurückhaltung macht ihm im deutschen Fernsehen in einer vergleichbaren Situation so leicht keiner nach.«[21]

Vernachlässigt wurde in den vorliegenden zeitgenössischen Rezensionen durchweg der boulevardeske Aspekt dieser Reihe, der einen Ausdruck in der strikten Personalisierung fand und besonders nachteilig hervortrat, als in der Sendung nach dem von wilden Schlägereien begleiteten Fußballspiel Dynamo Dresden gegen Roter Stern Belgrad am 20. März 1991 die sich häufenden Krawalle in ostdeutschen Stadien thematisiert, aber ausschließlich über das Interview mit Dynamo-Trainer Reinhard Häfner zur Sprache gebracht wurden. Eine eingeschränkte Perspektive, die der Komplexität des Problems nicht gerecht zu werden vermochte. Später wurde für einschlägige Inhalte die Rubrik ›Schicksale‹ eingerichtet und darin beispielsweise ein an Leukämie erkrankter Junge interviewt, dessen Eltern in einer großangelegten Aktion zu Blutspenden aufgerufen und damit bemerkenswerte Resonanz erzielt hatten. Eine Themenwahl und Darbietung, die in Form einer filmischen Reportage auch in gängigen Boulevardmagazinen einen Platz gefunden hätte.

Sowie ›Premiere‹ die Marke von 800 000 Abonnenten erreicht hatte, wurde beschlossen, das frei empfangbare Programm zu reduzieren und ›0137‹ einzustellen. Die Reihe endete am 28. Februar 1994 mit einer Ausnahmesendung, in der Harald Schmidt die vormaligen ›0137‹-Moderatoren Roger Willemsen, Sabine Brandi und Sandra Maischberger interviewte. Die Komplementärsendung ›0137 Night Talk‹ blieb zunächst als unverschlüsseltes Angebot erhalten.

Spätvorstellungen – Die Late-Night-Show im deutschen Fernsehen

Am 28. September 1992 um 23.15 Uhr hatte mit ›Gottschalk täglich‹ bei RTL die erste werktäglich ausgestrahlte spätabendliche Gesprächs- und Unterhaltungssendung Premiere. In der Ankündigung nahm RTL ausdrücklich Bezug auf die US-amerikanischen Vorbilder: »RTL plus präsentiert zum ersten Mal im deutschsprachigen [sic!] Raum eine Late-Night-Show in der Tradition von Johnny Carson, David Letterman und Arsenio Hall.« Weiter hieß es: »Höhepunkt jeden Programms ist der etwa zehnminütige Eingangs-Monolog, der pointiert zu tagesaktuellem Geschehen Bezug nimmt.

Im Anschluß empfängt Thomas Gottschalk zwei bis vier nationale und internationale Stars des Entertainments und Celebrities. Diese stellen ihre neuesten Projekte vor. Die zentralen Elemente der Show sind Humor, Komik und Unterhaltung. Ernstere Themen bleiben außen vor.

Mit einer gelungenen Mischung aus lockeren Gesprächen und Gags könnte ›Gottschalk‹ schon bald zu einer festen Institution zum Ausklang der Prime-Time werden.«[22]

»Zurück zu mir« – Die Premiere von ›Gottschalk täglich‹[23]

Von der Kamera zentralperspektivisch erfasst, tritt Thomas Gottschalk aus den Kulissen auf die Bühne. Die Kamera schwenkt sehr schnell nach rechts über eine schreiend rote Sitzgruppe vor dem Prospekt einer nächtlichen Stadt mit abendlichem Himmel und weiter über einen zweiten Bühnenzugang identischer Gestaltung, streift das Bandpodium und die Zuschauerreihen. Zwischen zwei ansteigenden Publikumsrängen führt eine von unten erleuchtete Show-Treppe bis zu einer zweiflügeligen Tür. Das Studio ist bunt, in flächigen, kontrastierenden Pastellfarben gehalten. Schnitt zurück auf Gottschalk, der mit erhobenem Zeigefinger in Richtung Band winkt und unter anhaltend lautstarkem Beifall ausruft: »The Bond Brothers Band!«[24]

Gottschalk trägt ein weißes Hemd mit Stehkragen und die Jacke einer Phantasieuniform mit drei Streifen am Ärmel und einer Art Abzeichen über der Brusttasche. Der Applaus verklingt, Gottschalk klatscht, auch mimisch Begeisterung signalisierend, in die Hände, bewegt sich einige Schritte nach links und macht dabei eine relativierende Geste: »Danke schön. Danke. Mei Lieber. Na ja, das war eine … eine Drei, glaube ich, auf der seit Samstag aktuellen Lippert-Skala, und da können wir uns nach oben noch steigern. Wobei ich glaube … (seufzt) … es wird schwierig. Es wird schwierig. Ich hab' das also am Anfang schon geglaubt, und ich habe das immer wieder lesen müssen: Einfach wird es nicht. Das hängt an mehreren Gründen. Zum Beispiel am Publikum. Wissen Sie, es ist ein großes Problem mit dem Publikum um diese Zeit. 23.15 Uhr. Sie haben drei große Gruppen. Die erste, die größte Gruppe, fällt völlig weg, weil die schlafen. Das ist insofern völlig verständlich, weil das die Besten sind. Die Menschen, die früh aufstehen, die arbeiten müssen, die ihre Kinder in die Schule besorgen [sic!], die können um 23.15 Uhr nicht mehr Fernsehen gucken. Das heißt, es verbleiben zwei kleinere Gruppen. Die zweite – sehr schwierig. Die möchte schlafen, aber sie darf nicht schlafen. Das sind die Apotheker, die Nachtdienst haben, das sind die Babysitter, das sind die Frauen, die zuhause sitzen – wann kommt der Alte aus der Kneipe –, und das sind die Männer, die zuhause sitzen – wo ist meine Frau -; eine furchtbare Gruppe, die sehr, sehr schwer zu unterhalten ist. Die einzige Gruppe, die noch schwerer zu unterhalten ist, das ist die dritte. Denn das ist die Gruppe, die eigentlich schlafen darf, aber nicht schlafen kann. Das sind die Menschen, Sie kennen die, mit diesen Kopfschmerzen, die heute Stress hatten oder die morgen Stress haben … Die sind ganz schwierig, weil die … die wollen überhaupt nicht fernsehen, die *müssen* fernsehen. Unterhalten Sie die mal. Also das ist das Publikumsproblem. Ein weiteres Problem haben wir in meiner Person. Da gab es ja einige unerbetene Umfragen, die mich trotzdem natürlich nachdenklich gemacht haben. Zum Beispiel hat die ›Glücksrevue‹ ihre Leser gefragt: Wollen Sie den Mann eigentlich täglich sehen? Nur haben die gesagt: nein. Wissen Sie, nun ist das … es ist nicht allzu schlimm, weil wenn die ›Glücksrevue‹ ihre Leser fragt, ist das genauso, wie wenn man im Altenheim fragt: Soll Michael Jackson weiter auftreten? Das ist von der … (Beifall) … von der Aussagekraft nicht ganz so überzeugend. Aber … man nimmt sich sowas zu Herzen. Dann – eine Umfrage hat auch die ›Quick‹ gemacht. Aber da ist das Ergebnis nicht mehr erschienen. Das ist natürlich Pech. Wobei ich überzeugt bin, also die ›Quick‹-Leser sind im Grund ihres Herzens froh, dass sie nicht mehr lesen müssen. Es war doch sehr anstrengend. Jetzt also zurück (kurz ansetzender Beifall) … zurück zu mir. Weil, wir haben also das Gesamtproblem, und wir haben ein gewisses persönliches gesundheitliches Problem. Menschen, die es gut mit mir meinen, und diese gibt's ja auch, die sagen, schafft der Mann das überhaupt. Ich meine, er ist ja schon gar nicht mehr komplett. Die Galle ist schon weg, da hat er Steine gehabt. Wer weiß, was da noch für Steine kommen. Es gibt Nierensteine, es gibt Harnsteine – irgendwann werde ich das kriegen und dann falle ich aus. Hierfür haben wir Ersatz. Es gibt heute für alles einen technischen Ersatz.«

Gottschalk kündigt einen Roboter an, die Flügeltüren öffnen sich selbsttätig und ein Roboter in der Gestalt eines Mannes in knallblauem Anzug betritt ungelenken Schrittes die Bühne. Er wendet sich Gottschalk zu und reicht ihm mechanisch die Hand. Der Roboter nennt mit metallischer Stimme seinen Namen und richtet einige Fragen an das Publikum, auf die er mit allgemeingültigen Floskeln reagieren kann. Diesem Pseudodialog schiebt er zwei Helmut-Kohl-Witze nach. Beim zweiten Witz wird eine technische Panne simuliert, die Stimme überschlägt sich wie ein zu schnell laufendes Tonband. Die Regie illustriert den Vorgang, indem das Bild tricktechnisch rasant oszillierenden Verzerrungen unterworfen wird, die aber auf einer zweiten Ebene verkleinert im Vordergrund stattfinden, während dahinter dasselbe Bild in einwandfreier Qualität zu sehen ist. Der Bühneneingang öffnet sich, zwei Männer in weißen Kitteln treten ein, lotsen den Roboter auf eine Sackkarre und transportieren ihn ab.

Gottschalk: »Im Moment bin ich noch nicht gefährdet. Die erste Sendung also glaube ich schaffe ich auch noch ganz alleine. Wir haben ein interessantes Programm, wir haben, das ist was ganz Besonderes, die gesamte ›Wetten, dass …?‹-Familie da, vom Urahnen bis zum Enkel. Nachher. Dann haben wir Katrin Krabbe. Wir haben Bob Geldof und wir haben zuerst mal Werbung. Bis gleich.«

Schnitt auf die Band. Einblendung: »… gleich geht's weiter.«

Nach der Werbepause Blende ins Studio, wo die Band ihren Titel beendet. Schnitt auf Gottschalk, der in der Sitzgruppe Platz genommen hat: »Da sind wir wieder. Und wir wollen natürlich in dieser Sendung immer wieder über Themen reden, die alle interessieren. Über was redet man heute? Klar – ich muss es zugeben, es schmerzt, aber es ist nach wie vor ein großes Thema: ›Wetten, dass …?‹. Es ist uns geglückt, die gesamte Ahnengalerie hier einmal zusammenzubringen, und hier sind sie, vom Urvater bis zum Enkel: Vater Frank (er verzieht die Miene) … nein … man muss es ja sagen: Großvater Frank, Vater Thommi und der kleine Lippi. Hier sind Elstner und Lippert.«

Die Band spielt das ›Wetten, dass …?‹-Titelthema. Die beiden annoncierten Gäste kommen durch die linke Doppeltür und beschreiten, Elstner vorne weg, einen engen Bogen nach rechts, um zu Gottschalk auf das kleine Podium mit der Sitzgruppe zu gelangen. Elstner platziert sich rechts, Lippert steht links neben Gottschalk, der beide unterhakt. Das Publikum applaudiert stürmisch. Wolfgang Lippert verbeugt sich; Gottschalk reagiert mit einem schnellen Seitenblick, der Irritation, wenn nicht sogar Abneigung ausdrückt. Elstner lenkt den Applaus symbolisch zu Lippert und klatscht selbst demonstrativ in dessen Richtung. Gottschalk beteiligt sich automatisch, schlägt nachlässig drei Mal in die Hände, nötig die beiden dann, Platz zu nehmen.

Gottschalk: »Wir hätten das immer zu dritt machen sollen.«

Lippert: »Meinst du?«

Gottschalk: »Du die Saalwette …«

Lippert: »Keine schlechte Idee.«

Gottschalk: »… du die Schlusswette. Ich die Mitte.«

Lippert: »Ja. Hätten wir nicht so viel Text.«

Gottschalk wendet sich an Elstner und gibt ihm zu verstehen, er habe ihm den Großvater ersparen wollen, aber »es muss ja so vom familiären Ablauf …« Er spricht Lippert auf dessen gewagten Sprung aus den Kulissen heraus an, mit dem er am Wochenende zuvor seine erste Sendung als Nachfolger Gottschalks bei ›Wetten, dass …?‹ eröffnet hatte. »Ich dachte, die haben dich da rausgeschossen mit der Zwille.«

Lippert erläutert: »Dazu möchte ich nur eins sagen: Ich habe ja viele Kollegen fragen können, viele berühmte Kollegen, und die haben gesagt: Das Wichtigste in einer Show ist der erste Satz. Da habe ich gedacht – machste einfach einen großen Satz. Alles klar.«

Gottschalk: »Nicht dumm gedacht. Hat *mir* keiner erzählt.«

Elstner: »Bei mir klappt das nie. Ich mache grundsätzlich in jeder Show im ersten Satz einen Fehler.«

Gottschalks Ratschlag: »Lass doch einfach den ersten Satz weg und fang mit dem zweiten an.«

Gottschalk fragt Elstner, ob er nicht bereue, die Sendung abgegeben zu haben. Dessen weitschweifige Antwort geht dahin, dass die Sendung anhaltenden Erfolg verzeichne und er hoffe, dass sie noch weitere zehn Jahre überdauere.

Gottschalk lenkt das Gespräch wieder auf sich: »Wir sind ja auch dankbar.«

Lippert knüpft an: »Ich bin dem Frank sowieso sehr dankbar.«

Es folgt ein schnelles, oberflächliches Geplänkel über die jeweiligen Erfahrungen mit der ›Wetten, dass …?‹-Moderation und die mit Lipperts Übernahme verbundenen Veränderungen. Elstner rät zu intensiveren Gesprächen mit den Kandidaten. Lippert renommiert mit seiner Schweizer Einschaltquote von 85 Prozent. Gottschalk ist für einen Moment verdutzt und gerät ins Stammeln: »85 Prozent? Die haben den Fernseher immer noch laufen von mir …«

Lippert erzählt, er habe als Zuschauer die lange Dauer bis zur Einlösung der Prominentenwetten stets als unbefriedigend empfunden und eine entsprechende Änderung vorgenommen: Wettversprechen müssten künftig noch innerhalb der Sendung eingelöst werden. Gottschalk bringt es nicht über sich, seinem Nachfolger eine gute Idee zuzubilligen, sondern gibt sie, wenn auch scherzhaft, als eigene aus: »Ich habe immer gedacht, man sollte das direkt in der Sendung machen.«

Bei Zwischenschnitten ins Publikum ist Thomas Gottschalks Bruder und Geschäftspartner Christoph zu sehen.

Gottschalk erkundigt sich bei Lippert, was er gemacht hätte, wenn er »aufs Maul gefallen wäre«. Lippert gibt an, er hätte dann die erste Ansage im Liegen gemacht. Listig richtet Elstner mit Bezug auf dessen neue Sendereihe die gleiche Frage an Gottschalk, der ein klein wenig in Verlegenheit gerät: »Nhha, das ist die Frage. Ich meine, ich spring' schon gar nicht so weit. Aber ich finde, es ist kein Problem, aufs Maul zu fallen, wenn die Leute sehen, wie man fällt. Wenn man schon liegt, dann sagen sie, oh, den haben sie hingeschmissen oder so. Wenn man sieht, wie man fällt, sollen die Leute auch sehen, wie man wieder aufsteht.«

Elstner frotzelt weiter, dass Gottschalk diese Sendung nun 200 Mal pro Jahr – Gottschalk korrigiert: 140 Mal – machen wolle. Gottschalk weiter: »Dienst nach Vorschrift. Jeden Tag.« Er bietet Lippert herablassend an, ihm mit Rat und Tat zur Seite zu stehen. Ihm fällt spontan ein, dass eine bessere Musikauswahl vonnöten wäre, wird aber von Lippert mit Hilfe des Quotenprotokolls widerlegt: Bei den Les Humphries Singers sei nicht, wie sonst häufig bei den Musiknummern, weggeschaltet worden. Wohl hingegen bei Mike Oldfield und seinem [Instrumental-]Titel ›Tubular Bells‹. Gottschalk weiß auch darauf eine Antwort: Oldfield habe eben nicht gesungen. Anders als *sein* Gast, womit er nach mehrfachen Ansätzen die Überleitung zu Bob Geldof geschafft hat, der mit Band den Titel ›My Hippie Angel‹ aufführt. Die Musiker simulieren zum Playback und geben dies auch durch diverse Albereien wie die Abkehr vom Gesangsmikrophon zu erkennen.

Im Anschluss begrüßt Gottschalk unter den Zuschauern im Saal eine Frauen-Eishockey-Mannschaft und witzelt, ob sie gelegentlich auch mal gegen Jungs spielen. Er wendet sich zurück zur Bühnentür und leitet über zu Katrin Krabbe, indem er sich auf deren zu diesem Zeitpunkt schlechte Presse bezieht. Den Grund, die Doping-Vorwürfe gegen Krabbe, nennt er noch nicht, sondern bleibt vage: »Zumindest ist es eine Geschichte, wo es immer wieder Stress gegeben hat in der letzten Zeit. Und ich freu mich auf sie, obwohl sie im Moment nicht sehr gut wegkommt, bei der Presse, bei der Bevölkerung. Man kann es nicht so recht einschätzen. Sie wird selber wissen, wie sie im Moment dasteht – ich freue mich auf Katrin Krabbe.«

Krabbe tritt ein und wird von Gottschalk direkt an der Tür in Empfang genommen, mit Handschlag und aufmunterndem Griff an den Ellenbogen begrüßt und auf das Podium geleitet. Nach Abklingen des Beifalls eröffnet Gottschalk das Gespräch unmittelbar ohne weitere Begrüßung: »Was auch immer los war – gut siehste aus. Haste also nervlich nicht zu viel mitgekriegt.«

Krabbe lächelt schwach. Gottschalk umreißt die Verehrung, die Krabbe vor dem Doping-Skandal entgegengebracht worden sei, indem er, wie oft bei weiblichen Gästen, auf ihre Physis abhebt: Sie sei in die Deutschlandflagge gehüllt, ihre Oberschenkel seien vermessen worden. Dann gibt er fragend eine seltsame Perspektive vor – Krabbe soll ihren ›Fall‹ beurteilen als jemand, der ihn von außen betrachtet: »Du bist vom höchsten Thron sozusagen in die tiefste Finsternis gefallen, gestoßen worden. Kann das ein Mensch nachvollziehen?« An anderer Stelle spricht er ebenso uneindeutig von einer »Geschichte, die mit dir passiert ist«.

Krabbe stört sich nicht an der wirren Fragestellung; sie hat sich die Antwort offensichtlich bereits zurechtgelegt und erklärt, dass diese Erfahrung für andere nicht nachvollziehbar sei und sie niemandem wünsche, dergleichen durchmachen zu müssen. Gottschalk setzt nach: »Da werden viele sagen, die ist ja selber schuld. Siehst du dich als Opfer oder als Schuldige?«

Krabbe erzählt, sie und ihre zwei ebenfalls betroffenen Trainingskolleginnen hätten sich anfangs schuldig gefühlt, hätten sich »drum gekümmert« und versucht, »gut aus der ganzen Situation herauszukommen und dann wieder dieser Schlag. Also, es war echt der freie Fall. Es war total schlimm.« Ihre Stimme fällt ab, sie scheint den Tränen nah.

Gottschalk stellt, wieder in sehr gewundener Manier, mehrere Fragen in Folge, die alle darauf hinauslaufen, ob man Krabbe die verbotenen Mittel »untergejubelt« habe oder ob sie sich bewusst für die Einnahme entschieden habe.

Es gebe, erläutert Krabbe, eine Liste des Deutschen Leichtathletikverbandes mit verbotenen Mitteln. »Wenn wir als Sportler zum Arzt gehen und Schnupfen haben oder Husten haben oder irgendwie was Anderes uns quält, dann wird auf dieser Liste geschaut, ob das Medikament genommen werden darf oder nicht, und so ist der Weg eigentlich gewesen.«

Gottschalk zieht einen Inhalator aus seiner Jacketttasche. »Ich hab' hier so'n … so'n … immer mein Asthmaspray, wie alle Sensiblen. Nicht dass du meinst, die Sendung gilt nicht, weil ich gedopt war hier.«

Erneut kommt von Gottschalk ein Schwall wolkiger, indifferenter Fragen, diesmal zwecks Vergewisserung, ob Krabbe noch immer als die schnellste Frau ihrer Disziplin geführt werde, ob sie glaube, sich diesen Rang mit einem konventionellen Training erhalten zu können, ob nicht auch andere – insinuiert wird: zum Nachteil der ehrbaren Krabbe – zu Doping-Mitteln greifen.

Die Befragte berichtet, dass sie gegenwärtig pausiere, sich auf ihren Prozess vorbereite, aber gerne wieder laufen würde. Gottschalk präzisiert seine Fragen dahingehend, ob sie sich Chancen ausrechne, wenn sie auf Doping verzichten müsse. Krabbe: »Ja, sicher. (…)«

Die nächste Frage gilt Krabbes Umfeld, ob sie zur »Aussätzigen« geworden sei, ob sie sich geniere.

Sie habe anfangs Angst gehabt, auf die Straße zu gehen, erwidert Krabbe. »Ich wusste nicht, wie die Leute reagieren.« Sie äußert Verständnis für Fans, die sie fallen gelassen hätten, und begründet ihre Fernsehauftritte damit, dass sie Verständnis schaffen wolle. Es habe positive wie negative Reaktionen gegeben, Letztere aber auch schon vor Bekanntwerden der Doping-Vorwürfe.

Gottschalk stellt ihr noch einmal die Frage, ob sie auch ohne Doping-Mittel – »Kälbermast und weiß der Teufel« – leistungsfähig genug sei, an frühere Erfolge anzuknüpfen. Krabbe begegnet der wiederum sehr verschachtelten Fragestellung betont sachlich: »Ich will mal versuchen, ein bisschen was klarzustellen. Also, ich habe dieses Zeug nicht geschluckt, um schneller zu laufen. Das hatte einen anderen Grund. Und es war halt unser Fehler, der Fehler unseres Trainers und auch der Fehler unseres Arztes, dass man sich nicht genug kundig gemacht hat, wie das Medikament oder ob das Medikament auf der Doping-Liste steht und für uns zum Verhängnis werden kann. Und ich meine, in Deutschland sind die Doping-Kontrollen so zielgerichtet und wirklich … Es gibt in keinem anderen Land solche Doping-Kontrollen wie hier in Deutschland. Und ich muss sagen … Ich versuche es … Für mich ist das Problem, die Motivation wiederzubekommen. Also … Ich habe das jetzt zwei Mal durchgemacht. Oder bin beim zweiten dabei. Und ich habe schon nach dem ersten Mal gedacht, eigentlich ist das vorbei, du schaffst das nie wieder. So. Und jetzt stehe ich wieder davor und jetzt sage ich, du schaffst das und du läufst irgendwann wieder.« Wieder scheinen die Tränen aufzusteigen, doch sie beherrscht sich.

Gottschalk muntert sie auf: »Wir wünschen es dir, wir würden uns freuen.« Er blickt beifallheischend über die Ränge. »Ich glaube, das gilt auch für unser Publikum – wir würden Katrin gern wieder vorne sehen.« Das Publikum zollt den gewünschten Applaus. »Danke schön. Wir schalten zurück nach Köln.«

Die Band setzt ein. Die Einblendung »… gleich geht's weiter« kündigt die Werbung an.

Nach der Pause richtet Gottschalk das Wort an die Zuschauer: »Sie werden noch viel, viel Zeit haben, sich an diese Sendung zu gewöhnen, aber wie es ungefähr läuft, haben Sie ja schon gesehen.

Wir haben bekannte Menschen und wir haben weniger bekannte Menschen und wenn Sie so wollen, können Sie in dieser Sendung auch bekannt werden. Ja, Sie zu Hause. Ich glaube, es gibt ungeheuer viel Genie in Deutschland, was verschüttet ist. Ich meine, viele Menschen sind zu Leistungen fähig, die kein anderer ahnt. Die machen das zu Hause, die machen das im Turnverein – sie sollen es aber hier machen. Sie sollen es nicht umsonst tun. Wir haben den sogenannten Gottschalk-Tausender eingeführt, den Sie in jeder Bank oder Sparkasse für echtes Geld eintauschen können, und den können Sie hier verdienen. Wenn Sie nur irgend etwas können, beispielsweise wie *die* beiden Jungs, die ich Ihnen jetzt vorstelle. Es ist leider so, dass die Beispiele am Anfang immer aus Amerika kommen. Das war beim Kaugummi so, das war beim Ketchup so, das ist bei den Tongue-Brothers so. (…) Zwei Jungen, wie Sie sie vielleicht auch zu Hause haben, zwei junge Menschen, von denen man sagt, was könnten so junge Leute schon können. Sie können etwas, das eigentlich sehr schwer zu beschreiben ist. Sie heißen die Tongue Brothers, das sind die Zungen-Brüder, und vielleicht« – er wendet sich an den größeren der beiden – »stellst du mal deinen Bruder vor.« Er wiederholt den Satz schnell leise auf Englisch. Der Angesprochene begrüßt das Publikum und stellt sich und seinen Bruder vor. Seine Worte werden vom Simultanübersetzer übertönt.

Gottschalk meldet sich wieder zu Wort. »So. Jaa. Jetzt geht's aber los. Now do your trick.« Die Jungen sagen sich wechselweise an und führen eine Art Zungenakrobatik vor. Währenddessen wiederholt Gottschalk seinen Aufruf an die Zuschauer, sich zu melden, falls sie über solche oder verwandte Begabungen verfügen. Die Jungen weist er an: »Do it without speaking. I speak.« Er nennt die Adresse für etwaige Anmeldungen und betont abermals, dass es »wirklich« Geld gebe. Er verweist dabei auf Zeitungen, die 300 Mark zahlen, wenn man sich auszieht. »Bei mir kriegen Sie 1000 Mark, ohne sich ausziehen zu müssen. Ich meine, wenn Sie mit dem Hintern grinsen können, dann können Sie ruhig kommen und die Hosen runterlassen. Also das ist etwas, was Sie zuhause jetzt üben können. (…)«

Nach der Verabschiedung der Tongue Brothers wechselt Gottschalk zur Sitzgruppe und kündigt an, das nun Folgende sei »wirklich neu. Ich hab' immer gesagt, wenn man so Fernsehen macht, dann guckst du in diese Kamera rein und hast keine Ahnung, was um dich herum vorgeht. Da sitzen ja Menschen, da sitzen um diese Zeit ja sogar ... Da liegen ja sogar Menschen um diese Zeit und wo die liegen und warum sie liegen, ist alles etwas, was ich ja nun wirklich nicht sehen kann, obwohl man manchmal einfach mal draußen sein möchte und sehen würde, was passiert, wenn ich in diese Kamera reingucke. Ich hab mir in dieser Sendung diesen Wunsch erfüllt. Ich werde regelmäßig eine Woche lang bei einer Familie zu Gast sein, immer so als Rausschmeißer, mal länger, mal kürzer, um dort guten Tag zu sagen und mich mit diesen Leuten zu unterhalten, über das, was sie in der Sendung gerade gesehen haben, über das, was sie bewegt. Unsere erste Familie, also auch Fernsehgeschichte, ist die Familie Kaltenegger aus Icking.«

Mit diesen Worten erfolgt ein Szenenwechsel in das Wohnzimmer der Familie. Vater, Mutter und drei Kinder sind in pseudo-bäuerlichem Ambiente auf einer rechtwinkligen Eckbank um einen Esstisch gruppiert. Sie sitzen rechts der Bildachse mit dem Rücken oder dem Teilprofil zur Kamera und blicken auf den am linken Bildrand sichtbaren Fernseher, aus dem Gottschalk zu ihnen spricht: »So habe ich mir das immer vorgestellt.« Er begrüßt die Familie, die nun aus Richtung Fernseher, scheinbar also seiner Perspektive, gezeigt wird. Gottschalk: »Wir werden uns eine Woche jetzt gemeinsam ein bisschen über Ihr Leben, über unser Fernsehen unterhalten. Das was Ihnen Spaß macht.« Er bittet die Familienmitglieder, sich vorzustellen. Berthold Kaltenegger arbeitet als Diplom-Chemiker beim Deutschen Patentamt, die Töchter Franziska (16) und Sabine (12) besuchen das Gymnasium, Isabella (11) die sechste Klasse. Mutter Melanie versorgt den Haushalt.

Rhetorisch unklug erkundigt sich Gottschalk: »Habt Ihr im Moment Stress oder würdet Ihr sagen, nein, wir sind relaxed, wir haben unsere kleinen Sorgen und Nöte, aber alles in allem sind wir 'ne Familie, die zusammenhält?«

Die Eltern Kaltenbrunner antworten unisono mit ja. Der Vater fügt hinzu: »Das isch alles eigentlich paletti, also ...« Die Mutter meldet: »Und gesund san mer auch.«

Das sei entscheidend, behauptet Gottschalk und gibt bekannt, dass die Familie die Chance habe, ein großes Auto eines französischen Herstellers (Sponsor der Sendung) zu gewinnen, eine Reise oder einen Trostpreis, der noch Gegenstand weiterer Gespräche sein soll. Dann verabschiedet sich der fernübertragene Gast auch schon mit dem Hinweis, dass am nächsten Tag mehr Zeit zur Verfügung stehen werde. Die Regie schaltet zurück ins Studio. Gottschalk macht zum Schluss noch einmal viele Worte und verspricht unter anderem: »Was wir heute falsch gemacht haben, machen wir morgen richtig, und was wir heute nicht gemacht haben, machen wir eben morgen.« Als Gäste der Folgesendung kündigt er an Suzanne Vega, Roland Emmerich, Joe Barbera. Derweil macht sich im Hintergrund wieder der Roboter zu schaffen. Vor der endgültigen Verabschiedung konstatiert Gottschalk noch: »Es ist im Moment noch Pflicht zu gucken. Nach einer Woche ist es mir dann wurscht, aber morgen sollten Sie nochmal gucken. (…)«

›Gottschalk täglich‹ – Der zweite Tag und folgende

Im Auftaktmonolog zur Sendung am folgenden Tag nahm Gottschalk das Thema *learning by doing* wieder auf: »(…) Wir sind ja noch in der Übungsphase, Herrschaften. Ich habe auch bereits aus der gestrigen Sendung gelernt. (…) Ich muss härter werden. Ich war zu lieb zu Katrin Krabbe.«[25]

Damit sprach der Moderator ein Defizit an, das ihm und seiner Sendung trotz seiner Einsicht über lange Zeit regelmäßig ablehnende Kritik einbringen sollte. Die Reihe ›Gottschalk – täglich‹ war auf ausdrücklichen Wunsch des damaligen RTL-Geschäftsführers Helmut Thoma unterhaltsam-journalistisch angelegt worden und entsprach damit nicht den erfolgreichen US-amerikanischen Late-Night-Shows ›Tonight Show with Jay Leno‹ und ›Late Night with David Letterman‹, die eigentlich als Vorbild hätten dienen sollen. Eher schon gab es, zumal im Bühnenbild, Übereinstimmungen mit der ›Arsenio Hall Show‹, deren Gastgeber allerdings eindeutig über bessere Texter verfügte. Gottschalk hingegen verließ sich ganz auf seine Schlagfertigkeit. Es ist Gottschalk eigen, die Aussagen seiner Vis-à-vis nicht auf Anknüpfungspunkte für aufschließende journalistische Fragen, sondern auf Vorlagen für spontane Pointen abzuhorchen. Ein solcher Moderationsstil trägt eine Sendereihe wie ›Wetten, dass …?‹, die von einem schnellen Wechsel der Attraktionen lebt, sie fiel aber unangenehm auf in einem Format, in dem anfänglich Gesprächselemente mit hohem Interviewanteil dominierten. Eine gute Figur machte Gottschalk in der zweiten Ausgabe beim Austausch mit dem Animationsfilmer Joe Barbera und dem deutschen Hollywood-Regisseur Roland Emmerich, weil hier ein persönliches, sogar ausdrücklich angesprochenes familiäres Interesse gegeben war, nämlich das eines Vaters, der besorgt ist über die immer expliziter werdenden Gewaltdarstellungen im populären Hollywood-Kino. Gerade das Gespräch mit Emmerich machte zugleich Gottschalks Defizite deutlich: Kaum dass er die ihn aufrichtig interessierende Antwort bekommen hatte, erlosch seine Aufmerksamkeit, und er verfiel in die für ihn typische Fahrigkeit.

Das Presseecho auf diese substanzarmen, oft gequält humorigen Wortwechsel konnte kaum anders denn negativ ausfallen. Nicht nur Fachkritiker meldeten sich zu Wort, als Gottschalk in Verkennung seiner Möglichkeiten sich dazu verstieg, mit Franz Schönhuber den Vorsitzenden der rechtspopulistischen Republikaner einzuladen und beim Versuch, dessen absurde Vorträge zu entlarven, heillos versagte. Der Vorfall kam einem Skandal gleich; bereits gebuchte Gäste sagten ihre Mitwirkung ab und machten dies öffentlich. Gottschalk sah sich gezwungen, in Interviews Stellung zu beziehen.

Unabhängig von solchen Vorfällen geriet er unter Quotendruck – die anfangs befriedigenden Zuschauerzahlen sanken rapide. Die Montagsausgabe wurde mangels Werbeaufkommen eingestellt, das Konzept der Reihe unter der Regie des vormaligen ›Bild‹-Chefredakteurs Hans-Hermann Tiedje einer Revision unterzogen. Tiedje machte aus ›Gottschalk täglich‹ ein boulevardeskes Potpourri, mit mehr Gästen als ehedem, die nun, wie von ›Wetten, dass …?‹ gewohnt, gleichzeitig auf dem Sofa saßen, wodurch für Gottschalk mehr Ansatzpunkte für seinen besonderen Humor gegeben waren. Geladen wurden namhafte Personen des Zeitgeschehens und Vertreter der Hochkultur wie der Literaturkritiker Marcel Reich-Ranicki und Feuilletonist Hellmuth Karasek, aber immer wieder auch Nackt- und Pornostars von Carmen Russo über Teresa Orlowski bis zu Zara White und Pandora Peaks, bei denen sich Gottschalk, zumal wenn sie fremdsprachig waren, ungestraft über Äußerlichkeiten auslassen und seine üblichen Schäkereien treiben konnte, die vor allem der Ornamentierung dienten: »Ein weiteres Mysterium bleiben die weitgehend kommunikationsfreien Auftritte irgendwelcher weiblicher Gäste: ein Model für Strumpfhosen, eines für gepolsterte BH, als Dreingabe Prinz Andrews Ex-Freundin Koo Stark. Die meiste Zeit sitzen die Damen dekorativ auf dem Sofa und schauen gelangweilt durchs Studio.«[26] Im selben Sinne organisierte das ›Gottschalk‹-Team – lange vor ›Germany's Next Top Model‹ – einen schauwertträchtigen Model-Wettbewerb mit Publikumsbeteiligung.

Tiedjes Ideen fruchteten, die Quoten zogen wieder an und pendelten sich auf durchschnittlich 1,8 Millionen[27] pro Sendung

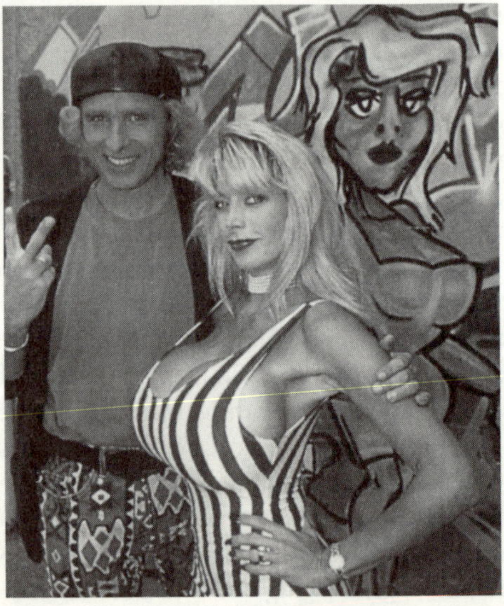

Abb. 11: Gäste wie Pornodarstellerin und Fotomodell Pandora Peaks (rechts) hoben die Quoten: Thomas Gottschalk wirbt für seine Late-Night-Show bei RTL.

ein. 1993 meldete RTL: »Zentral für den Erfolg seines Konzepts sind interessante, starke Gäste. Stars, die nicht durch zig Talkshows abgenutzt sind und das Medienrecycling zum x-ten mal durchlaufen haben. Diese Stars werden Gottschalk von seinem 30köpfigen Team unter Leitung von Hans Herrmann Tietje [sic!] viermal pro Woche ›frei Studio geliefert‹. Auf seinem roten Sofa saßen zum ersten Mal im deutschen Fernsehen Gäste wie Sarah Biasini, Romys Tochter (Einschaltquote 2,19 Millionen), Barbara Feltus (1,8 Millionen), Ike Turner (2,5 Millionen).« Spitzenreiter in dieser Phase mit 2,54 Millionen Zuschauern war eine Ausgabe, in der Gottschalk den Sportmanager Ion Tiriac, Regisseur Wolfgang Petersen und eine »Mutter, die ihr entführtes Kind aus Ägypten befreite«, begrüßen konnte.[28]

Einer Pressemitteilung vom April 1994 zufolge hatte »fast jede dritte Sendung mehr als zwei Millionen Zuschauer. Fast jeder fünfte Fernsehzuschauer schalte zu später Stunde Gottschalks ›Late-Night-Show‹ ein.«[29] Zu diesem Zeitpunkt wurde Gottschalks Vertrag mit RTL verlängert, was einer Laufzeit bis zum 31. Dezember 1995 entsprochen hätte.

Unterdessen hatten die unter Tiedjes redaktioneller Leitung getroffenen Maßnahmen die Produktion erheblich verteuert. Vor allem die angestrebte Exklusivität der Gäste belastete den Etat. Zugkräftige Stars kamen eigens für die Aufzeichnung aus dem Ausland angereist, in der Presse war von Auftrittshonoraren in Höhe von bis zu 40 000 D-Mark die Rede.[30] Inzwischen wurde ›Gottschalk täglich‹ auch wieder montags ausgestrahlt, ab November 1994 allerdings in offensichtlichem Bemühen um Kostendämpfung in Form eines Zusammenschnitts der »Höhepunkte« der vorangegangenen Woche.[31]

Gottschalk, der die Reihe mit der ihm und zwei Teilhabern[32] gehörenden Firma ›Brot & Spiele Medienprogramme GmbH‹ selbst produzierte, musste somit das Angebot des ZDF, ab Januar 1994 wieder ›Wetten, dass …?‹ zu moderieren, sehr gelegen kommen. Im März 1995 ging er zusätzlich einen Vertrag mit Sat.1 ein, was, wie kaum anders zu erwarten, die sofortige Kündigung seitens RTL zur Folge hatte. Eine der Begründungen: Gottschalk habe mit seiner Sendung nicht die Vorgabe eines mindestens 17-prozentigen

Marktanteils erfüllt.[33] Gottschalks Sendeplatz übernahm im Mai 1995 Thomas Koschwitz, der zuvor als Vertretung Gottschalks in der Sommerpause eine gute Figur gemacht hatte.

1998 offerierte Gottschalk in Zusammenarbeit mit seinem Vertragspartner Disney deutschen Sendern das Konzept einer in den USA produzierten Sendereihe mit dem Titel ›Gottschalks L.A.te Night Show‹, in der er internationale Stars interviewen und aktuelle Trends präsentieren wollte. Das Projekt wurde von allen in Frage kommenden Sendern als zu teuer abgelehnt.[34]

Der Stellvertreter – ›Nachtshow‹ mit Thomas Koschwitz

Mitte Mai 1994 unterbrach Thomas Gottschalk erstmals den Sendeturnus seiner spätabendlichen Talkshow, um sich eine bis September dauernde ›Sommerpause‹ zu gönnen. Der Sendetypus aber wurde beibehalten. Für die Urlaubsvertretung war aus einer Reihe von Bewerbern der HR-Hörfunkmoderator Thomas Koschwitz ausgewählt worden. Koschwitz übernahm jedoch nicht einfach Gottschalks Sendung, vielmehr wurde gesondert ein eigenes Format entwickelt, das der Late-Night-Show US-amerikanischer Prägung weit mehr entsprach als ›Gottschalk täglich‹. Mit der Neugestaltung verband sich die Absicht, eine zweite Late-Night-Show, die im Erfolgsfalle nach dem RTL-›Nachtjournal‹ um 0.30 Uhr gesendet werden sollte, auf dem Bildschirm zu testen. Die von RTL-Programmdirektor Marc Conrad vorgegebene Zuschauerquote von mindestens 500 000 lag unter der Zahl, die für Gottschalk galt; sie entsprach bereits dem projektierten späteren Sendeplatz.

Die Produktion der Reihe blieb in Köln bei der von RTL betriebenen Herstellungsfirma ›Medienfabrik‹. Die Leitung der 20-köpfigen Redaktion hatte Jörg Grabosch, der vom Abonnementsender Premiere abgeworben worden war. Die Aufzeichnungen fanden täglich um 20.00 Uhr vor Saalpublikum im Kölner Multiplexkino ›Cinedom‹ statt, erstmals am 16. Mai 1994. Für Comedy-Segmente waren Wigald Boning und Olli Dittrich zuständig. Eine regelmäßige Rubrik hatte Ingo Appelt, der, ähnlich wie später Stefan Raab,

Fehlleistungen und Missgriffe der vorangegangenen Programmtage aufs Korn nahm.

Thomas Koschwitz konnte sich mit dem eigenständigen Konzept seiner ›Nachtshow‹ auf dem Gottschalk-Sendeplatz behaupten. Er erreichte im Schnitt 1,6 Millionen Zuschauer und damit mehr als erwartet.[35] Dennoch kam es im August 1994 innerhalb der Produktionsfirma zum Zwist. Geschäftsführer Bernward Brokamp hatte in Abwesenheit Graboschs Veränderungen vorgenommen, gegen die Grabosch schriftlich Einspruch erhob, woraufhin er die fristlose Kündigung erhielt.[36] Mit ihm verließen sieben weitere redaktionelle Mitarbeiter das Unternehmen. Während die RTL-Leitung noch erörterte, ob man an Grabosch oder Brokamp festhalten sollte, hatte Grabosch bereits eine eigene Produktionsfirma mit Namen ›Brainpool‹ gegründet. Die übernahm letztlich die Herstellung der ›Nachtshow‹, die ab 9. Januar 1995 im RTL-Nachtprogramm »noch bissiger, noch frecher, noch schräger und noch schneller«, so die Ankündigung Jörg Graboschs,[37] fortgesetzt wurde. Vorbereitet wurde der Neustart durch die Wiederholung der Koschwitz-Sendungen vom Sommer 1994, die noch einmal von durchschnittlich 300 000 Zuschauern gesehen wurden.[38]

Nach Gottschalks Wechsel zu Sat.1 rückte Koschwitz wieder vor auf den Sendeplatz um 23.15 Uhr, konnte aber an die vorangegangenen Erfolge nicht anknüpfen und erzielte nur noch selten Einschaltquoten jenseits der Millionen-Marke. Die Werbewirtschaft verhielt sich reserviert, wie ein RTL-Sprecher gegenüber der Presse unbemäntelt einräumte: »Ein bißchen mehr Werbung würde uns schon freuen.«[39]

Nach inhaltlichen Änderungen jener Art, die sich schon bei Gottschalk als wirkungsvoll erwiesen hatten – es wurden vermehrt Auftritte leichtgeschürzter Starlets arrangiert –, zogen die Quoten wieder an. Dennoch blieb der seit März 1995 nicht mehr von Jörg Grabosch betreuten Reihe der nötige wirtschaftliche Erfolg versagt. RTL beendete das Experiment, die letzte von 250 ›Nachtshows‹ lief am 17. November 1995. Die offizielle Begründung lautete, das Konzept habe sich erschöpft.[40] Neben der inhaltlichen und ökonomischen Misere aber gab es noch einen weiteren Grund: Für den 6. Dezember 1995 hatte Sat.1 eine Late-Night-Show mit Harald Schmidt angekündigt. Als Produzent zeichnete einmal mehr Jörg Grabosch verantwortlich. RTL zog es vor, auf diese Herausforderung mit einem Kontrastprogramm aus Serien, Spielfilmen und Magazinen zu reagieren.

Entwicklungsschritte – Die ›Michael-Braun-Show‹ und ›Schmidteinander‹

Hatten sich die Programmschaffenden der 1970er-Jahre bei der Herstellung von Talkshows eher an US-amerikanischen Persönlichkeiten wie Dick Cavett und nur bedingt an dortigen Ausgestaltungen derartiger Sendungen orientiert, nahm sich der WDR-Moderator Michael Braun für seine ›Michael-Braun-Show‹ (später ›Die Michael-Braun-Talkshow‹) direkt das Modell der US-amerikanischen Late-Night-Show zum Vorbild.[41] Die Sendung startete am 7. Januar 1983 im Rahmen des WDR-Jugendprogramms und wurde bis zum Dezember 1985 zweiwöchentlich im samstäglichen Vorabendprogramm ausgestrahlt. Die Pilotfolge wirkt aus heutiger Sicht wie eine Travestie auf die Late-Night-Show – Schreibtisch und Gästesofa stehen vor einem gemalten Prospekt, der anstelle der üblichen Großstadtkulisse eine deutsche Kleinstadtidylle zeigt. Die Publikumsränge sind größtenteils leer, der Beifall klingt dünn. Der Moderator Michael Braun agiert spröde, wiederholt sich häufig, verliert gelegentlich den Faden. Vorbereitete Gags zünden nicht, die Interviews mit Gästen wie dem Sänger der Rockabilly-Band The Ace Cats verlaufen zäh.

Die Sendereihe blieb ein regionales Phänomen, entwickelte sich aber doch in einer Weise, dass sie Produzenten und Rezipienten in Erinnerung geblieben ist. Der TV-Produzent Jörg Grabosch zieht eine Entwicklungslinie von der ›Michael-Braun-Show‹ über ›Schmidteinander‹ bis zu den täglichen Sendungen Thomas Gottschalks und Harald Schmidts: »Die hatte bereits diese amerikanischen Elemente. Die hatte den Schreibtisch und eine Band und Michael Braun war der Gastgeber dieser Sendung.«[42]

Ähnlich bediente sich der Schauspieler, Kabarettist und TV-Moderator Harald Schmidt in der gemeinsam mit dem USA-erfahrenen Herbert Feuerstein erdachten, im Spätprogramm angesiedelten WDR-Unterhaltungsreihe ›Schmidteinander‹ (von 1990–1993 im WDR, 1994 in der ARD, gegen 22.00 Uhr) formaler wie inhaltlicher Elemente US-amerikanischer Late-Night-Shows. Jörg Grabosch, der Gründungsproduzent der ›Harald Schmidt Show‹, sieht in ›Schmidteinander‹ die »erste von Comedy getragene Late-Night«[43] im deutschen Fernsehen, die freilich noch nicht, wie es eigentlich typisch ist für diese Spielart der Talkshow, werktäglich ausgestrahlt wurde.

Während der Vorbereitungen der RTL-›Nachtshow‹ hatte Jörg Grabosch, so seine Auskunft, versucht, Harald Schmidt als Moderator zu gewinnen, der ihn zunächst abschlägig beschied, im Jahr darauf aber mit dem Sat.1-Programmchef Fred Kogel in Bezug auf eine werktägliche Late-Night-Reihe handelseinig wurde. Die Produktion der Sendung wurde Grabosch und seiner Firma ›Brainpool‹ übertragen. »Dann haben wir uns sozusagen gefunden an der Stelle, wo ich ihn auch schon ein Jahr vorher mitgenommen hätte.«[44]

Die tägliche Herausforderung – ›Die Harald Schmidt Show‹

In der Planungsphase unternahm der ›Brainpool‹-Stab eine Studienreise in die USA und wurde von den Produzenten der ›Tonight Show with Jay Leno‹, ›Late Show with David Letterman‹ und ›Late with Conan O'Brien‹ vorbehaltlos empfangen und über die Herstellungsabläufe informiert. Mit Broadway Video, dem Hersteller der Conan O'Brien-Show, ergab sich sogar eine langfristige Zusammenarbeit, die unter anderem einen gemeinsamen Autoren-Workshop umfasste. Ein denkbarer Ankauf der Formatrechte stand laut Grabosch nicht zur Debatte, weil in den USA das Late-Night-Konzept keinem urheberrechtlichen Schutz unterliegt.

Die – von Schmidt nie geleugneten,[45] sondern offen angesprochenen und souverän ironisierten – Übereinstimmungen mit David Lettermans ›Late Show‹ besonders in der Anfangsphase der ›Harald Schmidt Show‹ sind vielfach besprochen und beschrieben worden. Möglich wurden derartige Erkenntnisse teils durch den Umstand, dass Lettermans ›Late Show‹ zeitweilig unverschlüsselt vom Abonnementkanal Premiere, später von RTL II ausgestrahlt wurde.[46] Zusätzlich brachten der NBC Superchannel, später CNBC Jay Lenos ›Tonight Show‹ und ›Late Night with Conan O'Brien‹ nach Deutschland.

Schmidts Annäherung an Letterman reichte bis zur Übernahme individueller Ticks und spezieller Gesten des New Yorker Exzentrikers wie das abgehackte Dirigieren der Studioband und das kritische Überprüfen des eigenen Aussehens auf dem Studiomonitor. Etliche Segmente der ›Late Show with David Letterman‹ wurden auf die örtlichen Verhältnisse übertragen: Die Erkundung der Nachbarschaft des in der Kölner Innenstadt gelegenen Studios mit mobilen Kameras, die Einbeziehung von dort beruflich tätigen Laien in den Sendeablauf, das parodistische Spiel mit den Möglichkeiten des Mediums, völlig unbekannte Menschen durch wiederholte Auftritte zu Stars zumindest des eigenen Publikums zu machen – Letterman hatte dies mit den aus Bangladesch stammenden Souvenirladenbesitzern Mujibur Rahman und Sirajul Islam vorgemacht, Schmidt wiederholte es mit den Herren Lee und Wang, die in einem chinesischen Restaurant nahebei als Kellner tätig waren und in Einspielern nicht ganz originalgetreue ›Weisheiten des Konfuzius‹ zum Besten gaben.

Im Vergleich zu Koschwitz agierte Schmidt bissiger, ohne Pardon gegen andere, den eigenen Sender, sich selbst. »Bei Schmidt gibt es keine Pietätsrichter wie bei Koschwitz«, wird der Schmidt-Chefautor Peter Rütten in einer Reportage aus dem Jahr 1996 zitiert. Ferner heißt es dort: »Koschi habe zwar ›menschlich schöne‹ Interviews geführt, doch sei dessen ›naive Weltsicht‹ einfach nicht mit Satire zusammengegangen. Schmidts Zynismus schon eher. Ein Witz müsse lustig sein, nicht moralisch, so die *Staff*-Leute: ›Auf Harald mit Hitlerbärtchen holen sich die Neonazis bestimmt keinen runter.‹«[47] Das augenzwinkernd umrissene Themenspektrum der Autorenriege: »die Chuzpe der Politiker, deutsche Ressentiments gegenüber Ausländern, Journalistengeschwätz, Ungerechtigkeit, Hera Lind«.[48]

Die Zuschauerresonanz auf die ›Harald Schmidt Show‹ blieb vorerst hinter den Erwartungen und auch hinter den Einschaltquoten der vorangegangenen RTL-Late-Night-Shows zurück. Die

Vorgabe des Senders belief sich zu Beginn auf 1,5 Millionen Zuschauer und wurde bald auf 1,3 Millionen korrigiert. Nach dem erfolgreichen Einstand mit zwei Millionen Zuschauern lag der Mittelwert deutlich niedriger, die Zuschauerzahl rutschte des Öfteren unter eine Million.[49] Aus diesem Grunde wurde ab Juni 1996 die Samstagsausgabe der ursprünglich fünf Mal pro Woche, außer donnerstags immer um 23.00 Uhr[50] (später 23.15 Uhr) ausgestrahlten Reihe durch spätabendliche Spielfilmprogramme ersetzt.[51] In der Saison 1997/98 begann die Sendung freitags erst nach Mitternacht, weil Sat.1 den vorausgehenden Sendeplatz mit Spielfilmen belegt hatte.[52]

Trotz dieser entmutigenden Resultate hielt die Sat.1-Führung an der ›Harald Schmidt Show‹ fest. Die Reihe brachte dem nicht gerade erfolgsverwöhnten Sender einen beträchtlichen Prestigegewinn und band regelmäßig ein exakt spezifizierbares, für die Werbewirtschaft attraktives Zuschauersegment: »Selbst wenn die Quoten schlecht sind – schon der Imagewandel durch den aggressiven Moderator nützt dem Sender, den die meisten jungen Zuschauer schon abgeschrieben hatten.«[53] Die Werbeblöcke selbst liefern Indikatoren für den besonderen Rang dieser Reihe: In der ›Harald Schmidt Show‹ warb Persil anders als im Vorabendprogramm nicht mit der vorbildlichen Hausfrau als Protagonistin, sondern mit einer jungen Existenzgründerin, die für ihr frisch eröffnetes Restaurant makellose Wäsche benötigt. Einzelne Werbefilme von Markenartiklern nahmen sogar unmissverständlich Bezug auf die ›Harald Schmidt Show‹.

1998 konnte sich die Programm-Kommunikation von Sat.1 über Marktanteile bis 27,4 Prozent in der Gruppe der 14–49-Jährigen freuen, begleitet von der launigen Erläuterung: »Die Zuschauer der ›Harald Schmidt Show‹ sind zwar nicht schöner, dafür aber jünger und gebildeter als der Durchschnitt.«[54]

Unterdessen löste sich Schmidt Schritt für Schritt von seinen amerikanischen Vorbildern; das Erscheinungsbild der Sendereihe wandelte sich. Einen deutlichen Einschnitt brachte 1998 die Übernahme der Produktion durch Harald Schmidts eigene Herstellungsfirma Bonito Produktionsgesellschaft mbH, mit der sich ein Umzug in ein neues Studio in Köln-Mülheim verband. Eine der

Neuerungen war die Verringerung des Abstands zwischen Moderator und Publikum, von Harald Schmidt mit den Worten begrüßt: »Hier sieht jeder Zuschauer überall so gut wie im ›Capitol‹ in der zweiten Reihe. Die Gespräche sind intimer, die Stimmung ist noch besser.«[55]

Die Produktion von Einspielfilmen, die anfangs den Mittelteil der Sendung prägten, wurde nach und nach verringert und Ende 2001 nahezu eingestellt. Die Zahl der Mitarbeiter – fünf bis zehn

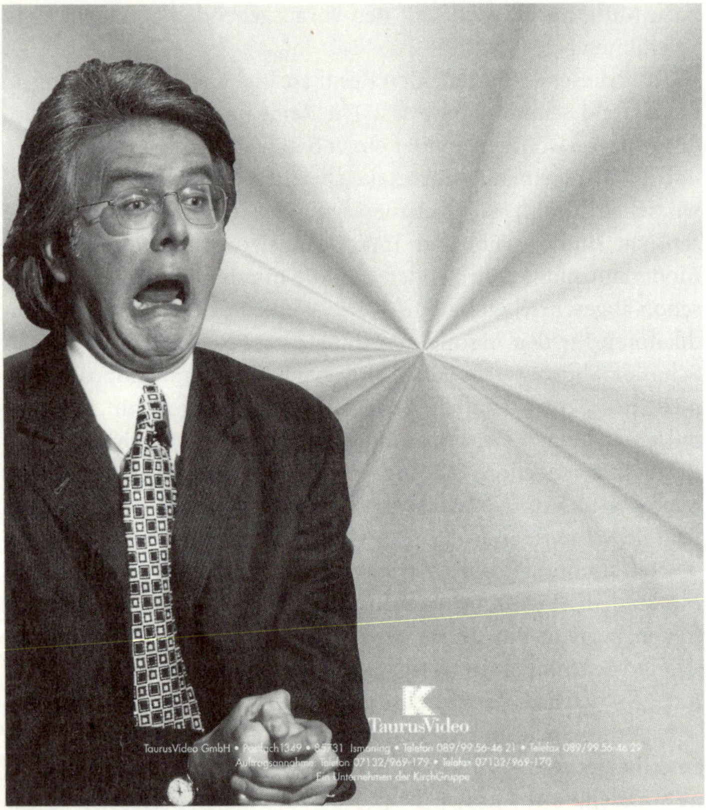

Abb. 12: Anfangs passgenau in den Fußstapfen David Lettermans, später von eigener Größe: Harald Schmidt gelang auf Sat.1 eine artgerechte deutsche Late-Night-Show.

feste Autoren, drei bis vier Pauschalisten, zwischen sechs und 25 freie Gag-Lieferanten für den *Stand-up*-Part zu Beginn der Sendung, die pro akzeptiertem *one-Liner* 175 D-Mark überwiesen bekamen – sank auf cirka die Hälfte. Der abschließende Talk-Teil, der anfangs mit bis zu drei Gästen, darunter teils internationale Stars wie Will Smith oder Alain Delon, besetzt worden war, erfuhr eine massive Kürzung.

Eine weitere Zäsur verband sich mit den Terroranschlägen vom 11. September 2001. In den ersten 14 Tagen nach den Ereignissen pausierte Schmidt, um mit einer – später preisgekrönten – Sendung zurückzukehren, in der er das Medienecho und pathetische Politikerphrasen brillant persiflierte. Nicht nur die TV-Kritik, auch Harald Schmidt selbst betrachtete diese Ausgabe seiner Show als Wendepunkt: »(…) ich würde sagen, mit dieser Sendung sind wir erwachsen geworden.« Auf die Bemerkung, er sei an diesem Abend »ja ziemlich gradlinig und offensiv mit dem Thema umgegangen«, erwiderte Schmidt: »In den zwei Wochen hat sich herauskristallisiert, dass das für uns der einzige Weg ist, weil wir ja eigentlich immer Stellung beziehen. Man kann nicht immer nur Naddel und Bohlen machen, und wenn's dann wirklich mal drauf ankommt, mogelt man sich herum. Zudem interessiert mich das Thema wirklich und die Akzeptanz bei den Zuschauern hat ja gezeigt, dass wir damit richtig gelegen haben.«[56] Schmidt konstatierte überdies ein verändertes Interesse auf Seiten des Publikums: »Generell profitieren wir davon, dass die Politik für einen Großteil der Zuschauer wieder sehr viel spannender geworden ist und auch mich persönlich wieder ganz stark interessiert, nachdem ich damals beim politischen Kabarett eigentlich mit der Politik abgeschlossen hatte.«[57]

Nach diesen Veränderungen konzentrierte sich das Geschehen stärker auf Harald Schmidt und dessen Aktionen im Studio, die ihm, zum Teil im Dialog mit dem nun in der Kulisse anwesenden Redaktionsleiter Manuel Andrack oder auch mit Bandleader Helmut Zerlett, viel Raum für Extempores ließen, in denen Satire, Nonsens, Parodie und andere humoristische Spielarten zusammenflossen. Es traf ein, was Harald Schmidt 1998 geweissagt hatte: »Ich glaube, daß wir immer selbstverständlicher werden, ein ganz normaler Bestandteil des Fernsehens. Wir sind einfach da wie die Tagesschau.«[58]

Umso größer die Überraschung, als Schmidt am 8. Dezember 2003 nach einem Wechsel in der Leitung des Senders verlautbarte, seinen Vertrag bei Sat.1 nicht verlängern und eine »Kreativpause« einlegen zu wollen.[59] Das nachfolgende Presseecho lässt erkennen, dass Harald Schmidt zu einer den Meinungsmarkt beherrschenden Größe geworden war – wohl allenfalls dem unerwarteten Rücktritt eines amtierenden Bundeskanzlers wären auf den Zeitungsseiten mehr Zeilen eingeräumt worden.

Die Abschiedsworte der ›Süddeutschen Zeitung‹ lieferte Roger Willemsen: »Vorbei die bösen Stand-ups, Sketche, Einspielfilme, Kulturbeiträge, die showinternen Serien, die Vernichtungsfeldzüge. In den Zyklen der Sendung gesprochen muss man sagen: Zu lange schon hielten sich statt dessen die Spieleabende mit Publikumsbeteiligung, jene letzte Ekstase des größten Schmidt-Witzes, ›Verschleuderung von Sendezeit‹ genannt. Es lag zuletzt etwas Ambitionsloses über der Show, den running gags ging der Atem aus, er wusste es, die Erneuerung war überfällig.«[60]

Die triftigsten und zugleich abschließenden Worte fand der Chronist Dietrich Leder in seinem Rückblick auf das Fernsehjahr 2003: »Soviel beredte Trauer und seitenlange Sprachlosigkeit war nie. Als wären Thomas Bernhard, Heiner Müller, Bernhard Minetti und John Lennon an einem Tag gestorben. Für das Feuilleton bedeutete Schmidt die Versöhnung mit dem ungeliebten Trivialmedium Fernsehen. Von nun an wird es sich mit dem Fernsehen selbst beschäftigen müssen.«[61]

Zwischenbild

Im deutschen Unterhaltungsfernsehen waren einzelne Elemente der Subkategorie Late-Night-Show, einem kurzen Aufflackern gleich, bereits verschiedentlich vertreten gewesen. Doch erst ›Gottschalk täglich‹ brachte den US-amerikanischer Programmpraxis entsprechenden werktäglichen Turnus und damit die Möglichkeit zum habituellen Konsum, mit dem zwangsläufig eine Veränderung der Wahrnehmung einhergeht: sowie die Reihe zu einer Alltäglichkeit geworden ist, verliert die einzelne Sendung den für die große Abend-Show typischen Ereignischarakter. Dies bedeutet für den Produzenten und den ausstrahlenden Sender eine Entlastung, weil die einzelne Ausgabe auch mal schwächer ausfallen darf, ohne dass gleich eine negative Resonanz existenzbedrohenden Grades befürchtet werden muss. Inhaltlich ergibt sich Gelegenheit zur Pflege gewisser Rituale – in der ›Harald Schmidt Show‹ beispielsweise der ostentativ zelebrierte Griff zum ›deutschen Wasser‹, die Auftritte des Briefboten ›Letter-Man‹ oder die Phrase vom Tau, den der Gastgeber frühmorgens von den Wiesen gesammelt haben wollte. Die Komik dieser wiederkehrenden Praktiken und Wortgefüge bleibt dem Gelegenheitszuschauer verschlossen; sie richten sich an die engere Fangemeinde, verschaffen ihr einen Wissensvorsprung und verlocken mit dieser besonderen Gratifikation dazu, der Reihe über flaue Phasen hinweg die Treue zu halten.

Die Gestaltungs- und Herstellungsprinzipien US-amerikanischer Late-Night-Shows fanden schnell weitere Verbreitung mit dem langfristigen Ergebnis, dass die deutsche Zuschauerschaft mittlerweile entsprechende Gattungszusammenhänge erkennt. Der Norddeutsche Rundfunk zeigte ab 17. September 1994 in seinem Regionalprogramm zeitweilig wöchentlich die ›Götz-Alsmann-Show‹, die vom Schreibtisch vor Großstadtsilhouette bis zur Live-Band die typischen Merkmale einer Late-Night-Show aufwies. Gastgeber Alsmann plauderte jeweils zwanglos mit mehreren Gästen und trat insbesondere als musikalischer Entertainer in Erscheinung, wobei er einschlägig vorbelastete Gäste, wie beispielsweise in der Sendung vom 25. März 1997 den Filmkomponisten Peter Thomas, nach Möglichkeit mit einbezog. Im selben Jahr versuchte sich bei Sat.1 dessen Sportchef Reinhold Beckmann mit der freitäglichen Reihe ›No Sports‹ als Late-Night-Moderator und ließ sich Comedy-Elemente von Stefan Raab zuliefern, der seinerseits ab 1999 mit ›TV total‹ zunächst ein Mal pro Woche, ab 2001 an vier Abenden auf Sendung ging und das Late-Night-Konzept über die Jahre mit großer Einsatzfreude – nicht zuletzt dank seiner Fähigkeiten als Musiker – um eine Fülle eigenständiger Einfälle bereicherte. Manches wurde – in Umkehrung des üblichen Ideenverkehrs – bereits im Ausland kopiert, so beim türkischen RTL-Ableger Kanal D, wie ›TV total‹-Produzent Jörg Grabosch erfahren musste: »Die haben einen fahrenden Schreibtisch, die drücken da ihre Nippel-Boards, die haben bis hin zur Dekoration alles nachgeahmt. Wir waren schon selbst dort zu Gast, und die waren ganz stolz und haben gesagt: Guckt mal hier, das haben wir auch. Das haben wir bei euch geklaut.«[62]

Insgesamt betrachtet erwies sich das Prinzip einer täglichen, spätabendlichen Unterhaltungssendung im deutschen Fernsehen nach holprigen Anfängen langfristig als praktikabel, sei es in der humoristischen Variante der ›Harald Schmidt Show‹ oder in der boulevardesk-journalistischen Art der ›Johannes B. Kerner‹-Show (ZDF), die 1998 als wöchentliche Sendereihe begann und ab 2002 an vier aufeinander folgenden Werktagen ausgestrahlt wurde.

Wenngleich der Umfang des hiesigen Late-Night-Angebots nicht annähernd US-amerikanische Verhältnisse erreicht, so hat sich die Sparte doch eingebürgert und zeigt sogar eine gewisse Ausdifferenzierung, wie sich an einer eigenen Late-Night-Kategorie beim Deutschen Fernsehpreis, aber auch der Existenz einer Reihe wie ›Grünwald Freitagscomedy‹ (seit 2003) ermessen lässt, einer regionalen, durch Mundart und Themenwahl ganz auf das Publikum des Bayerischen Rundfunks zugeschnittenen, als ›Spät-Nachts-Show‹[63] annoncierten Talk- und Comedy-Reihe mit dem auch als Sketch-Komiker hervorgetretenen Moderator Günter Grünwald. Ohne Fortüne blieb hingegen Sat.1 im Jahr 2008 mit dem Versuch, mit der aus dem Digitalkanal Sat.1 Comedy übernommenen, am Freitagabend ausgestrahlten ›Niels Ruf Show‹ an glorreichere Zeiten anzuknüpfen. Auch eine Verschiebung auf einen mitternächtlichen Sendeplatz am Samstagabend konnte die vorzeitige Einstellung der Reihe nicht abwenden.

Unruhige Kaffeekränzchen – Die Nachmittagssendungen

Aufwertung einer Randzone – ›Talk täglich‹

In der rückblickenden Wahrnehmung wird die Einführung werktäglicher Talkshows zumeist den kommerziellen Rundfunkanbietern zugeschrieben, doch gilt dies allenfalls für eine gewisse Ausprägung dieser Programmsparte. Im September 1989 bereits hatte in der ARD mit der dreimal pro Woche ausgestrahlten Reihe ›Talk täglich – der Termin in Berlin‹ (später nur noch ›Talk täglich‹) eine Art Vorform der Nachmittags-Talkshow Premiere. Die Programmatik der Redaktion lautete: »Wir definieren uns als Gesprächssendung mit breitem Themenspektrum, d.h., es gibt Gespräche ›zur Person‹ mit einem prominenten oder unbekannten Gast, aber genauso auch themenbezogene Sendungen zu einem Thema mit im Regelfall zwei bis drei Gästen. Wir wollen informativ, aber nicht verkniffen sein und unsere Gäste erhalten Zeit zum Zuhören und zum Ausreden. Also kein ›Durchhecheln‹ von Themen, kein Durchlauferhitzer von ›Talkshow-Touristen‹, die überall zu sehen sind.

Wir unterscheiden drei Kategorien:
kontroverse Themen (dienstags)
bekannte/unbekannte Personen (mittwochs)
Service Sendungen zu psychosozialen Themen.«[64]

Ein zeitgenössischer Kritiker protokollierte: »›Talk täglich‹ heißt das Kind, das Moderatorin Martina Regel vorerst bis zum 19. Oktober behutsam am Händchen hält und das frohgemut über all das plappert, was die Hausfrau interessieren könnte. Die Beimers aus der ›Lindenstraße‹ werden also eingeladen und über Identitätsverlust und Liebe befragt, Annette Lang, das Mädchen, das Gorbatschow küsste, darf nervös Rede und Antwort stehen, das Gesicht des Jahres wird nebst Vertrag vorgestellt, ein Kontakt-Anzeigen-Dozent der Kölner Volkshochschule darf aus dem Nähkästchen plaudern, auch ein ›Säzzer‹ [sic!] der ›Taz‹ darf mal was sagen. Dann sind wieder die Frauen gefragt, die Torfrau der Deutschen Fußballnationalmannschaft etwa oder Andrea Kiss, die eine Partnervermittlung für Dicke leitet. Wenn Eigenwerbung für die ARD abfällt, um so besser.«[65]

Aus Zuschauerwarte unterschied sich diese Reihe, die aus Raumnot auf ein Studiopublikum verzichten musste, mit ihrer additiven Anordnung der Gespräche, den zur inhaltlichen Vertiefung gelegentlich eingesetzten Einspielfilmen[66] und der bunten Themenauswahl noch nicht wesentlich von Magazinen wie der ›Drehscheibe‹ (ZDF) oder den Landesmagazinen in den Regionalprogrammen der ARD, wo die Sendung auch ihren Ursprung hatte. Symptomatisch das Verdikt des Kritikers Hans Messias, der ›Talk täglich‹ als »Frauenillustrierte des elektronischen Zeitalters«[67] gering schätzte. Dennoch war die Neuerung von einiger Relevanz, weil der bislang eher vernachlässigten Programmzone am frühen Nachmittag nunmehr mit einem auf Aktualität bauenden Reihenkonzept eine deutliche Aufwertung zugemessen wurde. Ein Vorgriff auf die Zukunft, denn mittlerweile gehören nachmittägliche Magazinsendungen mit hohem Talk-Anteil bei kommerziellen Sendern und mehr noch in den regionalen Programmen der ARD-Landesanstalten zum Standardangebot. Die fraglichen Sendungen tragen Titel wie ›Familienzeit‹ und ›Wir in Bayern‹ (BR), ›Kaffee oder Tee?‹ (SWR/SR), ›daheim & unterwegs‹ (WDR), ›Mein Nachmittag‹ (NDR), ›Dabei ab zwei‹ und ›Hier ab vier‹ (MDR).

›Hans Meiser‹ und die ›Talk-Familie‹

Wie beschrieben, wies ›Talk täglich‹ kaum Übereinstimmungen auf mit dem, was später als ›Nachmittags-Talkshow‹ bekannt, berüchtigt und vielstimmig beredet werden sollte. Anders verhält es sich mit ›Hans Meiser‹. Mit dieser Reihe begann am 14. September 1992 um 16.00 Uhr die Ära der Nachmittags-Talkshows, deren Redaktionen und Regisseure sich eng an US-amerikanischen Mustern orientierten. Dies gilt bereits bei ›Hans Meiser‹, sowohl hinsichtlich der Fabrikation wie auch für die Themenwahl und das optische Erscheinungsbild der Sendung. Nach Auskunft Meisers hatten ihm der damalige RTL-Geschäftsführer Helmut Thoma und Programmdirektor Marc Conrad explizit die US-Kollegin Oprah Winfrey als Vorbild anbefohlen.[68]

Mit Meiser wurde als Moderator dieser ersten *daytime talkshow* ein langjähriger RTL-Mitarbeiter eingesetzt, der dem Publikum bereits als Journalist und als Gesicht der Hauptabendnachrichten bekannt war, dem TV-Konsumenten also Seriosität signalisierte. Eine zum Sendestart lancierte Pressemitteilung betonte ebenfalls die Ernsthaftigkeit des Unternehmens: »Pöbeln, Schreien, Verletzen – das gibt es bei ›Hans Meiser‹ nicht. Erwünscht ist eine faire Streitkultur. Zu Themen, mit denen jeder jederzeit konfrontiert werden kann. ›Hans Meiser‹ redet über: Wohnungsnot, Partnersuche, Schulden, über Wunderkinder, Spielsucht, Diäten, und, und, und …«[69]

Seine langjährige Bildschirmpräsenz und die entsprechende Lebenserfahrung erlaubten Meiser ein beinah ›väterliches‹, von Neugier und Nachsicht bestimmtes Auftreten. In seiner 1000. Sendung brachte er seine Haltung wie folgt zum Ausdruck: »Ich bin ein Fan der Toleranz. Wenn sie mir entgegengebracht wird, bin ich auch bereit, sie anderen entgegenzubringen. Und ich sage ganz einfach: Kinder, lasst mich so leben, wie ich bin, und ich lass euch so leben, wie ihr seid …«[70]

Meiser gab sich jovial und leutselig, oft auch selbstironisch, er bediente sich einer einfachen, volksnahen Sprache und definierte seine Autorität über einen paternalistischen Habitus, ablesbar an seiner Gewohnheit, Gäste und auch Redaktionskollegen wie im obigen Zitat ohne herabsetzenden Beiklang als ›Kinder‹ anzusprechen. In seiner 1000. Sendung trat er zu Beginn bezeichnenderweise in der Uniform eines Zirkusdirektors auf – er erfüllte eine vergleichbare Rolle, war zugleich Ansprechpartner, Vermittler, Fürsprecher und Advokat benachteiligter Personen, aber auch Herr der Manege und damit die Instanz, der das letzte Wort gehört.

Mit Meisers Sendereihe gelangten unter anderem erstmals Tabu- und Randthemen in das Nachmittagsprogramm. Mitunter wirkte seine Sendung diskursstiftend. Sie besaß *agenda setting*-Funktion beispielsweise beim Thema Sadomasochismus, das daraufhin regelrecht Medienkarriere machte und unter anderem von Alfred Biolek in seiner Sendung ›Boulevard Bio‹ verhandelt wurde.[71] Im Verlauf der täglichen Routine gab es auch bei Meiser heftige Streitgespräche; nicht immer vermochte er in der Schlichterrolle zu überzeugen. Über die Jahre unterlag die Themenauswahl unterschiedlichen Konjunkturen, wobei mitunter Wechselwirkungen zu verzeichnen waren, wenn beispielsweise inhaltlich auf Mitbewerber reagiert wurde, die mit jugendorientierten oder auch extremen Themen, einer schmissigeren Aufmachung und grellen Auftritten bei entsprechender Besetzung des Moderatorenpostens Erfolge bei jüngeren Publikumsschichten erzielten. Im Rückblick bedauerte Meiser im Jahr 2000, »dass auch ich mich von diesem Trend ›immer schneller, immer krasser, immer schräger‹ hab mitziehen lassen. Und dass uns das furchtbar viel Reputation gekostet hat, darüber müssen wir auch nicht sprechen.«[72]

Als Reaktion auf die von Meiser angedeutete öffentliche Kritik wurde im Jahr 2000 eine Revision der Themengestaltung annonciert, anstelle verbaler Konfrontation sollten wieder verstärkt journalistische Tugenden gepflegt werden. Die Rückbesinnung auf den Ansatz der Anfangsjahre vermochte die Sendung nicht zu retten, im Folgejahr wurde sie eingestellt und am 19. März 2001 durch das Quizformat ›Der Schwächste fliegt‹ ersetzt. Als Moderatorin des kurzlebigen Frage-und-Antwort-Spiels fungierte Sonja Zietlow, die ihrerseits zuvor die ihren Namen tragende werktägliche Talksendung im Nachmittagsprogramm von Sat.1 aufgegeben hatte.

Ein journalistisches Konzept verfolgte von vornherein die frühere ZDF-Mitarbeiterin Ilona Christen, die am 13. September 1993 mit einer nach ihr benannten Talkshow Premiere hatte. In der Pressearbeit von RTL wurde die Berufserfahrung der damals 42-Jährigen als »Reporterin und Hörfunkjournalistin«[73] besonders herausgestellt. Christen leitete die Redaktion ihrer Sendung selbst und bestimmte wesentlich über deren Themen. Ihre Vorgabe an ihre 25 Mitarbeiter lautete: »Keine Prominenten. Nur in ganz besonderen Fällen werden Ausnahmen gemacht, wenn z. B. ein Promi zu einem Thema als Mensch – nicht als berühmte Persönlichkeit – etwas sagen kann. Wir wollen eine Sendung mit Menschen machen, die wir zum Nachbarn haben, die wir beim Fleischer treffen oder in der U-Bahn.«[74]

Mit den nachfolgend installierten Nachmittags-Talkshows zeichnete sich bereits die Diversifizierung des Subgenres ab. ›Fliege‹ in der ARD (mit Jürgen Fliege, Start: 28. Februar 1994) und ›Arabella‹ (mit Arabella Kiesbauer, Start: 06. Juni 1994, ProSieben) zielten auf gänzlich unterschiedliche Zuschauergruppen. Nicht in jedem Fall gelang die ›Familienbildung‹ nach RTL-Vorbild – die am 5. April 1994, also noch vor ›Arabella‹, eingesetzte ProSieben-Talkshow ›Lindenau‹ mit Michael Lindenau (Sendezeit war 15.00 Uhr) blieb sogar bei der zeitgenössischen Kritik beinahe unbemerkt oder doch zumindest weitgehend unberücksichtigt. In einer inhaltlichen Analyse diverser Unterhaltungssendungen aus dem Jahr 1995 wird zu ›Lindenau‹ vermerkt: »In den drei Ausgaben der Gesprächs-Show ›Lindenau‹ auf Pro 7 werden die Themen Familie und Partnerschaft (54 %) sowie aktuelle Mode- und Jugendströmungen behandelt.«[75] An anderer Stelle nehmen die Autoren nochmals Bezug auf die eher durch Interviews als durch verbalen Austausch geprägte ProSieben-Reihe: »Heikle Themen werden relativ selten behandelt, am ehesten noch in den Gesprächs-Shows der ARD und bei ›Lindenau‹ (Pro 7)« (Hervorhebungen im Original).[76]

›Lindenau‹ musste im Juni 1994 der ohnehin für diesen Sendeplatz eingeplanten, wegen einer Erkrankung der Moderatorin – sie litt an einer vorübergehenden Stimmbandlähmung – verzögert gestarteten Reihe ›Arabella‹ weichen,[77] fand kurzzeitig noch im Morgenprogramm um 9.00 Uhr statt, vermochte aber auch dort kein Publikum zu binden.

Als ungleich erfolgreicher erwies sich ›Arabella‹ mit der von deutsch-ghanaischen Eltern abstammenden, gebürtigen Wienerin Arabella Kiesbauer, die im Österreichischen Rundfunk debütiert hatte und über den Dreiländersender 3sat auch dem deutschen Publikum bekannt geworden war. Die dunkelhäutige Moderatorin, Jahrgang 1969, bekam bei ProSieben nach ihrer anfänglichen Tätigkeit als Ansagerin eine eigene Talkshow übertragen. Sendestart war am 6. Juni 1994. »Während auf anderen Kanälen gediegene Damen und Herren sich mit ihren Gästen austauschten, wollten die Programmverantwortlichen von ProSieben mit einer jungen, frechen Moderatorin kontern. Eine Daily-Talkshow für Junge und Junggebliebene – die Idee zu ›Arabella‹ war geboren.«[78]

Im Februar 1996 übernahm Kiesbauer zusätzlich noch die bereits im Folgejahr wieder abgesetzte Abendsendung ›Arabella night‹. Beide Formate zielten auf ein jugendliches Publikum, das mit einer quirligen, im Sturm-und-Drang-Modus auftretenden Moderatorin und einer entsprechenden Themenwahl gewonnen werden sollte: »Die Gäste sitzen nicht auf Stühlen, sondern stehen an Tischen. In der Regel werden Gäste mit verschiedenen Standpunkten eingeladen, was nicht selten durch die Stehordnung deutlich wird. Überraschungsgäste, die vorher nicht wissen, warum sie in die Sendung kommen, bilden bei Arabella nicht die Ausnahme.«[79]

Kiesbauer reflektierte äußere Vorgaben und Erwartungen 1997

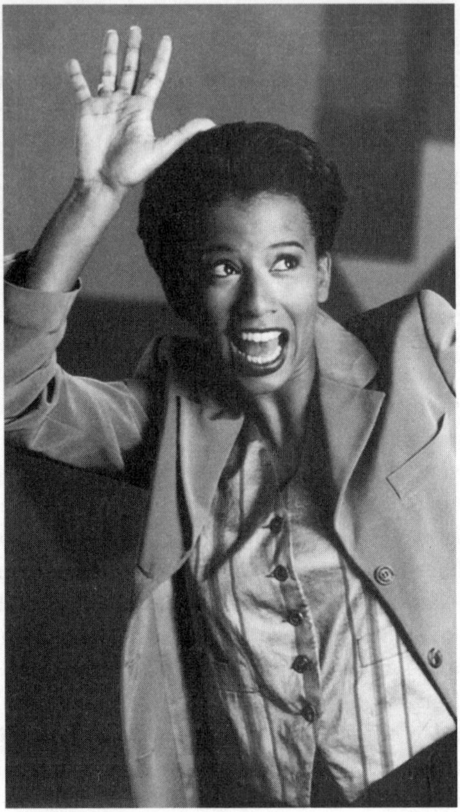

Abb. 13: Der Charme des Oberflächenreizes: Mit der Österreicherin Arabella Kiesbauer verbinden sich Juvenilisierung und Seriositätsverlust der täglichen Nachmittags-Talkshows.

in einem Buchbeitrag wie folgt: »Meine beiden Talkshows werden ›die jungen Talkshows‹ genannt. Von den Medien, von Pro 7, von mittlerweile allen, die darüber reden. ›Jung‹ ist mein Image, stelle ich fest. Meine Redaktion und ich als Moderatorin müssen diese Erwartungen kontinuierlich und auf längere Zeit erfüllen.«[80] Kiesbauer deutet an, dass innerhalb dieses Geflechts wirksamer Ansprüche eigene Vorstellungen nicht ohne Kompromisse zu realisieren waren: »Reden bedeutet für mich, mit Menschen zu leben, nicht gegen sie und nicht für sie, sondern *mit* ihnen. Dazu gehört die ständige Auseinandersetzung, diese Reibung mit meiner Redaktion, dem Publikum und mit den Medien, auch mit Kritikern.«[81]

Ungeachtet erster Misserfolge wurden unverdrossen weitere Talk-Reihen ins Programm aufgenommen, die konzeptionell insofern übereinstimmten, als die Programmgestalter über die individuelle Erscheinung des Moderators oder der Moderatorin und die besondere Auswahl und vor allem Darbietung der Themen jeweils ein spezifisches Publikumssegment anzusprechen hofften. ›Arabella‹ beispielsweise war in dieser programmgeschichtlichen Phase die erste eindeutig jugendorientierte Talkshow und als solche mit Marktanteilen von bis zu 23 Prozent bei der Zielgruppe der 14- bis 49-Jährigen eminent erfolgreich.[82] Eine Pressemitteilung aus dem Jahr 2000 enthält eine Hitliste der ›Arabella‹-Themen seit 1998 auf Quotenbasis: »›Hilfe, alle glotzen mich an‹ (10.7.1998, 37,3 % MA), ›Heute verändert sich Dein Leben und Du weißt nichts davon‹ (17.3.1999, 34,2 % MA), ›Die 1000. Sendung‹ (13.11.1998, 33,5 % MA), ›Es reicht! Warum gafft Ihr mich so an?‹ (18.02.1999, 30,9 % MA), ›Best of Arabella 98‹ (16.12.1998, 30,5 % MA), ›Arabella schickt Dich in den April‹ (1.4.1999, 29,7 % MA), ›Noch sehe ich besser aus, aber aus Dir lässt sich was machen‹ (17.7.2000, 28,1 % MA), ›Heute schocke ich meine Verwandten, denn sie haben es nicht besser verdient‹ (15.6.2000, 27,2 % MA), ›Meine Schwester lebt im Big-Brother-Haus‹ (9.6.2000, 26,3 % MA).«[83]

RTL beantwortete die Herausforderung mit der im Vergleich zu Meiser und Christen deutlich jüngeren Bärbel Schäfer und der ihren Namen tragenden Sendereihe (ab 04. September 1995). Auf die Frage: »Was denken Sie, ist anders an Ihrer Talkshow, im Gegensatz zu anderen Talkshow-Sendungen?«, beschied die ›Bärbel Schäfer‹-Redaktion in einem Pressetext: »Spontan, nicht vorhersehbar, mit Witz und Ironie«.[84]

Somit entstand auf der Nachmittagsschiene ein umfassendes Angebot, dessen Einzelbeiträge demselben Genre angehörten und dennoch unterschiedlichen Ansprüchen genügen sollten: »Meiser figuriert als Vater der RTL-Talkfamilie mit Christen als Mutter und Schäfer als ungezogener Tochter.«[85] Auf diese Weise konnte es gelingen, ein allgemein an Talkshows interessiertes Publikum an eine längere Sendestrecke zu binden und zugleich genauer definierte Altersgruppen anzusprechen. Für die Werbewirtschaft ergab sich daraus der Vorteil, ihre Buchungen auf die demographische Zusammensetzung der Zuschauerschaft abstimmen zu können.

Diese ›Familienstruktur‹ fand sich wenig später auch bei anderen Sendern, erwies sich aber nicht in jedem Fall als Patentrezept. Vergleichbare Bemühungen der ARD beispielsweise blieben ohne Fortüne. Mit Beginn des Jahres 1996 hatte das Erste Deutsche Fernsehen eine um 14.03 Uhr beginnende ›Talk-Strecke‹, bestehend aus der sogenannten ›Kontaktshow‹[86] ›Rehmsen‹ plus ›Juliane & Andrea‹ (15.03 Uhr, Untertitel: ›Talk und Ratgeber‹) und ›Fliege‹, eingerichtet. ›Juliane & Andrea‹ wurde montags bis donnerstags aus einem Dresdner Studio des MDR gesendet und sollte die Zuschauer mit einer Mischung aus einer »Prise Lebenshilfe, ein wenig Klatsch, Gespräche über Partnerschaft, Familie, Gesundheit, Beruf, Alltag«[87] überzeugen.

Das ARD-Jahrbuch 1997 registrierte das Scheitern dieser Maßnahme: »Diese Konzentration auf Gesprächssendungen am Nachmittag findet beim Publikum nicht den erhofften Zuspruch.«[88] Als Reaktion darauf wurde am 25. Juni 1996 eine radikale Programmänderung beschlossen: »Ab 19.8. laufen anstelle von ›Rehmsen‹ Unterhaltungsserien, und ab Herbst bietet Das Erste auf dem Sendeplatz von ›Juliane und Andrea‹ Spielfilme für die Familie.«[89]

Die von dem evangelischen Priester Jürgen Fliege geleitete Talk-Reihe ›Fliege‹ konnte sich dagegen langfristig etablieren. Wenig bekannt ist, dass das Konzept dieser Sendung ursprünglich in Zusammenarbeit mit dem Privatsender RTL II entwickelt worden war, dort aber in letzter Konsequenz verworfen wurde. Der damalige Programmdirektor von RTL II, Harry Goering, erläuterte 1997 im Zuge einer Podiumsdiskussion: »Gerade auch Fliege als Moderator hätte weniger – obwohl ich ihn sehr schätze – zu RTL 2 gepasst, passt dafür aber hundertprozentig zu den Öffentlich-Rechtlichen. Von daher war die Entscheidung sowohl von RTL 2 als auch von der ARD richtig.«[90]

Kurz nach dem Jahrtausendwechsel verloren nachmittägliche

Talk-Sendungen in dem Maße an Publikum, wie die improvisierten Laienspiele der jüngsten Gerichts- und Kriminalshows an Zuspruch gewannen. Nach einigen Versuchen in Richtung Talentshow und der Integration der anfangs als dokumentarisch ausgegebenen, aber rasch als gestellt entlarvten halbstündigen Erzählserie ›Die Abschlussklasse‹[91] im März 2003 verabschiedete sich wie zuvor schon ›Ilona Christen‹, ›Hans Meiser‹ und andere, auch ›Kiesbauer‹, vom Bildschirm. Am 4. Juni 2004 endete die Reihe. In einem aus diesem Anlass geführten Gespräch zog Kiesbauer eine Bilanz ihrer zehnjährigen Tätigkeit und setzte sich darin von inszenierten Gesprächssendungen ab, an denen sie zuvor schon öffentlich mehrfach Kritik geübt hatte: »Wir waren (…) auch ein Ventil, ja. (…) Viele Gäste haben spontan gemacht, was sie wollten, und ich habe das auch zugelassen. Es war eine Art antiautoritäres Fernsehen, und das hat die Sache auch für mich immer wieder spannend gemacht. Natürlich hatten auch wir immer ein Konzept, eine Dramaturgie. Aber was wir den Zuschauern nicht liefern wollten, waren nach Drehbuch minutiös geplante dramaturgische Höhepunkte.«[92]

Kalkulierte Inszenierungen und Showcharakter

Die im vorangegangenen Kapitel genannten Nachmittags-Talkshows und gleichgeartete Nachfolger haben gemeinsam, dass ihre Moderatorinnen und Moderatoren als eine Art ›Aushängeschild‹ dienen. Sendereihe und Gesprächsleiter sollen als Einheit wahrgenommen werden; es wird der Anschein erweckt, als stünden die Namensgeber Hilfesuchenden persönlich zur Verfügung. Mitunter werden ihre Namen zusätzlich in den Themenankündigungen zitiert, wenn es beispielsweise heißt: »Britt, bitte zahle den Vaterschaftstest! Ich bin nicht der Papa.«[93]

In den Inszenierungen dieser Talkshows nehmen die Moderatoren eine festgelegte Rolle ein, ihre Bildschirm-Persona, die je nach Sendereihe differieren kann. Es gibt den kumpeligen Typ, die verständnisvolle große Schwester, die lebenserfahrene Freundin. Bisweilen wird der Habitus der Moderatorinnen und Moderatoren vom jeweiligen Thema beeinflusst, weshalb erst nach Sichtung einer längeren Sendestrecke erkennbar wird, welche Typizität der oder die Betreffende ›zu Markte trägt‹.

Eine solche Außendarstellung kaschiert, dass Talkshows dieses Typs hochgradig arbeitsteilig erstellt werden. Es ist übliche Praxis, pro Tag gleich mehrere Sendungen aufzuzeichnen. Vorab-Interviews der Redaktion, Absprachen und nach dramaturgischen Prinzipien gelenkte Auftritte machen die Abläufe bis hin zu Binnenspannungshöhepunkten vor den Werbeunterbrechungen lenkbar. In diesem präzis abgesteckten Rahmen bleibt wenig Raum für Individualität und gründliche Erörterungen, zumal die in sich bereits ausgesprochen kurzatmigen Segmente in dichter Folge ablaufen, um dem typischen Sehverhalten zu dieser Tageszeit zu entsprechen: »Wir haben 46 Minuten netto Sendezeit (…) und da müssen wir ein kleines Mosaiksteinchen einer großen Lebensgeschichte rausnehmen und können *darüber* sprechen.«[94]

Auch die ARD versuchte sich an dieser Form und begegnete 1994 der privaten Konkurrenz auf dem 15.00-Uhr-Termin mit ›Schmidbauer‹. Werner Schmidbauer hatte sich zuvor im Dritten Programm des Bayerischen Rundfunks als Moderator bei ›Live aus dem Schlachthof‹ respektive ›Live aus dem Alabama‹ einen guten Ruf erworben, der ihm nun aber verloren zu gehen drohte: »Das einzige, wodurch sich ›Schmidbauer‹ von ähnlichen Veranstaltungen positiv unterscheidet, ist die Person des Moderators. Natürlich wirkt sich das auch darauf aus, was in einer Sendung rüberkommt. Wer das Thema ›sexueller Mißbrauch‹ allerdings so verkauft, als breche er damit endlich ein gesellschaftliches Tabu und denke nicht im geringsten an die Einschaltquoten, der macht sich lächerlich. Leider hat sich Schmidbauer vor diesen Karren spannen lassen. Bei ihm ist man fast gewillt zu glauben, er hätte es nicht gemerkt. Aber irgendwann gilt das nicht mehr.«[95]

Im Weiteren suchten sich die Anbieter von Nachmittags-Talkshows, wie zuvor und teilweise parallel in den USA, durch immer groteskere Angebote und Themen am Rande der rechtlichen Zulässigkeit – Stichwort Jugendschutz – zu übertrumpfen. Hatte die Nachmittags-Talkshow zunächst durchaus problemorientierte Gespräche geboten, erwartete den Zuschauer nun zumeist ein Jahrmarkt der Extravaganzen mit einer Menagerie schillernder Gäste, die eine vorbestimmte Rolle in einer auf Konfrontation angelegten, durch und durch künstlichen Inszenierung erfüllten – und die ihr eigenes Anliegen oft ebensowenig ernst nahmen wie große Teile des Publikums. Manch schamvolles Bekenntnis erwies sich als pure Münchhausiade gewitzter Selbstdarsteller, schlau maßgeschneidert in Reaktion auf entsprechende Ausschreibungen der zuständigen Casting-Agenturen, die Anzeigen schalten oder einschlägig spezialisierte *Headhunter* auf der Straße und in Kneipen nach geeigneten Kandidaten fahnden lassen, welche sie dann ihren Karteien eingliedern und nach Bedarf vermitteln.[96]

Der Zuschauerschaft konnte der Show-Charakter des Gebotenen über kurz oder lang nicht verborgen bleiben. Diese Entwicklung führte gleichermaßen zu Abnutzungserscheinungen auf Seiten der Macher. Jörg Pilawa, der 1998 bei Sat.1 Johannes B. Kerner als Gastgeber einer nachmittäglichen Talkshow abgelöst hatte, wechselte seinerseits am 4. Juli 2000 ins Vorabendprogramm, um eine Quizshow zu moderieren. Im Zuge eines aus diesem Anlass

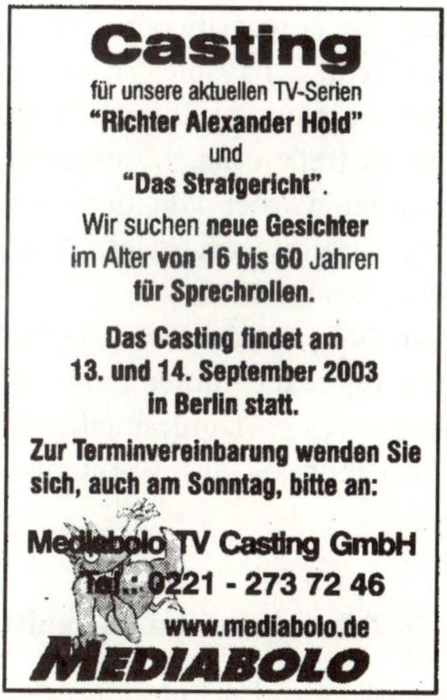

Abb. 14: In Zeiten täglicher Gerichtsshows sind Künstlervermittlungen – vulgo: Casting-Agenturen – auch an Laien interessiert: Anzeige vom 6. September 2003 in der links orientierten Berliner ›tageszeitung‹.

geführten Interviews zog er das Resümee: »Ich habe ungefähr 600 Sendungen gemacht und eigentlich alles gehört. Ich glaube, es ist auch alles gesagt worden. Ich könnte nicht nochmal 600 Sendungen machen. Das sage ich ganz ehrlich. Es gibt viele Kollegen, die bringen es auf bis zu 2000 Sendungen. Ich glaube, dass mit der Zeit meine Neugier und auch der Spaß verloren gegangen wären.«[97]

Überdruss gab es nicht nur auf Seiten der Fernsehschaffenden, sondern auch beim Publikum. Die vorangegangene Entwicklung führte zwangsläufig zu Glaubwürdigkeits- und damit zu den aus Sicht der Veranstalter weitaus schmerzhafteren Zuschauerverlusten, insbesondere, weil die vom Publikum erwartete Orientierungsfunktion von den Redaktionen zusehends vernachlässigt worden war.[98]

Eine Trendwende deutete sich 1999 an, als die am 4. März neu eingeführte ProSieben-Talkshow ›Nicole‹ im Untertitel eine ›Entscheidung am Nachmittag‹ versprach, also nicht mehr allein den Aufriss eines Problems, sondern dessen Lösung. Seit dem 18. Oktober 2001 wurden die aufgegriffenen Fälle in eine dramatische Form gekleidet und von Schauspielern dargeboten: »Dabei läuft die Diskussion darauf hinaus, dass eine(r) der Beteiligten am Ende eine Entscheidung zu treffen hat. Lösungsmöglichkeiten aus der Krisensituation werden vorher von der im Studio anwesenden Therapeutin Margit Haupt aufgezeigt. Anschließend wird die nächste Geschichte präsentiert.«[99]

Mit dieser Umstellung auf das Format einer ›fiktionalen Talkshow‹ – so der Sprachgebrauch unter anderem bei der ›Dokumentationsstelle Talkshows‹ der Landesmedienanstalten – erreichte ›Nicole‹ 2001 eine Erhöhung des Marktanteils von zirka 11 auf rund 15 Prozent.

Schnellurteile – Gerichtsshows am Nachmittag

Augenscheinlich verlangte das Publikum der Talkshow in ihrer Ausprägung als performatives Realitätsfernsehen nunmehr nach einer ordnenden, gewissermaßen autoritären Figur, wie es sie zur Zeit der US-amerikanischen Anfänge bereits gegeben hatte. Diese

Instanz fand sich in den ab 1999 aufkommenden Gerichtsshows. Dort trugen, wie in den Konfrontations-Talkshows, gegnerische Parteien ihre Streitfälle vor, die hier jedoch abschließend von berufsmäßigen, in den Augen des Publikums also mit Amt und Kompetenz ausgestatteten Richtern entschieden wurden.

Entscheidungssuche

Prominent hervorgehoben war das Wort ›Entscheidung‹ wiederum im Titel der Sendereihe ›Klarer Fall?! – Entscheidung bei Radka‹, mit der Vox ab 23. August 1999 als erster deutscher Privatsender das Format der werktäglichen Gerichtsshow adaptierte, nachdem zuvor das öffentlich-rechtliche ZDF am 12. April 1999 mit ›Streit um Drei‹ erfolgreich eine Nachmittags-Gerichtsshow etabliert hatte.

Der Aufbau der von der Tschechin Radka Kaspar moderierten Sendungen folgte »dem Muster eines amerikanischen Gerichtsprozesses: Zwei gegnerische Parteien tragen ihre Positionen und Argumente vor und laden Zeugen und Experten, die kurz und prägnant die juristische Seite des Falles erläutern und gegebenenfalls den jeweiligen Standpunkt auf ein solides wissenschaftliches Fundament stellen. Am Ende fällt die Jury, bestehend aus fünf Geschworenen aus dem Publikum, im Mehrheitsentscheid das Urteil.« Und zwar ausdrücklich »nicht nach den strengen Regeln des Gesetzes, sondern vor allem nach dem gesunden Menschenverstand«.[100]

Im Unterschied zu den nachfolgenden Gerichtsshows fehlte in dieser Variante die befugte Autorität in Gestalt des Richters und damit der vom Publikum offenbar gewünschte Garant für Gerechtigkeit und Ordnung. Die ›Urteile‹ blieben, weil von Laien gefällt, anfechtbar. Vox hatte das begleitende PR-Material auf die auch im Titel der Sendung hervorgehobene Moderatorin Radka Kaspar abgestellt und sie plakativ im gelben Blazer, mit Handschellen gefesselt und wildem Blick ins Bild gesetzt. Diese Ikonographie folgte stilistisch den Werbemaßnahmen für nachmittägliche Talkshows und lief somit der veränderten Zuschauernachfrage zuwider. Die Vox-Programmverantwortlichen agierten obendrein gewagt, als sie ›Klarer Fall?! – Entscheidung bei Radka‹ den Vorabendsendeplatz

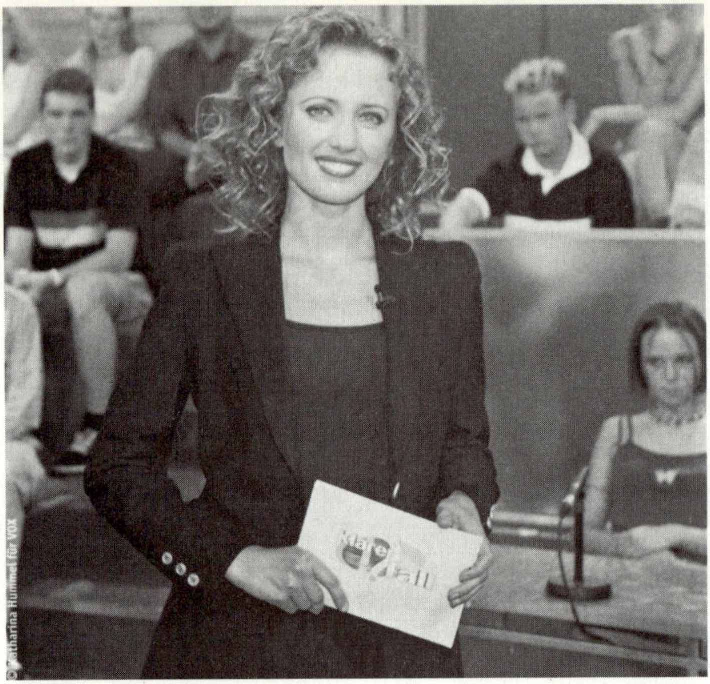

Abb. 15: Undankbare Pionierarbeit: Die Tschechin Radka Kaspar setzte in ihrer Vox-Sendereihe ›Entscheidung bei Radka‹ auf klare Urteile. Das Verdikt des Publikums fiel zu ihrem Nachteil aus.

um 19.15 Uhr zuwiesen, wo sich die Reihe starker Konkurrenz ausgesetzt sah. Kaum verwunderlich, konnte die Sendereihe in diesem Umfeld nicht bestehen und wurde nach kurzer Zeit eingestellt.

Muster der *Daily Talk Shows* in neuem Format

Die fünf Wochen darauf gestartete Sat.1-Reihe ›Richterin Barbara Salesch‹ erzielte am frühen Abend um 18.00 Uhr gleichfalls nicht die gewünschten Quoten. Anders als Vox entschied sich Sat.1 für eine zeitliche Verlegung. Auf dem neuen Sendeplatz um 15.00 Uhr und mit geändertem Konzept wurde das Angebot aus Schöpfersicht zu einem großen Erfolg.

Auch in diesem Fall nahmen deutsche Programmgestalter Trends des US-Fernsehens auf, wo sich Sendungen wie ›The People's Court‹ (ab 1981) und ›The Judge‹ (ab 1986) als Vorreiter erwiesen hatten. Größte Popularität genoss die energisch, aber nicht ohne Humor richtende ›Judge Judy‹[101] (ab 1996), das konkrete Vorbild für die ähnlich burschikose ›Richterin Barbara Salesch‹. Betätigte sich Salesch im ersten Jahr als Schlichterin realer und weitgehend unspektakulärer Fälle, die von den tatsächlich Beteiligten vorgebracht wurden, saß sie nach einer Änderung des Sendekonzepts ab Oktober 2000 einem Strafgericht vor, in dem ausgebildete und berufserfahrene Anwälte fiktive, im Vergleich zu realen Verfahren zeitlich verdichtete Fälle verhandelten, wobei Angeklagte wie auch Zeugen von Laien dargestellt wurden, die ihre Rollen gemäß einem vorgegebenen Handlungsfaden frei gestalten konnten, bei aller betonten Emotionalität also zumindest der Idee nach ›natürlich‹ in Erscheinung traten. Um geeignete Darsteller für dieses performative Gerichtsfernsehen zu finden, werden regelmäßig an Wochenenden im gesamten Bundesgebiet Vorsprechtermine, sogenannte ›Castings‹, arrangiert.

Ein Mitarbeiter der Kölner Produktionsfirma filmpool (›Richterin Barbara Salesch‹ u. a.) beschreibt die Kriterien der Talentsucher wie folgt: »Neben der Optik geht es um das Begreifen des Rollenspiels. Die Bewerber müssen sich auf einander einlassen und ihre Fantasie durch Improvisation einbringen können.«[102]

Gefragt sind laut filmpool-Pressesprecher Felix Wesseler alle erdenklichen Typen: »Sie brauchen die korpulente, ältere Dame, die unter Umständen in der Eckkneipe arbeiten könnte, genauso wie den smarten jungen Bodybuilder. Da brauchen wir vom Äußeren her wirklich jeden. Von der Art her sollen es einfach Leute sein, die nicht auf den Mund gefallen sind und keine Scheu haben, vor die Kamera zu treten.«[103]

Neben reinen Laien finden sich unter den Aspiranten auch ausgebildete oder werdende Schauspieler, die sich von der Mitwirkung in einer solchen *Reality Show* einen Einstieg ins Metier, zumindest aber erste berufliche Praxis versprechen.

Sat.1 erweiterte sein Gerichtsshow-Angebot 2001 um den Titel ›Richter Alexander Hold‹. Getreu dem im Erfolgsfalle häufig zu beobachtenden ›Me too‹-Muster baute RTL eine ähnliche Gerichtsshow-Strecke auf mit den Titeln ›Das Jugendgericht‹ (ab 2001), ›Das Strafgericht‹ (ab 2002) und ›Das Familiengericht‹ (ab 2002).

Derweil viele Nachmittags-Talkshows der Spätphase in heillosem Streit endeten, wurden fortan in den Gerichtsshows die vorrangig verbalen Konfrontationen in Form von Straf- wie Privatrechtsfällen in einem verbindlichen Rahmen – der Prozessordnung – vor einer juristischen Instanz ausgetragen und einem Urteil zugeführt, das anders als in früheren Spielarten der Gerichtsshow nicht diskutiert wurde, für den zuschauenden Laien also eine nach juristischen oder auch moralischen Maßstäben absolute und allgemeingültige Aussage darstellte. Diese Ausgestaltung kam dem Gerechtigkeitsempfinden des Publikums entgegen und bot zumindest der Oberfläche nach eine gewisse Orientierung. Vertreter des Rechts betrachteten diesen in den Gerichtsshows vertretenen Autoritätsgedanken mit einiger Skepsis. Der seinerzeitige Vorsitzende des Deutschen Richterbundes Wolfgang Arenhövel relativierte mit Blick auf die berufliche Praxis: »Natürlich haben wir die Aufgabe, Streit schlichtend, entscheidend einzugreifen. Unsere Aufgabe kann aber nicht sein, gesellschaftliche Strömungen zu dirigieren. Wir sind ja an Gesetze gebunden. (…) Da werden Erwartungen geweckt, die möglicherweise nicht gehalten werden können. Das ist nicht ungefährlich.«[104]

In den obigen Zusammenhang fügt sich, dass die gegebenen Figurenkonstellationen familialen Strukturen nahekamen – in den Richterinnen und Richtern verkörperte sich ein idealisiertes Familienoberhaupt, Anwälte und Geladene gebärdeten sich des Öfteren wie unreife Kinder und wurden je nach Rollenbild nachsichtig ermahnt, streng zur Ordnung gerufen oder mit schmerzhaften Sanktionen bedacht. Ein zu berücksichtigender Erfolgsfaktor in Zeiten, in denen die Unbeständigkeit der klassischen Kleinfamilie gewisse Sehnsüchte wachzurufen vermochte.

Der Reiz der in diesen Reihen praktizierten Simulation authentischen Handelns hatte freilich seine Grenzen. RTL reagierte 2006 und modifizierte das Konzept der Reihe ›Das Jugendgericht‹, indem man die narrativen Bestandteile verstärkte und den Produktionsaufwand erhöhte: »Alles neu beim RTL-›Das Jugendgericht‹:

Ab Montag, 21. August 2006 um 16.00 Uhr gibt's in der Nachmittagsserie kaum noch Gericht – stattdessen spannende Action mit Staatsanwalt Christopher Posch und seinen Ermittlerteams. Starke Charaktere, darunter die beiden Schauspieler Andrea Suwa und Polat Dal als Polizeikommissare, geben dem ›Jugendgericht‹ seinen neuen, coolen Look. (...) Von der ersten Minute an ist der Zuschauer nun dabei, wenn spannende Fälle auf frische Art untersucht werden. In einer am Nachmittag wohl noch nie da gewesenen Qualität sehen wir Verfolgungsjagden, Besprechungen im neuen Polizeipräsidium oder Untersuchungen in der Gerichtsmedizin. Anwältin Alexandra Hagen und ihre neue Kollegin Eva von Bach kämpfen engagiert um die Verteidigung ihrer Mandanten, recherchieren mit Privatdetektiven im Umfeld der Tatverdächtigen und besprechen ihre Strategie mit den Angeklagten in deren Zellen. (...)«[105] Mit der Verlagerung vom Prozessgeschehen zur Exekutive änderte sich auch der Titel der Reihe – fortan hieß es ›Staatsanwalt Posch ermittelt‹.

Zwischenbild

Die performative Gerichtsshow wird definiert von redaktionell ausgearbeiteten, aber von Laien und Semiprofis in freier Wortwahl gespielten Szenenfolgen. Sendungen dieser Sparte lösten rund um den Jahrtausendwechsel die agonierenden nachmittäglichen Talkshows ab. Deren Themenrepertoire hatte sich erschöpft, Glaubwürdigkeit und Legitimität standen außer bei Medienwächtern nun auch beim Publikum in Frage. Diverse Versuche, das Subgenre beispielsweise durch Kannibalisierung erfolgreicher Sendungen anderer Sparten – Talentwettbewerbe, Einbau von pseudodokumentarischen Erzählserien – zu erneuern, hatten sich nur bedingt als tauglich erwiesen.

In signifikantem Maße wurden Talkshow-Reihen eingestellt und durch Gerichtsshows wie ›Richterin Barbara Salesch‹ ersetzt. Dieses Format war dabei nicht im Gros, sondern ausschließlich auf den nachmittäglichen Sendeplätzen erfolgreich. Die anfänglichen Versuche, Sendungen dieses Genres am Vorabend zu platzieren, fanden nicht die gewünschte Resonanz.

Vorreiter dieser Entwicklung war das ZDF, dessen Reihe ›Streit um Drei‹ die hauseigene Tradition von gespielten Rechtsfällen in stark vereinfachter Form fortsetzte, während die Erfolgsformate des kommerziellen Fernsehens mit ihren oft stürmisch verlaufenden Prozessen deutlich an Vorbilder US-amerikanischer Programme angelehnt waren, die mit einigen Jahren Vorlauf eine ähnliche Entwicklung durchlaufen hatten. Das performative Gerichtsfernsehen brachte eigene Ableger hervor wie die aus der Reihe ›Richter Alexander Hold‹ hervorgegangene pseudorealistische Kriminalreihe ›Lenßen & Partner‹, in der der gelernte Jurist Ingo Lenßen fiktive Mandate wahrnimmt. Diese Form unterhaltenden Fernsehens wirkte letztlich auf die Gerichtsshow zurück, indem, wie das Beispiel ›Das Jugendgericht‹ zeigt, Gesprächsanteile gekürzt und durch aktionsreichere Passagen ersetzt wurden.

8. Direktverbindung mit dem Alltag – Der Sonderfall ›Big Brother‹ und das performative Realitätsfernsehen

Die umstrittene Langzeitbeobachtung ›Big Brother‹ – in Deutschland begann die bereits lange vorher in Funk und Presse heiß diskutierte Ausstrahlung am 1. März 2000 – war ein Verschnitt aus Alltags-Seifenoper und Gewinnspiel. Allgegenwärtige Kameras dokumentierten das Leben in einer Wohngemeinschaft, deren Bewohner mit Hinblick auf die Erfordernisse unterhaltsamen Fernsehens von den Produzenten ausgewählt worden waren. Die Mitwirkenden kannten einander vorher nicht und waren für die Zeit ihres Aufenthaltes von der Außenwelt abgeschottet. Wer wollte, konnte das Haus nach Belieben verlassen.

Zeit für Gespräche

Jeder Winkel des Hauses war von Kameras einsehbar, 60 installierte Mikrophone fingen jeden Ton auf. Zusätzlich trugen die Hausbewohner Mikrophone an ihren Körpern, die sie die dauernde Anwesenheit des ›großen Bruders‹ niemals vergessen ließen. Alle zwei Wochen nominierten die Teilnehmer anonym zwei Kandidaten aus ihrer Runde für die Abwahl. Die Zuschauer bestimmten per Telefonwahl, wer das Haus vor der Zeit verlassen musste. Ebenso wurde über den Sieger entschieden, der nach 100 Tagen öffentlichen Lebens 250 000 Mark (zirka 128 000 Euro) als Gewinn ausgehändigt bekam.

Strittig war vor allem die allumfassende Überwachung. Die TV-Zuschauer bekamen freilich nur eine unter dramaturgischen Gesichtspunkten getroffene Auswahl des Bilderstroms zu sehen. RTL II zeigte täglich eine dreiviertelstündige Zusammenfassung der Ereignisse, sonntags folgte ein Wochenrückblick, ergänzt um eine Talk-Runde mit Psychologen und aktuellen Gästen, zum Beispiel ausgeschiedenen Kandidaten.

Wie in Deutschland hatte die Reihe im Herkunftsland Niederlande lange vor Beginn der Ausstrahlung beträchtliche Entrüstung hervorgerufen. Psychokoller, von vielen prophezeit und manchen wohl auch erhofft, blieben indes aus. Herbe Enttäuschungen erlebten Voyeure, die sich auf eine kostenlose Peepshow gefreut hatten. Derlei Zudringlichkeiten lagen zu diesem Zeitpunkt noch nicht in der Absicht der Urheber. Die Hoffnungen des deutschen Produzenten Rainer Laux richteten sich vielmehr auf »gutes Fernsehen«, das hieß in seiner Definition: auf Emotionen.

»Man will die Kandidaten auf sich zurückfallen lassen, dass sie über sich nachdenken, sich mit sich selbst beschäftigen. Wenn man zu viel Aktivität vorgibt, kommt natürlich nichts aus der Gruppe heraus. Das aber ist ein ganz wichtiger Teil dieses Spiels.«[1]

Der niederländische Fernsehkritiker Maarten Huygen nannte ›Big Brother‹ einen »Antiturbo«[2]. Er nahm die Show als eklatante Verlangsamung des Programms wahr und sah darin das genaue Gegenteil täglicher Talk-Schlachten. Der Gedanke lässt sich auf die deutsche Variante übertragen. Wenngleich den Hausbewohnern regelmäßig Denksport- und Geschicklichkeitsaufgaben auferlegt wurden, bestand der eigentliche Reiz des Gezeigten im verbalen Austausch, sodass dieses unter Genregesichtspunkten polymorphe Format *auch* als Randerscheinung des Themenkomplexes Talkshow diskutiert werden kann. Die Teilnehmer waren keinem eng zusammengezogenen Sendeablauf unterworfen, Gespräche und Diskussionen konnten sich frei entwickeln. Die Kandidaten erzählten einander aus ihrem Leben, erörterten Notwendigkeiten der Haushaltsführung, verhandelten zwischenmenschliche Beziehungen und ihre eigenen Rollen im Zusammenhang mit ›Big Brother‹. Männer sprachen über Frauen, Frauen über Männer. Und manchmal wurde einfach nur geschwiegen.

Die trägste Seifenoper wirkte turbulent im Vergleich mit ›Big Brother‹, aber durch ihren menschlichen Faktor und die Anmutung von Authentizität war die Reihe jeder Fiktion überlegen – und damit erfolgreich gerade bei denjenigen, die ihren Lebensstil und ihr soziales Milieu ansonsten weder in erzählenden noch in dokumentarischen TV-Sendungen ausreichend repräsentiert sehen.

Die Reihe wurde von bis zu 4,7 Millionen Zuschauern verfolgt und brachte damit dem bis dahin alles andere als erfolgsverwöhnten Sender RTL II eine Rekordquote ein.

Wahrzeichen und Warenzeichen – ›Big Brother‹ als Stammeskultur

In den Niederlanden und ebenso in Deutschland wurde ›Big Brother‹ zeitweilig zu einem Bestandteil der Populärkultur. Die aktuellen Ereignisse brachten Menschen miteinander ins Gespräch und erschienen in breiter Streuung auch in anderen Medien, von der Talkshow bis hin zum lokalen Anzeigenblatt.

Viele junge Zuschauer erkannten in einzelnen Akteuren Identifikationsfiguren, wobei diese Idolatrie häufig ›uneigentlich‹, das heißt ironisch gebrochen, praktiziert und von anderen Kult-Stars wie Tobi Schlegl (Viva), Stefan Raab (ProSieben) oder Harald Schmidt (Sat.1) initiiert, beeinflusst und damit sozusagen im Schneeballsystem multipliziert wurde. Anhand von ›Big Brother‹ lässt sich ein bedeutsamer Imagetransfer exemplifizieren: Eine amüsierte Stichelei Stefan Raabs in seiner Sendereihe ›TV total‹ reichte aus, sein Stammpublikum auf eine Person oder ein Phänomen aufmerksam zu machen und damit der betreffenden Sendung neue Zuschauer zuzuführen, die mit abgefeimtem Vergnügen ausgefallene, extravagante, kurzum ›schräge‹ Erscheinungen goutierten. Ein derartiger *Trash-Kult* entsteht häufig schlicht aus dem Wunsch heraus, sich einer Gruppe – und sei sie nur virtuell, als mutmaßlich gleichgesinnte Gemeinschaft innerhalb der Gesamtzuschauerschaft, vorhanden – zugehörig zu fühlen.

Die Unterhaltungsindustrie macht sich diesen – nicht nur unter Jugendlichen anzutreffenden – Tribalismus seit Jahrzehnten zunutze, denn die einzelnen Stämme innerhalb der Popkultur und ihre sympathisierenden Mitläufer, also Fanclubs von Fußballvereinen, Popgruppen, TV-Serien, Automarken, benötigen Embleme und Wahrzeichen, die ihnen in Form von Merchandising-Produkten angedient werden. Auch zu ›Big Brother‹ waren vielerlei Paraphernalien erhältlich, von T-Shirts und Bettwäsche mit dem ›Big Brother‹-Logo über Brett- und Computerspiele bis hin zu unterschiedlichen Tonträgern, einer begleitenden Illustrierten, Büchern und vielem mehr. Wie andere Modeartikel verloren sie binnen kürzester Frist an Wert, weil den jugendlichen Fans bald neue Götzen dargeboten wurden und sich das Interesse verlagerte – die imaginären Stämme zogen weiter.

Der Produktverbund – ›Big Brother‹ als Geldmaschine

Die Kommerzialisierung des Unternehmens ›Big Brother‹ ging allerdings weit über das Zubehörangebot hinaus. Die ursprünglich niederländische, inzwischen globalisierte Produktionsfirma Endemol ist auf Fernsehunterhaltung spezialisiert und vertreibt ihre Show-Ideen weltweit. Wenngleich die besonderen Bedürfnisse der Abnehmerländer berücksichtigt werden, können doch die Produktionskosten durch eine industrielle Fertigung, die geprägt ist von der ›Kannibalisierung‹ der Inhalte und Mehrfachverwertung von Kulissen und Requisiten, vergleichsweise niedrig gehalten, die Erträge somit optimiert werden. Für die erste deutsche Staffel von ›Big Brother‹ wurden beispielsweise das Logo, die Titelmelodie und sogar die zwecks Trennung unterschiedlicher Sequenzen eingefügten kurzen Einspielfilme – Aufnahmen eines Mischpults – aus der niederländischen Version übernommen.

Der Verkauf des Konzepts und die Übernahme der Herstellung ergaben für sich bereits ein gewinnträchtiges Geschäft. Im Falle ›Big Brother‹ erzielten der Sender und das Produktionsunternehmen weitere Gewinne zum Beispiel aus den zahlreichen Telefonaktionen, die sämtlich über 0190-Nummern abgewickelt wurden und den Anrufer 0,97 D-Mark pro Minute oder mehr kosteten. Ebenfalls lukrativ war der von Werbung gerahmte Internet-Auftritt, der rund um die Uhr Einblicke ins ›Big Brother‹-Haus ermöglichte.

Die planmäßige Kommerzialisierung wirkte sich auf die Gestaltung der Sendereihe aus. So waren die Hausbewohner aufgefordert, gemeinsam einen Schlager einzuüben, der mitgeschnitten und als CD veröffentlicht wurde. Die markante Titelmelodie war die gleiche wie beim niederländischen Original, wurde aber mit deutschem Text versehen und von der deutschen Rap-Formation ›Die dritte Generation‹ neu eingespielt und auf diese Weise dem einheimischen Käuferinteresse angepasst – eine erfolgreiche Maßnahme: die Single schoss bereits in der Woche des Erscheinens auf die Spitzenplätze der Hitparaden.

Endemol verdiente obendrein direkt an den Akteuren, die über die Teilnahme an der Sendung hinaus vertraglich an das Unternehmen gebunden waren. Die Produktionsfirma sicherte sich eine Beteiligung an den Einnahmen aus Talkshow-Auftritten, Autogrammstunden, Werbeverträgen[3] und verfolgte insofern, wie auch der Auftraggeber RTL II, ein rein wirtschaftliches Interesse, als die Kandidaten, unter anderem mit Hilfe der wöchentlich erscheinenden ›Big Brother‹-Zeitschrift, zu Medienstars aufgebaut wurden. Für Zlatko Trpkovski, mit Abstand der populärste Hausbewohner, war bereits für den Tag nach seinem Auszug eine Plattenaufnahme arrangiert, er gastierte am selben Montag bei ›TV total‹ (ProSieben) und in den darauf folgenden Tagen unter anderem bei ›Stern TV‹ (RTL), ›Boulevard Bio‹ (ARD) und in der ›Harald Schmidt Show‹ (Sat.1). Bei allen Unternehmungen wurde er von Kameraleuten begleitet, die Material für die *Doku Soap* ›Zlatkos Welt‹ aufnahmen, mit der Endemol und RTL II den Trubel um den Publikumsliebling weiter schürten.

Die Ware Leben: Langzeitbeobachtungen und gespielte Realität
Blickpunkt Familie

Vom Kern her begriffen, war ›Big Brother‹ eine Fortführung der Programmform ›serielle Langzeitbeobachtung‹. In den USA hatte der öffentlich-rechtliche Public Broadcasting Service (PBS), bekannt vor allem für das Kinderprogramm ›Sesame Street‹, dieses über die Möglichkeiten des Kinofilms hinausgehende und damit genuine Fernsehgenre erstmals 1973 in Form der zwölfteiligen Serie ›An American Family‹ erprobt – wohl das früheste Beispiel dessen, was heute in den Programmzeitschriften als *Reality Soap* oder *Doku Soap* und in medienwissenschaftlichem Zusammenhang als ›performatives Realitätsfernsehen‹ geführt wird. Für ›An American Family‹ wurden 300 Stunden Dokumentarmaterial nach dramaturgischen Prinzipien arrangiert. Die Protagonisten, die Familie Loud aus Santa Barbara, übten nachträglich heftige Kritik an der Sendefassung und nahmen vorweg, was später beinahe regelmäßig in Zusammenhang mit *Doku Soaps* bemängelt werden sollte: die einseitige Szenenauswahl und die damit verbundene Typisierung, die die beteiligten Personen auf wenige Charaktermerkmale reduziert. 1983 nahm der renommierte Abonnementkanal HBO die Idee auf und gab die Fortsetzung ›American Family Revisited‹ in Auftrag.

Mit der WDR-Produktion ›Die Fussbroichs. Die einzig wahre Familienserie‹ gelangte in Deutschland 1990 eine Entsprechung zu ›An American Family‹ auf den Bildschirm. Für diese Reihe nahm die Regisseurin Ute Diehl erneut Kontakt zu den Protagonisten eines 1979 realisierten, ursprünglich als Einzelstück gedachten Dokumentarfilms auf und machte sie zu Serienhelden. Insofern spiegelt die Entstehungs- und Produktionsgeschichte dieser *Doku Soap* idealtypisch die hiesige Entwicklung von der puristischen, das heißt neutral beobachtenden, zur inszenierten Dokumentation. Deren Urheber lenken, wenn auch dezent, das Verhalten ihrer Protagonisten und kreieren Situationen zugunsten einer unterhaltsamen Wirkung, die durch eine entsprechende Montage noch verstärkt werden kann. Ute Diehl, die 1992 mit einem Grimme-Preis ausgezeichnete Regisseurin der ›Fussbroichs‹, fasste die Entwicklung in einem Interview wie folgt zusammen: »Damals haben wir der ›Wirklichkeit‹ aufgelauert, später haben wir sie hergestellt, so wie ich glaubte, sie verstanden zu haben und für das Medium inszenieren zu können. Man kann es auch so beschreiben: 1979 haben wir uns ganz klein gemacht und ausschließlich das aufgenommen, was Fussbroichs uns vorgelebt haben. In dem Dokumentarfilm von 1989 war es – radikal ausgedrückt – umgekehrt. Da haben wir von oben auf die Fussbroichs geschaut, haben gezeigt, wie wir sie sahen. Das war ein sehr inszenierter Film voller optischer und dramaturgischer Spielereien. In der Serie wurde dann alles alltäglicher. Da haben wir wieder mehr darauf geschaut, was Fussbroichs von sich aus machen. Und daraus haben wir dann unsere dramaturgische Konstruktion gebaut. Die Serie brauchte ja auch interessante Inhalte und eine gewisse erzählerische Struktur.«[4]

Wohngemeinschaften

Waren in ›An American Family‹ die herkömmlichen Familienstrukturen zentrales Thema gewesen, richteten die Autoren der ab 1992 vom jugendorientierten Musiksender MTV produzierten *Doku Soap* ›The Real World‹ ihr Augenmerk auf das der Zielgruppe näherliegende, dabei nicht minder problembeladene Zusammenleben in einer Wohngemeinschaft. Die Reihe, deren Urheber stets sorgfältig auf einen zeitgemäßen Approach achteten, indem sie zum Beispiel Personen mit ›modischen‹ Berufen für die Teilnahme auswählten, wurde mehrfach neu aufgelegt und war noch fünfzehn Jahre später im Programm zu finden.

In Deutschland adaptierte der Abonnementsender Premiere das Konzept 1994 unter dem Titel ›Das wahre Leben‹ und zeigte die Reihe unverschlüsselt im Vorabendprogramm. Wie beim US-Vorbild und wie auch später bei ›Big Brother‹ wurde eigens eine Wohngemeinschaft gebildet, das Geschehen also von den tatsächlichen privaten Räumen der Teilnehmer abgelöst, eine Versuchsanordnung geschaffen. Die Fernsehproduktion stellte jenen Rahmen erst her, in dem sich folglich eine mannigfach manipulierte ›Realität‹ ereignete. Mit der eigentlichen Realität der Teilnehmer hat eine solche Serie folglich allenfalls indirekt zu tun, wohl aber mit zeitlichen Erscheinungen. So vermittelt die Serie über ihre Protagonisten heute eine Momentaufnahme der nach dem Mauerfall im Umbruch befindlichen Stadt Berlin; sie registrierte bestimmte zeittypische Phänomene und wurde so zu einem gehaltvollen Dokument der damaligen Gegenwart.

Durch die Auswahl der Mitwirkenden war für Konfliktpotenzial gesorgt. Die extremsten Gegensätze: ein Ostdeutscher mit offen rassistischer Einstellung und ein Rapper türkischer Herkunft. Einer der Mitbewohner, Adriano Sack, schrieb später in der ›Woche‹ über seine Erfahrungen: »Natürlich waren wir enttäuscht, als wir uns im Fernsehen sahen: Unsere Charaktere wurden vereinfacht, unsere glücklichsten Momente in ein paar Schnitten verbraten, die Ereignisse des WG-Lebens dramaturgisch aufgepeppt. Doch im Nachhinein würde ich sagen: Wir wurden zur Kenntlichkeit überzeichnet.«[5]

Im selben zeitlichen Rahmen wie ›Big Brother‹ fand sich letztlich auch im öffentlich-rechtlichen Fernsehen eine WG-Beobachtung: Für die Reihe ›WG Europa‹ wurden 1999 über ein Jahr hinweg sechs junge Europäer mit der Kamera begleitet.[6] Die Dreharbeiten begannen vier Monate vor dem niederländischen ›Big Brother‹-Projekt. Der zuständige WDR-Redakteur Martin Hövel kommentierte die Parallelen wie folgt: »Dieser Urgedanke, dass man Krisenexperimente mit Wohngemeinschaften macht, ist ja international auch so neu nicht. Neu ist allerdings, dass wir gesagt haben, wir versuchen dieses ›Europäische Haus‹, wie die Politiker immer so schön sagen, wenigstens schon mal auf einer Etage ansatzweise und dann im richtigen Leben zu inszenieren.«[7] Die Ausstrahlung ließ jedoch ein gutes Jahr auf sich warten und begann erst am 3. September 2000. Angesichts des vorangegangenen Medienwirbels um ›Big Brother‹ wurde der auf dem Sendeplatz um 0.00 Uhr ohnehin nicht eben publikumswirksam platzierte Vierteiler kaum mehr wahrgenommen.

Im Sommer 2003 strahlte Arte mit ›7 auf Tour‹ eine inhaltlich verwandte Reihe aus: Der französisch-deutsche Kulturkanal schickte sieben junge Journalisten unterschiedlicher Herkunft auf eine Busreise durch ganz Europa und ließ sie in vorher festgelegten Städten Filmberichte erstellen, während gleichzeitig Leben und Arbeit der Gruppe von Kamerateams dokumentiert wurden.

Fiktionalisierung und unterhaltsamer Dokumentarismus

›Big Brother‹ war fraglos die spektakulärste Ausprägung des neu erwachten Interesses am privaten beziehungsweise am alltäglichen Leben. *Doku* und *Reality Soaps*[8] bieten dem zuschauenden Individuum die Möglichkeit eines Abgleichs mit den eigenen Lebensbedingungen. Sie wecken und befriedigen die Neugier darauf, wie andere ihre Alltagsprobleme bewältigen. Solche Darstellungen können sich als förderlich erweisen, aber auch als belustigend und damit für den Zuschauer erhebend, sobald die Fernsehprotagonisten Souveränität vermissen lassen und ungeschickt agieren. Andere Situationen führen zu empathischer Anteilnahme, wenn die Bezugspersonen Leid oder Ungerechtigkeit erfahren. *Doku Soaps* gewähren ergo eine Fülle von emotionalen Gratifikationen.

Nicht zuletzt deshalb entstand bereits vor und vermehrt nach ›Big Brother‹ – und zwar nicht nur in Deutschland – eine Vielzahl von dramatisch aufgemachten, auf starke emotionale Anteilnahme hin gearbeiteten *Doku Soaps*, die vornehmlich Privatleben und diverse Erlebnisbereiche ihrer Protagonisten ins Bild setzten. In ihnen schlugen sich häufig aktuelle Zeiterscheinungen nieder – gleich mehrere Einzelsendungen und Mehrteiler widmeten sich beispielsweise dem gerade in Zeiten der Wirtschaftskrise florierenden Heimwerkerwesen oder der Auswanderung als Option, der heimischen Arbeitsmarktmisere zu entkommen. Auch der Alltag ausgesuchter Berufsgruppen wurde seriell dargeboten; das Aufgebot umfasste Ordnungsbeamte und Friseure ebenso wie Schönheitschirurgen, Fahrlehrer oder Tierpfleger.

Ausdifferenzierung des Angebots – Die Nachmittagsprogramme

Filmästhetisch bedienen sich die Hersteller von *Doku* und *Reality Soaps* der Konventionen des fiktionalen Fernsehens. Die Inhalte aber vermitteln sich vorwiegend über das frei gesprochene Wort. Nachdem speziell in den Talkshows des Nachmittags durch das steigende Maß an Fremd- und Eigeninszenierungen der Protagonisten die Fiktionalisierung bereits weit vorangeschritten war, taten die Sender den programmgeschichtlich logischen Schritt, als sie das Nachmittagsprogramm teils auf *Doku Soaps* umstellten – einen Sendetypus, in dem die Beteiligten sich zwar noch authentisch beziehungsweise gemäß ihrer Auffassung von einer längst von medial geformten Images kontaminierten Authentizität gebärden, dabei aber nicht mehr authentisch sein mussten, solange nur der Zuschauerwunsch nach emotionshaltigen Wortgeplänkeln einigermaßen glaubwürdig bedient wurde.

Neben das Zuschauervergnügen an einer gespielten Authentizität trat indes alsbald ein eskapistisches Verlangen – nach Schnulzen in Form von Telenovelas, aber auch nach vermeintlicher Ursprünglichkeit. *Doku Soaps* mit einem Zoo als Schauplatz und

Tierpflegern und ihren Schützlingen als Protagonisten reüssierten im Nachmittagsprogramm und liefen beispielsweise am Stichtag 23. April 2007 auf sechs Kanälen: ›Wolf, Bär & Co.‹ (ARD, 16.10 Uhr), ›Ruhrpott-Schnauzen‹ (ZDF, 15.15 Uhr), ›Menschen, Tiere & Doktoren‹ (Vox, 12.55 Uhr [Wdh.] und 17.00 Uhr), ›Giraffe, Erdmännchen & Co.‹ (Hessen und NDR, 17.10 Uhr), ›Elefant, Tiger & Co.‹ (MDR, 16.35 Uhr).

Dieser Konjunktur von Formaten, die sich von der Lebenswirklichkeit entfernten, widersprach auf der anderen Seite der Erfolg der aus einer Magazinreihe hervorgegangenen ProSieben-Produktion ›We Are Family! – So lebt Deutschland‹ (seit 6. Juni 2005), in der täglich eine Familie porträtiert wurde. Die von wechselnden Autoren erstellten, netto 45 Minuten langen Dokumentationen widmeten sich unter anderem Familien in schwierigen Lebensverhältnissen, gaben deren Alltag aber weitgehend frei von Voyeurismus, dafür mit einer Tendenz zur positiven Grundhaltung wider. So wurde beispielsweise das Leben mit einem behinderten Kind als Normalfall gezeigt, ein Film über einen Vater mit kleinen Kindern, die früh ihre Mutter verloren hatten, setzte sich behutsam mit der Frage auseinander, wie ein solcher Trauerfall insbesondere im Umgang mit Kindern bewältigt werden kann. Der Qualität der Filme kam zugute, dass die Autoren relativ lange Zeit mit den Familien verbrachten und damit in der Lage waren, mehr als nur flüchtige Eindrücke zu liefern.

9. Gesprächssendungen und Talkrunden im Fernsehen der DDR

›Für den Anfang schon viel‹ – Kulturerkundungen

Naturgemäß kam dem Mehrgespräch im Unterhaltungsangebot des DDR-Fernsehens – dort offiziell als ›Wortunterhaltung‹ geführt – ein deutlich geringerer Stellenwert zu als im Westen, weil die restriktive Zensur, denkbare Repressalien und das von den Verhältnissen bestimmte Arbeitsklima einen unbefangenen, lebhaften, spontanen Widerstreit von vornherein ausschlossen. Zwar stellten sich ähnlich wie im Westen auch im DDR-Fernsehen Politiker und Funktionäre den Fragen einheimischer Journalisten. Jedoch war diesen sporadisch eingerückten ›Fernseh-Pressekonferenzen‹ »die Inszenierung der Fragerituale anzusehen«.[1]

Einen gewissen Gleichlauf zum Programmaufkommen der westlichen Sender gab es im kulturellen Bereich. Wolfgang Stemmler, ab 1953 einer der ersten Unterhaltungsredakteure des Deutschen Fernsehfunks in Adlershof, nahm Ende 1953[2] die überwiegend ablehnende Haltung der Rezensenten gegenüber dem DEFA-Spielfilm ›Das kleine und das große Glück‹ (DDR 1953) zum Anlass, auf dem Sendeplatz der sonntagnachmittäglichen Reihe ›Theater- und Filmspiegel‹ vor der Live-Kamera nach dem Für-und-Wider-Prinzip über dieses Lichtspiel diskutieren zu lassen. Es wurden Filmausschnitte eingespielt; eine hauptberufliche Filmkritikerin und drei kinobegeisterte Laien – »eine Lehrerin, ein Arbeiter vom Elektro-Apparatebau Treptow und ein Eisenbahner« – tauschten sich unter der Moderation von Hermann Rodigast, damals Leiter der Abteilung Fernsehspiele, zum Thema aus. Wolfgang Stemmler rekapitulierte später: »Es war erstaunlich! Der vor der Kamera wurde zum Gesprächspartner des Zuschauers zu Hause. Man sah die Gedanken im Gesicht entstehen. Es machte nichts, wenn dreimal dasselbe Verb benutzt wurde. Und dabei hat man uns Redakteuren ja eingebleut, auf die deutsche Grammatik zu achten. Hauptsätze mit Subjekt und Prädikat. Aber hier spielte das keine Rolle. Und es war interessant! Eine DDR-Fernseh-Talkrunde lief das erste Mal über unseren Bildschirm. Ich führte das fort.«[3]

Aus Stemmlers Worten spricht noch die auch unter westlichen Programmschaffenden und -beobachtern verbreitete Faszination angesichts eines Hör-und-Seh-Erlebnisses, das in den vordem dominierenden Medien Film und Hörfunk in dieser Kombination nicht machbar und somit bislang unbekannt gewesen war. Ebenso klingt die Unerfahrenheit der TV-Pioniere an, die beim Erproben des neuen Mediums nicht allein herstellende Kräfte, sondern immer auch staunende Zuschauer waren.

Stemmler beschritt den einmal gefundenen Weg weiter und begründete eine Vorform des in den 1990er-Jahren außerordentlich populären ›Literarischen Quartetts‹: Am 11. Februar 1954 erörterte eine Vierergruppe in der Reihe ›Das gute Buch‹ Hans Falladas kurz zuvor erschienenen Roman ›Der Trinker‹. Zur Veranschaulichung ließ Stemmler eine bedeutsame Dialogszene von Schauspielern darstellen. Auch später noch wurden in vergleichbarer Weise kulturelle Fragen in TV-Gesprächskreisen des DDR-Fernsehens erörtert.

Der aus dem Westfernsehen bekannte Terminus Talkshow blieb in der DDR lange Zeit verpönt. In seiner Eigenschaft als Chefredakteur der Parteizeitung ›Neues Deutschland‹ brachte Günter Schabowski das Bemühen um Abgrenzung in die Form einer zugespitzten Parole: »Talkshow oder Sozialismus!«[4]

Den Anlass für die erboste Äußerung des SED-Ideologen hatte das Büchermagazin ›Akzente‹ (ab 22. Januar 1975, anfangs wöchentlich, ab 1976 monatlich) geliefert, in dem Autoren ihre Texte präsentierten und sich den Fragen des Schriftstellerkollegen und Moderators Paul Wiens stellten. Die Premierensendung war Gegenstand einer Kritik in der Zeitung ›Junge Welt‹, deren Resümee deutlich wohlwollender als bei Schabowski ausfiel: »Solch feuilletonische Plauderei wird wahrlich keine neue Lyrikwelle hochpeitschen. Aber sie kann in intimer Zwiesprache alteingesessene Vorurteile abbauen helfen, hie und da Interesse wecken. Für den Anfang schon viel.«[5] Der Gesprächsform bedienten sich ähnlich die Redaktionen der Reihen ›Dramatikerstudio‹ (ab 17. November 1974) und ›Lieder im Gespräch‹ (1975).

Offene Debatten durften die Zuschauer vom Fernsehen der DDR desungeachtet nicht erwarten. So wie im Westen Diskussionssendungen von den Parteien instrumentalisiert wurden, wusste man sie auch im Osten für propagandistische Zwecke zu nutzen. Ein Beispiel ist das am 11. September 1957 abgehaltene ›Fernsehgespräch mit Atomwissenschaftlern‹, bei dem unter Leitung Karl Eduard von Schnitzlers ›Lebensfragen der Nation‹ besprochen wurden, nämlich der Problemkreis Atomenergie, Atombombenversuche und die Politik der BRD-Regierung, die man der Vorbereitung eines Atomkrieges verdächtigte.[6]

Fragestunde mit Zuschauerbeteiligung – ›Porträt per Telefon‹

Keine Talkshow im Sinne eines Mehrpersonengesprächs, wohl aber eine über die Form eines Interviews hinaus auf Frage und Antwort bauende Sendung war ›Porträt per Telefon‹. Am 28. Oktober 1969 im zweiten Programm des DFF unter der ursprünglichen Überschrift ›Porträt ohne Titel‹ uraufgeführt, hielt sich die von Heinz Florian Oertel moderierte Reihe bis 1990 im Programm. In der Sendung traf der in erster Linie als Sportreporter bekannte Publikumsliebling Oertel auf jeweils eine Persönlichkeit aus Kultur oder Politik und unterbreitete ihr neben eigenen Fragen auch solche, die von den Zuschauern vorab per Post eingesandt worden waren oder direkt per Telefon gestellt wurden. Das Klingeln der Telefone war im Hintergrund hörbar, die Annahme der Gespräche durch zwei Hostessen wurde in Zwischenschnitten immer wieder mal eingeblendet. Auch rückte die Regie durch einen Wechsel in die Totale, also mit erkennbarer Absicht, die Assistentin ins Bild, die Oertel die notierten Fragen überbrachte. So sollten offensichtlich der Live-Charakter und die Spontaneität der Sendung inszenatorisch unterstrichen und etwaige Skepsis auf Seiten der Zuschauer gegenüber der Unmittelbarkeit des Gezeigten ausgeräumt werden.

Zusätzlich betonte Heinz Florian Oertel diesen Aspekt in seinen Zwischenmoderationen, wenn er sich direkt an die Zuschauer wandte. So in der Sendung vom 3. Juni 1972, als er die Verfahrensweise beschrieb und zugleich gegenüber einer möglichen Kritik zu legitimieren suchte: »Für die Zuschauer, die vielleicht zum allerersten Mal ›Porträt per Telefon‹ sehen, möchte ich noch sagen: Es gibt keine Dramaturgie in diesem Dialog; und aus diesem Dialog soll – oder möchte – das Porträt entstehen. Wir bringen die Fragen doch in ziemlich, äh, ich möchte sagen, äh, spontaner Zusammensetzung, auch Ihre telefonischen Fragen, die einlaufen. Aber am Ende, nehmen wir an und hoffen wir, wird aus diesem Mosaik doch ein Porträt, in diesem Fall von Professor Wolfgang Heinz.«[7]

Als Live-Sendung war ›Porträt per Telefon‹ eine Ausnahmeerscheinung im ansonsten streng kontrollierten Fernsehen der DDR, namentlich »im Grenzbereich von Unterhaltung und Publizistik«, in dem Hans Müncheberg die Reihe ansiedelt: »Telefonkabinen und ein oft ergänzter Stapel mit Fragezetteln erweckten den Eindruck einer vom Fernsehen gebotenen Dienstleistung, vorgestellten Personen spontan Fragen stellen zu können.«[8] Einen Sicherheitsmechanismus hatte man der Sendung allerdings vorsorglich eingebaut: die Zuschauer konnten den Gast nie direkt befragen.

Manchen Gästen war ein gewisses Unbehagen angesichts der ungewohnten Gesprächssituation deutlich anzumerken; viele formulierten im Bemühen um Unverfänglichkeit und demonstrative Ideologietreue umständlich und gewunden, sodass die Sendung auch nach den damaligen Maßgaben für eine Unterhaltungssendung über lange Strecken langatmig erscheint.[9] Eine protokollierte Szene aus der Sendung vom 3. Juni 1972 mit dem 72-jährigen Schauspieler und Regisseur Professor Wolfgang Heinz veranschaulicht, wie sehr hier das Publikum in Anspruch genommen wurde.

Heinz Florian Oertel verliest eine Frage der Zuschauerin Ursula Schaubeck:

»Wie beurteilen Sie die professionelle Kritik Ihrer Branche, Genosse Professor? Und wie stehen Sie zur Kritik im Allgemeinen?«

Heinz (*zögert kurz und macht auch im Weiteren immer wieder kurze Besinnungspausen, wie er überhaupt einen sehr bedächtigen Duktus pflegt*): »Kritik ist unabdingbar. Kritik ist eine ungeheure Hilfe – wenn man unter Kritik das Richtige versteht. Aber ich glaube, wir in unserem Land verstehen unter Kritik das Richtige. Nämlich dass sie vor allen Dingen produktiv sein muss.(…) Ich kann nur die Berliner Kritik beurteilen. Und da möchte ich eines feststellen, ja?!, dass unsere Kritik a priori ein höheres Niveau mir zu haben scheint als die in westlichen Ländern. Nicht dass dort nicht genauso bedeutsame Persönlichkeiten am Werk sind, äh, die viel verstehen. Aber, ich glaube, dass wir hier die Ergebnisse der theatralischen Kunst versuchen mit objektiven Kriterien zu beurteilen und dem subjektiven Faktor nur ein begrenzter Raum eingeräumt wird. Und gerade weil das allerdings geschieht, muss ich als Darsteller feststellen, dass unsere Kritiker bei der Charakterisierung des Stückes eigentlich noch einige Schritte voraus sind gegenüber der Beurteilung darstellerischer Ergebnisse. Und das ist kein Wunder. Denn eigentlich gibt es ja eine Wissenschaft von der Darstellungskunst im strengsten Sinne dieses Wortes noch nicht. Stanislavski hat Grundlagen geschaffen, Brecht hat großartige Dinge gesagt, aber Stanislavski hat selbst betont, dass er die Terminologie, wie sie historisch auf dem russischen Theater gewachsen ist, verwendet, und dadurch ist es nicht Anspruch an Wissenschaftlichkeit, und bei Brecht ist es eigentlich eine Terminologie, die er hauptsächlich, bei vielen Momenten, auf seine Stücke, als Stückeschreiber, hin tendieren ließ. Also, deshalb ist es auch, glaube ich, nicht so einfach, und dann noch aus einem zweiten Grund: weil das darstellerische Ergebnis verfliegt. Man kann sich nicht hinsetzen, wie bei einem Stück, und wochenlang es analysieren, studieren, überlegen, warum die und jene Wirkung erzielt worden ist und so weiter und so weiter. Nicht wahr, das kann man bei einem Stück, das kann man nicht bei einer darstellerischen Leistung. Man müsste denn 30, 40 Mal in dieselbe Aufführung gehen – wer hat dazu die Zeit? Nicht, und deshalb sind wir also bei der objektiven Beurteilung darstellerischer Leistung noch nicht so weit, wie bei der von Stücken.«

Heinz möchte offensichtlich fortfahren, aber Oertel nutzt eine kurze Pause zu einer Zwischenfrage, um Heinz auf die ihn persönlich betreffende Kritik anzusprechen.[10]

Die Idee der telefonischen Befragung wurde in den Tagen des Umbruchs im Herbst 1989 mit der Sendung ›Donnerstags-Gespräch‹ wiederaufgenommen, die am 19. Oktober um 20.00 Uhr im Programm von DDR 1 Premiere hatte und in deren Rahmen Anrufer Fragen an die eingeladenen Politiker stellen konnten.

Nostalgie und Parodie

Eine typische Sendung der DDR-›Wortunterhaltung‹ war der ab 1979 ausgestrahlte ›Treff mit O. F.‹ mit dem auch auf der Bühne erfolgreichen Conférencier O. F. Weidling. Weidling eröffnete jede Ausgabe mit einem humoristisch-kabarettistischen Solo. Mittels einer Publikumsbefragung leitete er anschließend über zu seinem jeweiligen Gast, meist prominente Kollegen aus Film, Fernsehen oder von der Bühne, deren Werdegang in Gesprächen und Filmeinspielungen in heiterer Manier in Erinnerung gerufen wurde. Ähnlichkeiten mit der seit 1976 gezeigten, dem US-Vorbild ›This Is Your Life‹ nachempfundenen ZDF-Reihe ›Das ist ihr Leben‹[11] sind augenfällig. Diese unbeschwert retrospektiven, augenzwinkernd nostalgischen Blicke auf zurückliegende Errungenschaften der inländischen sozialistischen Unterhaltungskunst finden sich häufig im Programm des DDR-Fernsehens und noch bis weit über die Wiedervereinigung hinaus mit Sendereihen wie ›Langer Samstag‹ (seit November 1993) und ›Damals war's‹ (seit Februar 1995) auch im Programm des Mitteldeutschen Rundfunk (MDR). Ebenfalls über das Ende der DDR hinaus blieb der 1987 eingerichtete ›Klönsnack aus Rostock‹ erhalten, eine anfangs regional orientierte, später thematisch weiter gefasste Talkshow, die bis zwei Jahre nach dem Mauerfall gesendet wurde.

Quer zur Abneigung der DDR-Staatsführung gegen Anglizismen setzten sich vorrangig im Bereich des Jugendfunks immer mehr derartige Vokabeln durch, das ›Open-Air-Konzert‹, die ›Pop-Show‹, die ›Personality-‹ und auch die ›Talkshow‹.[12] 1980 waren der Terminus gleich wie die bezeichnete Sendeform auch in der DDR so weit etabliert, dass sie in einer Sendung der Humoristin Helga Hahnemann Gegenstand einer parodistischen Einlage werden konnten.

Hahnemann schlüpfte in die Gestalt der von ihr entwickelten Kunstfigur Traudel Schulze, eine munter drauflos berlinernde

Putzfrau ohne sonderlichen Respekt vor ›hohen Tieren‹. Dem Saalpublikum verkündete Schulze, sie solle nun eine »Talg-Show« machen: »Det is ’ne Sitzung, wo immer über einen hergezogen wird, wa.« Sie bat ihre Gesprächspartner herein: den oben bereits erwähnten Sportreporter und Moderator Heinz Florian Oertel, den Kammersänger und Moderator Rainer Süß sowie den Moderator und Produzenten der Sendung Heinz Quermann, über den Hahnemann wenig später ulkt: »Ick seh Ihnen dauernd in der Kantine rumsitzen. Sowat deutet ja immerhin auf Leiter.«

Die Herren wurden angewiesen, in einer für Talkshows typischen Sitzgruppe Platz zu nehmen. Die Gastgeberin traktierte noch schnell die Kameraleute mit witzigen Regieanweisungen, ehe sie mit einer wahren Wortkanonade über den »von allen internationalen Sportgaststätten« bekannten Oertel herfiel. Dem für seine Schlagfertigkeit bekannten Publikumsliebling Oertel gelang es trotz mehrfacher Versuche nicht, eine Antwort anzubringen. Entsprechende Bemühungen wurden mit schrillen Zurechtweisungen im Stil von »na, lassen Sie mich mal ausreden« bereits im Ansatz erstickt. Den anderen beiden erging es nicht besser. Als Traudel Schulze nach ihrer Suada bei der Abmoderation anlangte, hatte keiner der Anwesenden auch nur einen vollständigen Satz zuwege gebracht. Die Moderatorin beendete die einseitige Unterhaltung mit einer weiteren Frechheit: »Ick seh’ jrade, der Uffnahmeleiter zeigt mir ’n Vogel? Die Uhr, ja. Meine Herren – Ihre Zeit ist abgelaufen.«[13]

Der Faktor Jugend

Allgemein gesprochen, war das DDR-Programm geprägt von der Suche nach fernseheigenen Ausdrucksformen, die den Wünschen und Bedürfnissen der Zuseher gerecht wurden und zugleich die von der Sozialistischen Deutschen Einheitspartei (SED) als Staatsdoktrin vorgegebene ideologische Ausrichtung erfüllten. Die Verwirklichung dieser heiklen Programmpolitik stieß insbesondere im Bereich des jugendorientierten Fernsehens, das aus Sicht der SED dem Werben um die ›Hausherren von morgen‹ dienen sollte, auf schwer zu überwindende Probleme. Eine altersgemäße Ansprache mit visuellen und musikalischen Ausdrucksmitteln der gerade aktuellen Popkultur wie der zeitweilig den »Erscheinungen der amerikanischen Unmoral und Dekadenz«[14] zugerechneten und folglich geächteten Musik der Beat-Ära vertrug sich schlecht mit der spröden Agitation der Staatspartei und dem Erscheinungsbild ihres Generalsekretärs Erich Honecker, der kurz nach der Übernahme seines Amtes im Frühling 1971 dem Fernsehen insgesamt aufgegeben hatte, ihm zu einem besseren Image zu verhelfen.[15] Offiziös getönte Jugendsendungen fanden bei den Heranwachsenden nur wenig Interesse oder wurden skeptisch beäugt. Die »Agitationsshow«[16] ›rund‹ (1973–1988) beispielsweise lockte ihr Publikum mit einem cirka 70-prozentigen Musikanteil, begleitet von Interviews mit Propagandisten wie Karl-Eduard von Schnitzler oder Berichten über Staatsbesuche befreundeter Regierungschefs wie Leonid Breshnew. Auch junge Menschen kamen in dieser Reihe zu Wort, aber, so berichtet der spätere Filmemacher Olaf Kaiser, »dort war immer deutlich spürbar, dass die Fragen vorher abgesprochen waren. Da saßen dann auch Menschen in Blauhemden und gaben artig wieder, was man ihnen vorher aufgetragen hatte.«[17] Anlässlich der 75. Sendung am 15. Dezember 1979 trat das Moderatorenpaar selbst in blauen Hemden, der Uniform der offiziellen Jugendorganisation Freie Deutsche Jugend (FDJ), vor die Kameras.[18]

Eine Nische für das freie Wort – Der ›Jugendfilmklub‹

Wenngleich die Sparte Jugendfernsehen strikt reglementiert und ideologisch instrumentalisiert wurde, konnte dennoch wohl nur in diesem Bereich eine Nische entstehen, die vergleichsweise freizügige Gespräche zwischen nicht organisierten Jugendlichen erlaubte. Eingerichtet wurde die vom Ministerium für Volksbildung angeregte Reihe zunächst unter dem Titel ›Schülerfilmklub‹. Das anfangs sechs-, dann vierwöchentlich ausgestrahlte Programm unterstand der Chefredaktion Spielfilm, wurde später der Redaktion Filmpublizistik übertragen[19] und sollte der filmästhetischen Erziehung der jungen Zuschauer dienen. Entsprechend wurde auf dem zugewiesenen Sendeplatz im montäglichen Nachmittagsprogramm, der Beginn lag zwischen 15.00 Uhr und 16.00 Uhr, nach einer kurzen Einführung durch den jeweiligen Moderator ein eigens ausgewählter Kino- oder Fernsehfilm gezeigt, an den sich eine Diskussion zwischen geladenen Jugendlichen anschloss. Auf die programmliche Zusammenlegung von Spielfilm und Gesprächskreis ist zurückzuführen, dass die Reihe in den tabellarischen Übersichten der DDR-Fernsehillustrierten ›FF dabei‹ nicht als eigenständige Sendung erscheint und somit auch programmhistorisch kaum wahrgenommen wurde.

Die Auftaktsendung am 13. November 1974, noch unter der Moderation Christian Steyers, der einige Zeit später von dem jungen Dramaturgen Uwe Römhild abgelöst wurde, befasste sich mit Eisensteins Revolutionsdrama ›Panzerkreuzer Potemkin‹ (UdSSR 1925). Eine Wahl, die das angestrebte Reflexionsniveau der Reihe erkennen lässt.[20] Ab 20. September 1976 wurde der Titel in ›Jugendfilmklub‹ umgewandelt, »weil die Teilnehmer doch mehr und mehr unter die Rubrik ›Jugendliche‹ fielen und auch nicht mehr alle Schüler waren«.[21]

Der Zugang zum ›Schülerfilmklub‹ war gänzlich offen. Die ersten Teilnehmer wurden gewonnen, indem ein Redakteur im Umkreis des Studiobetriebs Adlershof Aushänge an den Schulen anbrachte. Drei Interessierte fanden sich zudem im Philosophieklub des Hauses der jungen Talente, die allerdings dem Zirkel nicht lange treu blieben, wie überhaupt die Besetzung einige Male wechselte, bis sich eine Art Stammrunde aus zirka zwölf Diskutanten herausbildete, wobei stets die Möglichkeit bestand, dass die Teilnehmer interessierte Freunde mitbrachten.

Einer der Mitwirkenden war der 1959 geborene spätere Regisseur Olaf Kaiser, der 2006 für seinen Dokumentarfilm ›Made in GDR – Alles über meine Freunde‹ die Geschichte des ›Jugendfilmklubs‹ recherchierte. Wie Kaiser berichtet, wurde der von der Redaktion ausgewählte Film jeweils drei Tage vor der Aufzeichnung gesichtet, dann noch einmal unmittelbar vor Beginn der Diskussion. Die jungen Leute »begannen, wenn es uns drängte, sofort zu diskutieren«.[22]

Dem Moderator kam die Aufgabe zu, die jeweilige Problematik für die Jugendlichen zu übersetzen und die Auseinandersetzung in Gang zu bringen. Uwe Römhild bestätigt: »Wir haben den Film gewissermaßen als Vehikel benutzt, um mit den Jugendlichen ins Gespräch zu kommen und mit ihnen über ihre Probleme zu reden. Das war ganz hilfreich.«[23] Bei der Auslese der Filme wurde insbesondere darauf geachtet, »dass es Filme waren, (…) die einen Bezug zu ihrem Leben hatten, die einen Bezug hatten zu dem, was sie beschäftigt hat oder was sie beschäftigen wird«.[24]

Es lag dabei durchaus in der Absicht der Veranstalter, dass sich die Diskussion vom Film löste und auf die konkrete Lebenswirklichkeit der Jugendlichen ausweitete. »Eigentlich ohne Tabus, wenn wir davon ausgehen, dass niemand in diesem Studio saß, der öffentlich gesagt hätte, dass die DDR, so wie sie ist, weg muss.«[25] Damit traf die Sendereihe die Interessen ihres Publikums, das auch Westberliner Zuschauer einschloss, wie sich an der brieflichen Resonanz ablesen ließ. Jugendliche aus beiden Teilen Deutschlands machten in ihren Schreiben ihre individuellen Probleme zum Thema und ließen erkennen, dass Elternhaus, Schule und andere Institutionen unzureichende Unterstützung boten. Uwe Römhild, nicht nur Moderator, sondern auch redaktionell eingebunden, übernahm die Beantwortung der Zuschauerpost, sah sich angesichts der dort geäußerten Nöte allerdings manches Mal überfordert. Das ging mitunter »über das hinaus, was ein Moderator leisten kann«.[26]

In den Sendungen selbst wurde auf eher abstrakte Weise Lebenshilfe gegeben. »Wir haben über Lebenshaltungen geredet. Opportunismus, Ehrlichkeit, Perspektive – wie geht man miteinander um. (…) Und für Ostverhältnisse war das erstaunlich offen, weil wir keine Zensur geübt haben. Wir haben auch kein Casting gemacht oder so. Wer wollte, konnte mitmachen.«[27]

Zwar stand die Sendung, wie Olaf Kaiser später ermitteln konnte, seitens der Staatssicherheit unter Beobachtung, auch erhielt die Redaktion die in solchen Fällen üblichen, als »helfende Hinweise« umschriebenen Ermahnungen.[28] Dennoch blieben freimütige Äußerungen, soweit bekannt, sowohl für die Gesprächsteilnehmer wie für die verantwortlichen Sendermitarbeiter, teils zur Verblüffung des beteiligten technischen Personals, ohne Konsequenzen. »Vielleicht war es ein Schutz, dass die Reihe immer als filmästhetische Sendung wahrgenommen wurde und nicht so sehr als Diskussionssendung, in der es um das Leben in der DDR ging«,[29] vermutet Kaiser.

Die jeweils einstündigen Debatten, in denen es sehr kontrovers zugehen konnte, wurden für die Ausstrahlung auf die im Programm vorgesehenen 30 Minuten gekürzt, ohne dass damit inhaltliche Eingriffe verbunden gewesen wären. Uwe Römhild baute während des Diskussionsverlaufs gelegentlich vor und sah es als seine Pflicht, »einige Teilnehmer vor sich selber zu schützen. Weil sie mit Äußerungen aufgewartet haben, die weitab von dem waren, was die Propaganda oder überhaupt die Ideologie vorschrieb.«[30]

Erst bei der letzten Sendung im Jahr 1978 zeigte sich die Willkür des Staatsapparates. In dem Spielfilm ›Ohne Märchen wird keiner groß‹ (DDR 1975) des Regisseurs Rainer Bär wie beim anschließenden Meinungsaustausch war unverblümte Kritik an den zermürbenden Lebensverhältnissen in Neubaukomplexen und damit indirekt am Wohnungsbauprogramm der Regierung geübt worden. Diese Ausgabe gelangte nicht mehr zur Ausstrahlung.

Stimme der Opposition – ›elf99 – Talk mit open end‹

Mit Aufkommen der Bürgerproteste und im Zuge des Machtverfalls des SED-Regimes in den späten 1980ern gewannen die jugendorientierten Sendungen über ihre Zielgruppe hinaus an Bedeutung. Das wöchentlich ausgestrahlte nachmittägliche Magazin ›elf99‹ (ab 1. September 1989)[31] bot einen ungewohnt kritischen Journalismus und brachte diesen auch in die Talk-Kultur ein. Als Ableger der Reihe entstand ›elf99 – Talk mit open end‹ mit Moderator Hellmuth Henneberg. Aus ›elf99 – Talk mit open end‹ wurde wenig später ›samsTALK‹. Ursprünglich war Hennebergs Kollege Jan Carpentier als Moderator vorgesehen gewesen, sagte aber kurzfristig ab. Der ›elf99‹-Redakteur Henneberg, der über kein privates Telefon verfügte, hatte am Tag der ersten Sendung die DFF-Studios nur aufgesucht, um einige Anrufe zu tätigen, und wurde ad hoc eingebunden. Mit ihm moderierte Gisela Oechselhaeuser vom Kabarett ›Die Distel‹. Zu den Gästen zählte Pfarrer Friedrich Schorlemmer, Mitbegründer des ›Demokratischen Aufbruchs‹. Geboten wurde, wie Henneberg rückblickend erinnert, »eine streitbare politische Talkshow und die war bestimmt durch die Ereignisse dieser Tage. Und natürlich durch die Gäste aus allen gesellschaftlichen Bereichen.«[32] Wie bei den ausdrücklich zum Vorbild erkorenen West-Talkshows wurde live gesendet. Das Publikum im Studio war zur Mitwirkung aufgefordert: »Die DDR-Bürger waren ja sprichwörtlich mündig geworden und wollten im Fernsehen mitmischen. Gerade zu Beginn haben wir das Publikumsmikro oft eingesetzt, da haben wir die Leute richtig angefeuert.«[33] Mitte 1991 wurde der für eine gewisse Respektlosigkeit auch gegenüber West-Politikern bekannte ›samsTALK‹ trotz unverändert guter Zuschauerzahlen eingestellt.[34]

Noch kürzer blieb ›Disput‹ im Programm, eine seit 24. April 1990 veranstaltete Gesprächsrunde mit Journalisten und Politikern, ursprünglich gedacht als reguläre Fortsetzung der zeitweilig (ab 8. Januar 1990) live übertragenen basisdemokratischen Debatten, die unter dem Stichwort ›Runder Tisch‹ in die Geschichte eingegangen sind.

Rebellische Töne waren zuvor auch im Unterhaltungsmagazin ›ukw‹ (ab 6. Januar 1987, vierteljährlich) angeklungen. In einer knapp vor dem Mauerfall produzierten, am 29. November 1989 ausgestrahlten Sonderausgabe hatten Moderatoren und Künstler unter dem Titel ›Zugegeben: ukw-Talk‹ über die Struktur der einheimischen Musikbranche diskutiert und dabei offen die aus einer strikt parteipolitisch reglementierten Geschäftsführung entstehenden Nachteile angesprochen.[35]

Zwischenbild

Wie im Westfernsehen entstanden die ersten Gesprächssendungen des DDR-Fernsehfunks in einer Phase, als Direktübertragungen vorherrschten. Der, nach Heinrich von Kleist, »allmählichen Verfertigung der Gedanken beim Reden« beizuwohnen, bedeutete ein gänzlich anderes Erleben als die festgelegte szenische Abfolge des Kinofilms und war somit eine bis dato unbekannte Attraktion. Es liegt auf der Hand, dass eine dirigistische und zensurierende Staatsführung in dieser Sendeform Gefahrenpotenzial erkannte.

Entsprechend beschränkte sich das thematische Spektrum der mit Ausnahme von ›Porträt per Telefon‹ stets vorweg aufgezeichneten Gesprächssendungen auf unverfängliche kulturelle Themen und nostalgisch-unterhaltsame Plaudereien. Explizit politisch wurde die Talkshow erst, als das Machtgefüge der Sozialistischen Einheitspartei brüchig und der Niedergang absehbar geworden war. Vor allem junge Mitarbeiter des Staatsrundfunks nahmen eine skeptische bis oppositionelle Haltung ein und stellten Funktionäre rundheraus zur Rede, statt ihnen botmäßige Fragen vorzulegen. Gerade diese in jeder Richtung kritischen Sendungen wurden nach der Wiedervereinigung und der Zerschlagung des Ostfernsehens nicht fortgeführt. Kontinuierlich präsent blieb hingegen der heiter-nostalgische Gestus früherer DDR-Unterhaltungs-Talkshows.

10. Schlussbild

Ob einfache Mitteilung oder sophistischer Disput mit rhetorischen Finessen – noch vor der Schrift ist das Gespräch vornehmstes Mittel zwischenmenschlichen Austauschs und damit folgerichtig Basis jeder medialen Kommunikation. Auch gedruckte Periodika bedürfen der mündlichen Äußerung; der moderne Journalismus wäre ohne persönlichen Austausch, ohne Frage und Antwort, ohne das Interviewgespräch nicht denkbar. Druckschriften übernahmen das Gespräch auch im übertragenen Sinne – Christian Thomasius gab seinem 1688 gegründeten Zeitschriftenvorläufer den Titel ›Monatsgespräche‹.

Es erscheint selbstverständlich, dass der Hörfunk das Gespräch in sein Angebotsrepertoire aufnahm. Doch mussten die heute allgegenwärtigen Formen erst einmal erdacht oder gefunden werden. Die Väter des Weimarer Rundfunks waren dem Volksbildungsgedanken verpflichtet und fanden zum funkischen Gespräch, weil sie Wissen vermitteln und den Hörer dabei gedanklich einbinden wollten. Der didaktisch angelegte Wortwechsel bewährte sich und wurde bald auf andere Themen ausgeweitet. Ob verabredet oder extemporiert, über das Gespräch konnten Informationen aller Art transportiert und politische Inhalte zur Diskussion gestellt werden. Heitere Einschübe trugen zur Unterhaltung bei, die alltägliche Praxis schuf letztendlich alle erdenklichen Mischformen.

Das Fernsehen, dem Hörfunk anfangs organisatorisch und inhaltlich eng verbunden, begann seinen Betrieb mit monologischen und dialogischen Vorträgen und versammelte mehrere Gesprächspartner am Runden Tisch, der dem Genre zeitweilig den Namen gab. Fortdauernd gepflegt, entwickelte es sich weiter zum fernsehspezifischen Sendetypus, der unter verschiedenen Bezeichnungen geführt wurde und heute als Talkshow so ziemlich jedem Fernsehnutzer ein Begriff ist. Die Talkshow brachte einige prominente, wohlerinnerte Einzeltitel hervor, findet sich aber auch in den weniger beachteten Programmbereichen, im nur teilweise schriftlich überlieferten Spätprogramm der 1950er und im Jugendprogramm der 1960er-Jahre, in den regionalen und in den Spartenkanälen. Und ihrer günstigen Herstellungsweise wegen geballt immer wieder dort, wo bei der Programmproduktion gespart werden muss, sei es in der Gründungsphase neuer Sender oder generell in publikumsschwachen Sendezeiten, am Nachmittag und in der Nacht.

Über die Jahre erlebte das Genre eine breite Ausdifferenzierung. Subgenres entstanden, oft in Zusammenhang mit aktuellen Zeitströmungen. Manche etablierten sich, blühten auf, andere verschwanden kurz- oder mittelfristig wieder vom Bildschirm, weil es ihnen an Substanz gebrach oder weil versäumt worden war, sie rechtzeitig der bei jeder Sendeform allenthalben notwendigen Modernisierung zu unterziehen.

Der Wandel des Genres entspricht damit in Teilen einer Umwälzung – überholte Formate sterben ab, neue kommen auf; zuweilen werden alte Formen neu entdeckt. Die in den letzten Jahren zu beobachtende fortschreitende Segmentierung des Publikums, das immer seltener gemeinsamen Stoff für ›Teeküchengespräche‹ – im angelsächsischen Raum kennt man die *watercooler topics* – findet, trägt zu solchen Veränderungen bei. Neuerungen verbinden sich teils mit Spartenkanälen, die ihrer Zuschauerschaft thematisch verengte Talkshows beispielsweise im Sport- oder auch im religiösen Bereich bieten, aber auch mit dem Voranschreiten der Technik, sichtbar unter anderem in der WDR-Reihe ›Hart, aber fair – Das Reizthema‹ (seit 2001), in der der Moderator Frank Plasberg dank leistungsstarker Computer ohne den Umweg über die Bildregie, somit spontan und verzögerungsfrei, Einspielfilme abrufen kann. Damit bietet sich ihm unter anderem die Möglichkeit, die Auskünfte seiner Gäste zu be- oder zu widerlegen oder widersprüchliche Angaben zu entlarven. Eine neue Art von Konfrontations-Talk also: Die Protagonisten, Politiker zumeist, werden mit ihren zurückliegenden Aussagen konfrontiert, eine inzwischen von anderen Sendungen übernommene Methode verschärfter Kontrolle mit womöglich erheblichen Auswirkungen auf die politische Kultur, die zu untersuchen sich in einigen Jahren als spannende Aufgabe erweisen dürfte.

Womit dann schon gesagt wäre, dass die Entwicklungsgeschichte der Talkshow lange nicht abgeschlossen ist; sie wird peu à peu weitergeschrieben. Der Verfasser der vorliegenden Studie war darum bemüht, die dazu notwendigen historischen Aspekte beizusteuern. Die Arbeit hat einen wesentlichen Zweck erfüllt, wenn sie zur weiteren Beschäftigung mit der Programmgeschichte animiert, und schließt in diesem Zusammenhang – auch aus leidiger Erfahrung – mit dem Appell an die Fernsehanstalten beider Systeme, ihre Programmbestände zu erhalten, zu pflegen und der wissenschaftlichen Auswertung zugänglich zu machen.

Anhang

Anmerkungen

Einleitung: Die Talkshow – Ein Baukasten

1 Vgl. u. a. Hans-Friedrich Foltin 1994, S. 69–73, und Hartwig Kalverkämper 1979, S. 410. Auffällig zeigt sich der Wandel der Typologien im direkten Vergleich von Hartwig Kalverkämper 1979, Scha. / Re. 1989 und Jens Tenscher / Christian Schicha 2002. Vgl. Harald Keller 2007, S. 20–29.

2 Hartwig Kalverkämper 1979, S. 421.

3 Reinhard Lüke 2008, S. 41.

4 Vgl. ARD-Jahrbücher, exemplarisch ARD 2001, S. 207. Die auch anderweitig praktizierte Zuordnung zum Unterhaltungsbereich hat primär organisatorische Gründe, denn sie erlaubt die gemeinsame Finanzierung der Sendereihe durch mehrere ARD-Anstalten.

5 ARD 2002, S. 222. Vgl. auch die Meldung zum Start der Sendung in ARD 1999, S. 245 f.

6 Brian G. Rose 1985, S. 329.

7 Günther Drosdowski 1990, S. 716.

8 Kurt Wilhelm 1965, S. 99 f. Ergänzend S. 103.

9 Süddeutscher Rundfunk o. J., S. 50.

10 Samstag, 05.07.1958 auf http://www.tvprogramme.net/. Zugriff 01.11. 2008, 19.40 Uhr.

11 Exemplarisch http://www.tvprogramme.net/tvp/60/1960/19600227.htm. Zugriff 22.05.2005, 18.55 Uhr. Im Besucherbuch der Web-Seite www.tvprogramme.net erinnert sich Leser Willi Eisenberg aus Oberhausen: »Ich kann mich aber noch an Samstagnachmittage erinnern, an denen Perry Como ausgestrahlt wurde. Ich fragte mich dann, wieviel Leute sind außer mir so gelangweilt, daß sie sich das antun.« (http://www.tvprogramme.net/guestbook02.htm; Zugriff 22.05.2005, 19.14 Uhr)

12 Zwei Folgen, 24. November 1962 und 12. Januar 1963. Süddeutscher Rundfunk o. J., S. 60.

13 »Geht jemand mit Elan neue Wege, wie Michael Pfleghar mit einigen Revueinszenierungen, so klopft man ihm günstigstenfalls gönnerhaft auf die Schulter: ganz begabt, aber schlecht. Und die infratests beweisen die totale Ablehnung durch das Publikum.« (Kurt Wilhelm 1965, S. 98)

14 Wolfgang Jacobmeyer 1975, S. 312.

15 Janet Dunbar 1954, passim.

16 ›Talk, Aktionen und Musik – Mitten im Leben‹. Vgl. die NDR-Programmwochenvorschauen, hier zitiert: 06/2003, S. 48.

17 Zit. n. einem Filmausschnitt aus: Die Schaubuden-Story, 06.12.1997, NDR. Vgl. Ernst Koster 1960, S. 453.

18 M. Reufsteck/Stefan niggemeier: Fernsehlexikon. München 2005, S. 987.

19 Mehr zu diesem Thema u.a. bei Lothar Mikos 1995, S. 169–180, und bei Gebhard Rusch 1993, S. 289 ff.

20 Zu religiösen Sendungen im Programm von NBC Europe siehe Harald Keller 2001.

21 Die Hugo-Egon-Balder-Produktion hatte Sendestart am 25. November 2005 und lief ab 21. April 2006 unter dem neuen Titel ›Der heiße Brei‹.

1. Themen und Traditionen – Die Talkshow in den USA

1 Erik Barnouw 1990, S. 89 ff. Ergänzend Robert L. Hilliard / Michael C. Keith 1992, passim.

2 Dietmar Ostermann 2002.

3 An dieser Stelle weist der Originaltext eine Fußnote auf, die hier insbesondere mit Hinblick auf die späterhin in den Funkmedien ähnlich aufzufindende Funktion des ›Moderators‹ als eines Organisators und Leiters öffentlicher Gespräche und Debatten zitiert wird: »The presiding officer in the synods and assemblies of the Scottish Presbyterian Church is still called the Moderator. This is also the president's title in the synods of the American Presbyterian churches, and in the councils of the congregationalist and associations of the Baptist churches.« Vgl. James Bryce 1901, S. 594.

4 James Bryce 1901, S. 594 f. Zu den weiteren, auch philosophischen Auswirkungen »jener ältesten politischen Praxis der Amerikaner« (Baumgarten) vgl. Eduard Baumgarten 1966, S. 220 f., und George Herbert Mead 1929/30, S. 211 ff.

5 Carl Bode 1956, S. X. Bodes Untersuchung trägt den im hier verhandelten Kontext bezeichnenden Untertitel: ›Town Meeting of the Mind‹.

6 Carl Bode 1956, S. 250.

7 Ian Haywood 2004 beschreibt die analoge Entwicklung im viktorianischen Großbritannien. Zu den von ihm herangezogenen Periodika zählt das Wochenblatt ›People's Journal‹, dessen Untertitel Aufschluss gibt über Leserbedürfnisse sowie die Angebotsstrategien jener Verlage, denen es gelang, Publikationen konservativerer Ausrichtung zu verdrängen: ›An Illustrated Weekly Periodical Combining Amusement, General Literature, and Instruction‹. (S. 195)

8 Carl Bode 1956, S. 33 f. Habermas beschrieb dagegen die Schwelle zwischen persönlichem Auftreten in der Öffentlichkeit und moderner Medien-

nutzung als scharf gezogene Grenze und beurteilte den Wandel kritisch: »Ihren politischen Charakter büßt indessen diese erweiterte Öffentlichkeit in dem Maße ein, in dem die Mittel der ›psychologischen Erleichterung‹ zum Selbstzweck einer kommerziell fixierten Verbraucherhaltung werden konnten.« (Jürgen Habermas 1962, S. 186 f.)

9 Carl Bode 1956, S. 250.

10 Idealtypisch z. B. ›Unsere kleine Stadt‹ (›Our Town‹, USA 1940) und »Ist das Leben nicht schön?‹ (›It's A Wonderful Life‹, USA 1947). Siehe ferner, neben diversen Beispielen aus dem Westerngenre, auch Serien mit zeitgenössischen Inhalten wie ›Picket Fences‹ (USA 1992–1997) und ›Gilmore Girls‹ (USA, ab 2001), in denen die Bürgerversammlung ein wiederkehrendes Motiv darstellt.

11 John H. Ferguson / Dean E. McHenry 1977, S. 13. Siehe auch S. 42 (›Representative Democracy‹) und 201 (›The Overburdened Voter‹).

12 Als siebter Präsident führte Andrew Jackson die Vereinigten Staaten von 1829 bis 1837. Seine Amtszeit wurde geprägt durch eine populistische Gegenreaktion wider »the Federalist mistrust of the people as ›the mob‹, seeing them instead as ›the source of all wisdom‹ and distrusting ›the experts‹«. Wayne Munson 1993, S. 21.

13 Wayne Munson 1993, S. 24.

14 Wayne Munson 1993, S. 20 f.

15 »Heute, da die überwiegende Mehrzahl der Amerikaner im städtischen Milieu ansässig ist und man annehmen könnte, dass dementsprechend auch ›urbane‹ Werte die Oberhand im Lande gewonnen hätten, gilt jedoch immer noch, ganz im *Jefferson*schen Sinne, dass der Land- und Hausbesitzer in der Gemeinschaft gleich gesinnter Nachbarn in kleinen selbstverwalteten Gemeinden ein besserer, unabhängiger Demokrat und politisch reifer und aktiver sei als die städtischen ›Wertneutralen‹ oder gar die Massen der Habenichtse in den Mietwohnblöcken und Sozialwohnungen (…), die unamerikanischen Einwanderer und die Zukurzgekommenen und Verlierer der Gesellschaft.« (Lutz Holzner 1996, S. 27)

16 Wayne Munson 1993, S. 7.

17 Vgl. Hans-Jürgen Jakobs 2004, S. 35.

18 Tanjev Schultz 2004 b, S. 35

19 Peter W. Jansen / Wolfram Schütte: John Cassavetes. München/Wien 1983, S. 148

20 Bernhard Wittek 1989, Teil 2, S. 3.

21 Zur Geschichte und Spezifik des US-amerikanischen Rechtssystems, auch in medialem Zusammenhang, siehe Matthias Kuzina 2000, insbesondere S. 57 ff. Eine vertiefende Darstellung liefert Peter Hay 1995.

22 Am 01. 07. 1991 nahm in den USA der Kabelkanal Court TV seinen Betrieb auf, dessen Angebot unter anderem direkt übertragene Gerichtsverhandlungen umfasst.

23 Peter Pohle 1993, S. 138 f.

24 Harry Castleman / Walter J. Podrazik 1982, S. 33. »This seemed the perfect setting for a television discussion show.« (Ebd.)

25 Harry Castleman / Walter J. Podrazik 1982, S. 128.

26 In der Aufbauphase des 1961 vom Bundesverfassungsgericht für nicht rechtens erklärten kommerziellen Anbieters Freies Fernsehen GmbH wurde eine deutschsprachige Version von ›Meet The Press‹ vorbereitet, die unter dem Titel ›Im Kreuzfeuer‹ sonntags um 12.00 Uhr, also in direkter Konkurrenz zu Werner Höfers ›Internationalem Frühschoppen‹, gesendet werden sollte (vgl. Rüdiger Steinmetz 1995, S. 332). ›Im Kreuzfeuer‹ hieß später eine Rubrik innerhalb des 1965 eingeführten politischen Magazins ›Monitor‹, von der noch die Rede sein wird.

27 Mindy Nix 1974, S. 67.

28 1947 war die von Jack Barry moderierte Reihe für drei Monate zusätzlich im NBC-Fernsehen präsent. 1951 wurde sie wiederaufgenommen und bis 1955 fortgeführt.

29 Vincent Terrace 1981, S. 146 f.

30 Vincent Terrace 1981, S. 264.

31 Robert L. Hilliard / Michael C. Keith 1992, S. 115 f., und Erik Barnouw 1990, S. 103 f.

32 Erik Barnouw 1990, S. 103.

33 Tim Brooks 1987, S. 82, und Robert L. Hilliard / Michael C. Keith 1992, S. 116.

34 Vance Kepley, Jr. 1990, S. 49.

35 Erik Barnouw 1990, S. 189, und Brian G. Rose 1985, S. 331.

36 Dazu äußert sich ausführlich mit zahlreichen Beispielen Klaus Winckler 1984, S. 79.

37 »Because most programs had only one sponsor, advertisers, through their advertising agencies, had virtually total control over television programming, not only approving of scripts and performers but sometimes supervising production values and censoring dialogue and ideas as they wished.« Robert L. Hilliard / Michael C. Keith 1992, S. 149.

38 Vance Kepley, Jr. 1990, S. 48.

39 Vgl. Les Brown 1992, S. 525 f., und Harry Castleman / Walter J. Podrazik 1982, S. 91 f.

40 »His variety programs, dramas, and the like would feature talent that no syndicator, let alone local station, could hope to afford.« Vance Kepley, Jr. 1990, S. 46.

41 Der von Gian Carlo Menotti geschriebene und komponierte Einakter wurde am 24. Dezember 1951 in den New Yorker NBC-Studios uraufgeführt. (Sam Frank 1999, S. 157)

42 Zit. n. Vance Kepley, Jr. 1990, S. 47. Weavers Programmpolitik führte unter anderem zu einer regelmäßigen Zusammenarbeit mit dem Sponsor

und Programmlieferanten Hallmark, dessen monatliche Reihe ›Hallmark Hall of Fame‹ ambitionierte Aufführungen klassischer wie zeitgenössischer Autoren garantierte.

43 ›Home‹, vom 1. März 1954 bis 9. August 1957 im Programm, wurde als eine der ersten Sendungen teilweise in Farbe ausgestrahlt, erzielte akzeptable Zuschauerzahlen, erwies sich aber als zu teuer und wurde deshalb eingestellt. Vgl. Alex McNeil 1996, S. 385, und Wesley Hyatt 1997, S. 215.

44 Bernard M. Timberg 2004, S. 2256.

45 Zit. n. Harry Castleman / Walter J. Podrazik 1982, S. 70.

46 Zit. n. Duncan Bock 2002, S. 59.

47 Harry Castleman / Walter J. Podrazik 1982, S. 70. Dazu Abbildungen u. a. bei Erik Barnouw 1990, S. 147, und bei Wesley Hyatt 1997, S. 436.

48 Walter Hilpert 1953, S. 161.

49 Walter Hilpert 1953, S. 160.

50 Walter Hilpert 1953, S. 160 f.

51 Walter Hilpert 1953, S. 161.

52 Wolfgang Brobeil 1953, S. 163.

53 Zit. n. Erik Barnouw 1990, S. 148.

54 Brobeil nennt für das Jahr 1953 als Werbeverkaufspreis 15 000 Dollar für sieben Minuten pro Stunde. Vgl. Wolfgang Brobeil 1953, S. 165.

55 J. Fred MacDonald 195, S. 111.

56 Tim Brooks / Earle Marsh 1995, S. 138.

57 Tim Brooks / Earle Marsh 1995, S. 138, und Sam Frank 1999, S. 253. Bei Frank ausführliche berufsbiographische Angaben zu den Hauptpersonen der Sendereihe, insbesondere zu ihrem weiteren Verbleib.

58 »Though skits, gags and musical numbers were staples, much of each night's show, whoever hosted it, was ad lib.« Sam Frank 1999, S. 253.

59 Sam Frank 1999, S. 254.

60 »(…) probably the first song ever to become a hit through television exposure (…)« Tim Brooks / Earle Marsh 1995, S. 138.

61 »Though not ruling out the resumption of network control, the affiliates made it clear that any new late night program would have to be worth more to them than their films.« Harry Castleman / Walter J. Podrazik 1982, S. 92.

62 So Brian G. Rose 1985, S. 331. Abweichend gibt Michael McCall 1992 WNBT-TV als Herkunftssender an (S. 96).

63 Unter anderem spielte er die Titelrolle in ›The Benny Goodman Story‹ (USA 1955).

64 Steve Allen 1992, S. 132.

65 Tim Brooks / Earle Marsh 1995, S. 1050.

66 Brian G. Rose 1985, S. 331 f.

67 Tony Hendra 1996, S. 91.

68 Tony Hendra 1996, S. 91/93. Dort auch ein Auszug aus Mort Sahls Solo-

vortrag in »The Steve Allen Plymouth Show« aus dem Jahr 1960. Zu den größeren Freiheiten im Tages- und Spätprogramm vgl. Harry Castleman / Walter J. Podrazik 1982, S. 93, besonders das dort wiedergegebene Johnny-Carson-Zitat.

69 Brian G. Rose 1985, S. 332. Ähnlich der Befund bei Harry Castleman / Walter J. Podrazik 1982, S. 93.

70 »I think we all borrowed from Steve Allen.« Zit. n. David Bianculli 1996, S. 315.

71 Donald Horton / R. Richard Wohl 2001, S. 80–81. Im Original: »Furthermore, the persona may try to step out of the particular format of his show and literally blend with the audience. Most usually, the persona leaves the stage and mingles with the studio audience in a question-and-answer exchange. In some few cases, and particularly on the Steve Allen show, this device has been carried a step further. Thus Allen has managed to blend even with the home audience by the maneuver of training a television camera on the street outside the studio and, in effect, suspending his own show and converting all the world outside into a stage. Allen, his supporting cast, and the audience, both at home and in the studio, watch together what transpires on the street – the persona and his spectators symbolically united as one big audience. In this way, Allen erases for the moment the line which separates persona and spectator.« Donald Horton / R. Richard Wohl 1986, S. 189. Hortons und Wohls Thesen zur ›Persona‹ werden gestützt durch das Steve-Allen-Zitat bei Harry Castleman / Walter J. Podrazik 1982, S. 93.

72 Harry Castleman / Walter J. Podrazik 1982, S. 112.

73 »Not a singer, not a comic, he made his name by being himself – witty, irreverent, emotions on his sleeve.« Tim Brooks 1987, S. 650.

74 Tony Hendra 1996, S. 93 f.

75 Brian G. Rose 1985, S. 333.

76 Hal Gurnee 2006.

77 Michael McCall 1992, S. 96.

78 Herbert Marshall McLuhan 1992, S. 352 f. McLuhan nennt als Sendedatum den 8. März 1963. Tatsächlich ereignete sich die beschriebene Episode während des Wahlkampfes 1960. 1963 hatte bereits Johnny Carson die Moderation der Sendereihe übernommen.

79 Brian G. Rose 1985, S. 332.

80 David Bianculli 1996, S. 316.

81 Vgl. Gerd Hallenberger / Joachim Kaps (Hg.) 1991, S. 154.

82 »(…) as much a talkshow as a gameshow.« David Marc / Robert J. Thompson 1995, S. 253.

83 »But the networks, like the movie studios before them, eventually settled for profit-maximization formulas that, by their very nature, sought to minimize the serendipity of individual performance.« David Marc / Robert J. Thompson 1995, S. 16.

84 Vgl. David Marc / Robert J. Thompson 1995, S. 15. Dort ebenfalls der Hinweis auf eine Anzeige der Künstleragentur William Morris aus dem Jahr 1948, in der unter der Schlagzeile »Vaudeville is Back« neue Klienten gesucht wurden.

85 Die technischen Einzelheiten bei Christian Bachem 1995, S. 23. Zu den Restriktionen der FCC und den Auswirkungen des Korea-Krieges auf den technischen Fortschritt vgl. Robert L. Hilliard / Michael C. Keith 1992, S. 131 f.

86 Vance Kepley, Jr. 1990, S. 54.

87 In Deutschland zum Beispiel begann am 16.2.1956 mit Ausstrahlung der ersten Folge der US-Serie ›Rin Tin Tin‹ »die lange Traditionslinie der Kaufproduktionen im Deutschen Fernsehen« (Joan Kristin Bleicher 1993, S. 79). Ergänzend Thomas Hruska / Jovan Evermann 2004, Bd. 3, S. 644 f.

88 Vance Kepley, Jr. 1990, S. 55.

89 Vgl. Harald Keller 1999, S. 49 ff. und S. 345 ff.

90 David Marc / Robert J. Thompson 1995, S. 50.

91 Donald Horton / R. Richard Wohl 1986, S. 188.

92 Vgl. Brandon Tartikoff 1992, S. 101 ff.

93 Vgl. Bernard M. Timberg 2004, S. 2256.

94 Brandon Tartikoff 1992, S. 102.

95 Einen anschaulichen, obgleich aus der Warte eines fiktiven höheren Angestellten verfassten Überblick über Themen und Personal der nächtlichen Talkshows zwischen dem 22.1. und 4.3.1968 gibt Saul Braun 1978. Zur Geschichte der ›Tonight Show‹ siehe: Robert Metz: The Tonight Show, New York 1980; ferner Don Sweeney: Backstage at the Tonight Show, Boulder 2006. Die Querelen um die Nachfolge Johnny Carsons beschreibt Bill Carter: The Late Shift, New York 1994 (1996 unter gleichem Titel verfilmt).

96 Barbara Moore 1980 passim.

97 Klaus Winckler 1984, S. 83.

98 Barbara Moore 1980, S. 32.

99 Klaus Winckler 1984, S. 78.

100 Vgl. die ausführliche Erläuterung in Eric Karstens / Jörg Schütte 1999, S. 168 ff.

101 Im Jahr 1968 wurden wochentags folgende, nach Tageszeit gestaffelte Werbepreise erzielt:
07.30 Uhr bis 10.00 Uhr: 7000 bis 10 000 Dollar/Minute (entsprach damals 28 000 bis 40 000 DM)
10.00 Uhr bis 18.30 Uhr: 3000 bis 14 000 Dollar/Minute
18.30 Uhr bis 19.30 Uhr: 10 000 bis 23 000 Dollar/Minute
19.30 Uhr bis 23.00 Uhr: 35 000 bis 60 000 Dollar/Minute
Für aktuelle Sondersendungen, Sportübertragungen und publikumswirksame Spielfilme wurden die Preise jeweils gesondert ausgehandelt.

Quelle: Hanns Joachim Friedrichs 1968: Von grünen Riesen und anderen Helden. Beobachtungen auf amerikanischen Bildschirmen. TV-Dokumentation, ZDF.

102 Bernard M. Timberg 2004, S. 2256.

103 So bezeichneten Programmgestalter ursprünglich die Zeitzone zwischen 6.00 Uhr morgens und 17.00 bzw. 18.00 Uhr; inzwischen werden feinere Unterteilungen vorgenommen.

104 Phil Donahue 1981, S. 99.

105 »My ›public personality‹ had been established through *Conversation Piece.* (…) My ›public face‹ had been established through the evening TV newscasts, and my ›public connections‹ were being developed through all the fat-cat interviews on *Business Trends.*« Phil Donahue 1981, S. 99.

106 Bernard M. Timberg 2004, S. 2256.

107 Phil Donahue 1981, S. 125.

108 »A lot of people call me a radical fink. They say I'm destroying the fabric of America.« Zit. n. Wesley Hyatt 1997, S. 131.

109 Robert L. Hilliard / Michael C. Keith 1992, S. 193.

110 Dazu eine Bildstrecke in Phil Donahue 1981, S. 222 f. Dem Thema Zensur widmet er ein eigenes Kapitel. Vgl. S. 217–221.

111 Phil Donahue 1981, S. 244.

112 Erstveröffentlichung in TV Guide, November 11, 1995. Hier zit. n. Duncan Bock 2002, S. 75.

113 ›Oprah‹ rückwärts gelesen ergibt ›Harpo‹.

114 2005 setzte die Wirtschaftsillustrierte ›Forbes‹ Oprah Winfrey auf Platz eins der alljährlich veröffentlichten ›Celebrity 100‹; im Vorjahr rangierte Winfrey auf Platz 8. (http://www.forbes.com/static/celeb05/05celebrityland.html, Zugriff 17.06.2005, 12.19 Uhr)

115 Lynn Hirschberg 2008.

116 Zu Morton Downeys *Combat*-Talkshow vgl. weiter unten das Kapitel über ›A. T. – Die andere Talkshow‹.

117 Jerry Springer »took this carnivalesque form of TV talk, supported by a clever multimedia merchandizing strategy, to new levels of grotesquerie«. Bernard M. Timberg 2004, S. 2259.

118 Vgl. Christa Piotrowski: Links überholen auf dem Boulevard. In: Neue Zürcher Zeitung, 24. Juni 2005. Http://www.nzz.ch/2005/06/24/em/articleCVPYC.html. Zugriff 16.05.2007, 11.36 Uhr.

2. Programmgeschichte der Rundfunkgespräche in Deutschland

1 Hans Bredow 1950.

2 Hansjürgen Koch / Hermann Glaser 2005, S. 21 ff.

3 Hermann Schubotz 1950, S. 268.

4 Vgl. Fußnote Hermann Schubotz 1950, S. 269.

5 HERMANN SCHUBOTZ 1950, S. 269.
6 HERMANN SCHUBOTZ 1950, S. 269.
7 Vgl. Karl Würzburger: Im Schatten des Lichts. Bayreuth 1997 und das Nachwort von Rainer-Maria Kiel: Christlicher Glaube und jüdisches Erbe: Der Rundfunkpionier, Schriftsteller und Kulturpolitiker Dr. Karl Würzburger (1891–1978).
8 KARL WÜRZBURGER 1950, S. 152.
9 KARL WÜRZBURGER 1950, S. 153.
10 KARL WÜRZBURGER 1950, S. 153.
11 KARL WÜRZBURGER 1950, S. 154.
12 KARL WÜRZBURGER 1950, S. 154.
13 KARL WÜRZBURGER 1950, S. 154.
14 KARL WÜRZBURGER 1950, S. 154.
15 KARL WÜRZBURGER 1950, S. 154. Vgl. im selben Band die Beiträge von Dr. Hans Flesch (Intendant des Berliner Rundfunks) und Herbert Ihering, S. 326 ff., sowie das nachfolgende (S. 333) Protokoll einer Aussprache zwischen den Teilnehmern Ernst Hardt, Ludwig Fulda, Hans Kyser, Arnold Zweig, Alfons Paquet, Georg Engel, Direktor Marschall, Herbert Eulenberg.
16 WILHELM OHNESORGE / HERMAN ROEMMER 1956, S. 196. Roemmer war beim NS-Fernsehen 1940 als Aufnahmeleiter und ›Leiter vom Dienst‹ beschäftigt. Der engagierte Nationalsozialist Ohnesorge wurde 1929 Präsident des Reichspostzentralamtes, nach der Machtübernahme Staatssekretär und war von 1936 bis 1945 als Reichspostminister unter anderem für die technische Seite des Fernsehsendebetriebs verantwortlich. Nach einem glimpflich verlaufenen Verfahren im Jahr 1948 wurde Ohnesorge in einer Revisionsverhandlung 1949 als hauptschuldiger NS-Verbrecher eingestuft, sein Vermögen beschlagnahmt. Er starb 1962 in München. Quellen: Munzinger-Archiv 1962 und Ernst Klee: Das Personenlexikon zum Dritten Reich. Wer war was vor und nach 1945. Frankfurt am Main 2005, S. 443 f.
17 Den Ablauf eines solchen Debattenabends beschrieb Rudolf Arnheim unter dem Titel ›Stafetten-Gespräch‹ in ›Die Weltbühne‹, Nr. 3, 17. Januar 1933, S. 115 f.
18 PETER MARCHAL 2004, S. 258.
19 FRANK WARSCHAUER 1929, S. 707. Mit dem Diskussionspartner ist vermutlich Peter Martin Lampel (1894–1965) gemeint, ein Lehrer, Schriftsteller, Maler, Drehbuchautor (›Westfront 1918‹) und Journalist, der die 1928 als Buch aufgelegte Reportageserie ›Jungens in Not‹ verfasst und unter dem Titel ›Revolte im Erziehungshaus‹ auch auf die Bühne gebracht hatte. In der NS-Zeit waren Lampels Werke verboten, der Autor wurde kurzzeitig verhaftet und ging danach ins Exil. Quellen: Munzinger-Archiv 1965 und Herbert A. Strauss/Werner Röder (Hg.): International Biographical Dictionary

of Central European Emigrés, Vol. II/Part 2: L-Z, München/New York/London/Paris 1983, S. 684.

20 Vgl. HEINZ POHLE 1955, S. 60 ff.

21 ›Die Richtlinien für die Regelung des Rundfunks‹ von 1926, zitiert bei HEINZ POHLE 1955, S. 51 f.

22 HEINZ POHLE 1955, S. 74.

23 HEINZ POHLE 1955, S. 75.

24 Hermann Schubotz: ›Politik und Rundfunk‹. In: Rundfunkjahrbuch 1930, Berlin, o. J., S. 107 ff., hier zit. n. HEINZ POHLE 1955, S. 80.

25 Druckfassung in: ›Funk‹, H. 2, 10. Januar 1930, S. 6, hier zit. n. HEINZ POHLE 1955, S. 81.

26 ›Mitteilungen der Reichs-Rundfunk-Gesellschaft m.b.H.‹, Nr. 108, 12. Dezember 1928, Bl. 1, hier zit. n. HEINZ POHLE 1955, S. 82.

27 Hermann Schubotz: ›Politik und Rundfunk‹, in: Rundfunkjahrbuch 1930, Berlin, o. J., S. 109–111, hier zit. n. HEINZ POHLE 1955, S. 83.

28 Reinhard Mumm: ›Weltanschauung und Rundfunk‹, in: ›Rufer und Hörer‹, H. 6, Oktober 1931, S. 249–252, hier zit. n. HEINZ POHLE 1955, S. 67.

29 Über die in der Weimarer Zeit üblichen Zensurmaßnahmen berichten aus zeitgenössischer Sicht Jacob Blauner: Rundfunk-Zensur, in ›Die Weltbühne‹, Nr. 4, 25. Januar 1927, S. 143 f., ferner Felix Mendelssohn: ›Der unpolitische Rundfunk‹ in: ›Die Weltbühne‹, Nr. 13, 29. März 1927, S. 494–498 (Gesamtausgabe, Königstein/Ts. 1978). Zum Versuch, im Jahr 1930 eine Hörfunkdiskussion mit Joseph Goebbels zu arrangieren, um so rechtsnationales Gedankengut zu propagieren, siehe ARNOLT BRONNEN 1985, S. 301 f.

30 Eckert hatte 1936 mit dem Thema ›Gestaltung eines literarischen Stoffes in Tonfilm und Hörspiel‹ promoviert. 1937 folgte die Schrift ›Der Zeitungsroman von heute‹ (Frankfurt am Main 1937), die explizit antisemitische Passagen enthielt. Zur Person Eckerts siehe zusammenfassend Harald Keller: ›Eine deutsche Karriere‹, In: Frankfurter Rundschau, 24. August 2005, S. 19, ferner RÜDIGER STEINMETZ 1996, S. 109–116, sowie ›FI-Berufsbiografien 162‹ in ›Fernseh-Informationen‹, Nr. 15, August 1978, S. 359 f. Die Redaktion der ›Fernseh-Informationen‹ bestand aus Kurt Wagenführ und seiner Ehefrau Andrea Brunnen-Wagenführ (vgl. Anmerkung 32).

31 GERHARD ECKERT 1941, S. 119–123.

32 Wagenführ war zwar kein Parteimitglied, aber dem NS-Rundfunk in publizistischen und beratenden Funktionen so nahe, dass er 1947 den ein Jahr zuvor eingenommenen Posten als Leiter der Pressestelle von Radio Hamburg auf Anweisung der britischen Kontrollbehörden räumen musste. Wagenführs vielfältige Einlassungen zur Vor- und Frühgeschichte des deutschen Fernsehens, vor allem zu dessen Personal, lassen sich demgemäß nur unter Vorbehalt übernehmen. Vgl. LU SEEGERS 2000, S. 176; KNUT HICKETHIER 1989 passim; PETER MARCHAL 2004, S. 265 f. Die Entnazifizierungspolitik

in der britischen Besatzungszone speziell im Hinblick auf Presse und Öffentlichkeit ausführlich bei CHRISTIAN SONNTAG 2006, S. 59ff.

33 GERHARD ECKERT 1941, S. 8.

34 GERHARD ECKERT 1941, S. 121.

35 GERHARD ECKERT 1941, S. 123.

36 GERHARD ECKERT 1941, S. 122.

37 KLAUS WINKER 1996, S. 279.

38 KURT KRÜGER-LORENZEN 1955, S. 169.

39 KURT KRÜGER-LORENZEN 1955, S. 174.

40 MANFRED HEMPEL 1970, S. 75. Hempel beruft sich auf einen Hinweis in ›Berlin hört und sieht‹ vom Mai 1939.

41 PETER VON ZAHN 1991, S. 276.

42 Vgl. die Erinnerungen Peter von Zahns, Jürgen Petersens, Hugh Carleton Greenes in DEUTSCHLANDFUNK 1970, passim.

43 HANS JÜRGEN KOCH / HERMANN GLASER 2005, S. 168. Ähnlich PETER ZIMMERMANN 1994, S. 276.

44 O. V.: »Radio Branch. Information Services Division Office of the U.S. High Commissioner for Germany: A Radio Scrutiny Report. One Year of Cultural Radio, July 1949–June 1950.« In: E. KURT FISCHER 1957, S. 216–218. Zitate Seite 216f.

45 Pressestelle Radio München: ›Rückblick auf zwei Jahre Radio München‹, zit. n. RÜDIGER BOLZ 1991, S. 146.

46 RÜDIGER BOLZ 1991, S. 146f.

47 HUGH CARLETON GREENE 1951, S. 11.

48 »Gemäß Art. 2 der Verordnung bedurften die Wahl der sieben Mitglieder des Verwaltungsrats sowie die Ernennung des Generaldirektors der Bestätigung der Militärregierung.« NWDR 1956, S. 103.

49 HUGH CARLETON GREENE 1951, S. 12. Ergänzend: Ders. 1990, S. 119ff.

50 FRANZ-JOSEF HEYEN / FRIEDRICH P. KAHLENBERG 1986, S. 14.

51 HANS JÜRGEN KOCH / HERMANN GLASER 2005, S. 177. Ergänzend KNUT HICKETHIER 1998, S. 64ff.

52 HANS BREDOW 1951, S. 64. Vgl. auch DEUTSCHLANDFUNK 1970, S. 19.

53 WOLFGANG JACOBMEYER 1975, S. 312.

54 DEUTSCHLANDFUNK 1970, S. 6f.

55 Vgl. zum Beispiel Carl von Ossietzky: Ein runder Tisch wartet. In: ›Die Weltbühne‹, Nr. 18, 3. Mai 1932, S. 649–652 (Gesamtausgabe Königstein/Ts. 1978).

56 PETER VON ZAHN 1991, S. 260.

57 Der korrekte Titel lautete: ›Abendgesellschaft bei Peter von Zahn‹.

58 PETER MARCHAL 1991: Interview mit Peter von Zahn, 20.09.1991, unveröffentlichtes Manuskript.

59 PETER MARCHAL 1991: Interview mit Peter von Zahn, 20.09.1991, unveröffentlichtes Manuskript.

60 Peter von Zahn 1991, S. 329. Der von Zahn erwähnte Zauberer ›Kalanag‹ hieß mit vollem Namen Dr. Helmut Schreiber-Kalanag und war in den Jahren des Dritten Reiches Produktionschef der Bavaria Filmgesellschaft. Er stieß 1961 als Unterhaltungschef zum Mitarbeiterstab des im Volksmund als ›Adenauer-Fernsehen‹ bekannten kommerziellen Unternehmens ›Freies Fernsehen GmbH‹. Dazu ausführlich Rüdiger Steinmetz 1996, S. 300, 305, 339, 345, 379.

61 Zit. n. Heinz-günter Deiters 1973, S. 168 f.

62 Vgl. Hans-ulrich Wagner 2005, S. 50 f.

63 Zu den Hintergründen vgl. Hans-ulrich Wagner 2005, S. 47 ff. H. C. Greene kommentiert den Fall Schnitzler in Deutschlandfunk 1970, S. 13 f.

64 Peter von Zahn 1991, S. 292.

65 Wolfgang Jacobmeyer 1975, S. 312 f., S. 319 f. und S. 334, Anm. 47. Zum weiteren Werdegang der Genannten in der DDR finden sich Anmerkungen in Ingrid Pietrzynski: ›Eine Republikparteischule, noch dazu eine schlechte‹. (http://www.dra.de/pdf/02-pietrzynski.pdf, Zugriff 11.05.2007)

66 Manfred Jenke 1997, S. 5.

67 Ivo Frenzel 1976 b, S. 7. Frenzel war seit 1968 beim Westdeutschen Rundfunk als kulturpolitischer Redakteur angestellt. 1976 wurde er »Leiter einer Wissenschaftsredaktion« (Ivo Frenzel 1976 b, S. 7).

68 Zit. n. Dieter Heimann 1975, S. 161.

69 Andrea Brunnen-wagenführ 2004, schriftliche Mitteilung an den Verfasser, 05.09.2004.

70 Deren Untertitel lautete: ›Illustrierte Monatshefte für Fernseh-Freunde‹.

71 Andrea Brunnen-wagenführ 2000, S. 83 f. Zu den Jahreswertungen vgl. Gerhard Eckert 1963 a, S. 32.

72 Fritz Eberhard 1962, S. 169.

73 Fritz Eberhard 1962, S. 169.

74 Fritz Eberhard 1962, S. 169 f.

75 Jürgen Habermas 1962, S. 181.

76 Jürgen Habermas 1962, S. 182.

77 Fritz Eberhard 1953, S. 29.

78 Adolf Grimme 1953, S. 18. Siehe auch ›Die Parteien haben das Wort‹ in: NWDR 1951, S. 63 f.

79 Der genaue Starttermin der Reihe war der 30.11.1949.

80 NWDR 1956, S. 34/36. Vgl. ›Die Parteien haben das Wort‹ in: NWDR 1951, S. 63 f.

81 Vgl. Rüdiger Steinmetz 1995, S. 328 f. Die ambivalente Haltung Adolf Grimmes kommentiert Steinmetz auf den Seiten 323 f.

82 Schreiben W. D. Schultz an Direktor Dr. Schmidt, 20.07.1953, HSTA Reg.-Nr. 621-1, Akte 930.

83 Vgl. Rüdiger Steinmetz 1995, S. 326 ff.

84 NWDR 1956, S. 35.

85 Zit. n. Heiko Flottau 1972, S. 239.

86 Rudolf von Scholtz 1953, S. 8.

87 Rudolf von Scholtz 1953, S. 8.

88 Die CDU hatte die Zahl ihrer Mandate von 115 auf 191 steigern können. Quelle: http://www.wahlen-in-deutschland.de/buBTW.htm, Zugriff 22.03.2007, 14.00 Uhr.

89 Protokoll der Sitzung der Rundfunkreferenten der politischen Parteien am 19.10.1953 in Hamburg, HStA, Reg.-Nr. 621-1, Akte 930.

90 Protokoll der Sitzung der Rundfunkreferenten der politischen Parteien am 19.10.1953 in Hamburg, HStA, Reg.-Nr. 621-1, Akte 930.

91 fff-Press, Nr. 47, 23. November 1953, o. S. Gefunden im HStA, Reg.-Nr. 621-1, Akte 930.

92 Protokoll der Sitzung der Rundfunkreferenten der politischen Parteien am 19.10.1953 in Hamburg, HStA, Reg.-Nr. 621-1, Akte 930.

93 fff-Press, Nr. 43, 26.10.1953, o. S., gefunden im HStA, Reg.-Nr. 621-1, Akte 930.

94 Vgl. unter anderem Lübecker Freie Presse, 27.10.1953, Freie Presse (Bielefeld), 27.10.1953, Hamburger Echo, 28.10.1953.

95 Sozialdemokratischer Pressedienst, 26.10.1953, Bonn, gefunden im HStA, Reg.-Nr. 621-1, Akte 930.

96 Schreiben Abatz an den NWDR vom 30.10.1953, HStA, Reg.-Nr. 621-1, Akte 930.

97 Funk um die Familie, Nr. 46, 15.11.1953, o. S.

98 Anlage zum Beschlussprotokoll der 67. Sitzung des Verwaltungsrates am 12.12.1953, HStA, Reg.-Nr. 621-1, Akte 930.

99 Aus Sicht des Betroffenen beschrieben in Peter von Zahn 1991, S. 321 ff.

100 Walter D. Schultz hatte während des Krieges für den deutschen Dienst der BBC gearbeitet und war 1945 von der militärischen Leitung neben anderen als Kontrollbeamter in den Hamburger Sender berufen worden. Für ihn und seine Kollegen »bedeutete die Kontrollfunktion in erster Linie einen Einstieg in die Arbeit als Autor und Redakteur«. (Dierk L. Schaaf 1975, S. 297.)

101 Vgl. Hans Ulrich Reichert 1955, S. 100 ff.

102 Zit. n. Wolfgang Jacobmeyer 1975, S. 328.

103 Dierk L. Schaaf 1975, S. 301.

104 Vgl. Dierk L. Schaaf 1975, S. 323 und besonders die Anmerkungen 81 und 86.

105 O. V.: Drei Politiker vor dem Mikrophon. In: Die Ansage, Nr. 179, 2. Juni 1954, S. 3.

106 Schreiben Steigner an Adolf Grimme vom 15.03.1953, zit. im Schreiben Grimme an Dr. Mohr vom 16.03.1953, HStA, Reg.-Nr. 621-1, Akte 930.

Steigner musste sich rechtfertigen, weil er eine Sendung nur mit Mende und Kühn hatte stattfinden lassen, da Kiesinger verhindert gewesen war und der angefragte Ersatzkandidat ein Zusammenwirken mit Mende abgelehnt hatte. Daraufhin war die Sendung in der ›Kölnischen Rundschau‹ in einem polemischen Artikel als einseitig regierungskritisch gebrandmarkt worden. Ein Transkript der fraglichen Sendung sowie der anschließende Schriftverkehr findet sich im HStA, Reg.-Nr. 621-1, Akte 930.

107 Fritz Borinski u. a. (Hg.): Der Rundfunk im politischen und geistigen Raum des Volkes. Archiv der Rundfunkschule des NWDR. Hamburg, o. J.

108 Hans Wenke o. J., S. 51.

109 Hans Wenke o. J., S. 53.

110 Adolf Grimme 1953, S. 22. ›Der Hörer hat das Wort‹ wurde sonntags zwischen 14.30 und 15.00 Uhr ausgestrahlt.

111 O. V. 1952: ›Meckerecke‹ im Fernsehbunker. In: Die Ansage, Nr. 96, 30. Oktober 1952, S. 1. Vgl. O. V.: Bauen wir die Slums der Zukunft? In: Die Ansage, Nr. 95, 23. Okt. 1952, S. 6.

112 Rias-Berlin 1953, S. 36.

3. Gesprächssendungen in den ersten Fernsehjahren

1 Einen detailreichen Bericht aus Zeitzeugenwarte über die technischen und organisatorischen Umstände enthält Werner Nestels Aufsatz ›Einige Bemerkungen zur Geschichte des Deutschen Fernsehfunks nach dem Kriege‹ in: Fernsehen, H. 7/8, 3. Jg., 1955, S. 338–345. Eine Fülle an Daten liefert Wolfgang Schütte 1975.

2 Joan Kristin Bleicher 1993, S. 46.

3 Analog die Mitarbeitersituation in den anderen Landesfunkanstalten, zum Beispiel beim Südwestfunk: »Um [den Fernsehbeauftragten] Dietze scharte sich eine kleine Gruppe von Mitarbeitern, die sich alle aus dem Personalbestand des Hörfunks rekrutierten (…).« Franz-Josef Heyen / Friedrich P. Kahlenberg 1986, S. 96.

4 Joan Kristin Bleicher 1993, S. 51.

5 Andrea Brunnen-Wagenführ 1977, S. 20

6 Andrea Brunnen-Wagenführ 1977, S. 19 f.

7 Zit. n.: http://www.tvprogramme.net/. Zugriff 22.02.05, 19.50 Uhr.

8 Zit. n. ›Wie alles begann – Fernsehpioniere erinnern sich‹, TV-Dokumentation von Peter von Rüden, 26. 12. 2002, NDR.

9 Zit. n.: http://www.tvprogramme.net/. Zugriff 22.02.05, 19.50 Uhr.

10 Die zeitnahe Schilderung eines Beteiligten findet sich in Cay Dietrich Voss o. J. auf den (unpaginierten) ersten Seiten. Über die Anfänge des NWDR-Standorts Köln schreibt ausführlich der frühere Chefkameramann

Walter Pindter (Walter Pindter 1980). Der geplante, im Falle der Fußballübertragung später aus aktuellen Gründen geänderte Programmablauf (vgl. Walter Pindter 1980, S. 247, und Klaus Mahlo 1974, S. 454) der letzten Dezemberwoche des Jahres 1952 ist abgedruckt in Die Ansage, Nr. 103/104, 20. Dez. 1952, S. 8.

11 ›Das Eröffnungsprogramm des NWDR-Fernsehen‹, in: Die Ansage, Nr. 102 (Notausgabe), 11. Dezember 1952, S. 2f. Zu Entstehung, Aufgaben und Verbreitung der ›Ansage‹ siehe ›Die Pressestelle‹ in: NWDR 1956, S. 112, ferner ›Der NWDR und das öffentliche Leben‹, in: NWDR (Hg.): Jahrbuch des Nordwestdeutschen Rundfunks 1949–1950. Hamburg/Köln 1951, S. 60–69.

12 Angekündigt wurde der gesamte Themenblock ohne gesonderte Anfangszeiten. Enthalten waren noch: ›Das Wahrzeichen unserer Stadt‹ und ›Volkslieder und Volksmusik‹. Vgl. die Programmspalten in: Die Ansage, Nr 103, 20. Dez. 1952, S. 8.

13 Klaus Mahlo 1974, S. 452

14 Voraus gingen der Wetterbericht beziehungsweise die Totoergebnisse, am 26. zusätzlich der ›Kommentar zum Tage‹. (Vgl. Die Ansage, Nr. 103/104, 20. Dez. 52, S. 8)

15 Zur Programmkonzeption und der sukzessiven Einrichtung programmlicher Strukturen vgl. Knut Hickethier 1990.

16 Elisabeth Noelle 1960, S. 215.

17 Gerhard Eckert 1953, S. 75ff.

18 Gerhard Eckert 1953, S. 72f. Vgl. Heinz Riek 1972: »Wohl alle Mitarbeiter dieser Zeit hatten Visionen und die nötige Begeisterung – nur kein Geld für das Programm.«

19 Gerhard Eckert 1953, S. 73.

20 Gerhard Eckert 1953, S. 77.

21 Gerhard Eckert 1953, S. 77.

22 Gerhard Eckert 1953, S. 78.

23 Gerhard Eckert 1953, S. 79.

24 Gerhard Eckert 1953, S. 80.

25 Gerhard Eckert 1953, S. 79.

26 Walter Hagemann 1954, S. 108.

27 Walter Hagemann 1954, S. 109.

28 Walter Hagemann 1954, S. 109f. Alle Hervorhebungen im Original.

29 Walter Hagemann 1954, S. 110.

30 Walter Hagemann 1954, S. 111.

31 Karl Tetzner / Gerhard Eckert 1954, S. 60.

32 O. V.: Fernsehen und Film. Notwendige Klarstellungen – Zusammenarbeit statt Konkurrenz. In: Die Ansage, Nr. 87, 28. Aug.1952, S. 1.

33 Martin Svoboda 1953, S. 496.

34 Klaus Mahlo 1974, S. 452. Die Broschüre ›NWDR – Ein Rückblick‹

(1956, S. 124) verzeichnet Mahlo als Verantwortlichen für ›Pressestelle und Dokumentarsendungen‹ in der Sparte Fernsehen, Studio Köln. Mahlo vertrat den NWRV in der Ständigen Fernseh-Programmkonferenz und war zeitweilig WDR-Chefredakteur. Ab 1961 stand er der neugeschaffenen WDR-Hauptabteilung ›Programmplanung und Sendeleitung‹ vor.

35 Gerhard Eckert 1963 a, S. 41.

36 Gerhard Eckert 1961, S. 327.

37 O. V.: Praktisch genutzte Erfahrungen. Ein Jahr öffentliches Fernsehen – Festumrissene Sendeformen. In: Die Ansage, Nr. 159, 13. Jan. 1954, S. 3–4, Zitat S. 3.

38 O. V.: Praktisch genutzte Erfahrungen. Ein Jahr öffentliches Fernsehen – Festumrissene Sendeformen. In: Die Ansage, Nr. 159, 13. Jan. 1954, S. 3–4, Zitat S. 4. Ergänzend Knut Hickethier 1990.

39 Gerhard Eckert 1953 a.

40 Heinz Schwitzke 1953, S. 232. Unter dem Pseudonym ›Heinrich Grotius‹ schrieb Schwitzke zeitweilig fernsehkritische Texte, u. a. für das Hamburger ›Sonntagsblatt‹. Vgl. Wgf.: Fernsehen liest für Sie … In: Fernsehen, H. 8, 1953, S. 457.

41 Vgl. Donald Horton / R. Richard Wohl 1956.

42 Laut Cay Dietrich Voss lieferte Mahlo das Konzept zur weiter unten ausführlich besprochenen Sendereihe ›Das Gespräch des Monats‹. Vergl. Cay Dietrich Voss o. J., ohne Paginierung.

43 Klaus Mahlo 1956.

44 Klaus Mahlo 1956, S. 100 f.

45 Klaus Mahlo 1956, S. 103.

46 Klaus Mahlo 1956, S. 103.

47 Klaus Mahlo 1956, S. 104.

48 Werner Schöne 1984, S. 35 f.

49 Hans Joachim Lange 1974, S.478.

50 ›Nachtprogramme‹, in: Fernsehen, H. 11/12, 1953, S. 683 f.

51 Auch unter den Pseudonymen Rudolf van Werth und Hans Rudolf. Berndorff war SS-Mitglied gewesen, seine Drehbücher und Romane galten als ›kriegswichtig‹. Nach dem Krieg konnte er seine Tätigkeit nahtlos fortsetzen. Er arbeitete als Journalist für den ›German News Service‹, die ›Hör zu!‹ druckte seine Romane. Dazu ausführlich Lu Seegers 2001. Seinen ersten Tag beim Fernsehen beschrieb Berndorff in dem zur Beurteilung der Person aufschlussreichen, für wissenschaftliche Zwecke ansonsten ungeeigneten Erinnerungsband: Richard Tüngel / H. R. Berndorff: Stunde Null. Berlin 2004, S. 404–406.

52 ›Nachtprogramme‹, in: Fernsehen, H. 11/12, 1953, S. 684.

53 O. V.: Die Werner-Höfer-Schau. In: Der Spiegel, Nr. 50, 9. Dezember 1959, S. 50. Dort auch ein Foto mit Güde, den Journalisten Meyer-Dietrich, Kempski, von Puttkamer und Gastgeber Wessel.

54 Bayerischer Rundfunk 1964, S. 104.

55 ›Gong‹, H. 24, 1965, zit. n. http://www.tvprogramme.net, Zugriff 02.11.2006, 20.35 Uhr. Ähnlich Bayerischer Rundfunk 1964, S. 104. Zu Walter Kröpelin: »Redakteur bei Radio München von 1946 bis 1948 in der Abteilung ›Aktuelle Sendungen‹, beim BR 1949 Leiter der Abteilung ›Politische Redaktion‹, ab 1959 Moderator der Hörfunksendung ›Bayern fragt Bonn‹, von 1964 bis 1966 Moderator der Fernsehsendung ›Bürger fragen Prominente‹, ab 1971 Leiter der Hauptabteilung ›Politik und Wirtschaft‹ im BR-Hörfunk, Ruhestand 1982.« (http://www.br-online.de/br-intern/75jahre/ausstellung/stimmen/personen/kroepelin.html, Zugriff 17.11.2006, 13.12 Uhr.)

56 Ankündigungstext in den Programmfahnen des Senders. Hier zitiert die Vorschau auf den 30.11.2005, BR-Pressedienst 48/05, S. 19.

57 Martin Svoboda 1953, S. 496.

58 Am 23. März 1955 leitete Magnus im NWDR eine Fernsehdiskussion zum Thema ›Für wen sind Rundfunk und Fernsehen da?‹ (Joan Kristin Bleicher 1993, S. 72).

59 Kurt Magnus 1955, S. 135.

60 »Es waren dieselben Auffassungen, die er und andere schon vor 1945 für das NS-Fernsehen entwickelt hatten (...).« Zu Eckerts normativer Ästhetik vgl. Knut Hickethier 1989, S. 87.

61 Ein Abriss aus zeitgenössischer Sicht bei Werner Pleister 1953.

62 Eine anschauliche Schilderung findet sich bei Gerhard Eckert 1963a. Siehe auch Werner Nestel 1955.

63 Kurt Wilhelm 1965, S. 22.

64 Asia Briggs 1985, S. 121. Vgl. ferner Janet Dunbar 1954, insbesondere das Kapitel ›Why have a script?‹, S. 80–84, und Nigel Balchin: The unscripted discussion. In: BBC Quarterly, VIII, 1953, S. 7–11.

65 Asia Briggs 1985, S. 335.

66 Hilary Kingsley / Geoff Tibballs 1989, S. 16. Vgl. auch Anthony & Deborah Hayward 1993, S. 197.

67 Ein Beispiel für Form und Stil aus Fernsehen, H. 9, 1955, S. 484: »*Peter Frankenfeld* wird den ganzen November über bestimmt nicht im Deutschen Fernsehen zu sehen sein. Er ist im vorletzten Monat des Jahres 1955 nämlich in den USA und wird dort in 14 großen Fernsehsendungen mitwirken. (...)«

68 Jürgen Roland 1953, S. 90.

69 Clemens Münster: Besuch beim britischen Fernsehen. In: Fernsehen, H. 2, 1953, S. 86–88. Zitat S. 86.

70 Hans Tasiemka: Politische Attraktionen im britischen Fernsehen. In: Fernsehen, H. 1, 1953, S. 39–45. Zitat S. 40f.

71 O. V.: Englische Erfahrungen mit Schulfernsehen. In: Fernsehen, H. 9, 1953, S. 509–514. Zitat S. 513.

72 Über eine Befragung von Zahns durch den Interviewer Rüdiger Proske berichtet in einer Kurzkritik Fernsehen, H. 7, 1953, S. 404.

73 Peter von Zahn: ›Aus der Neuen Welt‹, Ausgabe 17, 13. 05. 1952, Transkript im HStA, Reg.-Nr. 621-1, Akte 74, Zitat S. 3 f. Unter dem Titel ›Prüfung des Fernsehens‹ gekürzt in: Fernsehen, H. 9, 1953, S. 515–518.

74 Wilhelm Ohnesorge / Herman Roemmer 1956, S. 201 f. (Hörfunk) und S. 207 ff. (Fernsehen). ›Wie die anderen es machen‹ lautet eine Kapitelüberschrift in Karl Tetzner / Gerhard Eckert 1954, S. 113. Einen ausführlichen Bericht über das US-Fernsehen enthält Carl Haensel 1952, S. 140–178.

75 Wilhelm Ohnesorge / Herman Roemmer 1956, S. 208.

76 Karl Tetzner / Gerhard Eckert 1954, S. 69 f.

77 Walter Hagemann 1954, Anmerkung 1 zur Seite 111, S. 218.

78 O. V.: ›Psychodramen‹ vor dem Mikrophon. In: Die Ansage, Nr. 95, 23. Okt. 1952, S. 1 und 6. Zitat S. 6.

79 O. V.: Die Faszination des Einfältigen. In: Der Spiegel, Nr. 36, 9. Jg., 31. Aug. 1955, S. 28–36. Zitat S. 32.

80 Wilhelm Ohnesorge / Herman Roemmer 1956, S. 192. Ähnlich Walter Hagemann 1954, S. 72.

81 Walter Pindter 1980, S. 256. Vgl. ferner S. 257 sowie Peter von Zahns Kooperation mit der United States Information Agency, beschrieben u. a. in Peter von Zahn: Reporter der Windrose, Stuttgart 1994, S. 228.

82 Fritz Eberhard 1962, S. 13.

83 O. V.: Praktisch genutzte Erfahrungen. Ein Jahr öffentliches Fernsehen – Festumrissene Sendeformen. In: Die Ansage, Nr. 159, 13. Jan. 1954, S. 3–4, Zitat S. 3.

84 NWDR 1956, S. 48.

85 O. V.: Ungezwungen und natürlich. Internationaler Frühschoppen zum 30. Mal vor der Kamera. In: Die Ansage, Nr. 167, 10. März 1954, S. 4.

86 O. V.: Der internationale Frühschoppen. Als Zaungast bei interessanten Gesprächen im Zweiten Programm West. In: Die Ansage, Nr. 105, 31. Dez. 1952, S. 2. Vgl. die Beobachtungen Foltins, wonach beim ›Internationalen Frühschoppen‹ in den »Trink- und Trinkspruchritualen zumindest Ansätze von ›Show‹« zu erkennen waren (Hans-Friedrich Foltin 1994, S. 74).

87 Werner Höfer 1983, S. 52.

88 Werner Höfer 1983, S. 39.

89 ›Höfer: Ich war ein Mitläufer wie die meisten‹. Kölner Stadt-Anzeiger, 21. 12. 1987. Nachdruck in: Friedrich Lambart (Hg.): Tod eines Pianisten. Karlrobert Kreiten und der Fall Werner Höfer. Stätten der Geschichte Berlins, Bd. 28. Berlin 1988, S. 203 f. Zitat S. 203. Der Band wurde von einem zu Lasten Höfers parteiischen Herausgeber zusammengestellt, bietet aber eine Fülle nützlichen Materials rund um den Fall Höfer und Höfers Fall, der

die Einstellung des ›Frühschoppens‹ in der alten Form zur Folge hatte. Zu den Vorwürfen, ein NS-Propagandist gewesen zu sein, äußerte sich Höfer ausführlich im Interview mit Uwe Kammann: ›Das muß ich mit meinem Gewissen ausmachen‹. In: epd/Kirche und Rundfunk Nr. 2, 13. Januar 1988, S. 5–10.

90 Werner Höfer 1983, S. 43. Ergänzend Heinz Riek 1972.

91 Wgf. 1953, S. 489.

92 Kurt Wagenführ 1953a, S. 7. Ähnlich in einer Bildunterschrift in: Fernsehen, H. 10, 1953, S. 565. Dort und S. 566 abgedruckt eine Bildstrecke mit sechs Reportagefotos über die Herstellung der Sendung. Eine weitere lobende Erwähnung in derselben Ausgabe in der Rubrik ›Fernsehen notiert vor dem Empfänger‹, S. 589 (»Spitzensendung nach wie vor der Internationale Journalistenstammtisch unter Leitung von Werner Höfer …«).

93 E. E. 1954, S. 175.

94 E. E. 1954, S. 176.

95 O. V.: Ungezwungen und natürlich. Internationaler Frühschoppen zum 30. Mal vor der Kamera. In: Die Ansage, Nr. 167, 10. März 1954, S. 4.

96 O. V.: Ungezwungen und natürlich. Internationaler Frühschoppen zum 30. Mal vor der Kamera. In: Die Ansage, Nr. 167, 10. März 1954, S. 4.

97 Walter Pindter 1980, S. 256.

98 Die Ansage, Nr. 159, 13. Jan. 1954, S. 4.

99 O. V.: Die Werner-Höfer-Schau. In: Der Spiegel, Nr. 50, 9. Dez. 1959, S. 47–59. Der ›Frühschoppen‹ erreichte in jenen Tagen Einschaltquoten zwischen 30 und 40 Prozent, der Beliebtheitsindex entsprach beinah dem von abendlichen Quizsendungen. Zur »Starrolle« Höfers siehe auch S. 52 und 53.

100 Zit. n. Der Spiegel, Nr. 50, 9. Dez. 1959, S. 49. Eine Auswahl aus Höfers Schlussbemerkungen auf S. 59.

101 Zit. n. Der Spiegel, Nr. 50, 9. Dez. 1959, S. 51.

102 O. V.: Ultrakurz-Schlüsse. In: Der Spiegel, Nr. 52, 23. Dez. 1959, S. 16.

103 Zit. n. ›Rückspiegel‹, in: Der Spiegel, Nr. 52, 23. Dez. 1959, S. 98.

104 WDR-Archiv, Historische Dokumentation, Signatur R 1323, und Werner Höfer 1983, S. 50.

105 Manfred Jenke 1997 sowie ›Werner Höfer‹, Munzinger Archiv, 5/98.

106 O. V.: Stammtisch-Sendung im Fernsehen. In: Die Ansage, Nr. 143, 24. Sept. 1953, S. 4.

107 O. V.: Funk für Anspruchsvolle. In: Die Zeit, Nr. 21, Donnerstag, 21. Mai 1953, S. 18.

108 Werner Schöne 1984, S. 31.

109 Programmspalte ›Das wird Sie interessieren‹ in: Die Ansage, Nr. 131, 2. Juli 1953, S. 5. Ebenso:
http://search.freefind.com/find.html?id=2283441&pid=r&mode=ALL&

n=0&query=%22Wir+haben+G%E4ste%22, Zugriff 02.11.2004, 11.47 Uhr.

110 O. V. 1953: Wir haben Gäste. In: Die Ansage, Nr. 131, 2. Juli 1953, S. 6.

111 Vgl. Foto in Constantin von Barloewen / Hans Brandenberg 1975, S. 12.

112 Fernsehen H. 10, 1953, S. 566.

113 Cay Dietrich Voss o. J., ohne Paginierung.

114 Vgl. Fotodokument in: Werner Schöne 1984, S. 23, und das Übersichtsfoto in: Der Spiegel, Nr. 50, 1959, S. 47.

115 O. V.: Auch in der Totalen das ›Totale‹ erfassen! In: epd/Kirche und Rundfunk, Nr. 7, 5. April 1954, S. 17.

116 O. V.: Lebendige Wahlsendungen. In: Fernsehen, H. 6, 1953, S. 335. Siehe auch Kurt Wagenführ: Die nächsten Etappen. In: Fernsehen, H. 7, 1953, S. 345–350, in diesem Zusammenhang insbesondere S. 346–348.

117 Zum Beispiel bei Knut Hickethier 1998, S. 77. Im Original in: Der Spiegel, H. 7, 1953, S. 32.

118 Als Faksimile in: Fernsehen, H. 7, 1953, S. 347.

119 Werner Schöne 1984, S. 26 f.

120 Anlage zum Beschlussprotokoll der 62. Sitzung des Verwaltungsrats am 25./26.07.1953. HStA, Reg.-Nr. 621-1, Akte 930.

121 Kurt Wagenführ 1953 b, S. 7

122 O. V.: Im Bundestag. In: Fernsehen, H. 10, 1953, S. 587.

123 O. V.: Im Kreuzfeuer. In: Fernsehen, H. 9, 1953, S. 522.

124 Fotodokument in: Fernsehen, H. 10, 1953, S. 575.

125 »Neue ›Kreuzfeuer‹-Sendungen«, in: Die Ansage, Nr. 143, 24. Sept. 1953, S. 4.

126 E. E. 1954, S. 176.

127 E. E. 1954, S. 175.

128 Alfred Frankenfeld 1956, S. 251. Die Karriere Alfred Frankenfelds in der Weimarer Republik, NS-Zeit und nach dem Krieg beschreibt Christian Sonntag 2006, S. 181–191.

129 Alfred Frankenfeld 1956, S. 250 f.

130 KK 1954 a, S. 20.

131 Vgl. zu den Vorlieben junger Hörer die Ergebnisse einer zeitgenössischen Umfrage in: Funk-Korrespondenz, Nr. 7, 9. Feb. 1955/B, S. 4.

132 O. V.: Parlament der Jugend. In: epd/Kirche und Rundfunk, Nr. 21, 18. Oktober 1954, S. 17.

133 »Fernseheigene Publikationen über diese Sendereihe sind bisher aus wohlüberlegten Gründen vermieden worden. Die Familie Schölermann sollte aus sich heraus ein lebendiger Bestandteil der Fernsehprogramme werden (…)« Zitat und weitere Produktionshintergründe: O. V.: Unsere Nachbarn heute abend. NWDR-Fernsehfamilie Schölermann mit Atmosphäre. In: Die Ansage, Nr. 214, 2. Feb. 1955, S. 3. Ergänzend: O. V.: Die

Fernsehfamilie ist da. In: epd/Kirche und Rundfunk, Nr. 20, 4. Okt. 1954, S. 18.

134 Wilhelm Ohnesorge / Herman Roemmer 1952, S. 196. In der überarbeiteten Neuauflage von 1956 gewichten die Autoren allerdings anders: »Das deutsche Fernsehen will und soll die Welt im Spiegel, im Brennpunkt zeigen, nicht nur der Unterhaltung und Entspannung dienen, sondern auch Anregung und Belehrung im besten Sinne vermitteln; es soll wie ein gern gesehener Gast in die Familie kommen.« (Wilhelm Ohnesorge / Herman Roemmer 1956, S. 207)

135 Werner Pleister 1953, S. 41.

136 O. V.: Die Unterhaltungssendung. In: Funk-Korrespondenz, Nr. 9, 24. Feb. 1954/B, S. 1.

137 Bereits in der Ausgabe Nr. 17 vom 3. Mai 1954, S. 6, hatte die ›fff-press‹ in einer kurzen Notiz auf ›Junior Press Conference‹, dort übersetzt als ›Pressekonferenz der Jugend‹, hingewiesen und das Prinzip der Sendung erläutert.

138 O. V.: Politiker im Kreuzfeuer. In: Fernsehen, H. 9, 1955, S. 445. Vgl. in derselben Ausgabe Hans Wendt: Parlamentsfernsehen in der Kurve, S. 442–444, ferner die Programmspalten in H. 7/8, 1955, S. 401.

139 O. V.: Perfektes Fernsehgespräch. In: epd/Kirche und Rundfunk, Nr. 1, 11. Jan. 1954, S. 19.

140 wh: Mit offenen Karten. In: Funk-Korrespondenz, Nr. 3, 13. Jan. 1954/B, S. 15.

141 O. V.: Stichwort und ›Stichbild‹. Übertragung eines Kölner ›Mittwochsgespräches‹. In: epd/Kirche und Rundfunk, Nr. 12, 14. Juni 1954, S. 16.

142 O. V.: Stichwort und ›Stichbild‹. Übertragung eines Kölner ›Mittwochsgespräches‹. In: epd/Kirche und Rundfunk, Nr. 12, 14. Juni 1954, S. 16.

143 TM: Interview im Fernsehen. In: Funk-Korrespondenz, Nr. 20, 12. Mai 1954/B, S. 17.

144 O. V.: Diskussionen brauchen Zeit. In: Fernsehen, H. 4/5, 1953, S. 273. Vgl. O. V.: Auch in der Totalen das ›Totale‹ erfassen. In: epd/Kirche und Rundfunk, Nr. 7, 5. April 1954, S. 17.

145 O. V.: Mit offenen Karten. In: Die Ansage, Nr. 162, 3. Feb. 1954, S. 3. Vgl. auch die Programmspalte in: Die Ansage, Nr. 163, 10. Feb. 1954, S. 3. Die Gründe für den Erfolg werden nochmals ausführlich erörtert in: F. K.: Die Mönche kamen an. In: Funk-Korrespondenz, Nr. 16, 14. April 1954/B, S. 1–2.

146 Klaus Mahlo 1956, S. 112.

147 F. K.: Die Mönche kamen an. In: Funk-Korrespondenz, Nr. 16, 14. April 1954/B, S. 1.

148 NWDR 1956, S. 48.

149 Cay Dietrich Voss o. J., ohne Paginierung.

150 O. V.: reformirte ortografi. In: Die Ansage, Nr. 186, 21. Juli 1954. Ergän-

zend: O. V.: Kann der deutsche Film besser sein? Öffentliche Diskussion im Fernsehen. In: Die Ansage, Nr. 256, 23. Nov. 1955, S. 4.

151 O. V.: reformirte ortografi. In: Die Ansage, Nr. 186, 21. Juli 1954, S. 3. Um unbemerkte Aufnahmen zu ermöglichen, wurden die roten Signallampen oberhalb der Objektive, die für gewöhnlich anzeigen, welche Kamera gerade das Bild führt, während der Übertragung abgeschaltet.

152 O. V.: rechtschreibung, gefüle, klawire, bilig abzugeben. In: epd/Kirche und Fernsehen, Nr. 16, 9. August 1954, S. 18. Zu einer späteren, u. a. wegen einer aufdringlichen Kameraführung kritischer bewerteten Ausgabe siehe: O. V.: Soll man das hingehen lassen?. In: epd/Kirche und Fernsehen, Nr. 19, 20. Sept. 1954, S. 17.

153 Opinio: Unter der Lupe. In: fff-press, Nr. 30, 9. August 1954, S. 7.

154 Zit. n. O. V.: Das Bild enthüllt. In: Die Ansage, Nr. 189, 11. August 1954, S. 3.

155 Klaus Mahlo 1974, S. 464.

156 Klaus Mahlo 1956, S. 112.

157 O. V.: Aktuelles und Unterhaltendes. In: Funk-Korrespondenz, Nr. 11, 10. März 1954/B, S. 18 f.

158 Opinio: Unter der Lupe. In: fff-press, Nr. 9, 8. März 1954, S. 7.

159 O. V.: Diskussion mit Buchautoren im Fernsehen. In: Die Ansage, Nr. 158, 6. Jan. 1954, S. 4.

160 O. V.: Über die Dummheit. In: Die Ansage, Nr. 208/209, 21. Dez. 1954, S. 2.

161 O. V.: Sind Treffpunkte Begegnungen? In: Fernsehen, H. 4/5, 1953, S. 273

162 ch: Unterhaltung und Belehrung. Ein Abendprogramm des Bayerischen Rundfunks. In: Funk-Korrespondenz, Nr. 9, 23. Feb. 1955/B, S. 17.

163 O. V.: Rendezvous vor der Kamera. In: Die Ansage, Nr. 112, 19. Feb. 1953, S. 6.

164 O. V.: Rendezvous vor der Kamera. In: Die Ansage, Nr. 112, 19. Feb. 1953, S. 6.

165 O. V.: Rendezvous vor der Kamera. In: Die Ansage, Nr. 112, 19. Feb. 1953, S. 6.

166 O. V.: Rendezvous vor der Kamera. In: Die Ansage, Nr. 112, 19. Feb. 1953, S. 6.

167 O. V.: Sind Treffpunkte Begegnungen? In: Fernsehen, H. 4/5, 1953, S. 273.

168 Julia Streitz 1984, S. 104.

169 Ein ähnliches Konzept verfolgte RTL Ende der 1990er-Jahre mit Verona Feldbusch (= Verona Pooth) und der Reihe ›Veronas Welt‹.

170 Margot Hielscher 1958, S. 42.

171 Zit. n. Friedhelm Volbach 1976, S. 38.

172 Opinio: Unter der Lupe. In: fff-press Nr. 76, 10. 10. 1955, S. 8.

173 O. V.: Prominenten-Treff in Schwabing. In: Hör Zu 1979, S. 14.

174 Kurt Wilhelm 1965, S. 104 f.

175 O. V.: Die Ein-Schiebungen. In: Der Spiegel, Nr. 20, 11. Mai 1955, S. 444.

176 Christl Bronnenmeyer 2004, S. 21. In einem am 22. Februar 2006 telefonisch geführten Gespräch mit dem Verfasser gab Frau Bronnenmeyer an, dass ihrem Text kein persönliches Interview vorausgegangen war, der Inhalt aber von Margot Hielscher per Fax bestätigt worden sei.

177 O. V.: Der Hauptfilm hat noch nicht begonnen. In: Die Ansage, Nr. 186, 21. Juli 1954, S. 4.

178 wh: Ein Abendprogramm. In: Funk-Korrespondenz, Nr. 19, 4. Mai 1955/B, S. 15.

179 Zit. n. O. V.: Die Faszination des Einfältigen. In: Der Spiegel, Nr. 36, 31. Aug. 1955, S. 28–36, Zitat S. 30.

180 ›Sendungen des Südfunk-Fernsehens 1954–1964‹. In: Süddeutscher Rundfunk o. J., S. 45–64.

181 Vgl. Rainer C. M. Wagner 1995. Dort heißt es u. a.: »Studienbesuche beim NWDR in Hamburg und bei der BBC in London führten zu abfälligen Kommentaren über das damals real existierende Fernsehen als ›eine funkelnagelneue, gut geölte, hochleistungsfähige Maschine, … die fast immer leer läuft‹ (…).« (S. 76) Der für die Dokumentarabteilung zuständige Redakteur Heinz Huber legte »größten Wert auf die Anwendung und Weiterentwicklung der optisch-filmischen Mittel und Möglichkeiten: Filmaufbau, Kameraeinstellung, Filmschnitt«. (S. 77)

182 O. V.: Menschen zwischen Rhein und Ruhr. In: Die Ansage, Nr. 161, 27. Jan. 1954, S. 4.

183 Funk-Korrespondenz, Nr. 8, 17. Februar 1954/B, S. 13.

184 Fernsehen, H. 7, 1953, S. 406.

185 Werner Höfer 1975, S. 11. Ähnlich im Interview mit Eva-Maria Freiburg und Wolf Bierbach (Dies., 1974, S. 123 f.). Bestätigend äußerte sich Paul Kuhn in dem Fernsehporträt ›Paul Kuhn. Eine deutsche Geschichte‹, 3sat, 30. 12. 2003, 16.30 Uhr.

186 Werner Höfer 1975, S. 11.

187 Werner Höfer 1975, S. 13: »Talk Show-Vorläufer ›Rhein-Ruhr-Clübchen‹«.

188 Hans-Friedrich Foltin 1994, S. 75. Siehe auch ›Register der Sendungen‹ in Hans-dieter Erlinger / Hans-Friedrich Foltin 1994, S. 477.

189 F. K.: Die Mönche kamen an. In: Funk-Korrespondenz, Nr. 16, 14. April 1954/B, S. 1.

190 Vgl. exemplarisch WGF. 1953, S. 489, und die Kurzmeldungen zum NWDR in Fernsehen, H. 9, 1953, S. 534.

191 Opinio: Unter der Lupe. In: fff-press, Nr. 9, 8. März 1954, S. 7.

192 KK 1954 b, S. 19.

193 O. V. 1952: Den möcht ich sehn! Gerd Fricke. In: Hör zu! Die illustrierte Rundfunkzeitung. Westdeutsche Ausgabe, Nr. 29, 1952, S. 2.

194 O. V.: Das Gericht zieht sich zur Beratung zurück. In: Die Ansage, Nr. 158, 6. Jan. 1954, S. 2.

195 HStA, Reg.-Nr. 621-1, Akte 1177.

196 Wolfgang Ernst: Hörerbefragung zur Sendung ›Am Wege‹ in der Sendereihe ›Das Gericht zieht sich zur Beratung zurück‹. Hörerforschung des NWDR, 04.02.1954. HStA, Reg.-Nr. 621-1, Akte 290.

197 O. V.: Das ist nichts für Männer. In: Die Ansage, Nr. 123, 7. Mai 1953, S. 6.

198 O. V.: Das ist nichts für Männer. In: Die Ansage, Nr. 123, 7. Mai 1953, S. 6.

199 Hans Joachim Schneider 1965, S. 2.

200 Hans Joachim Schneider 1965, S. 3.

201 Hans Joachim Schneider 1965, S. 3 ff.

202 Hans-Joachim Gehrmann 2000 (Redaktion ›Ehen vor Gericht‹), Interview mit dem Verfasser, 19.07.2000.

203 Bernhard Töpper 2000 (Redaktion ›Wie würden Sie entscheiden?‹), Interview mit dem Verfasser, 19.07.2000.

204 Karl-Dieter Möller 1995, S. 38. Vgl. dort die Abbildung S. 39.

205 Karl Tetzner / Gerhard Eckert 1954, S. 70.

206 Wilhelm Ohnesorge / Herman Roemmer 1956, S. 207.

207 O. V.: Die Faszination des Einfältigen. In: Der Spiegel, Nr. 36, 31. Aug. 1955, S. 36.

208 Edwin Friesch 1995, S. 134.

209 Auch wenn das Wort bereits des Öfteren verwendet wird, z. B.: »So etwas wie Stars gibt es auch bei den Informationssendungen. Etwa *Werner Höfer* …« (Gerhard Eckert 1961, S. 240)

210 Heinz-Günter Deiters 1973, S. 300.

211 Carsten Diercks 1995, S. 38.

212 Vgl. Werner Schöne 1984, S. 29.

213 Rüdiger Proske 1995, S. 27.

214 Gerhard Lampe / Heidemarie Schumacher 1991, S. 26.

215 Joan Kristin Bleicher 1993, S. 68. Ausführlich Peter Zimmermann 1994, S. 242–249.

216 Peter Zimmermann 1994, S. 276.

217 Vgl. Gerhard Lampe / Heidemarie Schumacher 1991, S. 46 und S. 79, Anmerkung 25.

218 Eine in rechts-konservativem Sinne parteiisch getönte, in ihrer Kritik überholte bzw. widerlegte auszugsweise Aufstellung als Zitat aus dem ›Rheinischen Merkur‹ vom 24.05.1963 enthält Rembert Engel 1971, S. XXV-XXVII. Ergänzend Gerhard Lampe / Heidemarie Schumacher 1991, passim.

4. Herausforderungen – Die 1960er-Jahre

1 Christian Longolius (Hg.)1967.

2 Werner Höfer 1967, S. 125.

3 Peter Zimmermann 1995, S. 250.

4 Eugen Kogon 1967, S. 147.

5 So Casdorff im Gespräch mit Peter von Rüden. Vgl. Peter von Rüden / Hans-Ulrich Wagner 2005 a, S. 18.

6 Interviewgast der ersten ›Monitor‹-Sendung war Prinz Louis Ferdinand von Preußen. Ein 1971 herausgegebener Sammelband enthält Gespräche mit u. a. Rainer Barzel, Heinrich Böll, Willy Brandt, Otto Brenner, Herbert Czaja, Ludwig Erhard, Kurt Georg Kiesinger, Oswalt Kolle, Horst Mahler, Melina Mercouri, Walter Scheel, Siegfried Zoglmann. Vgl. Claus Hinrich Casdorff / Rudolf Rohlinger 1971.

7 Claus Hinrich Casdorff / Rudolf Rohlinger 1971, S. 5 ff.

8 ›Monitor‹, Sendung vom 09. 10. 1972, Transkript.

9 Peter von Rüden / Hans-Ulrich Wagner 2005 a, S. 18. Das Gespräch mit Casdorff wurde am 5. Juni 2002 geführt. Eine zeitnahe, vom unmittelbaren Eindruck geprägte Analyse der Sendung liefert Michael Schmid-Ospach 1972. Tagesaktuelle Berichte unter anderem in der Süddeutschen Zeitung vom 11. 10. 1972 und in der Frankfurter Allgemeinen Zeitung vom selben Tage.

10 Zit. n. Claus Hinrich Casdorff 1972, S. 6.

11 Claus Hinrich Casdorff 1972, S. 6.

12 Tabellarisch in: ›Der Journalist‹, H. 11, November 1972, S. 7.

13 Peter von Rüden / Hans-Ulrich Wagner 2005 a, S. 18. ›Willy wählen‹ war der Hauptslogan der seinerzeitigen, ganz auf den amtierenden Kanzler zugeschnittenen SPD-Wahlkampagne.

14 Manfred Delling 1995, S. 73.

15 Seit August 1985 als Nachfolgesendung der ›Bonner Runde‹ mit zunächst sechs Ausgaben pro Jahr im Programm, anfangs immer donnerstags um 22.10 Uhr. Durch einige kurzfristig ins Programm genommene Sendungen erhöhte sich der Ausstrahlungsturnus. Einer dieser aktuellen Anlässe war die Wahl Graf Lambsdorffs zum FDP-Vorsitzenden, woraufhin sogar das Samstagabendprogramm umgestellt wurde. (Johannes Dieterich 1989, S. 98)

16 Peter von Rüden / Hans-Ulrich Wagner 2005 a, S. 18.

17 Johannes Dieterich 1989, S. 86.

18 Peter von Rüden / Hans-Ulrich Wagner 2005 a, S. 19.

19 Peter von Rüden / Hans-Ulrich Wagner 2005 a, S. 19. Vgl. auch Johannes Dieterich 1989, S. 98 f.

20 Gudrun Friese: Hundert Gäste stellten sich bisher C. H. C. In: WDR print, Nr. 151, Nov. 1988, S. 3.

21 Wobei nicht übersehen wird, dass der Terminus ›Gespräch‹ sehr unterschiedliche Sprechakte umfasst. Zur Problematik vgl. Winfried B. Lerg 1970.

22 Norbert Schneider 1979, S. 441.

23 Jacqueline Stuhler 1995, S. 24.

24 Ab 1986 wurde das Thema von den Zuschauern mitbestimmt und circa eine Woche vor der Sendung festgelegt. (ARD 1994, S. 90 f.)

25 Jacqueline Stuhler 1995, S. 25.

26 Norbert Schneider 1979, S. 442.

27 Vgl. Norbert Schneider 1972, S. 4.

28 Norbert Schneider 1979, S. 442.

29 Am Beispiel des → ›Internationalen Frühschoppens‹ entwickelt Norbert Schneider eine »Grundbedingung« erfolgreichen Fernsehens: »Er ist eine Serie, bleibt zeitlich, personal, formal bis hinein ins Schlußprosit allezeit kenntlich.« (Norbert Schneider 1979, S. 444) Was die Sendezeit anbelangt, gab es bei ›Pro + Contra‹ einen markanten Einschnitt: Die Reihe war zunächst donnerstags um 21.45 Uhr, d. h. zeitgleich mit den politischen Sendungen des ZDF (→ ›Journalisten fragen – Politiker antworten‹), platziert gewesen und wurde 1973 im Zuge einer zwischen ARD und ZDF verabredeten Programmreform auf den Sendeplatz um 20.15 Uhr vorverlegt, wo sie sich erfolgreich halten konnte. Zur besagten Programmreform vgl. Dieter Stolte 1973, S. 36, 37, 42, 45.

30 Norbert Schneider 1972, S. 4.

31 Norbert Schneider 1979, S. 441.

32 Zit. n. Jacqueline Stuhler 1995, S. 25.

33 Radio Bremen 1963, S. 104.

34 Radio Bremen 1963, passim.

35 Zit. n. Reinhard Appel 1983, S. 157.

36 Karl Holzamer 1988, S. 86.

37 Karl Holzamer 1988, S. 88.

38 Vgl. Karl Holzamer 1988, S. 88.

39 Eine deutliche Abweichung enthält § 6, Absatz 2: Laut Bundesgesetz hatten Parteien, die im Bundestag oder in »einer gesetzgebenden Körperschaft eines Landes vertreten sind«, Anspruch auf Vertretung ihrer Interessen zu angemessener Sendezeit. Der ZDF-Staatsvertrag verschärft diese Regelung dahingehend, dass Parteien im Bundestag oder »in den gesetzgebenden Körperschaften von mindestens drei Ländern« vertreten sein mussten, um ein Recht auf Sendezeit geltend machen zu können. (Zu Vergleichszwecken herangezogen wurde die Druckfassung aus Wolfgang Lehr / Klaus Berg 1970, S. 177 ff.)

40 Vgl. Claudia Mast 1978, S. 48, und Klaus Wehmeier 1979, S. 36. Bei Wehmeier im Originalwortlaut die Begründung des rheinland-pfälzischen Ministerpräsidenten Peter Altmeier für die Übernahme besagter Bundesgesetze.

41 ZDF Jahrbuch 1962/64, S. 19, 20, 21.

42 Einen konzisen Überblick über Möglichkeiten und Versuche mittelbarer Einflussnahme im Nachkriegsrundfunk gibt Hendrik Schmidt 1976. Mit Blick auf die Entwicklung bis Anfang der 1960er-Jahre zieht Schmidt die Zwischenbilanz: »Bestimmende Tendenz war die graduelle Entliberalisierung der bestehenden Anstaltsstruktur, bis hin zu dem Versuch, das öffentlich-rechtliche Prinzip selber aufzugeben.« (Hendrik Schmidt 1976, S. 65)

43 Rembert Engel 1971, S. 94.

44 Rembert Engel 1971, S. 95.

45 Rembert Engel 1971, S. 98.

46 Heiko Flottau 1972, S. 121. Flottau spricht mit Blick auf das ZDF von einer »Majorisierung des Rundfunks wenn nicht durch den Staat, aber immerhin durch Parteien«. Zu den Ursachen dieser Entwicklung vgl. Heiko Flottau 1972, S. 119 ff.

47 Klaus Wehmeier 1979, S. 2.

48 Zit. gemäß der Dokumentation in epd/Kirche und Fernsehen, Nr. 15, 28. April 1973, S. I.

49 Reinhard Appel 1983, S. 161, und Claudia Mast 1978, S. 52.

50 Claudia Mast 1978, S. 52.

51 Volks- wie Politikermund und auch die Presse sprachen des öfteren salopp von der ›Appel-Runde‹.

52 Reinhard Appel 1983, S. 161.

53 Zit. n. Claudia Mast 1978, S. 49.

54 Schriftliche Stellungnahme vom 25. 9. 1975, zit. in Claudia Mast 1978, S. 51.

55 Wolf Dietrich 1969, S. 20. Der Text ist enthalten in Christian Longolius (Hg.): Fernsehen in Deutschland II, Mainz 1969. Dort auch eine Analyse der Wahlen von 1969 (S. 271 ff.) sowie ein Bericht des ARD-Journalisten Thilo Koch, der in der Wahlnacht den NPD-Vorsitzenden von Thadden zu interviewen hatte (Thilo Koch 1969).

56 Zitate und Sachverhalt laut O. V.: Solche Bolzen. In: Der Spiegel, Nr. 17, 1973, S. 90.

57 Claudia Mast 1978, S. 53.

58 Zit. n. Claudia Mast 1978, S. 51 f. Über die Verfahrensweisen innerhalb der ARD im etwa gleichen Zeitraum informiert Heinz Werner Hübner 1973 passim.

59 Verwaltungsgericht Neustadt an der Weinstraße, AZ 3 L 14/71, zit. n. Claudia Mast 1978, S. 51.

60 Zit. n. Claudia Mast 1978, S. 56. Übereinstimmende Erfahrungen machte Appels Nachfolger Johannes Gross; vgl. Johannes Gross 1983, S. 171 f.

61 Zit. n. Claudia Mast 1978, S. 59.

62 Norbert Schneider 1979, S. 440 f.

63 Norbert Schneider 1979, S. 441.

64 Zit. n. CLAUDIA MAST 1978, S. 66.
65 Eine Analyse der Sendungen liefert HANS-JÜRGEN WEISS 1973. Zur unmittelbaren Vorgeschichte der Sendungen vgl. HEINZ WERNER HÜBNER 1973, S. 102.
66 HORST HOLZER 1971, S. 163. Holzer zieht seine Schlüsse auf Basis der Infratest-Untersuchungen ›Die Bundestagsdebatte zur Regierungserklärung‹, München 1966, und ›Politik im Fernsehen‹, München 1966. Deren statistische Ergebnisse bei HORST HOLZER 1971 passim.
67 REINHARD APPEL 1983, S. 156.
68 REINHARD APPEL 1983, S. 157.
69 REINHARD APPEL 1983, S. 156.
70 Zit. n. CLAUDIA MAST 1978, S. 65 f.
71 REINHARD APPEL 1983, S. 158.
72 THOMAS KOEBNER 1979, S. 431.
73 NORBERT SCHNEIDER 1979, S. 443.
74 Zit. n. CLAUDIA MAST 1978, S. 60.
75 Zit. n. CLAUDIA MAST 1978, S. 138.
76 JOHANNES GROSS 1983, S. 171.
77 JOHANNES GROSS 1983, S. 176.
78 HORST SCHÄTTLE 1983, S. 190.
79 JOAN KRISTIN BLEICHER 1993, S. 236.
80 ›Wahljahr '76 – Bürger fragen – Politiker antworten‹, Sendung vom 09. 09. 1976, Transkript.
81 REINHARD APPEL 1983, S. 166.
82 Teiltranskript der Sendung und Analyse der Moderatorenstrategie mit Hinblick auf die besonderen Aspekte des vorliegenden Scheiterns in MICHAEL KRZEMINSKI 1981 passim.
83 MARKUS SCHÄCHTER / DIETER STOLTE 2003, S. 142.
84 DIETER STOLTE 1987, S. 66.
85 Vgl. das Organigramm in KLAUS WEHMEIER 1979, S. 91.
86 KLAUS WEHMEIER 1979, S. 126. Ergänzend ›In ‚Telesibirsk' stimmt die Kasse nicht‹, HÖR ZU 1979, S. 33.
87 KLAUS WEHMEIER 1979, S. 138.
88 KARL HOLZAMER / BRUNO KRAMMER 2003, S. 204 ff., und KLAUS WEHMEIER 1979, S. 159 ff. Vgl. ›In ‚Telesibirsk' stimmt die Kasse nicht‹, In: HÖR ZU 1979, S. 33.
89 NORBERT SCHNEIDER 1979, S. 444.
90 ZDF Jahrbuch 1962/64, S. 65.
91 ZDF Jahrbuch 1962/64, S. 99.
92 ZDF Jahrbuch 1962/64, S. 100.
93 ZDF Jahrbuch 1965, S. 291.
94 MARTIN VIRCHOW 1973, S. 96.

95 Zit. n. MARTIN VIRCHOW 1973, S. 97. Eine Analyse der Ausgabe vom 21.11.1968 mit dem Thema ›Das rote Haus – Weltkommunismus 68‹ unternimmt ERIKA BAUMGARDT 1970.

96 ZDF Jahrbuch 1965, S. 71. Wirtschaftliche Themen erlebten um 1965 herum eine signifikante Konjunktur. Vgl. CLAUDIA MAST 1978, S. 97, und die Grafiken auf S. 99.

97 ZDF Jahrbuch 1965, S. 292.

98 ZDF Jahrbuch 1962/64, S. 65.

99 ZDF Jahrbuch 1962/64, S. 68.

100 ZDF Jahrbuch 1962/64, S. 68.

101 ZDF Jahrbuch 1962/64, S.71. Zur Problematik kirchlicher Fernsehangebote siehe Joan Kristin Bleicher: Zur historischen Entwicklung kirchlich-religiöser Sendungen. In: HANS DIETER ERLINGER / HANS-FRIEDRICH FOLTIN 1994, S. 279–312.

102 ZDF Jahrbuch 1962/64, S. 71.

103 ZDF Jahrbuch 1962/64, S. 72.

104 Die nach Angaben des ZDF älteste noch verfügbare Ausgabe datiert auf den 16. Juli 1967. Sie galt dem Thema ›Kirchenbau der Zukunft‹, das in mehreren kurzen Filmberichten und einer am Sprechertisch verlesenen, kommentierenden Moderation verhandelt wurde.

105 ZDF Jahrbuch 1962/64, S. 72.

106 Zit. n. http://www.tvprogramme.net/60/1966/19661225.htm, Zugriff 19.03.2006, 18.42 Uhr.

107 Ausgestrahlt am 6. November 1968, 22.25 Uhr bis 23.10 Uhr.

108 REINOLD WERNER 1970, S. 210.

109 REINOLD WERNER 1970, S. 210.

110 REINOLD WERNER 1970, S. 211.

111 REINOLD WERNER 1970, S. 214.

112 REINOLD WERNER 1970, S. 214.

113 ZDF Jahrbuch 1965, S. 69.

114 ZDF Jahrbuch 1965, S. 69.

115 ZDF Jahrbuch 1966, S. 271 f.

116 ZDF Jahrbuch 1966, S. 272.

117 ZDF Jahrbuch 1969, S. 11.

118 Mit gleichem Konzept arbeitete Gaus auch in seinen späteren Sendungen ›Zu Protokoll‹ (1967–1973, ARD) und ›Deutsche‹ (1984–1989, ARD). Nachdem Gaus 1965 auf den Posten des Programmdirektors beim Südwestfunk gewechselt war, blieben die Titelrechte für ›Zur Person‹ zunächst beim ZDF. Ein Verzeichnis aller Sendedaten und Interviewpartner enthält GÜNTER GAUS 2004, S. 355–365.

119 Vorwort zu GÜNTER GAUS 1964, S. 8.

120 GÜNTER GAUS 2004, S. 190.

121 GÜNTER GAUS 2004, S. 192.
122 Im deutschen Sprachraum häufiger als ›live on tape‹ kategorisiert.
123 GÜNTER GAUS 2004, S. 200.
124 GÜNTER GAUS 2004, S. 189.
125 GÜNTER GAUS 2004, S. 192.
126 GÜNTER GAUS 2004, S. 189 f.
127 GÜNTER GAUS 1964, S. 10.
128 MANFRED DELLING 1995, S. 68 f.
129 GÜNTER GAUS 2004, S. 188.
130 GÜNTER GAUS 2004, S. 188.
131 GÜNTER GAUS 2004, S. 192.
132 GÜNTER GAUS 2004, S. 193.
133 GÜNTER GAUS 2004, S. 193.
134 GÜNTER GAUS 1964, S. 10.
135 MANFRED DELLING 1995, S. 69.
136 O. V.: Fernsehen: Golo Mann im Gespräch. In: Der Spiegel, Nr. 52, 1973, S. 84.
137 MANFRED DELLING 1995, S. 70.
138 Andeutungsweise findet er sich noch im Titel der politischen Diskussionsreihe ›Bonner Runde‹.
139 Vgl. RÜDIGER STEINMETZ 1996.
140 Vgl. zum Beispiel Theodor Eschenburg: Die Affäre. Protokolle der ›Spiegel‹-Debatten des Deutschen Bundestages. Eine Analyse. Hamburg 1962. Ferner Gerd Ruge (Hg.): Landesverrat und Pressefreiheit. Ein Protokoll. Köln 1963.
141 Vgl. zum Beispiel GERHARD LAMPE / HEIDEMARIE SCHUMACHER 1991, passim.
142 GERHARD LAMPE / HEIDEMARIE SCHUMACHER 1991, S. 58.
143 DEUTSCHER BUNDESTAG o. J., S. 20.
144 KLAUS SKIBOWSKI, Interview mit dem Verfasser, 18.04.2007.
145 HStA, Reg.-Nr. 621-1, Akte 550.
146 KLAUS SKIBOWSKI, Interview mit dem Verfasser, 18.04.2007.
147 Deutscher Bundestag, o. J., S. 6 f.
148 Deutscher Bundestag (Hg.) o. J.: Vor Kamera und Mikrophon. Kleiner Knigge für Funk und Fernsehen. Text: Klaus Skibowski. Bonn o. J., S. 9–11, 14–16. Auszugsweise dokumentiert in: Sprache im technischen Zeitalter: Ideologie und Strategie von Fernsehgesprächen (hrsg. von Friedrich Knilli), H. 35/1970, Juli–September. Berlin, 3. Umschlagseite.
149 PETER ZIMMERMANN 1994, S. 275.
150 Zit. n. DORIS ROSENSTEIN 1995, S. 104. Zum Thema ›Star‹ vgl. die Arbeiten von Werner Faulstich und Ricarda Strobel, z. B.: Prominente und Stars – Fernsehgeschichte als Stargeschichte. In: Werner Faulstich: Vom ›Autor‹ zum Nutzer: Handlungsrollen im Fernsehen. Geschichte des

Fernsehens in der Bundesrepublik Deutschland, hrsg. von Helmut Kreuzer und Christian W. Thomsen, Bd. 5, München 1994, S. 93–118.

151 Anja Kreutz 1995, S. 166f. Zu Dünsers Arbeitsmethode äußert sich eingehend Edgar von Heeringen 1995, S. 183ff.

152 Die Redaktion von ›Bitte umblättern‹ hatte Kay-Dietrich Wulffen, der in der Folge auch die Talkshow ›Je später der Abend‹ betreute. Zum Autorenstamm zählte die spätere Talkshow-Moderatorin Gisela Marx (›Leute‹; ›Drei vor Mitternacht‹).

153 Peter von Zahn 1971, S. 133.

154 Peter von Zahn 1971, S. 133.

155 Peter von Zahn 1971, S. 136.

156 Premierengast war am 16.06.1974 der Kammersänger Rudolf Schock, in der zweiten Sendung am 25.09.1974 ließ sich der Schauspieler Georg Thomalla befragen.

157 Die Daten der Reihe lauten: Premiere am 15.12.1964, Gast: Caterina Valente (32'15"); 19.09.1966, Gast: Horst Buchholz (55'32"); 01.10.1966, Gast: Marika Rökk (48'43"); 07.11.1966, Gast Liselotte Pulver (47'07"); 24.01.1967, Gast: Johannes Heesters (45'10"); 17.04.1967, Gast: Lilli Palmer (43'52"); 24.05.1967, Gast: Nadja Tiller (42'16"); 20.06.1967, Gast: Peter Alexander (54'03"); 20.09.1967, Gast: Curt Goetz (39'57"); 11.10.1967, Gast: Peter Ustinov (59'03"); 12.12.1967, Gast: Hans-Joachim Kulenkampff (44'36"); 02.01.1968, Gast: Freddy Quinn (58'43"). (Fernsehdatenbank des SWR, Stuttgart, 2004)

158 Edwin Friesch 1995, S. 147.

159 Edwin Friesch 1995, S. 147.

160 Vgl. die Beiträge zur Entstehung und Produktion der ›V.I.P. Schaukel‹ in Doris Rosenstein 1995, S. 159–181 und 183–186, sowie ergänzend Wolf Donners kritische Bemerkung in Wolf Donner 1974, S. 17.

161 ZDF Jahrbuch 1971, S. 10.

162 Radio Bremen 1964, S. 128. (Der unpaginierte Bildteil des Bändchens enthält ein Szenenfoto der Reihe.)

163 Radio Bremen 1963, S. 99.

164 Radio Bremen 1963, S. 105. Im Bildteil ein Foto von der Premierensendung mit Kurt Wessel.

165 Radio Bremen Archiv (RBA), Titeldatenbank, Jugenddiskussion F: 05, Archivnr. 0001000235.

166 Radio Bremen Archiv (RBA), Titeldatenbank, Jugenddiskussion F: 08, Archivnr. 0001000274.

167 Radio Bremen Archiv (RBA), Titeldatenbank, Jugenddiskussion F: 13, Archivnr. 0001000289.

168 Schreiben Rundholz an den WDR vom 10.11.1968. WDR-Archiv, Reg.-Nr. 11875.

169 »Gespräch über Politik in Deutschland. Leitung: Walter Kröpelin. Unter

der Leitung von Walter Kröpelin kommen in dieser Sendung Bundesbürger der verschiedensten Alters-, Bildungs- und Berufsgruppen zusammen, um einem prominenten Politiker Fragen zu stellen.« (Programmankündigung in Gong 24/1965, zit. n. http://www.tvprogramme.net, Zugriff 03.11.2006, 19.27 Uhr.)

170 Schreiben Hans-Gerhard Stahl an den WDR vom 24.07.1970. WDR-Archiv, Reg.-Nr. 11875. Zur Biographie Stahls vgl. Anne Jelena Schulte: Hans-Gerhard Stahl. Nachruf in ›Der Tagesspiegel‹, 10.03.2006, http://archiv.tagesspiegel.de, Zugriff 13.11.2006, 17.59.

171 Dienstbericht über besondere Vorkommnisse im ARD-Programm, 20.03.1970, 0.10 Uhr. WDR-Archiv, Reg.-Nr. 11875. Schreiben Hellmut Lange an den WDR vom 20.03.1970. WDR-Archiv, Reg.-Nr. 11875. Schreiben Hans Gerd Wiegand an Dr. G. Rinteln vom 08.04.1970. WDR-Archiv, Reg.-Nr. 11875.

172 Schreiben S. Mohrhof an FS Direktion, Dr. Lange, vom 24.11.1967. WDR-Archiv, Reg.-Nr. 11875.

173 Schreiben Hans Gerd Wiegand an Günter Müggenburg vom 2.7.1968. WDR-Archiv, Reg.-Nr. 11875.

174 Aktennotiz wie-bm (= Hans Gerd Wiegand) zu ›Jugend fragt Politiker‹ vom 14.12.1967. WDR-Archiv, Reg.-Nr. 11875.

175 Undatiertes, nicht adressiertes Formschreiben Hans Gerd Wiegands an potenzielle Teilnehmer. Vgl. auch Schreiben S. Mohrhof an Herstellungsleitung, Frau Schrage, vom 29.1.1968. Beide WDR-Archiv, Reg.-Nr. 11875.

176 Schreiben S. Mohrhof an Hans Gerd Wiegand vom 24.11.1968. WDR-Archiv, Reg.-Nr. 11875.

177 Bremer war der erste Moderator des ›RTL-Nachtjournals‹ und moderierte ab 2004 die Talkshow ›Das Duell bei n-tv‹.

178 bl.: Jugend fragt Politiker. In: Die Tat, 23.11.1968, o. S. Kopie im WDR-Archiv, Reg.-Nr. 11875.

179 Schreiben Hans Gerd Wiegand an Hanno Groh vom 2.2.1970, Blatt 1. WDR-Archiv, Reg.-Nr. 11875.

180 O. V.: Kiste Sekt. In: Der Spiegel, Nr. 3, 1970, S. 20–21.

181 O.V.: Sie holen die Politiker vom Sockel. In: Fernsehwoche, Nr. 28, 11.7.1970, o. S. Kopie im WDR-Archiv, Reg.-Nr. 11875.

182 Schreiben Hans Gerd Wiegand an Heinz-Jürgen Metzger vom 26.11.1969. WDR-Archiv, Reg.-Nr. 11875.

183 W. F. Muthmann: Was soll abgesprochen werden? In: Fernsehen & Film, H. 7., 07.07.1971, o. S. Kopie im WDR-Archiv, Reg.-Nr. 11876. Muthmanns Beitrag enthält Aussagen Ruges und Wiegands zu ihren Positionen in dieser Sache.

184 Schreiben Hans Gerd Wiegand an Siegfried Mohrhof u. a. vom 25.01.1971. WDR-Archiv, Reg.-Nr. 11876.

185 Gabi Brandt 1979, S. 9. Zur Problematik des Jugendfernsehens in den 1970er-Jahren allgemein vgl. Gabi Brandt 1979 sowie das Themenheft der Zeitschrift ›medien + erziehung‹, 1/1978, passim. Zu ›Jour fix‹ sehr anschaulich: O. V.: Warum wohl? In: Der Spiegel, Nr. 51, 1972, S. 54/57.
186 Karl Schnelting 1972, S. 158.
187 Elisabeth Schwarz 1995, S. 124.
188 Zit. n. O. V.: Kommen und vergehen. In: Der Spiegel, Nr. 53, 1972, S. 78–79, Zitat S. 79.
189 Karl Schnelting 1972, S. 156.
190 O. V.: Ungeliebte Bocksprünge, In: Der Spiegel, Nr. 23, 1974, S. 122–124, Zitat S. 124.
191 O. V.: Ungeliebte Bocksprünge, In: Der Spiegel, Nr. 23, 1974, S. 122–124, Angabe S. 123.
192 Imme Horn 1975, S. 53. Dort auch weitere qualitative Datenerhebungen zum Thema.
193 Karl Schnelting 1972, S. 157.
194 Marianne Engels-Weber 1974, S. 10. ›Klatschmohn‹ wurde seit dem 27.01.1973 ausgestrahlt und enthielt zunächst verschiedene Beiträge (bis zu 13 an der Zahl) zu jugendrelevanten Themen. Die letzte Sendung in dieser Art lief am 29.12.1973. Am 20.04.1974 begann eine neue Staffel, nun aber als monothematische Diskussionssendung. Sie endete am 16.11.1974. (Auskunft WDR-Archiv, Petra Witting, Mail vom 08.11.2006.)
195 O. V.: Ungeliebte Bocksprünge, In: Der Spiegel, Nr. 23, 1974, S. 122–124, Zitat S. 123.
196 O. V.: Ungeliebte Bocksprünge, In: Der Spiegel, Nr. 23, 1974, S. 122–124, vgl. S. 123.
197 Hanns Helmut Böck, 1975, S. 10.
198 Michael G. Meyer: Fernsehen real. In: Frankfurter Rundschau, 14.06.2005, S. 15.
199 Michael G. Meyer: Fernsehen real. In: Frankfurter Rundschau, 14.06.2005, S. 15.

5. Streitlust und Sondierungsgespräche – Die 1970er

1 Hans Janke 1976, S. 5.
2 Henri Regnier 1967, S. 172.
3 Manfred Delling 1976, S. 36.
4 Gert von Paczensky 1982, S. 143.
5 Peter Hajek, Interview mit dem Verfasser, 25.01.2007.
6 Schönherr am 10. Januar 1974 im Gespräch mit dem ARD-Magazin ›Titel Thesen Temperamente‹, zit. n. Rupert Neudeck 1975, S. 5.
7 Dietmar Schönherr 1975, S. 44f.

8 Vgl. M. M. R. 1972, S. 46.

9 Anschaulich beschrieben in Constantin von Barloewen / Hans Brandenberg 1975 a, S. 17.

10 Alle Sendedaten gemäß schriftlicher Mitteilung des WDR-Archivs vom 18. 12. 2006. Dieser Auskunft zufolge handelte es sich bei den Dick-Cavett-Shows um Übernahmen vom NDR. Laut Telefonat vom 19. 12. 2006 mit der NDR-Pressestelle wurden dort alle Sendeabfolgen seit 1965 in einer Computer-Datenbank erfasst. Sendungen mit Dick Cavett waren, wie es hieß, mit Ausnahme eines Beitrages im Magazin ›Kultur aktuell‹ vom 7. 02. 1976 dort nicht auffindbar. Der Spiegel schrieb 1973, die »Kölner ›Talk-Show‹-Pioniere« hätten sich »aus Amerika ein ›ganzes Paket mit Lehrmaterial‹ schicken lassen« und das »WDR-III-Publikum mit Cavett-Shows auf die Programm-Neuheit« eingestimmt. (O. V.: Plausch mit Rosa. In: Der Spiegel, Nr. 38, 1973, S. 167–169, Zitat S. 169)

11 Untertitel der Ankündigung: »Paul Kuhn spricht mit Dick Cavett über das amerikanische Show-Business. In Ausschnitten aus US-Fernsehsendungen treten auf: Bob Hope, Ingrid Bergmann, Zsa Zsa Gabor, Barbara [sic!] Streisand, Raquel Welch, Natalie Wood, Fred Astaire, Maurice Chevalier, Bing Crosby, Sammy Davis jr., Frank Sinatra, John Wayne u. a.« (http://www.tvprogramme.de.vu/, Zugriff 06. 06. 2006, 15.40 Uhr). Ergänzend Karin von Faber 1977, S. 10.

12 Bernhard Wittek 1989, Teil 2, S. 3.

13 R. N. 1975.

14 Wolf Donner 1974, S. 17.

15 Manfred Delling 1976, S. 42.

16 Karin von Faber 1977, S. 10. Vgl. zu Cavett auch Hartwig Kalverkämper 1979, S. 409.

17 Dick Cavett / Christopher Porterfield 1974, S. 162 f.

18 Dick Cavett / Christopher Porterfield 1974, S. 246.

19 Brian G. Rose 1985, S. 337.

20 Dick Cavett / Christopher Porterfield 1974, S. 287.

21 Vgl. insbesondere das Kapitel ›Inside the Monster‹ in: Dick Cavett / Christopher Porterfield 1974, S. 249 ff.

22 Dick Cavett / Christopher Porterfield 1974, S. 256.

23 Cavett in einem Brief an die ›New York Times‹, enthalten in der Sonntagsausgabe vom 11. 02. 1973, hier zit. n. Dick Cavett / Christopher Porterfield 1974, S. 363.

24 Dick Cavett / Christopher Porterfield 1974, S. 343 f.

25 Dick Cavett / Christopher Porterfield 1974, S. 330.

26 ›Talkshow‹ wurde Mitte der 1970er Jahre auch eine Art Modebegriff, der half, Presse- und Bucherzeugnisse zu vermarkten. Beispielsweise wurde Werner Höfer von Seiten des Bertelsmann Verlages ein Buchprojekt angetragen, für das renommierte Autoren fiktive Gespräche mit Personen der

Weltgeschichte abfassen sollten. Vgl. Werner Höfer 1974 und dort insbesondere das Vorwort des Herausgebers.

27 Zit. n. Bodo Land 1976, S. 20.

28 ›Je später der Abend‹, Sendung vom 18.03.1973, Transkript.

29 Werner Höfer 1974, S. 8.

30 Pressedienst Deutsches Fernsehen, Nr. 25/73, zit. n. Manfred Delling 1976, S. 38.

31 Wolf Donner 1974, S. 18.

32 Dietmar Schönherr 1975, S. 49.

33 Dietmar Schönherr 1975, S. 49.

34 Dietmar Schönherr 1975, S. 50.

35 Zit. n. Bodo Land 1976, S. 20.

36 Werner Höfer schrieb im selben Jahr in einem Aufsatz: »An der Entscheidung für Hansjürgen Rosenbauer war ich freilich mit dem Vollgewicht von Position und Person beteiligt. Wenn der Versuch scheitert, weiß die Welt wenigstens, dass Fehlentscheidungen vom Fernsehdirektor getroffen und gedeckt werden.« (Werner Höfer 1975, S. 15) Zu Rosenbauer vgl. ›FI-Berufsbiografie 161‹ in ›fernseh-informationen‹, Nr. 15, August 1978, S. 357.

37 O. V.: Neuer WDR-Talkmaster: Hansjürgen Rosenbauer. In: Funk-Korrespondenz, Nr. 41, 9. Oktober 1974, S. 13.

38 Laut Abspann zeichneten für Redaktion und Regie der Premierensendung verantwortlich: Peter Behle, Heidi Kalter, Jörn Schröder.

39 Bodo Land 1973, S. 141.

40 Wolf Donner 1974, S. 17.

41 »Der heiße Draht«, Sendung vom 1. Dezember 1973, Transkript.

42 »Der heiße Draht«, Sendung vom 1. Dezember 1973, Transkript.

43 »Der heiße Draht«, Sendung vom 1. Dezember 1973, Transkript.

44 Herbert Janssen 1973, S. 24.

45 Wolf Donner 1974, S. 18.

46 H. K. 1975, o. S.

47 Zit. n. Joachim Dennhardt 1984a, S. 134.

48 Zit. n. Joachim Dennhardt 1984b, S. 46.

49 Zit. n. Joachim Dennhardt 1984b, S. 47.

50 Zit. n. Joachim Dennhardt 1984c, S. 54. Im selben Band (Joachim Dennhardt / Daniela Hartmann 1984) aufschlussreiche Beiträge von Werner Höfer und Dietmar Schönherr sowie Interviews mit Hans-Joachim Kulenkampff und Wolfgang Menge.

51 Wolf Donner 1974, S. 18.

52 Bodo Land 1976, S. 18.

53 Bodo Land 1976, S. 20.

54 Rupert Neudeck 1979, S. 177.

55 Gerhard Prager 1972, S. 93.

56 Gerhard Prager 1972, S. 97. Beide Zitate wortgleich, aber zusammengeführt in Gerhard Prager 1976, S. 248.

57 Werner Erlenputsch 1976.

58 Thomas Koebner 1979, S. 431.

59 O. V. 1973: Plausch mit Rosa. In: Der Spiegel, Nr. 38, S. 169.

60 Peter Stolle 1990 a, S. 204.

61 ›Prominenz im Renitenz‹ wurde 1992 unter dem Titel ›Prominenz zu Gast in Stuttgart‹ mit dem neuen Moderator Hermann Stange fortgeführt.

62 Edwin Friesch 1995, S. 147.

63 Bernhard Wittek 1989, Teil 1, S. 3.

64 Zit. n. Bernhard Wittek 1989, Teil 1, S. 4.

65 Bernhard Wittek 1989, Teil 1, S. 3.

66 Aussage in der dem 30-jährigen Bestehen von ›III nach 9‹ gewidmeten Sendung ›Johannes B. Kerner‹ am 03. 11. 2004, ZDF, ca. 23.00 Uhr (wegen einer Sondersendung zur US-Wahl hatte sich der ursprünglich auf 22.45 Uhr festgesetzte Beginn leicht verspätet). Zur Vorgeschichte von ›III nach 9‹ vergleiche ferner den Aufsatz des langjährigen Redakteurs der Sendung, Rolf B. Tiesler, im ARD-Jahrbuch 2001 (Rolf B. Tiesler 2001).

67 Beispielsweise Der Spiegel, Nr. 45, 1974, S. 188.

68 ›III nach 9‹, Ausgabe vom 19. 11. 1974. Gemäß der Einspielung bei ›Johannes B. Kerner‹ am 03. 11. 2004, Transkript.

69 Bodo Land 1976, S. 20.

70 Giovanni di Lorenzo in Johannes B. Kerner, 03. 11. 2004, ZDF. Transkript.

71 ›Spätere Heirat nicht ausgeschlossen‹, Sendung vom 13. 10. 1974, Transkript.

72 ›Spätere Heirat nicht ausgeschlossen‹, Sendung vom 13. 10. 1974. Transkript.

73 ›Spätere Heirat nicht ausgeschlossen‹, Sendung vom 13. 10. 1974. Transkript.

74 ›Spätere Heirat nicht ausgeschlossen‹, Sendung vom 13. 10. 1974. Transkript.

75 Klaudia Brunst 1996, S. 10.

76 Vgl. Rupert Neudeck 1979, S. 172 ff.

77 Rupert Neudeck 1981, S. 16.

78 Die oft zitierte Sentenz entstammt dem Untertitel der deutschen Ausgabe von Richard Sennetts ›The Fall of Public Man‹ (New York 1974; dt.: Verfall und Ende des öffentlichen Lebens. Die Tyrannei der Intimität. Frankfurt am Main 1986).

79 Rupert Neudeck 1979, S. 173.

80 Vgl. die – u. a. in einer von Reinhard Münchenhagen geleiteten Fernsehdiskussion ausgetragenen – Auseinandersetzungen um Rosa von Praunheims am 31. Januar 1971 uraufgeführten Fernsehfilm ›Nicht der Homosexuelle

ist pervers, sondern die Situation, in der er lebt‹, dargelegt u. a. in: Harald Keller 1999, S. 351 ff.

81 Ingeborg Prior 1976, S. 27 f.

82 Marcel March 1974, S. 4.

83 Eike Wenzel 2000, S. 21.

84 Die Rezension der Ausgabe vom 01.05.1969 unter dem Titel ›Die Rede des Leichenbestatters‹ bei Walter Jens 1973, S. 79 f.

85 Schriftliche Mitteilung vom 19. Juli 2000 von Th. v. Zedlitz, Publica Verlag, an den Verfasser. Vgl. ›Text intern‹, Nr. 63, 10.08.1983.

86 In dieselbe Kategorie gehörte auch ›Mein schönster Urlaub‹ aus dem Williams-Verlag, Alsdorf. Markteintritt am 05.01.1973 mit 250 000 Exemplaren.

87 O. V.: Das Leben selbst. In: Der Spiegel, Nr. 52, 1972, S. 109 f.

88 Datenbasis: 200 Käufer und ergänzende Angaben über 116 Mitleser. O. V. 1973: Analyse einer neuen Mediengattung. ›True Story‹-Magazin ist Gegenmodell zur ›Yellow Press‹. In: Nachrichten, Nr. 76. Axel Springer AG, November 1973, o. S. (Dokumentation und Bibliothek der Ullstein GmbH)

89 O. V. 1973: Analyse einer neuen Mediengattung. ›True Story‹-Magazin ist Gegenmodell zur ›Yellow Press‹. In: Nachrichten, Nr. 76. Axel Springer AG, November 1973, o. S. (Dokumentation und Bibliothek der Ullstein GmbH) Vgl. Claus Heinrich Meyers Rezension ›Wo Frauen noch Frauchen sind‹ in: Süddeutsche Zeitung, 23.01.1973, o. S.

90 O. V. 1973: Analyse einer neuen Mediengattung. ›True Story‹-Magazin ist Gegenmodell zur ›Yellow Press‹. In: Nachrichten, Nr. 76. Axel Springer AG, November 1973, o. S. (Dokumentation und Bibliothek der Ullstein GmbH).

91 Tanja Kokoska 2002, S. 23. Vgl. Antje Potthoff 2002, S. 4–5.

92 Zum Themenspektrum derartiger Sendereihen vgl. beispielsweise Walther von Hollander 1960 und Heinrich Kalbfuss 1973.

93 Dennis L. Meadows, Donella H. Meadows, Erich Zahn (Hg.): Die Grenzen des Wachstums. Bericht des Club of Rome zur Lage der Menschheit. Frankfurt 1972.

94 »Kaum ein Hörfunkprogramm verzichtet auf Sendungen mit Hörerbeteiligung und erreicht damit – etwa beim Südwestfunk mit ›Vom Telephon zum Mikrophon‹ – stolze Einschaltzahlen.« (Norbert Schneider 1976, S. 458) Vgl. auch ›Der heiße Draht‹, ab 19.01.1976 im Hörfunkprogramm WDR II, rezensiert in Fernseh-Dienst, Nr. 3, 16.12.1975, S. 5–6.

95 Kalverkämper zitiert hier Konrad Kressenberg: Talkshow gegen die Macht des Schicksals. Neue Rhein-Zeitung, 29.08.1977, o. S.

96 Hartwig Kalverkämper 1979, S. 413. Vgl. zudem bei Kalverkämper Anmerkung 46, S. 424, ferner Hans Janke 1976, S. 5, der Bühnen-Gespräche »in Hamburg, München, Köln, Frankfurt – gelegentlich (Buchmesse)

oder en suite (›Senftöpfchen‹)« erwähnt. Zur Person Udo J. Erlenhardts, der sich inzwischen Don Demidoff nennt, vgl. http://www.sueddeutsche.de/kultur/artikel/395/74321/, Artikel vom 24.04.2006, Zugriff 16.02.2007, 13.38 Uhr.

97 Der korrekte Name lautet Dr. Katharina Focke. Die SPD-Politikerin leitete von 1972 bis 1976 das Bonner Ministerium für Jugend, Familie und Gesundheit.

98 Die korrekte Schreibweise lautet Hansjürgen Rosenbauer.

99 RENATE MÜLLER 1977, o. S.

100 DIETMAR SCHÖNHERR 1975, S. 44.

101 Hüttenrauch, Jahrgang 1935, hatte in der DDR Finanzwirtschaft studiert und dort als Kabarettist und Comedy-Autor fürs Fernsehen gearbeitet. Seit 1961 war er für den WDR tätig und betreute dort unter anderem die Comedy-Reihe ›Klimbim‹.

102 Vgl. PETER VON RÜDEN / HANS-ULRICH WAGNER 2005 a, S. 74.

103 DIETER THOMA 1997, S. 322. Ergänzend O. V.: Talk-Shows: Boom auf allen Kanälen. In: Der Spiegel, Nr. 52, 1975, S. 106–108.

104 Dieter Thoma, zit. n. PETER VON RÜDEN / HANS-ULRICH WAGNER 2005 a, S. 84.

105 ›Kölner Treff‹, Sendung vom 25.01.1976, Transkript. Fälschlich gibt Dieter Thoma in seiner Biographie den 15.01. als Premierendatum an. Vgl. DIETER THOMA 1997, S. 337.

106 DIETER THOMA 1997, S. 339.

107 R. Nd. 1979, S. 67. Kommentiert bei DIETER THOMA 1997, S. 338 f.

108 FRIEDRICH KNILLI 1976, S. 9.

109 DIETER THOMA 1997, S. 340. Vgl. PETER VON RÜDEN / HANS-ULRICH WAGNER 2005 a, S. 87.

110 DIETER THOMA 1997, S. 339.

111 Vgl. RICARDA STROBEL / WERNER FAULSTICH 1998 d, Sequenzprotokoll S. 264 f.

112 Zit. n. PETER VON RÜDEN / HANS-ULRICH WAGNER 2005 a, S. 86.

113 WDR: Kölner Treff. Der neue Talk. Presseheft. Köln 2006.

6. Ausweitung des Spektrums – Die 1980er

1 ›So isses‹, Sendung vom 17.02.1984. Transkript.

2 Laut dem damaligen RTL-Geschäftsführer Dr. Helmut Thoma verfügte PKS über 15 000 Spielfilme und 50 000 Programmstunden, RTL dagegen nur über zwölf Kinofilme. (Dr. Helmut Thoma in ›Zapp spezial: Versendete Werte?‹, 10.06.2006, NDR, 23.00 Uhr.)

3 ›Hör zu‹, H. 2, 1984, zit. n. http://www.tvprogrammHÖRZU 51/1984 e.de.vu/, Zugriff 14.11.2006, 23.09 Uhr.

4 ›Hör zu‹, H. 51, 1984, zit. n. http://www.tvprogrammHÖRZU 51/1984 e.

de.vu/, Zugriff 14.11.2006, 23.11 Uhr. Dort wurde die Sendung zeitweilig irrtümlich als ›Krügers Nationalpark‹ geführt.

5 http://www.rtl.de/comedy/comedy_686279.php, Zugriff 15.11.2006, 13.25 Uhr.

6 ›Krügers Nationalquark‹, Folge 3. Transkript.

7 Süddeutscher Rundfunk 1995, S. 147.

8 Hör zu, Ausgabe 51, 1984, zit. n. http://www.tvprogramme.net/80/1984/19841223.htm. Zugriff 26.12.2006, 18.54 Uhr.

9 Karl Dall, Interview mit dem Verfasser, 08.09.1990.

10 Hör zu, H. 3, 11.01.1985, S. 33.

11 Hör zu, H. 5, 25.01.1985, S. 37.

12 ›Dall-As‹, Sendung vom 19.01.1985, Transkript.

13 Eine entsprechend beworbene Hotelkette stellte die Räumlichkeiten für die Aufzeichnungen, auch Getränke bezog die Produktion kostenlos von einem Sponsor. Die Kosten je Sendung wurden auf niedrige 50000 DM (= 25565 Euro) geschätzt. Vgl. Peter Stolle 1990b, S. 253, und Silke Müller 1990, o. S.

14 Karl Dall 1990, Interview mit dem Verfasser, 08.09.1990.

15 Peter Stolle 1990b, S. 253.

16 Zit. n. Jän. 1986, o. S.

17 Der ›Spiegel‹ zählte 1990, als RTL noch immer nicht flächendeckend verbreitet wurde, circa drei Millionen Zuschauer pro Sendung. Vgl. Peter Stolle 1990b, S. 253. Der Quotenrechnung nach waren das zehn Prozent der Zuschauer. Vgl. Silke Müller 1990, o. S.

18 Norbert Hummelt 1991, o. S.

19 Wilfried Geldner 1989, o. S.

20 Hans-Georg Sausse: Keine Angst vor Fettnäpfchen. In: stern tv, Supplement, 30.03.1989, S. 15.

21 Karl Dall, Interview mit dem Verfasser, 08.09.1990.

22 AP-Meldung in: Frankfurter Rundschau, 05.10.2004, S. 14, Rubrik ›Leute‹.

23 Der Titel ähnelt dem der von April bis Dezember 1952 ausgestrahlten US-Interviewsendung ›The Hot Seat‹ (ABC), doch gab es inhaltlich wie formal keine Übereinstimmung. Von Juli bis Oktober 1976 strahlte das ABC-Network im Tagesprogramm eine Sendung gleichen Titels aus, die dem Genre Gameshow zuzuordnen ist.

24 Zit. n. Michael Steinbrecher / Martin Weiske 1992, S. 181. Vgl. auch S. 42 f.

25 Zit. n. Werner Holly / Johannes Schwitalla 1995, S. 59 f.

26 Sendung vom 05.01.1989, Transkript.

27 Diese Form des Bildausschnitts geht auf den US-Western zurück und zeigt eine einzelne Person vom Kopf bis etwa zum Oberschenkel. Ursprünglich wurde sie gewählt, um die Revolvergurte der Helden mit ins Bild zu nehmen.

28 Transkript.
29 Eine ausführliche Darstellung der Vorbereitungen und des Ablaufs speziell dieser Sendung bei WERNER HOLLY / JOHANNES SCHWITALLA 1989, S. 75 ff.
30 Vgl. HANS-FRIEDRICH FOLTIN 1991, S. 51.
31 Zit. n. MICHAEL STEINBRECHER / MARTIN WEISKE 1992, S. 192.
32 HANS-FRIEDRICH FOLTIN 1991, S. 51.
33 WERNER HOLLY / JOHANNES SCHWITALLA 1995, S. 60.
34 Zit. n . MICHAEL STEINBRECHER / MARTIN WEISKE 1992, S. 193.
35 Zit. n. MICHAEL STEINBRECHER / MARTIN WEISKE 1992, S. 187 f.
36 ›A. T. – Die andere Talkshow‹, Sendung vom 16.12.1989, Transkript.
37 Vgl. LES BROWN 1992, S. 364, und BRIAN G. ROSE 1985, S. 339.
38 Zit. n. ALEX MCNEIL 1996, S. 435.
39 ALEX MCNEIL 1996, S. 21, und TIM BROOKS / EARLE MARSH 1995, S. 25.
40 PAOLO CARPIGNANO / ROBIN ANDERSEN et al. 1989, S. 53. Dieses Misstrauen gegenüber dem Expertentum lässt sich zurückverfolgen bis zu Präsident Andrew Jackson (1767–1845), der es geschickt zur Erreichung seiner politischen Ziele zu nutzen verstand – vgl. WAYNE MUNSON 1993, S. 21.
41 PAOLO CARPIGNANO / ROBIN ANDERSEN et al. 1989, S. 53.
42 Vgl. MINDY NIX 1974, S. 70 f.
43 Vgl. PAOLO CARPIGNANO / ROBIN ANDERSEN et al. 1989, S. 45.
44 PAOLO CARPIGNANO, ROBIN ANDERSEN et al. 1989, S. 53 f.
45 ›A. T. – Die andere Talkshow‹, Sendung vom 10.02.1990. Transkript.
46 DL 1990, o. S.
47 Moderiert und produziert wurde ›Einspruch!‹ von Ulrich Meyer, der zuvor in Diensten RTLs gestanden und dort unter anderem im Wechsel mit Olaf Kracht ›Explosiv – Der heiße Stuhl‹ moderiert hatte.
48 BERNHARD WITTEK 1989, Teil 2, S. 6.
49 O. V.: Perle des Privaten. In: Der Spiegel, Nr. 28, 1989, S. 180–183, Zitat S. 182 f. Anmerkung in Klammern von H. K.
50 Zit. n. MICHAEL STEINBRECHER / MARTIN WEISKE 1992, S. 178.
51 Den vom Verfasser als Saalzuschauer gewonnenen Eindruck bestätigt u. a. BERNHARD WITTEK 1989, Teil 2, S. 5 f. Von 1986 bis 1987 hatte Müller-Gerbes für RTL schon die Talkshow ›Bonnfetti‹ geleitet, die wegen der zu diesem Zeitpunkt noch geringen Reichweite des Senders jedoch ohne nennenswerte Resonanz blieb.
52 Zit. n. MICHAEL STEINBRECHER / MARTIN WEISKE 1992, S. 201.
53 Zit. n. MICHAEL STEINBRECHER / MARTIN WEISKE 1992, S. 192.
54 O. V.: Perle des Privaten. In: Der Spiegel, Nr. 28, 1989, S. 180–183, Zahlenangaben S. 181.
55 Vgl. MICHAEL STEINBRECHER / MARTIN WEISKE 1992, S. 184 und 186.
56 »Am 4. April 1990 ging es los, aus einem Studio in Düsseldorf kam die erste stern TV-Sendung. Live – so ist es bis heute geblieben. Ansonsten hat sich

vieles geändert: anfangs dauerte stern TV gerade mal 30 Minuten. Günther Jauch sprach mit jeweils einem prominenten Gast über aktuelle Themen. 1993 veränderte sich das Gesicht der Sendung, seitdem gibt es mehr Gesprächspartner und Publikum im Studio. Die Sendezeit verlängerte sich zunächst auf 1 Stunde, seit 1995 sendet stern TV bis Mitternacht. Mehr als 3000 Gäste hat Günther Jauch mittlerweile begrüßt. Gerhard Schröder, Michail Gorbatschow oder Roman Herzog waren ebenso da wie Claudia Schiffer, Steffi Graf und Michael Schumacher.« Quelle: Web-Seite der Produktionsfirma i & u (http// www.i-und-u.tv/sterntv.php, Zugriff 21.11.06, 13.22 Uhr).

57 ›III nach 9‹, Sendung vom 09.03.1984, Transkript.

58 ›III nach 9‹, Sendung vom 16.06.1978, Transkript.

59 Anschaulich beschrieben in den Kapiteln »Erstmal wollen jetzt wir reden!«, S. 42–55, und ›Sie machen ja alle nur Reklame!‹, S. 69–83, in Klaudia Brunst 2005.

7. Am Tag und in der Nacht – Die 1990er

1 SAT.1 Pressestelle Information Und Aktuelles 1994, o. S.

2 Zit. n. Michael Steinbrecher / Martin Weiske 1992, S. 183.

3 SAT.1 Pressestelle o. J., S. 18. Dort eine komplette Liste der Gäste bis Mai 1994. Mit je sechs Auftritten waren Heiner Geißler, Gregor Gysi und Gerhard Schröder die meistgebuchten Gäste.

4 Zit. n. Michael Steinbrecher / Martin Weiske 1992, S. 212.

5 SAT.1 Pressestelle Information Und Aktuelles 1994, o. S.

6 Knut Hickethier 1998, S. 477.

7 Klaudia Wick 2006.

8 Jens Tenscher 1999, S. 325.

9 Jens Tenscher 1999, S. 322. Dort tabellarische Daten demoskopischer Erhebungen des Forschungsinstituts Emnid und der SWR-Medienforschung sowie Strukturanalysen des Verfassers. Tabellarische und graphisch aufgearbeitete Daten zu ›Talk im Turm‹ für die Jahre bis 1994 enthält: SAT.1 Pressestelle Information und Aktuelles 1994, o. S.

10 Quelle 1994: GfK Fernsehforschung. Quelle 1998: SWR-Medienforschung. Zit. n. SAT.1 Pressestelle Information und Aktuelles 1994 und Jens Tenscher 1999, S. 321.

11 Klaudia Wick 2006.

12 Vgl. die Ergebnisse einer Repräsentativbefragung bei Wolfgang Darschin / Camille Zubayr 2002, passim.

13 Klaudia Wick 2006.

14 Vgl. AW 1994, S. 17.

15 Jörg Grabosch, Interview mit dem Verfasser, 09.01.2007.

16 Dieses Element war nicht grundlegend neu, sondern unter anderem schon

in Claus Hinrich Casdorffs unregelmäßig ausgestrahlter Reihe ›Schlag auf Schlag‹ (1981–1990, ARD) enthalten gewesen. Eine kritische Stellungnahme zu einer Ausgabe mit dem zuvor wegen Steuerhinterziehung verurteilten Manager Eberhard von Brauchitsch liefert Rainer Geissler 1987.

17 Thomas Schuler 1992, S. 18.

18 Roger Willemsen, zit. n. Thomas Schuler 1992, S. 18.

19 Roger Willemsen, zit. n. Thomas Schuler 1992, S. 18.

20 Roger Willemsen, zit. n. Thomas Schuler 1992, S. 18.

21 Reinhard Lüke 1992, S. 18.

22 RTL Pressestelle 1992b.

23 Protokoll der Premierensendung vom 28.09.1992.

24 Ein Quintett um den seit 1984 im Aufzeichnungsort München heimischen, in den USA gebürtigen Eric Bond.

25 ›Gottschalk – täglich‹, Sendung vom 29.09.1992. Transkript.

26 Susan Vahabzadeh 1994, S. 15.

27 Ricarda Strobel / Werner Faulstich 1998c, S. 164.

28 RTL Pressestelle 1993d, S. 2.

29 Zit. n. Süddeutsche Zeitung, 29.04.1994, S. 29.

30 Vgl. zum Beispiel Titus Arnu 1995b, S. 12.

31 Marcus Hertneck 1994, S. 31.

32 Die Mitinhaber waren Gottschalks Manager Anton Geissler (10 Prozent) und Holm Dressler (45 Prozent). Quelle: Ricarda Strobel / Werner Faulstich 1998c, S. 145.

33 So gemeldet in die tageszeitung, 01.03.1995, S. 14.

34 Meldung der Nachrichtenagentur AP, veröffentlicht u.a. in der Süddeutschen Zeitung, 16.02.1998, S. 44.

35 DE. 1994, S. 29.

36 Michael Grill 1994, S. 13.

37 Zit. n. DE. 1994, S. 29.

38 DE. 1995, S. 11.

39 Zit. n. Titus Arnu 1995b, S. 12.

40 Vgl. Stefan Niggemeier 1995, S. 28.

41 Michael Braun, Interview mit dem Verfasser, 27.02.2007.

42 Jörg Grabosch, Interview mit dem Verfasser, 09.01.2007.

43 Jörg Grabosch, Interview mit dem Verfasser, 09.01.2007. Von Sat.1 und Harald Schmidts Produktionsfirma bzw. Management waren trotz mehrfacher Anfragen keine Auskünfte zu den Anfängen der ›Harald Schmidt Show‹ zu erhalten.

44 Jörg Grabosch, Interview mit dem Verfasser, 09.01.2007.

45 Vgl. z.B. Sat.1 2002, S. 37.

46 Vgl. Thomas Schuler 1994, S. 50.

47 Hans-Hermann Kotte 1996a, S. 11.

48 Martin Zips 2000, S. 23.

49 Vgl. Stefan Niggemeier 1996, S. 17.
50 Vgl. Programmschema in: SAT.1 1997, S. 59.
51 Die im Juni 2003 von Schmidt und Sat.1 unter großer Anteilnahme der Presse mit staatstragendem Ernst verkündete Einführung der ›5-Tage-Woche‹ war, von der Öffentlichkeit kaum realisiert, in Wahrheit eine Rückkehr zum ursprünglichen Turnus, allerdings nicht mit dem Samstag, sondern mit Montag als fünftem Termin.
52 Vgl. Sat.1-Programmschema in: SAT.1 1998, S. 86–88.
53 Stefan Niggemeier 1996, S. 17.
54 SAT.1 1998b, S. 4.
55 SAT.1 1998b, S. 4.
56 SAT.1 2002, S. 36.
57 SAT.1 2002, S. 37.
58 SAT.1 1998b, S. 4.
59 Meldung der Agentur Reuters, u. a. in: Süddeutsche Zeitung, 09. 12. 2003, S. 1.
60 Roger Willemsen 2003, S. 13.
61 Dietrich Leder 2004, S. 79f.
62 Jörg Grabosch, Interview mit dem Verfasser, 09. 01. 2007.
63 Vgl. die Programmankündigungen des Bayerischen Rundfunks. Hier zitiert die Vorschau auf den 10. 11. 2006, BR-Pressedienst 45/06, S. 36.
64 Zit. n. Michael Steinbrecher / Martin Weiske 1992, S. 183.
65 Hans Messias 1989, S. 21.
66 Vgl. Michael Steinbrecher / Martin Weiske 1992, S. 199.
67 Hans Messias 1989, S. 21.
68 Hans Meiser 2000, Interview mit dem Verfasser, 08. 06. 2000.
69 RTL Pressestelle 1992a, S. 1
70 ›Hans Meiser‹, Sendung vom 27. 6. 1997, Transkript.
71 Für eine systematische Rekonstruktion dieser Medienkarriere fehlt hier der Platz. Frühe Veröffentlichungen über den homosexuellen Sadomasochismus, dessen Bekanntwerden in Deutschland nebst Hinweisen auf Zusammenhänge mit dem subversiven Kino finden sich in einem Sammelband mit Texten von Hans Eppendorfer: Fast ein Augenblick von Glück. Geschichten vom Kiez. München 1987. Vgl. insbesondere das Kapitel ›Der Ledermann erzählt‹, S. 26–44. Dabei handelt es sich um einen Auszug aus Ders.: Der Ledermann spricht mit Hubert Fichte. Frankfurt am Main 1977/1980.
72 Hans Meiser, Interview mit dem Verfasser, 08. 06. 2000.
73 RTL PRESSESTELLE 1993c, S. 2.
74 RTL PRESSESTELLE 1993c, S. 2.
75 Margot Berghaus / Joachim Friedrich Staab 1995, S. 122.
76 Margot Berghaus / Joachim Friedrich Staab 1995, S. 123. Vgl. auch die Tabelle über Anteile der Gesprächstypen auf S. 125.

77 Pressemitteilung ›Talk-Time mit Arabella Kiesbauer!‹, ProSieben, Mai 1994.

78 ProSieben Kommunikation/PR: Die 2000. Sendung – ›arabella‹ goes future. Pressematerial zur 2000. Sendung am 13. Dezember 2002.

79 Gertrud Vaske 1999, S. 74. Die räumliche Ordnung der Kulisse und die Gestaltung der Gesprächssituation war denen von ›A. T. – Die andere Talkshow‹ und ›Explosiv – Der heiße Stuhl‹ sehr verwandt.

80 Arabella Kiesbauer 1997, S. 107.

81 Arabella Kiesbauer 1997, S. 109.

82 Im letzten Produktionsjahr 2004 lagen die Marktanteile im Bereich zwischen elf und 14 Prozent.

83 AGF/GfkFernsehforschung/MGM Research & Development, zitiert nach ProSieben: Arabella. Die Talkshow mit Arabella Kiesbauer. Pressematerial. München, o. J. (2000). Quotenangaben bezogen auf 14- bis 49-jährige Zuschauer nach Marktanteil (MA).

84 Zit. n. Gertrud Vaske 1999, S. 168.

85 Joan Kristin Bleicher, zit. n. Knut Hickethier 1998, S. 477.

86 ARD-Jahrbuch 97, S. 191. Zuvor war auf dem Sendeplatz um 14.03 Uhr die von Björn Hergen Schimpf moderierte Anrufsendung ›Telefon-Talk‹ ausgestrahlt worden.

87 Meldung der Nachrichtenagentur AP, hier zit. n.: Süddeutsche Zeitung, 02.01.1996, S. 17. Die vollen Namen der Moderatorinnen lauten Juliane Hielscher-Laudamus und Andrea Beckmanns.

88 ARD-Jahrbuch 97, S. 91.

89 ARD-Jahrbuch 97, S. 91.

90 Bayerische Landeszentrale für neue Medien 1998, S. 41.

91 Die Reihe wurde 2004 als eigenständiges Format im Anschluss an ›Arabella‹ ausgestrahlt. Laut ProSieben lebt die Fortsetzungsserie »von der Nähe zum realen Alltag der Schüler und stellt das Zwischenmenschliche in den Vordergrund – unterhaltsam, dramatisch und emotional. (…) Die Personen der Real Life Soap werden von Jungschauspielern mit Techniken des Improvisationstheaters dargestellt.« (ProSieben 2003, o. S.)

92 ›Ich fühlte mich wie die Hexe‹. Interview mit Arabella Kiesbauer. In: Der Spiegel, Nr. 23, 2004, http://www.spiegel.de/spiegel/0,1518,301996,00.html (Zugriff 29.05.2004, 11.23 Uhr).

93 ›Britt – Der Talk um Eins‹, Sendung vom 11.01.2001, Sat.1.

94 Hans Meiser in der TV-Sendung ›Süddeutsche TV: 100 Minuten Talk‹, 21.08.1999, Vox.

95 Nico Fried 1994, S. 22.

96 Zu einer Reihe systematischer *Fakes* zweier Karlsruher Studenten nicht nur im Talkshow-Bereich siehe Matthias Kehle 2000. Ähnliche Eulenspiegeleien ideenreicher *Talkshow-Surfer* wurden auch anderweitig verzeichnet. Vgl. u. a. Jürgen Hipp 1997, S. 103 ff.

97 Jörg Pilawa 2000, Interview mit dem Verfasser, 09.06.2000.
98 Bereits 1977 ergab eine im Auftrag des ZDF durchgeführte Erhebung, dass die befragten Fernsehnutzer:
- das Stichwort Unterhaltung als *generellen Begriff* stark positiv bewerten
- mit Unterhaltung emotionale Gratifikation verbinden
- sie als Informationsquelle auffassen und als solche nutzen möchten
- Unterhaltung als Hilfe zur Lebensbewältigung begreifen.

(Vgl. Ursula Dehm 1984, passim)
99 VN 2001, S. 16.
100 Vox 1999.
101 Mit der vormals in New York tätigen Richterin Judy Sheindlin.
102 Zit. n. Maren Gäbel 2003, S. 17.
103 Felx Wesseler 2003, Interview mit dem Verfasser, 16.12.2003.
104 Wolfgang Arenhövel 2003. Interview mit dem Verfasser, 01.12.2003.
105 RTL-Kommunikation 2006b.

8. Direktverbindung mit dem Alltag – Der Sonderfall ›Big Brother‹ und das performative Realitätsfernsehen

1 Rainer Laux 2000, Interview mit dem Verfasser, 23.02.2000. Genau diese Merkmale der ersten niederländischen und deutschen Staffeln wurden bei den nachfolgenden Ausgaben mehr und mehr verwässert – die innere Spannung ließ nach und damit auch das Publikumsinteresse, das nur durch vordergründige Aktionen wie die Besuche prominenter Gastbewohner für sehr kurze Zeit zurückgewonnen werden konnte. Bei späteren Staffeln setzten die Produzenten über veränderte Spielordnungen verstärkt auf Konkurrenz und Konfrontation.
2 Maarten Huygen 2000.
3 Laut Stern 16/2000, S. 45, belief sich die Beteiligung auf 50 Prozent.
4 Zit. n. Klaudia Brunst 2003, S. 82.
5 Adriano Sack 2000.
6 Vgl. Harald Keller 2000.
7 Martin Hövel, Interview mit dem Verfasser, 30.08.2000.
8 Als Begriff für die filmische Begleitung künstlich geschaffener Realitäten wäre *Reality Soap* eigentlich geeigneter, nachdem *Doku Soaps* genealogisch der Tradition klassischer Filmdokumentationen zuzurechnen sind; diese differenzierende Terminologie hat sich allerdings nicht durchgesetzt.

9. Gesprächssendungen und Talkrunden im Fernsehen der DDR

1 Peter Hoff 1998, S. 398.
2 Stemmler datiert die Sendung auf »Anfang November«. Hans Müncheberg, der 1953 als Dramaturg im Fernsehzentrum Berlin tätig war, wies dankens-

werterweise und, wie sich zeigte, zutreffend darauf hin, dass der genannte Film erst am 13. November in die Kinos gelangte. Müncheberg schlussfolgert, dass die Sendung frühestens am 29. November 1953, eher noch am 6. Dezember über den Sender ging: »Dafür spräche, daß die maßgeblichen Rezensionen z. B. in der Gewerkschaftszeitung ›Tribüne‹ erst am 2. Dezember und im Zentralorgan der SED ›Neues Deutschland‹ am 28. November erschienen sind.« (Mail vom 03. 10. 2008). Stemmler unterlief zudem eine weitere Verwechslung: Bei ihm heißt der besprochene Film irrtümlich ›Das große und das kleine Glück‹ (Wolfgang Stemmler 1993, S. 81).

3 Wolfgang Stemmler 1993, S. 81.

4 Zit. n. Peter Hoff 1998, S. 399 f.

5 Hannes Würtz 1975, o. S.

6 Bundesministerium für Gesamtdeutsche Fragen 1961, S. 347 f.

7 ›Porträt per Telefon‹, Sendung vom 03. 06. 1972, DFF 2, Transkript.

8 Hans Müncheberg 2000, S. 229. Zu Oertels Biographie und Karriere siehe Ricarda Strobel / Werner Faulstich 1998 a, S. 169–198 und 252–257.

9 Vgl. die Analyse der Sendung vom 7. Juni 1983 mit dem Gast Agnes Kraus bei Ricarda Strobel / Werner Faulstich 1998 a, S. 192 ff.

10 ›Porträt per Telefon‹, Sendung vom 03. 06. 1972, DFF 2, Transkript.

11 Vgl. O. V.: Das ist ihr Leben. Neue ZDF-Show. In: Fernsehwoche, H. 45, 1975, S. 4.

12 Doris Rosenstein 1998, S. 322.

13 Premierensendung der Personalityshow »Helgas Top(p)-Musike«, 19. Juli 1980, Transkript.

14 Erich Honecker, Bericht des Politbüros an die 11. Tagung des Zentralkomitees der SED, 15.–18. 12. 1965, S. 57, zit. n. Peter Hoff 1994, S. 211. Zur Rezeption der Beat-Musik in der DDR vgl. Michael Rauhut 2000.

15 Peter Hoff 1994, S. 215.

16 Peter Hoff 1994, S. 215.

17 Olaf Kaiser, Interview mit dem Verfasser, 10. 10. 2008.

18 Sabine Reiboldt / Patricia Teichert 1998, S. 360.

19 Telefonische Auskunft des Deutschen Rundfunkarchivs, Berlin, vom 10. 10. 2008.

20 Eine Auswahl weiterer Filmtitel: ›Ich war 19‹ (09. 05. 1975); ›Kes‹ (17. 09. 1975); ›Kuhle Wampe‹ (26. 05. 1976); ›Blutige Erdbeeren‹ (20. 09. 1976); ›Es lebte einmal ein Alter mit seiner Alten‹ (20. 12. 1976); ›The Last Picture Show‹ (noch nicht eindeutig datiert).

21 Uwe Römhild, schriftliche Mitteilung an den Verfasser vom 23. 10. 2008.

22 Olaf Kaiser, Interview mit dem Verfasser, 10. 10. 2008.

23 Uwe Römhild, Interview mit dem Verfasser, 21. 10. 2008.

24 Uwe Römhild, Interview mit dem Verfasser, 21. 10. 2008.

25 Olaf Kaiser, Interview mit dem Verfasser, 10. 10. 2008.

26 Uwe Römhild, Interview mit dem Verfasser, 21. 10. 2008.

27 Uwe Römhild, Interview mit dem Verfasser, 21. 10. 2008.

28 Uwe Römhild, Interview mit dem Verfasser, 21. 10. 2008.

29 Olaf Kaiser, Interview mit dem Verfasser, 10. 10. 2008.

30 Uwe Römhild, Interview mit dem Verfasser, 21. 10. 2008.

31 Zu ›elf99‹ vergl. Dirk Ziegert 1995 und das dort anschließende Interview mit dem früheren ›elf99‹-Redakteur Karsten Roeder.

32 Hellmuth Henneberg 2004.

33 Hellmuth Henneberg 2004.

34 ›Elf99‹ hielt sich als Magazin mit verändertem Konzept noch eine Weile in den Programmen von RTL und Vox, konnte in diesem Umfeld aber nicht bestehen.

35 Doris Rosenstein 1998, S. 322.

Quellen

Literatur

Allen, Steve 1992: O. T. (kurzer Abriss der Vorgeschichte der ›Tonight Show‹). In: Robert L. Hilliard / Michael C. Keith 1992, S. 132

Appel, Reinhard 1983: Journalisten fragen – Politiker antworten und Bürger fragen – Politiker antworten. In: Heinz-Dietrich Fischer 1983, S. 151–167

Appel, Reinhard 1972: gefragt: Herbert Wehner. Bonn

Bachem, Christian 1995: Fernsehen in den USA. Opladen

Backes, Wieland 1995: Mit Leidenschaft für Herz und Hirn. In: Hans Heiner Boelte u. a. (Hg.) 1995, S. 150–153

Barloewen, Constantin von / Brandenberg, Hans 1975 (Hg.): Talk Show. Unterhaltung im Fernsehen = Fernsehunterhaltung? München

Barloewen, Constantin von / Brandenberg, Hans 1975 a: Das Gespräch mit Gästen. Abgrenzungen. Die Entwicklung der Talk Show in Deutschland. In: Constantin von Barloewen / Hans Brandenberg 1975, S. 17–26

Barnouw, Erik 1990: Tube Of Plenty. The Evolution Of American Television. Second Revised Edition. New York/Oxford

Baumgarten, Eduard 1966: Amerikanische Philosophie. In: Dr. Paul Hartig (Hg.): Amerikakunde. Frankfurt am Main (4. Auflage), S. 218–255

Bayerische Landeszentrale Für Neue Medien 1998 (Hg.): Vom Boulevard zum Trash-TV: Fernsehkultur im Wandel. Dokumentation vom BLM-Rundfunkkongress 1997. BLM-Schriftenreihe Bd. 49, München 1998

Berghaus, Margot / Staab, Joachim Friedrich 1995: Fernseh-Shows auf deutschen Bildschirmen. Eine Inhaltsanalyse aus Zuschauersicht. München 1995

Beth, Hanno 1976: Untenhalten durch Unterhalten? Gesellschaftspolitische Aspekte von Unterhaltungssendungen im Fernsehen. In: Manfred Kötterheinrich u. a. 1976 (Hg.): Rundfunkpolitische Kontroversen. Zum 80. Geburtstag von Fritz Eberhard. Frankfurt am Main/Köln, S. 194–205

Bianculli, David 1996: Dictionary Of Teleliteracy. New York

Bleicher, Joan Kristin 1993: Chronik zur Programmgeschichte des deutschen Fernsehens. Berlin 1993

Bock, Duncan 2002 (Ed.): TV Guide. 50 Years of Television. New York

BODE, CARL 1956: The American Lyceum. Town Meeting of the Mind. New York 1956

BOELTE, HANS HEINER u. a. (Hg.) 1995: Rückblicke – Ausblicke. 40 Jahre Fernsehen des Süddeutschen Rundfunks Stuttgart. Stuttgart

BOLZ, RÜDIGER 1991: Rundfunk und Literatur unter amerikanischer Kontrolle. Das Programmangebot von Radio München 1945–1949. Wiesbaden

BORINSKI, FRITZ u. a. (Hg.): Der Rundfunk im politischen und geistigen Raum des Volkes. Denkschrift als Ergebnis von Begegnungen zwischen Hochschullehrern und Mitarbeitern der Rundfunkanstalten der Bundesrepublik. Archiv der Rundfunkschule des NWDR. Hamburg (o. J.)

BRANDT, GABI 1979: Das Jugendprogramm des deutschen Fernsehens. Sonderausgabe der Funk-Korrespondenz, Nr. 25, 20. Juni 1979

BRAUN, SAUL 1978: Until Joey Bishop, Merv Griffin, and Johnny Carson do us part. In: James Monaco (Ed.): Celebrity. Who gets it, how they use it, why it works. New York

BREDOW, HANS 1950 (Hg.): Aus meinem Archiv. Probleme des Rundfunks. Heidelberg

BREDOW, HANS 1951: Vergleichende Betrachtungen über Rundfunk und Fernsehen. Sonderheft der Zeitschrift ›Rundfunk und Fernsehen‹. Heidelberg

BRIGGS, ASIA 1985: The BBC. The First Fifty Years. Oxford/New York

BRONNEN, ARNOLT 1985: Arnolt Bronnen gibt zu Protokoll. Beiträge zur Geschichte des modernen Schriftstellers. Berlin (Ost)/Weimar

BROOKS, TIM 1987: The Complete Directory To Prime Time TV Stars. New York

BROOKS, TIM / MARSH, EARLE 1995: The Complete Directory To Prime Time Network And Cable TV Shows. New York

BROWN, LES (Ed.) 1992: Encyclopedia Of Television. Detroit/London 1992

BRUNNEN-WAGENFÜHR, ANDREA 1977: Als das Fernsehen noch unschuldig war. Frühe Formen des Programms. In: PROGRAMMDIREKTION DEUTSCHES FERNSEHEN/ARD (Hg.): 1977, S. 18–23

BRUNNEN-WAGENFÜHR, ANDREA 2000: Von Anfang an dabei. In: ARD 2000 (Verantwortl.: Peter Voß): 50 Jahre ARD. Baden-Baden, S. 81–89

BRUNST, KLAUDIA 2003: Leben und leben lassen. Die Realität im Unterhaltungsfernsehen. Essays, Analysen, Interviews. München 2003

BRUNST, KLAUDIA 2005: Je später der Abend … Über Talkshows, Stars und uns. Freiburg/Basel/Wien

BRYCE, JAMES 1901: The American Commonwealth. Vol. I, 3rd Edition. New York 1901

BUNDESMINISTERIUM FÜR GESAMTDEUTSCHE FRAGEN 1961: Die Sowjetische Besatzungszone in den Jahren 1955–1958. Eine chronologische Übersicht. Bonn/Berlin

CARBAUGH, DONAL 1988: Talking American: Cultural Discourses On DONAHUE. Norwood, N.J.

Casdorff, Claus Hinrich: Monitor. In: Heinz-Dietrich Fischer (Hg.) 1983, S. 112–120

Casdorff, Claus Hinrich / Rudolf Rohlinger 1971: Kreuzfeuer. Interviews von Kolle bis Kiesinger. Berlin 1971

Castleman, Harry / Podrazik, Walter J. 1982: Watching TV. Four Decades Of American Television. New York u. a.

Cavett, Dick / Porterfield, Christopher 1974: Cavett. New York

Conrad, Walter 1962: Rundfunk und Fernsehen. Leipzig/Jena/Berlin

Deiters, Heinz-Günter 1973: Fenster zur Welt. 50 Jahre Rundfunk in Norddeutschland. Hamburg

Delling, Manfred 1976: Bonanza und Co. Reinbek

Delling, Manfred 1995: Engagement für ein neues Medium. Ausgewählte Fernsehkritiken von 1964 bis 1993. Frankfurt am Main u. a.

Dennhardt, Joachim 1984 a: Wanderer zwischen den Systemen. Interview mit Reinhard Münchenhagen. In: Joachim Dennhardt / Daniela Hartmann (Hg.) 1984, S. 131–135

Dennhardt, Joachim 1984 b: Das öffentlich-rechtliche Fernsehen – ein mittelalterliches Panzerheer. Interview mit Alfred Biolek. In: Joachim Dennhardt / Daniela Hartmann (Hg.) 1984, S. 46–50

Dennhardt, Joachim 1984 c: Ich hab' die Narrenfreiheit, die ich brauche. Interview mit Thomas Gottschalk. In: Joachim Dennhardt / Daniela Hartmann (Hg.) 1984, S. 51–55

Dennhardt, Joachim / Hartmann, Daniela 1984: Schöne neue Fernsehwelt. Utopien der Macher. München

Deutscher Bundestag (Hg.) o. J.: Vor Kamera und Mikrophon. Kleiner Knigge für Funk und Fernsehen. Text: Klaus Skibowski. Bonn. Auszugsweise dokumentiert in: Sprache im technischen Zeitalter: Ideologie und Strategie von Fernsehgesprächen (hrsg. von Friedrich Knilli), H. 35/1970, Juli–September. Berlin, 3. Umschlagseite

Diercks, Carsten 1995: Der Beginn der Filmberichterstattung beim Fernsehen. Neue Techniken und Formen. In: Heinz-B. Heller / Peter Zimmermann 1995, S. 35–63

Dieterich, Johannes 1989: Spiel im Dreieck – Klaus Bresser (Was nun …?). In: Uwe Kammann 1989 (Hg.), S. 81–103

Dietrich, Wolf 1969: Auch diesmal keine Fernsehwahl. In: Christian Longolius 1969, S. 17–26

Donahue, Phil 1981: Donahue. My Own Story. New York

Dovifat, Emil 1970: Der NWDR in Berlin 1946–1954. Buchreihe des SFB 10. Berlin

Drosdowski, Günther 1990 (Hg.): Duden. Fremdwörterbuch. 5. Auflage. Mannheim

Dunbar, Janet 1954: The Radio Talk. A Practical Study of the Art and Craft of Talks Broadcasting. London u. a.

EBERHARD, FRITZ 1953: Süddeutscher Rundfunk (Rechenschaftsbericht). In: O. LUND-JOHANSEN / B. H. KETTELHACK (Hg.) 1953, S. 27–31

EBERHARD, FRITZ 1962: Der Rundfunkhörer und sein Programm. Ein Beitrag zur empirischen Sozialforschung. Abhandlungen und Materialien zur Publizistik, Bd. 1. Berlin

ECKERT, GERHARD 1937: Der Zeitungsroman von heute. Schriftenreihe ›Zeitung und Zeit‹ des Instituts für Zeitungswissenschaft an der Universität Berlin, Bd. I. Frankfurt am Main

ECKERT, GERHARD 1941: Der Rundfunk als Führungsmittel. Studien zum Weltrundfunk und Fernsehrundfunk, Bd. 1. Heidelberg/Berlin/Magdeburg

ECKERT, GERHARD 1953: Die Kunst des Fernsehens. Umrisse einer Dramaturgie. Emsdetten

ECKERT, GERHARD: 1961: Knaurs Fernsehbuch. München/Zürich

ECKERT, GERHARD 1963: Gelobt, getadelt – unvergessen! In: GERHARD ECKERT / FRITZ NIEHUS (Hg.) 1963, S. 17–48

ECKERT, GERHARD / NIEHUS, FRITZ (Hg.) 1963: Zehn Jahre Fernsehen in Deutschland. Frankfurt am Main

EISNER, LOTTE H. / FRIEDRICH, HEINZ (Hg.) 1958: Das Fischer Lexikon Film Rundfunk Fernsehen. Fischer Bücherei. Frankfurt am Main

ENGEL, REMBERT 1971: Die Möglichkeiten des Bundes zur Beeinflussung der politischen Programmgestaltung von Rundfunk und Fernsehen nach deutschem und schweizerischem Recht. Diss., Freiburg/Schweiz

ERLINGER, HANS-DIETER / FOLTIN, HANS-FRIEDRICH (Hg.) 1994: Geschichte des Fernsehens in der Bundesrepublik Deutschland, Bd. 4 – Unterhaltung, Werbung und Zielgruppenprogramme. München

EVANGELISCHE AKADEMIE FÜR RUNDFUNK UND FERNSEHEN (Hg.) 1957: Das Wort im Zeitalter der Bilder. Referate und Diskussionen einer Tagung der Evangelischen Akademie für Rundfunk und Fernsehen in Bad Boll. Schriftenreihe der Evangelischen Akademie für Rundfunk und Fernsehen, H. 5. München

FERBER, CHRISTIAN 1963: Warum bedrohen Monotonie und Plattheit unsere Unterhaltungssendungen? In: ANNE ROSE KATZ 1963, S. 43–51

FERGUSON, JOHN H. / MCHENRY, DEAN E. 1977: The American System of Government. 13th Ed. New York

FISCHER, E. KURT (Hg.) 1957: Dokumente zur Geschichte des deutschen Rundfunks und Fernsehens. Quellensammlung zur Kulturgeschichte, Bd. 11. Göttingen/Berlin/Frankfurt am Main

FISCHER, HEINZ-DIETRICH 1983: Fernsehmoderatoren in der Bundesrepublik Deutschland. München

FLOTTAU, HEIKO 1972: Hörfunk und Fernsehen heute. München

FÖRST, WALTER 1974 (Hg.): Aus Köln in die Welt. Annalen des Westdeutschen Rundfunks, Bd. 2, Köln/Berlin 1974

FOLTIN, HANS-FRIEDRICH 1991: Confrontainment in Talkshows: Streit als

Unterhaltung in amerikanischen und deutschen Produktionen. In: Helmut Kreuzer/Helmut Schanze (Hg.) 1991: Bausteine II. Arbeitsheft Bildschirmmedien 30. Siegen. S. 51–54

Foltin, Hans-Friedrich 1994: Die Talkshow. Geschichte eines schillernden Genres. In: Hans-Dieter Erlinger / Hans-Friedrich Foltin (Hg.) 1994, S. 69–112

Frank, Sam 1999: Buyer's Guide To Fifty Years Of TV On Video. New York

Freiburg, Eva-Maria / Bierbach, Wolf 1974: Wenn ich mich erinnere. Interview mit Werner Höfer. In: Walter Först (Hg.) 1974, S. 105–141

Frenzel, Ivo 1976a: Das Problem der Gespräche, Diskussionen und Talk-Shows in Fernsehen und Funk. In: Universitas, 31. Jg., 2. Bd., H. 7–12, S. 1261–1268

Frenzel, Ivo 1976b: Medien-Gespräche. Die Rolle von Diskussionen, Interviews und Talk-Shows in Funk und Fernsehen. In: Bertelsmann-Briefe, H. 88, 1976, S. 7–10. (Erweiterte Fassung eines Vortrags an der Deutschen Akademie für Sprache und Dichtung. Kurzfassung vgl. Ivo Frenzel 1976a.)

Friesch, Edwin 1995: Vom schweren Los des Schwerelosen. In: Hans Heiner Boelte u.a. (Hg.) 1995, S. 132–153

Gaus, Günter 1964: Zur Person. Porträts in Frage und Antwort. München

Gaus, Günter 2004: Widersprüche. Erinnerungen eines linken Konservativen. Berlin

Gendolla, Peter / Ludes, Peter / Roloff, Volker (Hg.) 2002: Bildschirm – Medien – Theorien. München

Greene, Hugh Carleton 1951: Anfänge des NWDR. In: NWDR 1951, S. 11–13

Greene, Hugh Carleton 1990: Rundfunkerfahrungen in Deutschland. In: Hans-Bredow-Institut 1990, S. 115–124

Grimme, Adolf 1953: Nordwestdeutscher Rundfunk (Rechenschaftsbericht). In: O. Lund-Johansen / B. H. Kettelhack (Hg.) 1953, S. 15–22

Gross, Johannes 1983: Die Bonner Runde. In: Heinz-Dietrich Fischer 1983 (Hg.), S. 168–184. (Transkript eines Vortrags vor Studenten der Ruhr-Universität Bochum vom 26. Januar 1982.)

Grünefeldt, Hans-Otto 1972: Eine gute Mischung – anders geht es nicht. Ein paar Gedanken zur Unterhaltung im Fernsehen. In: Pressestelle der Programmdirektion Deutsches Fernsehen / ARD 1972, S. 138–140

Habermas, Jürgen 1962: Strukturwandel der Öffentlichkeit. Politica Bd. 4. Neuwied

Hagemann, Dr. Carl 1950: Die künstlerisch-kulturelle Zielsetzung des deutschen Rundfunks. In: Hans Bredow (Hg.) 1950, S. 227–235

Hallenberger, Gerd 2002: Das Konzept ›Genre‹. Zur Orientierung von Medienhandeln. In: Peter Gendolla / Peter Ludes / Volker Roloff (Hg.) 2002, S. 83–110

HALLENBERGER, GERD / KAPS, JOACHIM (Hg.) 1991: Hätten Sie's gewusst? Die Quizsendungen und Game Shows des deutschen Fernsehens. Marburg

HANS-BREDOW-INSTITUT (Hg.) 1990: Rundfunk und Fernsehen 1948–1989. Baden-Baden/Hamburg

HASE, KARL-GÜNTHER VON (Hg.) 1988: Konrad Adenauer und die Presse. Rhöndorfer Gespräche, Bd. 9, Veröffentlichungen der Stiftung Bundeskanzler-Adenauer-Haus, Bonn

HAY, PETER 1995: Einführung in das amerikanische Recht. Darmstadt

HAYWARD, ANTHONY & DEBORAH 1993: TV unforgettables. Over 250 legends of the small screen. Enfield

HAYWOOD, IAN 2004: The Revolution in Popular Literature. Cambridge Studies in Nineteenth-Century Literature and Culture. Cambridge.

HEERINGEN, EDGAR VON 1995: Viele Wege führen … zu einer Sendeform. Von ›Mode aktuell‹ zur ›V.I.P.-Schaukel‹. In: DORIS ROSENSTEIN 1995, S. 183–186

HEINZE, HELMUT / KREUTZ, ANJA (Hg.) 1998: Zwischen Service und Propaganda. Berlin

HELLER, HEINZ-B. / ZIMMERMANN, PETER (Hg.) 1995: Blicke in die Welt. Reportagen und Magazine des nordwestdeutschen Fernsehens in den 50er und 60er Jahren. Reihe CLOSE UP, Bd. 3, Konstanz

HENDRA, TONY 1996: The Tonight Show … and Other Political Platforms. In: THE MUSEUM OF TELEVISION & RADIO 1996, S. 91–99

HEYEN, FRANZ-JOSEF / KAHLENBERG, FRIEDRICH P. (Hg.) 1986: Südwestfunk. Vier Jahrzehnte Rundfunk im Südwesten. Düsseldorf

HICKETHIER, KNUT 1990: Die ersten Programmstrukturen im deutschen Fernsehen: Von der wohlkomponierten Mitte zum Viertelstundenraster. In: HANS-BREDOW-INSTITUT 1990, S. 366–387

HICKETHIER, KNUT 1998: Geschichte des deutschen Fernsehens. Stuttgart/Weimar

HILLIARD, ROBERT L. / KEITH, MICHAEL C. 1992: The Broadcast Century. A Biography of American Broadcasting, Boston/London

HIPP, JÜRGEN 1997: Talk around the clock! Düsseldorf/München

HÖFER, WERNER 1967: Die Popularisierung der Politik. In: CHRISTIAN LONGOLIUS (Hg.) 1967, S. 123–127

HÖFER, WERNER 1974 (Hg.): Werner Höfers Talk-Show der Weltgeschichte. München/Gütersloh/Wien (herangezogen wurde die Taschenbuchausgabe, 1975)

HÖFER, WERNER 1975: Talk menschlich. In: CONSTANTIN VON BARLOEWEN / HANS BRANDENBERG 1975, S. 10–16

HÖFER, WERNER 1983: Internationaler Frühschoppen. In: HEINZ-DIETRICH FISCHER 1983 (Hg.), S. 37–52. (Transkript eines Vortrags vor Studenten der Ruhr-Universität Bochum vom 27. Oktober 1981.)

HÖR ZU 1979 (Hg.): Unser Fernsehen 1952–1979. Geschichte und Geschichten des Mediums, der Menschen, der Sender und Sendungen. O. O. [Hamburg]

HOFF, HANNES 1972: Neue Trends in der Fernsehunterhaltung (1). In: PRESSESTELLE DER PROGRAMMDIREKTION DEUTSCHES FERNSEHEN/ARD 1972, S. 141–144

HOFF, PETER 1994: Jugendprogramm – Das vergebliche Werben um eine Zielgruppe. In: HEIDE RIEDEL (Hg.) 1993, S. 210–217

HOFF, PETER 1998: Zwischen neuem Aufbruch und Untergang – Fernsehen in der DDR von 1971 bis 1989. In: KNUT HICKETHIER 1998, S. 383–413

HOLLANDER, WALTHER VON 1960: Was wollen Sie wissen? Die 101 schönsten Nachworte aus der NDR-Sendung. Gütersloh

HOLLY, WERNER / KÜHN, PETER / PÜSCHEL, ULRICH 1985: Politische Fernsehdiskussionen. Tübingen

HOLLY, WERNER / SCHWITALLA, JOHANNES 1995: Explosiv – Der heiße Stuhl. Streitkultur im kommerziellen Fernsehen. In: Müller-Doohm, Stefan/ Neumann-Braun, Klaus (Hg.): Kulturinszenierungen. Frankfurt am Main, S. 59–88

HOLZAMER, KARL 1988: Konrad Adenauer und das Fernsehen. In: KARL-GÜNTHER VON HASE (Hg.) 1988, S. 84–89

HOLZAMER, KARL / KRAMMER, BRUNO 2003: Lebensreise zwischen Philosophie und Fernsehen. Mainz

HOLZER, HORST 1971: Gescheiterte Aufklärung? Politik, Ökonomie, und Kommunikation in der Bundesrepublik Deutschland. München

HOLZNER, LUTZ 1996: Stadtland USA: Die Kulturlandschaft des American Way of Life. Gotha

HORTON, DONALD / WOHL, R. RICHARD 1986: Mass Communication and Para-Social Interaction: Observations on Intimacy at a Distance. In: Gary Gumpert/Robert Cathcart 1986 (Ed.): Inter/Media. Interpersonal Communication in a Media World. 3rd Edition. Oxford/New York/Toronto, S. 185–206 (Nachdruck aus Psychiatry, No. 19, 1956, S. 215–229)

HORTON, DONALD / WOHL, R. RICHARD 2001: Massenkommunikation und parasoziale Interaktion. Beobachtungen zur Intimität über Distanz. In: Ralf Adelmann u. a. (Hg.) 2001: Grundlagentexte zur Fernsehwissenschaft. Konstanz, S. 74–104

HRUSKA, THOMAS / EVERMANN, JOVAN 2004: Der neue Serienguide. Vier Bände, Berlin

HÜBNER, HEINZ WERNER 1973: Politik auf dem Bildschirm. Parlament, Regierung und Parteien im Fernsehen. In: ARD-Jahrbuch 73, Hamburg, S. 95–104

HYATT, WESLEY 1997: The Encyclopedia of Daytime Television. New York

JACOBMEYER, WOLFGANG 1975: Politischer Kommentar und Rundfunkpolitik. Zur Geschichte des Nordwestdeutschen Rundfunks, 1945–1951. In: LERG, WINFRIED B. / STEININGER, ROLF 1975 (Hg.), S. 311–339

Jansen, Peter W. / Schütte, Wolfram 1983: John Cassavetes. Reihe Film 29. München/Wien

Jens, Walter 1973: Fernsehen – Themen und Tabus. München

Jörg, Sabine 1982 (Hg.): Spaß für Millionen. Wie unterhält uns das Fernsehen? Berlin

Kalbfuss, Heinrich 1973: Lebenskonflikte in der Leistungsgesellschaft. Telefondienst Saarländischer Rundfunk vermittelt Rat und Hilfe. Eine Bilanz aus 3000 Telefongesprächen. Freiburg im Breisgau

Kalverkämper, Hartwig 1979: Talk-Show. Eine Gattung in der Antithese. In: Helmut Kreuzer / Karl Prümm (Hg.) 1979, S. 406–426

Kalverkämper, Hartwig 1980: Kommentierte Bibliographie zur Fernsehgattung ›Talk Show‹. In: Helmut Kreuzer (Hg.) 1980: Fernsehforschung und Fernsehkritik. Zeitschrift für Literaturwissenschaft und Linguistik. Beiheft 11, Göttingen. S. 99–135

Kammann, Uwe 1989 (Hg.): Die Schirm-Herren. 12 politische TV-Moderatoren. Köln

Kammann, Uwe 2002: Spätschoppen. Der Fall Werner Höfer. In: Lutz Hachmeister/ Friedemann Siering (Hg.): Die Herren Journalisten. Die Elite der deutschen Presse nach 1945. München

Karstens, Eric / Schütte, Jörg 1999: Firma Fernsehen. Wie TV-Sender arbeiten. Reinbek

Katz, Anne Rose 1963 (Hg.): Vierzehn Mutmaßungen über das Fernsehen. München

Keller, Harald 1999: Der sündige Bildschirm. In: Nina Schindler (Hg.) 1999: Flimmerkiste. Ein nostalgischer Rückblick. Hildesheim. S. 342–353

Keller, Harald 2007: Konversationen, Konfrontationen, Kontroversen. Vom Hörfunkgespräch zur Gerichtsshow. Dissertation. Osnabrück

Kepley Jr., Vance 1990: From »Frontal Lobes« to the »Bob-and-Bob« Show: NBC Management and Programming Strategies, 1949–65. In: Tino Balio (Ed.) 1990: Hollywood in the Age of Television. London/Sydney/Wellington, S. 41–61

Keppler, Angela 1994: Wirklicher als die Wirklichkeit? Das neue Realitätsprinzip der Fernsehunterhaltung. Frankfurt am Main

Kiesbauer, Arabella 1997: Die junge Talkshow – und was, bitte, ist jung? In: Nina Ruge / Stefan Wachtel (Hg.) 1997, S. 106–110

Kingsley, Hilary / Tibballs, Geoff 1989: Box of Delights. The Golden Years of Television. London

Koch, Hans Jürgen / Glaser, Hermann 2005: Ganz Ohr. Eine Kulturgeschichte des Radios in Deutschland. Köln/Weimar/Wien 2005

Koch, Thilo 1969: Grund zum Feiern. Beschreibung eines Interviews mit dem Vorsitzenden der NPD. In: Christian Longolius (Hg.): Fernsehen in Deutschland II, S. 217–224.

Koebner, Thomas 1979: ›Verhör‹ und ›Bekenntnis‹ – und andere Spielarten des Fernsehinterviews. In: Helmut Kreuzer / Karl Prümm 1979, S. 406–426

Kogon, Eugen 1967: Gespräche vor Mitternacht. Die Rolle der Fernseh-Diskussion. In: Christian Longolius (Hg.) 1967, S. 143–149

Kreutz, Anja 1995: Die Welt der ›Beautiful People‹ televisionär. Überlegungen zur ›V.I.P.-Schaukel‹ und zum ›Showfenster‹. In: Doris Rosenstein 1995, S. 159–181

Kreutz, Anja 1998: »Wir waren keine Helden, wir waren keine Opfer«. In: Helmut Heinze/Anja Kreutz (Hg.) 1998: Zwischen Service und Propaganda. Berlin, S. 231–277

Kreutz, Anja / Löcher, Uta / Rosenstein, Doris (Hg.) 1998: Von ›Aha‹ bis ›Visite‹. Ein Lexikon der Magazinreihen im DDR-Fernsehen (1952–1990/91), Potsdam

Kreuzer, Helmut / Prümm, Karl (Hg.) 1979: Fernsehsendungen und ihre Formen. Stuttgart

Krüger-Lorenzen, Kurt 1955: Kurze Welle gegen Langeweile. Aus 30 Jahren Rundfunk und Fernsehen. Oldenburg/Hamburg

Krzeminski, Michael 1981: Moderationsstrategien in einer Sendung mit Zuschauerbeteiligung. In: Hans-Dieter Kübler (Hg.): Massenmedien im Deutschunterricht. Lernbereiche und didaktische Perspektiven. Frankfurt am Main, S. 362–382

Kuzina, Matthias 2000: Der amerikanische Gerichtsfilm. Justiz, Ideologie, Dramatik. Göttingen

Lampe, Gerhard / Schumacher, Heidemarie 1991: Das Panorama der 60er Jahre. Zur Geschichte des ersten politischen Fernsehmagazins der BRD. Berlin

Lange, Hans Joachim 1974: Das erste Jahrzehnt. In: Walter Först (Hg.) 1974, S. 477–510

Leder, Dietrich 2004: Krieg, Krach und Kampagne. Das Fernsehjahr 2003 in 9 Analysen, 10 Bildern und 25 Begriffen. In: Adolf Grimme Institut u. a.: Jahrbuch Fernsehen 2004, S. 71–98

Lehr, Wolfgang / Berg, Klaus 1970: Rundfunk und Presse in Deutschland. Rechtsgrundlagen der Massenmedien. Mainz

Lerg, Winfried B. 1970: Das Gespräch. Theorie und Praxis der unvermittelten Kommunikation. Düsseldorf

Lerg, Winfried B. / Steininger, Rolf (Hg.) 1975. Rundfunk und Politik 1923–1973. Beiträge zur Rundfunkforschung, Bd. 3, Berlin

Lersch, Edgar 1981: Schriftquellen zur Programmgeschichte. In: Mitteilungen Studienkreis Rundfunk und Geschichte, Nr. 4, S. 237–244

Longolius, Christian (Hg.) 1967: Fernsehen in Deutschland – Gesellschaftspolitische Aufgaben und Wirkungen eines Mediums, Mainz

Longolius, Christian (Hg.) 1969: Fernsehen in Deutschland II. Die Bundestagswahl 1969 als journalistische Aufgabe. Mainz 1969

LUDES, PETER / SCHUMACHER, HEIDEMARIE / ZIMMERMANN, PETER (Hg.) 1994: Informations- und Dokumentarsendungen. Bd. 3 der Geschichte des Fernsehens in der Bundesrepublik Deutschland (hrsg. von Helmut Kreuzer und Christian W. Thomsen), München

LUND-JOHANSEN, O. / KETTELHACK, B. H. 1953 (Hg.): Rundfunk-Fernseh-Jahrbuch. Berlin/Kopenhagen/Basel

MACDONALD, J. FRED 1995: One Nation Under Television. The Rise And Decline Of Network TV. Chicago

MCCALL, MICHAEL 1992: The Best of 50s TV. New York

MCLUHAN, HERBERT MARSHALL 1992: Die magischen Kanäle. Understanding Media. Düsseldorf u. a.

MCNEIL, ALEX 1996: Total Television. New York

MAGNUS, KURT 1955 (Hg.): Der Rundfunk in der Bundesrepublik und West-Berlin. Entwicklung, Organisation, Aufgaben, Leistungen. Eine Materialsammlung. Frankfurt am Main

MAHLO, KLAUS 1974: Die nicht immer goldenen Fünfziger oder: Ein Versuch, den Anfang der Fernsehgeschichte in Geschichten zu erzählen. In: WALTER FÖRST 1974, S. 445–510

MARC, DAVID / THOMPSON, ROBERT J. 1995: Prime Time, Prime Movers. Syracuse

MARCHAL, PETER 2004: Kultur- und Programmgeschichte des öffentlich-rechtlichen Hörfunks in der Bundesrepublik Deutschland. Ein Handbuch. Band I: Grundlegung und Vorgeschichte. München

MAST, CLAUDIA 1978: Politische Öffentlichkeit. Untersuchung einer Parteiensendung des Zweiten Deutschen Fernsehens. Osnabrück

MATTUSCH, UWE 1993: Jugendprogramm in der BRD – Ein Programm zwischen den Stühlen. In: Uwe Mattusch/Kerstin Eßer (Hg.): Kinderfernsehen IV. Kinder- und Jugendfernsehen im Umbruch. Siegener Studien, Bd. 52, S. 25–54, Essen

METTLER, BARBARA 1975: Zur Auseinandersetzung zwischen der amerikanischen Besatzungsmacht und Bayern um das erste bayerische Rundfunkgesetz von 1948. In: WINFRIED B. LERG / ROLF STEININGER 1975 (Hg.), S. 243–260

METTLER, BARBARA 1990: Der Nachkriegsrundfunk als Medium der amerikanischen Umerziehungspolitik. In: HANS-BREDOW-INSTITUT 1990, S. 137–153

MIKOS, LOTHAR 1995: Internationale Fernsehformate und nationale Sehgewohnheiten. In: Lutz Erbring (Hg.): Kommunikationsraum Europa. Konstanz, S. 169–180

MÖLLER, KARL-DIETER 1995: Aus der Residenz des Rechts. In: SÜDDEUTSCHER RUNDFUNK 1995, S. 38–43

MÜNCHEBERG, HANS 2000: Blaues Wunder aus Adlershof. Der Deutsche Fernsehfunk – Erlebtes und Gesammeltes. Berlin

MUNSON, WAYNE 1993: All Talk. The Talkshow In Media Culture. Philadelphia

MUNZINGER-ARCHIV 1962: Wilhelm Ohnesorge. Internationales Biographisches Archiv 14/1962

MUNZINGER-ARCHIV 1965: Peter Martin Lampel. Internationales Biographisches Archiv 17/1965

MUNZINGER-ARCHIV 1975: Gerhard Prager. Internationales Biographisches Archiv 37/1975

THE MUSEUM OF TELEVISION & RADIO 1996 (Ed.): Stand Up. Comedians On Television (Ausstellungskatalog). New York

NEUDECK, RUPERT 1979: Die gefesselte Phantasie. In: PETER VON RÜDEN (Hg.): Unterhaltungsmedium Fernsehen. München, S. 164–186

NEWCOMB, HORACE (Ed.) 2004: Encyclopedia Of Television. 2nd Edition, New York

NIX, MINDY 1974: The Meet The Press Game. In: Gaye Tuchman (Ed.): The TV Establishment. Programming For Power And Profit. Englewood Cliffs, N. J., S. 66–71

NOELLE, ELISABETH (d. i. Elisabeth Noelle-Neumann) 1960: Die Wirkung der Massenmedien. In: Publizistik. Festschrift für Emil Dovifat. Sonderausgabe. Redaktion: Dr. Günter Kieslich/Walter J. Schütz. Bremen, S. 212–223.

OHNESORGE, WILHELM / ROEMMER, HERMAN 1952: Funk und Fernsehen. München

OHNESORGE, WILHELM / ROEMMER, HERMAN 1956: Funk und Fernsehen. Neubearbeitete und erweiterte 2. Auflage, Sonderausgabe für die Lesergemeinschaft Freunde der Weltliteratur. München 1956

PACZENSKY, GERT VON 1982: Sendekästchen mit Ghettocharakter. In: SABINE JÖRG 1982, S. 137–143

PINDTER, WALTER 1980: Wie es wirklich war. In: WALTER FÖRST (Hg.) 1980, S. 241–262

PIPKE, GÜNTER 1961: Rundfunk und Politik. Kleine Geschichte des Rundfunks in Deutschland. Hannover

PLEISTER, WERNER 1953: Deutschland wird Fernsehland. In: O. LUND-JOHANSEN / B. H. KETTELHACK (Hg.) 1953, S. 39–41

POHLE, HEINZ 1955: Der Rundfunk als Instrument der Politik. Hamburg 1955

POHLE, PETER (Hg.) 1993: TV Shows von A–Z. Berlin

PRAGER, GERHARD 1972: Randnotizen zur Fernsehpraxis. Mainz

PRAGER, GERHARD 1976: Fernsehunterhaltung – Spaß oder Ideologie? In: Werner Brüssau/Dieter Stolte/Richard Wisser (Hg.): Fernsehen. Ein Medium sieht sich selbst. Mainz 1976, S. 243–248

PROSKE, RÜDIGER 1995: Aufbau und Rolle der Hauptabteilung Zeitgeschehen und der großen Dokumentarreihen des NWRV/NDR. In: HEINZ-B. HELLER / PETER ZIMMERMANN 1995, S. 13–34

RAUHUT, MICHAEL 2000: DDR-Beatmusik zwischen Engagement und Repression. In: Günter Agde 2000: Kahlschlag. Das 11. Plenum des ZK der SED 1965. Studien und Dokumente. Berlin (2. erweiterte Auflage)

REGNIER, HENRI 1967: Die Unterhaltung im Fernsehen. Beschreibung eines Missverständnisses. In: CHRISTIAN LONGOLIUS (Hg.) 1967, S. 171–177

REIBOLDT, SABINE / TEICHERT, PATRICIA 1998: Von der Pionierreihe zur Pop-Sendung. In: HELMUT HEINZE / ANJA KREUTZ 1998, S. 331–371

REICHERT, HANS ULRICH 1955: Der Kampf um die Autonomie des deutschen Rundfunks. Heidelberg und Stuttgart

REUFSTECK, MICHAEL / NIGGEMEIER, STEFAN 2005: Das Fernsehlexikon. München 2005

RIAS-Berlin 1953 (Rechenschaftsbericht). In: O. LUND-JOHANSEN / B. H. KETTELHACK (Hg.) 1953, S. 35–36

RIEDEL, HEIDE (Hg.) 1993: Mit uns zieht die neue Zeit … Berlin

RÖLZ, JOSEF 1979: Unterhaltung und Information. In: PETER VON RÜDEN (Hg.) 1979, S. 217–228

ROSE, BRIAN G. 1985: The Talk Show. In: Ders. 1985 (Ed.): TV Genres. A Handbook And Reference Guide. Westport/London, S. 329–352

ROSENSTEIN, DORIS 1995 (Hg.): Unterhaltende Fernsehmagazine. Zur Geschichte, Theorie und Kritik eines Genres. Studien zur Kommunikationswissenschaft Band 11. Opladen

ROSENSTEIN, DORIS 1998: Ein ›eigenes Gesicht‹ der Unterhaltung. In: HELMUT HEINZE / ANJA KREUTZ (Hg.) 1998, S. 279–329

ROSS, DIETER 1990: Der deutsche Rundfunk – ein ›Rundfunk der Alliierten?‹ Der Beitrag Hans Bredows zur Rundfunkpolitik in der Gründungsphase des NWDR. In: HANS-BREDOW-INSTITUT 1990, S. 125–136

RÜDEN, PETER VON (Hg.) 1979: Unterhaltungsmedium Fernsehen, München

RÜDEN, PETER VON / WAGNER, HANS-ULRICH (Hg.) 2005 a: Vom NWDR zum WDR. Gespräche zur Programmgeschichte. Nordwestdeutsche Hefte zur Rundfunkgeschichte, H. 3, März 2005, Hamburg

RÜDEN, PETER VON / WAGNER, HANS-ULRICH (Hg.) 2005 b: Die Geschichte des Nordwestdeutschen Rundfunks. Hamburg

RUGE, NINA / WACHTEL, STEFAN (Hg.) 1997: Achtung Aufnahme! Erfolgsgeheimnisse prominenter Fernsehmoderatoren. Düsseldorf

RUSCH, GEBHARD 1993: Fernsehgattungen in der Bundesrepublik Deutschland. Kognitive Strukturen im Handeln mit Medien. In: Knut Hickethier (Hg.): Geschichte des Fernsehens in der Bundesrepublik Deutschland, Bd. 1 – Institution, Technik und Programm, München, S. 289–321

SCHAAF, DIERK L.: 1975: Der Nordwestdeutsche Rundfunk (NWDR) – Ein Rundfunkmodell scheitert. In: WINFRIED B. LERG / ROLF STEININGER (Hg.) 1975, S. 295–309

SCHÄTTLE, HORST 1983: Länderspiegel und 5 nach 10. Vortrag an der Ruhr-

Universität Bochum am 3. Februar 1982. Transkript in: Heinz-Dietrich Fischer (Hg.) 1983, S. 185–196

Schmidt, Hendrik 1976: Staatseinfluß und Gremienmacht. Unbewältigte Aspekte der Rundfunkorganisation. In: Manfred Kötterheinrich u. a. (Hg.) 1976: Rundfunkpolitische Kontroversen. Zum 80. Geburtstag von Fritz Eberhard. Frankfurt am Main/Köln, S. 60–75

Schneider, Norbert 1976: Partizipation durch Zuschauer – Ideologie oder Perspektive? In: Manfred Kötterheinrich u. a. (Hg.) 1976: Rundfunkpolitische Kontroversen. Zum 80. Geburtstag von Fritz Eberhard. Frankfurt am Main/Köln, S. 451–463

Schneider, Norbert 1979: ›Zu meiner Linken begrüße ich …‹. Rituale der Fernsehdiskussion. In: Helmut Kreuzer / Karl Prümm (Hg.) 1979, S. 438–448

Schnelting, Karl 1972: Zum Nachmittagsprogramm. In: Pressestelle der Programmdirektion Deutsches Fernsehen / ARD (Hg.): Notizen zum ARD-Programm, München, S. 150–159

Schöne, Werner 1984: Als die Bilder ins Wohnzimmer liefen … Die ersten zehn Jahre Fernsehen in Berlin. Berlin, 1984

Schönherr, Dietmar 1975: Torero oder Stier in der Fernseharena? Absichten und Einsichten eines Talk Show-Pioniers. In: Constantin von Barloewen / Hans Brandenberg 1975, S. 43–51

Scholtz, Rudolf von 1953: Bayerischer Rundfunk (Rechenschaftsbericht). In: O. Lund-Johansen / B. H. Kettelhack (Hg.) 1953, S. 7–10

Schrag, Peter 1978: Heeere's Johnny! In: James Monaco (Ed.): Celebrity. Who gets it, how they use it, why it works. New York

Schubotz, Hermann 1950: Welche Forderungen stellen wir an den Rundfunkvortrag? In: Hans Bredow (Hg.) 1950, S. 267–272

Schütte, Wolfgang 1975: Der deutsche Nachkriegsrundfunk und die Gründung der Rundfunkanstalten. In: Winfried B. Lerg / Rolf Steininger 1975, S. 217–241

Schwarz, Elisabeth 1995: Kreative Fülle. In: Hans Heiner Boelte u. a. (Hg.) 1995, S. 114–127.

Schwitalla, Johannes 1979: Dialogsteuerung in Interviews. Linguistische Grundlagen, Bd. 15. München

Seegers, Lu 2003: Hör zu! Eduard Rhein und die Rundfunkprogrammzeitschriften. Potsdam

Sonntag, Christian 2006: Medienkarrieren. Biografische Studien über Hamburger Nachkriegsjournalisten 1946–1949. München

Steinbrecher, Michael / Weiske, Martin 1992: Die Talkshow. 20 Jahre zwischen Klatsch und News. München

Steininger, Rolf 1975: Rundfunkpolitik im ersten Kabinett Adenauer. In: Winfried B. Lerg / Rolf Steininger (Hg.) 1975, S. 341–383

Steinmetz, Rüdiger 1995: Dauerhafte Lernprozesse. Die Bundesregierung und der NWDR. In: Peter von Rüden/Hans-Ulrich Wagner (Hg.) 1995b, S. 322–336

Steinmetz, Rüdiger 1996: Freies Fernsehen. Das erste privat-kommerzielle Fernsehprogramm in Deutschland. Konstanz

Stemmler, Wolfgang 1993: Bemerkungen über die Unterhaltungs-Sendungen vom Beginn des DDR-Fernsehens bis zum Ende der fünfziger Jahre. In: Heide Riedel (Hg.) 1993, S. 77–86

Stolte, Dieter 1973: Das Fernsehen und sein Publikum. Studien zum Tagesablauf 1970/71. Mainz

Stolte, Dieter 1987: Rede zum 60. Geburtstag von Reinhard Appel am 23. Februar 1987. In: Dieter Stolte 2002, S. 64–67

Stolte, Dieter 2002: Ehren-Worte. Porträts im Umfeld des ZDF. ZDF-Schriftenreihe 61, Mainz, Oktober 2002

Strobel, Ricarda/Faulstich, Werner 1998a: Die deutschen Fernsehstars, Bd. 1: Stars der ersten Stunde. Göttingen

Strobel, Ricarda/Faulstich, Werner 1998b: Die deutschen Fernsehstars, Bd. 2: Show- und Gesangsstars. Göttingen

Strobel, Ricarda/Faulstich, Werner 1998c: Die deutschen Fernsehstars, Bd. 3: Stars für die ganze Familie. Göttingen

Strobel, Ricarda/Faulstich, Werner 1998d: Die deutschen Fernsehstars, Bd. 4: Zielgruppenstars. Göttingen

Stuhler, Jacqueline 1995: Vom Telefonbuch zum TED. In: Süddeutscher Rundfunk 1995 (Hg.), S. 24–25

Tartikoff, Brandon/Leerhsen, Charles 1992: The Last Great Ride. New York

Tenscher, Jens/Schicha, Christian (Hg.) 2002: Talk auf allen Kanälen. Wiesbaden

Tenscher, Jens/Schicha, Christian 2002a: Talk auf allen Kanälen. Eine Einführung. In: Jens Tenscher/Christian Schicha (Hg.) 2002, S. 9–35

Tetzner, Karl/Eckert, Gerhard 1954: Fernsehen ohne Geheimnisse. München

Tiesler, Rolf B. 2001: Auf Sofas, Sesseln und Stühlen. Talkshows in der ARD. In: ARD-Jahrbuch 2001, 33. Jg., Hamburg, S. 126–136

Thoma, Dieter 1997: Salto rückwärts und andere Geschichten aus meinem Leben. Bergisch Gladbach

Timberg, Bernard M. 2004: Talk Shows in the United States. In: Horace Newcomb 2004, S. 2255–2263

Troller, Georg Stefan 1966: Pariser Journal. Ein Buch für Liebhaber und Eingeweihte. Hamburg

Tuchman, Gaye 1974: Assembling A Network Talk-Show. In: Gaye Tuchman (Ed.): The TV Establishment. Programming For Power And Profit. Englewood Cliffs, N. J., S. 119–135

VASKE, GERTRUD 1999: Die Kommunikation in täglichen Talkshows und deren Bedeutung für die Öffentlichkeit. Diplomarbeit. Osnabrück

VIRCHOW, MARTIN 1973: Die 100 vom Fernsehen. Von Peter Alexander bis Eduard Zimmermann. Bergisch Gladbach

VOCK, HARALD 1972: Neue Trends in der Fernsehunterhaltung (2). In: PRESSESTELLE DER PROGRAMMDIREKTION DEUTSCHES FERNSEHEN / ARD 1972, S. 145–148

VOSS, CAY DIETRICH: Fernsehen – Neu geschaute Welt. Flensburg. o. J. [vermutlich 1957; vgl. Klappentext von Irene Koss]

WAGNER, C. M. RAINER 1995: Immer Ärger mit der Wirklichkeit. In: SÜDDEUTSCHER RUNDFUNK 1995, S. 76–91

WAGNER, HANS-ULRICH 2005: Das Ringen um einen neuen Rundfunk: Der NWDR unter der Kontrolle der britischen Besatzungsmacht. In: PETER VON RÜDEN / HANS ULRICH-WAGNER 2005 b, S. 13–84

WEHMEIER, KLAUS 1979: Die Geschichte des ZDF. Teil 1: Entstehung und Entwicklung 1961–1966. Mainz

WENKE, HANS (o. J.): Der Rundfunk im Dienste des politischen Lebens. In: FRITZ BORINSKI u. a. (Hg.), S. 45–62

WILHELM, KURT 1965: Fernsehen – Abenteuer im Neuland. Köln/Berlin

WINCKLER, KLAUS 1984: Kommerzielles Fernsehen in der Medienkonkurrenz, Bd. IV: USA. Analyse eines Unterhaltungsoligopols. Berlin

WINKER, KLAUS 1996: Fernsehen unterm Hakenkreuz. Organisation – Programm – Personal. Medien in Geschichte und Gegenwart, Bd. 1, Köln/Weimar/Wien (2. aktualisierte Auflage)

WÜRZBURGER, KARL 1950: Rundfunkvortrag – Dialog. In: HANS BREDOW (Hg.) 1950, S. 152–158

ZAHN, PETER VON 1991: Stimme der ersten Stunde. Erinnerungen 1913–1951. Stuttgart

ZAHN, PETER VON: Show-Report – Reflex und Symptom der Gesellschaft. In: GERHARD PRAGER (Hg.) 1971: Unterhaltung und Unterhaltendes im Fernsehen. Reihe Fernseh-Kritik, Bd. III, Mainz, S. 131–136

ZIEGERT, DIRK 1995: ›Infotainment‹ im Jugendprogramm. Zur Entwicklungsgeschichte des Magazins ›Elf 99‹. In: DORIS ROSENSTEIN 1995, S. 221–241.

ZIMMERMANN, PETER 1994: Geschichte von Dokumentarfilm und Reportage von der Adenauer-Ära bis zur Gegenwart. In: PETER LUDES / HEIDEMARIE SCHUMACHER / PETER ZIMMERMANN (Hg.) 1994, S. 213–324

Zeitungs- und Zeitschriftenbeiträge

ARNU, TITUS 1995 a: Schlaf ist gesünder. Nachtshow (RTL). In: Süddeutsche Zeitung, 9. Januar 1995, S. 11

ARNU, TITUS 1995 b: Der mühsame Kampf gegen den Schlaf. In: Süddeutsche Zeitung, 12. Juni 1995, S. 12

BALCHIN, NIGEL 1953: The Unscripted Discussion. In: BBC Quarterly, VIII, 1953, S. 7–11

BAUMGARDT, ERIKA 1970: Ost-West-Runde. In: Sprache im technischen Zeitalter, H. 35, S. 202–208

BLAUNER, JACOB 1927: Rundfunk-Zensur, in: Die Weltbühne, Nr. 4, 25. Januar 1927, S. 143–144 (Gesamtausgabe Königstein/Ts. 1978)

BLEICHER, JOAN 1992: Experten, Bürger und Betroffene. Deutsch-deutsche Talkshows zwischen Information und Therapie. In: TheaterZeitSchrift, H. 31/32. S. 60–66

BÖCK, HANNS HELMUT 1975: Zur Situation des Jugendprogramms im Deutschen Fernsehen. In: Fernsehen für Kinder und Jugendliche. Beiträge und Materialien zum Thema aus der Zeitschrift »jugend film fernsehen« (jetzt »medien + pädagogik«), S. 60–65. (Im Original in: »jugend film fernsehen«, H. 1, 1975, S. 8–13)

BROBEIL, WOLFGANG 1953: Zeitfunk im Schaufenster. Zu Dave Garroways Today-Sendung der NBC in New York. In: Fernsehen, H. 3, S. 162–165

BRONNENMEYER, CHRISTL 2004: Margot Hielscher. Zur Dame verdammt. Deutschlands erste Talkmasterin hat noch lange nicht alles gezeigt. In: Gong 32, 7. 8.–13. 8. 2004, S. 21

BRUNST, KLAUDIA 1996: Alles nicht der Rede wert? In: agenda 26, November/Dezember 1996, S. 10–11

BURNS, GARY 1991: Television and the Crisis in the Humanities. In: Journal of Popular Film + Television. Vol. 19, No. 3, Fall 1992, S. 98–104

CALSOW, MARTIN 1995: Talkshow aus dem Kinosaal. In: Berliner Zeitung, 27. 07. 1995, S. 31

CARPIGNANO, PAOLO / ANDERSEN, ROBIN / ARONOWITZ, STANLEY / DIFAZIO, WILLIAM 1989: Chatter In The Age Of Electronic Reproduction: Talk Television And The ›Public Mind‹. In: Social Text, H. 25/26, S. 33–55

CASDORFF, CLAUS HINRICH 1972: ›Wir wollen keinen abschlachten‹. In: Der Journalist, H. 11, Nov. 1972, S. 6

CH: Unterhaltung und Belehrung. Ein Abendprogramm des Bayerischen Rundfunks. In: Funk-Korrespondenz, Nr. 9, 23. Feb. 1955/B, S. 17

COENEN, URSULA 1974: Dietmar Schönherr – Was bei meiner Talkshow alles falsch gemacht wurde. In: TV – Hören und Sehen, H. 49, 1974, S. 12

DARSCHIN, WOLFGANG / ZUBAYR, CAMILLE 2002: Politische Diskussionssendungen und Magazine im Urteil der Zuschauer. In: Media Perspektiven 5/2002, S. 210–220.

DE. 1994: See you later. In: Süddeutsche Zeitung, 16. September 1994, S. 29

DE. 1995: Schlafen ist doof. In: Süddeutsche Zeitung, 2. Januar 1995, S. 11

DEHM, URSULA 1984: Fernseh-Unterhaltung. Mainz

DEUTSCHMANN, CHRISTIAN 1970: Der ›Internationale Frühschoppen‹ und das ›Sonntagsgespräch‹. In: Sprache im technischen Zeitalter, H. 35, S. 214–228

D. L. 1990: Kritik: Der Moderator als Volkstribun. In: Die Welt, 12.02.1990, o. S.

Donner, Wolf 1974: Spiel mit Grenzen. Ein amerikanisches Modell, zwei Sendungen und viele Pläne: die Talkshow. In: Die Zeit, Nr. 20, 10.05.1974, S. 17/18

Eckert, Gerhard 1953 a: Auf das Wie kommt es an … In: Fernsehen, H. 1., 1953, S. 6–15

Ders. 1954: Abschied vom NWDR? In: Der Spiegel, Nr. 5, 27. Jan. 1954, S. 28

E. E. 1954: Aus der Forschung. Fernsehübertragungen aus Bonn. In: Rundfunk und Fernsehen, H. 2, 1954, S. 174–178.

Elitz, Ernst 2006: Wer überlebt im Medien-Dschungel-Camp? In: Chrismon, Nr. 01/2006, S. 34–35

Engels-Weber, Marianne 1974: ›Ich meine, Sie müssen ja nicht fernsehen …‹. In: Funk-Korrespondenz, Nr. 15–16, 11. April 1974, S. 9–11

Erdenputsch, Werner 1976: Bemerkungen eines Praktikers zum Interview. In: Fernsehen + Bildung, H. 10, 1976, S. 199–202

Faber, Karin von 1973: Künstlerstammtisch. Gustav hat nicht geschwindelt. In: Hör zu, H. 8, S. 137

Faber, Karin von 1974: Klatsch und Quatsch. In: Hör zu, H. 3, S. 93

Faber, Karin von 1977: ›In Deutschland macht's mehr Spaß!‹ Der amerikanische Meisterplauderer Dick Cavett über Talkshows. In: Hör zu, H. 46, S. 10

F. K. 1954: Die Mönche kamen an. In: Funk-Korrespondenz, Nr. 16, 14. April 1954/B, S. 1–2

Frankenfeld, Alfred 1956: Presse und Fernsehen. In: Rundfunk und Fernsehen, H. 3, 1956, S. 247–254

Fried, Nico 1994: Mißbraucht! In: epd/Kirche und Rundfunk, Nr. 4, 19. Januar 1994, S. 21–22

Friese, Gudrun 1988: Hundert Gäste stellten sich bisher C. H. C. In: WDR print, Nr. 151, Nov. 1988, S. 3

Gäbel, Maren 2003: Talent liegt im Trend. In: Stadtblatt Osnabrück, Nr. 296, 9/2003, S. 16/17

Geissler, Rainer 1987: Die Weißwäsche der Geldwäscher. V. Brauchitsch in ›Schlag auf Schlag‹. In: Medium, H. 2, April–Juni 1987, S. 9–11

Geldner, Wilfried 1989: Dall aus Dingsda. In: Süddeutsche Zeitung, 05.06.1989, o. S.

Göbbel, Heide-Marie 1987: 100. NDR-Talkshow: ›Richtplatz für Taktlosigkeit‹. In: Funk-Korrespondenz Nr. 11, 13.03.1987, S. P 4-P 6

Grill, Michael 1994: High-noon um Mitternacht. In: Süddeutsche Zeitung, 08.08.1994, S. 13

Gurnee, Hal 2006: Jack Paar at the Berlin Wall. In: Television Quarterly, Vol. XXXVI, Numbers 3 & 4, Spring/Summer 2006, S. 52–60

Hall, Peter-Christian 1974: Je länger die Talk-Show … In: epd/Kirche und Rundfunk, Nr. 16, 2. März 1974, S. 10

Heimann, Dieter 1975: NS-Rundfunkführung am Beispiel des Westdeutschen Rundfunks. In: Winfried B. Lerg/Rolf Steiniger (Hg.): Rundfunk und Politik 1923–1973. Beiträge zur Rundfunkforschung, Bd. 3. Berlin, S. 153–178.

Heinemann, Frank J. 1974: Kaum da – und schon Routine? In: epd/Kirche und Rundfunk, Nr. 2, 9. Januar 1974, S. 3–5

Hempel, Manfred 1970: Fernsehen unterm Hakenkreuz. Die Entstehung und Entwicklung der Television in Deutschland bis zur Zerschlagung des Hitlerregimes. In: Mitteilungen des Postmuseums Berlin. Bd. 3/4, Berlin (Ost), S. 33–75.

Henneberg, Hellmuth 2004: ›Da herrschte blanke Anarchie‹. Interview, Frankfurter Rundschau, Nr. 277, 26. 11. 2004, S. 18

Hertneck, Marcus 1994: Horde Hornissen. Gottschalk – Highlights der vergangenen Woche (RTL). In: Süddeutsche Zeitung, 30. November 1994, S. 31

Hickethier, Knut 1989: Vernebelter Anfang. Polemisches zur ›Stunde Null‹ des Fernsehens – beim Durchblättern fernsehhistorischer Erinnerungen. In: TheaterZeitSchrift, H. 28, S. 74–90

Hielscher, Margot 1958: Mit viel Mut und etwas Frechheit. In: Brigitte, H. 16, 1958, S. 42 ff.

Hilpert, Walter 1953: Durch die Glasscheibe. In: Fernsehen, H. 3, S. 157–161

Hirschberg, Lynn 2008: Banksable. In: New York Times Magazine, June 1, 2008; (verfügbar auch unter www.nytimes.com, Archivfunktion)

H. K. 1975: Wie Fuchsberger ab- und wieder auftritt. In: Frankfurter Rundschau, 05. 04. 1975, o. S.

Horn, Imme 1975: Jugend und Fernsehen. ZDF Schriftenreihe, H. 14, Mainz 1975

Hummelt, Norbert 1991: Koketter Zynismus. In: Berliner Morgenpost, 16. 12. 1991, o. S.

Huygen, Maarten 2000: De kijker gespiegelt. In: NRC Handelsblad, 02. 12. 2000, o. S.

H.V. 1983: Der Kritiker meint: ›Heut' abend‹. In: Frankfurter Rundschau, 27. 05. 1983, o. S.

Jän. 1986: Talk-Show brachte Roland Kaiser auf die Palme – ich bin doch kein Clown für euch. In: BZ, 24. 10. 1986, o. S.

Jakobs, Hans-Jürgen 2004: ›Zwei spielen in Handschellen Tennis‹. Talkshow-Moderatorin Maybrit Illner über TV-Politikerduelle, den deutschen Fernsehpreis, fünf Jahre ›Berlin Mitte‹ und Sabine Christiansen (Interview). In: Süddeutsche Zeitung Nr. 239, 14. 10. 2004, S. 35

Janke, Hans 1976: Gesellschaftsausweis. Über Talk-Shows im Fernsehen der BRD. In: Medium, H. 11, November 1976, S. 5–8

Janssen, Herbert 1973: Lauwarm. Der heiße Draht. In: Funk-Korrespondenz, Nr. 49, 5. Dezember 1973, S. 24

Jenke, Manfred 1997: Werner Höfer – ein Leben für die Medien. Ein Porträt anstelle eines Nachrufs. In: Funk-Korrespondenz, Nr. 49, 1997, S. 3–11

Joffe, Josef 1995: Aufgequirlte Suppe. Zwei klassische Sünden: Warum Harald Schmidts Show nicht klappt. In: Süddeutsche Zeitung, 18.12.1995, S. 17

J. R. 1976: Exoten & Prominenzen. Wem nützen eigentlich die Talkshows. In: Medium, H. 11, November 1976, S. 2

Kammann, Uwe 1988: ›Das muß ich mit meinem Gewissen ausmachen‹. In: epd/Kirche und Rundfunk Nr. 2, 13. Januar 1988, S. 5–10

Karasek, Hellmuth 1995: Such is live. In: Spiegel special Nr. 8, 1995: TV Total. Macht und Magie des Fernsehens, S. 91–94

Kehle, Matthias 2000: ›Ich heiße nicht Gertrud‹. Karlsruher Student leimt die Privaten mit Lügengeschichten in Talk-Shows. In: Stuttgarter Nachrichten, 12. Februar 2000, S. 51

Keller, Harald 2000: ›Little Brother‹. WG-Soap schildert Zusammenleben von jungen Europäern. In: Frankfurter Rundschau, 02.09.2000, S. 22

Ders. 2001: Tragt gefälligst Gottes Wort in die Welt. In: Frankfurter Rundschau, 21.12.2001, S. 23

KHM (= Karlheinz Mose) 1973: Schwatz ohne Schnörkel. ›Talk Show‹ – was ist das eigentlich? In: Hör zu, H. 7, S. 5

KK 1954a: Ein Abendprogramm im Fernsehfunk. In: Funk-Korrespondenz Nr. 7, 10. Februar 1954/B, S. 19–20

KK 1954b: Aktuelles und Unterhaltendes. In: Funk-Korrespondenz, Nr. 11, 10. März 1954/B, S. 18/19

Knilli, Friedrich 1976: Talk-Shows: Das Kabinett des Dr. Biolek. In: Medium, H. 11, Nov. 1976, S. 9

Knott-Wolf, Brigitte 2005: Drehen an der rostigen Schraube Aufklärung. In: Funk-Korrespondenz 24, 17.6.05, S. 3–6

Kokoska, Tanja 2002: Die Weichmacherin. In: Frankfurter Rundschau, 19. März 2002, S. 23

Koster, Ernst 1960: Kinder betrachten ein Fernsehstudio. In: Fernseh-Rundschau, H. 10/11, 1960, S. 451–454

Kotte, Hans-Hermann 1996a: Ami-Hure? Schönes Thema! In: die tageszeitung, 17.06.1996, S. 11

Kotte, Hans-Hermann 1996b: Das Portrait: Harald Schmidt. In: die tageszeitung, 17.06.1996, S. 11

Land, Bodo 1973: Streit um Talk-Show beigelegt. In: Hör zu, H. 14, 1973, S. 141 (Hamburger Ausgabe)

Land, Bodo 1976: Wer kann die Talkshow jetzt noch retten? In: Hör zu, Nr. 41, 1976, S. 18–20

Lüke, Reinhard 2008: Die Frau mit der Wundertüte. In: Frankfurter Rundschau, 30.09.2008, S. 41

MAHLO, KLAUS 1956: Zur Diskussion um die Diskussion im Fernsehen. In: Rundfunk und Fernsehen, H. 4, 1956, S. 99–112

MARCH, MARCEL 1974: Die Tür zur Heirat. In: Fernseh-Dienst, Nr. 50, 19. 11. 1974, S. 4 f.

MAST, CLAUDIA 1977: Politiker im Fernsehen. Zur Frage des kommunikativen Zugangs zu einer Parteiensendung. In: Publizistik, H. 1, 1977, S. 35–46

MEAD, GEORGE HERBERT 1929/30: The Philosophies Of Royce, James, And Dewey In Their American Setting. In: International Journal of Ethics, Vol. 40, 1929/30, S. 211–231

MENDELSSOHN, FELIX 1927: Der unpolitische Rundfunk. In: Die Weltbühne, Nr. 13, 29. März 1927, S. 494–498 (Gesamtausgabe, Königstein/Ts. 1978).

MESSIAS, HANS 1989: Klatsch und Kleister. Talk täglich. In: Funk-Korrespondenz, Nr. 40, 06. 10. 1989, S. 20/21

MEYER, CLAUS HEINRICH 1973: Wo Frauen noch Frauchen sind. In: Süddeutsche Zeitung, 23. 01. 1973, o. S.

MIKOS, LOTHAR 1996: Spielwiese der Betroffenheit. In: agenda 26, November – Dezember 1996, S. 13–14

MOORE, BARBARA 1980: The Cisco Kid and Friends: The Syndication of Television Series from 1948 to 1952. In: The Journal of Popular Film and Television. No. 1, Vol. VIII, Spring 1980, S. 26–33

MORLOCK, MARTIN 1974: Die Bürde der Höflichkeit. In: Der Spiegel, Nr. 7, 1974, S. 116/118

MÜLLER, RENATE 1977: Bio-logie mit Ertl, Schmalz und Ungarns Landwein. Zum Abschied großer Bahnhof für Alfred Biolek im ›Senftöpfchen‹. In: Kölnische Rundschau, Nr. 292, 17. 12. 1977, o. S.

MÜLLER, SILKE 1990: Wer sich veralbern lassen will, talkt bei Karl Dall. In: Berliner Morgenpost, 25. 02. 1990, o. S.

MÜNSTER, CLEMENS 1953: Besuch beim britischen Fernsehen. In: Fernsehen, H. 2, 1953, S. 86–88

NESTEL, WERNER 1955: Einige Bemerkungen zur Geschichte des Deutschen Fernsehfunks nach dem Kriege. In: Fernsehen, H. 7/8, 1955, S. 338–345

NEUDECK, RUPERT 1973: Die Walachei, was ›immer das sein mag‹. In: Funk-Korrespondenz, Nr. 50, 12. Dezember 1973, S. 17–19

NEUDECK, RUPERT 1974 a: Bisher kein Modell. In: Funk-Korrespondenz, Nr. 5, 30. Januar 1974, S. 20–22

NEUDECK, RUPERT 1974 b: Persönlichkeitskult. Golo Mann im Gespräch mit … Werner Maihofer. In: Funk-Korrespondenz, Nr. 51–52, 18. 12. 1974, S. K2

NEUDECK, RUPERT 1975: Ausgetalkt … Viele falsche Konzepte und ein richtiges. In: Medium, Nr. 2, 1975, S. 4–5

NEUDECK, RUPERT 1976: Ein Mann für alle Jahreszeiten? Werner Höfer oder die Ehre des WDR. In: Funk-Korrespondenz, Nr. 22, 26. Mai 1976, S. 1–4

NEUDECK, RUPERT 1981: Immer interessant, immer unterhaltend. In: epd/ Kirche und Rundfunk, Nr. 45/46, 13. Juni 1981, S. 16

Niggemeier, Stefan 1995: Kündigung wegen Mißerfolgs. In: Süddeutsche Zeitung, 27. Oktober 1995, S. 28

Niggemeier, Stefan 1996: Durchhalten, bis es den Leuten gefällt. In: Süddeutsche Zeitung, 18.06.1996, S. 17

Opinio 1954: Unter der Lupe. In: fff-press, Nr. 30, 9. August 1954, S. 7

Ostermann, Dietmar 2002: Telegene Gesten. Nicht mehr die TV-Duelle der US-Präsidentschaftskandidaten, sondern die Mediendebatte darüber entscheiden. In: Frankfurter Rundschau, 21.05.2002, S. 14

Pehlke, Michael 1970: Gaus contra Dutschke – Marginalien zur Ideologie der allerneuesten Sachlichkeit. In: Sprache im technischen Zeitalter, H. 35, S. 178–198

Polcuch, Valentin 1972: Darum in die Ferne schweifen. In: Die Zeit, Nr. 299, 23.12.1972, S. V

Potthoff, Antje 2002: Die Furie. In: Frankfurter Rundschau, Magazin (Supplement), 8. Juni 2002, S. 4–5

Prager, Gerhard 1981: Immer interessant, immer unterhaltend. Plädoyer für die Fortführung der WDF-Reihe ›Spätere Heirat …‹. In: epd/Kirche und Rundfunk, Nr. 45/46, 13.06.1981, S. 16

Prior, Ingeborg 1976: Spätere Heirat … In: Köln 22. Zeitschrift der Stadt Köln, Heft 4/1976, S. 26–29

Riek, Heinz 1972: Der Tag, als die Gaukler kamen. Erinnerungen eines TV-Pioniers. In: Die Zeit, Nr. 299, 23.12.1972, S. V

R. N. 1975: Dick Cavett: Große Namen sind nicht wichtig. In: Frankfurter Rundschau, 12. Dezember 1975, S. 13

Roland, Jürgen 1953: Wieder auf der Schulbank. In: Fernsehen, H. 2, 1953, S. 88–90.

Ronner, Markus M., 1972: ›Unterhaltung ohne Politik ist Verblödung‹. Gespräch mit Dietmar Schönherr. In: Die Weltwoche, 18.10.1972, S. 45–46

Sack, Adriano 2000: Die wahren Brüder. In: Die Woche, 25.02.2000, S. 49

Sausse, Hans-Georg 1989: Keine Angst vor Fettnäpfchen. In: stern tv, Supplement, 30.03.1989, S. 15

Scha./Re. 1989: Invasion der ›Talker‹. In: Medienspiegel. Mediendienst des Instituts der deutschen Wirtschaft. Jg. 13, Nr. 31, 31.07.1989, S. 4–5

Schmidt, Hendrik 1984: Moment mal … Die neue ARD-Talkreihe muss ihre Form erst noch finden. In: epd/Kirche und Rundfunk, Nr. 66, 22. August 1984, S. 7–9

Schmid-Ospach, Michael 1972: F. J. Strauß und ›Monitor‹: aus welken Blüten doch kein Honig. In: epd/Kirche und Rundfunk, Nr. 39, 14. Oktober 1972, S. 1–5

Schmid-Ospach, Michael 1973: Parteien-Sendungen sind im deutschen Rundfunk überflüssig. In: epd/Kirche und Rundfunk, Nr. 15, 18. April 1973, S. 1–2

Schneider, Hans Joachim 1965: Kriminologische Bemerkungen zu den

Fernsehsendereihen ›Stahlnetz‹ und ›Fernsehgericht‹. In: Rundfunk und Fernsehen, H. 1, 1965, S. 1–8

SCHNEIDER, NORBERT 1972: Hammelsprung der Argumente. ›Pro und Contra‹ und politische Rhetorik. In: Medium 2, Februar 1972, S. 3–5

SCHULER, THOMAS 1994: Der König des Talks ist ein echter Komödiant. In: Stuttgarter Nachrichten, 29.01.1994, S. 50

SCHULTZ, TANJEV 2004a: Die Moderation politischer Gesprächssendungen im Fernsehen. In: Publizistik, Vol. 49, H. 3, Sept. 2004, S. 292–318

SCHULTZ, TANJEV 2004b: Sprechstunde für Bürger. Berliner Duell 2006: Was lernen ARD, ZDF, RTL und Sat 1 vom amerikanischen Fernsehen? In: Süddeutsche Zeitung Nr. 239, 14.10.2004, S. 35

SCHULTZ-GERSTEIN, CHRISTIAN 1977: Findling im TV-Studio. In: Der Spiegel, Nr. 41, S. 237

SCHWITZKE, HEINZ 1953: Zur Dramaturgie des Gesprächs im Fernsehen. In: Fernsehen, H. 4/5, 1953, S. 230–233

STOLLE, PETER 1990a: Meisen und Mystinguetten. In: Der Spiegel 9/1990, S. 204–208

STOLLE, PETER 1990b: Der Zyklop im Weichteil-Paradies. In: Der Spiegel, H. 15, 1990, S. 253

STREITZ, JULIA 1984: Margot Hielscher: ›Das Alter ist kein Unglück, wenn man seine Haltung bewahrt‹. In: Funk Uhr, 14. April 1984, S. 102, 104, 105.

SVOBODA, MARTIN 1953: Die 100. Tagesschau. In: Fernsehen, H. 9, 1953, S. 494–497

TASIEMKA, HANS 1953: Politische Attraktionen im britischen Fernsehen. In: Fernsehen, H. 1, 1953, S. 39–45

TENSCHER, JENS 1999: ›Sabine Christiansen‹ und ›Talk im Turm‹. Eine Fallanalyse politischer Talkshows. In: Publizistik, H. 3, September 1999, S. 317–333

TM 1954: Interview im Fernsehen. In: Funk-Korrespondenz, Nr. 20, 12. Mai 1954/B, S. 17

VAHABZADEH, SUSAN 1994: Durchlauferhitzer. Gottschalk (RTL). In: Süddeutsche Zeitung, 26. September 1994, S. 15

VENSKE, HENNING 1975: ›Was zum Teufel soll ich hier?‹ Henning Venske über die erste Rosenbauer-Talk-Show. In: Der Spiegel, Nr. 4, S. 103

VN 2001: Medienbehörden prüfen fiktionale Pro-Sieben-Talkshows. In: Funk-Korrespondenz, H. 46, 16. November 2001, S. 16–17

VOLBACH, FRIEDHELM 1976: Hollerkücherl für Margot Hielscher. In: Bild am Sonntag, 8. August 1976, S. 38

W. 1983: Nun talkt Joachim Fuchsberger bundesweit. In: Frankfurter Rundschau, 03.05.1983, o. S.

WAGENFÜHR, KURT 1953a: Die nächsten Etappen. In: Fernsehen, H. 7, 1953, S. 345–350

Wagenführ, Kurt 1953b: Keine Angst vor Risiko! In: fff-press, Nr. 37, 14.09.1953, S. 7

Weidinger, Birgit 1987: Warum nicht auch hierzulande? Channel Four übernimmt das erfolgreiche ›Club 2‹-Modell. In: Funk-Korrespondenz Nr. 21, 22.05.1987, S. P 1-P 2

Weiss, Hans-Jürgen 1973: Zwischen Sachargumentation und Selbstdarstellung. Eine Inhaltsanalyse von Fernsehdiskussionen im Bundestagswahlkampf 1972. In: Publizistik, H. 4, Okt.–Dez. 1973, S. 364–375

Wendt, Hans 1955: Parlamentsfernsehen in der Kurve. In: Fernsehen, H. 9, 1955, S. 445

Wenzel, Eike 2000: Militante Zeitgemäßheit. In: Frankfurter Rundschau, 9.09.2000, S. 21

Werner, Reinold 1970: Theater im Gespräch. In: Sprache im technischen Zeitalter, H. 35, S. 209–214

WGF. (= Kurt Wagenführ) 1953: ›Die Welt in Deinem Heim‹. Im Fernsehstudio Europa-Halle notiert. In: Fernsehen, H. 9, 1953, S. 488–494

WH 1954: Mit offenen Karten. In: Funk-Korrespondenz, Nr. 3, 13. Jan. 1954/B, S. 15

WH 1955: Ein Abendprogramm. In: Funk-Korrespondenz, Nr. 19, 4. Mai 1955/B, S. 15

Wick, Klaudia 2006: Schluss mit dem Streit. In: Berliner Zeitung, 15.07. 2006

Willemsen, Roger 2003: Schluss mit lustig. In: Süddeutsche Zeitung, 09.09.2003, S. 13.

Wittek, Bernhard 1989: Die ›strukturierte Konversation‹. Was man hierzulande ›Talkshow‹ nennt (1). In: epd/Kirche und Rundfunk Nr. 55, 15.07.1989, S. 3–4. Teil 2 und 3 in Ausgabe 56, 19.07.1989, S. 3–6, und Ausgabe 57, 22.07.1989, S. 3–5

Würtz, Hannes 1975: JW-Tele-Kritik. Akzente. In: Junge Welt, 25./26. Januar 1975, o. S.

Zips, Martin 2000: Die Witztherapie. In: Süddeutsche Zeitung, 27.06.2000, S. 23

Zöller, Stephan 1990: Inszeniertes Chaos. Aus für die RTL plus-Talkshow ›A.T.‹ In: Funk-Korrespondenz Nr. 18, 4.05.1990, S. 22

Zons, Achim 1995: Die Waffen der Tontaube. In: Süddeutsche Zeitung, 07.12.1995, S. 28

Zeitungs- und Zeitschriftenartikel ohne Verfasserangabe

O. V. 1951: Der NWDR und das öffentliche Leben. In: NWDR (Hg.): Jahrbuch des Nordwestdeutschen Rundfunks 1949–1950. Hamburg/Köln 1951, S. 60–69

O. V. 1952: Den möcht ich sehn! Gerd Fricke. In: Hör zu! Die illustrierte Rundfunkzeitung. Westdeutsche Ausgabe, Nr. 29, 1952, S. 2

O. V. 1952: Bauen wir die Slums der Zukunft? In: Die Ansage, Nr. 95, 23. Okt. 1952, S. 6

O. V. 1952: ›Meckerecke‹ im Fernsehbunker. In: Die Ansage, Nr. 96, 30. Oktober 1952, S. 1.

O. V. 1952: Überbrückungsprogramm der Sender Köln und Langenberg für die Zeit vom 25. bis 31. 12. 1952. In: Die Ansage, Nr. 103/104, 20. Dez. 1952, S. 8

O. V. 1952: Der internationale Frühschoppen. Als Zaungast bei interessanten Gesprächen im Zweiten Programm West. In: Die Ansage, Nr. 105, 31. Dez. 1952, S. 2

O. V. 1953: Rendezvous vor der Kamera. In: Die Ansage, Nr. 112, 19. Feb. 1953, S. 6

O. V. 1953: Sind Treffpunkte Begegnungen? In: Fernsehen, H. 4/5, 1953, S. 273

O. V. 1953: Das ist nichts für Männer. In: Die Ansage, Nr. 123, 7. Mai 1953, S. 6

O. V. 1953: Funk für Anspruchsvolle. In: Die Zeit, Nr. 21, 21. Mai 1953, S. 18

O. V. 1953: Wir haben Gäste. In: Die Ansage, Nr. 131, 2. Juli 1953, S. 6

O. V. 1953: Diskussionen brauchen Zeit. In: Fernsehen, H. 4/5, 1953, S. 273

O. V. 1953: Lebendige Wahlsendungen. In: Fernsehen, H. 6, 1953, S. 335

O. V. 1953: Im Kreuzfeuer. In: Fernsehen, H. 9, 1953, S. 522

O. V. 1953: Im Bundestag. In: Fernsehen, H. 10, 1953, S. 587

O. V. 1953 Englische Erfahrungen mit Schulfernsehen. In: Fernsehen, H. 9, 1953, S. 509–514

O. V. 1953: Stammtisch-Sendung im Fernsehen. In: Die Ansage, Nr. 143, 24. Sept. 1953

O. V.: Das Gericht zieht sich zur Beratung zurück. In: Die Ansage, Nr. 158, 6. Jan. 1954, S. 2

O. V. 1954: Diskussion mit Buchautoren im Fernsehen. In: Die Ansage, Nr. 158, 6. Jan. 1954, S. 4

O. V. 1954: Perfektes Fernsehgespräch. In: epd/Kirche und Rundfunk, Nr. 1, 11. Jan. 1954, S. 19

O. V. 1954: Praktisch genutzte Erfahrungen. Ein Jahr öffentliches Fernsehen – Festumrissene Sendeformen. In: Die Ansage, Nr. 159, 13. Jan. 1954, S. 3–4

O. V. 1954: Menschen zwischen Rhein und Ruhr. In: Die Ansage, Nr. 161, 27. Jan. 1954, S. 4

O. V. 1954: Mit offenen Karten. In: Die Ansage, Nr. 162, 3. Feb. 1954, S. 3

O. V.: Die Unterhaltungssendung. In: Funk-Korrespondenz, Nr. 9, 24. Feb. 1954/B, S. 1

O. V. 1954: Ungezwungen und natürlich. Internationaler Frühschoppen zum 30. Mal vor der Kamera. In: Die Ansage, Nr. 167, 10. März 1954, S. 4

O. V. 1954: Aktuelles und Unterhaltendes. In: Funk-Korrespondenz, Nr. 11, 10. März 1954/B, S. 18 f.

O. V. 1954: Auch in der Totalen das ›Totale‹ erfassen! In: epd/Kirche und Rundfunk, Nr. 7, 5. April 1954, S. 17

O. V. 1954: Stichwort und ›Stichbild‹. Übertragung eines Kölner ›Mittwochsgespräches‹. In: epd/Kirche und Rundfunk, Nr. 12, 14. Juni 1954, S. 16

O. V. 1954: reformirte ortografi. In: Die Ansage, Nr. 186, 21. Juli 1954

O. V. 1954: Der Hauptfilm hat noch nicht begonnen. In: Die Ansage, Nr. 186, 21. Juli 1954, S. 4

O. V. 1954: rechtschreibung, gefüle, klawire, bilig abzugeben. In: epd/Kirche und Fernsehen, Nr. 16, 9. August 1954, S. 18

O. V. 1954: Das Bild enthüllt. In: Die Ansage, Nr. 189, 11. August 1954, S. 3

O. V. 1954: Soll man das hingehen lassen?. In: epd/Kirche und Fernsehen, Nr. 19, 20. Sept. 1954, S. 17

O. V. 1954: Parlament der Jugend. In: epd/Kirche und Rundfunk, Nr. 21, 18. Oktober 1954, S. 17

O. V. 1954: Die Fernsehfamilie ist da. In: epd/Kirche und Rundfunk, Nr. 20, 4. Okt. 1954, S. 18

O. V. 1954: Über die Dummheit. In: Die Ansage, Nr. 208/209, 21. Dez. 1954, S. 2

O. V. 1955: Unsere Nachbarn heute abend. NWDR-Fernsehfamilie Schölermann mit Atmosphäre. In: Die Ansage, Nr. 214, 2. Feb. 1955, S. 3

O. V. 1955: Politiker im Kreuzfeuer. In: Fernsehen, H. 9, 1955, S. 445

O. V. 1955: Die Ein-Schiebungen. In: Der Spiegel, Nr. 20, 11. Mai 1955, S. 42–44

O. V. 1955: Die Faszination des Einfältigen. In: Der Spiegel, Nr. 36, 9. Jg., 31. Aug. 1955, S. 28–36

O. V. 1955: Kann der deutsche Film besser sein? Öffentliche Diskussion im Fernsehen. In: Die Ansage, Nr. 256, 23. Nov. 1955, S. 4

O. V. 1957: ›Radio Branch. Information Services Division Office of the U.S. High Commissioner for Germany: A Radio Scrutiny Report. One Year of Cultural Radio, July 1949–June 1950.‹ In: E. Kurt Fischer 1957, S. 216–218

O. V. 1959: Die Werner-Höfer-Schau, in: Der Spiegel, Nr. 50, 9. Dez. 1959, S. 47–59

O. V. 1959: Ultrakurz-Schlüsse. In: Der Spiegel, Nr. 52, 23. Dez. 1959, S. 16

O. V. 1972: Das Leben selbst. In: Der Spiegel, Nr. 52, 1972, S. 109 f.

O. V. 1973: Solche Bolzen. In: Der Spiegel, Nr. 17, S. 90

O. V. 1973: Plausch mit Rosa. In: Der Spiegel, Nr. 38, S. 167–169

O. V. 1973: Fernsehen: Golo Mann im Gespräch. In: Der Spiegel, Nr. 52, S. 84

O. V. 1973: Analyse einer neuen Mediengattung. ›True Story‹-Magazin ist Gegenmodell zur ›Yellow Press‹. In: Nachrichten, Nr. 76. Axel Springer AG, November 1973, o. S. (Dokumentation und Bibliothek der Ullstein GmbH)

O. V. 1974: Dietmars ›Talk‹ und Alfreds Bosheit. Leserbriefe in Hör zu, H. 4, S. 104

O. V. 1974: Wen hätten Sie denn gern? In: Hör zu, H. 7, S. 8

O. V. 1974: Neuer WDR-Talkmaster: Hansjürgen Rosenbauer. In: Funk-Korrespondenz, Nr. 41, 9. Oktober 1974, S. 13.

O. V. 1974: Von morgens bis Mitternacht. In: Der Spiegel, Nr. 21, S. 124–127

O. V.: Ungeliebte Bocksprünge. In: Der Spiegel, Nr. 23, 1974, S. 122–124

O. V: 1974: Talk-Shows: Auf zur dritten Garnitur. In: Der Spiegel, Nr. 45, S. 188/191

O. V. 1975: Das ist ihr Leben. Neue ZDF-Show. In: Fernsehwoche, H. 45, S. 4

O. V. 1975: Talk-Shows: Boom auf allen Kanälen. In: Der Spiegel, Nr. 52, S. 106–108

O. V. 1977: So einen Talkmaster müßten wir auch mal haben. In: Bild + Funk, H. 45, S. 35

O. V. 1979: Prominenten-Treff in Schwabing. In: Hör zu 1979, S. 14

O. V. 1989: Perle des Privaten. In: Der Spiegel, Nr. 28, S. 180–183

O. V. 1990: Einblendung in ›III nach 9‹ missglückt. In: Funk-Korrespondenz, Nr. 4, 26.01.1990, S. 8

Interviews

Arenhövel, Wolfgang 2003, persönliches Interview mit dem Verf., 01.12.2003

Braun, Michael 2007, Telefoninterview mit dem Verf., 27.02.2007

Dall, Karl 1990, persönliches Interview mit dem Verf., 08.09.1990

Gehrmann, Hans-Joachim 2000, Telefoninterview mit dem Verf., 19.07.2000

Grabosch, Jörg 2007, Telefoninterview mit dem Verf., 09.01.2007

Hajek, Peter 2007, Telefoninterview mit dem Verf., 25.01.2007

Hövel, Martin 2000, Telefoninterview mit dem Verf., 30.08.2000

Kaiser, Olaf 2008, Telefoninterview mit dem Verf., 10.10.2008

Laux, Rainer 2000, Telefoninterview mit dem Verf., 23.02.2000

Meiser, Hans 2000, Telefoninterview mit dem Verf., 08.06.2000

Pilawa, Jörg 2000, Telefoninterview mit dem Verf., 09.06.2000

Römhild, Uwe 2008, Telefoninterview mit dem Verf., 21.10.2008

Skibowsi, Klaus 2007, Telefoninterview mit dem Verf., 18.04.2007

Töpper, Bernhard 2000, Telefoninterview mit dem Verf., 19.07.2000

Wesseler, Felix 2003, Telefoninterview mit dem Verf., 16.12.2003

Senderveröffentlichungen und Pressematerialien

ARD (Hg.): ARD-Jahrbuch 73, Hamburg

ARD (Hg.) 1994: ABC der ARD. Baden-Baden

ARD (Hg.) 1997: ARD-Jahrbuch 97, 29. Jg., Hamburg

ARD (Hg.) 1999: ARD-Jahrbuch 99, 31. Jg., Hamburg

ARD (Hg.): 50 Jahre ARD. Baden-Baden 2000

ARD (Hg.) 2001: ARD-Jahrbuch 2001, 33. Jg., Hamburg

ARD (Hg.) 2002: ARD-Jahrbuch 2002, 34. Jg., Hamburg

BAYERISCHER RUNDFUNK (Hg.) 1964: Winterprogramm 1964/65. Oktober-April, München

DEUTSCHLANDFUNK (Hg.) 1970: 25 Jahre Nachkriegsrundfunk. Vom Beginn der Rundfunkarbeit berichten: Alfred Andersch, H. C. Greene, Jürgen Petersen, Peter v. Zahn. Druckfassung eines Hörfunkgesprächs, veröffentlicht als Heft 12/70 in der Schriftenreihe der DLF-Presseabteilung, Köln

NWDR 1951 (Hg.): Jahrbuch des Nordwestdeutschen Rundfunks 1949–1950. Hamburg/Köln

NWDR 1953 (Hg.): Kleine Fernsehfibel für jedermann. Hamburg/Köln

NWDR 1956 (Hg.): NWDR – Ein Rückblick, Hamburg/Köln

PRESSESTELLE DER PROGRAMMDIREKTION DEUTSCHES FERNSEHEN/ARD (Hg.) 1972: Notizen zum ARD-Programm, München

PROGRAMMDIREKTION DEUTSCHES FERNSEHEN (Hg.) 1977: Notizen zum ARD-Programm. 25 Jahre Deutsches Fernsehen. 1952 bis 1977. München

PRO SIEBEN 1994a: Presseheft ›Arabella Kiesbauer. Die neue Talkshow auf Pro 7‹. München

PRO SIEBEN 1994b: Pressemitteilung ›Talk-Time mit Arabella Kiesbauer!‹ München, Mai 1994

PRO SIEBEN 1999: Pressematerial zur Talkshow ›Nicole – Entscheidung am Nachmittag‹, München

PRO SIEBEN 2000a: Presseheft ›Arabella. Die Talkshow mit Arabella Kiesbauer‹. München

PRO SIEBEN 2000b: Presseheft ›Goede Talk in Scheveningen. Arabella talkt in Holland‹. München

PRO SIEBEN 2000c: Presseheft ›Die 1500. Sendung Arabella‹. München

PRO SIEBEN 2000d: Presseheft ›Arabella sucht‹. München

PRO SIEBEN 2001: Presseheft ›Viva la Vida! Arabella talkt auf Ibiza‹. München

PRO SIEBEN 2002: Presseheft ›Die 2000. Sendung Arabella‹. München

PRO SIEBEN 2003: Presseheft ›Die Abschlussklasse 2004‹. 9. Juli 2003, München

RADIO BREMEN 1963 (Hg.): Hausbuch 1963. Bremen

RADIO BREMEN 1964 (Hg.): Hausbuch 1964. Bremen

RADIO BREMEN 1965 (Hg.): Hausbuch 1965. Bremen

RTL KOMMUNIKATION 2006a: Das neue RTL-Jugendgericht startet durch! Pressemitteilung vom 15.08.2006

RTL KOMMUNIKATION 2006b: Spannende Action und heiße Ermittlerteams beim neuen RTL-Jugendgericht. Pressemitteilung vom 17.08.2006

RTL PRESSESTELLE 1992a (Hg.): Hans Meiser. In: Info Plus, Heft 14, 30. Juli 1992, S. 1

RTL PRESSESTELLE 1992b (Hg.): ›Gottschalk‹. Die neue ›RTL-Late-Night-Show‹. In: Info Plus, Heft 17, 07. September 1992, S. 2

RTL PRESSESTELLE 1993a (Hg.): Hans Meiser. Ein Interview mit dem vielbeschäftigten RTL-Moderator. In: Info Plus, Heft 24, 13.1.1993, S. 15–17

RTL PRESSESTELLE 1993b (Hg.): Ilona Christen. Ein Dickkopf (mit Brille) setzt sich durch. In: Info Plus, Heft 27, 03. März 1993, S. 23–24

RTL PRESSESTELLE 1993b (Hg.): Ilona Christen. Das Interview. In: Info Plus, Heft 27, 03. März 1993, S. 25–27

RTL PRESSESTELLE 1993c (Hg.): Ilona Christen – frischer Talk mit erfrischenden Gästen. In: RTL Galerie, Heft 3, 30.09.1993, S. 2

RTL PRESSESTELLE 1993d (Hg.): Thomas Gottschalk. In: RTL Galerie, Heft 5, 15. November 1993, S. 2

SAT.1 1997: Sat.1 – Ich drück' Dich! Programm & Fakten 96/97. Berlin

SAT.1 1998a: Sat.1-Programm 97/98. Berlin

SAT.1 1998b: Die Harald Schmidt Show – Backstage. Berlin

SAT.1 1999: Sat.1-Programm 1999/2000, Berlin

SAT.1 2002: Profile. Programme, Macher, Perspektiven. Berlin

SAT.1 PRESSESTELLE INFORMATION UND AKTUELLES 1994: Sammelordner ›Information‹. Hamburg

SAT.1 PRESSESTELLE o. J.: Talk im Turm. Pressemappe zur 200. Ausgabe. Berlin, o. J. [1994]

SEVEN SENSES 2006: ›Die Niels Ruf Show‹ bei »Sat.1 Comedy«. München

SÜDDEUTSCHER RUNDFUNK o. J. (Hg.): 10 Jahre Südfunk Fernsehen. Stuttgart [1964]

SÜDWESTRUNDFUNK 2006: Guildo und seine Gäste. Keine Sendung *über*. sondern *mit* Menschen mit geistiger Behinderung. Baden-Baden

VOX 1999: Pressematerial zu ›Klarer Fall?! – Entscheidung bei Radka‹, Köln

WESTDEUTSCHER RUNDFUNK 1964: Jahrbuch VI. Köln

WESTDEUTSCHER RUNDFUNK 2006: Kölner Treff. Der neue Talk. Presseheft, Köln

ZDF (Hg.) 1965: Jahrbuch 1962/64. Mainz

ZDF (Hg.) 1966: Jahrbuch 1965. Mainz

ZDF (Hg.) 1967: Jahrbuch 1966. Mainz

ZDF (Hg.) 1968: Jahrbuch des Zweiten Deutschen Fernsehens, 4. Band. Mainz

ZDF (Hg.) 1969: Jahrbuch des Zweiten Deutschen Fernsehens, 5. Band. Mainz

ZDF (Hg.) 1970: Jahrbuch des Zweiten Deutschen Fernsehens, 6. Band. Mainz

ZDF (Hg.) 1971: Jahrbuch des Zweiten Deutschen Fernsehens. 7. Band. Mainz

TV-Sendungen sekundären Inhalts

Von grünen Riesen und anderen Helden. Beobachtungen auf amerikanischen Bildschirmen. 1968, ZDF, Archiv des Autors

Der Mann mit der roten Nelke, 1975, NDR, Archiv des Autors

Freitagnacht, Thema Talkshows, 06. 12. 1996, Vox

Die Schaubuden-Story, 06. 12. 1997, Ndr

Süddeutsche TV: 100 Minuten Talk. 21. 08. 1999, Vox

Wie alles begann – Fernsehpioniere erinnern sich, 26. 12. 2002, NDR

Paul Kuhn. Eine deutsche Geschichte, 30. 12. 2003, 3sat

Die Nostalgie-Nacht: 20 Jahre ›Live aus dem Alabama‹, 09. 01. 2004, Bayerischer Rundfunk

Johannes B. Kerner, 03. 11. 2004, ZDF

Zapp Spezial: Versendete Werte?, 10. 06. 2006, NDR

Made in GDR – Alles über meine Freunde (D 2006, Defa-Spektrum Filmverleih, TV-Ausstrahlung 04. 10. 2007, RBB)

Die Rück-Show – 40 Jahre Fernsehunterhaltung im NDR, Archiv des Autors

Web-Seiten

http://www.br-online.de
http://www.dra.de
http://www.forbes.com
http://www.i-und-u.tv
http://www.nzz.ch
http://www.rtl.de
http://www.spiegel.de
http://www.sueddeutsche.de
http://www.tagesspiegel.de/medien
http://www.tvprogramme.net/
http://www.wahlen-in-deutschland.de
http://www.zuschauerpost.de/

Medien

Oskar Fanta/Stefan Krüger/Alexandra Pfeil-Schneider 2007: Datenbank nonfiktionaler Unterhaltungssendungen im DDR-Fernsehen. CD-Rom. Leipzig

Sammlungen und Archive

Fernsehdatenbank des Südwestrundfunks
Hamburger Staatsarchiv (HStA), NWDR-Bestand
Radio Bremen Archiv (RBA), Titeldatenbank
Ullstein, Dokumentation und Bibliothek
WDR-Textarchiv
Zeitungs- und Pressearchiv des Instituts für Kommunikationswissenschaft, Münster

Abkürzungsverzeichnis

ABC	American Broadcasting Companies
ADF	Aktion Demokratischer Fortschritt
ARD	Arbeitsgemeinschaft der Rundfunkanstalten Deutschlands
BBC	British Broadcasting Corporation
CBS	Columbia Broadcasting System
DKP	Deutsche Kommunistische Partei
DP	Deutsche Partei
FCC	Federal Communications Commission
FDJ	Freie Deutsche Jugend
GB	Gesamtdeutscher Block
HR	Hessischer Rundfunk
HStA	Hamburger Staatsarchiv
NBC	National Broadcasting Company
NDR	Norddeutscher Rundfunk
NPD	Nationaldemokratische Partei Deutschlands
NWDR	Nordwestdeutscher Rundfunk
NWRV	Nord- und Westdeutscher Rundfunkverband
ORF	Österreichischer Rundfunk
PBS	Public Broadcasting Service
PKS	Programmgesellschaft für Kabel- und Satellitenrundfunk
RB	Radio Bremen
RBA	Radio Bremen Archiv
RIAS	Rundfunk im amerikanischen Sektor
RTL	Radio Télé Luxemburg
SDR	Süddeutscher Rundfunk
SED	Sozialistische Einheitspartei Deutschlands
SFB	Sender Freies Berlin
SR	Saarländischer Rundfunk
SRT	Schweizer Telefonrundspruch
SWF	Südwestfunk
SWR	Südwestrundfunk (Fusion aus SDR und SWF)
TED	Teledialog
WDR	Westdeutscher Rundfunk
ZDF	Zweites Deutsches Fernsehen

Bildnachweis

Abb. 1: ›Zwiegespräch im Fernsehen‹, aus: Heide Riedel, *Fernsehen – Von der Vision zum Programm*, Deutsches Rundfunk-Museum e.V. Berlin 1985, S. 122.

Abb. 2: ›Telebar mit Carl Zuckmayer‹, aus: Werner Schöne, *Als die Bilder ins Wohnzimmer liefen. Die ersten zehn Jahre Fernsehen in Berlin*, Berlin 1984, S. 27.

Abb. 3: ›Der internationale Frühschoppen‹, aus: Cay Dietrich Voss, *Fernsehen. Neu geschaute Welt*, Flensburg 1956, o.P.

Abb. 4: ›Die Antwort der Mönche‹, aus: Cay Dietrich Voss, *Fernsehen. Neu geschaute Welt*, Flensburg 1956, o.P.

Abb. 5: ›Zu Gast bei Margot Hielscher‹, aus: Cay Dietrich Voss, *Fernsehen. Neu geschaute Welt*, Flensburg 1956, o.P.

Abb. 6: ›Pro + Contra‹, aus: *Rückblicke – Ausblicke. 40 Jahre Fernsehen des Süddeutschen Rundfunks Stuttgart*, Stuttgart 1995, S. 22.

Abb. 7: ›Journalisten fragen – Politiker antworten‹, aus: Markus Schächter, Dieter Stolte, *Zeitreise ZDF*, Mainz 2003, S. 33.

Abb. 8: Margret Dünsers ›V.I.P. Schaukel‹, aus: Markus Schächter, Dieter Stolte, *Zeitreise ZDF*, Mainz 2003, S. 215.

Abb. 9: ›Jugend diskutiert über aktuelle Politik‹, aus: *Radio Bremen. Hausbuch 1964*, Berlin 1964, S. 146.

Abb. 10: ›Talk im Turm‹, Sat.1-Presseinfo.

Abb. 11: Thomas Gottschalks ›Late Night Show‹, RTL-Presseinfo.

Abb. 12: Harald Schmidt, Presseinfo TaurusVideo.

Abb. 13: Arabella Kiesbauer, Pro7-Presseinfo.

Abb. 14: Casting-Anzeige, verschiedene Tageszeitungen.

Abb. 15: ›Entscheidung bei Radka‹, Vox-Presseinfo.

Danksagung

Wer sich in den Bereich programmhistorischer Forschungen begibt, sieht sich bald einem schwerwiegenden Problem gegenüber: Die Fernsehsendungen, mithin die Primärmaterialien, sind nicht ohne weiteres zugänglich. Und beileibe nicht jeder Fernsehsender ist geneigt, wissenschaftliche Anfragen zu beantworten. Umso größerer Dank gebührt allen, die mir diesbezüglich und anderweitig mit Hinweisen, Ratschlägen oder persönlichem Einsatz behilflich waren: Hanne-Marie Becker, Michael Braun, Peter Marchal, Peter Nowotny, Markus Peichl, Marianne Ravenstein, Ursula Ries, Uwe Römhild, Ulrich Timmermann, Hans-Ulrich Wagner, Petra Witting, ferner meinen Interviewpartnern und ganz besonders Gerd Hallenberger.

Dr. Wolfgang Becker ist zu danken für seine Geduld. Heike Fritsch und Ariane Schulz machten Forschungsaufenthalte möglich. Ohne Anke Eickmeyer hätten einige Passagen dieses Buches nicht geschrieben werden können.

Namenregister

Register der Hörfunk- und Fernsehsendungen

Michaela Krützen

Dramaturgie des Films

Wie Hollywood erzählt

Band 16021

Wie erzählt Hollywood? Ein analytischer Blick auf das populäre Kino und gleichzeitig die detaillierte Untersuchung eines paradigmatischen Films: Jonathan Demmes ›Das Schweigen der Lämmer‹.

Fischer Taschenbuch Verlag

fi 16021 / 1

Vilém Flusser

Kommunikologie weiter denken

Die Bochumer Vorlesungen

Band 18145

Anlässlich seiner ersten Gastprofessur in Deutschland im Jahr 1991 wollte Vilém Flusser seine Kulturkritik im Angesicht der neuen Medien noch einmal grundlegend durchdenken. Eine Neufassung seines Hauptwerks, der Lehre von der menschlichen Kommunikation, sollte daraus hervorgehen. Es musste bei den Vorlesungen bleiben. Wenige Monate später starb er bei einem Verkehrsunfall. Im Vilém-Flusser-Archiv sind die Bochumer Vorlesungen zu einem konzentrierten Text redigiert worden. Er ist das kommunikologische Vermächtnis des Prager Kulturphilosophen, der nicht nur eine Theorie, sondern auch eine scharfsinnige Diagnose unserer Informations- und Kommunikationsgesellschaft ausgearbeitet hat.

Fischer Taschenbuch Verlag

fi 18145 / 1

